Jenseits der Grenzen

W0339511

Jenseits der Grenzen

Französische und deutsche Kunst vom Ancien Régime bis zur Gegenwart

Thomas W. Gaehtgens zum 60. Geburtstag

Band II Kunst der Nationen

Herausgegeben von Uwe Fleckner, Martin Schieder
und Michael F. Zimmermann

DUMONT

Umschlagabbildung: Honoré Daumier: *Lanterne magique!!!*, 1869, Lithographie, Paris, Bibliothèque historique de la Ville de Paris

Eine Veröffentlichung des Deutschen Forums für Kunstgeschichte (Paris), des Kunsthistorischen Instituts der Freien Universität Berlin und des Zentralinstituts für Kunstgeschichte (München)

Gefördert durch den Ernst von Siemens-Kunstfonds

Die deutsche Bibliothek – CIP Einheitsaufnahme

Jenseits der Grenzen : französische und deutsche Kunst vom Ancien Régime bis zur Gegenwart ; Thomas W. Gaehtgens zum 60. Geburtstag ; [eine Veröffentlichung des Deutschen Forums für Kunstgeschichte (Paris), des Kunsthistorischen Instituts der Freien Universität Berlin und des Zentralinstituts für Kunstgeschichte (München)] / hrsg. von Uwe Fleckner ... - Köln : DuMont
ISBN 3-7701-5341-3

Bd. 2. Kunst der Nationen. - 2000
ISBN 3-7701-5422-3

© 2000 DuMont Buchverlag, Köln
Alle Rechte vorbehalten
Umschlaggestaltung: Groothuis & Consorten, Hamburg
Reproduktionen: Litho Köcher GmbH, Köln
Satz, Druck und buchbinderische Verarbeitung: B.o.s.s Druck und Medien, Kleve

Printed in Germany ISBN 3-7701-5422-3

Inhalt

9 Michael F. Zimmermann
Kunst der Nationen

44 Werner Oechslin
Von der Klimatheorie zur Kulturnation
Frankreich und Deutschland … und Laponien

70 Andreas Beyer
Das Blücher-Denkmal in Rostock
Johann Wolfgang Goethe und Johann Gottfried Schadow debattieren die Einkleidung eines deutschen Helden

87 Martina Hansmann
Simon Meisters Bildnis des Fürsten Blücher zu Pferde

111 Margret Stuffmann
Randbemerkungen
Delacroix' Lithographien zu Goethe. Faust, I. Teil

127 Ekkehard Mai
Innerlichkeit und Sinnlichkeit
Feuerbachs und Delacroix' ›Medea‹ im Vergleich

145 Uwe Fleckner
Napoleon am Scheidewege
Paul Delaroches ›Napoleon I. in Fontainebleau‹ und die Ikonographie des Gallischen Herkules

168 Annette Schlagenhauff
Delaroches ›Hémicycle‹ vor dem Berliner Publikum
Der Kunsthändler Louis Friedrich Sachse und sein Einsatz für den künstlerischen Austausch zwischen Berlin und Paris

182 Lothar Gall
Christan Köhlers ›Erwachende Germania‹ von 1848-1849

191 Wolfgang Drost
Künstlerblicke auf Barrikadenkämpfe
Rethel, Baudelaire und Delacroix

206 Ségolène LeMen
›Lanterne magique!!!‹
Eine Lithographie von Daumier aus dem Jahr 1869

234 John House
Die französische Landschaft 1877
›Le Village de Lavardin (Loir-et-Cher)‹ von Charles Busson

244 Barbara Paul
Stimmen für Frankreich
Jules Bastien-Lepages Gemälde ›Jeanne d'Arc écoutant les voix‹ von 1879

262 Hubertus Kohle
Die Apotheose des Eisens und der Eisenkonstruktion
Der Eiffelturm in Deutschland

269 Gabriel P. Weisberg
Victor Prouvés Wandgemälde ›La Vie‹ als soziale Kunst

279 Jean-Paul Bouillon
»Hoffnung für das Frankreich von heute, Verheißung für ein Frankreich in Zukunft«
Maurice Denis' ›La Vierge à L'Ecole‹ von 1903

302 Robert Rosenblum
Christus und Bellona
Ein deutsch-französischer Dialog im Jahr 1900

315 Françoise Forster-Hahn
Deutsche »Bierburg« oder »le clou de l'Exposition«?
›Le Pavillon de l'Empereur‹ auf der
Pariser Weltausstellung 1900

329 Klaus Herding
Daumiers ›L'Homme à la corde‹

348 Claude Keisch
Max Klinger: Spaziergang ins Unbewußte?

371 Peter-Klaus Schuster
Vincent van Gogh und Fritz von Uhde

390 Beate Söntgen
Kein Appell an das Gemüt
Wilhelm Leibls Realismus

401 Andreas Blühm
»Ist der Ruf erst ruiniert …«
Manet im Blick der Deutschen

414 Eberhard König
Manets Bildnis des Zacharie Astruc in Bremen

433 Pierre Vaisse
Max *Liebermanns ›Eva‹ und die impressionistische*
Ursprünglichkeit?

448 Alexandre Kostka
Two Ladies Vanishing
Die ›Poseuses‹ von Georges Seurat in der Sammlung
Harry Graf Kessler. Kunsttransfer als Teilrezeption

468 Rachel Esner
Die deutsch-französische Konstruktion Vincent van Goghs
1890–1914

480 Hans A. Lüthy
Otto Ackermann, Schweizer »amateur-marchant«, und Géricaults ›Fou au commandement militaire‹

488 Fotonachweis

Kunst der Nationen

Michael F. Zimmermann

Die Nation, Thema der Kunst und Gemeinschaft ihrer Rezipienten

Das 19. Jahrhundert ist das Jahrhundert der Nationen. Seine historische Errungenschaft ist der verfaßte Nationalstaat. Frankreich entwickelte sich nach der großen Revolution und im Zuge der Revolutionen von 1830, 1848 und 1870–1871 schrittweise vom Ständestaat zur Bürgergesellschaft. Die Bevölkerung errang zuerst Rechtssicherheit und Gewerbefreiheit, dann immer mehr politische Partizipation, zunächst die Beteiligung an der Politik in zwei Monarchien und im Empire, dann die Volkssouveränität in der dritten, der ersten dauerhaften Republik. Vom Empire Napoleons zur liberalen Monarchie des Bürgerkönigs Louis Philippe, von der plebiszitären Diktatur Napoleons III. bis zur innerlich zerrissenen dritten Republik war in diesem katholisch geprägten Land der Umgang mit dem vorrevolutionären Erbe ein dauerndes Problem, das bis in die Biographien, die schwierige Selbstfindung von Literaten und Künstlern reichte.[1] Die Integration der gewachsenen Mentalität und Kultur in den Verfassungsstaat gelang erst im 20. Jahrhundert, nach der Überwindung der schweren Krise, die das Land tief gespalten hatte: dem Streit um die Verurteilung des Hauptmanns Alfred Dreyfus als jüdischer Spion in preußischem Dienst.

Deutschland fand erst auf einem konfliktreichen Weg zum Nationalstaat. Die Befreiungskriege hatten die Einigung der Territorien deutscher Zunge unter preußischer Führung als Möglichkeit am Horizont erscheinen lassen. Der Wiener Kongreß restaurierte zwar das Nebeneinander der größeren vorrevolutionären Dynastien, ließ ihnen durch die Auflösung der kirchlichen Territorien aber Gebiete zuwachsen, die den landsmannschaftlichen Kulturräumen näher kamen. Schrittweise bahnte sich über die Aufhebung von Wirtschaftsgrenzen die im Vormärz weithin ersehnte Einheit an. Während der Restauration war die Sehnsucht nach liberalen Freiheiten vom Wunsch nach nationaler Einheit nicht zu trennen.

In der Revolution von 1848 brach sie sich Bahn. Doch stärker als der demokratische Einigungswillen, der im Paulskirchenparlament die Konstituierung der Nation versuchte, waren die Truppen. Danach erwartete man die kleindeutsche Lösung, der bis Königgräz der habsburgische Vielvölkerstaat entgegenstand, von der Führung Preußens. Hatte Frankreich ein Problem damit, seine unterschiedlichen historischen Traditionslinien zu bejahen, so plagte sich Deutschlands auf andere Weise mit der Last der Vergangenheit. Die Macht der modernen Industrienation formulierte sich in immer neuen, alten Gewändern. Daß der deutsche Nationalstaat nach dem preußischen Sieg über das Second Empire am 18. Januar 1871 in Versailles gegründet wurde, gehört zur Tragik der deutsch-französischen Nachbarschaft.[2] Die beiden Nationalstaaten in der Mitte Europas brauchten ein Jahrhundert, um sich nicht gegeneinander zu entfalten, sondern aneinander zu wachsen. Doch Ende des 19. Jahrhunderts waren beide Nationen blühende Industriestaaten mit hoch differenzierten Gesellschaften, die das Lebensgefühl der Moderne auf unterschiedliche Weise erlebten und künstlerisch zum Ausdruck brachten.

Letztlich steht die Bildende Kunst stets über den Nationen. Weniger als die literarische Nationalkultur stößt die visuelle Kultur an Sprachgrenzen. Dennoch realisiert die Bildende Kunst sich in der europäischen Neuzeit immer stärker in den Nationen und macht dieses soziale, mentalitätsgeschichtliche, kulturelle und politische Ambiente auch zum Thema. Im modernen Nationalstaat wuchs der Kunst und den Bildmedien, die eine ungeahnte Entwicklung nahmen, ein mündigeres und größeres Publikum als je zuvor heran. Endgültig richtete sich die Kunst nun an die Öffentlichkeit, welche sich zunächst im nationalen Rahmen organisierte.[3] Umgekehrt bedienten sich auch all jene, welche an der Spitze der Nationen standen, in ihrem Namen sprachen, der Bildenden Kunst, um die Nation als politische und als Erlebniseinheit zu präsentieren und präsent zu halten. Hatten die Dynastien Malerei und Monument zur Selbstdarstellung und Panegyrik genutzt, so taten es die nachrevolutionären Staatsnationen ihnen gleich. Doch der verantwortliche Bürger, der an die Stelle des Untertans getreten war, grüßte auf dem Sockel, in heroisierten Schlachten und im Zeremoniell immer mehr seinesgleichen. Staat und Nation beschwor er als seine zweite Natur. Die Geschichte erfuhr er als die der Nation und ihres historischen Weges zu sich selbst.[4] Weibliche Allegorien der Freiheit, der Republik, der Nation, des Volkes, ja, der Klasse traten an die Stelle der Dynasten:In Gesellschaften, die, wenn überhaupt, ein durch den Zensus begrenztes Wahlrecht der Männer kannten, verkörperten sie die verfaßte Gemeinschaft besser als die gekrönten Häupter.[5] Selbst in Preußen war der Herrscher am überzeugendsten präsent in der Menge, die ihm etwa in Adolph Menzels *Abreise König Wilhelms I. zur Armee am 31. Juli 1870* von 1871 (Berlin, Nationalgalerie) zujubelt,[6] oder in dem historischen Vorbild, das Frankophilie mit militärischer Skrupellosigkeit zu verbinden gewußt hatte: Friedrich II.

Das Bild durchdrang im 19. Jahrhundert die Gesellschaft wie nie zuvor. Bilder wurden geschaffen, um auf den regelmäßig ausgerichteten regionalen oder nationalen Ausstellungen gezeigt und besprochen, mehr und mehr auch um reproduziert zu werden.[7] In der kunstkritischen Debatte wurde mit der Wertung und Deutung der Werke auch die Geschmackskultur der Nation ausgehandelt.[8] Die Erfindung der Lithographie im frühen 19. Jahrhundert gab der gesellschaftlichen und politischen Karikatur Auftrieb, die sich als stärkere Macht als alle Zensurgesetze erwies.[9] Zuerst in Bilderbögen, mehr und mehr auch in der illustrierten Presse hielt sich das Publikum die zeitgenössische Welt in Bildern vor Augen.[10] Seit den 1830er und 1840er Jahren gewannen derartige Publikationen zuerst in Frankreich, doch bald auch in Deutschland eine zahlreiche Leserschaft.[11] Die Kenntnis der großen, für die Öffentlichkeit bestimmten Ausstellungs- und Dekorationskunst – erstere spielte in Frankreich die Hauptrolle, letztere in Deutschland – drang in jeden gebildeten Haushalt ein.[12] Sie wetteiferte mit der Sprache des massenhaft produzierten Gelegenheitsbildes, der Presse-Illustration und der Karikatur. Der Gebildete war bald imstande, nicht nur die großen Themen aus Geschichte und Mythos zu erkennen, sondern auch untergründige Anspielungen, transversale Wanderungen von Sinn aus einem Kontext in den nächsten, Pathos ebenso wie Ironie nachzuvollziehen, und dabei Stil als Ausdruck auch politischer Lebenshaltung zu begreifen. Die eindeutige Ikonographie verflüssigte sich, die stabile Währung des großen Sinns begann frei zu zirkulieren, auch als Kleingeld.

Die neu entstandene mediale Kultur, in der Ausstellungs- und »Salon«-Gemälde ebenso wie öffentliche Denkmäler ihren Platz hatten,[13] richtete sich zunächst an jene Rezipientengemeinschaft, die der Markt der Zeitschriften und der Verlage erreichte: die Nationen. Doch wie sie den internationalen Warenverkehr organisierten, so gestalteten die Nationen auch den kulturellen Austausch, die übernationale kulturelle Gemeinschaft. Den Werken der Bildenden Kunst, die sich dem Verständnis eines jeden anbieten, kam bei der Vermittlung von Kultur jenseits der nationalen Grenzen eine besondere Rolle zu. Schneller und ungebrochener als literarische Werke fanden sie Eingang in die Debatte des Nachbarlandes. Freilich bedeutete auch die Deutung im Wertehorizont des jeweils anderen einen Transfer, eine komplexe Übersetzung. Doch die unterschiedlichen kulturellen Ambiente organisierten bald auch ihre Andersartigkeit in übergeordneten Interpretationsschemata. Die Völkerpsychologie strukturierte das Bild, welches eine Nation sich im Mit- und Gegeneinander gleichberechtigter Wettbewerber von sich selbst und den anderen machte. Bald wurden die Wettbewerber zu kriegerischen Nachbarn, »Erbfeinden«, Konkurrenten um die imperialistische Aufteilung der Welt. Man darf die Wohlmeinenden nicht vergessen. Doch die virulente Ideologie, gegen die sie vergeblich aufstanden, entdeckte Gemeinsamkeiten bald nur noch in der auftrumpfenden Gegenüberstellung des Abendlandes und der als primitiv und naturhaft begafften Kulturen, die der Beherrschung offenstanden. Die kulturelle Charakterologie der Nationen degenerierte zuerst im Extremfall zur Rassenkunde.

Der Formierung der strukturierten, differenzierten Nationen, dem Zuwachs an institutionalisierter Gemeinschaftlichkeit, stand die Erfahrung von Auflösung und Individualisierung in der großstädtischen Massengesellschaft gegenüber. Immanuel Kant hatte Ende des 18. Jahrhunderts eine »Kopernikanische Wende« ausgerufen, daß nämlich nicht die Vernunft sich nach der Natur richtet, vielmehr die Verhältnisse, so wie wir sie uns vorstellen können, gemäß den a priori eingeborenen Strukturen unserer Vernunft organisiert seien. Die industrielle Revolution, die, von England herüberwirkend, in zunehmendem Maße die Gesellschaften des Festlandes erschütterte, konfrontierte den weniger philosophisch denkenden Menschen mit manchen weit faßlicheren »Kopernikanischen Wenden«. Malthusianisches Kalkül über das Bevölkerungswachstum ließ die »Viel zu Vielen« (Nietzsche), die überschüssigen »proles« als Faktor erscheinen, der auf dem Weg zum Fortschritt als unvermeidlich galt. Der Verbindlichkeitsverlust der Religion, derer man als Zeremonienmeisterin durchaus bedurfte, trug dazu bei, daß die Massenverelendung bei allem Lamento doch weitgehend in Kauf genommen wurde. Die Darwinsche Entzauberung des Menschen, der Glaube an die Determiniertheit des einzelnen durch sein Erbe, mutierte bald zum Darwinismus, der gesellschaftliche und rassische Privilegien für naturhaft erklärte. Fortschrittsglaube, zur Ideologie gewandelte Naturwissenschaft, biologistische Charakterologie und Psychologie verwandelten ehemals Verbindliches zum Spektakel: Die Religion wurde zur Privatsache, allenfalls eine Sprache der Innerlichkeit, und weibliche Frömmigkeit wurde neben dem Laizismus männlicher Fortschrittsgaranten für »normal« gehalten. Die Tugendexempel der Historienmalerei wurden als aufrüttelnde Unterhaltungsstücke, als Melodramen neu inszeniert.[14] Mythos und Mythologie wurden im Symbolismus zu den Phantasmen der Bürgerseele umgemünzt.[15] Überall wurde der ehemals fest kodierte Sinn verflüssigt und dem »épater le bourgeois« verfügbar gemacht. Transversale Sinnstrukturen, die sich der Sicherheit forensischer Eindeutigkeit entzogen, standen schließlich hinter der letzten »Kopernikanischen Wende«, die das Jahrhundert vollzog: der Psychoanalyse Sigmund Freuds. Unter der Oberfläche beruhigter Bürgerlichkeit mutmaßte man nun das Eigentliche: das Psychodram des Schicksals persönlicher Sehnsüchte, der Psycho-Biographie.[16] Wenn man im Jahre 1900 durch die Weltausstellung schlenderte, triumphierte nicht der Fortschritt, sondern überall die Sehnsucht, das Schaurige, das Scheußliche, der Traum von Liebe, Erotik und Scheitern.[17]

Historisch gewachsene Kulturen sollte man freilich nicht allein mit Blick auf ideologische Übertreibungen und puristische Exzesse beurteilen. Wer die Gegenwart weniger eingleisig, weniger im Rahmen dieser oder jener Teleologie betrachtete, erlebte zuerst in Paris und bald auch in Berlin vor allem das Nebeneinander von Unterschiedlichem, eine gegen den allzu verfaßten Sinn rebellierende Vielstimmigkeit. Gegen den Zwang des Hereinwachsens in Gemeinschaften, deren Daseinsgrund vorinterpretiert vorlag, lehnte sich das Individuum auf. Ironie und Verschiebung, Weltflucht, auch in die Kunst, oder Rebellion und Naivität, das waren die Ausdrucksformen dieses Aufruhrs. Die Bohème, jener Überschuß der Nationen an Gebildeten, an gestrandeten Künstlern und Literaten, die sich bald mit jeder Art Halbwelt mischten, wurde zum ortlosen (utopischen) Bereich am Rande der Gesellschaften, aus denen eine Sprache nach der Wahrheit des Herzens drang.[18] Entlegene Künstlerkolonien in Barbizon oder Pont-Aven, auch in Worpswede, waren nichts anderes als Ableger der Bohème. Das Übersehene, Zurückgebliebene, vom Fortschritt nicht Berührte wurde zum Ort der Wahrheit, an dem eine sich selbst unfaßbare Psyche der unbegriffenen Natur ihre Geheimnisse abzulauschen suchte.[19] Erstaunlich ist weniger die Existenz dieses Randbereichs als die Tatsache, daß die städtische Kultur aus dieser Zone immer entschlossener ihre Kultur erwartete. Die Auflehnung gegen das Stereotyp, gegen die Bilder, deren Symbolik immer plakativer, immer suggestiver, aber auch flacher vorgetragen wurde, deren Erzählung sich in immer konventionelleren Anekdoten erging, immer comic-haftere Typen vorführte, ging davon aus. Gustave Courbet, der dem Second Empire das andere, tiefe Frankreich vor Augen hielt, bekannte sich zur Bohème wie zur Commune. Manet zeigte die wahre Modernität des Großstadtlebens und verwandelte ihr die kunstgeschichtliche Tradition an. Die Klassiker des Jahrhundertendes waren die großen Naiven, welche die Wahrheit sagten, weil sie zur Lüge nicht fähig waren: Seurat und Cézanne. In Deutschland war die Avantgarde noch mehr eine Bürgerkultur. Für Julius Meier-Graefe war der freie Duktus einer kalkuliert spontanen Malerei Ausdruck des Individualismus und Liberalismus.[20] Menzel war ein Bürger, der sich arrangiert hatte; und wenn Liebermann, Slevogt und Corinth sich mit der individuellen die künstlerische Freiheit nahmen, so war das nicht die der Bohème. Die französische Bohème richtete sich gegen die Bürgerkultur, welche im deutschen Kaiserreich jedoch noch um die Freiheit des Selbstausdrucks rang.

Der Aufruhr gegen den verfaßten Sinn der Kunst ging regelmäßig einher mit der Reflexion über die Inhalte, die das visuelle Medium überhaupt vermitteln kann. Die Rückwendung des Mediums auf sich selbst stellte sich der Übersteigerung seiner suggestiven Möglichkeiten entgegen. Im phantastischen Szenario der Salonkunst sollte der Betrachter das Medium vergessen, den Künstler als Zauberer bewundern.[21] Vor einem Gemälde Seurats oder Cézannes war er zurückgeworfen auf ein bewußtes Erschließen der medialen Oberfläche. Ein bewußter Umgang mit dem jeweiligen visuellen *écran*, der Bild- und Projektionsfläche, sowie mit der Öffentlichkeit,

1 Jacques-Louis David: *Der Schwur der Horatier*, 1874, Öl auf Leinwand, 330 × 425 cm, Paris, Musée du Louvre

die das Kunstwerk als visuelles Ereignis zu erschließen versuchte, wurde in den Avantgarden zur Voraussetzung ästhetischer Wahrheit. Die Entwicklung der Kunstgeschichte hatte daran einen Anteil. In Interpretationen und Reproduktionen machte sie nicht nur die Tradition den Künstlern und ihrem Publikum verfügbar. Sie schärfte auch das Bewußtsein für den spezifisch künstlerischen Sinn, der sich durch die jeweilige Traditionsaneignung und deren Konfrontation mit Zeitgenössischem der diskursiven Erschließung darbot. Kunstgeschichte, Kunstkritik und eine über sich selbst reflektierende Kunst – in diesen Formen differenzierte das 19. Jahrhundert den ästhetischen Bereich aus. Es verschaffte einer ästhetischen Kultur den Durchbruch, die davon ausgeht, daß die Wahrheit der Kunst nicht mit anderen Wahrheiten einhergeht, die den Kunstbetrieb immer mehr von ideologischer und politischer Diskursivität freihalten konnte.[22] Freilich erlebte die Kultur autonomer Kunst im

20. Jahrhundert schicksalhafte Rückschläge. Doch letztlich hat sie sich durchgesetzt, um von uns verteidigt zu werden.

Muß man deswegen die Internationalität der Avantgarden der Enge nationaler Kunst entgegenstellen? So einfach liegen die Dinge freilich nicht. Hatte doch die Freiheit der Kunst zunächst ihren Platz neben all den anderen Freiheiten, die es zuerst im nationalen Rahmen zu erstreiten galt. Besonders zu Anfang des Jahrhunderts konnte man zwischen den konstitutiven Akten, in denen das künstlerische Bewußtsein seine Freiheit affirmierte, und den bürgerlichen Freiheiten, die es dadurch mit beförderte, nicht unterscheiden. Der Schwur der Horatier (Abb. 1), den Jacques-Louis David 1784–1785 in Rom als Historiengemälde für den König malte, steht wie kein anderes Gemälde für eine Verbindung künstlerischen und ideologischen Freiheitswillens, die man bis heute sehr skeptisch beurteilt, ja, als militaristisch oder gar als »Bürgerkriegsbild« zurückweist.[23] Dennoch sei dieses Gemälde hier an den Anfang des Jahrhunderts und einer beispielhaften Verbindung von Kunst und Politik gestellt.[24] Das Gemälde aktualisiert das Drama einer 1640 aufgeführten Tragödie Corneilles, die auf eine Livius entlehnte Legende der altrömischen Geschichte anspielt. Die benachbarten Städte Alba Longa und Rom entschieden den Streit um die Vorherrschaft nicht durch Krieg, sondern durch den Kampf je dreier als Stellvertreter ausgewählter Krieger. Die römische Familie der Horatier und die der Curatier aus Alba Longa schöpfen neue Hoffnung: Horace ist mit der Curatierin Sabine verheiratet, und seine Schwester ist mit Curiace, Bruder der Sabine, verlobt. Doch dann kommt die Nachricht, daß Horace und seine Brüder in dem Stellvertreterkampf für Rom, die Curatier dagegen für Alba Longa kämpfen sollen. Curiace ist verzweifelt über die Vorstellung, gegen den Mann seiner Schwester und dessen Brüder bis zum Tod streiten zu sollen, Horace jedoch stellt das Vaterland über alles. Die Kämpfer werden in jedem Falle ihre Familien zerstören und ihre Schwestern in jedem Falle einen geliebten Menschen verlieren. Die Römer, welche die Staatsraison über die Liebe zur Familie gestellt hatten, blieben siegreich.

Hatte Corneille mit Blick auf Fronde und Religionskämpfe implizit die Politik Richelieus gestützt, so gab David dem durchaus nicht eigentlich antimonarchistischen Gemälde einen anderen Akzent. Er bediente sich der Tradition, um eine utopische Malerei zu verwirklichen: In einem Raumkasten, der wie in der Malerei der Frührenaissance nach den Gesetzen strengster Zentralperspektive zugerüstet wurde, doch wie ein Relief nach hinten durch eine steinerne Rückwand abgeriegelt wurde, präsentiert er in bildparalleler Reihung den Vater, der die Schwerter hochhält, die darauf schwörenden Söhne in strengstem Parallelismus ihrer Gesten, und die Frauen, in Verzweiflung daneben zusammengesunken. Durch das Miteinander von geometrischer Fluchtung und reliefhafter Konfrontation eines in klarster Lesbarkeit ausgebreiteten Schwurgestus wird weniger die Szene durch das Auge in Perspektive gesetzt, als der Betrachter durch das Bild. Der Schwur wird als konstitutioneller Akt vorgeführt, der den Betrachter einbezieht: Nur so wird der Bürgerkrieg der beiden lateinischen Städte verhindert. Im emotionalen Gegeneinander bürgerlicher Werte, der *pietas familiaris* und der Staatstreue, erfahren beide eine Steigerung, wiewohl die Staatsraison überwiegt. Nach Jean Jacques Rousseau begründete der »contrat social« den Übergang der miteinander widerstreitenden Einzel-Willkür zum Freiheitswillen, der durch Gesetze ebenso eingeschränkt wie erst ermöglicht wird. Davids *Schwur der Horatier* wird zur Allegorie jener konstitutionellen Gründung, welche Ethik an den verfaßten Staat bindet. Die Horatier ordnen sich jener »volonté générale« unter, die als staatliches Wollen der »volonté de tous«, der Summe der Einzelwillen entgegensteht. An ihnen und ihren Familien rächt sich der kategorische Imperativ. Der *Schwur der Horatier* ist kein Bürgerkriegsbild, sondern die Quintessenz der Aufklärung, deren dunkle, gnadenlose, traditionsfeindliche Seite David ebenso auf den Plan ruft wie zugleich hinwegwischt. So sieht Kunst aus, die radikal und nur im Namen verfaßter Bürgerlichkeit spricht und damit auch ihre Autonomie affirmiert: Sie spricht im Namen der kunsthistorischen Tradition, einer Stilaneignung von der »etruskischen« Antike über die Frührenaissance bis zu Caravaggios Realismus, artikuliert sich aufgrund eigener Gesetze, die sie sich selbst unabhängig von den Verpflichtungen panegyrischer Bildrethorik gibt. Dabei ist sie nicht für sich selbst da, sondern wirkt mit ihren eigenen Mitteln in die Gesellschaft. Das Unmenschliche an dieser Malerei ist nicht durch Davids Rolle in der Revolution namhaft zu machen. Es hat etwas damit zu tun, daß radikale Aufklärung dialektisch in Gegenaufklärung umschlägt, radikale Demokratie in Terreur, daß der »ami du peuple« schließlich als dessen schlimmster Feind dasteht.

Daß die Freiheit von Kunst und Medien mit der politischen Freiheit untrennbar verbunden war, gilt auch noch im späteren 19. Jahrhundert. Daumiers *Lanterne magique!!!* legt davon ein beredtes Zeugnis ab. Erst wo die künstlerische Freiheit zur Selbstverständlichkeit geworden ist, kann sie aufhören, bürgerliche Freiheiten, die Freiheit des Individuums zum Thema ihrer Werke und zum Anliegen ihrer Autonomie zu erheben. Erst in der bürgerlichen Gesellschaft affirmiert sich das Individuum weniger im Namen seiner prinzipiellen Freiheit, sondern wendet sich aus seinem prinzipiell berechtigten persönlichen Erleben gegen die herrschenden Stereotypen selbst der national verfaßten Bürgergesellschaft.

Adolph Menzel verlagert in seiner *Aufbahrung der Märzgefallenen* (Abb. 2) die Konstitution der freien Bürgergemeinschaft – zugleich die einer unverstellten Kunst von plausiblem, persönlichen Zugriff – vom doktrinären Schwur in das gemeinsame Erleben der Bürgergemeinschaft. Er zeigt die Aufbahrung der revolutionären Kämpfer auf dem Berliner Gendarmenmarkt. In schwarzer Kleidung wohnen »die langsamen Chöre aller Gewerke und aller Körperschaften mit ihren Musikchören« diesem Zeremoniell inmitten des Platzes

2 Adolph Menzel: *Aufbahrung der Märzgefallenen*, 1848, Öl auf Leinwand, 45 × 63 cm, Hamburger Kunsthalle

bei, der schon durch das Nebeneinander des Schinkelschen Theaters mit den Domen für den deutsch-protestantischen und den hugenottischen Ritus von preußischer Toleranz zeugt. Doch bald schon durfte man sich des liberalen Trauerzuges nicht mehr erinnern. Das Gemälde – wohl die aufgegebene Studie für eine größere Komposition – blieb unvollendet.[25] Adolph Menzel blieb in einer eben noch nicht demokratischen Öffentlichkeit nichts übrig, als das Bild links liegen zu lassen und allenfalls zu wirken, indem er den Hohenzollern Friedrich II. in einem bestimmten, auch kritischen Licht als Leitbild entgegenhielt.[26]

Der Großstadtgesellschaft und ihren Möglichkeiten stand der Preuße Menzel später ganz anders gegenüber als der Franzose Edouard Manet (Abb. 3–4). Beide malten in den 1860er Jahren die Passanten im Pariser Tuilleriengarten. Manet versammelte dort 1862 neben Baudelaire die Schriftsteller, Maler und Kritiker seiner Zeit, die einem Gartenkonzert lauschen, und den Betrachter, der in die Rolle eines der Musiker gedrängt ist, voller Sympathie, ja, Hin-

3 Edouard Manet: *Konzert in den Tuilerien*, 1862, Öl auf Leinwand, 76 × 118 cm, London, National Gallery

4 Adolph Menzel: *Ein Nachmittag im Tuileriengarten*, 1867, Öl auf Leinwand, 49 × 70 cm, Staatliche Kunstsammlungen Dresden, Gemäldegalerie Neue Meister

gabe unverwandt anblicken. Die bekannten, liberalen Streiter für Kultur und Modernität porträtierte und anonymisierte er zugleich in seiner ausgelassenen Parkszene von erlesener und doch beiläufiger Eleganz.[27] Menzel inszenierte vier Jahre später am gleichen Ort die anekdotenreiche Mischung entgegengesetzter Kräfte. Ammen führen fremde Kinder aus, ein Türke mit Fes auf dem Kopf unterhält sich mit einem eleganten Herrn und einer Dame, während ihm seine Kinder zwischen den Beinen hindurchkriechen, ein zickiger Alter führt eine ältere Frau aus, hier und da ein einsamer Promeneur, darunter ein bohémienhafter Schöngeist, bunt gekleidete Damen, doch eher in ausgelassener Festtagslaune als elegant, überall lärmende, schreiende Kinder, und überhaupt ist alles zu voll, zu unübersichtlich, zu bunt, zu laut.[28] Der Großstadtkosmos war für den einen das Reich der Freiheit, für den anderen nur der Moloch. Heute lieben wir Menzel, aber wir verneigen uns vor Manet.

Die erste Hälfte des Jahrhunderts stand im Zeichen der Romantik und dem Kampf um Freiheit, und, in Deutschland, um die nationale Einheit. Die Geschichte aktualisierte sich in der Gegenwart, die sich ihrer erinnerte.

Stärker als zuvor erlebten auch die Nationen ihre Unterschiedlichkeit. Wie sie sich dieser bewußt wurden, das untersucht Werner Oechslin, und begibt sich dabei mit Voltaire in ein entrücktes Land: nach Laponien. Der Einfluß des Klimas auf den Charakter war schon vor Montesquieu ein Paradigma der Völkerpsychologie. Wie der einzelne bei unterschiedlichem Wetter in Seele und Geist anders gestimmt sei, so habe das Klima auch seine Bedeutung für den Charakter, ja, die Gesetze einer Nation – so Montesquieu in *L'esprit des lois*. Plausible Beobachtungen begründen Stereotypen. Nach Montesquieu treibe etwa die Kälte das Blut schneller aus den Gliedmaßen zum Herzen zurück – Grund der Verlagerung kultureller Zentren aus dem Mittelmeerraum nach Norden. Auch Voltaire fragte sich nicht nur, welche Wirkung die Witterung auf die Gehirne habe, sondern hielt diese offenbar für so groß, daß er sich eine virtuelle Geographie zulegte: Lappland. Der Flecken Ferney – in Burgund gelegen, doch nahe genug bei Genf, um nicht wirklich der französischen Kultur zugerechnet zu werden, aber auch weit genug weg von dieser Stadt, deren Identifizierung mit Rousseau auf beiden Seiten voller Friktionen blieb – war für Voltaire sein inneres Lappland, dessen Klima ihn zwar oft ans Bett band, aus dessen Distanz er jedoch gern auf die Völker Europas schaute. Für die Deutschen gehörte Voltaires Lappland letztlich doch zu Frankreich: Der Gefühlskälte der »Voltairesches Verstandesrichtung« stellten sie Rousseaus »Naturevangelium« entgegen, geprägt von »einem Anflug von deutschem Gemüthe«.

In einer Universalkultur waren solche Divagationen über Gemüt und Charakter vor allem unterhaltsam. Noch Madame Germaine de Staël war davon ausgegangen, als sie Deutschland den Franzosen zwar als Heimat der neueren Philosophie lobte, zugleich jedoch über das vulgäre Sozialleben die Nase rümpfte. Von beiden Kulturen vereinte sie in einzigartiger Weise das besondere Freiheitsideal, das der sich demokratisch verfassenden Nation von Frankreich, das romantische der gelebten Kultur-Einheit von Deutschland. Beide Nationen konnten mit ihrem Lob und dem Tadel zunächst schwer umgehen. Victor Cousin mischte einstweilen Deutsches und Französisches in einem gemäßigten Eklektizismus zusammen. Statt sich für das Interesse dankbar zu zeigen, belächelten die Deutschen die Selbstaufgabe des französischen *esprit* an ihre eigenen Verstiegenheiten. Fichte hatte die »ganze Nation« der Deutschen überhaupt erst geistig konstruiert, »wegwerfend alle die trennenden Unterscheidungen«. Doch bald schon legte sich das junge Pflänzchen einen uranfänglichen Nationalcharakter zu. Die Treue zum Altar wurde ergänzt durch die für Volk, Vaterland und den »Geist« – eine Totalität, deren aggressive Selbstgenügsamkeit sich nur als verheerend erweisen konnte. Auch fingen die Deutschen an, die Vulgarität, welche ihnen nicht nur Madame de Staël ankreidete, zum »Charakter« zu stilisieren und diesen der lediglich »zivilisierten« Wesensart des Nachbarn entgegenzuhalten. Je mehr man reiste, desto weniger kehrte man nunmehr als »Weltbürger« heim. Beim Wettlauf um kulturelle und militärische Hegemonie war Konzilianz nicht mehr gefragt.

Als nach den Befreiungskriegen die deutschen Lande zu einem ebenso heroischen Nationalstil finden wollten wie das Empire, konstruierte man Eigencharakter, etwa in dem von Andreas Beyer vorgestellten Blücher-Denkmal. Am 31. März 1814 marschierten die Alliierten in Paris ein, am 3. Juni wurde Generalfeldmarschall Gebhard Leberecht Blücher zum Fürsten Blücher von Wahlstatt ernannt. Seine Heimatstadt Rostock wollte ihn zwar durch Setzung eines Denkmals ehren, doch nicht, ohne daß sich das Land Mecklenburg-Schwerin an den Kosten beteiligte. Johann Gottfried Schadow, Vizedirektor der Berliner Akademie der Künste, plante – zunächst – ein Reiterstandbild. Empfohlen war er durch seine öffentlichen Standbilder Friedrichs II. (1793) und des Generals Hans Joachim von Zieten (1794). Blücher sollte in altdeutscher statt in moderner Kostümierung aufgemacht werden. Herzog Friedrich Franz von Mecklenburg-Schwerin ließ Sachverständige konsultieren. Goethe riet zu einer »pedestern Statue«. Schadow entschloß sich zu »heroisch-dichterischer Bekleidung« unter Rückgriff auf römische Darstellungen von Germanen und Dakern, allerdings nicht ohne Berücksichtigung des zeitgenössischen Comments. Das Porträt gestaltete er nach dem Vorbild einer in physiognomischer Ähnlichkeit nicht überbietbaren Arbeit Christian Daniel Rauchs.

Schadows Lehrer Tassaert hatte 1780–1781 die Generäle Keith und Seydlitz in moderner Uniform auf den Sockel gebracht. Dies empfand man nun als französisch und bevorzugte die Erfindung eines historistischen Nationalstils.

Allzu französisch durfte sich deutscher Jubel nicht gerieren, wie Martina Hausmann am Beispiel Simon Meisters darlegt. Dieser junge Künstler schuf nach einem Studienjahr in Paris Anfang der zwanziger Jahre ein Porträt des Fürsten Blücher zu Pferde. Es brachte ihm preußische Protektion ein und dadurch die Möglichkeit, bei Horace Vernet in Paris studieren zu können. Blücher war 1819 gestorben. Die nationale Heldenverehrung war bemüht, den Kriegsherrn zum »Roland unserer Zeit« zu machen. Vorbild für das Gemälde des deutschen Nationalhelden war offenbar eine klassische französische Darstellung, nämlich Davids Reiterporträt *Bonaparte überquert die Alpen am St. Bernhard*. Blücher selbst hatte 1815 eine Version dieses Gemäldes nach Berlin gebracht. Wurde Meisters Idealporträt Blüchers, eine anspielungsreiche Umkehrung des französischen Vorbilds, noch positiv aufgenommen, so litt Meisters Erfolg bald unter den Maximen preußischer Nüchternheit. Bravouröse Historienmalerei nach französischem Vorbild schätzte man in Berlin wenig.

An Tiefe gewann der künstlerische Austausch, wenn die entfesselte Phantasie hier wie dort nach Selbstausdruck suchte. Delacroix' druckgraphische Szenen zu Goethes *Faust* wurden 1828 publiziert. Auf den zwischen 1825 und 1828 entstandenen Probedrucken finden sich am Rande Skizzen und kleine Darstellungen, die sich anspielungsreich auf das Hauptgeschehen beziehen. Margret Stuffmann hat erkannt, daß es sich um mehr als Kritzeleien handelt. Für die Hauptszenen wählte Delacroix Szenen aus, die sich weniger auf den narrativen Fortgang als auf Augenblicke innerer Spannung konzentrieren. Die oft viel handlungsreicheren Randnotizen von drastischer Emotionalität führen die Gedanken und Sehnsüchte der Protagonisten des Hauptblattes aus, konterkarieren deren Situation oder die moralische Quintessenz des Gezeigten, oder sie kommentieren die Haupthandlung durch wilde Phantasien, Psychomachien, in denen unvermittelt rebusartige Anspielungen auftauchen, deren Sinn sich nur durch die Übersetzung des Bildes ins Wortspiel erschließt. Eine etwa gleichzeitig geschaffenen Lithographie zu einem Byronschen Stoff über einen »Giaour«, der mit dem besiegten muslimischen Widersacher Mitleid zeigt, kommentiert Delacroix mit ähnlich aufschlußreichen Marginalien, welche den emotionalen Sinn der zwiespältigen Szene erläutern. Die Beziehung spannungsreich stillgestellter Hauptfiguren und eigens zu entschlüsselnder Stilleben sowie Nebenszenen ist auch für Delacroix´ berühmte Gemälde, *Massaker von Chios* (1824) und *Tod des Sardanapal* (1827–1828) aufschlußreich. Auch später erschließen Stilleben in Historienbildern metaphorisch Sinn und Dramatik des Hauptereignisses.

Bei der Behandlung epischer Stoffe der Historienmalerei zeigen sich charakteristische Gegensätze, die Ekkehard Mai exemplarisch darlegt. Delacroix stellte *Die rasende Medea* 1838 dar, Feuerbach malte um 1870 Darstellungen der von Jason, dem Helden, dessen Schicksalskampf sie mit aller Macht unterstützt hatte, Verlassenen, die in Schmerz und Zorn nicht nur die Rivalin, sondern sogar die eigenen Kinder umbringen sollte. Delacroix führt Medea in glühendem Zorn und mit gezücktem Dolch über den Kindern vor. Wie in der Tragödientradition bis zu Corneille und Goethe wird durch den Ausbruch der Leidenschaft auch deren Katharsis ausgelöst. Anders Feuerbach. Er hatte sich in Paris nicht Delacroix, sondern dem um eine weniger romantische Historienmalerei bemühten Thomas Couture angeschlossen, um sich schließlich nach Rom zu wenden, wo er sein Bildungsideal fand. Statt die Erregung der Medea ins Malerische zu übersetzen, projiziert Feuerbach das mit eigenem Empfinden verwobene Seelendrama in die ruhenden Gestalten seiner Einfiguren-Historienbilder. In der verlassenen Frau wird der Blick aufs Meer zum Blick nach innen. Feuerbachs Münchener Medea ist eine Variation seiner Iphigenie-Bilder, und er zeigt sie wie eine Caritas in stiller Eintracht mit ihren Kindern. Erst später führt er die Tat der Rasenden vor, um sie alsbald ermattet, mit entgleitendem Dolch oder neben der Urne der Toten zu zeigen. Der Gegensatz von Delacroix' und Feuerbachs Fassungen des antiken Stoffes scheint das Klischee von französischer Äußerlichkeit und deutscher Innerlichkeit, von Sinnlichkeit und Reflexion nur oberflächlich zu bestätigen. Wichtiger ist, daß beide Maler modernes Empfinden im historischen Stoff aktualisierten: das Verständnis des innerlich zerrissenen Betrachters für die Verzweiflungstat der ehemals nur Verdammten, dieser »femme forte« – auf halbem Weg zur »femme fatale« des Fin de siècle.

Uwe Fleckner studiert ein Gemälde, in dem die Geschichte der einen Nation der anderen als Spektakel vorgeführt wird. Paul Delaroches Gemälde *Napoleon I. in Fontainebleau, 31. März 1814* ist kein übliches Herrscherbildnis, sondern ein Historiengemälde. Das in eine historische Anekdote eingefügte psychologische Porträt entstand nicht, um die Franzosen mit einer entscheidenden Episode ihrer eigenen Geschichte vorzuführen. Delaroche malte Napoleon I. im Jahre 1845 für den Leipziger Kaufmann Konsul Adolph Heinrich Schletter. Erst 1847 fertigte er eine erste Replik für Goupil, die heute im Pariser Musée de l'Armée aufbewahrt wird. Nicht die Abdankung zeigt das Gemälde des zwischen Auflehnung und Resignation schwankenden Herrschers, sondern einen Moment einige Tage davor, als Napoleon die Nachricht vom Einmarsch des russischen Zaren und des preußischen Königs in Paris gerade erreicht hatte, er aber noch über bedeutende Truppenkontingente verfügte. Delaroches Vorbild für die malerische Fassung seines zwischen Tatendrang und Ermattung schwankenden Helden waren Darstellungen des Herkules am Scheidewege, insbesondere die Skulptur des *Hercule gaulois*, die Pierre Puget 1661–1662 geschaffen hatte. Zwei Jahre, nachdem Delaroche sein historisches Porträt Napoleons gemalt hatte, gelangte die Skulptur in den Louvre. Aufschlußreich ist die Rezeptionsgeschichte: In Deutschland sah man den Napoleon in diesem »wahrhaft historischen Zeitbild« nicht als zerrissene, tragische Figur, sondern ganz und gar als negativen Helden, der für Carl Gustav Carus gar stets schon den Keim seiner eigenen Vernichtung in sich getragen hatte. Lediglich ein böhmischer Journalist war zur differenzierten Beurteilung der historischen Gestalt befähigt; er allein erkannte die Vielschichtigkeit von Delaroches Inszenierung von Geschichte als psychologisch dramatisiertem Spektakel.

Wie Annette Schlagenhauff nachweist, war Delaroche auch in Berlin der bei der allmählichen Annäherung an französische Kunst am positivsten bewertete Künstler. Seit 1834 betrieb Louis Friedrich Sachse in Berlin eine Galerie, die das Publikum der preußischen Hauptstadt mit französischer Kunst konfrontierte. Höhepunkt seiner Tätigkeit war die Eröffnung einer eleganten, permanenten Ausstellung französischer Werke, auf der seit 1853 ausländische und vor allem französische Kunst präsent gehalten wurde. Das meist diskutierte Werk der Eröffnungsausstellung war Delaroches eigenhändige Replik seines gigantischen Wandgemäldes für die Pariser Ecole des Beaux-Arts, einer »Apotheose der bildenden Künste«, nach der Form des halbrunden Saales bekannt als *Hémicycle.* Auf die von Sachse seit 1834 gezeigten Werke durchweg berühmter französischer Künstler wartete in Berlin ein geteiltes Echo. Adolph Menzel lobte den »geistvollen und gediegenen Materialismus der jetzigen Franzosen«, andere aber verteufelten diese als »Effektjäger«. Delaroches malerische Würdigung der Kunstgeschichte stieß gerade zu dem Zeitpunkt in Berlin auf ein ungeteilt positives Urteil, als mit Wilhelm von Kaulbachs Zyklus für das Neue Museum die große Geschichtsmalerei in der preußischen Hauptstadt Einzug hielt.

Die Märzrevolution brachte 1848 die nationale Symbolbildung in Deutschland in die Nähe der französischen Staatsikonographie. Dies untersucht exemplarisch Lothar Gall am Beispiel zweier revolutionärer Fassungen der allgegorischen Figur der »Germania«. Als Symbolisierung des Nationalstaats war während der großen Revolution die Symbolfigur der »Marie-Anne« als »Frau Jedermann« geschaffen worden. Diese universale allegorische Gestalt konnte für die Freiheit, für das Volk ebenso wie für Nation und Staat einstehen. Nach französischem Vorbild suchten auch die anderen, insbesondere die neuen Nationen nach allegorischer Verkörperung. Die in Deutschland geschaffenen Gestalten der »Germania« konnten christlich-ständestaatliche Symbolik in sich aufnehmen und dabei zugleich die Nation in der Abwehr der Bedrohung oder auf dem Weg zu ihrer Selbstbefreiung vorführen. Philipp Veit, der langjährige Direktor des Städelschen Kunstinstituts in Frankfurt am Main, schuf im März 1848 für die Paulskirche ein Bild der *Germania* mit deutscher Trikolore und gesprengten Fesseln. Christian Köhlers Bilde einer *Erwachenden Germania*, 1848 entstanden, wurde bald nach New York verbracht und geriet in Vergessenheit. Geweckt durch Gerechtigkeit und Freiheit, greift sie unter dem schwarz-rot-goldenen Banner zum Schwert, um gegen Zwietracht und Knechtschaft zu kämpfen. Doch mit der Kaiserkrone beschwört sie auch die vorrevolutionäre Tradition. Dennoch wurde das Gemälde bald nur noch mit der Märzrevolution in Verbindung gebracht. Das Kaiserreich ertrug nur noch die kampfbereite Walküre, die ihre gemeinsame Wurzel mit der »Marianne« vergessen hatte.

Das Umschlagen von Freiheitskampf in Terreur geißelte Alfred Rethel in einem Werk, das, wie Wolfgang Drost zeigt, auch in Frankreich nachdenklich aufgenommen wurde. Im Mai 1849 hatte Alfred Rethel die Holzschnittfolge *Auch ein Totentanz* frisch vollendet. Die Blätter, in denen Rethel die Revolutionsereignisse verarbeitete, denen er im Vorjahr in Franfurt beigewohnt hatte, werteten die Dresdener Revolutionäre ein Jahr später als Verunglimpfung der Revolution. Die Darstellung des Todes, der über eine Barrikade reitet, schien eine unmißverständliche Sprache zu sprechen. Baudelaire, der doch die Irrwege der »philosophischen Kunst« ablehnte, fand auf der Weltausstellung von 1855 Gefallen an Rethels Holzschnitten. Einleuchtende, gut konstruierte Allegorien verlangten vom Betrachter, die vage Sprache der Dinge zu lesen, und »la valeur morale du poème, caractère satanique et byronien, caractère de désolation« zu erschließen. Die Tendenz des »poème réactionnaire« gegen die »sottises de la révolution« war dem Dichter nur recht. Dabei hatte Rethel sich zunächst für die Revolution begeistert, dann jedoch ihre Mittel abgelehnt. Rethel war sicher von Delacroix' *La liberté guidant le peuple* (1830) und möglicherweise von dessen *Einzug der Kreuzfahrer in Konstantinopel* (1840) angeregt. Der »liberté« stellte Rethel den apokalyptischen Reiter gegenüber, der wie Delacroix' Kreuzfahrer alles niedermacht. Rethel wurde auch von Delacroix' Revolutionsbild angeregt, doch stellt er ihm einen aktualisierten Totentanz gegenüber. Seine Distanzierung von der durch Blut erkämpften Freiheit spricht Baudelaire aus der Seele und veranlaßt diesen dazu, seine Ablehnung »philosophischer« Kunst zu revidieren. Die Rezeption der Kunst des Nachbarn mündet in die Formulierung kontrastierender Positionen, die doch aufeinander angewiesen bleiben.

Kunst und das entstehende Massenpublikum: Nationale oder kosmopolitische Rezeption?

Ségolène LeMen präsentiert ein Werk, das die Kunst als Medium, ihren Bezug zum Publikum und seine politische Wirkung in einzigartiger Weise visualisiert. Daumier gab in einer im November 1869 publizierten Lithographie einer allegorischen Figur Frankreichs eine Laterna magica in die Hand, welche – als Metapher freier Wahlen – einen Lichtkegel auf eine Leinwand projiziert. Darin erscheint kein Bild, sondern das Wort »liberté«. Lockerungen der Pressezensur und der Einschränkungen der Versammlungsfreiheit waren Parlamentswahlen im Frühsommer und Herbst dieses Jahres vorausgegangen. Deren Ergebnis zwang Napoleon III. zu einem liberaleren Kurs. Die Worte »France – scrutin – liberté« sind die Achse, entlang derer sich eine komplexe, keineswegs karikaturhafte Allegorie entfaltet. Die antikische Gestalt der »France« mit der Mauerkrone lädt die Leserschaft des *Charivari* zur breiten Identifikation mit jenem Frankreich an, das sich in den Wahlen Bahn brach. Die Laterna magica, ein altbekanntes Medium, zugleich eine evidente Metapher nicht nur für Daumiers Lithographie, sondern die modernen Medien schlechthin, wird in dieser Ausweitung zur treibenden Kraft der Demokratie. Die metaphorischen Ausweitung des Projektionsapparats unterstützt eine Lichtsymbolik, welche das Christentum an die Aufklärung weitergegeben hatte. Die im Wort präsente Freiheit ersetzt alle Arten von Bildern, die das Medium projizieren kann: In der Rezeption der Leserschaft verdichten sich die Bilder zur Quintessenz ihrer politischen Wirkung, der Freiheit. Nicht zufällig läßt Daumier das Publikum dieser allegorischen Präsentation weg: Nicht *auf* der Darstellung findet es zu jener Freiheit, sondern *davor*.

Wie John House demonstriert, lädt die suggestive Kraft des Bildes freilich auch zu dessen Indienstnahme für die nationale Selbstdarstellung ein. Charles Bussons Gemälde des Dorfes Lavardon, 1877 ausgestellt, zeigt einen Ausschnitt des einfachen Landlebens der »France profonde«. Derartige Idyllen kamen den Erwartungen konservativer Kunstpolitik entgegen, wie sie unter der Präsidentschaft des Generals MacMahon von dem Directeur des Beaux-Arts Philippe de Chennevières betrieben wurde. Agrarkrise und Landflucht, diese konkreten Probleme blendete eine solche Vision aus. Im Januar 1871 war der preußische Vormarsch durch das Dorf Lavardon gezogen. Auch davon findet sich in Bussons Gemälde keine Spur. Statt, wie man den Impressionisten vorwarf, die Landschaft mit den Augen des Großstädters zu betrachten, führt Busson seinen Betrachtern die regenerative Kraft eines sich doch immer gleichbleibenden Frankreich vor Augen.

Konfliktreicher vollzieht sich die Selbstfindung der Nation im Spiegel ihrer Geschichte, ihrer Mythen, in einem Gemälde, das

Barbara Paul analysiert. Auf dem ersten Pariser Salon, der im Jahre 1880 unter einer wirklich republikanisch gesonnenen Republik abgehalten wurde, präsentierte Jules Bastien-Lepage sein Gemälde der Jeanne d'Arc, die als lothringisches Bauernmädchen in einem einfachen Garten den Stimmen ihrer Berufung lauscht. Republikanisch-laizistische und katholisch-legitimistische Tendenzen versuchten in den siebziger Jahren, die Heroine in ihrem Sinne zu interpretieren. Die seit den sechziger Jahren betriebene Heiligsprechung erfolgte erst 1920. Als Ende der siebziger Jahre der Konflikt zwischen restaurativen Kräften und wahren Republikanern auf die Spitze getrieben wurde, bot man die Jungfrau von Orléans als Symbolfigur auf. Dem am 30. Mai 1878 gefeierten Geburtstag Voltaires folgte am 10. Juli ein Pilgerzug nach Domrémy, dem Geburtsort Jeanne d'Arcs. Die auf Bastien-Lepages Bild in der Signatur enthaltene Ortsangabe »Damvillers – Meuse 1879« verweist auf den Geburtsort des Malers, nicht allzu weit entfernt von Domrémy gelegen. Seine naturalistische Darstellung der Inspiration des einfachen Bauernmädchens versöhnte die katholische Sichtweise mit der republikanischen, sperrte sich aber einer restaurativen Interpretation. Die Kritik deutete die Stimmen, welche die Jungfrau vernahm, nach damals modischem Muster als Zeichen hysterischer Eingebung. Sie bekräftigte damit ein Stereotyp von der Naturhaftigkeit der Frau – und der Nation, deren Aufstieg die verzückte Jungfrau sich zur naturhaften Sendung gemacht hatte. Wie die Frau wird das Kunstwerk zum Medium all dieser gebündelten Sendungen.

Ein durchaus vieldeutiges Symbol der Nation war auch der Eiffelturm, wie Hubertus Kohle nachweist. Das deutsche Kaiserreich, das anfänglich versucht hatte, die Weltausstellung des Jahres 1889 zu boykottieren, dann aber zurückhaltend doch teilnahm, sah sich damit konfrontiert, daß Frankreich den Verlust Elsaß-Lothringens nicht hinnehmen konnte. Der Eiffelturm, das Fanal auf dem Marsfeld zur Hundertjahrfeier der Revolution, wurde in Deutschland entsprechend zögerlich aufgenommen. Das Kaiserreich, das seine technischen Bauwerke im nibelungischen »Burgenstil« neostaufischer Romanik ausstaffierte, wollte im schwindelerregenden Fortschrittssymbol nur Blendwerk sehen. In die unvermeidliche Bewunderung mischte sich starrsinnige Skepsis gegenüber dem »Babylonischen Turm«. Die Geistigkeit des Kölner Doms wurde jener Berechnung gegenübergestellt, welche hinter dem doppelt so hohen Bauwerk steckte.

In den neunziger Jahren vollzog Frankreich eine konservative Wendung und bemühte sich um die Integrierung der unterschiedlichen Wertehorizonte seiner konfliktreichen Geschichte. Victor Prouvé malte 1898 für die Freitreppe des Rathausess von Issy-les-Moulineux bei Paris das Wandgemälde *La Vie*. Das dreiteilige Werk war dem Weg vom Liebesleben zur Familie und schließlich, in dem größten Teil, der Erziehung gewidmet. Der Kritiker und Kunstadministrator Roger Marx hatte seit den achtziger Jahren für eine didaktische, republikanische Werte vermittelnde Kunst für die Öffentlichkeit plädiert und gewirkt. Entsprechend versuchten Künstler wie Prouvé in ihren Rathausdekorationen, nicht nur zivile Zeremonien wie etwa Eheschließungen anstelle des religiösen Zeremoniells zu feiern, sondern darüber hinaus den republikanischen Wertekanon von seinem laizistischen Grundton wieder zu befreien und Anlehnung an religiöse Orientierung zu suchen. Im Mittelpunkt der konservativ überdachten Republik standen Familie und Erziehung. Angeboten wurde eine die Ideologien wie die Klassen übergreifende Vision. Nationale Identität und Weltverbesserung gingen in derartiger Malerei Hand in Hand.

Eindeutiger einer erhofften katholischen Variante nationaler Renaissance ist Maurice Denis' Gemälde *Die Jungfrau Maria in der Schule*, von 1902–1903, zuzuordnen. Die Madonna hat im Kreis der Kinder in einer Schulklasse Platz genommen, und hinter ihr zeigt eine Landkarte die 1870–1871 an das deutsche Kaiserreich verlorenen Gebiete Elsaß-Lothringens. Dem Künstler hatten die politischen Verhältnisse das Sujet geradezu aufgedrängt, wie er es empfand. Nach den Wahlen von 1902 stützte sich der neue Ministerpräsident Émile Combes auf ein Kabinett aus Radikalen und Radikalsozialisten. Er betrieb eine Politik, die den religiösen Kongregationen die Führung von Schulen zuerst erschwerte, und dann, 1904, untersagte. Die Orden hatten wie die Mehrzahl der Katholiken in der Dreyfus-Affäre größtenteils auf seiten jener gestanden, die sich für die Verurteilung des Hauptmanns ausgesprochen hatten. In der Krise bezog Denis zugunsten der konservativen, mehr oder weniger antisemitischen Koalition Stellung. Der Hinweis auf die annektierten Gebiete stellt die Wiedergewinnung allein einem religiös erneuerten Frankreich in Aussicht. Die Jungfrau hat sich in einer von Vinzentinerinnen betriebenen Grundschule in Denis' Wohnort niedergelassen – einer Schule also, die von baldiger Schließung bedroht war. Doch das Gemälde, in welchem der Künstler seine drei Töchter darstellte, hatte auch eine eminent persönliche Bedeutung für den Künstler, der seine religiöse Malerei und seine Grundüberzeugung durch die politische Tendenz bedroht sah. Selbst der Hinweis auf die umstrittene Grenze bedeutet keine pauschale Stellungnahme gegen Deutschland, dessen Kultur Denis verbunden war und blieb, lediglich gegen imperiales und nietzscheanisches Auftrumpfen. Er sah dadurch die geliebte romantisch-deutsche Innerlichkeit bedroht, welcher er in Gestalt seines Schumann-Frieses 1895 selbst gehuldigt hatte. Die Form, eine perfekte Synthese traditioneller, Raffael entlehnter Rhythmen mit modernen Verfahren, trägt zur Aktualisierung wie auch zur Verallgemeinerung des emotionalen Sinnes bei. In Deutschland war das Werk nicht unbeliebt: Kessler zeigte das Werk 1905 in Weimar, im gleichen Jahr erschien es in Wien, und 1909 in Düsseldorf.

Auf den Weltausstellungen feierte üppig visualisierte Völkerpsychologie Feste, aber auch martialische Verherrlichungen und religiöse Verklärungen des Militarismus waren dort zu sehen. Robert Rosenblum veranschaulicht dies am Beispiel der Pariser Weltausstellung des Jahres 1900. Herrscher und Geistesgrößen, Landschaften und Nationalmythen konnten den Charakter und den Behauptungswillen der Nationen orchestrieren. Die mißtrauisch einander gegenüberstehenden Nachbarn Frankreich und Deutschland rüsteten – auch in der Malerei – mit den Mitteln ihrer militärischen ebenso wie ihrer religiösen Tradition gegeneinander. Jean-Joseph Weerts zeigte unter dem Titel *Pour l'humanité, pour la patrie* unter einem allzu realistischen Kruzifixus einen getroffenen Cuirassier auf seinem gestürzten Pferd. Sein vielleicht letzter militärischer Gruß wird zur heilsgeschichtlichen Offenbarung. Ludwig Herterich setzte dagegen einen bereits 1894 entstandenen *Ulrich von Hutten*, der – ganzfigurig in historischer Rüstung dem Betrachter nahegerückt – neben einem Kruzifix in der Art des Veit Stoss steht. Der zwiespältige Ritter und Reformator war im 19. Jahrhundert zur Symbolfigur der Erneuerung von Kirche und Staat in Deutschland avanciert. Caspar David Friedrich hatte schon 1823–1824 in einem Gemälde von Huttens Grab den Aufbruch der Reformation mit dem der Befreiungskriege gereimt. In Herterichs Darstellung war die Symbolfigur Huttens für zahlreiche Identifikationen offen: Der preußisch-protestantische Militär-Adel konnte ihn genauso für sich reklamieren wie jene Klassen, die sich in der Nachfolge der Bauernkrieger sahen. Die Inschrift auf dem Rahmen »miles ego fidei« machte allemal deutlich, daß im Kaiserdeutschland staatliche und kirchliche Werte nunmehr in eins zu gehen hatten. Man darf über derartigen Bildern, so Rosenblum, nicht die Anti-Kriegsbilder auf beiden Seiten vergessen: eine kindliche Bellona von Henri Rousseau oder Franz von Stucks Allegorie des Krieges als apokalyptischer Reiter. Die Mentalitäten jedoch, die den Verlauf der Geschichte bestimmen sollten, hatten Weerts und Herterich ausgedrückt.

Auch in seinem Nationalpavillon griff Deutschland auf dieser Weltausstellung auf Altvorderes zurück, wie Françoise Forster-Hahn verdeutlicht: auf die Formensprache Nürnberger oder Heidelberger Neo-Renaissance, welche längst schon das Erscheinungsbild ganzer deutscher Stadtviertel prägte, die im Zuge der Industrialisierung aus dem Boden gestampft worden waren. Das deutsche Haus auf der Weltausstellung 1900 war im Volksmund als »Le pavillon de l'empereur« bekannt. Richard Muther geißelte diese »Geschmacklosigkeit« und kontrastierte sie mit einem Kleinod, dem Zimmer der Wiener Sezession. Am Außenbau wurde in gotischen Lettern für die preußische Seerüstung geworben. Henry van de Velde hielt den Pavillon zusammen mit den benachbarten »Palästen der Nationen« am Quai d'Orsay für »monumentale Torheiten«. Julius Meier-Graefe gefiel wenigstens das von Bruno Möhring entworfene Weinrestaurant. Doch das Publikum fand Gefallen an dem Palais mit seinen Friedrich dem Großen gewidmeten Sälen, in denen auch dessen Sammlungen französischer Kunst (Watteau, Chardin, Lancret, Pater) in einem Sanssouci nachempfundenen Ambiente präsentiert wurden. Preußen verneigte sich gleichzeitig vor der französischen Kultur, der Friedrich II. so viel verdankte, und inszenierte mit dem für kaiserliche Größe vereinnahmten Herrscher seine Macht. Die Geste der Verständigung verband sich mit auftrumpfender Selbstdarstellung, über welche die französische Kritik bemerkenswert gelassen hinwegging.

Daumier, der doch um die einende Kraft des Mediums der Lithographie wußte, malte nicht von einem nationalen Standort aus. Klaus Herding führt in einer Analyse eines Gemäldes Daumiers beispielhaft vor Augen, daß das Unterbewußtsein der Nation deren Rahmen sprengt. Die Ängste und Haltlosigkeiten der modernen Welt machten nicht an nationalen Grenzen halt. Daumier hält einen Mann fest, der keinen Standort hat, ihn vielleicht sucht. Lange hat man Daumier als Maler nicht genügend beachtet. Der *Mann am Seil*, der sich aus einem unwägbaren Oben in ein ebenso unauslotbares Unten abseilt, entstand in zwei Versionen in der Zeit um 1858–1860. Jede Bilderzählung wird in dieser Setzung eines malerischen Gedankens negiert. Schon die Identität des Mannes entzieht sich jeder Fixierung: Ein Arbeiter an einem Hausabriß oder –bau, vielleicht auch ein Anstreicher, vielleicht einer jener Arbeiter, von denen man in der Zeit der radikalen Umgestaltung der Hauptstadt unter dem Präfekten Haussmann viele antraf, wird zum Mittelpunkt einer unwägbaren Symbolik. Wie einer jener Zirkusakrobaten, mit denen Daumier sich gern identifizierte, läßt sich der *Mann am Seil* auf einen artistischen Aufbruch ins Unbekannte ein. Die Figur übersetzt eine Bildtradition, die Menschen am Abgrund zeigt, in abstrakte Zeit- und Ortlosigkeit. Die romantische Angst vor dem Sturz in die Tiefe, verbunden mit dem Wunsch, zu fliegen, wird überwunden in dieser Gestalt, die sich in der schwindelerregenden Situation ihrer eigenen Beziehungslosigkeit ganz instinktiv zu halten weiß. Wie Daumier selbst wagt es der *Mann am Seil,* sich nicht festzulegen, und gerade dies als moderne Situation zu bejahen. Nur in der Malerei ist diese Vision kongruent. Nur auf der Bildfläche finden ineinanderfließende Vorder- und Hintergründe zusammen. Nur im Bilde kann aus diesem transitorischen Moment par excellence, gemäß der Baudelaireschen Forderung, etwas Ewiges gezogen werden. Das flüchtige Weiß, die in der Malerei materialisierte Licht- und Nichtfarbe, verleiht der Figur einen fragilen, ausschließlich bildnerischen Halt.

Das Gegenstück dieses Ausflugs in ein eben nicht mehr nationales Unterbewußtes verdanken wir Claude Keisch. 1879 stellte der einundzwanzigjährige Max Klinger in Berlin das Gemälde *Spazier-*

gänger aus, bald auch als »Die rote Mauer« oder, anekdotisch treffender, als »Der Überfall« bekannt. Im uferlosen Breitformat einer unpittoresken, reduzierten Vorstadtlandschaft neben einer abrupt fluchtenden Mauer findet sich ein Passant, vielleicht ein Gauner, von einer Gruppe von Schlägern umringt, und hält sie mit einem Revolver in Schach – damals eine neueste Erfindung. Ein Jahr nach den *Phantasien über einen gefundenen Handschuh* gemalt, wurde das Gemälde als Capriccio von »bitterem Humor«, aber auch als verschrobene, affektierte Absonderlichkeit aufgenommen. In jedem Falle aber wurde das Bild von »traumhaft unheimlicher« Wirkung allseits beachtet. Das Motiv konnte zunächst als Nachklang jener Halb- und Unterwelt erscheinen, die von den vierziger Jahren bis zum französischen und deutschen Naturalismus in literarischen Milieuschilderungen verarbeitet wurde. Tatsächlich versuchte Klinger sich hier erstmals in naturalistischer Gegenwartsschilderung, transzendiert diese jedoch sogleich mit den Mitteln einer abgründigen Phantasie. Die Szene, die von den Hintergründen des ebenso erregenden wie banalen Ereignisses nichts preisgibt als den Stillstand der Zeit vor der Zuspitzung, und der ironische Titel lassen den Betrachter perplex. Der nimmt zuerst vor allem die Leere zwischen den Gestalten wahr, bevor er den unauflösbaren Spannungsmoment durchschaut, wobei es ihm kaum gelingt, Figuren und Ambiente zu einem Szenario abzuschließen. Im Fortgang der Betrachtung verdichtet sich die Regungslosigkeit der durch die Schlagschatten überpointierten Gestalten zu ihrer schleichenden Vereinzelung. Der vertiefte Blick auf das Erlebnis der Moderne wie auch die Möglichkeiten der Malerei – jenes die Zeit anhaltenden Mediums – verbindet sich unlösbar mit einer sozial bewußten Wahrnehmung.

Fritz von Uhdes 1883–1884 entstandenes Gemälde *Lasset die Kindlein zu mir kommen* enthält als bedeutungsvolles Detail einen leeren Stuhl, der mit dem reicher dekorierten Stuhl kontrastiert, auf dem Christus sitzt. Van Gogh, der eine Reproduktion des Bildes 1885 ausführlich kommentierte, ließ sich auch durch dieses Vorbild zu seinen beiden Stilleben mit leeren Stühlen inspirieren, die er in Erinnerung an die gemeinsam mit Gauguin in Arles 1888–1889 verbrachte Zeit malen sollte. Das vor dem Hintergrund christlicher Bildtradition lesbare Motiv vermittelt bei beiden utopische Vorstellungen humanitär wirksamer Kunst. Doch entwickelte van Gogh seine Vision nicht durch das sentimentale Sujet, sondern – so Peter-

Klaus Schusters These, als Gegenentwurf zu Uhdes ungemein populärem Werk – durch künstlerische Verfahren, bei denen Ausdrucksteigerung und elementare Bedeutungsassoziation ineins gehen.

Wie Beate Söntgen vorführt, kann die *condition humaine* unter den Bedingungen der Moderne sich auch im scheinbar altvorderen Sujet Bahn brechen. Wilhelm Leibl zeigte 1882 *Drei Frauen in der Kirche* zuerst in München, und bald darauf in Paris und Wien. Verband man das Bauerngenre durchaus mit germanischer Provinzidylle, so widersprach das Bild doch derartigen Erwartungen. Der Belanglosigkeit des Themas der drei Aubingerinnen in ihrer Dorfkirche widersprach die hingebungsvolle, minutiöse Ausführung selbst häßlicher Details wie der gichtigen Hände. Statt der humorigen Reduktion auf Typen, statt der wohlmeinenden Charakterisierung des Heimischen zwischen Idylle und Karikatur, wie sie das biedermeierliche Genre bevorzugte, eine Malerei, die nicht akzentuiert, sondern nur vorführt. Aufgrund seiner Absage an das Gemüt hielt man Leibl seinen unverständlichen, ja, französelnden Jargon vor. Wie Courbets Steinklopfer waren die Bäuerinnen mit ihren zerarbeiteten Händen nicht typische Gestalten im Sinne der Genremalerei, sondern Metonymien all derer, die ihr Schicksal teilten. Der Künstler verleiht ihnen keine Bedeutung, diese erringen sie selbst. Eher als Genrefiguren erheben sie sich aus der bloßen Realität in jenem Bereich auffordernder Sinnhaftigkeit, den vormals die Allegorie oder gar der Mythos besetzt hielt. Die Malerei von überall gleicher, hingebungsvoller, doch wie geblendeter Aufmerksamkeit inszeniert zugleich mit der bannenden Kraft einer Kunst deren Scheitern. Verliert man sich an das Bild, so zerfällt die Realität, der sich Leibl so akribisch ausgeliefert hat.

Nach Courbet veranlaßte das Vorbild Manets und der Impressionisten eine tiefe Neuorientierung der deutschen Kunst. Hugo von Tschudi kaufte 1896 Manets *Wintergarten* für die Berliner Nationalgalerie. Im Februar 1904 wurde im Reichstag und im preußischen Landtag über die Zusammensetzung der Jury für die deutsche Kunst auf der Weltausstellung in St. Louis gestritten. Andreas Blühm hat diese Kunstdebatte rekonstruiert. Als Reaktion auf eine Intervention des Kaisers wurde höchst kontrovers auch über die Sezessionsbewegung und ihre französischen Vorbilder gestritten. Von höchster Bewunderung über halbherziges, ja, ironisches Lob bis zur Verächtlichmachung reichten die Einlassungen der Redner besonders zu Manet. Verteidigt wurde er als ein Maler nicht der Gegenstände, sondern ihrer Wirkung unter realen Lichtverhältnissen; gelobt wurde er als »weiblich« sensibler Beobachter; abgekanzelt wurde er als doktrinärer Tendenzkünstler. Den *Wintergarten* deutete man wie selbstverständlich als die unsittliche Szene eines vulgär gestellten Antrags des sich von hinten auf die Lehne der Sitzbank stützenden Mannes an die Frau, die sich dort niedergelassen hatte. Manet hatte die innere Beziehung der Eheleute Guillemet nicht in Szene gesetzt, und das ungezwungene Nebeneinander setzte die deutsche Rezeption auf eine falsche Fährte. Statt das unschuldige Gemälde wirklich zu betrachten, projizierte man Stereotypen über Pariser Libertinage hinein. Unter der Hand stand auch die Malerei Max Liebermanns und ihre Anlehnung an das französische Vorbild zur Debatte.

Doch auch die Kuratoren, Kritiker und Kunsthistoriker, die den Impressionismus gegen den Widerstand der offiziellen Kulturpolitik im kaiserlichen Deutschland unterstützten, handelten im Namen eigener Sichtweisen und Motivationen. Eberhard König geht dem am Beispiel eines Juwels der Bremer Kunsthalle nach. 1908 erwarb Gustav Pauli Manets *Bildnis des Zacharie Astruc* für das von ihm geleitete Haus. Das 1866 gemalte Konterfei des schönen Mannes gefiel dessen Frau nicht, und so darf man Manets Biographen Tabarant Glauben schenken, wenn er behauptet, es sei an den Künstler zurückgegangen. Sicher wollte Manet dem vielseitigen Dichter und Aquarellisten vor allem dafür danken, daß er als Kunstkritiker nach dem Skandal um *Déjeuner sur l'herbe* 1863 als erster verteidigende Worte veröffentlicht hatte. Bislang las man das Bremer Porträt vor allem als Vorläufer der berühmteren Hommage an einen Schriftsteller-Freund, des Pariser Porträts Zolas, dem Manet 1868 die Ehre erwies, weil er im Vorjahr die Verteidigung von *Olympia* übernommen hatte. Im Alexis-Porträt kombiniert Manet ein Stilleben und eine Genreszene im Hintergrund mit dem Bildnis. Für die Hinterlegung eines dunklen Vordergrunds mit der Szene der Piano spielenden Frau ist Manet dem Vorbild von Tizians *Venus von Urbino* gefolgt. Thema Manets war also nicht nur der Porträtierte, sondern das gemeinsame Bemühen um künstlerisch gelebte Modernität in freier Aneignung der kunstgeschichtlichen Tradition. Gerade dies muß Pauli, der sich ein Leben lang für die Freiheit und Selbständigkeit der Kunst einsetzte, überzeugt haben, das Werk seiner Sammlung zu integrieren. Nicht nur Kuratoren wie Gustav Pauli, Alfred Lichtwark und Hugo von Tschudi setzten sich für die Autonomie der Kunst ebenso wie der Kunstgeschichte ein. Eine auf ästhetische Modernität eher als auf aktuelle Sujets bedachte Rezeption französischer Kunst war in der deutschen Geschmackskultur, die sich gegen den herrschenden Wilhelminischen Ungeschmack richtete, keine Ausnahme.

Pierre Vaisse wirft die Frage auf, ob man die Malerei von Liebermann und seinem Kreis überhaupt als impressionistisch bezeichnen sollte. Dazu rekonstruiert er die Geschichte dieser kunsthistorischen und -kritischen Begriffsbildung. Liebermanns *Eva* mit dem Apfel ist ein holländisches Bauernmädchen. 1883 malte der Künstler sie aus der Erinnerung in Berlin – als Impressionist? Das Verfahren erinnerter Ursprünglichkeit stellt festgefahrene Vorurteile über impressionistische Freilichtmalerei in Frage. Den Zeitgenossen freilich galt noch die Vergrößerung der im Freilicht gemalten Motivstudie im Atelier als mit dem Impressionismus vereinbar. Dementsprechend stand Liebermanns schon zu Lebzeiten bekannte Arbeitsteilung zwischen Naturstudium im Sommer und Atelierarbeit im langen Berliner Winter seiner Wertung als »deutscher Impressionist« nicht entgegen. Dennoch ist der deutsche Impressionismus ein Konstrukt, dem man mit Julius Meier-Graefe widersprechen darf. Hugo von Tschudi hatte in seinem Text zur Jahrhundertausstellung des Jahres 1906 Liebermann auf dem Weg zum Impressionismus gesehen, und seither deklinierte man die deutsche Primamalerei des späten 19. Jahrhunderts in Parallele zur französischen Kunstentwicklung. Den Impressionismus setzte eine spekulative deutsche Kunstgeschichte auf eine Stufe mit eben erst erfundenen Stilbegriffen wie Gotik und Barock. Sie sah ihn dabei einmal als universalhistorische Stilkategorie, ein anderes Mal als Ausdruck eines positivistischen Zeitalters – und wie dieses, sinnlich und oberflächlich. Die Erfindung eines deutschen Impressionismus, bald ergänzt um den wesenhaft germanischen Expressionismus, wertete die deutsche Kunstentwicklung gegenüber der französischen auf. Doch der Platz des jüdischen Künstlers Liebermann im solcherart konstruierten deutschen Impressionismus blieb prekär. Wenn auch seine Malerei dem Impressionismus eines Manet und Monet weniger verpflichtet war als gemeinhin angenommen, so steht doch fest, daß er seine Reputation in Paris erwarb, bevor man ihn auch in Berlin und

Deutschland ebenso schätzte wie bekämpfte. Doch selbst seine Pariser Bewunderer waren weniger die Impressionisten als heute zu Unrecht vergessene Naturalisten wie Alfred Philippe Roll, denen auch Liebermanns Malerei in mancher Hinsicht verwandt sei.

Wie die Verehrer Manets und der Impressionisten blendeten die deutschen Bewunderer des Neo-Impressionismus die Auseinandersetzung der Künstler mit der sozialen Gegenwart aus, um vor allem der Freiheit des nur Künstlerischen das Wort zu reden. Als Georges Seurat sein Hauptwerk *Ein Sonntag Nachmittag auf der Insel La Grande-Jatte* 1886 bei den Indépendants ausgestellt hatte, bemängelte die Kritik, die Figuren sähen aus wie Holzpuppen, ja, wie mechanische Spielzeuge. Ein solcher Maler könne niemals Aktfiguren malen. So machte sich der Maler denn daran, ein Modell, das sich vor dem Skandalbild ankleidet, dreimal wie die drei Grazien im gleichen Bild zu präsentieren. Alexandre Kostka geht einem Umgang mit dem Gemälde nach, den man zugleich als ästhetizistisch und als barbarisch einstufen muß. Nachdem der junge Harry Graf Kessler 1897 eine Wohnung zwischen dem Potsdamer Bahnhof und dem Leipziger Platz in Berlin bezogen hatte, kaufte er als erstes Werk Seurats *Poseuses*. Doch dem jungen Grafen, der das Bild in einem eigens dafür geschaffenen Rahmen in seinem von Henry van de Velde dekorierten Speisesaal vorführte, wollte nur eine der keuschen, fast halbwüchsigen Schönheiten zeigen. Auf einem verborgenen, drehbaren Mechanismus aufgerollt, war von der Leinwand jeweils nur eine von Seurats *Poseuses* zu sehen. Der elitäre Dandy und Ästhet hatte seinen Geschmack über den des Künstlers gestellt. Paul Signac, der Seurats Pointillismus weiterentwickelt hatte, und nietzscheanischer Zugriff legitimierten diese Verschiebung des ästhetischen Sinns beim Transfer von Frankreich nach Deutschland. Im dekorativen Gesamtkunstwerk waren für Kessler »die besten Bilder [...] die passendsten eingerahmten Flecke für unsere Wände«. Seurat hatte durch die unverblümte Aneinanderreihung dreier Darstellungen des gleichen Modells die Atelierfiktion entblößt und damit das Bild des Künstlers als eines ästhetischen Demiurgen. Kessler reduzierte sein Werk nicht nur in der Größe, sondern auch im Anspruch, indem er es zum nur ästhetischen Wandschmuck degradierte.

Wie Rachel Esner demonstriert, sperrte sich Vincent van Goghs Kunst nur dem Anschein nach gegen Vereinnahmungen durch

Nationalkulturen, die sich von Völkerpsychologen eine je eigene Charakterologie andichten ließen. In Frankreich galt van Gogh als ebenso groß- wie fremdartig, nicht klassifizierbar, und wurde doch mit Frans Hals oder Rembrandt, ja, mit Spinoza verglichen – bis Théodore Duret ihn 1916 in seiner Monographie für die Kunstentwicklung des Impressionismus reklamierte. Gegner seiner Kunst jedoch apostrophierten diese als germanisch; ein Skeptiker wie Maurice Denis sah in ihm einen Romantiker. Konservative Gegner der Fauves schließlich bekämpften mit seinem Einfluß auf die jüngere Generation die Gefahr einer »germanischen« Überfremdung französischer Klarheit. Meist sah man in van Gogh den »Anderen«. In Deutschland galt er bis 1911 weitgehend als Künstler französischer Tradition. Sowohl von den Freunden wie von den Gegnern der Kunstentwicklung zum Impressionismus wurde er dieser fraglos zugeordnet. Noch Carl Vinnen und die 1911 gegen die Bevorzugung alles Französischen protestierenden »deutschen Künstler« zielten vor allem auf van Gogh. Allmählich jedoch griff eine Einschätzung des Niederländers als Genie »germanischer« Expressivität Platz, die in van Goghs Malerei das tragische, zugleich zerstörerische und aufbauende Ende der jüngeren französischen Entwicklung verherrlichte. Van Gogh erschien nun als Wegbereiter des Expressionismus, des deutschen Wegs zur Avantgarde. In beiden Ländern hatte die Van-Gogh-Legende einen entscheidenden Stellenwert in der Debatte um die künstlerische Selbstfindung der Nation.

Mit Hans A. Lüthy tun wir vollends den Schritt ins 20. Jahrhundert und seine Avantgarden – aber indirekt, nur im Spiegel einer jetzt erst möglichen Wertschätzung Géricaults. 1907 fand in der Berliner Galerie Gurlitt die erste deutsche Géricault-Ausstellung statt. Julius Meier-Graefe begrüßte dort Géricaults Porträt eines Geistesgestörten aus der Pariser geschlossenen Anstalt La Salpêtrière, der von der militärischen Kommandogewalt besessen war, als ein Bild von »geradezu mysteriöser Gewalt«. Géricaults Vergegenwärtigung der »menschlichen Figur« war schon im 19. Jahrhundert der Kunst Rembrandts zur Seite gestellt worden, der man gegen Ende des Jahrhunderts ein germanisches Wesen zu bescheinigen begann. Organisiert hatte die Ausstellung der seit 1889 in Paris lebende Schweizer Otto Ackermann, ein Pazifist, Bonvivant und genialer Genießer von Kunst und Literatur, der durch die

Mitherausgabe einer Zeitschrift und durch seinen Salon mit der internationalen ästhetischen Elite bekannt war. Bereits 1905–1906 hatte Ackermann seine Kunstsammlung, darunter mindestens sechs Werke Géricaults, in München und anderen deutschen Kunststädten zirkulieren lassen. Géricaults Bildnisserie von Insassen der Salpêtrière konnte erst die Moderne wirklich würdigen. Noch 1866 hatte der Louvre den Ankauf abgelehnt, erst 1887 wurden fünf der Bilder in der Pariser Ecole des Beaux-Arts ausgestellt. Als symbolistische und naturalistische Ausstellungskunst um die Gunst eines Publikums wetteiferten, das sie mit Bildern aufrührender Gegenwart und mythischer Vergangenheit erregten, als die Avantgarden darauf reagierten, zu Einkehr und Einfachheit zurückkehrten, wurde der Geisteskranke zum Monument der Kunst. Er, der nicht lügen konnte, und trotzdem der Wirklichkeit entrückt war, avancierte zum Symbol der künstlerischen Sendung. Das Reale Géricaults war das unauslotbar Unbewußte der armen Teufel, die er den Blicken so unverblümt ausliefert. Der Verrückte wurde erst jetzt zum stillen Künder jener verborgenen Wahrheiten, denen sich die Kunst nunmehr zuwandte. Kriegshelden hatten das Jahrhundert der Nationen eröffnet. Der *Fou du commandement militaire* wurde zu seinem Abgesang.

[1] Zum Versuch Louis-Philippes, alle »gloires de la France« in einer zugleich versöhnlichen und einigenden Vision der konfliktreichen Geschichte Frankreichs zu einen, vgl. Thomas W. Gaehtgens: *Versailles. De la résidence royale au musée historique. La Galerie des Batailles dans le Musée Historique de Louis-Philippe*, Paris 1984.

[2] Anton von Werner zelebrierte das Ereignis in einem im Kaiserreich berühmten Gemälde: *Die Proklamierung des Deutschen Kaiserreichs*, 1885 (Friedrichsruh, Bismarck-Museum); vgl. dazu: Thomas W. Gaehtgens: *Anton von Werner. Die Proklamierung des Deutschen Kaiserreiches. Ein Historienbild im Wandel preußischer Politik*, Frankfurt am Main 1990.

[3] Vgl. Jürgen Habermas: *Strukturwandel der Öffentlichkeit. Untersuchungen zu einer Kategorie der bürgerlichen Gesellschaft* [1962], 14. Aufl., Darmstadt u. Neuwied 1983; Richard Sennett: *Verfall und Ende des öffentlichen Lebens. Die Tyrannei der Intimität* [1974], Frankfurt am Main 1983. Wichtig auch die Überlegungen zur Wirkung des Historienbildes in Frankreich am Übergang vom 18. zum 19. Jahrhundert in: Stefan Germer: *Historizität und Autonomie. Studien zu Wandbildern im Frankreich des 19. Jahrhunderts*, Hildesheim, Zürich u. New York 1988, S. 11–95; sowie grundlegend zum Kunstverständnis in der bürgerlichen Öffentlichkeit vgl. Werner Busch: *Nachahmung als bürgerliches Kunstprinzip. Ikonographische Zitate bei Hogarth und in seiner Nachfolge*, Hildesheim 1977; id.: *Das sentimentali-*

sche Bild. Die Krise der Kunst im 18. Jahrhundert und die Geburt der Moderne, München 1993.

4 Zur Visualisierung von Zeitgeschichte und Geschichte und zu dem Wandel des Rezeptionsverhaltens im 19. Jahrhundert vgl. Stefan Germer u. Michael F. Zimmermann (Hg.): *Bilder der Macht – Macht der Bilder. Zeitgeschichte in Darstellungen des 19. Jahrhunderts*, München u. Berlin 1997.

5 Maurice Agulhon: *Marianne au pouvoir. L'imagerie et la symbolique républicaines de 1780 à 1914*, Paris 1979; Monika Wagner: *Freiheitswunsch und Frauenbild. Veränderungen der »Liberté« zwischen 1789 und 1830*, in: Inge Stephan u. Sigrid Weigel (Hg.): *Die Marseillaise Weiber*, Berlin 1989, S. 7–36.

6 Vgl. dazu die Katalognotiz von Claude Keisch in: Claude Keisch, Marie Ursula Riemann Reyher, Henri Loyrette u. Philip Conisbee (Hg.): *Adolph Menzel, 1815–1905. Das Labyrinth der Wirklichkeit*, Ausstellungskatalog, Musée d'Orsay, Paris / National Gallery of Art, Washigton / Berlin, Staatliche Museen – Preußischer Kulturbesitz, Nationalgalerie und Kupferstichkabinett, 1996–1997, S. 254–258.

7 Georg Friedrich Koch: *Die Kunstausstellung. Ihre Geschichte von den Anfängen bis zum Ausgang des 18. Jahrhunderts*, Berlin 1967, bes. S.124ff.; zur Entstehung des modernen Ausstellungsbetriebs besonders in England vgl. Maximiliane Drechsler: *Zwischen Kunst und Kommerz. Zur Geschichte des Ausstellungswesens zwischen 1775 und 1905*, München u. Berlin 1996; Patricia Mainardi: *The End of the Salon. Art and the State in the Early Third Republic*, Cambridge, New York u. Oakleigh/Australien 1993.

8 Einführend zur Geschichte der französischen Kunstkritik, doch teilweise überholt: Anita Brookner: *The genius of the future. Diderot, Stendhal, Baudelaire, Zola, the brothers Goncourt, Huysmans. Studies in French art criticism*, London u. New York 1978. Ein Entwicklungsmodell zur Kunstkritik am Übergang vom 18. zum 19. Jh. und zur öffentlichen Debatte von Kunst: Stefan Germer u. Hubertus Kohle: *Spontaneität und Rekonstruktion. Zur Rolle, Organisationsform und Leistung der Kunstkritik im Spannungsfeld von Kunsttheorie und Kunstgeschichte*, in: Peter Ganz, Martin Gosebruch, Nikolaus Meier u. Martin Warnke (Hg.): *Kunst und Kunsttheorie, 1400–1900*,Wiesbaden 1991 (Wolfenbütteler Forschungen, Bd. 48), S. 287–312. Zu aktuellen Fragestellungen der Forschungsdebatte um die Kunstkritik vgl. Uwe Fleckner u. Thomas W. Gaehtgens (Hg.): *Prenez garde à la peinture! Kunstkritik in Frankreich, 1900–1945*, (Passagen/Passages, Bd. 1) Berlin 1999.

9 Jean Adhémar: *La lithographie. 200 ans d'histoire de technique d'art*, Paris 1983; McAllister W. Johnson: *French Lithography: The Restauration Salons, 1817–1824*, Kingston/Ontario 1977.

10 Elke Hilscher: *Die Bilderbogen im 19. Jahrhundert*, München 1977.

11 Eine wissenschaftliche Einführung zur Geschichte der illustrierten Presse existiert nicht. Dieser Aspekt der Bildkultur wurde bislang nur in Einzelaspekten gewürdigt. Nützlich zur Orientierung: Mason Jackson: *The Pictorial Press: Its Origin and Progress* [1879], London 1885; G. Weill: *Le journal. Origines, évolution et rôle de la presse périodique*, Paris 1934 (*L'évolution de l'humanité, 94*); Allan Ellenius: *Reproducing Art as a Paradigm of Communication. The Case of the Nineteenth Century Illustrated Magazines*, in: Hedvig Brander Jonsson, Allan Ellenius, Thomas Hård af Segerstad, Lena Johannesson u. Barbo Werkmäster (Hg.): *Visual Paraphrases. Studies in Mass Media Imagery*, Uppsala u. Stockholm 1983, S. 69–92.

Einzelstudien sind rar; vgl. etwa: Jean-Noël Marchandiau: *L'Illustration, 1843–1944. Vie et mort d'un journal*, Toulouse 1987; Krishnâ Renou et al.: *L'Illustration. Un siècle de vie française*. Ausstellungskatalog, Musée Carnavalet, Paris 1987; Adelheid Stielau: *Kunst und Künstler im Blickfeld der satirischen Zeitschriften »Fliegende Blätter« und »Punch«. Untersuchungen zur Wirkungsgeschichte der bildenden Kunst in der zweiten Hälfte des neunzehnten Jahrhunderts*, Phil. Diss., Aachen 1976; Hartwig Gebhardt: *Auf der Suche nach nationaler Identität. Publizistische Strategien in der Leipziger »Illustrirten Zeitung« zwischen Revolution und Reichsgründung*, in: Germer u. Zimmermann (wie Anm. 4), 1997, S. 310–323.

[12] Zur Reproduktionsgraphik und zur Buchillustration – zwei andere Bereiche des Bildkultur des 19. Jh., deren Bedeutung erst erkannt wird – einführend: Anthony Dyson: *Pictures to print. The nineteenth-century engraving trade*, London, 1983; Ulrike Bodemann, Silvia Friedrich-Rust, Horst Günther u. Eckhard Schaar: *L'Art d'Illustration. Französische Buchillustration des 19. Jahrhunderts zwischen Prachtwerk und Billigbuch*, Ausstellungskatalog, Zeughaus der Herzog August Bibliothek Wolfenbüttel, Wolfenbüttel 1985-1986. Exemplarische Studien: Zu dem Kunst-, Graphik- und Reproduktionshändler Goupil und seiner Vorreiterrolle vgl. Stephen Bann: *After Delaroche. Art and its reproductions in mid nineteenth century France*, Ausstellungskatalog, The Strag Print Room, University College, London 1998. Zur Firma Hanfstaengl vgl. Helmut Heß: *Der Kunstverlag Franz Hanfstaengl und die frühe Fotografische Kunstreproduktion. Das Kunstwerk und sein Abbild*, Phil. Diss., München 1999.

[13] June Hargrove: *The statues of Paris. An open-air Pantheon. The history of statues to great men*, Antwerpen 1989.

[14] Stephen Bann: *Paul Delaroche. History painted*, London 1997.

[15] Pierre Théberge, Jean Clair et al. (Hg.).: *Lost Paradise. Symbolist Europe*, Ausstellungskatalog, The Montreal Museum of Fine Arts, Montreal 1995.

[16] Vgl. Michel Foucault: *L'histoire de la sexualité*, Bd. 1: *La volonté de savoir*, Paris 1976, Bd. 2: *L'usage des plaisirs*, Paris 1984, Bd. 3: *Le souci de soi*, Paris 1984; vgl. auch. Jean Clair (Hg.): *L'âme au corps. Arts et sciences, 1793–1993*, Ausstellungskatalog, Galeries nationales du Grand Palais, Paris 1993–1994, Beispielhafte pragmatische Studie über die Neustrukturierung bürgerlicher Psyche durch die Psychoanalyse: Ian Hacking: *Rewriting the soul. Multiple personality and the sciences of memory*, Princeton, N.J. 1995, S. 128ff.

[17] Robert Rosenblum, Maryanne Stevens u. Ann Dumas: *1900. Art at the crossroads*, Ausstellungskatalog, Royal Academy of Arts, London / Solomon R. Guggenheim Museum, New York 2000. Vgl. beispielhaft zu den Weltausstellung des Jahres 1855 und 1867: Patricia Mainardi: *Art and politics of the Second Empire. The universal expositions of 1855 and 1867*, New Haven u. London 1987.

[18] Helmut Kreuzer: *Die Bohème. Analyse und Dokumentation der intellektuellen Subkultur vom 19. Jahrhundert bis zur Gegenwart*, Stuttgart 1971; Gerrold Seigel: *Bohemian Paris – Culture, politics, and the boundaries of bourgeois life, 1830–1930*, New York 1986; Marilyn R. Brown: *Gypsies and other Bohemians. The myth of the artist in nineteenth-century France*, Ann Arbor, Michigan 1986.

[19] Andreas Burmester, Christoph Heilmann u. Michael F. Zimmermann (Hg.): *Barbizon. Malerei der Natur – Natur der Malerei*, München 1999.

[20] Kenworth Moffett: *Meier-Graefe as art critic*, München 1973; Thomas W. Gaehtgens: *Les rapports de l'histoire de l'art et de l'art contemporain en Allemagne à l'époque de Wölfflin et de Meier-Graefe*, in: *Revue de l'Art* 88/1990, S. 31–38.

[21] Jonathan Crary: *Techniques of the Observer. On Vision and Modernity in the Nineteenth Century*, Cambridge/Mass. u. London 1990.

[22] Vgl. zur weiteren Durchführung dieser Fragestellung zur zunehmenden Ausdifferenzierung von Kunst, Kunstkritik und Kunstgeschichte: Michael F. Zimmermann: *Kritik und Theorie des Kubismus. Ardengo Soffici und Daniel-Henry Kahnweiler*, in: Fleckner u. Gaehtgens 1999 (wie Anm. 8), S. 425-480, S. 425ff.

[23] Meine Ausführungen widersprechen hier der Deutung, die Ivan Nagel in diesem Jahr in einem Vortrag vorgestellt hat, obwohl sie dieser zugleich auch verpflichtet sind.

[24] Einführend: Antoine Schnapper: *David, témoin de son temps*, Paris 1980, S. 72–78. Zur Debatte um das Gemälde vgl. Thomas Crow: *Painters and public life in eighteenth-century Paris*, New Haven u. London 1985, S. 240; Michael Fried: *Absorption and theatricality: painting and beholder in the age of Diderot* [1980], 2., erw. Aufl. Chicago 1987, S. 41–43, S. 192–193. Fried wird widersprochen in: Norman Bryson: *Word and image: French Painting of the Ancien Régime*, Cambridge 1981, S. 226; id.: *Tradition and desire: from David to Delacroix*, Cambridge 1984, S. 46. Fried antwortet auf die Kritik in: *David et l'antithéâtralité*, in: Régis Michel (Hg.): *David contre David. Actes du colloque organisé au musée du Louvre par le service culturel du 6 au 10 décembre 1989*, Paris 1993, S. 199–227.

[25] Jens Christian Jensen: *Adolph Menzel*, Köln 1982, S. 74, Susanne von Falkenhausen: *Zeitzeuge der Leere – Zum Scheitern nationaler Bildformeln bei Menzel,* in: Adolph Menzel 1996-1997 (wie Anm. 6), Köln 1997, S. 493–502, S. 498ff.

[26] Hubertus Kohle: *Geschichte als Gegenwart. Bermerkungen zu Adolph Menzels Friedrich-Bildern*, in: Germer u. Zimmermann 1997 (wie Anm. 4), S. 529–549.

[27] Maßgeblich über dieses Bild immer noch: Nils Gösta Sandblad: *Manet. Three studies in artistic conception*. Lund 1954, S. 17–68.

[28] Jensen 1982 (wie Anm. 25), S. 100. Dort mehr zu dem Vergleich beider Gemälde bei Julius Meier-Graefe.; vgl. Thomas W. Gaehtgens: *Vom historischen zum zeitgenössischen Genre. Menzels geschilderte Authentizität und der französische Bildbegriff*, in: Adolph Menzel 1996-1997 (wie Anm. 6) S. 449–480, S. 476ff.

Von der Klimatheorie zur Kulturnation

Frankreich und Deutschland … und Laponien

Werner Oechslin

»Vous êtes dans un beau climat, et je suis actuellement en Laponie.«
Voltaire an den Marquis d'Argence, 12. Dezember 1774

Voltaire in Laponien

Der Alte klagt! (»Mes neiges, Monsieur, mes quatre-vingts ans, et mes douleurs continuelles …«) Es mag im Dezember 1774 in Ferney wirklich kalt gewesen sein. (»… mais il y fait froid comme à Archangel.«) Den Marquis d'Argence de Dirac beneidet er wegen der günstigeren klimatischen Umstände, die diesen umgeben. Aus der Perspektive Laponiens, wo Voltaire sich befindet, ist das verständlich. Eine Woche später am 19. Dezember, es ist immer noch kalt in Ferney, schreibt er an Monsieur Audibert: »Si vous avez, Monsieur, connu le froid à Marseilles au mois de novembre, vous devez actuellement avoir trop chaud.«[1] Alles ist relativ! Voltaire kann sich daraus einen Reim machen: »Voilà comme la nature est faite. Il y a autant de variations dans les têtes de Paris, que nous en éprouvons dans les saisons.«

An der Verschiedenheit klimatischer Bedingungen läßt sich nicht herumdeuteln. Sie ist offensichtlich. Verschieden und darüber hinaus unberechenbar sind jedoch in erster Linie die Menschen selbst. In Voltaires Brief folgen nach dem Kommentar zum Wetter dementsprechend Anspielungen auf die Politik, auf eine gegen Turgot gespielte Kabale. Und dann bittet Voltaire seinen Adressaten doch nur um ein wenig Wein, »une petite extrême-onction que vous aurez la bonté de me donner«. Notfalls würde er selbst nach Marseille reisen, um den »vin muscat« abzuholen. Politik, die kleinen Vorzüge eines warmen Klimas und ein paar private Bedürfnisse

1 »Volterius Galla primus in historia« [handschriftl. Zusatz], Radierung, 13 × 7,5 cm, Frontispiz in: Lodovico Antonio Loschi: *Elogi del signor Voltaire e giudizio imparziale intorno lo stesso autore. Volgrizzamenti italiani*, Venedig 1779

finden sich so – in der spontanen Niederschrift eines Briefes – nebeneinandergesetzt.

Die Klimatheorie hat es in sich. Sie durchzieht wie ein roter Faden die Kulturdebatten des aufgeklärten Jahrhunderts. Sie hat ja schon in der »querelle« ihre Aufwartung gemacht. Fontenelle hatte zu Beginn seiner *Digression sur les anciens et les modernes* die so gewichtige kulturelle Frage auf die Beobachtung des Wachstums von Bäumen zu unterschiedlichen Zeiten – und später dann auch in unterschiedlichen klimatischen Zonen – reduzieren wollen: »Toute la question de la prééminence entre les Anciens & les Modernes étant une fois bien entendue, se réduit à savoir si les Arbres qui étoient autrefois dans nos Campagnes étoient plus grands que ceux d'aujourd'hui.«[2]

Und weil diese Frage offensichtlich nur bedingt zu tiefer schürfenden Erwägungen führt, schließt Fontenelle mit der ebenso einleuchtenden wie trivialen Feststellung: »La Nature a entre les mains une certaine pâte qui est toujours la même, qu'elle tourne & retourne sans cesse en mille façons …«.[3]

Natürlich weiß der Leser, daß Fontenelle hier von Kultur – und eben nicht von Natur – spricht. Die »république des lettres« ist mit einem Anspruch ausgerufen, der über alle Grenzen und Nationen hinwegführen soll. Allein, nach dem Hinweis auf das ewig wiederkehrende Gleiche folgt dann aber doch noch die erwünschte Differenzierung, wen überrascht es, gemäß dem unverfänglichen Argument unterschiedlicher klimatischer Bedingungen: »Les différentes idées sont comme des Plantes ou des Fleurs qui ne viennent pas également bien en toutes sortes de climats.«[4] Fontenelle, der eben noch die grundsätzliche Gleichheit in den Bedingungen von Natur und Kultur suggeriert hat, schließt jetzt – auf geradezu mechanistische Weise – von den klimatischen auf die kulturellen Unterschiede: »Il est toujours sûr que par l'enchaînement et la dépendance réciproque qui est entre toutes parties du monde materiel, les différences de climats qui se font sentir dans les Plantes doivent s'étendre jusqu'aux cerveaux, et y faire quelque effet.«[5]

Gegen die saloppe Formulierung und Argumentation Fontenelles wehrt sich einer seiner Übersetzer, Johann Christoph Gottsched. Er hätte es nicht unterlassen können, schreibt er schon in der Vorrede, »in einigen Anmerkungen die Ursachen anzuzeigen, worum ich nicht seiner Meynung beypflichten können.«[6] Zu diesen »Ursachen« gehört der Hinweis in der ersten Anmerkung Gottscheds zur »Digression«: »Die Bäume sind *bloss* ein Werk der Natur.« Und andererseits: »Die Künstler und Gelehrten aber wachsen nicht wie die Pilze aus der Erden.«[7] Auf diese Weise wendet sich Gottsched grundsätzlich gegen den »Materialisten« Fontenelle und gegen dessen billigen Versuch, »die Seelen der Menschen körperlich« zu machen.[8] Natur und Menschenwerk gehorchen verschiedenen Gesetzen. Gottsched gibt Fontenelle jene Argumente zurück, die einem Franzosen ganz besonders einleuchten mußten. Die Gretchenfrage lautet jetzt: »Ob der heutige Burgunder- und Champagnerwein so gut schmecke, als der Chier- und Falernerwein bey den Alten?«[9]

»In vino veritas!« Gottsched wie Voltaire sind in ihrer Feststellung kultureller Unterschiede – und deren nicht zu verleugnenden klimatischen Implikationen – auf sehr viel konkretere Erfahrungen zurückgekommen. In den Dingen selbst ist die Differenz auszumachen, nicht in den allgemeinen Theorien und schon gar nicht in deren möglicher Zurückführung auf deterministische oder gar mechanistische Modelle.

Gleichwohl ist die Klimatheorie omnipräsent und dazu hilfreich. Und sie setzt sich auch überall durch. Dabei geht etwa Montesquieu bei der Bereitstellung seiner Argumente äußerst vorsichtig vor. Er will jeglichem unbegründetem Vorurteil entgegenstellen und legt gerade daher Wert darauf, nicht in den Verdacht zu geraten, ein »désaprobateur« zu sein. Entsprechend äußert er sich in der Préface seines *De l'Esprit des Loix.*[10] Plato hätte den Göttern dafür gedankt, in die Zeit eines Sokrates hineingeboren worden zu sein, wogegen Montesquieu jetzt festhält, er danke Gott »de ce qu'il m'a fait naître dans le Gouvernement *où je vis.*«[11] Mit einem konkreten Standort – und Standpunkt – beginnt der große Entwurf des *Esprit des Loix.* Wenige Zeilen später formuliert er vorerst zurückhaltend und trotzdem unmißverständlich: »J'ai d'abord examiné les hommes, et j'ai crû que dans cette infinie diversité de Loix et des moeurs, ils n'étoient pas uniquement conduits par leurs fantaisies.«[12] Der Blick fällt auf die kulturelle Differenz. Da ist kein Zufall mehr im Spiel. Er hätte Prinzipien aufgestellt und dann beobachtet, wie gut sich diesen dann die Wirklichkeit – wie von selbst – anschmiegen würde. Und willkürlich seien diese Prinzipien nicht: »je n'ai point tiré mes principes de mes préjugés, mais de la nature des choses.«[13] »Loix et moeurs« beschreiben – mehr als bloß abstrakte Prinzipien – die Vielfalt menschlichen Tuns in einer vielfältigen Natur. Hier findet die kulturgeschichtliche Verallgemeinerung statt. Man ist also nicht überrascht, wenn Montesquieu nach einer langen Diskussion über das Verhältnis von Gesetz und Regierungsform, Verfassung und dem *citoyen* ebenso lange Kapitel über deren Abhängigkeit vom Klima folgen läßt, um dann erst viel später auf »les moeurs et les manieres *d'une Nation*« zu sprechen zu kommen.

Eingeleitet wird dies – in Form einer »Idée générale« – im vierzehnten Buch mit der Feststellung: »S'il est vrai que le caractère de l'esprit et les passions de coeur soient extrêmement différentes dans les divers climats, les Loix doivent être relatives et à la différence de ces caractères.«[14]

Der – letztlich im Klima begründete – Unterschied ist jetzt zum entscheidenden Merkmal geworden, der sich beim Gesetzgeber niederschlagen *muß.* Dem in Laponien frierenden Voltaire wird wie allen anderen auch bekannt gewesen sein, was Montesquieu zur Begründung dieser These und zur Frage »combien les hommes sont différents dans les divers climats« ausführt: »L'air froid * resserre les extrêmités des fibres extérieures de nôtre corps; cela augmente leur ressort & favorise le retour du sang des extrêmités vers le coeur …«[15] Die Fußnote (*) präzisiert: »* Cela paroit même à la vûe; dans le froid on paroit plus maigre.« In diesem Sinne lassen sich beinahe beliebig viele Folgerungen anfügen. Montesquieus erste Feststellung lautet: »On a donc plus de vigueur dans les climats froids.«[16] Später folgt dann etwa das Kapitel über die »Nouvelle cause physique de la servitude de l'Asie, et de la liberté de l'Europe.«[17] Man erahnt die Tragweite solcher Schlußfolgerungen.

Voltaires Brief aus dem kalten Laponien – mit seinem Wunsch nach Muskatwein aus wärmeren Regionen – zeigt, daß dieses Denkmodell sich schnell auf die (noch) konkretere Wirklichkeit unterschiedlicher Völker und Nationen anwenden läßt. Voltaire weiß, wovon er spricht. Er hat ja so ziemlich alle Erfahrungen gemacht: vom englischen Exil, der heimlichen Rückkehr nach Frankreich, dem Gang nach Deutschland und Preußen bis zu der auf dem Rückweg von seinem Freund und Gönner Friedrich II. veranlaßten Verhaftung in Frankfurt.[18] So läßt er sich schließlich in einer »Grenzsituation« nieder: nahe genug an Genf, um aus Pariser Sicht dort, fernab, vermutet zu werden; und doch nicht in Calvins Stadt, um sich nicht – wie J. J. Rousseau – allzusehr in Händel verstricken zu lassen, was ihm übrigens auch nicht gänzlich gelingen sollte. So ist es mehr als verständlich, daß er sein neues, selbstgeschaffenes Habitat (»le hameau que vous avez vu, est devenu une jolie petite ville«) als Laponien bezeichnet, eine Art »nowhere«.[19] Voltaire rettet sich aus jeglicher Art – nationaler – Vereinnahmung. Die Überführung ins Panthéon ist seine Sache nicht. Und er ist nicht der letzte, der auf diese Weise post mortem »heimgeführt« wird. Man hat die Worte Malrauxs noch im Ohr, die dieser dem naturalisierten Franzosen Le Corbusier im Hof des Louvre pathetisch hinterherrief. Die Zugehörigkeit zur »Nation« bestimmen und bewerten die anderen.

Um andererseits die eigene grundsätzliche Distanz zu Festlegungen aller Art zu markieren, schreibt Voltaire, mittlerweile in seinem 84. Jahr, dem Marquis d'Argence de Dirac: »je serai, jusqu'au dernier moment, de la secte des pyrrhoniens«.[20] In Laponien ist man gegen Vereinnahmung geschützt. Hier läßt sich über Nationen schreiben, ohne Zensur oder Schlimmeres zu riskieren. Da läßt sich über Spanien als »le berceau des jésuites« spotten – »Cri des nations«! –, oder aber auch das Recht der Könige bestärken, so man dies gegen noch weitergehende, päpstliche Ansprüche einsetzen will.[21] »Toutes les lois religieuses ne sont pas une suite de la nature du climat« oder »toutes ces cérémonies n'ont guère de rapport avec la température d'un pays«, stellt Voltaire fest, um dies allen zu kurz greifenden, voreiligen Schlußfolgerungen entgegenzuhalten.[22]

Voltaire weiß also sein »Exil« in Laponien trotz winterlicher Kälte zu schätzen. Über letzteres hilft die Phantasie und das Briefeschreiben hinweg. Voltaire spricht wieder einmal vom Wetter. Am 17. Januar 1763 schreibt er aus Ferney an Francesco Algarotti, seinen »cher Cygne de Padoue«: »... si le climat de Bologne est aussi dur et aussi froid que le mien pendant l'hiver, vous avez très-bien fait de quitter pour aller je ne sais où ...«[23] Er kann den tatsächlichen Aufenthaltsort Algarottis nicht gleich entziffern: »C'est donc un beau pays que Pise?« Hatte er kurz zuvor für seinen Kältezustand die richtige Antwort gefunden (»Pour moi, je reste dans mon lit, comme Charles XII, en attendant le printemps«), so scheint er dies jetzt auch begründen zu wollen: »Je voudrais bien vous aller trouver; mais j'ai bâti et planté en Laponie; je me suis fait lapon, et je mourrais lapon.«[24]

Das ergibt sich wohl als Konsequenz eines prominenten Lebens auf dem glitschigen Terrain der »république des lettres«. Rousseau hat im nahen Genf – und eben nicht in Laponien – erfahren, was es heißt, sich allzu sehr in die Angelegenheiten der bestehenden Nationen und Republiken einzumischen. Genf kann bis heute stolz darauf sein, daß man es so sehr beachtet hat. Doch als Rousseau auf d'Alemberts 1757 in der *Encyclopédie* erschienenen Artikel »Genève« mit einer umfassenden Sozialkritik antwortete und diese auf dem Titelblatt auch noch ostentativ mit »citoyen de Genève« signierte, war die Entrüstung groß.[25] Da konnte auch die Devise »Dii meliora piis, erroremque hostibus illum« nicht beschwichtigen. Beschwörend und sogar anklagend wirkte sein Bekenntnis: »Justice et vérité, voilà les premiers devoirs de l'homme. Humanité, patrie, voila les premieres affections.«[26] Allein, »affections pour la patrie«, wenn sie denn mit so deutlicher Kritik verbunden sind, werden kaum als Liebesbekenntnis wahrgenommen. »Vitam impendere vero« ist den – 1765 nachfolgenden – *Lettres écrites de la montagne* aufgedruckt.

Während sich Voltaire in nützlicher Distanz zur Republik Genf und im Schutz einer virtuellen Geographie, in Laponien, aufhält, um wie Charles XII. die Welt vom Bett aus zu betrachten, hadert Rousseau mit seinem Schicksal: »Laissons Genève à sa place, et Rousseau dans sa dépression … «, formuliert er im Avertissement seiner *Briefe von den Alpen*, und insistiert gleichwohl: »mais la Religion, mais la Liberté, la justice! …«[27]

Und da spielt – ganz metaphorisch – Klimatisches hinein. Er hätte wohl Gnade gefunden, wenn er denn nur seine Wahrheiten vor jenen vertreten hätte, »qui s'imaginent qu'il est essentiel à la vérité d'être dite *froidement*«.[28] Aber sei es denn angemessen, eine Sache, die uns innerlich so sehr bewegt, mit einer »langage glacé« zu vertreten?[29] Archimedes beweise das Gegenteil: »Quand Archimede tout transporté couroit nud dans les rues de Syracuse, en avoit-il moins trouvé la vérité parce qu'il se *passionnoit* pour elle?«[30]

Da liegt es nahe, über das Klima unterschiedlicher Landstriche hinaus nach dem Temperament und Charakter der Völker und Nationen und ihrer Bewohner zu fragen. Wilhelm Danzel läßt sich 1843 in seinem vielbeachteten Beitrag *Ueber Goethe's Spinozismus* auf solche Fragen ein und äußert ganz parteilich zum deutsch-französischen Verhältnis: Die »Voltairische Verstandesrichtung« sei »ein Progreß in's Unendliche, eine in der Luft schwebende Thätigkeit, welche auf keinerlei Art von Sein beruht, noch auch ein solches in Aussicht stellt«.[31] Dies sei es, »was wir Deutschen eigentlich meinen, wenn wir Voltairen den rechten Ernst absprechen …« Rousseaus »Naturevangelium« hätte dagegen mehr Eingang gefunden und eine große Wirkung ausgeübt: »wir schreiben ihm einen Anflug von deutschem Gemüthe zu.«[32] Man erkennt seine eigene Natur in der Projektion auf die großen französischen Philosophen! Und »rationale Kälte« ist der Deutschen Sache nicht!

»Votre dernier ouvrage n'est point français«.
Police générale, Cabinet du ministre,
Le Duc de Rovigo an Mme. de Staël,
Paris, 3. Oktober 1810

Madame Germaine de Staël wird man nicht eine a priori tendenziös-argumentierende Sichtweise unterstellen wollen, wenn es denn darum geht, ihr Urteil über Frankreich und Deutschland in den Vergleich zu setzen. Man schreibt ihr doch eher das Verdienst zu, mit *De L'Allemagne* die Franzosen über das Land der Dichter und Denker ins Bild gesetzt zu haben. Als sie 1803–1804 Deutschland aufsuchte, konnte sie wohl auch noch von einem grundsätzlich guten nachbarschaftlichen Verhältnis ausgehen. Doch dann ließ Napoleon die erste Fassung von *De L'Allemagne* durch eine Order Savarys 1810 einstampfen, was die Autorin 1813 ihrerseits dokumentierte.[33] In dem Brief vom 3. Oktober 1810, in dem ihre Ausweisung als unaufschiebbar bestätigt wird, liest man: »Votre dernier ouvrage n'est point français«.[34] Mme. de Staël kommentiert das mit dem Hinweis, Savary hätte hinzugefügt, »que les Français n'en sont pas réduits à prendre pour modèles les peuples que j'admire«. Damit seien die Engländer und »à plusieurs égards« die Deutschen gemeint.[35]

Zurück in Genf läßt man ihr kaum Freiraum. Vier Meilen weit reicht der Perimeter, in dem sie sich frei bewegen kann. Ging sie mal etwas weiter – »dans le simple but d'une promenade« –, holten sie die Gendarmen ein. Nein, an solche Franzosen wolle sie sich nicht richten: »c'est aux Français tels que je les ai connus, que j'adresserois avec confiance un écrit où j'ai tâché, selon mes forces, de relever la gloire des travaux de l'esprit humain.«[36] Mme. de Staël geht noch von der Universalität menschlicher Kultur und Geistestätigkeit aus. Sie läßt in den allgemeinen Vorbemerkungen die Nationen aus den lateinischen, germanischen und slawischen Rassen entstehen, ergänzt um die Faktoren von Klima, Geschichte und Regierungsform. Frankreich und Deutschland hätten sich dabei, so wiederum in der Préface von 1813, durch ein gutes Stück gemeinsame Geschichte angenähert. Und da Deutschland in Europas Mitte liege – »comme le cœur de l'Europe« –, führe auch nichts an

Deutschlands Schicksal vorbei.[37] Sie habe früher bemerkt, Deutschland sei (noch) keine Nation. Doch jetzt, 1813, müsse sie dies ergänzen: »ils donnent au monde maintenant d'héroiques démentis à cette crainte.«[38] Und schon vor drei Jahren habe sie betont, daß Preußen und Deutschlands Norden »la patrie de la pensée« seien.[39]

Wenn denn hier schon der »deutsche Geist« ins Blickfeld gerät, dann wundert man sich auch nicht über die nachfolgende Ausbreitung der ganzen Vielfalt kultureller Gemeinplätze zur deutschen Nation – gotische Dome und der deutsche Wald, der schon im ersten Satz des ersten Kapitels beschrieben und folgerichtig gedeutet wird: »La multitude et l'étendue des forèts indiquent une civilisation encore nouvelle.«[40] Mme. de Staël entwirft ein Bild von Naivität und Ehrlichkeit, ja, von Selbstlosigkeit, das dann gefährdet wäre, wenn die Deutschen – um dem Vorurteil, sie seien einfältige Toren, zu entgehen – ausländische Gewohnheiten übernehmen würden. Für die Gefahr einer allgemeinverbindlichen, gleichmacherischen Kultur muß Frankreich herhalten, genauer Montesquieus Urteil über das dort offensichtlich als erstrebenswertes Ideal erkannte Vorbild Voltaires (»Il a plus que personne l'esprit que tout le monde a«). Der entwickelte deutsche Drang nach Individualität stehe einer solchen Entwicklung jedoch entgegen.[41] Daß sich andererseits Mme. de Staël keineswegs zur einseitigen Bewunderin deutschen Charakters wandelt, ergibt sich aus ihrem Urteil zum Kontrast zwischen Vorstellung und Wirklichkeit, zwischen Talent und (schlechtem) Geschmack: »L'enthousiasme pour les arts et la poésie se réunit à des habitudes assez vulgaires dans la vie sociale.«[42] Zwar gäbe es nirgendwo sonst eine soweit verbreitete Kenntnis alter Sprachen und Kultur, aber all dies sei doch wohl in erster Linie über den Korrespondenzweg nach Deutschland gelangt.[43]

In den wenigen Jahren seit Mme. de Staels Reise in Deutschland hatte sich dort einiges verändert. Napoleon öffnete Deutschland die Augen. Johann Gottlieb Fichte, der 1800 *Die Bestimmung des Menschen* und 1804–1805 *Die Grundzüge des gegenwärtigen Zeitalters* zum Inhalt seiner an eine breitere Öffentlichkeit gerichteten Vorlesungen machte, ließ jetzt im Winter 1807–1808, nachdem er vor Napoleon nach Königsberg geflohen und über Kopenhagen wieder nach Berlin zurückgekehrt war, seine *Reden an die deutsche Nation* folgen:

»Was seine Selbständigkeit verloren hat, hat zugleich verloren das Vermögen einzugreifen in den Zeitfluß, und den Inhalt desselben frei zu bestimmen; es wird ihm, wenn es in diesem Zustande verharret, seine Zeit, und es selber mit dieser seiner Zeit, abgewickelt durch die fremde Gewalt, die über sein Schicksal gebietet ...«[44]

Da wird der Beobachtung allzu eifriger Unterwerfung unter fremden Geschmack, wie sie noch Mme. de Staël anstellte, etwas entgegengesetzt. Die Weltgeschichte, so Fichte, gehe gerade jetzt in Riesenschritten.[45] In den drei Jahren seit der vorausgegangen Darlegung (der *Grundzüge des gegenwärtigen Zeitalters*) hätte sich jenes beobachtete Zusammenfallen von Selbständigkeit und Eigennutz wie von selbst aufgehoben.[46] Fichte nimmt das Heft in die Hand und geht jetzt auf diesem Weg der Selbstbestimmung voran. Erste Voraussetzung: »Ich rede für Deutsche schlechtweg, von Deutschen schlechtweg, nicht anerkennend, sondern durchaus bei Seite setzend und wegwerfend alle die trennenden Unterscheidungen, welche unseelige Eräugnisse seit Jahrhunderten in der einen Nation gemacht haben.«[47] Von der »ganzen deutschen Nation« ist fortan die Rede. Und das lag ja auch längst in der Luft – auch in den Künsten. Hatte Mme. de Staël auf ihrer Reise 1803–1804 einem geläufigen Vorurteil zufolge noch formuliert: »L'architecture moderne, en Allemagne, n'offre rien qui mérite d'être cité«, so war doch in Berlin auch diesbezüglich das neue Selbstbewußtsein längst demonstriert.[48] Die Herausgeber der *Sammlung nützlicher Aufsätze und Nachrichten, die Baukunst betreffend* formulierten dies 1797 in der Vorrede des ersten Bandes in durchaus programmatischer Absicht:

»Es kann den Deutschen nicht zum Vorwurf gereichen, wenn sie in den Werken der Baukunst den Ausländern hie und da nachstehen. Sie, welche noch im Stande der Wildheit lebten, als bey den Völkern im Morgen und Mittag, Künste und Wissenschaften schon in voller Blüthe standen, haben diese doch mehrentheils eingeholt, sind ihnen in manchen Stücken vorgekommen, sind auch nie rückgängig geworden, wie jene, sondern trotz der ungünstigen Zeitumstände des Mittelalters, seit dem Erwachen ihrer Talente immer vorwärts geschritten. Jene ehemals so berühmten Länder erkennet man gegenwärtig nur noch an den

Ruinen der grossen Werke ihrer ehemaligen Erbauer; indeß Deutschland zwar nur langsam, aber in überlegter Ruhe vorwärts schreitet.«[49]

Dem von Mme. de Staël beobachteten Kulturtransfer per Korrespondenzweg wird nun offensichtlich Gewichtiges entgegengesetzt. Und natürlich wird das Verhältnis Frankreich-Deutschland bald einmal ein gegenseitiges Geben und Nehmen sein – und neue Probleme aufwerfen. 1849 macht Ferdinand Gregorovius Herder, Goethe, Wieland und Jean Paul, ja, der ganzen deutschen Klassik den Vorwurf, das Nationale und Staatliche übersehen zu haben und in einen »wissenschaftlichen Kosmopolitismus« geflohen zu sein.[50] Immanuel Hermann Fichte widmet die Neuausgabe der *Reden an die deutsche Nation* seines Vaters 1859 an die »deutsche Jugend des gegenwärtigen Geschlechts, besonders den vaterländischen Kriegern« und sieht darin »die Wiederherstellung des Volksgeistes von Unten her durch eine allgemeine Nationalerziehung«.[51] Die andern, die ganz ernsthaft an Ausgleich und Austausch interessiert sind, werden gleichwohl nur bedingt vermitteln können. Victor Cousin, einer der wohl aktivsten unter ihnen, dessen wechselhaftes Glück auch an die Ereignisse von 1830 und 1848 geknüpft ist, wird sich trotz seiner direkten Kontakte und Kenntnisse kaum einem Fichte annähern können. Was er diesbezüglich von seiner Deutschlandreise 1817 berichtet, weiß er aus zweiter Hand über Karl W. F. Solger.[52] Ansonsten bleibt er bei Kant und Jacobi – und Bouterwerck. »Die Fichte'sche Philosophie«, so schreibt er später selbst, »konnte mich nicht lange fesseln«.[53] Und: »Bei diesem Extrem angelangt, mußte die deutsche Philosophie entweder daselbst untergehen, oder aus ihm herausgehen.«[54] Letzteres erreicht für Cousin Schelling. So schien ihm französische und deutsche Philosophie – auf Condillac und Kant aufgebaut und jetzt nicht mehr nur philosophisch, sondern auch historisch ausgerichtet am ehesten in jenen »Eklekticism« münden zu können, den er als Synthese und Vermittlung aufgefaßt wissen wollte.[55] Im Widerspruch dazu sah er »alle extremen Parteien unter der Fahne der Erhaltung der Zwietracht« vereinigt.[56]

Polarisierung war damals offensichtlich zeitgemäßer. Konrad Herrmann schreibt 1850: »Die wesentlichen Produkte der Geschichte innerhalb des menschlichen Lebens sind die Nationalitäten.«[57]

»Ein Jenseits, welches auf dem Boden des Diesseits wurzelt, das mittlere Maaß des geistig und des praktisch Wahrhaften, an das der Einzelne seinen ganzen Inhalt hingeben kann, ohne an sich selbst Schaden zu leiden.«[58] Da hat nun lange nach Fichtes Streit gegen Jacobi die Nation die Religion ersetzt. Und wenn schon 1835 Karl Rosenkranz in einem Vortrag zum Krönungsfeste Preußens *Das Verdienst der Deutschen um die Philosophie der Geschichte* – ein einstmals vom Abbé Bazin alias Voltaire erfundener Titel – zum Thema macht, so hat das Nationalitätenmodell nun längst eine spezifisch deutsche Variante gefunden.[59] Das deutsche Volk ist die »Totalität aller jener einseitigen Ausrichtungen«,[60] was sich dann so anhört:

> »Dem Byzantinischen entspricht die Schweiz; die Niederlande finden ihre Parallele in Italien; Östreich in Spanien; Baiern in Frankreich; Würtemberg in England; Baden in Scandinavien. Norddeutschland concentriert sich in Preußen und wird zur Reflexion des Deutschen Geistes über sich selbst, zur bewußten Sammlung seiner Gestalten; es muß sie daher als Momente in sich wiederholen.«[61]

Deutschland als Spiegel der übrigen Welt, sich selbst genügend, eine Totalität. Eine fatale Vorstellung.

> »... if a man of rank and fortune can find leisure to employ a few years among the neighbouring nations, I readily agree his voyage may turn out of his own benefit, and to that of his country.«
>
> Richard Hurd, *Dialogues on the Uses of Foreign Travel* London 1764

Eigenes und Fremdes

Ist das das Ende des Kosmopolitismus, den Voltaire in seiner *Philosophie de l'Histoire* – vom Rande der Welt zwecks Erweiterung des Horizontes ausgehend – aufgespürt hat? Wo bleibt die Weltläufigkeit, die einst so sehr gepriesen und mit der *république des lettres* gleichgesetzt wurde?

Man überschreitet die Grenzen weiterhin und reist: »Alle Fortschritte in der Cultur, wodurch der Mensch seine Schule macht, haben das Ziel, diese erworbenen Kenntnisse und Geschicklichkeiten zum Gebrauch für die Welt anzuwenden«, leitet Kant seine *Anthropologie in pragmatischer Hinsicht* 1799 ein.[62] Aus Menschenkenntnis wird »Weltkenntniß«. Und es ist weiter nicht verwunderlich, daß Kant dabei sehr schnell auf das Reisen zu sprechen kommt: »Zu den Mitteln der Erweiterung der Anthropologie im Umfange gehört das Reisen; sey es auch nur das Lesen der Reisebeschreibungen.«[63] Das soll nach einem »Plan« geschehen, bei dem »Menschenkenntniß« vorausgesetzt wird. Nur so kann der »Weltbürger« sich erkennen, wobei dann gelten muß, daß »die Generalkenntniss [...] hierin immer vor der Localkenntniß« vorausgeht.[64]

An dieser Stelle muß man wohl die Engländer um ihre Meinung fragen. Richard Hurd, der sich hinter dem anonymen »Editor of Moral and Political Dialogues« als Autor zu erkennen gibt, setzt keine Geringeren als Locke und Shaftesbury in den Dialog, um 1764 die »Uses of Foreign Travel; Considered as a Part of An English Gentleman's Education« gründlich zu erforschen.[65] Bei allem Pro und Contra und dem Eingehen auf spezifisch englische Sorgen etwa von der Art, »that the polite and liberal arts can only be learnt abroad«, was, so Shaftesbury, »is past a doubt«,[66] häufen sich die grundsätzlich positiv lautenden Empfehlungen: »With these accomplishments«, läßt Hurd Locke sagen, »if a man of rank and fortune can find leisure to employ a few years among the neighbouring nations, I readily agree his voyage may turn out of his own benefit, and to that of his country«.[67]

Wie hätte die deutsche Kunstgeschichte ohne diese Garantie des Reisens entstehen können! Diese waren ja oft genug durch die sonderbarsten Bedürfnisse ausgelöst worden:

> »Ein ahnungsvolles Verlangen, die Himmelfahrt von Perugino zu sehen, hatte in mir den Entschluß hervorgebracht, nach Frankreich zu reisen. Der Anblick dieses himmlischen Bildes, denn ein solches ist es in jeder Hin-sicht, stillte meine Sehnsucht, übertraf alle meine Erwartungen und würde die beschwerlichste Wallfahrt belohnen.«[68]

So schreibt von Quandt in seinen *Beobachtungen und Phantasien über Menschen, Natur und Kunst auf einer Reise in's mittägige Frankreich* 1846. Man kann also auch durchaus das Nationengerangel übersehen und wegen eines umbrischen Meisterwerkes nach Frankreich fahren, Politik und Staatssysteme hin oder her.

Für viele ist das sowieso einerlei. Man kehrt sich nach einschlägigen Erfahrungen enttäuscht ab. Johann Heinrich Bürkli, der in seinen *Auserlesenen Gedichten. Zum Besten der verunglückten Schweizer* 1800 die Pariser Ereignisse in unbeholfene Verse gießt, meint in einem der kürzeren Elaborate unter dem Titel *Politische Mode. 1799*:

»Die Völker können nur, erscholl es eh von Thronen
Für Fürsten, Könige allein geschaffen seyn:
In fremde Formen zwängt man freye Völker ein;
Geschaffen glaubt man sie für Constitutionen.«[69]

Die Schweiz reiht sich nicht in die konkurrierenden Kulturnationen ein, obwohl man hier manches, was damit so einhergeht, unmittelbarer erlebt und spürt. Wenn Charles-Victor Bonstetten, der sich seine philosophische Ausbildung unter anderem auch bei Voltaire holte, seine Version der angewandten Klimatheorie unter dem Titel *L'Homme du Midi et l'Homme du Nord* zu Papier bringt, so ist es vorerst wieder eine persönliche Erfahrung, die der Theorie – letztlich als Begründung – vorweggeschickt wird.[70] Er hätte im Norden wie im Süden gelebt, zwei Jahre seines Lebens in Dänemark, drei in Italien und vor allem in Rom verbracht, bevor er dann als »Préfet dans le centre des Alpes« tätig wurde: »La Suisse même réunit à peu près tous les climats d'Europe«, hält er dabei fest.[71] Wie bei Voltaire findet sich hier Weltläufigkeit und die Erfahrung von Ubiquität. So kann er dann – in der Logik überzeugend, in der Sache auch aus heutiger Sicht eher befremdlich – behaupten: »Il y a des salons à Schwytz comme à Paris ou à Londres.«[72] Später zieht er an den Genfer See, von wo er die politischen Geschicke Europas und der Schweiz verfolgt: »Je voyois là de mon château, d'un côté du Jura, les terribles explosions de la révolution française, et de l'autre la révolution naissante de la Suisse.« Für ihn steht ob all dieser Einsichten und Erfahrungen fest, daß der Reichtum einer Nation weder in einigen schönen Bauerngehöften noch in einigen ausgeprägten »cultures savantes« besteht, sondern allein in der »universalité d'une bonne culture, qui suppose des lumières universellement répandues.«[73]

In Genf und um Genf herum hat sich ein solcher Kulturuniversalismus eingenistet. Und auch von hier aus – Mme. de Staëls zeitweiliger Arrest einmal ausgenommen – läßt sich reisen. Am 30. April 1817 schreibt Bonstetten an Matthison, Mme. de Staël würde ihm rührende Briefe zukommen lassen und suchte ihn zu bewegen, »künftigen Winter mit ihr in Rom zuzubringen.«[74] »Bleibe ich gesund, wie ich jetzt bin, gehe ich mit.« Daraus wird allerdings nichts. Am 15. Mai schreibt Bonstetten: »Die arme Staël ist bedenklich krank. Ich verlöre in ihr eine bewährte Freundin. Ihr Verlust wäre ein Verlust für die ganze kultivierte Welt.«[75] Am 26. August erfährt dann Matthison: »Ach! und die gute Stael! die liegt nun im kleinen Koppet-Walde, neben Vater und Mutter begraben.«[76] Ihr letztes Werk, die *Considérations sur les principaux événemens de la révolution françoise*, erscheint 1818 posthum:

> »Seyd Ihr nicht alle von der Stael entzückt? Ich bin es. Die erste Edition von elftausend Exemplaren ist schon erschöpft. Kein Werk hat je alle edlen Gefühle von Freyheit und Menschenrecht ergriffen, wie dieses. Sie hat Freyheit in die Welt gerufen, eben als sie diese verließ.«[77]

Im ersten Kapitel hatte Mme. de Staël die französische Revolution als »une des grandes époques de l'ordre social« erinnert.[78] Wer darin bloß ein zufälliges Ereignis sehe, würde weder die Vergangenheit noch die Zukunft verstehen. So wird nochmals ein Bild Europas skizziert, das aus der Dynamik und dem wechselhaften Geschick seiner Nationen entstanden ist, ausgehend von den »nations grecque et romaine«, die »à cause de ce qu'il y avoit de barbare, c'est à dire, d'injuste dans leurs institutions« verschwanden, bis zu den deutschen und italienischen Staatsbildungen, zu England und natürlich Frankreich, wobei der »pauvre riche Italie« beiläufig empfohlen wird, ihre »unité pour former enfin une nation« zu finden.[79]

Ein Europa der aufgeklärten Kulturnationen! In dem zuletzt zitierten Brief von Bonstettens ist auch der Bericht seiner Reise rund um den Genfer See (»Vevey sieht griechisch aus!«) zu lesen. In Thonon, »c'était la fête de Dieu«, sieht er die Prozession mit Militär (»alle haben unter Bonaparte gedient«), mit »Nonnen, Pfaffen, Brüderschaften und runzeligen Weibern«: »Das alte Jahrhundert schien da wieder aus der Vergangenheit zu treten. Es war wie ein Gräuel, diese Gespenster wieder zu sehen.«[80]

Nichts bewahrt die Welt vor einem Rückfall, auch nicht die Kultur. Die Vorstellung, die Kulturnationen ließen sich gleichsam in einer in der Klimatheorie grundgelegten, europaumspannenden Synthese menschlicher Schöpfungskraft zusammenfügen, kennt keinerlei Anspruch auf Gültigkeit. Victor Louis läßt derweil Solger zu Wort kommen, der ihm die Situation in Preußen nach 1815 voller Bedenken und Sorgen darlegt. Preußen müßte mit Sachsen zusammengehen, um sich gegen Österreich und besonders gegen Rußland zu wappnen. Und: »La Philosophie est chez nous dans un état de crise.«[81] In Göttingen hätte die Bibliothek und die Gelehrsamkeit die Philosophie erdrückt. Und in Berlin? »Fichte est mort entièrement: lui qui attirait tant de monde à ses leçons, n'a pas fait un seul élève qui de son vivant ou depuis sa mort ait enseigné sa doctrine avec succès.«[82]

Um so mehr kann sich die neu aus der Taufe gehobene Geschichtsphilosophie nun voll entfalten – aber eben auf anderen als den kosmopolitischen Pfaden Voltaires. Die bereits zitierten Vorstellungen des Leipziger Privatdozenten Konrad Hermann weisen 1850 in genau umgekehrte Richtung:

> »Die wesentlichen Produkte der Geschichte innerhalb des menschlichen Lebens sind die Nationalitäten. Die Nationalität ist das den Einzelnen mit seinem höchsten Ganzen, der Menschheit überhaupt verbindende, ihn diesem theils annähernde, theils von ihm scheidende Mittelglied.«[83]

Wie angenehm harmlos hörte sich da doch die Klimatheorie mit ihren Exkursen zu Muskatwein im kalten Laponien an! Konrad Hermann schreibt:

> »Die Nationalität ist andererseits diejenige Allgemeinheit, an welche sich die reinsten und erhabensten Gefühle des menschlichen Lebens anknüpfen, Gefühle der höchsten und aufopferndsten Selbstentsagung, welche in ihrem Inhalte mit der Tugend unmittelbar zusammenfallen und den persönlichen Egoismus unbedingt von sich ausschliessen, die in sich selbst auf

einer grösseren menschlichen Wahrheit beruhen, als alle anderen verwandten Empfindungen, weil sie den Genuß mit der Strenge vereinigen.«[84]

Genuß und Strenge! Aber kein Musaktwein!

Johann Georg Zimmermann hat in seinem berühmten *Vom Nationalstolze* ein Beispiel aus dem Schweizerischen Rheintal bemüht, um schon lange zuvor diese unwiderstehliche Vorstellung eines alles gleichmäßig erfassenden und verbindlich zusammenführenden Nationenbegriffs zu illustrieren. Seiner These »gleich so vielen einzelnen Menschen denken auch ganze Nationen« und »daß jede Nation von sich selbst eben so denkt, wie jede einzelne Person« diente die Erzählung von den Bewohnern eines Dorfes, die beim Landvogt vorstellig wurden, weil der Pfarrer gepredigt hätte, »aus ihrer ganzen hochansehnlichen Gemeinde würden kaum hundert Seelen selig« – wo sie doch alle zu derselben Gemeinschaft gehörten![85]

»Ich rede für Deutsche schlechtweg, von Deutschen schlechtweg«, sagt Fichte, und das läßt sich, herausgelöst aus der konkreten Situation, da Napoleon noch durch Deutschland zog, – unter Anwendung ähnlicher »Logik« – verallgemeinern. Das »Nationalband« sei zu knüpfen: »Nur der gemeinsame Grundzug der Deutschheit« sei es, der den »Untergang unsrer Nation im Zusammenfließen derselben mit dem Auslande abwehren« könne.[86]

In Anbetracht dieser Entwicklung des Nationenbegriffs stellt der alte, durchaus übliche Chauvinismus die mildeste Form der jetzt längst ausgearteten Klimatheorie dar: »Wer hätte das glauben sollen!«, meint ein Rezensent des 1832 in Paris erschienenen *Cours d'histoire de l'Allemagne* unter dem auch schon für sich allein genommen, provozierenden Titel *Germanisirende Franzosen.*[87] »Nachdem die Deutschen schon so lange Zeit den Triumphwagen französischer Bildung gezogen haben, ist endlich ein Rollenwechsel unter beiden Nationen eingetreten, dessen Folgen sich noch nicht voraussehen lassen.«[88] Der Rezensent schmückt diese Feststellung – stets im Bild der konkurrierenden Nationen – weiter aus: »Wir wären die Sklaven und Schulmeister der Franzosen geworden«, wenn Napoleon Deutschland wie einst die Römer Griechenland eingenommen hätte.[89] Da es aber nicht so weit gekommen ist, kann der Rezensent jetzt über Victor Cousin, über dessen Bemühungen um Deutschland und deutsche Kultur und über seine Involvierung in politische Abenteuer spotten:

> »Sollte es zu einer französischen Invasion kommen, so wissen wir nun doch die Generalogie unserer Liebhaber, die den Deutschen die Einheit geben werden, nicht weil sie zur Propaganda gehören, sondern weil sie im Kollege des heiligen Ludwig darüber Vorlesungen gehalten haben.«[90]

So wird der »Eifer, mit dem sich die Franzosen in neuerer Zeit auf deutsche Wissenschaft und Kunst geworfen haben« enttarnt: »Traut dem Erbfeinde nicht!«, sagen »unsre Gemässigten«.[91] Die kulturelle Annäherung wird abgewiesen:

> »Darum wünschte ich, die Franzosen leisteten Verzicht auf den Ruhm unsrer so genauen Bekanntschaft. Wir wollen gern von ihnen hören, daß wir in Wäldern wohnen und uns mit den Früchten der Eichbäume nähren, daß wir eine Sprache reden, die halb kalmückisch, halb gothisch ist, und daß wir in Erfurt einen Kurfürsten, in Nürnberg einen Markgrafen sitzen haben, wenn wir nur damit erreichen können, daß unsre Unitarier und Hegemonisten sie nicht als Autoritäten citiren.«[92]

Zurück zu den kulturellen Stereotypen! Auch das sind offensichtlich Optionen, die sich aus dem »goût par nation«, mit dem alles einmal harmlos begann, herausbilden können.[93] Darin ist sich die Welt bis heute treu geblieben. Nichts scheint sich besser zu bewähren als jene so einleuchtenden Bilder und Vorstellungen wie die vom häßlichen Deutschen: »Ich erkenne die drey Nationen bey einem Glase Wein, worin eine Fliege liegt. Der Italiäner gibt das Glas weg; der Franzose nimmt die Fliege heraus; und der Deutsche schluckt sie mit herunter.« Das liest man schon bei Justus Möser. Goethe wünschte 1772 in einer Besprechung die »Charakteristik der vornehmsten Europäischen Nationen« »in's Hinterstübchen« und in die Küche (»je mehr beräuchert desto besser!«): »Sobald eine Nation polirt ist, sobald hat sie conventionelle Wege zu denken, zu handeln, zu empfinden, sobald hört sie auf Charakter zu haben«. »Schiefe Gemählde«, Franzosen, Engländer, »der Italiener prächtig und feyerlich; der Deutsche säuft und zählt Ahnen«. So Goethe am

27. Oktober 1772 in den Frankfurter *Gelehrten Anzeigen*. Und dann geht er hin und publiziert wenige Wochen später am 4. Dezember desselben Jahres in denselben Spalten *Von deutscher Baukunst*. So nahe liegt alles zusammen! Nationalstolz, Chauvinismus, Kulturnation und kulturelle Charakteristik. Die Klimatheorie, die auf der Differenz aufbauend die kulturelle Mannigfaltigkeit (unterschiedlicher Nationen) sichtbar machen wollte, sie hat sie alle, diese ewigen Argumente, wieder herausgelockt. Und wer läßt sich da nicht verführen! Auch Goethe verkneift es sich nicht, in *Von deutscher Baukunst* einen Seitenhieb auf Laugier auszuteilen, um sich dann gleich wieder zu korrigieren: »Der leichte Franzose, der noch weit ärger stoppelt, hat wenigstens eine Art von Witz.« Er »differenziert«! Mit Witz, französisch mit »esprit«, versetzt bliebe die Frage der Nationalcharaktere so besehen erheiternd und bereichernd. Wie hält man sich da heraus?

Voltaire sieht sich – 1760 an Lord Littleton gerichtet – genötigt zu präzisieren, er hätte sich, auch wenn er »une petite maison de campagne« bei Genf bezogen hätte, keineswegs in der Schweiz niedergelassen. Seine Güter und Schlösser befänden sich in Burgund – Und dann wird er sich auf die Idee, in Laponien zu Hause zu sein, kaprizieren.[94]

»... j'ai bâti et planté en Laponie; je me suis fait lapon, et je mourrais lapon.«

Voltaire an Francesco Algarotti,
17. Januar 1763

Zurück nach Laponien: »un principe de raison universelle«

Was also bedeutet »Laponien« unter dem Strich? Wer unvorbereitet nach Laponien forscht, wird wohl überrascht sein, wenn er bemerkt, wie umfassend die laponischen Kenntnisse beispielsweise in Louis Moréris *Grand Dictionnaire Historique* ausgebreitet sind.[95] Da ist, um nur einige der schon oben benutzten Topoi vergleichender Kulturkritik von den Bäumen zu den Menschen, ihren Gewohnheiten und ihrer Eigenart, zu erinnern, zu lesen: »La Lapponie n'a ni pommiers, ni poiriers, ni cerisiers, ni aucun arbre fruitier: l'air n'étant pas assez doux, et la terre étant trop sterile pour produire aucun fruit.« Es treffe nicht zu, daß die Lappen, so nenne man die dortigen Einwohner in Deutschland, während die Moskoviten von den »Loppi« redeten, auf Rentieren reiten würden, wie wir auf den Pferden. Andererseits wird das Kapitel zu den Sitten dieser Menschen mit der Feststellung eingeleitet: »Les Lappons ne sont hauts que de trois coudées dans les parties qui approchent le plus du septentrion; et cette taille leur vient du froid qui y est excessif. et de la qualité de leurs alimens, qui sont très-peu nourrisans.« Dem folgt dann die Feststellung, »que les Lappons sont la plupart laids & courbez …«[96]

Auf Grund solcher und anderer, völlig ungewohnter Eigenschaften, scheinen diese seltsamen Menschen offensichtlich großes Interesse zu wecken. Daß sie mit einer »vitesse prodigieuse« über den gefrorenen Schnee gleiten – »se servant de deux pieces de bois en forme de longues sandales« –, gehört ins Kapitel der Kuriositäten, die über das Übliche und Bekannte hinausreichen. Voltaire, im Umgang mit den Kulturnationen erfahren, scheint gerade hier, in Laponien, nur die Vorzüge zu sehen. Die Argumente dazu konnten ihm Kenner des Nordens bestätigen. In seiner Naturgeschichte des Rentiers, die Monsieur De Keralio zusammen mit anderen Nachrichten vom Norden ins Französische übertragen hat, schließt Ch. Frederik Hofberg:

> »C'est ainsi que le Lapon trouve dans son troupeau tout ce dont il a besoin. Dans son pays stérile et glacé, il mene la vie la plus paisible; il ne craint ni les fureurs, ni les cruautés de la guerre, qui renverse les empires les plus florissans. Il ne supporte point ce joug éternel de servitude sous lequel gémissent nos cultivateurs. Il n'a presque rien à craindre des voleurs ni des incendies. Il est exempt d'un nombre infini de maladies communes ailleurs. Il ne connoit point ces poisons sans nombre, ces préparations plus douces que le miel, mais qui détruisent nos frêles machines. L'homme qui possede beaucoup, n'est pas l'homme riche; c'est celui qui a peu de besoins.«[97]

Laponien ist der geschützte Bereich, in den sich Voltaire – auch er – zurückzieht. Es überrascht keineswegs, wenn der Chevalier de Jaucourt in seinem für die Encyclopédie verfaßten Beitrag zu Lappland Voltaire als Autorität zitiert.[98] Die Lappen seien »une nouvelle espece d'hommes«, die erst seit jüngerer Zeit ins allgemeine Bewußtsein getreten seien: »Dès-lors la sphère de la nature s'est aggrandie pour nous de tous côtés, et c'est par-là véritablement que la Laponie mérite notre attention.« Die Welt hat sich also – mit Voltaire – im Blick auf Laponien erweitert.

De Jaucourt zitiert Voltaires *Histoire universelle*. Auch dies ist irreführend. Denn Voltaire hatte sich ja an anderer Stelle ausdrücklich dagegen verwahrt, eine solche je verfaßt zu haben.[99] Er setzt sich gegen die übliche Vorstellung einer universalen Weltgeschichte im Sinne der Darstellung Bossuets. Kraß formuliert er dies schon im Avant-Propos zu seinem *Essai sur les moeurs et l'esprit des nations* so: »Le but de ce travail n'est pas de savoir en quelle année un prince indigne d'être connu, succéda à un prince barbare chez une nation grossière.«[100] Die Betrachtungen einer »Philosophie der Geschichte« beginnt eben viel radikaler bei den allgemeinsten Voraussetzungen, etwa bei der Feststellung: »Dieu nous a donné un principe de raison universelle, comme il a donné des plumes aux oiseaux, et de la fourure aux ours ...«[101] »Universell« bedeutet nicht mehr, umfassend und vollständig Ereignisse aufzulisten, sondern menschliches Tun allgemein zu setzen: »Le fondement de la société existant toujours, il y a donc toujours eu quelque société; nous n'étions donc point faits pour vivre à la manière des ours.«[102] Von dieser Warte aus gesehen wächst das Interesse an den »sauvages« beträchtlich, wenn man denn so allgemein von den Verschiedenheiten menschlicher Kulturen ausgehen will, um auf ihr Wesen schließen zu wollen: »Il n'est permis qu'à un aveugle de douter que les Blancs, les Nègres, les Albinois, les Hottentots, les Lapons, les Chinois, les Américains, soient des races entièrement différentes.«[103]

Laponien leistet also auch zusätzlich seinen Beitrag, damit jener übliche – auch der bisherigen Universalgeschichte eigene – »Eurozentrismus« durchbrochen werde, um nun eben an den Rändern und über die bekannten Nationen hinaus die »changemens dans le globe« ins Blickfeld zu bekommen: »Il n'y a point de rivage que le temps n'ait éloigné ou rapproché de la mer«, weiß Voltaire einleitend festzustellen.[104] Das ist gleichbedeutend mit der Beobachtung, wie wohltuend sich ein bißchen Distanz zuweilen auswirkt und wie notwendig Abstand sei. Die kleine Reise von Paris nach Saint-Cloud – wie es der Titel eines kleinen Buches von Louis Balthasar Néel andeutet – kann man so betrachtet auch einmal

2 Voltaire am Schreibpult, Radierung, 11,5 × 7,5 cm, eingeklebtes Vorsatzblatt in: Lodovico Antonio Loschi: *Elogi del signor Voltaire e giudizio imparziale intorno lo stesso autore, Volgarizzamenti, italiani,* Venedig 1779.

über den Meeresweg antreten: *Voyage de Paris à Saint-Cloud par mer, et retour de Saint-Cloud à Paris par terre.*[105]

Voltaire hat sich mit dem wiederholten Verweis auf Laponien über die Beschränktheit der bekannten Kulturnationen hinaus den weiten Blick garantiert und sich wohlweislich und demonstrativ auch dort – »je suis acutellement en Laponie« – niedergelassen. Damit entzieht er sich geschickt dem nationalen Chauvinismus, der schon damals die Kulturdiskussion wesentlich mitprägte und sie – bis in die politischen Katastrophen im 19. und 20. Jahrhundert hinein – weiter alimentierte. Allein, auch wenn er sich in Laponien »am Rande« und in sicherer Distanz aufhält, negiert er die kulturelle Wirklichkeit nicht, in der die «Nationen« längst eine entscheidende Rolle spielen. Sie gehören – wie die Natur mit ihren klimatischen Unterschieden selbst – zu den Universalien jeglicher kulturgeschichtlicher Betrachtung: »A l'égard du caractère général des nations, la nature l'a formé.«[106] Dem entkommt man nicht – auch nicht in Laponien. Und wir sind weit davon entfernt, dies in unserer eigenen Zeit überwunden zu haben. Auf nach Laponien!

1 Lettre CCXXV, in: Voltaire: *Œuvres complètes*, Bd. 66, Gotha 1789, S. 404.
2 Fontenelle: *Œuvres*, Nouvelle Edition, IV, Paris 1752, S. 170.
3 Vgl. ibid., S. 171.
4 Vgl. ibid., S. 172.
5 Vgl. ibid., S. 172.
6 Vgl. *Herrn Bernhards von Fontenelle Gespräche von Mehr als einer Welt ... von Joh. Chr. Gottscheden*, 3. Aufl., Leipzig 1738, Vorrede des Uebersetzers: »Da aber Herr von Fontenelle gar zu sehr die Partey der Neuen gehalten, und die Alten lächerlich zu machen gesuchet ...«
7 Ibid., S. 256ff.: *Abhandlung der Frage, vom Vorzuge der Alten oder Neuern in Absehen auf Künste und Wissenschaften*, Anmerkung a, S. 257.
8 Ibid., Anmerkung b, S. 257-258.
9 Ibid., Anmerkung a, S. 257.
10 [Montesquieu, Charles de]: *De L'Esprit des Loix, ou du rapport que les loix doivent avoir avec la constitution de chaque gouvernement, les moeurs, le climat, la religion, le commerce, &c.*, Bd. I, Genève, [Paris] 1748, Préface: »Je n'ai point naturellement l'esprit desaprovateur.«
11 Ibid.
12 Ibid.
13 Ibid.
14 Ibid., S. 360.
15 Ibid.
16 Ibid., S. 361.
17 Ibid., S. 441f.: Der Begründung des »génie de Liberté« in Europa folgt dort das Vorurteil: »Au contraire, il regne en Asie un esprit de servitude qui ne l'a jamais quitté; & dans toutes les Histoires de ce pais il n'est pas possible de trouver un seul trait qui marque une ame libre: on n'y verra jamis que l'héroisme & la servitude.«
18 Der Einführung zu dieser Form des »gelebten« Kosmopolitismus dient die Lektüre von Einführungen wie derjenigen zu den: *Lettres Ecrites de Londres sur les Anglois et Autres Sujets, Par Monsieur de Voltaire* (Amsterdam 1746): »Ces Lettres furent écrites de Londres depuis 1728, jusqu'a 1730. par une personne connue dans le monde; elles ont courru longtems manuscriptes à Londres & à Paris.

Deux Anglois les trduisirent en 1732. l'une de ces Traductions fut imprimée aussi-tôt, & eut un débit prodigieux. On commença alors à Londres l'Edition du Manuscript François; l'auteur nous fit prier de la suprimer. Il nous manda plusieurs fois qu'il ne pouvoit consentir à l'impression de ces lettres, qui avoient été écrites librement, & qui n'étoient pas pour être publiques ...«

19 Voltaire 1789 (wie Anm. 1), S. 404

20 Lettre CCLXII, in: Voltaire 1789 (wie Anm.1), Bd. 67, S. 442.

21 Vgl. Voltaire: *Le Cri des Nations*, in: *Œuvres complètes*, Bd. 29, Gotha 1786, S. 125ff.

22 Ibid.: *Pensées sur l'administration publique*, Bd. 29, S. 34.

23 Vgl. Lettre VIII, in: Voltaire 1789 (wie Anm. 1.), Bd. 62, S. 19.

24 Ibid.

25 Vgl. Jean Jacques Rousseau: *Citoyen de Genève A Mr. D'Alembert, ... Sur son Article Genève Dans le VIIme. Volume de l'Encyclopédie ...*, Amsterdam 1748.

26 Ibid., Préface.

27 Vgl. Jean Jacques Rousseau: *Lettres Ecrites de La Montagne,* Première Partie, Amsterdam 1765, Avertissement.

28 Ibid.

29 Ibid.

30 Ibid.

31 W. Danzel: *Ueber Goethe's Spinozismus. Ein Beitrag zur tiefern Würdigung des Dichters und Forschers*, Neue wohlfeile Ausgabe, Hamburg 1850, S. 15.

32 Ibid.

33 Mme. [Germaine] de Staël: *De L'Allemagne,* Seconde Edition, I, Paris 1814, Préface.

34 Ibid., S. VI.

35 Ibid., S. VIII–IX.

36 Ibid., S. XII.

37 Ibid.

38 Ibid., S. XIII.

39 Ibid., S. XV.

40 Ibid., S. 9 (»De l'aspect de l'Allemagne«).

41 Ibid., S. 16.

42 Ibid., S. 24.

43 Ibid., S. 24f.: »Les souvenirs de la Grèce, le goût des beaux-arts semblent y être arrivés par correspondance ...«

44 Vgl. Johann Gottlieb Fichte: *Reden an die deutsche Nation*, Berlin 1808, S. 17.

45 Ibid., S. 16: »Mit uns gehet, mehr als mit irgend einem Zeitalter, seitdem es eine Weltgeschichte gab, die Zeit Riesenschritte.«

46 Ibid.

47 Ibid., S. 19.

48 Mme de Staël, 1814 (wie Anm. 33), S. 12.

49 Vgl. Vorrede der Herausgeber, in: *Sammlung nützlicher Aufsätze und Nachrichten, die Baukunst betreffend. Für angehende Baumeister und Freunde der Architektur*, Bd. I, Berlin 1797.

50 Vgl. Gregorovius, Ferdinand: *Göthe's Wilhelm Meister in seinen socialistischen Elementen entwickelt*, Königsberg 1849, S. 208.

51 *J. G. Fichte's Reden an die deutsche Nation. Von Neuem herausgegeben und eingeleitet durch Immanuel Hermann Fichte*, Tübingen 1859, S. VI.

[52] Victor Cousin: *Souvenirs d'Allemagne, Notes d'un journal de voyage [1817]*, in: ibid. *Fragments et Souvenirs*, Paris 1857, S. 132ff.

[53] *Victor Cousin über die französische und deutsche Philosophie. Aus dem Französischen von Hubert Beckers* [...]. *Nebst einer beurtheilenden Vorrede des Geheimraths von Schelling*, Stuttgart/Tübingen 1834, S. 35.

[54] Ibid., S. 38f.

[55] Ibid., S. 56: »Der Eklekticism geht von einer Philosophie aus und strebt durch die Geschichte zum lebendigen Erweise dieser Philosophie.«

[56] Ibid., S. 60. Dies sah er in direktem Zusammenhang mit 1830 und seiner eigenen »Theorie der repräsentativen Regierung« von 1828, »bei der ich beharre«.

[57] Vgl. Konrad Hermann: *Zwölf Vorlesungen über Philosophie der Geschichte*, Leipzig 1850, S. 136.

[58] Ibid., S. 137.

[59] Vgl. Karl Rosenkranz: *Das Verdienst der Deutschen um die Philosophie der Geschichte*, Königsberg 1835.

[60] Ibid., S. 20.

[61] Ibid., S. 20.

[62] Immanuel Kant: *Anthropologie in pragmatiscehr Hinsicht abgefasst*, Frankfurt u. Leipzig 1799, Vorrede, S. III.

[63] Ibid., S. V.

[64] Ibid., S. VII.

[65] Vgl. Richard Hurd: *Dialogues on the Uses of Foreign Travel; Considered as a Part of An English Gentleman's Education: Between Lord Shaftesbury and Mr. Locke* [...], London 1764.

[66] Ibid., S. 150.

[67] Ibid., S. 152.

[68] Vgl. Johann von Quandt: *Beobachtungen und Phantasien über Menschen, Natur und Kunst auf einer Reise in's mittägige Frankreich*, Leipzig 1846, S.102f.

[69] Vgl. Johann Heinrich Bürkle: *Auserlesene Gedichte Zum Besten der verunglückten Schweizer* o.O. [1800], S.112.

[70] Vgl. Charles Victor de Bonstetten: *L'Homme du Midi et L'Homme du Nord ou l'Influence du Climat*, [1824], 2. Aufl., Genf u. Paris 1826.

[71] Ibid., S. 2.

[72] Ibid., S. 131. Für den nicht eingeweihten Leser sei bemerkt, daß Schwyz die Haupstadt des kleinen Kantons (auch Wohnort des Schreibenden) ist, der damals vor allem durch Vermittlung von Söldnern in alle Welt zu einem gewissen Reichtum kam. Obwohl in der Schweiz die Kulturhoheit bei den Kantonen liegt, verfügt der Kanton Schwyz bis heute über keinerlei entsprechende Gesetzgebung und finanziert »außerordentliche« kulturelle Projekte – wie im 18. Jahrhundert weiland die Päpste – mit Lottogeldern. Deshalb das auch heute noch berechtigte Staunen ob der Formulierung Bonstettens!

[73] Ibid., S. 183.

[74] [H. H. Füssli]: *Briefe von Bonstetten an Matthisson*, Zürich 1827, S. 39.

[75] Ibid., S. 41.

[76] Ibid., S. 43.

[77] Ibid., S. 56.

[78] Mme. de Staël: *Considérations sur les principaux événemens de la Révolution Françoise*, Bd. I, Paris 1818, S. 1.

[79] Ibid., S. 14.

[80] Füssli 1827 (wie Anm. 74), S. 55.
[81] Vgl. Cousin 1857 (wie Anm. 52), S. 132.
[82] Ibid., S. 133.
[83] Vgl. Hermann 1850 (wie Anm. 57), S. 136.
[84] Ibid.
[85] Vgl. Johann Georg Zimmermann: *Vom Nationalstolze*, Neueste Auflage, Frankfurt u. Leipzig 1781, S. 23.
[86] Vgl. Fichte 1808 (wie Anm. 44), S. 60.
[87] Vgl. G.: *Germanisirende Franzosen*, in: Wolfgang Menzel (Hg.): *Literatur-Blatt*, Nr. 8 (18. Januar 1833), S. 31-32, und; id., Nr. 9, S. 33–35.
[88] Ibid., S. 31.
[89] Ibid.
[90] Ibid., S. 32
[91] Ibid., S. 35.
[92] Ibid.
[93] Dazu und im folgenden vgl. Werner Oechslin: *Le goût et les nations: débats, polémiques et jalousies au moment de la création des musées au XVIIIe siècle*, in: *Les musées en Europe à la veille de l'ouverture du Louvre*, Paris 1995, S. 365ff.
[94] Vgl. Lettre CXC, in: Voltaire, 1798 (wie Anm. 1), Bd. 60, S. 392.
[95] Louis Moreris (Hg): *Grand Dictionnaire Historique*, Ausgabe von 1732, Bd. IV, S. 519–522.
[96] Immerhin scheint sich das Bild deutlich zu verbessern. In der früheren, zweiten Ausgabe von 1681 (Lyon, II, S. 372) hieß es beispielsweise noch: »Ils sont laids & courbez, lâches, craintifs, soupçonneux, fourbes, menteurs, brutaux, & qui font consister leur plaisir à tromper quand ils négocient.« Es bleibt jetzt beim »laids & courbez«!
[97] De Keralio: *Collection de Differens Morceaux* [...], Bd. I, Paris o. J., S. 277.
[98] Vgl. Artikel: *Laponie*, in: *Encyclopédie* Bd. IX, Neufchastel 1765, S. 287-288.
[99] Vgl. *Lettre civile et honnête à l'auteur mal-honnête de la critique de l'Histoire universelle de M. de Voltaire, qui n'a jamais fait d'Histoire universelle. Le tout au sujet de Mahomet*, in: Voltaire: Oeuvres completes, *Bd.* 28 (Fragmens sur l'histoire), Gotha 1785, S. 191ff.
[100] Ibid., Bd. 16, Basel 1785, S. 239.
[101] [Voltaire]: *La Philosophie de l'Histoire. Par feu l'Abbé Bazin*, Amsterdam 1765, S. 43.
[102] Id., S. 39.
[103] Id., S. 6.
[104] Dieser Satz und der Untertitel »Changemens dans le Globe« zur Introduction nicht in den Erstausgaben von 1765; hier zitiert nach: Voltaire 1785 (wie Anm. 100) S. 3.
[105] Louis Balthasar Néel: *Voyage de Paris à Saint-Cloud par mer, et retour de Saint-Cloud à Paris par terre*, zitiert nach der *»nouvelle édition«*, Paris 1787.
[106] Voltaire: *Fragmens sur l'histoire*, in: Voltaire1785 (wie Anm. 100), S. 15.

Das Blücher-Denkmal in Rostock

Johann Wolfgang Goethe und Johann Gottfried Schadow debattieren die Einkleidung eines deutschen Helden

Andreas Beyer

Schadow und Blücher: »in alt teutscher Tracht«

Die Entstehung des Denkmals für den Generalfeldmarschall Gebhard Leberecht Blücher in Rostock (Abb. 1) verdankt sich einer veritablen »Zeitungsente«: Nach dem Einzug der Alliierten in Paris am 31. März und nach Ernennung des preußischen Generalfeldmarschalls zum »Fürsten Blücher von Wahlstatt« am 3. Juni hatte der *Hamburgische unparteiische Correspondet* am 22. Juni 1814 gemeldet, in Rostock sei mit allgemeinem Jubel »der Plan aufgefaßt worden, dem Fürsten Blücher in dieser seiner Geburtsstadt ein Monument zu setzen. In noch nicht völlig einer Stunde hatten die Kaufleute allein schon 2500 Thlr. dazu unterzeichnet.« Weiter heißt es: »Der Plan dazu ist einfach und schön. Ein für Rostock großer Platz, der alte Markt, wird in einen Spaziergang verwandelt, und in dessen Mitte soll sich das Denkmal erheben.«[1]

Nun scheint es freilich, als ob diese Meldung jeder Grundlage entbehrte: Bürgermeister und Rat der Stadt faßten am 3. September vielmehr den Beschluß, daß die Stadt mit Bedauern davon absehen müsse, ein solches Denkmal zu setzen, da der zurückliegende Krieg die finanziellen Ressourcen der Stadt aufgezehrt habe.[2] Allein der Magistrat geriet unter erheblichen Druck, zumal sich die Nachricht auch in überregionalen Zeitungen verbreitete und sich zuletzt der so vermeintlich Geehrte selbst in einem Schreiben an den Rat wandte: »Aus den öffentlichen Blättern ersehe ich, daß die von mich [sic] so innig geliebte Vaterstadt Rostock sich meiner erinnert. Ich finde nicht die Worte, Ihnen Hochverehrte Herrn, und den sämtlichen Einwohnern von Rostock meinen Dank so auszudrücken, wie ihn mein Herz fühlt […].«[3]

Ohne den Denkmalsplan weiter zu erwähnen, dankte die Stadt Blücher in einem umständlichen Schreiben und reichte die Angele-

1 *Denkmal für Feldmarschall Gebhard Leberecht Blücher,* Rostock (Universitätsplatz), 1819 (Aufnahme von 1925)

genheit an den Großherzog von Mecklenburg-Schwerin und den »Engeren Ausschuß von Ritter- und Landschaft« weiter mit dem Bemerken, Blücher gehöre ja nicht sowohl der Stadt Rostock als dem ganzen Vaterlande.[4] Erst der so in die Pflicht genommene »Allgemeine Landesconvent« sollte Ende 1814 die Errichtung des Denkmals beschließen, und Kammerherr August Claus von Preen mit deren Leitung beauftragen.[5] Dieser suchte in Berliner Künstlerkreisen um Vorschläge zur Gestaltung nach, und forderte den Maler Friedrich Georg Weitsch sowie den Bildhauer Johann Gottfried Schadow zur Einreichung von Denkmalsentwürfen auf: »Der teutsche Held und Vaterlands-Befreier Fürst Blücher ist in Mecklenburg und nahmendlich zu Rostock geboren. Das Gedächtniß seiner Thaten wird auf die späte Nachwelt übergehen; dennoch entsteht leicht der Gedanke, denselben, zuerst an der Stätte wo er das Licht der Welt erblickte, auch durch ein äußeres Denkmal zu ehren.«[6]

Weitsch, Direktor der Berliner Akademie der Künste, schlug eine »Ehrensäule von dorischer Ordnung aus vaterländischem Granit« vor, Schadow dagegen, Vizedirektor dortselbst, sandte den Entwurf einer »Bildsäule aus Bronze, den Helden selbst zu Pferde vorstellend und ruhend auf einem Fußgestell aus vaterländischem Granit« ein.[7] In einem Schreiben Weitschs an von Preen finden sich auch erste Überlegungen Schadows zur Kostümierung des Reiters:

»Nun habe ich mich auch mit meinem Freund H. Schadow; über die Statue selbst, betreffend daß Costume, besprochen [...]. Wir fänden beyde, daß es wohl daß gerechtigste sey selbige in alt teutscher Tracht vorzustellen / nicht aus dem 16. Jahrhundert / mit einer Wolfshaut liegend auf dem Rücken, und einer Mütze auf dem Kopf – das jetzige Costume wird doch in wenigen Jahren lächerlich aussehen.«[8]

Weitsch und Schadow zählten zu den erfahrensten und prominentesten Vertretern der zeitgenössischen Porträtkunst; zumal letzterer sich mit seinen öffentlichen Standbildern etwa dem Friedrich II. von Preußen (1793) oder des Generals Hans Joachim von Zieten (1794) empfahl. Die Findungskommission gab Schadow den Vorzug und wurde darin von Herzog Friedrich Franz von Mecklenburg-Schwerin bestätigt, der Weitschs Plan ablehnte, gleichwohl aber auch Einwände gegen Schadows Entwurf erhob, und zumal die Verwendung einer Mütze als Kopfbedeckung ablehnte, da sie Militärs »[...] nicht im Dienst und in der Schlacht, sondern nur zur Bequemlichkeit (...)« trügen. Im übrigen erbat er sich »[...] das Urtheil und die Kritik mehrerer von Kunstverständigen und mit den Werken des Alterthums bekannten Männern [...]«.[9] Daß von Preen sich diesbezüglich am 19. Mai 1815 an Goethe wandte, ist zunächst dessen weithin anerkannter Sachverständigkeit und selbst in den Auseinandersetzungen mit den Romantikern offenbar kaum erschütterter Reputation in Kunstfragen geschuldet:

»Wer dürfte aber eine, durch das Studium der Antike gereifte Urtheilskraft, vereinigt mit hohem KunstGefühl und schöpferischer Einbildungskraft, in höherem Grade besitzen als Sie? Diese seltene Vereinigung tiefer Theorie und Praktik in jedem Gebiete der Kunst macht mich so dreist, Nahmens meiner Mitbürger, die Kritik des ersten Kunstrichters unserer Zeit, in Anspruch zu nehmen.«[10]

Daß Goethe um Rat gebeten wurde, mag aber außerdem mit dessen Festspiel *Des Epimenides Erwachen* zusammenhängen, das bereits für die im Jahre 1814 anberaumte Siegesfeier der Gegner Napoleons entstand, aber erst am 30. März 1815 in Berlin uraufgeführt wurde. Der einstige »Parteigänger« des Kaisers der Franzosen hatte versucht, dem Sieg in der Völkerschlacht bei Leipzig ein poetisches Denkmal zu setzen.[11]

»das allgemein Menschliche durchs Vaterländische verdrängt« – Goethe und Schadow

Goethe zögerte zunächst, schob die Sache hinaus, willigte aber schließlich ein.[12] Die Planungsgeschichte des Blücher-Denkmals sollte Goethe erneut in Verbindung mit Johann Gottfried Schadow bringen, jenem Vertreter der Berliner Kunstpraxis, der er in seiner dem 2. Stück des 3. Jahrgangs der *Propyläen* vorangestellten *Flüchtigen Übersicht über die Kunst in Deutschland* (1800) nicht nur »prosaischen Zeitgeist« vorgeworfen hatte:

> »In Berlin scheint, außer dem individuellen Verdienst bekannter Meister, der Naturalismus, mit der Wirklichkeits- und Nützlichkeitsforderung, zu Hause zu sein [...]. Poesie wird durch Geschichte, Character und Ideal durch Porträt, symbolische Behandlung durch Allegorie, Landschaft durch Aussicht, das allgemein Menschliche durchs Vaterländische verdrängt. Vielleicht überzeugt man sich bald: daß es keine patriotische Kunst und patriotische Wissenschaft gebe. Beyde gehören, wie alles Gute, der ganzen Welt an und können nur durch allgemeine, freye Wechselwirkung aller zugleich Lebenden, in steter Rücksicht auf das was uns vom Vergangenen übrig und bekannt ist, gefördert werden.«[13]

Diesen Anwürfen hatte Schadow im 1. Band des ersten Jahrgangs der Zeitschrift *Eunomia* (1801) entgegnet:

> »Der große und gerechte Ruf des Herausgebers der Propyläen war Ursach, daß ich bisher alles was in diesen Blättern über die Kunst gesagt wurde, in stiller Hingebung annahm; folgende sich auf die Kunst in Berlin beziehende Sätze regten indes in mir einige Gedanken auf, die ich mitteile, ohne zu erwarten, daß meine schwache Stimme gegen diese alles überwältigende gehöret werde.«[14]

Schadow nahm jeden Satz Goethes auf und seziert dessen Text geradezu, indem er den Vorwürfen aus Weimar sein eigenes Kunstprogramm der Naturnähe, Charakteristik und Lebensnähe entgegenstellt: »Wer einen Menschen malt oder bildet, der mache einen Mann oder ein Weib – und zwar von bestimmtem Charakter, so schön er wolle, nur daß man genau seine Individualität und seine Meinung und Bestimmung wisse.« Vor allem aber antwortet er auf Goethes Diktum, wonach es keine patriotische Kunst und Wissenschaft gäbe: »[...] die eigentliche Kunst ist stets patriotisch.«[15]

Die Entzweiung Goethes und Schadows, die durch einen Besuch des Bildhauers in der Stadt an der Ilm im Jahre 1802 – in der Absicht, ein Porträt Wielands zu schaffen – noch erheblich verstärkt werden sollte, ist geeignet, ein erhellendes Licht auf die Weimarer Kunstpolitik, aber auch auf das Verhältnis von Metropole und Provinz überhaupt zu werfen.[16]

Es ist hier nicht der Ort, die komplexe Geschichte dieser Auseinandersetzungen nachzuzeichnen. So unversöhnlich sich aber Goethe und Schadow lange gegenüberstehen mußten – die frühe Ablehnung und Distanz scheint, nicht zuletzt angesichts der jüngsten politischen Ereignisse, jetzt der Überzeugung gewichen zu sein, das Unternehmen verlange nach Bündelung aller verfügbaren Kompetenz und die ehedem attackierte Eigenart Schadows, sein »Naturalismus«, eigne sich in besonderem Maße zur Ausführung eines patriotischen Denkmals. Obschon Goethe nicht zuletzt aus Dekorumsfragen Schadows ersten Entwurf eines Reiterstandbilds ablehnte, favorisierte er den Berliner Bildhauer doch grundsätzlich. In einem Brief an den vermittelnden Weimarer Kammerrat Carl Bertuch äußert er: »Die Unternehmung ist so wichtig, daß man wohl noch einmal interloquieren darf. Daher eröffne den Wunsch: Herr Schadow möge das Modell einer pedestern Statue verfertigen. [...] Ein Standbild hat vieles vor sich, indes ein reitendes unendlichen Hindernissen begegnet.«[17]

2 *Erstes Modell zum Blücher-Denkmal* in Rostock, 1815, Wachs auf rundem Holzpostament, Stiftung Weimarer Klassik, Goethe National-Museum Weimar

Schadow reichte das erste Modell einer Standfigur ein, das Goethe nach seiner Rückkehr von seiner Reise an Rhein, Main und Neckar in Weimar vorfand (Abb. 2). Am 25. Oktober 1815 übersandte er Schadow die folgenden *Betrachtungen bey einem Modell des Blücher'schen Monuments*:

»Mein Vorschlag wäre, den rechten Fuß zum Standfuße zu machen [...] Die Brust und der rechte Schenkel wären frey und dem einfallenden Lichte völlig zugänglich; daß alsdann der linke Fuß vorträte und der Säbel auch vorrückte, würde, sowohl artistisch als symbolisch, vorteilhaft seyn, indem sich dieser Held beynahe noch mehr durch That als durch Befehl auszeichnete. [...] Der Brust wünschte ich einen Harnisch [...] An den Füßen wünschte das Nackte durch größere Faltenpartien bezeichnet,

3 *Zweites Modell zum Blücher-Denkmal* in Rostock, 1815, Wachs, Plinthe und Säbel aus Holz, Berlin, Staatliche Museen Preußischer Kulturbesitz, Nationalgalerie

> Löwenhaut und Kopf mehr symbolisch als real dargestellt, worin uns die Alten [...] vorgegangen. [...] Vielleicht würde das Piedestal nicht rund, sondern viereckig gemacht [...] Die viereckige Gestalt der Base bietet auch für die Inschrift mehr Bequemlichkeit dar als die runde.«[18]

Schadow fertigte umgehend ein zweites Modell an, das, arg beschädigt, in Weimar anlangte, Goethe aber dennoch erkennen ließ, daß es seinen »Wünschen gemäß« ausgeführt war (Abb. 3).[19] Für den Kopf der Figur hatte Schadow auf eine Darstellung seines Schülers Christian Daniel Rauch zurückgegriffen – so wie er sich bereits beim Zieten-Standbild der Zieten-Büste seines Lehrers Tassaert bedient hatte – und begründete diesen Rückgriff mit der höchst naturalistischen Wiedergabe der Physiognomie, die er selbst nicht zu übertreffen in der Lage sei.[20] Mithin setzte sich auch hier der Berliner »Realist« jeder idealisierenden Tendenz wirkungsvoll entgegen. Zu Jahresanfang 1816 endlich reiste Schadow nach Weimar, um weitere Details der Ausführung zu besprechen – hierbei ging es namentlich um die Ausgestaltung des nunmehr quadratisch geformten Sockels und um die Anbringung der Inschrift und der Relieftafeln.[21]

»Seine Kleidung ist kunstgemäß« – Blücher auf dem Sockel

Schadow hat in seine Lebenserinnerungen eine Beschreibung des Denkmals im Augenblick seiner Enthüllung aufgenommen, die besonders die Gewandung des Helden in den Blick nimmt:

> »Über die Bekleidung des Helden. Nach der Neigung und Vorliebe desselben hätte man ihn in der Husarenuniform abbilden können. Da aber zu erwägen war, daß unser Held Feldherr ist, in der ganzen Ausdehnung des Worts, alle Abteilungen der Krieger, ja zuweilen fremde Kriegsvölker befehligend, so mußte man von der Idee, eine einzelne Art von Uniform anzubringen, abstehen. Wollte man ihn ferner (wie geschehen ist) gleich dem Herkules der alten Fabel als Bändiger und Überwinder der Ungeheuer zeigen, so war es natürlich, daß man eine heroisch-dichterische Bekleidung vorzog, der Würde solcher Denkmale angemessen. Dadurch entging man auch dem vielen kleinlichen Schmucke, den die Sitte der Zeit und die Ordnung des Dienstes herbeigeführt haben und der es allemal hindert, ein Kunstwerk (ein eigentliches) hervorzubringen. Schon früher hatte die Stadt Berlin zu Ehren des Helden eine Denkmünze prägen lassen; auch da ist sein Brustbild umkleidet mit dem Kopfe und den Vordertatzen der Löwenhaut. Den kurzen Leibrock mit Ärmeln und die langen Beinkleider, die hier Stiefeln sind, findet man in alten Denkmälern als bezeichnend die Völker der Germanen und Dacier.«[22]

Goethe wiederum hat die Beschäftigung mit dem Blücher-Standbild in seinem Aufsatz *Blüchers Denkmal* 1818 in *Über Kunst und Altertum* (I,3) dokumentiert.[23] Der 1816 erschienenen *Italienischen*

Reise – der Summe eines zu jenem Zeitpunkt bereits überlebten, jedenfalls allerorten angefeindeten klassizistischen Kunstprogramms – standen die Hefte von *Kunst und Altertum* gegenüber. Ernst Osterkamp hat sie als »mit Sorgfalt aufeinander bezogene Gegenstücke« charakterisiert: »[...] auf der einen Seite die Begründung und Befestigung von Goethes klassizistischer Ästhetik, auf der anderen die Erkundung kunstgeschichtlichen Geländes, das dem klassizistischen Geschmack inkommensurabel blieb.«[24] Es war bekanntlich Boisserées unermüdliches Werben für altdeutsche Kunst und Architektur, die Goethes Widerstand untergraben hatte. Die Aufnahme des Aufsatzes über *Blüchers Denkmal* in *Kunst und Alterthum* ist daher aufschlußreich genug. Denn wirklich wird man das Blücherstandbild nur vor dem Hintergrund eines grundsätzlich gewandelten, jedenfalls erschütterten, ehedem intransigenten Klassizismus verstehen dürfen.

In dem im Blücher-Standbild sichtbaren »Historismus«, der dem klassizistischen Primat diametral entgegenstehen mußte, artikuliert sich ein kaum aufzulösender Widerspruch der Goetheschen Kunsttheorie. Kaum hätte ja der Klassizist Goethe Schadows Kostümierung der Blücher-Statue im Barbarenkostüm bedenkenlos zugestimmt. Jetzt aber – und entscheidend hierfür ist sowohl die Neuordnung der politischen Welt nach Napoleons Untergang bei der Schlacht von Waterloo im Juni 1815 wie auch Goethes folgenreiche Begegnung mit dem Mittelalter – meldet Goethe keine Einwände dagegen an, daß Blücher in Bekleidung und Bewaffnung in Gestalt der Germanen und Daker erscheint, wie sie etwa an den Reliefs der Trajanssäule – als Gegenbilder der römischen Truppen – auftreten (Abb. 4). In einem Brief an von Preen erläuterte Schadow die Einzelheiten des Kostüms:

> »Die Tracht, in welcher man den Entwurf zur Statue unsers Helden erblickt, ist hergenommen von den alten Denkmälern der Römer, wo germanische Völkerschaften abgebildet sind; auch von jenen Statuen gefangener Könige, die von den Römern barbarische genannt wurden, mit welcher Benennung sie alles, was nicht griechisch oder römischer Abkunft war, belegten. Es ist diese Tracht ein kurzer gegürteter Leibrock mit Aermel bis zum Handgelenk, weiter Hose und den Fuß bedeckenden Schuhen, ein Mantel, dessen Saum an den Statuen der Könige mit Fransen

4 *Daker im Kampf gegen die römischen Truppen,* 113 n. Chr. Relief der Trajanssäule, Rom

verziert ist. [...] In dem ersten Entwurfe von Wachs, welchen der Herr von Goethe noch hat, ist der Held statt des Mantels mit einer Löwenhaut bekleidet; die hintere Seite der Statue erschien – wegen Mangels an Falten – steif und unbehülflich, und Herr von Goethe erklärte, daß hiervon nicht mehr angegeben werden müsse, als zur Symbolik erforderlich. Deshalb ist der Umschlag des Mantels auf der Brust der obere Theil der Löwenhaut. [...] Von den langen Hosen ist bloß zu sagen, daß solche in den alten Darstellungen germanischer Völker vorkommen und mit der heutigen Beinkleidung Aehnlichkeit haben.«[25]

Dem sekundierte Goethe mit der Bemerkung: »Seine Kleidung ist kunstgemäß, doch erinnernd an eine in den neuern Zeiten nicht seltene Tracht.«[26]

Im Blücher-Denkmal tritt diese eigentümliche Bekleidung – eigentümlich in ihrer Mischung aus altgermanischer Tracht und zeitgenössischer Uniform, als Artikulation einer eigenen »Antike« und eines neuen Nationalbewußtseins – erstmals in Deutschland auf; sie wird im wenig später entstandenen *Kreuzberg-Denkmal* von Schinkel, Rauch und Tieck wieder aufgegriffen.[27] Wenn Schadow für das Blücher-Denkmal eine ausschließlich zeitgenössische Uniform verwarf – weil es »[...] allemal hindert, ein Kunstwerk (ein eigentliches) hervorzubringen« –, dann ging er damit zurück hinter die Errungenschaft seines Lehrers Jean Pierre Antoine Tassaert. Der hatte, in bewußter Abwendung von der barocken Tradition, die zeitgenössische Gewandung in seinen Monumenten für General Keith (1780) und General Seydlitz (1781) folgenreich eingeführt, indem er sie in der zeitgenössischen Montur ihrer Regimenter erscheinen ließ. In seinem Zieten-Denkmal hatte Schadow noch die Paradeuniform des Husarenregiments kunstvoll inszeniert – vielleicht war es aber die modische Vergänglichkeit gerade dieser Kostümierung, die ihn von deren Untauglichkeit überzeugt hat, auf Dauer Erinnerung zu stiften. Vor allem aber kam Schadow zu dem Schluß, daß »jede fremde Tracht eine Verstellung« sei und Denkmäler im römischen Kostüm »alle denselben [Charakter] oder vielmehr gar keinen« hätten.[28] An die Stelle des in der römischen Plastik bewahrten Ideals tritt jetzt eine eigene, national argumentierende Historizität, die ein diffuses, eklektisches Germanentum zum maßgeblichen Vorbild erklärt. Im Falle Blüchers mag diese Wahl zudem besonders sinnfällig erschienen sein, war er doch durch seinen im August 1813 bei Wahlstatt errungenen Sieg – der ihm den Titel eines Fürsten von Wahlstatt eingetragen hatte – nunmehr auch namentlich mit jener Gegend verbunden, wo Heinrich II., Herzog von Schlesien, 1241 im Kampf gegen die Mongolen gekämpft und sein Leben gelassen hatte.[29] Schon den Zeitgenossen freilich bot die Bekleidung Blüchers Anlaß für Mißverständnisse. Friedrich Christoph Förster etwa apostrophierte sie als »deutschen Landwehrrock«.[30]

Auch geht die Kostümfrage letztlich auf den mit Goethe am Jahrhundertbeginn ausgetragenen Streit zurück. In seiner Reaktion hatte Schadow in der *Eunomia* geschrieben:

»Mich sollte es freuen, wenn wir einen charakteristischen Kunstsinn besäßen, und obwohl dieser in den ›Propyläen‹ als ein solcher betrachtet wird, welcher auf die niedrigste Stufe gehört, so ist es doch der einzige durch welchen wir Deutsche dahin kommen, Kunstwerke hervorzubringen, in welchen man *uns selbst* sähe. Seit anderthalbhundert Jahren sind wir Nachahmer der Welschen und der Franzosen, oder Gräculi. Anstatt zu geben und auszubilden was in uns ist, quälen wir uns etwas hervorzubringen, was dem von diesen Fremden Gemachten ähnlich ist.«[31]

Noch in Hegels Berliner Ästhetikvorlesungen klingt die Geringschätzung des nach französischer Mode geschneiderten Zeitkostüms nach, das »bedeutende Falten« zu gestalten nicht zuließ:

»[...] der heutige Zuschnitt unserer Anzüge [ist] unkünstlerisch und prosaisch der idealeren Gewandung der Alten gegenüber. [...] in unseren modernen Anzügen [...] ist der ganze Stoff fertig nach den Formen der Gliedmaßen zugeschnitten und genäht, so daß eine eigene Freiheit des Fallens nicht mehr oder nur im geringsten Grade vorhanden ist. Denn auch die Art der Falten ist durch die Nähte bestimmt und überhaupt Schnitt und Fall ganz technisch und handwerksmäßig durch den Schneider bewirkt.«[32]

Was bei Hegel aber zu einer Apologie der römisch-antiken Gewandung gerät, sollte für Schadow – und mit ihm für Goethe[33] – in der alt-germanischen Tracht sein Korrelat finden. Es sind die mit Schadow – und dem gelegentlich beratend hinzugezogenen Aloys Hirt – erörterten Fragen, die Goethe zur Niederschrift seines Aufsatzes *Anforderung an den modernen Bildhauer* veranlaßten:

»In der neusten Zeit ist zur Sprache gekommen: wie denn wohl der bildende Künstler besonders der plastische, den Überwinder zu Ehren, ihn als Sieger, die Feinde als Besiegte darstellen könne? [...] Diese Aufgabe zu lösen hat in den gegenwärtigen Tagen, wo gebildete Nationen mit gebildeten kämpfen, größere Schwierigkeiten als damals wo Menschen von höheren Eigenschaften mit rohen tierischen oder mit tierverwandten Geschöpfen zu kämpfen hatten. [...] Deutsche und Franzosen, ob gleich politisch und moralisch im ewigen Gegensatz, können nicht mehr als kämpferisch bildlich vorgestellt werden, wir haben zu viel von ihrer äußern Sitte, ja von ihrem Militärputz aufgenommen, als daß man beide, fast gleich kostümierte Nationen sonderlich unterscheiden könnte. Wollte nun gar der Bildhauer [...] nach eigenem Recht und Vorteil seine Figuren aller Kleidung und äußern Zierde berauben; so fällt jeder charakteristische Unterschied weg, beide Teile werden völlig gleich; es sind hübsche Leute die sich einander ermorden [...].«[34]

Erst der Rekurs auf eine vermeintlich historische, altgermanische Tracht erlaubte mithin die Distinktion und das Hervorbringen eines »Kunstwerks [...] in welchen man *uns selbst* sähe [...]«. Und in Verbindung mit der antiken Herkules-Ikonographie wurde die Bezeichnung von Blüchers besonderer Charakteristik zu unterstreichen versucht: »Der mit dem Löwenkopfe gezierte Mantel bezeichnet die vorzügliche Eigenschaft dieses Feldherrn, nämlich die Entschlossenheit.«[35]

Goethes »Kunsttheorie« ist widersprüchlich und kaum von jener Stringenz, die er selbst in seinen Stellungnahmen zur Geschichte und aktuellen Praxis der Kunst erkennen wollte. Seine Zustimmung zur Einkleidung des deutschen Helden Blücher, die das Primat der antiken Heroik kurzentschlossen aufkündigt, wird allenfalls verstehbar vor dem Hintergrund des »Scheiterns« seines »Epimenides«, in dem es ja der »Verrat der Wirklichkeit an eine verrätselte Allegorie« (Lothar Müller) war, der maßgeblich zu dessen Mißerfolg beigetragen hatte.[36] Er mag daraus den Schluß gezogen haben, daß der Rekurs auf Antike und Mythologie seine Verabredungskraft endgültig eingebüßt hatte und allenfalls in einem unbekümmerten Synkretismus zur Übersetzung in die Zeitgenossenschaft taugte. Daß Goethe aber seine grundsätzlichen Bedenken gegen jede Form künstlerisch-patriotischer Schwärmerei gelegentlich der Beschäftigung mit dem Blücher-Denkmal nicht wirklich aufgegeben hat, hilft der nach Abschluß der Planungsarbeit, aber noch vor der Enthüllung des Blücher-Standbilds (1819), im Jahre 1817 in *Kunst und Altertum* erschienene Aufsatz über *Neudeutsche religiös-patriotische Kunst* verstehen, der den normativen Charakter seiner klassizistisch geprägten Kunstauffassung neuerlich betont, wohl auch aus der Befürchtung, man könne seine Hinwendung zur deutschen Vergangenheit als Zustimmung zu jener von ihm abgelehnten Richtung der romantischen Kunst verstehen. Denn aus dieser polemischen Abrechnung mit den Romantikern geht hervor: »daß es in Bezug auf die Kunst am sichersten und vernünftigsten ist, sich ausschließlich mit dem Studium der alten Griechischen Kunst, und was in neuerer Zeit sich an dieselbe anschloß, zu befassen; hingegen immer gefährlich und vom rechten Weg ableitend andere Muster zu suchen.«[37]

[1] Karl Koppmann: *Die Errichtung des Blücher-Denkmals in Rostock*, in: *Beiträge zur Geschichte der Stadt Rostock. Verein für Rostocks Altertümer*, 5/1911, S. 297–325, hier S. 298. Zur prominenten zeitgenössischen Stellung Blüchers insgesamt vgl. Johann Daniel Rumpf: *Fürsten Blücher's von Wahlstatt Heldenthaten*, 2 Aufl., Berlin 1815, sowie den Beitrag von Martina Hansmann im vorliegenden Band. Zur spezifischen Ikonographie und zur großen Zahl von Blücher-Darstellungen siehe Friedrich Christoph Förster: *Der Feldmarschall Fürst Blücher von Wahlstatt und seine Umgebung*, Leipzig 1821, S. 311–314; sowie Thomas Stamm-Kuhlmann: *König in Preußen in großer Zeit: Friedrich Wilhelm III., der Melancholiker auf dem Thron*, Berlin 1992, S. 502.

[2] Martin H. Schmidt: *»Ich machte mir: eine Büste von Goethe.« Schadows Widerstreit mit Goethe*, Frankfurt am Main 1995, S. 63.

[3] Koppmann 1911 (wie Anm. 1) S. 298.

[4] Vgl. hierzu die ausführliche Dokumentation in Hendrik Birus (Hg.): *Johann Wolfgang Goethe: Ästhetische Schriften 1816–1820*, in: Johnann Wolfgang Goethe: *Sämtliche Werke (Frankfurter Ausgabe)*, I. Abteilung, Band 20, Frankfurt am Main 1999, S. 1033ff. Zur Auftragsvergabe durch die Provinz vgl. Friedrich Eggers: *Christian Daniel Rauch*, 4 Bände, Berlin 1873, Bd. 1, S. 100.

[5] Vgl. hierzu Martin H. Schmidt: *August v. Preens Beiträge zur Denkmalskunst und Mineralogie*, in: *Gebhard Leberecht von Blücher. Ein großer Sohn der Stadt Rostock. Lebenswerk, Vermächtnis, Erbe*, (hg. v. Rektor der Universität Rostock), Rostock 1993, S. 77–91.

[6] Von *Preen an Weitsch*, 24. Februar 1815, Landeshauptarchiv Schwerin, zitiert nach Schmidt 1995 (wie Anm. 2) S. 64.

[7] Carl Friedrich v. Both: *Das Blücherdenkmal in Rostock und Goethe's Theilnahme an diesem Werke. Mit 24 Briefen Goethe's*, in: *Historisches Taschenbuch*, 3/1862, S. 343–421, S. 347; sowie Bernhard Maaz (Hg.): *Johann Gottfried Schadow und die Kunst seiner Zeit*, Köln 1994, S. 214f. Der Vorschlag, ein Reiterstandbild zu errichten geht auf von Preen zurück; vgl. hierzu Schmidt 1995, (wie Anm. 2) S. 65. Vgl. auch Johann Gottfried Schadow: *Kunstwerke und Kunstansichten. Ein Quellenwerk zur Berliner Kunst- und Kulturgeschichte zwischen 1780 und 1845* (hg v. Götz Eckardt), Band 1, Berlin 1987, S. 106.

[8] *Weitsch an von Preen*, 17. März 1815, Landeshauptarchiv Schwerin, zitiert nach Schmidt 1995 (wie Anm. 2) S. 66. Weitschs Entwurf für das »Säulenmonument« wird im Landeshauptarchiv Schwerin verwahrt. Abgebildet in Schadow 1987 (wie Anm. 7), Bd. 2, S. 558.

[9] *Friedrich Franz I. an den Engeren Ausschuß*, 1. 5. 1815, Goethe- und Schiller-Archiv Weimar, zitiert nach Schmidt 1995 (wie Anm. 2), S. 79f.

[10] Vgl. Momme Mommsen et al. (Hg.): *Die Entstehung von Goethes Werken in Dokumenten*, 2 Bde., Berlin 1958, Bd. 1, S. 287.

[11] Johann Wolfgang Goethe: *Sämtliche Werke nach Epochen eines Schaffens* (Münchner Ausgabe), Bd. 9, *Epoche der Wahlverwandschaften, 1807-1914*, München 1987, S. 195–232. Die zeitgeschichtliche Bedeutung des Stückes ist offenkundig; Wie das Werk aber in Goethes politischer Einschätzung der Zeitläufte zu werten ist, bleibt ein Desiderat der Forschung.

[12] Siehe die Darstellung bei Schmidt 1995 (wie Anm. 2) S. 68ff.

[13] Johann Wolfgang Goethe: *Sämtliche Werke nach Epochen seines Schaffens* (Münchner Ausgabe), Bd. 6,2. *Weimarer Klassik 1779–1806*, München 1988, S. 433.

[14] Johann Gottfried Schadow: *»Ueber einige in den Propyläen abgedruckte Sätze*

Goethe's, die Ausübung der Kunst in Berlin betreffend«, in: *Eunomia*, 1/1801, in: Karl Robert Mandelkow (Hg): *Goethe im Urteil seiner Kritiker. Dokumente zur Wirkungsgeschichte Goethes in Deutschland*, Teil I: *1773–1832*, München 1975, S. 198–207.

15 Vgl. zu Schadows Schrift Hans Mackowsky: *Goethe und Schadow*, in: *Zeitschrift für Kunstwissenschaft* 3/1949 S. 33–50; sowie Walther Scheidig: *Goethes Preisaufgaben für bildende Künstler 1799–1805* (Schriften der Goethe-Gesellschaft 57), S. 173ff.

16 Vgl. hierzu grundsätzlich Hilmar Frank: *Goethe. Schadow und das Formgesetz der Plastik*, in: Maaz 1994 (wie Anm. 7), S. 141–147; Schmidt 1995 (wie Anm. 2); sowie Andreas Beyer: *Prosa versus Poesie. Schadow, Rauch und Goethe im Streit um Ideal und Charakter*, in: Ernst Osterkamp (Hg.): *Wechselwirkungen. Kunst und Wissenschaft zwischen Berlin und Weimar, Metropole und Provinz zur Zeit Goethes*, Akten des Symposiums der Humboldt-Universität zu Berlin 1999 (im Druck).

17 *Goethe an Bertuch*, 14. Juli 1815, *in: Goethes Werke* (Sophien - Ausgabe) Bd. IV, Weimar 1891, 26, 7140. Zur Frage der »Schicklichkeit« eines Pferdemonuments siehe auch den Beitrag von Martina Hansmann über Simon Meisters *Bildnis des Fürsten Blücher zu Pferde* in diesem Band; sowie Schadow 1987 (wie Anm. 7), Bd. 1, S. 122–140. Niebuhr hat zum Standmotiv des Rostocker Monuments später geäußert: »[...] dem Fürsten Blücher eine andere als eine Statue zu Pferd zu setzen, scheint mir, obgleich die Mecklenburger sich dazu entschlossen haben, nicht viel anders, als einen zweifüßigen Centauren darzustellen.« Vgl. Eggers 1873 (wie Anm. 4), Bd. 1, S. 110.

18 Vgl. *Goethe an Schadow*, 25. Oktober 1815, in: *Goethes Werke,* Bd. IV, Weimar 1891, 26, 7195.

19 *Goethe an Schadow*, 17. Dezember 1815, in: *Goethes Werke*, Bd. IV, Weimar 1891, 26, 7241.

20 Jutta von Simson: *Christian Daniel Rauch. Œuvre-Katalog*, Berlin 1996, S. 92f.

21 Zu Schadows Aufenthalt in Weimar vgl. dessen ausführliche Schilderung in Schadow 1987 (wie Anm. 7), Bd. 1, S. 111ff. Zu den unter maßgeblicher Beteiligung Goethes entstandenen Reliefs vgl. Schmidt 1995 (wie Anm. 2), S. 80ff.

22 Vgl. Schadow 1987 (wie Anm. 7), Bd. 1, S. 129f. Bei der in Druck erschienenen Beschreibung handelt es sich um die 1819 herausgegebene Schrift *Ueber das Denkmal des Fürsten Blücher von Wahlstatt als es am 26ten August 1819 zu Rostock feierlich aufgestellt wurde vom Bildhauer Schadow Director der Königl. Academie der schönen Künste in Berlin*. Der Text geht auf Schadow zurück, von Preen hat ihn redigiert, vgl. 1987 (wie Anm. 7), Bd. 2, S. 607. Zur Einweihungszeremonie siehe auch Koppmann 1911 (wie Anm. 1), S. 321ff., sowie Goethes Eintrag in: *Über Kunst und Altertum* 2/1820, in: Birus 1999 (wie Anm. 4), S. 399f.

23 Johann Wolfgang Goethe: *Sämtliche Werke nach Epochen seines Schaffens* (Münchner Ausgbe), Bd. 11, 2. *Jahre 1814-1819*, München 1994, S. 372, dazu auch ibid., S. 512ff., vgl. auch Birus 1999 (wie Anm. 4).

24 Vgl. Ernst Osterkamp: *»Das erhebende Gefühl des Siegs einer großen schönen Sache über die Vorurteile«*, in: Gerhard Schuster u. Caroline Gille (Hg.): *Weimarer Klassik 1759–1832*, Ständige Ausstellung des Goethe-Nationalmuseums, München u. Wien 1999, Bd. 1, S. 457.

25 Vgl. Mommsen 1958 (wie Anm. 10), Bd. 1, S. 307.

26 Vgl. Johann Wolfgang Goethe: *Blüchers Denkmal*, in: Birus 1999 (wie Anm. 4), S. 243.

[27] Peter Bloch: *Das Kreuzberg-Denkmal und die patriotische Kunst*, in: *Jahrbuch Preußischer Kulturbesitz* 1/1973, S. 142–159; Schmidt 1995 (wie Anm. 2), S. 75 sowie von Simson 1996 (wie Anm. 20), S, 189.

[28] Gottfried Schadow: *Aufsätze und Briefe nebst einem Verzeichnis seiner Werke* (hg. v. Julius Friedländer u. Heinrich Wittich, 2 Aufl., Stuttgart 1990, S. 33.

[29] Klaus-Ulrich Keubke: *Gebhard Leberecht von Blücher – der »Marschall Vorwärts« im nationalen Befreiungskampf 1813 bis 1815*, in: *Gebhard Leberecht von Blücher, ein großer Sohn der Stadt Rostock* (hg. v. der Universität Rostock (Fb Geschichtswissenschaften), Rostock 1993, S. 9–17.

[30] Förster 1821 (wie Anm. 1), S. 311.

[31] K. R. Mandelkow (Hg.): *Goethe im Urteil seiner Kritiker*, Teil I, 1775–1832, München 1975, S. 199; vgl. auch Schadow 1987 (wie Anm. 7), Bd. 1, S. 142-144, sowie Jürgen Schönwalder: *Ideal und Charakter. Untersuchungen zu Kunsttheorie und Kunstwissenschaft um 1800*, München 1995, S. 73.

[32] Vgl. Georg Wilhelm Friedrich Hegel: *Ästhetik* (hg. v. Friedrich Bassenge), Berlin 1985, Bd. I, S. 166f.; zum »Kostümstreit« und Hegels Position siehe auch Beat Wyss: *Trauer der Vollendung. Von der Ästhetik des Deutschen Idealismus zur Kulturkritik der Moderne*, München 2 Aufl., 1989, S. 39ff. sowie Schönwalder 1995 (wie Anm. 31), S. 73.

[33] Mit Blick auf Schadow unterrichtet Goethe von Preen am 4. Januar 1816, »daß unsere Überzeugungen nunmehr vollkommen übereinstimmen; vgl. »Johann Wolfgang Goethe, Münchner Ausgabe, Bd. 11.2 (wie Anm. 23), S. 1038f.

[34] Vgl. *Johann Wolfgang Goethe*, Münchner Ausgabe, Bd. 11.2, S. 394–399, S. 394.

[35] Vgl. Schadow 1987 (wie Anm. 7) Bd. 1, S. 284.

[36] Siehe hierzu *Johann Wolfgang Goethe*, Münchner Ausgabe, Bd. 9 (wie Anm. 11), S. 1160ff.; sowie Lothar Müller: *Sonderbare Schickung. Des Epimenides Erwachen, Goethes Festspiel für Berlin aus dem Jahre 1814*, in: Osterkamp 1999 (wie Anm. 24).

[37] Vgl. *Neu-deutsche Religios-Patriotische Kunst*, in: *Johann Wolfgang Goethe*, Münchner Ausgabe, Bd. 11.2 (wie Anm. 23), S. 319–354, S. 337. Der Autor dieses mit W. K. F. (Weimarer Kunstfreunde) gezeichneten Aufsatzes ist Johann Heinrich Meyer, der sich freilich ganz in Übereinstimmung mit Goethe wissen durfte; vgl.auch Frank Büttner: *Der Streit um die Neudeutsche religios-patriotische Kunst*, in: *Aurora* 43/1983, S. 55–76. Goethes Verwendung des Begriffs »vaterländischer Granit«, den er für den Sockel des Denkmals vorsah, sollte nicht als »patriotische« Wendung mißverstanden werden; vgl. hierzu Thomas Raff: *Die Sprache der Materialien. Anleitung zu einer Ikonologie der Werkstoffe*, München 1994, S. 121ff.

Simon Meisters Bildnis des Fürsten Blücher zu Pferde

Martina Hansmann

Ein junger Künstler und der Blücher-Mythos

Am 12. Januar 1824 schrieb Johann Adolf Freiherr von Thielemann, kommandierender General in Koblenz, an den preußischen König nach Berlin:

> »Eine Deputation achtungswerther Einwohner von Koblenz dringen in mich, Ew. Majestät das Gemälde des Fürsten Blücher von einem hiesigen sehr jungen Künstler, namens Meister verfertiget, zu künftiger Berücksichtigung des aufkeimendes Talentes, Allerhöchstdemselben zu Füßen zu legen. Nur der militärische Gegenstand des Gemähldes konnte mich zu diesem ganz über meinen Wirkungsbereich hinaus führenden Schritt vermögen [...]«[1]

Die Bitte um Förderung des »aufkeimenden Talentes« untermauerte Thielemann in seinem Begleitschreiben mit dem Hinweis darauf, daß Meister »der Sohn eines armen Sattlers« sei. Zur näheren Charaktisierung der künstlerischen Vorbildung des Malers stellte er außerdem fest, das Bild sei entstanden, »nachdem er ein Jahr in Paris gewesen ist.«[2] Der offenbar mittellose, zu diesem Zeitpunkt immerhin 28 Jahre alte Meister hatte einiges in diesen Vorstoß investiert.[3] Ohne einen Auftrag oder die konkrete Aussicht auf einen Ankauf hatte er ein großformatiges, 293 × 249 cm messendes Gemälde ausgeführt, das von vornherein nicht auf den lokalen Markt, sondern auf ein hauptstädtisches Publikum abzielte (Abb. 1).[4] Dieses Bild sollte ihm als Eintrittskarte in das Protektionssystem des Berliner Hofes dienen – eine Wunschvorstellung, in der er durch eine Deputation angesehener Bürger seiner Heimatstadt unterstützt wurde. Jedenfalls hatten die Koblenzer Honoratioren einen einflußreichen Fürsprecher gewonnen, der sich von der Begabung Meisters beeindruckt zeigte und zugleich für das Sujet des Bildes

1 Simon Meister: *Reiterbildnis des Fürsten Blücher*, 1823, Öl auf Leinwand, 293 × 249 cm, Berlin, Schloß Charlottenburg

empfänglich war: Der »militärische Gegenstand« des Gemäldes diente Thielemann, der in den Kampagnen der Befreiungskriege seinerseits einige Prominenz erlangt hatte, schließlich auch als Legitimation für seine ungewöhnliche kulturpolitische Initiative.[5]

Die Intervention des Generals erwies sich schon bald als erfolgreich. Nach einer positiven Beurteilung des Bildes durch Wilhelm Wach setzte Friedrich Wilhelm III. Meister im Februar 1824 »vorläufig auf ein Jahr dreihundert Friedrich d'Or« und das Reisegeld nach Berlin aus.[6] Doch sollte die preußische Hauptstadt für den Koblenzer Maler nur eine Zwischenstation bleiben. Schon bald nach der Ankunft in Berlin wurde sein eigentliches Ziel sichtbar: Meister wünschte, mit Unterstützung des Königs in Paris bei Horace Vernet studieren zu können. Auch diese Bitte wurde ihm gewährt: Bis 1828 erhielt Meister vom preußischen Hof anfangs kärgliche, ab 1825 etwas aufgestockte Stipendienzahlungen für seine Weiterbildung bei Vernet, der als Spezialist für die Darstellung von Pferden, für Schlachten- und Jagdbilder im engeren sowie für die historische Ereignismalerei im weiteren Sinn hohes Ansehen genoß.[7]

Bereits dieser kurze Ausblick auf den weiteren Gang der Ereignisse zeigt, daß Meister den Gegenstand des 1824 nach Berlin geschickten Bildes bewußt und sorgfältig gewählt hat. Von Beginn an machte der Maler einen Themenkreis geltend, den er auch später in den Mittelpunkt seiner künstlerischen Interessen stellte. Die eigenständige Entscheidung für ein Sujet mußte angesichts der räumlichen Entfernung zum Berliner Hof dabei besondere Risiken bergen. Unabhängig von der künstlerischen Umsetzung hätte wohl schon eine verfehlte Themenwahl Meisters Vorstoß zum Scheitern verurteilt. Vor diesem Hintergrund erscheint die Ausführung des Blücher-Porträts als Versuch des Malers, seine künstlerischen Fähigkeiten an einem Gegenstand zu erproben, der auf idealtypische Weise zwischen seinen Ambitionen und dem Repräsentationsanspruch des nachnapoleonischen Berlin vermitteln sollte. Als eine der zentralen Identifikationsfiguren der Befreiungskriege war der 1819 im Alter von 77 Jahren verstorbene Blücher nach wie vor von konkurrenzloser Popularität. Trotz der unbestreitbaren militärischen Bedeutung von Scharnhorst, Gneisenau und Clausewitz behauptete Blücher weit größere Prominenz, die durch ein im Umfeld der entscheidenden Feldzüge von 1814 und

1815 einsetzendes und im Anschluß weiter expandierendes Schrifttum geprägt und verbreitet wurde.[8] 1815 erschienen Johann Daniel Friedrich Rumpfs *Fürsten Blücher's von Wahlstatt Heldenthaten*, in denen der entscheidende Anteil Blüchers am erfolgreichen Ausgang des »heiligen Krieges« gegen die französische Fremdherrschaft beschrieben ist, bereits in zweiter Auflage.[9] Einen Schritt weiter ging Friedrich Förster in seiner 1821 publizierten Biographie des 1819 verstorbenen Feldmarschalls. Förster leistete einerseits eine historische Kontextualisierung Blüchers, dessen Erfolg ohne die im Vorfeld unternommenen preußischen Reformanstrengungen nicht vorstellbar gewesen sei.[10] Andererseits trug er durch die Betonung der engen Verbundenheit zwischen dem »Volksgeist« und seinem Helden aber auch zu dessen Heroisierung bei. Für Förster war Blüchers »donnerndes Vorwärts nur der Wiederhall von dem Rufe, der in der Brust von Hundertausenden sich regte.«[11] Der tatkräftige Feldmarschall, der Napoleon »ohne Studium, aber mit Zorn, furchtlos gegenüber trat«, erscheint als Resonanzkörper und als ausführendes Organ eines ganzen Volkes.[12] Es bleibt hervorzuheben, daß Förster den Text der Biographie mit einem Überblick über die Bildmedien beschloß, die den Ruhm des »Marschall Vorwärts« perpetuieren sollten. Im Anschluß an eine Auflistung plastischer Denkmäler, die anfangs vor allem an diesem Prozeß beteiligt waren, forderte er dazu auf, Blücher durch eine systematische Verdichtung dieses Statuenprogramms zum »Roland unserer Zeit« zu machen.[13] Doch bezog sich Förster ausdrücklich auch auf die Malerei: »Auf der Berliner Ausstellung sahen wir öfter einzelne Schlachtenscenen, wo der Feldmarschall die Hauptfigur war, und wir dürfen hoffen, daß noch viele junge Künstler ihn zu dem Helden ihrer Kriegsbilder und Schlachtenscenen wählen mögen.«[14]

Die Aufforderung zur Darstellung Blüchers, die Förster kurz vor der Ausführung von Meisters Bild ausgesprochen hatte, mag einer der Faktoren gewesen sein, die Meister zu seiner Themenwahl ermutigt haben. Doch verhieß die alle Gegensätze übergreifende Verehrung des Feldmarschalls zugleich eine umfassende Akzeptanz dieser Entscheidung: So war die Figur Blüchers auch in den frühen zwanziger Jahren, das heißt in einer Phase sich verschärfender politischer Konflikte, gleichermaßen für eine politisch konservative wie für eine nationalliberale Interpretation verwendbar.[15] Nach dem Rostocker Standbild, das Schadow im Auftrag von Blüchers Heimatstadt errichtet hatte, führte Christian Daniel Rauch – nun auf Veranlassung des Königs – seit 1819 in Berlin ein Denkmal aus, das den »Marschall Vorwärts« als Bestandteil eines hauptstädtischen Repräsentationsprogramms in Anspruch nahm.[16] Zur gleichen Zeit konnte aber auch der politisch suspekt gewordene Freiherr vom Stein den Feldmarschall im Rahmen eines vaterländischen Bildprogramms als pseudomonarchische Idealgestalt begreifen. Als Carl Wilhelm Kolbe dem Freiherrn einen Entwurf für seinen mittelalterlichen Historienzyklus in Schloß Cappenberg unterbreitete, rieb Stein sich vor allem an der unangemessenen Charakterisierung Ottos des Großen: »Kaiser Otto drückt nicht Kraft und Würde in seinen Zügen, sondern verzerrten Ingrimm aus. In Widukinds, des Mönchen von Corvey, Chronik wird seine Gestalt und Gesichtszüge beschrieben. Herr Kolbe sollte diese Stelle nachlesen, und will er idealisieren, so wähle er die Züge des Feldmarschalls Blücher und seinen Körperbau [...]«.[17] Stein führt die Gestalt Blüchers hier als physiognomische Hilfskonstruktion für die Darstellung einer mittelalterlichen Herrscherfigur ein – eine Verknüpfung, die ebenso den Grad der allgemein abrufbaren Idealisierung Blüchers verdeutlicht wie den nationalen Charakter des mittelalterlich eingekleideten, doch auf eine Konfrontation mit der Gegenwart spekulierenden Steinschen Bildprogramms.

Simon Meister und Jacques-Louis David, Blücher und Napoleon

Auch Simon Meister hat die geschichtliche Bedeutung Blüchers durch eine Bildkonzeption verdeutlicht, die zwangsläufig die Bildung von Parallelen provozieren mußte. Der bei Meister hergestellte historische Bezugsrahmen zielt jedoch auf den Vergleich mit dem unmittelbaren zeitlichen Vorfeld. Wiederholt ist darauf hingewiesen worden, daß der Maler sein Blücher-Porträt in enger Anlehnung an eine prominente ältere Bildformulierung, nämlich an Jacques-Louis Davids *Bonaparte überquert die Alpen am St. Bernhard*, gestaltet hat (Abb. 2).[18] Blücher selbst hatte im Jahr 1815 eine der authentischen Versionen des Bildes nach Berlin gebracht, um sie schließlich dem König zum Geschenk zu machen. Es ist durchaus möglich, ja, sogar wahrscheinlich, daß Meister über diesen Sachverhalt informiert war.[19] Angesichts der strategischen Vorge-

2 Jacques-Louis David: *Bonaparte überschreitet den St. Bernhard,* 1801, Öl auf Leinwand, Berlin, Schloß Charlottenburg

hensweise des Malers ist es durchaus plausibel, wenn man hinter der unübersehbaren Auseinandersetzung mit dem berühmten Vorbild Kalkül vermutet. Das Reiterporträt des Feldmarschalls Blücher sollte in Berlin zum Pendant von Davids Reiterbildnis des jungen Bonaparte werden, um dort in der direkten Konfrontation die Protagonisten beider Bilder gegeneinander in Stellung zu bringen.[20]

Im Hinblick auf die Auseinandersetzung zwischen einer französischen und einer sich formierenden deutschen – oder vielmehr preußischen – Malerei markiert das Reiterporträt Blüchers eine historische Demarkationslinie. Meister zeigt, wie ein erfolgreiches napoleonisches Bildmuster adaptiert und propagandistisch in sein Gegenteil verkehrt werden konnte. Die Notwendigkeit, Napoleon mit seinen eigenen Mitteln zu schlagen, machte sich offenbar nicht nur im politischen und militärischen, sondern auch im künstlerischen Bereich geltend. So hatte Friedrich Wilhelm III. 1816 den vergeblichen Versuch unternommen, David aus seinem Brüsseler Exil abzuwerben und ihn – zu ausgesprochen vorteilhaften Bedingungen – für Berlin zu gewinnen.[21] Auch für den jungen Meister wurde die einige Jahre zuvor programmatisch angestrebte Auseinandersetzung mit dem prominentesten Maler Napoleons zu einer wichtigen Voraussetzung für die Klärung seiner Position.

Davids Reiterporträt war ein ideologisch und künstlerisch anspruchsvolles Vorbild – eine hochartifizielle Konstruktion, in der barockes Reiter(stand)bild und modernes Generalsporträt, überzeitlich gültiges Repräsentationsbildnis und Historiendarstellung zu einer einprägsamen Synthese verbunden waren.[22] Der faktische Erfolg der Bildfindung Davids, ihre Wertschätzung durch Napoleon und sein Umfeld ist durch die rasch einsetzenden Bemühungen nachgewiesen, die Auftragserteilung durch den spanischen König zu negieren und den ersten Konsul selbst zum Anreger und Miterfinder des Bildes zu erklären.[23] Davids Reiterporträt wurde zur autorisierten Ikone der Aufbruchsstimmung des Konsulats und zum beglaubigten Zeugnis der frühen militärischen Erfolge Napoleons.

Die Reaktion Meisters auf seine Vorlage präsentiert sich als Ergebnis sorgfältiger Überlegung. Bereits die spiegelbildliche Umkehrung der Bewegungsrichtung macht das Gemälde zur vervollständigenden Antwort auf ein Schlüsselwerk napoleonischer Bildpropaganda. Entscheidende Voraussetzung für die Funktionsfähigkeit der so hergestellten Beziehung war die enge motivische Nähe zum Urbild. Meister orientiert sich nicht nur für die Gesamtkomposition an Davids *Bonaparte*, sondern er übernimmt auch die in den Details aufgehobenen Nebenthemen. Wie David beschwört er durch den regenverhangenen Himmel und den Wind, der den Mantel des Reiters sowie Schweif und Mähne seines Pferdes erfaßt hat, die Kraft der Elemente: Sie unterstreichen und dramatisieren den heroischen Gestus des Protagonisten. Zudem postiert er seine Reitergestalt in Analogie zum Vorbild auf einer sockelartigen Felsformation.[24] Allerdings machen sich gerade in der Anlehnung an ein weitgehend verpflichtendes Vorbild die Abweichungen um so nachhaltiger geltend. Diese Unterschiede dokumentieren auf einer ersten Ebene Meisters Anspruch auf eine künstlerische Neuorientierung, die auch die Errungenschaften der jüngeren französischen Malerei zur Geltung bringt. Während David das Pferd Napoleons ins Profil gewendet hatte, spreizt Meister das Standmotiv des sich aufbäumenden Pferdes und zeigt dessen Kruppe in einer Dreivierteldrehung von hinten. Diese Modifikation hat Schoch auf die

Rezeption von Géricaults *Kämpfendem Husaren* zurückgeführt, einer frühromantischen Bildfindung, mit der die propagandistische Gewißheit der napoleonischen Bildwelt zugleich auch inhaltlich hintertrieben war.[25] In die gleiche Richtung weisen Details, in denen der bei David feststellbare Grad an Stilisierung zurückgenommen ist, wie die wirklichkeitsnähere Ausbildung von Mähne und Schweif des Pferdes. Doch hat Meister vor allem inhaltlich bedingte Modifikationen eingeführt. Hier ist an erster Stelle die Abwandlung des Bewegungsmotivs seiner Reiterfigur zu nennen. Das Kurbettieren des Pferdes ist bei David dadurch motiviert, daß Napoleon sich in einer durch den Zeigegestus der rechten Hand unterstrichenen Aufwärtsbewegung befindet. Wie die zeichenhafte Isolierung seiner Gestalt demonstriert, war damit neben der bevorstehenden Alpenüberquerung der Anfang des Italien-Feldzuges und letztlich der Beginn der erfolgreichen Angriffspolitik Napoleons angesprochen.[26] Dagegen hat Meister den Bewegungszug des Pferdes »abgeflacht«. Blücher bewegt sich – wie sein Mantel, vor allem aber der nach vorn weisende Säbel in seiner Rechten klarstellen – nicht nach oben, sondern nach vorn. Während Napoleon den Betrachter anblickt, um ihm die historische Tragweite seines Handeln unmittelbar vorzuführen, schaut Blücher nach hinten zum linken Bildrand: Der »Marschall Vorwärts« versammelt eine nicht mehr quantifizierbare Gefolgschaft hinter sich, um sie gegen den Feind zu führen. Meister hat diese Abwandlung im Detail genau inszeniert: In diesem Sinn positioniert die Rückansicht des Pferdes den Betrachter *hinter* der Figur Blüchers, während die Rückwendung des Tieres in die Fläche die Bewegungsrichtung unterstreicht. Auch der Darstellungsmoment ist gezielt verändert worden. Im Unterschied zu Davids Napoleon, der die Schenkel eng an die Flanken seines Pferdes angelegt hat, zeigt Meister den Feldmarschall in einem letzten, entscheidenden Augenblick des Innehaltens. Blücher hat sein Pferd zurückgerissen und die sporenbesetzten Stiefel vom Leib des Tieres weggeführt, um es erst im nächsten Moment – nach dem förmlich in der Luft stehenden »Vorwärts« – nach vorn zu treiben.

Ein letztes Charakteristikum von Davids Bild bleibt zu bedenken: Trotz der verallgemeinernden Transzendierung Bonapartes ist das Reiterporträt auch ein Handlungsbild, dessen Gesamtaussage aus der Darstellung einer historischen Situation herausentwickelt wurde. Es ist sicher kein Zufall, daß die Hintergrundszenerie von Meisters Blücher-Bildnis mit ihrer ausgedehnten Flußlandschaft in charakteristischer Weise abgewandelt ist. Bei genauerem Hinsehen erweist sich, daß die szenische Einbindung des Feldmarschalls nicht als unspezifischer Verweis auf die strategisch bedeutsamen Flußüberquerungen Blüchers zu verstehen ist, sondern daß sie präzise bestimmt werden kann. Der bislang unbeachtete, schichtweise abgestufte Hintergrund zeigt links auf einer Anhöhe preußische Artillerie. Im Mittelgrund stehen in Formation preußische Kürassiere bereit, während in der unmittelbar dahinterliegenden Bildebene im Pulverdampf fliehende französische Verbände sichtbar werden. Eine Kontrolle der Quellen läßt hier letztlich nur einen Schluß zu: Meister hat sich in seinem Bild auf die am 29. August 1813 geschlagene Schlacht an der Katzbach bezogen.[27] In den frühen Quellen als erster bedeutender preußischer Sieg seit friderizianischer Zeit gefeiert, kam dieser Schlacht im Bewußtsein der Zeitgenossen eine ähnliche Bedeutung zu wie den frühen Napoleonischen Erfolgen in Italien: Sie stand am Anfang der zahlreichen Erfolge von Blüchers schlagkräftiger und letztlich kriegsentscheidender schlesischer Armee. Schon Rumpf feierte die Schlacht an der Katzbach, wo Blücher durch die verbündeten russischen Truppen Blücher den sich augenblicklich verbreitenden Ehrentitel »Marschall Vorwärts« erhalten hatte, als ersten großen Sieg des Kriegsjahres 1813 und begriff sie als »Unterpfand künftiger Heldenthaten«: »Es gab vielleicht in der ganzen Kriegsgeschichte keine so thatenvolle und blutige Tage, als vom 18ten bis zum 28then August.«[28] Nicht zufällig hat Friedrich Wilhelm III. Blücher nach dem Einzug in Paris 1814 zum Fürsten von Wahlstatt erhoben. Der kleine Ort bei Liegnitz an der Katzbach verwies erneut auf die Schlacht, die in seiner unmittelbaren Nachbarschaft stattgefunden hatte.[29]

Indem Meister Davids aufwärtsstrebenden General in die preußische Symbolfigur des »Marschall Vorwärts« verwandelte, hat auch er seinem Reiterbild eine Dimension gegeben, die zwischen geschichtlicher Konkretisierung und überzeitlicher Darstellung vermittelt. Blücher erscheint als historische Inkarnation einer Maxime, die in der zeitgenössischen Literatur immer wieder exponiert und bei Förster sogar im Sinn eines universalen, über das Militärische hinausweisenden Lebensprinzips verstanden wurde.[30] Meister beweist, daß er das komplexe Referenzsystem von Davids Bild verstanden hat – und daß er es einer neuen, ähnlich vielschichtigen Interpretation zuführen konnte. Allgemeingültiges Porträt und Historienbild zugleich, beziehen sich beide Bilder auf den Anfang der militärischen Erfolgsgeschichte ihrer Helden. Doch bergen sie in der strategischen Darstellung des Aufbruchs bereits die Prophezeiung späterer Siege. Programmatisch hatte David dieses verschiedene Zeitmomente übergreifende Konzept auch in der Vergangenheit verankert: Die halbverwehte Inschrift auf dem Fels, die Napoleon in eine Reihe mit Hannibal und Karl dem Großen stellt, exponiert den Korsen als neuzeitliche Erfüllung antiker beziehungsweise mittelalterlicher Kriegs- und Herrscherkunst. Meister hat diese ambitionierte historische Ahnenreihe bezeichnenderweise aus seinem Motivfundus ausgeschieden. Er bindet den preußischen Feldmarschall durch die Zitation eines napoleonischen Bildmusters an seinen geschichtlichen Bezugspunkt an, um an die Stelle der Inschriften hoffnungsvoll seine eigene Signatur zu setzen. Wie oben ausgeführt, hat Meister in der Auseinandersetzung mit seinem künstlerischen und ideologischen Vorbild dabei eine inhaltliche Spannung aufgebaut, die sich aus der Dialektik zwischen Ähnlichkeit und Differenz ableitet. So entsteht die Bildformel des letztlich erfolgreichen Überwinders, die schließlich auch den Blick auf Davids Ausgangswerk verändert. Napoleon erfährt durch die Vervollständigung zugleich eine Relativierung. Er wird zum Pendant seines Bezwingers, der sich mit gleichsam historischer Notwendigkeit auf ihn bezieht und damit das letzte Wort behält. In der unmittelbaren Konfrontation der Bilder, in der sich die beiden Reiter aufeinander zubewegen müßten, fällt Blücher die prominentere Stellung des linken Pendants zu. Er besetzt damit die Position, die sich als Einstieg in eine Betrachtung anbietet, während der anschließende Blick auf die nach links gewandte Reiterfigur Davids den Beschauer zwangsläufig wieder zu seinem Ausgangspunkt zurückführen wird. Als ideelle, »leere« Mitte zwischen beiden Bildern könnte dabei, in einem durchaus konkreten Sinn, die französische Hauptstadt bezeichnet werden. Blüchers Weg, dessen Ausgangspunkt in Meisters Bild festgehalten ist, wird ihn zweimal – 1814 und 1815 – nach Paris führen.[31] Napoleon dagegen sollte der Zutritt zur Stadt nach dem letzten Einzug des Feldmarschalls in Paris verwehrt bleiben: Blücher hält gleichsam das politische Zentrum der Machtausübung seines Gegenspielers besetzt.

Um diese mit bildlichen Mitteln argumentierende »Tour de Force« durchzuführen, hat sich Meister gezielt auf die Sprache der napoleonischen Propaganda eingelassen. Schon in seinem ersten großformatigen Bild erweist sich die kritisch reflektierte Annäherung an das französische Vorbild als Spezifikum des Malers. Über den Einzelfall des »Probestücks« hinaus ist der enge Austausch mit der Pariser Malerei in seinem Œuvre aber auch später bestimmend geblieben. Es war wohl vor allem dieser dauerhafte Einfluß der französischen Kunstszene, der auf lange Sicht zum Grund für das Scheitern von Meisters Bemühungen um eine Etablierung als preußischer Hofmaler werden sollte.

Diskussionen um ein Reiterporträt

Wie erwähnt, fand sein Blücher-Bild in Berlin zunächst eine positive Aufnahme, die auch die künstlerische Qualität seiner David-Rezeption würdigte. In seiner Stellungnahme zu Meisters Probestück zog Wach den direkten Vergleich mit einem für den Hof tätigen Berliner Maler:

> »Sollte Seine Majestät auf letzteres [d. h. auf die von Meister erwünschte Stipendienzahlung] nicht eingehen [...], so würde der Preis, welchen Seine Majestät für ein an Größe und Gegenstand ähnliches Bild Herrn Maler Schrader bewilligt hat, als Norm erscheinen können, obgleich das Bild des Herrn Meister bei weitem vorzüglicher ist, als das von Schrader Seine Majestät selbst zu Pferde darstellend.«[32]

Zutreffend hat Schoch auch hinter diesem 1816 entstandenen Bild Anton Schraders das Vorbild Davids erkannt (Abb. 3). Doch konnte die ungleich konventionellere Umformulierung Wach im Rückblick wohl ebensowenig überzeugen wie die künstlerische Faktur des Bildes.[33]

Die hier angesprochene Nähe zu einem Repräsentationsbild des Königs beleuchtet zugleich ein grundsätzliches Problem, das sich im Hinblick auf Meisters Werk stellte. Typologisch bewegte sich das Reiterbildnis Blüchers auf einer hierarchischen Stufe, die eng an das Bild des Monarchen gebunden war. Vor diesem Hinter-

3 Anton Schrader: *Reiterbildnis Friedrich Wilhelms III.*, 1816, Öl auf Leinwand, Berlin, Schloß Charlottenburg

grund muß auch der Stellenwert des Reiterporträts im Spektrum zeitgenössischer Darstellungen Blüchers bestimmt werden. Försters bereits angesprochene Auflistung zeigt, daß den öffentlichen Denkmälern im allgemeinen Bewußtsein nach wie vor zentrale Bedeutung zukam.[34] Doch hatte schon das Blücher-Standbild, das seine Heimatstadt Rostock dem Feldmarschall nach längerem Zögern errichtet hat, verdeutlicht, welche Vorbehalte für öffentliche Denkmäler zeitgenössischer Protagonisten bestanden.[35] Dies betraf nicht nur den ›in extenso‹ geführten, die Frage nach dem Verhältnis zwischen Realitätsbindung und Allegorisierung aufwerfenden Kostümstreit, der schließlich zu einer historisch »neutralisierten« Kompromißkleidung führte, sondern auch die Typologie der Statue.[36] Obwohl das Rostocker Denkmal bemerkenswerterweise nicht in königlichem Auftrag entstand, machten sich auch

4 Franz Krüger: *Friedrich Wilhem III.*, 1836, Öl auf Leinwand, Berlin, Schloß Charlottenburg

hier Bedenken im Hinblick auf die Angemessenheit der gewählten Form geltend.[37] Trotz der spezifischen Charakteristik Blüchers, die zwingend für ein Reiterstandbild gesprochen hätte, wurde eine eigentlich widersinnige Standfigur ausgeführt – ein Schritt, den Niebuhr später mit den Worten kritisiert hat: »[...] dem Fürsten Blücher eine andere als eine Statue zu Pferd zu setzen, scheint mir, obgleich die Mecklenburger sich dazu entschlossen haben, nicht viel anders, als einen zweifüßigen Centauren darzustellen.«[38] Die Diskussion wiederholte sich bei Rauchs Berliner Blücher-Standbild, das 1827 am Jahrestag der Schlacht an der Katzbach eingeweiht wurde: Auch dort entschied man sich für die Darstellung eines »zweifüßigen Centauren«. Einwände kamen unter anderem vom König selbst. In einer Kabinettsordre brachte er die Befürchtung zum Ausdruck, ein Reiterstandbild sei zu aufwendig, so daß die Gefahr künstlerischen Scheiterns drohe.[39] Dieses eher funktionale Argument, das wohl auch eine allzu exponierte Ehrung des prominenten Volkshelden verhindern sollte, verweist indirekt deutlich auf die Dekorumsgrenzen, die im Rahmen einer öffentlichen Ikonographie respektiert werden mußten.

Meisters Reiterporträt bewegt sich damit an einer hierarchischen Scheidelinie, ohne jedoch den Rahmen des Akzeptablen zu sprengen. Im zweidimensionalen Medium des Bildes war sowohl eine denkmalähnliche Erhöhung Blüchers vorstellbar als auch eine zeithistorische Spezifizierung, die durch die narrative Einbindung und die präzise Ausgestaltung der Kostümdetails hergestellt wurde. Doch bleibt darauf hinzuweisen, daß der König in programmatischer Selbstbescheidung die Verwendung des gemalten Reiterporträts für sich selbst in der Regel ablehnte. Der von ihm bevorzugte Porträttypus, der 1815 durch Gérard geprägt wurde und 1836 durch Krüger noch einmal eine späte Ausformulierung gefunden hat, zeigt Friedrich Wilhelm III. als isolierte Standfigur vor einem Landschaftshintergrund (Abb. 4).[40] Im Mittelgrund aber ist mit bemerkenswerter Beharrlichkeit das von einer Assistenzfigur gehaltene Pferd des Königs zu sehen: Ausdrücklich macht das Bild darauf aufmerksam, daß der Monarch vom Pferd gestiegen ist, um sich dem Betrachter in der lakonischen Pose einer kaum bewegten Standfigur zu präsentieren.

Meister in Berlin und sein allzu französischer Stil

Die von Meister bevorzugte, mit romantischen Versatzstücken aufgeladene heroische Geste dürfte einer der Faktoren gewesen sein, die zu einer zunehmend reservierten Haltung des Königs gegenüber dem Koblenzer Maler geführt haben. Dies gilt trotz der punktuell nachweisbaren positiven Reaktionen aus dem Umfeld: Meister wurde in Paris durch Alexander von Humboldt nachdrücklich unterstützt und war auch in Berliner Künstlerkreisen durchaus geschätzt. So hat Schadow den Werken, die Meister 1828 auf die Akademieausstellung geschickt hatte, »Größe und Bravour« bescheinigt. Sie gehören damit zu den sehr wenigen Bildern der Ausstellung, auf die sich der Berliner Akademiedirektor in seinen Notizen ausdrücklich bezogen hat.[41] Dennoch blieb Meisters Annäherungsversuchen an den preußischen Hof langfristig der Erfolg versagt. Seine künstlerischen Interessen hatte der Maler von Anfang an klar definiert und in seinen späteren Eingaben an Friedrich Wilhelm III. erneut ausgesprochen: Meister sah sich »für das Fach der Historien-Malerey« und »insbesondere für das Fach der Vaterländischen Geschichte« bestimmt.[42] Wie schon sein erstes »Berliner« Bild zeigt, zielte der Maler dabei bewußt auf das große Format – ein Segment, das in der preußischen Hauptstadt eine untergeordnete Rolle spielte und für das Meister sich sozusagen selbst einen Markt schaffen mußte. Mit diesem hochgesteckten Anspruch blieb der explizit durch seine französische Schulung geprägte Rheinländer in der Berliner Kunstlandschaft der zwanziger und dreißiger Jahre ein Sonderfall. Dies mag zum Teil darauf zurückzuführen sein, daß ihm die Nähe zum preußischen Klima fehlte, lag zum anderen aber wohl auch an der faktischen Differenz der Interessen. Der Vergleich mit den in Berlin erfolgreichen Malern und die Heranziehung der Quellen, die Aufschluß über die künstlerischen Präferenzen des Königs geben, bieten entscheidende Anhaltspunkte für eine Präzisierung der dort vorherrschenden Tendenzen. Wie schon Rosenberg in seiner ersten Gesamtdarstellung der Berliner Malerei hervorgehoben hat, kann angesichts einer Vielfalt unterschiedlicher Positionen von einer Berliner Schule im engeren Sinn nicht die Rede sein.[43] Dennoch etablierte sich nach einer in verschiedene Richtungen offenen Erprobungsphase im Bereich der höfisch-monarchischen Repräsentation ein offizieller Stil, der von einer realistischen Orientierung geprägt war. Friedrich Wilhelm III. fühlte sich einem – ethisch hinterfangenen – Ideal der Nüchternheit verbunden, dessen Konturen er gerade im Vergleich mit der französischen Praxis definiert hat. So scheint auch in künstlerischer Hinsicht zusehends verbindlich geworden zu sein, was er im Hinblick auf die Siegesfeier anläßlich seines Einzugs in Berlin 1815 programmatisch formuliert hat: »Das morgende und übermorgende Fest sei kein Fest des Prunkes und der Prahlerei im Sinn des eben besiegten Feindes, sondern ein Fest der Dankbarkeit und der Demüthigung vor Gott, der so großes an Preußen getan.«[44] Das hier zum Ausdruck gebrachte Mißtrauen gegen eine aufwendige Inszenierung ist in den zwanziger Jahren jedenfalls wiederholt nachweisbar.[45] Auch das Umfeld des Königs reagierte kritisch auf eine repräsentative Malerei des großen Gestus: Als 1823 Thomas

Lawrences Bildnis des Königs in Berlin eintraf, sprach Johann Gottfried Schadow von der »Leichtfertigkeit der Theatermaler« und meinte damit wohl ebenso die großzügige malerische Faktur des Porträts wie seinen mangelnden Wirklichkeitsbezug.[46] Trotz der wiederholt belegten Anerkennung von Meisters künstlerischen Qualitäten stieß seine durch Vernet beeinflußte Malerei in Berlin langfristig auf Vorbehalte. Dies gilt, obwohl (oder gerade weil) der Rheinländer auch technisch auf der Höhe des französischen Standards war und – etwa im Vergleich mit der akribischen Präzision des ungleich erfolgreicheren Franz Krüger – eine lockere, scheinbar mühelose Handschrift an den Tag legte.[47] Wie Schadows aus dem Jahr 1828 stammende, in der Wortwahl vorsichtige Stellungnahme zum Ankauf von zwei Bildern Meisters beweist, stand dessen bravouröse Malweise im Verdacht, das Ergebnis einer raschen und wenig sorgfältigen Ausführung zu sein: »In beiden Gemälden sind die Pferde vorzüglich, sowohl in Umrissen als auch in der Farbe. Die Porträts haben eine etwas rohe Behandlung und entfernte Ähnlichkeit. Dem Anschein nach, hält man beide Stücke für leicht und rasch gemalte Arbeit und gibt dem Kampf zwischen Türken und Griechen den Vorzug.«[48] Diese Charakterisierung Schadows ermöglichte zwar durchaus den Ankauf der beiden betroffenen Bilder. Doch erschien Meister auf Grund seiner künstlerischen Ausrichtung als Hofmaler im engeren Sinn ungeeignet. Zu verpflichtend war die auf eine genaue, nüchterne Registrierung der Phänomenologie gerichtete Erwartungshaltung, die im gegen Meister mehrfach erhobenen Vorwurf der mangelnder Porträtähnlichkeit ihren deutlichsten Ausdruck fand.[49] Der kritische Punkt in seiner Beziehung zum preußischen Hof war wohl nicht zufällig erreicht, als der Maler um eine Anstellung »an einer der vaterländischen Akademien« ersuchte[50]: trotz seiner stilistischen Nähe zu einer durchaus geschätzten Schule erschien es nicht opportun, ihn mit der Autorität eines akademischen Lehrers auszustatten und seine Position damit offiziell zu sanktionieren. Diese Entscheidung ist bezeichnend für das zwiespältige Verhältnis zur zeitgenössischen französischen Malerei. Zwar zählte Paris zu den wichtigen Stationen auf dem künstlerischen Bildungsweg junger Maler, doch wurde langfristig eine stilistische und inhaltliche Synthese mit den in Berlin kultivierten Vorstellungen verlangt.[51] Meister hat diese Anpassungsleistung nur teilweise erbracht. Er wünschte letztlich die

Definition einer vaterländischen Historienmalerei, die an den Gestaltungsmöglichkeiten der entwickelten Vernet-Schule orientiert war – und damit an einem in Berlin künstlerisch wie inhaltlich suspekten Aufgabenbereich. So erhielt Meister denn auch keine Antwort auf seine Bitte, ihm durch einen konkreten Auftrag Hinweise auf die erwünschte Thematik zu geben.[52] Meisters Kontakt zum Berliner Hof blieb ohne die Dynamik, die ein engerer Austausch zwischen Künstler und Auftraggeber hätte erzeugen können. Raczynskis aus der Mitte der dreißiger Jahre stammende Stellungahme zeigt, daß die Berliner Kunstszene der französischen Malerei gegenüber aufmerksam blieb, zugleich aber Distanz wahrte.[53] Trotz der Würdigung künstlerischer Qualität wurde so – in charakteristischer Unentschlossenheit – eher die Differenz als das für die eigenen Vorstellungen verwertbare Potential aufgewiesen. Tatsächlich gewann (neben dem Realismus der höfischen Dokumentationskunst) zunächst eine idealistische Historienmalerei deutscher Prägung die Oberhand. Beide Bereiche aber standen außerhalb von Meisters künstlerischen Interessen. Erst um 1840 erfolgte eine stärkere Orientierung auf die französische und belgische Historienmalerei – zu spät für den bereits 1844 verstorbenen Meister.[54] Ein letzter Faktor bleibt zu bedenken: Meisters auf die jeweiligen Zeitumstände abgestimmte Themenwahl hat die Grenze des Opportunen zwar nie wirklich überschritten, wies aber doch in eine bestimmte politische Richtung. Die in den späten zwanziger Jahren bevorzugten Szenen aus dem griechischen, dem russisch-türkischen oder dem polnischen Freiheitskampf dürften ihm in dieser Massierung den »haut gôut« eines mit nationalliberalen Gedanken sympathisierenden – und im Sinn Vernets radikal-militaristischen – Malers eingetragen haben.[55] Damit aber war Meister im Berlin der Restauration aus preußischer Sicht fehl am Platz: Dort ging es schon längst nicht mehr um die Erweckung und Pflege eines emphatischen Nationalgefühls, sondern um die Rückgewinnung zentral gesteuerter Ordnung und um deren Inszenierung: Anstelle von Meisters monumentalen heroischen Schlachtenszenen reüssierten die wohlsortierten, überschaubaren Paraden Franz Krügers.

Meister blieb in dieser Situation nur die Wertschätzung seines rheinischen Umfeldes und die Neuorientierung auf ein von anderen Bedürfnissen bestimmtes bürgerliches Publikum. Der 1833 erfolgte Umzug von Koblenz nach Köln zeigt, daß Meister diesen

Weg bewußt und entschlossen gegangen ist. Auch in seinem neuen Wirkungskreis bemühte sich der Maler, neben der Tätigkeit als Porträtist – die er offenbar als ökonomische Überlebensstrategie ansah – seine alten künstlerischen Interessen weiterzuverfolgen.[56] So blieb er in Füßlis hellsichtiger Würdigung von 1846 als prominentester Exponent der französischen Schule am Rhein identifizierbar.[57] Auch der Nekrolog auf Meister, der ansonsten die biographische Legendenbildung des 20. Jahrhunderts vorbereitet hat, charakterisiert sein Schlachtenbild des Albrecht Achilles als ein Werk, »das urkräftiges Leben, Bewegung und Feuer zu einer Zeit aussprach, wo die Düsseldorfer Schule in weichlicher Gefühlesüberschwänglichkeit zu Grunde zu gehen drohte.«[58] In seinen letzten Jahren befriedigte Meister seine Neigung zum großen Format durch die auch wirtschaftlich einträgliche Ausführung von Panoramen. Während er mit dem Rheinübergang der Franzosen bei Neuwied 1797 zunächst ein Thema wählte, das »nicht auf ein deutschpatriotisches Publikum berechnet, aber *als Bild* trefflich« war, kehrte er mit seinem letzten Panorama, das die Schlacht bei Kulm zeigte, zu seiner früheren Vorliebe für die vaterländische Geschichtsmalerei zurück.[59] 1838 schickte Meister zum letzten Mal ein Bild auf die Akademieausstellung nach Berlin. Das heute verschollene Gemälde schlug – sei es als Versuch eines Neuanfangs oder als bewußter Abschied – noch einmal den Bogen zum Anfang der »preußischen Phase« des Malers: Es zeigte Blüchers Rettung in der Schlacht von Ligny.[60]

1 Vgl. *Geheimes Staatsarchiv preußischer Kulturbesitz*, I, HA Rep 89, Nr. 19693, fol. 2.

2 In dem etwas ausführlicheren, doch ansonsten fast gleichlautenden Begleitbrief heißt es hierzu: »Ein junger Künstler von hier namens Meister, der Sohn eines armen Sattlers, hat nachdem er ein Jahr in Paris gewesen ist, das Bild des Fürsten Blücher in Lebensgröße gemalt, und möchte dieses Gemälde Seiner Majestät zu Füßen legen. Eine Deputation sehr achtungswerther Einwohner von hier drängen in mich hierzu behülflich zu sein. Ob dieses nun zwar ganz außer meinem Wirkungsbereich liegt, so erscheint mir doch das Talent des jungen Menschen beachtenswerth genug, der Bitte der hiesigen Einwohner nachzugeben.« (GSTA PK, I, HA Rep 89, Nr. 19693, fol. 1).

3 Zu Meister vgl. Elisabeth Heitger: *Die Koblenzer Maler und ihre Werke in der ersten Hälfte des 19. Jahrhunderts. Ein Beitrag zur Kultur- und Kunstgeschichte im ausgehenden 18. und in der ersten Hälfte des 19. Jahrhunderts*, Phil. Diss., Universität Bonn 1982; und in letzter Zeit: *Simon Meister 1796 – 1844*, Ausstellungskatalog u.

Werkverzeichnis (hg. v. Klaus Weschenfelder), Mittelrhein Museum, Koblenz 1994 (mit einem gut recherchierten Literaturverzeichnis).

4 Vgl. hierzu Wolfgang Becker: *Paris und die deutsche Malerei 1750–1840*, Passau 1971 (Studien zur Kunst des 19. Jahrhunderts, Bd. 10), S. 91: Er verweist darauf, daß zumindest für eine großformatiges Schlachtenbild »geräumige Ateliers, historische Ausstattungsgegenstände, Waffen, Rüstungen, Pferde und bedeutende Vorbilder der alten Kunst verfügbar waren.« Meisters großes Reiterporträt setzte zwar nicht denselben Aufwand voraus; doch muß seine Ausführung für den keinesfalls begüterten Meister bereits an der Grenze des Realisierbaren gewesen sein.

5 Zu Johann Adolf Freiherr von Thielemann (oder Thielmann) vgl.: Walther Killy. Rudolf Niehaus (Hg.): *Deutsche biographische Enzyklopädie*, Bd. 10, München 1999, S. 3; sowie: *Allgemeine deutsche Biographie*, Neudruck der 1. Auflage von 1894, Berlin 1971, Bd. 37, S. 755–759.

6 GSTA PK, I, HA Rep 89, Nr. 19693, fol. 6. Wach weist in seinem Gutachten (fol. 4) darauf hin, daß Meister keine Preisforderung erhoben habe, sondern wünsche, »einige Zeit nach Berlin zu kommen, um sich auszubilden, oder auf einige Jahre eine finanzielle Unterstützung von einigen hundert Thalern.«

7 Zu diesem Vorgang im einzelnen das zitierte Aktenkonvolut (darunter als fol. 17 auch Alexander von Humboldts Brief vom 2. Juli 1825, in dem er auf eine höhere Stipendienzahlung an Meister dringt). Zu Vernet vgl.: *Horace Vernet (1789–1863)* (hg. v. Jean Leymarie, Robet Rosenblum et al.) Ausstellungskatalog, Rom, Accademia di Francia, Paris, Ecole nationale supérieure des Beaux-Arts 1980.

8 Vgl. etwa [Friedrich Förster] *Schlachtenruf und Schlachtengesang an die erwachten Teutschen von F. von der alten Burg*, o.O. 1813, wo Blücher als Protektor patriotischer »Gesänge« firmiert.

9 Johann Daniel Rumpf: *Fürsten Blücher's von Wahlstatt Heldenthaten*, 2. Aufl., Berlin 1815; vgl. das Resümee auf den S. 248–249, wo eine Kette von Beweisen dafür angeführt ist, daß der Befreiungskrieg gegen Napoleon den Status eines »heiligen Krieges« habe. Zur Würdigung Blüchers vgl. S. 250ff. Den vorläufigen Charakter dieser ersten Bestandsaufnahme hat Rumpf selbst konzediert: »Was Blücher in diesem großen Kampfe mit Wort und That ausrichtete, konnte ich jetzt nur in unvollkommnen Zügen andeuten.« (ibid., S. 251).

10 Vgl. Friedrich Cristoph Förster: *Der Feldmarschall Fürst Blücher von Wahlstatt und seine Umgebung*. Leipzig 1921. Förster erläutert etwa auf den S. VI und VII seines Vorworts im Anschluß an die Frage, warum »sein Ruhm den Ruhm größerer Feldherrn, die gegen und neben und unter ihm fochten, verdunkelt [...]«: »Die Auflösung finden wir darin, daß Blücher ganz der Richtung des damaligen Volksgeistes entsprach, daß er in jedem Wort des Volkes Stimme verkündete, in jeder That das vollbrachte, woran das Volk selbst schon die Hand gelegt. So ward er der Mann des Volkes, weil er weniger durch Wissenschaft und studirte Berechnung, als durch Kühnheit entschied; er siegte, weil er seinem großen Gegner, den alle, in einer guten Kriegsschule gebildeten Generale, fürchteten, ohne Studium, aber mit Zorn, furchtlos gegenüber trat; er gewann, weil er rücksichtslos seinen Entschluß durchführte, wo die Besonnenen und Bedächtigen Verantwortung fürchteten. Der vorherrschende Sinn der Menge war nicht anders: Haß gegen Frankreich, Verachtung Napoleon's; das war meist alles, was wir armen Freiwilligen Begeisterndes wußten; daß wir mit slavischen Leibeig-

nen in Reih und Glied gegen freie Männer von germanischem Stamm zogen, die uns zum Heil, in fünf und zwanzigjährigem Kampfe für verfassungsmässige Monarchie, das Feudalwesen gebrochen hatten, davon schwiegen die salbungsvollen Freiheitsprediger und Göthe, der mit seinem großen Blicke in die Welt, scherzhaft von gewissen Befreiungsbestien gesprochen hatte, ward unter die Verdächtigen gezählt.« Zum politischen Vorfeld vgl. ibid., Kap. IV, S. 81ff.

11 Ibid., S. 92

12 Ibid., S. VII.

13 Diese Aufforderung ist – und das macht die Brisanz von Försters nationalliberaler Auffassung Blüchers deutlich – allerdings an die Einlösung des Verfassungsversprechens gebunden: Wie der Roland als Symbol der vom Kaiser verliehenen »Freiheiten der Stadt« fungierte, sollte Blücher als Garant für ein »geordnetes Bürgerthum« auftreten, das die Verfassung den Städten bringen werde (vgl. Förster 1821 [wie Anm. 10], S. 316).

14 Ibid. S. 315. Die Volkstümlichkeit Blüchers sicherte ihm aber auch unabhängig von Försters Aufforderung in der zeitgeschichtlichen Ikonographie eine erhebliche Prominenz; So hat schon Thomas Stamm-Kuhlmann (*König in Preußens großer Zeit: Friedrich Wilhelm III., der Melancholiker auf dem Thron,* Berlin 1992, S. 502), darauf aufmerksam gemacht, daß zwischen 1814 und 1850 nicht weniger als 42 Darstellungen Blüchers auf den Berliner Akademieausstellungen zu sehen waren.

15 Vgl. dazu die Einschätzung von Tom Crepon (*Leberecht von Blücher: Leben und Kämpfe*, Berlin 1990, S. 357), nach der Blücher »durch seine übergroße Popularität für die Reaktion unangreifbar« war, während er selbst sich zugleich konservativ verhärtete.

16 Zum Rostocker Denkmal vgl. den Beitrag von Andreas Beyer in diesem Band; die Quellen sind zusammengetragen in: Johann Gottfried Schadow: *Kunstwerke und Kunstansichten. Ein Quellenwerk zur Berliner Kunst- und Kulturgeschichte zwischen 1780 und 1845*. Kommentierte Neuausgabe der Veröffentlichung von 1849, (hg. v. Götz Eckhardt), 3 Bde., Berlin 1987, Bd. 1, S. 122–140. Das Denkmal entstand – wie bereits Friedrich Eggers (*Christian Daniel Rauch*, 4 Bde., Berlin 1873, Bd. 2, S. 100) bemerkt hat – im Auftrag der Provinz, nicht des Königs. Dessen Verhältnis zu Blücher war von spürbaren Animositäten geprägt, ohne daß Friedrich Wilhelm langfristig von der Errichtung eines Denkmals absehen konnte; vgl. Stamm-Kuhlmann 1992 (wie Anm. 14), S. 386 u. S. 389. Über die frühe Planungsphase des von Rauch in königlichem Auftrag erstellten Berliner Blücher-Denkmals berichtet bereits Förster 1821 (wie Anm. 10), S. 315f., außerdem Eggers 1873 (wie Anm. 10), Bd. 1, S. 124–161 (dort auch Angaben zu Rauchs zwischen 1820 und 1827 entstandenem Blücher-Standbild in Rostock). Das Berliner Denkmal wurde dabei nicht zuletzt auf Grund des informellen Drucks ausgeführt, der durch auswärtige Initiativen entstanden war.

17 Walther Hubatsch: *Der Freiherr vom Stein und die Historienmalerei seiner Zeit*, in: id. (Hg.): *Stein-Studien. Die preußischen Reformen des Reichsfreiherrn Karl vom Stein zwischen Revolution und Restauration* (Studien zur Geschichte Preussens, Bd. 25, 1975), S. 177–194; S. 188. Zu Steins Historienprogramm auch Gerhard Eimer: *Quellen zur politischen Ikonographie der Romantik: Steins Turmbau in Nassau*, Frankfurt a. Main 1987 (Frankfurter Fundamente der Kunstgeschichte, Bd. 2).

18 Vgl. Becker 1971 (wie Anm. 4), S. 87; Rainer Schoch: *Das Herrscherbild im 19. Jahrhundert,* München 1975, S. 111.

[19] Schadow berichtet im Jahr 1815 von der geradezu symbolischen Widerspenstigkeit des Bildes: »Am 4. August machte ich dem Fürsten Blücher meine Aufwartung [...] Durch einen Zufall war das ihm zugehörige Bild des Bonaparte von David von der Wand heruntergefallen, dessen Aufstellung er dann nicht wieder zuließ. Bekanntlich machte er dem Könige mit diesem Bilde ein Geschenk«; vgl. Schadow 1987 (wie Anm. 16), Bd. 1, S. 117. Zur Berliner Version, die aus Saint-Cloud stammt und immerhin die zweite von fünf ausgeführten Fassungen ist, vgl.: *Jacques-Louis David 1748–1825* (hg. v. Antoine Schnapper et al.) Ausstellungskatalog, Musée national du chateau, Versailles 1889-1990, S. 381–386, insbes. S. 383.

[20] Ein Verständnis der offenkundig programmatischen Auseinandersetzung mit David wird durch die Polemik, mit der Meisters Bild bedacht worden ist (siehe vgl. Joachim Uhlitzsch: *Der Soldat in der bildenden Kunst vom 15.–20. Jahrhundert*, Berlin 1987, S. 170), eher verstellt als erleichtert; Uhlitzsch hat Meisters David-Rezeption umstandslos verurteilt, ohne ihre Mechanismen einer näheren Betrachtung zu unterziehen.

[21] David 1990 (wie Anm. 19), S. 515. David sollte in Berlin die Leitung aller preußischen Ausbildungsstätten zur bildenden Kunst übertragen werden; er hätte damit zentralen Einfluß auf die offizielle Kunstsprache des siegreichen Preußen erhalten.

[22] Vgl. hierzu Schoch 1975 (wie Anm. 18), S. 55; der Autor verweist auch darauf, daß Napoleon keineswegs der Besteller der Urfassung war: Dementsprechend hat auch die erst seit 1826 nachweisbare Behauptung, er selbst habe David nahegelegt, ihn ruhig auf einem feurigen Pferd darzustellen, legendenhafte Züge; vgl. David 1990 (wie Anm. 19), S. 386.

[23] Schoch 1975 (wie Anm. 18), S. 55; David 1990 (wie Anm. 19), S. 386.

[24] Dies geschah vielleicht nicht unbewußt als doppelte Reminiszenz an David und das gemeinsame Urbild, Falconets Standbild Peters des Großen in St. Petersburg. Zu diesem Hintergrund von Davids Bild vgl. Schoch 1975 (wie Anm. 18), S. 55.

[25] Schoch 1975 (Anm. 18), S. 111; die von Schoch konstatierten formalen Unklarheiten erweisen sich bei näherem Hinsehen als inhaltlich motivierte, bewußte Entscheidungen.

[26] Zur Verdeutlichung der über den Moment hinausweisenden Bedeutung des Geschehens hat David Napoleon in die Uniform gekleidet, die er in der Schlacht von Marengo getragen hat; die Uniform befand sich auch noch in späteren Jahren in Davids Atelier und wurde dort wie ein Fetisch bewundert; vgl. Schoch 1975 (wie Anm. 18), S. 55.

[27] Die Schlacht an der Katzbach galt als erste größere Schlacht, die das preußische Heer seit mehr als einem halben Jahrhundert gewonnen hatte (vgl. Ernest F. Henderson: *Blücher and the Uprising of Prussia against Napoleon 1806–1815*, New York u. London 1911, Reprint New York 1978, S. 128). Der preußisch-russische Erfolg wurde entscheidend durch die auf einem Hügel positionierte Artillerie bestimmt. Die Franzosen, die – ohne über die Anwesenheit der Schlesischen Armee informiert zu sein – über die Katzbach gesetzt waren, gerieten zusätzlich unter den Druck der angreifenden preußisch-russischen Verbände. Die anschließende Flucht endete in einem Desaster: Die Franzosen wurden, da sie bei anhaltendem Regen weder über die angeschwollene Katzbach noch ihren Nebenfluß, die Wütende Neiße, zurückweichen konnten, völlig aufgerieben. Zum Verlauf der Schlacht vgl. Henderson 1911 (wie Anm. 27); vgl.

auch Rumpf 1815 (wie Anm. 9), S. 96–113, (S. 111f. mit dem Resümee: »Die Schlacht an der Katzbach hat, in ihrer Einleitung, ihrer Dauer und ihren Folgen, die größte Ähnlichkeit mit der Schlacht von Rosbach. Wie der König dort links abmarschierte und seinen Marsch durch sanfte Höhen verdeckte, so auch hier; wie dort eine zwölfpfündige Batterie viel zur Entscheidung beitrug, so auch in dieser Schlacht, und wie dort der Rückzug bald in eine Flucht ausartete, so auch an der Katzbach.«, Vgl. auch Förster 1821 (wie Anm. 10), S. 136–141. Die im zeitgenössischen Bewußtsein zentral bedeutsame Schlacht ist erst in späterer Zeit – durch die ideologisch bedingte Aufwertung der »Völkerschlacht« bei Leipzig und des Rheinübergangs bei Kaub – in den Hintergrund getreten.

28 Vgl. Rumpf 1815 (wie Anm. 9), S.113.

29 Crepon 1990 (wie Anm. 15), S. 300–301.

30 Vgl. das bei Förster 1821 (wie Anm. 10), S. 327 unter dem Titel »Das eine Wort« aufgeführte Gedicht, in dem die Devise »Vorwärts« zum Leitbegriff für die Lebensreise stilisiert wird.

31 Crepon 1990 (wie Anm. 15), S. 270–338.

32 Vgl. GSTA PK, I, HA Rep 89, Nr. 19693, fol. 4.

33 Schoch 1975 (wie Anm. 18), S. 111.

34 Förster 1821 (wie Anm. 10), S. 311–314.

35 Zur Geschichte des Denkmals vgl. die Angaben in Anm. 16.

36 Vgl. hierzu Eckhardt 1987 (wie Anm. 16), Bd. 1, S. 128–131 und die Ausführungen auf S. 284. Ob Goethe und Schadow mit Befriedigung darauf reagiert hätten, daß Förster die Bekleidung Blüchers schließlich als »deutschen Landwehrrock« verstanden hat, mag dahingestellt bleiben; vgl. Förster 1821 (wie Anm. 10), S. 311. Zur Problematik der Kleidung Blüchers siehe Andreas Beyers Beitrag in diesem Band.

37 Schon Eggers 1873 (wie Anm. 16), Bd. 1, S. 100, hat hierzu bemerkt: »Bis zu jenen Jahren hatte es wie eine Satzung gegolten, daß öffentliche Denkmäler nur von den Landesfürsten errichtet wurden.« Dagegen kamen die Aufträge – und die Gelder – für die frühen Blücher-Denkmäler aus der mecklenburgischen und schlesischen Provinz. Zur Diskussion um die Frage des Reiterstandbildes vgl. Eckhardt 1987 (wie Anm. 16), Bd. 1, S. 122–140.

38 Vgl. Eggers 1873 (wie Anm. 16), Bd. 1, S. 110.

39 Ibid., Bd. 1, S. 111.

40 Schoch 1975 (wie Anm. 18), S. 93–97; die Wahl der in der französischen Tradition nicht vorbereiteten Darstellungsform geht dabei offenbar auf den Wunsch des Königs zurück.

41 Eckhardt 1987 (wie Anm. 16), S. 170.

42 Siehe Meisters im Dezember 1828 verfaßten Brief an den König (GSTA PK, I, HA Rep 89, Nr. 19693, fol. 35–36).

43 Adolf Rosenberg: *Die Berliner Malerschule. Studien und Kritiken*, Berlin 1879, S. 6.

44 Vgl. Schoch 1975 (wie Anm. 18), S. 125.

45 Vgl. hierzu etwa die vernichtende Reaktion des Königs auf eine Medaille, die in den Grundstein zum Luther-Denkmal eingelassen werden sollte: »Es war das vom Medailleur Goetze angefertigte Bildnis des Königs, den Feldmarschallstab haltend, mit dem Hute auf dem Kopf, so gesetzt, wie die französische Generalität eingeführt hatte; eine äußerst schwierige Arbeit, sowohl für den Künstler wie für den Präger: der König sagte: ›Abgeschmackt‹, und so mußte diese Kuriosität weggelassen werden«; vgl. Eckhardt 1987 (wie Anm. 16), Bd. 1, S. 138.

[46] Becker 1971 (wie Anm. 4), S. 74.

[47] So lernte Krüger die von Meister schon seit 1821 beherrschte Braununtermalung erst 1846 bei Delacroix kennen und bemühte sich um eine partielle Aneignung dieser Technik; vgl. Becker 1971 (wie Anm. 4), S. 87)

[48] Vgl. GST PK, I, HA Rep 89, Nr. 19693, fol. 46.

[49] Vgl. hierzu Alexander von Humboldts eindringliche Verteidigung Meisters, als der Maler sich in seinem heute in Schloß Sooneck aufbewahrten Suitenbild des Königs in der Schlacht von Kulm (dessen Mangel an Ähnlichkeit offenbar beklagt worden war) für das Porträt Friedrich Wilhelms auf einen Stich nach Gérard verlassen hatte (GSTA PK, I, HA Rep 89, Nr. 19693, fol. 19–21).

[50] Vgl. Meisters Brief an den König vom Dezember 1828 (GSTA PK, I, HA Rep 89, Nr. 19693, fol. 35–36).

[51] Vgl. die übergreifende Analyse bei Becker 1971 8wie Anm. 4), S. 87ff. Ein für den Berliner Kontext charakteristisches Fallbeispiel ist Carl Begas mit seiner nazarenisch orientierten Kompromißposition; vgl. Rita Müllejans, Dorothee Haffner u. Udo Felbinger: *Carl Josep Begas (1794–1854). Blick in die Heimat*, Heinsberg 1994.

[52] Vgl. Meisters Brief an den König vom 1. Februar 1829 (GSTA PK, I, HA Rep 89, Nr. 19693, fol. 43).

[53] Athanasius Graf Raczynski: *Geschichte der neueren deutschen Kunst*, (dt. v. Friedrich Heinrich von der Hagen), Bd. 1: *Düsseldorf und das Rheinland, mit einem Anhange: Ausflug nach Paris*, Berlin 1836, S. 392: »Die Französischen Maler sind mit großer Feinheit der Beobachtung begabt; viele von ihnen haben feste, richtige und leichte Zeichnung. Manche darunter denken vielleicht zu sehr an die Wirkung, aber man muß gestehen, dass sie dieselbe auch hervorzubringen wisse. Man sieht, sie gehören einem Volke an, welches mit raschem und durchdringendem Verständnisse, mit großer Geschicklichkeit zur Arbeit ausgerüstet, und der stärksten Anstrengungen fähig ist: aber das Ideal, das Erhabene finde ich selten in den Hervorbringungen der neueren Französischen Malerei. Ist das ein Mangel? Ich weiß es nicht [...]« Wie der Autor im 1841 erschienenen dritten Band (*Berlin, Dresden, Hamburg, Mecklenburg, Weimar, Halberstadt und Göttingen*, S. 16) verdeutlicht, ist die Historienmalerei Kaulbachs für ihn zur entscheidenden »Richtschnur« geworden.

[54] Vgl. Becker 1971 (wie Anm. 4), S. 71; eine für den Berliner Kontext aufschlußreiche Quelle ist Franz Kugler: *Vorlesung über das historische Museum in Versailles und die Darstellung historischer Ereignisse in der Malerei*, in: id.: *Kleine Schriften und Studien zur Kunstgeschichte*, 3. Teil, Stuttgart 1854, S. 476–487 (mit einer ausführlichen Würdigung der außerdeutschen Geschichtsmalerei und mit einem Entwurf der für den deutschen Kontext erwünschten Qualitäten).

[55] Vgl. das Werkverzeichnis in: Simon Meister 1994 (wie Anm. 3), S. 88–92); zu der in Vernets Atelier kultivierten politischen Haltung vgl. Nina Maria Athanassoglou-Kallmeyer: *Imago Belli: Horace Vernet's L'Atelier as an Image of Radical Militarism under the Restoration,* in: *The Art Bulletin* 68/1986, S. 268–280.

[56] Zur Einschätzung seiner nicht auf die Historienmalerei gerichteten Tätigkeit vgl. die Selbstauskunft in Meisters Brief an Friedrich Wilhelm III. vom Dezember 1828 (GSTA PK, I, HA Rep 89, Nr. 19693, fol. 35–36).

[57] Wilhelm Füßli: *Die wichtigsten Städte am Mittel- und Niederrhein im deutschen Gebiet, mit Bezug auf alte und neuere Werke der Architektur, Skulptur und Malerei,* Bd. 2: *Zürich und die wichtigsten Städte am Rhein*, 2. Aufl., Leipzig 1846, S. 24 u. S. 364–365.

[58] Vgl. *Neuer Nekrolog der Deutschen*, 22. Jahrgang 1844, 1. Theil, Weimar 1846, Nr. 65, S. 201–205, S. 202; in Fortführung der hier einsetzenden Tendenzen wurde Meisters Leben zum Gegenstand eines Romans von Otto Brües: *Simon im Glück, Ein Roman*, Gütersloh 1950.

[59] Füßli 1846 (wie Anm. 57), S. 364; vgl. auch Simon Meister 1994 (wie Anm. 3), S. 98–100.

[60] *Die Kataloge der Berliner Akademieausstellungen 1786–1850* (hg. v. Helmut Börsch-Supan) 3. Bde., Berlin 1971, Bd. 2, S. 132, Nr. 1354: »Letzter Moment der Schlacht bei Ligny, wie der Feldmarschall Blücher gerettet wird.«

Randbemerkungen

Delacroix' Lithographien zu Goethe. Faust, I. Teil

Margret Stuffmann

Marginalien zum ›Faust‹

Delacroix' Lithographien zu Goethes *Faust*, die der Dichter von Weimar aus überrascht und mit Respekt gegenüber dem jungen Künstler in Paris schon vor ihrer Veröffentlichung kommentierte,[1] haben in der Kunstgeschichte der französischen Romantik und als Inkunabeln der Künstlergraphik des 19. Jahrhunderts ihren gesicherten Platz. Auch in Deutschland sind sie inzwischen einem breiteren an Kunst und Literatur interessierten Publikum bekannt. Mehrfach wurde die Folge mit denen der deutschsprachigen Zeitgenossen Moritz von Retzsch und Peter Cornelius aus dem Jahr 1816 verglichen.[2]

Das zwischen 1825 und 1827 anzusetzende Entstehungsdatum der 1828 publizierten *Faust-Szenen*, die wir hier bewußt nicht als Illustrationen bezeichnen, setzt diese siebzehn Blätter im Werk des Künstlers unmittelbar zwischen seine Monumentalgemälde *Massaker von Chios* (1824) und *Tod des Sardanapal* (1827–1828). Mit beiden hatte Delacroix nach seinem ersten glanzvollen Auftritt mit der *Dantebarke* (1822) trotz oder gerade wegen aller Kontroversen seine führende Rolle in der romantischen Bewegung bestätigt.[3]

Dieser Hintergrund, auch Delacroix' Anteilnahme am politischen Zeitgeschehen und sein eigenwilliger Umgang mit literarischen Stoffen, wurden immer akzeptiert und interpretiert, ohne allerdings die Frage nach der Rolle zu stellen, die diese Folge zu *Faust* in ihrem sich von den Gemälden grundlegend unterscheidenden Charakter für diese Konstellation spielen konnte. Sind diese Druckgraphiken ein Resultat ökonomischer Notwendigkeit, ein Einzelfall oder vielmehr Gegenstand einer bildnerischen Strategie mit weitreichenden Folgen?

Es soll hier weniger von den *Faust*-Darstellungen selbst die Rede sein, als vielmehr von deren »Randbemerkungen«. Gemeint sind die mehr oder weniger eindeutig lesbaren kleinen Szenen, Figuren, Gegenstände oder linearen Floskeln, die sich auf einer Reihe von Delacroix' zwischen 1825 und 1828 entstandenen Probedrucken seiner Lithographien finden, von denen jeweils nur wenige Exemplare erhalten sind.

Äußerlich eher beiläufig gesetzt, aber doch von bemerkenswerter graphischer Vielfalt und Lebendigkeit, wurden diese Randbemerkungen lange Zeit von seiten der Kunstgeschichte überhaupt nicht zur Kenntnis genommen, oder als bloße Versuche, wie sie in der zeitgenössischen Druckgraphik nicht unüblich sind in der jeweiligen Technik – Aquatinta, Radierung, Lithographie – eingeschätzt. Sie wurden eher als graphische Rarität denn als künstlerischer Ausdruck gewertet. Die Tatsache, daß Delacroix in den bis heute leider nur wenigen bekannten Briefen an seinen Drucker Charles Motte nach eben jenen Probedrucken fragt, woraus hervorgeht, daß er diese für sehr wichtig hält, nicht zuletzt die graphische Intensität dieser so gestalteten Blätter, haben uns vor die Frage nach ihrer inhaltlichen Deutung gestellt.[4] Was meint Delacroix mit diesen scheinbaren »Kritzeleien« »griffoni« und wie fügen sich diese in sein künstlerisches Konzept, auch in Hinsicht auf seine Malerei ein?

Betrachten wir zunächst Delacroix' Wahl der Szenen aus dem Text des *Faust*. Goethes Drama kannte er wohl nur aus der vereinfachten französischen Version von Albert Stapfer, welche er für die Veröffentlichung benutzte, und den übersetzten Auszügen des Comte de Saint-Aulaire, die er handschriftlich kopiert und mit kleinen Figurenskizzen versehen hatte.[5] Manche der Szenen hatten auch seine deutschen Zeitgenossen Retzsch und Cornelius ausgewählt, andere ließ er unberücksichtigt. Davon abgesehen, daß Delacroix die graphische Folge anstatt durch himmlische Heerscharen durch Mephisto eröffnet, das heißt diesem die führende Rolle im folgenden Spiel zugesteht, bevorzugt er Passagen, die weniger die äußere Handlung in ihrem Verlauf nachvollziehen lassen als vielmehr die inneren seelischen Vorgänge und Wendungen. Es sind vor allem Momente des Zwiespalts, der Unruhe, der Doppeldeutigkeit: *Faust in der Studierstube, Gretchen am Spinnrad, Mephisto bei Marthe und Gretchen* oder *Fausts Flucht* nach Valentins Ermordung.

So geht es Delacroix in dem Blatt *Faust in der Studierstube* (Abb. 1) offensichtlich um den komplexen Sinn des Monologs.[6]

Liest man dazu die Randszenen – den Helm, die Schwerter, den Kopf des Rennpferds, rechts unten den kleinen Ritter im Angriff –, wird man kaum umhin können, in diesen scheinbar locker eingesetzten Zeichen jene Gegenwelt des aktiven Lebens, verstanden im Sinn eines romantischen Rittertums, zu erkennen, nach der sich der Gelehrte sehnt, den die engen Wände seines Studierzimmers bedrängen.

Vergleichbares, doch entschieden weiter getrieben, findet sich in der Szene *Mephisto bei Frau Marthe und Gretchen* (Abb. 2), die Delacroix mit einer sonderbar disparaten, geradezu turbulenten Versammlung von wilden Tieren, Reiterszenen und schemenhaften Physiognomien umgibt.[7] Illustrationen im üblichen Sinn sind dies keineswegs. Vielmehr entsteht hier die Anmutung von Fremdartigkeit, Wildheit, Phantastik, Gefahr, worin all das gefaßt ist, was diese Szene sinngemäß beinhaltet: Mephisto schmeichelt, gibt an, verführt, lügt. Delacroix mag hier an ein Wortspiel gedacht haben. Im Französischen heißt das Raubtier »félin«, die katzenhafte Schmeichelei »félinerie«.[8] Allem Anschein nach ist dieser unter den Probedrucken derjenige, der Delacroix besonders wichtig war, und um dessen Übersendung er den Drucker Charles Motte ausdrücklich gebeten hat.[9]

Auch die Szene am Spinnrad *Meine Ruhe ist hin* (Abb. 3), Gretchens Monolog, beruht auf einer eigenwilligen Entscheidung Delacroix', der dafür auf das Gebet an die Mater dolorosa verzichtet.[10] Der Innenraum evoziert mit den Geräten, mit Glas und Leuchter auf dem Regal, mit dem Blumenstrauß und dem am Boden liegenden Buch christliche Bildtraditionen, beispielsweise von Marien-Verkündigungen. Ebenso wird man in dem Zusammenspiel von Rocken und Spindel in der Nachbarschaft des halbverdeckten Kruzifixes eine erotische Anspielung vermuten dürfen. Die Intensität der bedeutungsschweren Dingbeziehung und die winkelige Enge der Stube als Reflex von Gretchens ahnungsvoller Unruhe würden viel weniger spürbar ohne den Gegenpart der dunklen, melancholisch anmutenden Landschaft am unteren Rand, die eine Spiegelung von Innen und Außen im doppelten Sinn erzeugt.

Die ebenfalls doppeldeutige »mehrstimmige« Szene von *Valentins Tod* (Abb. 4)[11] – denn erst Mephisto ermöglichte den Todesstoß, den Faust Valentin versetzt – dramatisiert Delacroix durch das analog zur Bildeszene gerichtete große Schwert mit der scharfen

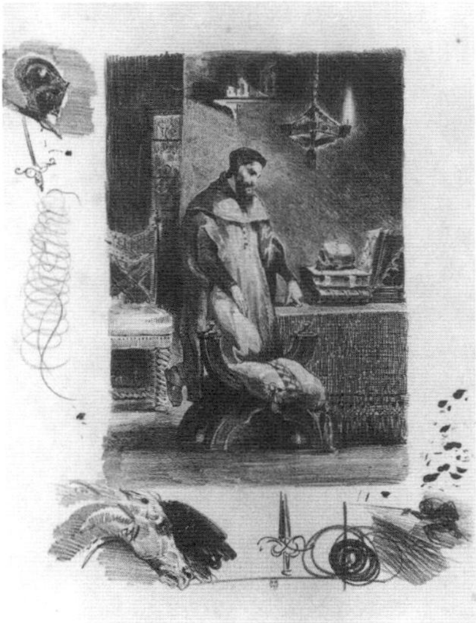

1 Eugène Delacroix: *Faust in der Studierstube,* 1826-1828, Lithographie, 1. Zustand, 250 × 170 mm, Paris, Bibliothèque Nationale, Cabinet des Estampes

2 Eugène Delacroix: M*ephisto bei Frau Marthe und Gretchen,* 1826-1828, Lithographie, 1. Zustand, 240 × 200 mm, Paris, Bibliothèque Nationale, Cabinet des Estampes

3 Eugène Delacroix: *Gretchen am Spinnrad,* 1826-1828, Lithographie, 1. Zustand, 223 × 180 mm , Paris, Bibliothèque Nationale, Cabinet des Estampes

4 Eugène Delacroix: *Duell zwischen Faust und Valentin*, 1826–1828, Lithographie, 1. Zustand, 231 × 280 mm, Paris, Bibliothèque Nationale, Cabinet des Estampes

Klinge am unteren Bildrand, wobei Schnelligkeit und Vehemenz des Zustoßens durch die Linienschwünge links suggeriert werden. Die am Boden liegende Laute verweist auf das der Mordszene vorausgegangene Ständchen und kontrastiert zugleich sinngemäß mit der Schwertklinge am Boden.

Die Schaurigkeit der *Walpurgisnacht* mit der aus der Düsternis aufleuchtenden Leidensgestalt Gretchens hat Delacroix zu einer der komplexesten Szenen der Folge und auch zur vollen Entfaltung seiner graphischen Virtuosität veranlaßt.[12] Am linken Rand des Probedrucks erscheint, ein wenig größer, aber analog zu der von Hexen und Dämonen bedrängten Gestalt Gretchens, eine physisch außerordentlich drastisch geschilderte nackte junge Hexe. Zunächst erscheint sie als Gegensatz, stellt jedoch zugleich die Antithese von Unschuld und Schuld, von Gut und Böse in Frage. Ist Gretchen wirklich nur gut und schön? Es ist die Einsicht Goyas, in dessen Kunst Ambivalenz die Wahrheit ermöglicht, die sich hier im Werk des jungen Delacroix widerspiegelt.

Delacroix' Methode, bei der druckgraphischen Interpretation von literarischen Texten mit Hilfe eines Rahmensystems von Gegentypen und der Kombination scheinbar disparater Gegenstände eine zweite Verständnisebene zu entwickeln, ist nicht auf seine Arbeit am *Faust* beschränkt. Als Beispiel hierfür mag der wahrscheinlich um 1826–1827 entstandene und nie publizierte *Giaour* im Probedruck dienen.[13] »Giaour«, das Schimpfwort der Moslems für die Christen, ist der Titel eines Gedichtes von Lord Byron. 1813 geschrieben, 1822 ins Französische übersetzt, hat es Delacroix seit 1824 bis in die 1850er Jahre immer wieder beschäftigt. Sinn dieses Textes ist die Reue des Siegers. Byron meint mit seinem »Giaour« einen jungen venezianischen Edelmann, dessen Geliebte Leila, aus dem Harem des Türken Hassan, wegen ihrer Liebesbeziehung zu ihm, dem Christen, ins Meer gestürzt wurde. Der »Giaour« rächt sich an dem Pascha, indem er ihn überfällt und im Zweikampf tötet, um dann seine Tat aus Mitleid zu bereuen.

Unter Delacroix' wiederholten Interpretationen dieses Stoffes ist – ungeachtet der glanzvollen Gemälde und Aquarelle – die wohl um 1826–1827 entstandene Lithographie wahrscheinlich die bedeutendste. Sich vom Verlauf des Originaltextes und auch von einer Sicht des »Giaour« in der Haltung des Siegers distanzierend, wie sie sein Vorbild Géricault 1823 gegeben hatte,[14] evoziert Delacroix hier sowohl die Dramatik des vorangegangenen Zweikampfes als auch das Innehalten, den seelischen Schock des Protagonisten. Die Blicke der Feinde treffen sich, das Pferd scheut, tritt nicht zu, der Säbel fällt dem Sieger aus der Hand.[15] Sinngebend und bestätigend lesen sich nun auch die Randbemerkungen des Probedrucks. Die Bedrohung in der ausweglosen Situation vermitteln links unten die wie Gewehrläufe auf den Tierkopf gerichteten, energischen, schwarzen, parallelen Strichlagen; sie wiederholen sich nach rechts hin, zielen nun aber auf eine nicht klar definierte Gestalt, deren runde und weiche Formen an einen weiblichen Oberkörper denken lassen. Dann richtet sich der Blick auf den Männerkopf rechts. Es ist die Physiognomie des »Giaour«, der allerdings nun den Turban des Türken Hassan trägt. Deutlicher als mit diesem Tausch kann man die gegenseitige Identifikation als Voraussetzung für Mitleid kaum veranschaulichen.

Da diese Reihe von Beispielen ohne Mühe zu verlängern wäre, sich aber auf eine bestimmte zeitliche Konstellation bis etwa 1828–1829 beschränkt, stellt sich umso mehr die Frage nach der künstlerischen Bedeutung dieser »Randbemerkungen«. Sie betrifft ihre interpretierende Funktion, ihre Voraussetzung im Medium der Druckgraphik und schließlich das Verhältnis zwischen Druckgraphik und Malerei im Frühwerk von Delacroix. So scheinbar zufällig und spontan diese Notationen auch wirken mögen, hat Delacroix sie doch einem druckgraphischen Prozeß unterworfen, also mit Bedacht gehandelt.

»Rand-Versuche«, vorwiegend Proben von Tonschattierungen, meist in Streifenform und vorwiegend aus der druckgraphischen Praxis von Radierung und Aquatinta resultierend, waren zur Zeit von Delacroix nichts Ungewöhnliches. Er selbst hat seine wenigen Aquatinten vergleichbar behandelt.[16] Neu dagegen ist die hier aufgezeigte inhaltliche Korrespondenz, die aus dem Rand-Versuch die Rand-Bemerkung macht und weniger der Illustration als der Assoziation dient. Die ästhetische Qualität der Randzeichnungen bei Delacroix, die auf der Spontaneität des Duktus und der reich differenzierten Tonskala beruht, resultiert aus den spezifischen Möglichkeiten der Lithographie. Die scheinbar willkürlichen Setzungen und die offene Rhythmik bewirken aber weit mehr als nur dramatisierende Effekte: Vielmehr ist hierin die Verschränkung von Binnenbild und Rahmenzone, von offener und geschlossener Form angelegt. Wie keine andere druckgraphische Technik ermöglicht die Lithographie, Entstehung, Verlauf und Erscheinung von Zeichnung unmittelbar sichtbar zu machen und dazu die Wirkung malerischer Stofflichkeit zu erzeugen. Die Skala der in der Lithographie gegebenen Möglichkeiten eines gleitenden Wechsels vom Schreiben zum Zeichnen und wieder zurück zum Schreiben erlauben Delacroix in diesen Blättern eine vergleichbare Anordnung von Schrift und Bild, wie er sie in seinen Briefen, Tage- und Skizzenbüchern angewendet hat.[17]

Daß sich Delacroix gerade in der zweiten Hälfte der 1820er Jahre der damals als Medium aktuellen Lithographie zuwandte, mag sich zum Teil aus seiner privaten finanziellen Situation, die ihn nach Verdienstmöglichkeiten suchen ließ, erklären. Entscheidend war jedoch eine Konstellation künstlerischer Art. Der Drucker und Verleger des *Faust* war Charles Motte, der schon für Géricault gearbeitet hatte. Wir wissen bisher erstaunlich wenig über diese zentrale Figur der damaligen Pariser Drucker- und Verlegerkreise. Jedenfalls muß Charles Motte mit einem hohen künstlerischen Instinkt begabt und als Lithograph experimentierfreudig gewesen sein. Auffallend ist seine Neigung zu koloristischen Wirkungen durch Tonplatten (z. B. Géricaults *Retour de Russie*, 1818) und virtuosen Schwarzeffekten. Letztere entstehen aus dem kombinatorischen Verfahren, Helligkeiten aus dem schwarzen Grund herauszukratzen und auf diese Weise malerische und graphische Sehweisen spannungsreich zu verbinden. Charles Motte ist es auch, der mit Goyas Aufenthalt in Paris während des Sommers 1824 und der dadurch geförderten Auseinandersetzung mit der Kunst des Spaniers in Zusammenhang gebracht wird. Schon ein Jahr später, 1825, bewerkstelligte er die Übersetzung der *Caprichos* von Aquatinta in Lithographie. Delacroix hatte Goyas Folge schon 1824 gesehen, Details aus ihr gezeichnet und versuchsweise eine Aquatinta kopiert.[18] Aber von den technischen Interessen abgesehen, muß es vor allem Goyas Vorstellungskraft, seine Fähigkeit der Darstellung in unterschiedlichen Wirklichkeitsebenen, gewesen sein, in denen Delacroix seine eigenen künstlerischen Interessen bestätigt fand. Wohl gerade aufgrund ihrer neuartigen gestalterischen Qualität, die mit der Zurückdrängung illustrierender Handlungszusammenhänge zugunsten einer Interpretation psychisch bedeutender Inhalte und Abläufe zu beschreiben ist, fanden Delacroix' Lithographien zu *Faust* wie auch die anderen Druckgraphiken der Frühzeit kaum Beachtung und wurden trotz ihrer drucktechnischen Virtuosität zu einem Mißerfolg.

Lithographie und Malerei: Stillegung der Handlung, Aktivierung des Betrachters

Für den Versuch einer Erklärung der Randbemerkungen bietet sich der Blick auf die schon zu Beginn erwähnten Monumentalgemälde *Massaker von Chios* und *Tod des Sardanapal* an.[19] Und was zunächst vom äußeren Erscheinungsbild her ganz unvereinbar schien, erweist sich nun als überzeugende Korrespondenz und Nähe. In diesem Zusammenhang gewinnen die Lithographien zu Goethe und Byron eine eigene Funktion – ganz im Zentrum künstlerischer

5 Eugène Delacroix: *Massaker von Chios*, 1822–1824, Öl auf Leinwand, 417 × 354 cm, Paris, Musée du Louvre

Erfindung als sichtbares Zeichen und wichtiger Teil der Entwicklung einer künstlerischen Konzeption.

Bei beiden Gemälden resultieren Aufmerksamkeit, Befremden und schließlich Aggression von seiten der Öffentlichkeit und der Kunstkritik neben der herausfordernden Sinnlichkeit vor allem aus Delacroix' antinarrativer Strategie, seiner Verweigerung eines kontinuierlich nachvollziehbaren Handlungsverlaufs, und einer damit in engem Zusammenhang stehenden freien Malstruktur.[20] Im *Massaker von Chios* (Abb. 5), dem Bild einer zeitgenössischen Katastrophe von damals kaum vorstellbaren Ausmaßen, vermeidet Delacroix die dramatische Aktion und gestaltet statt dessen eine sorgfältig komponierte Versammlung von Einzelfiguren, Paaren, Männern, Frauen und Kindern jeden Alters, die – ein jeder für sich und doch alle mit dem gleichen Ziel – die Emotion und Reflexion über das Geschehene, über Leben und Tod mitteilen. In dieser Stillegung gelingt Delacroix die Verwandlung von Zeitgenossenschaft in Zeitlosigkeit. Damit findet er zu einer Gestaltungsweise, die dem Historienbild neue Möglichkeiten erschließt, weil sie dem Betrachter eine aktivere Rolle zugesteht. Hier wird ein Weg eingeschlagen, der später zu Manets *Erschießung Kaiser Maximilians* (Kunsthalle Mannheim) führen sollte.

6 Eugène Delacroix: *Tod des Sardanapal,* 1827-1828, Öl auf Leinwand, 395 × 495 cm, Paris, Musée du Louvre

Im *Massaker von Chios* wird der Eindruck von Zeitlosigkeit und einer allgemeinen Stimmung stummer Verzweiflung und Trauer von der kompositorischen Struktur vorgegeben, vor allem jedoch durch die Farbe bewirkt. Ihre einzelnen Stränge durchziehen das Bild und weben die zunächst gegebene Disparatheit zu einem organisch wirkenden Ganzen zusammen. Dabei entsteht der Eindruck, daß jeder Farbton ein wenig Schwarz – Asche vergleichbar – mit sich führe und zugleich überall Spuren von Rot durchscheinen, die die Vorstellung von Blut wachrufen. Dieses Kolorit vermittelt die Fahlheit des Todes ebenso wie den Abglanz eines schmerzlichen Abschieds. Es ist eine Farbigkeit, die wohl im Detail beschreibt, vor allem aber im Interesse eines weiteren Sinnzusammenhangs zu suggerieren vermag. Dies hat sie mit dem tiefen Schwarz und den funkelnden Helligkeiten der frühen Lithographien Delacroix' gemeinsam.

Besondere Aufmerksamkeit verdient in unserem Zusammenhang die Art und Weise, mit der im frei gelassenen Vordergrund des Bildes als Reste des verlorenen Kampfes ein zerbrochenes Schwert und eine verlorene Satteltasche mit aufgelösten Schnüren geschildert sind. Ihre Farbigkeit und Pinselstruktur lassen eine emotionale Wirkung entstehen, die an getötete Wesen denken läßt. Es sind Dinge, die das Elend der Niederlage veranschaulichen.

Erregte das *Massaker von Chios* eher Befremden, wurde der *Tod des Sardanapal* (Abb. 6) in der kritischen Öffentlichkeit als Affront in mehrfacher Hinsicht empfunden.[21] Delacroix bezog sich bei diesem Thema wiederum auf Lord Byron, und zwar auf dessen 1821 in Frankreich erschienenes Drama gleichen Titels, das er allerdings auf eigenwillige Weise umgestaltet hat. Sardanapal war ein assyrischer Herrscher, der sich der Niederlage und Unterwerfung durch Rebellen dadurch entzog, daß er all seine Güter – Frauen, Schlachtrosse, Gold und Juwelen – zu einem Scheiterhaufen auftürmen und sich auf ihm verbrennen ließ, nachdem er sich mit seiner Lieblingssklavin das Leben genommen hatte. Stolz, heroische Selbstbeherrschung und Selbstbestimmung sind das Hauptmotiv dieser Dichtung, das Delacroix' Natur und Phantasie in hohem Maß entsprechen mußte. Dem *Massaker von Chios* vergleichbar, unterdrückt er auch hier die Aktion der Hauptfigur und stellt diese statt dessen in melancholisch-sinnender Haltung dar.

Entgegen jeder akademischen Regel entwickelte Delacroix dieses anspruchsvolle Bild von großen Ausmaßen (von 5 Meter Breite) aus nur einem ersten gezeichneten Gesamtentwurf, einer größeren Ölskizze, und aus auffallend vielen Detailstudien bis hin zu der des roten Pantoffels der Sklavin im Vordergrund. Dabei benutzt er im Wechsel Stift, Feder und Pastell.[22]

Vieles spricht dafür, daß Delacroix die Bildidee in wesentlichen Teilen im Zuge des Malens entwickelt, also quasi aus dem Pinsel direkt auf die Leinwand gebracht hat. Wahrscheinlich konnte es ihm nur so gelingen, dem großformatigen Gemälde den Charakter eines lebendig pulsierenden Organismus zu geben. Dabei vernachlässigt er Tiefenwerte im Sinn einer das Gesamte erfassenden Zentralperspektive zugunsten einer mehrfachen Zentrierung und einer lockeren Verspannung der Komposition zu den Rändern des Bildfeldes hin. Gerade die Verminderung der Tiefenentfaltung und das – aufgrund der verunklärten Bodenzone und der Verschiebung der Hauptfigur aus der Mittelachse – labile Gleichgewicht der Komposition suggeriert die Vorstellung eines hochaufgetürmten und zugleich zusammenrutschenden Scheiterhaufens, oder gar eines monumentalen Stillebens. Gerade aufgrund der durch die Verschiebung aus der Mittelachse bewirkten Distanzierung des Sardanapal könnte man annehmen, daß nicht er das gedankliche Zentrum bildet, sondern die Reichtümer des Lebens, von denen er Abschied nimmt. So würde Vanitas zum übergreifenden Thema des Bildes, und auf diese Weise die Grundidee des Stillebens als Bildgattung bestätigt.

Der Vergleich von Ölskizze und Gemälde, die im Maßstab 1:5 zueinander stehen, zeigt, daß Delacroix offensichtlich ganz bewußt seine erste, deutlicher in zwei Gruppen unterteilte Kompositionsidee im Gedanken an einen übergreifenden Sinnzusammenhang mit goldenen Objekten des Reichtums aufgefüllt hat. Als Beweis hierfür mögen in der endgültigen Fassung die drei »Stilleben« am unteren Bildrand dienen. Das größte in der Mitte ist einer goldenen Agraffe vergleichbar, in der sich die prunkvolle Dramatik des Bildes nochmals versammelt. Dabei wiederholen die beiden Schwertknäufe das zentrale Bildmotiv des Erstechens von Pferd und Frauen. Diese im Detail gewonnene Erfahrung des Betrachters läßt sich auf das gesamte Bildgefüge übertragen. Seine offenen Randzonen gewähren dem Blick Zugang von allen Seiten und lassen ihn in unterschiedliche Richtungen wandern – ganz im Gegensatz zu der eher didaktisch anmutenden Bildform klassisch-akademischer Tradition.

Diese Freiheit allerdings verlangt vom Betrachter eine Disponiertheit, sich mit seiner eigenen Vorstellungswelt in den Gestaltungsprozeß und dessen inhaltliche Botschaft einzulassen. Dabei entsteht jene aktive Beziehung – Interdependenz zwischen Kunstwerk und Betrachter – die Delacroix als »pont mystérieux« und als entscheidende Voraussetzung seines Schaffens bezeichnet hat.[23]

Besonders aufschlußreich für Delacroix' spezifische Fähigkeit, einen Bildgedanken während der Ausführung, quasi transitorisch, zu entwickeln, ist der Vergleich mit einer Zeichnung des Louvre.[24] Man sollte diese weniger als Entwurf im üblichen Sinn betrachten, sondern eher als einen Gestaltungsansatz erkennen, in dem in einem synchronen, linearen und zugleich malerischen Prozeß Figuren und Gegenstände allmählich – wie aus einem Strudel auftauchend – Form gewinnen. Eben diese Verbindung zeichnerischer Dynamik und einer mehr oder weniger deutlich artikulierten

Dingwelt, die sich einem größeren Gedankenzusammenhang unterordnet, findet sich auch bei den hier besprochenen, gleichzeitig entstandenen Randbemerkungen zu *Faust*.

Bei ihnen haben wir es mit einer Druckgraphik zu tun, die nicht mehr eindeutig für die Öffentlichkeit bestimmt, sondern vor allem künstlerisches Experiment ist. Die eigenwillige Leistung dieser frühen Lithographien Delacroix' ist nicht nur als eine druckgraphische Raffinesse zu bewerten, sondern als katalysatorisches Element in einem künstlerischen Prozeß. Aus dieser Komplexität gewinnt sie eine Autonomie, die die Rolle der Druckgraphik im 19. Jahrhundert auch für die Zukunft neu definiert.[25]

Die Sprache der Dinge: Stilleben und Geschichtsmalerei

Delacroix war kein Stillebenmaler im üblichen Sinn, aber seine vielschichtige, durchdringende Sicht der Welt, in der sich Großes im Kleinen und Kleines im Großen wiederfindet, in der Pracht und Vergänglichkeit, Leben und Tod eine enge Nachbarschaft pflegen, befähigte ihn von Zeit zu Zeit zu bedeutsamen Leistungen auf diesem Gebiet. Es mag nicht ohne Grund sein, daß Delacroix das große 1827 entstandene *Stilleben mit Hummern vor weitem Horizont* im gleichen Salon wie den *Tod des Sardanapal* ausstellte[26] und zwanzig Jahre später im Salon des Jahres 1849, unmittelbar nach der Revolution, anstelle eines von dem Maler der »*Liberté guidant le peuple*« (1830–1831) gerade zu diesem Zeitpunkt zu erwartenden Historienbildes zwei Blumenstilleben von großem Format präsentierte.[27]

Die schon im *Tod des Sardanapal* erkennbare Umschichtung oder Nivellierung der Bedeutungshierarchie der gemalten Dinge werden in Delacroix' späterem Werk weiterverfolgt. Bis zum Ende finden sich immer wieder Gemälde, in deren Vordergrund als Angelpunkte des Blicks Gegenstände auftauchen, einzeln oder als Stillleben arrangiert, die zunächst kompositorisch bedingt wirken, doch eine darüber hinausreichende Funktion besitzen. Sie kommentieren, verdichten und intensivieren die dargestellte Handlung, indem sie, die Zeit raffend, die Vorgeschichte andeuten, oder sich auf die psychische Befindlichkeit der handelnden Personen beziehen.

So suggeriert z. B. ein umgestürzter Krug in der linken unteren Bildecke, daß die Frau beim Wasserholen vom Tiger überrascht und rücklings angefallen wurde, sich also die Grausamkeit durch den Schrecken verdoppelt.[28] Bei einer Darstellung des Mörders Othello, der zum Lager der schlafenden Desdemona schleicht, liegt mit Bezug auf eine gleichnamige Oper Rossinis, die Delacroix gesehen hatte, im Vordergrund eine Harfe auf ihren Kleidern zum Hinweis auf das Lied, das sie zuvor unschuldig und ahnungslos gesungen hat.[29] Ein großer Stein vor einer Meerlandschaft mit Demosthenes läßt an dessen Übungen mit dem Kiesel denken, mit dem er seine Sprachhemmung zu überwinden suchte.[30] Ein Arrangement von Waffen und Rüstung erinnert im *Herbst* des Zyklus der *Vier Jahreszeiten* bei der Begegnung von Bacchus und Ariadne an Theseus, der diese zuvor verlassen hatte.[31] In einem vergleichbaren Sinn beschließt Delacroix seine späten Wandbilder in Saint Sulpice: Den *Kampf Jakobs mit dem Engel* durch ein zentral gesetztes Stilleben mit Kleidern, Hut, Feldflasche und Waffen. Jakob ist auf der Reise, kaum bekleidet, allein, schutzlos, wobei die Richtung der Lanze die Vehemenz seines Zusammenpralls mit dem Engel signalisiert. Analog erklärt auf der gegenüberliegenden Wand – unmittelbar über Datum und Signatur des Künstlers – eine Schatulle voller Geschmeide, die dem Betrachter entgegenzupurzeln scheint, den Grund für die *Austreibung Heliodors aus dem Tempel.*

Mit der ihm eigenen Fähigkeit, durch seine Malerei jedem Gegenstand eine ästhetische, emotionale und sinnstiftende Qualität zu verleihen, fand Delacroix – fern aller traditionellen Ikonographie – zu einer »Sprache der Dinge«, die im Sinn einer Metapher aktiven Anteil an der Gestaltung einer geistig verstandenen Bildwelt hat. Sie hat mit dazu beigetragen, daß Delacroix als entschiedener Gegenpart zum erzählenden Stil der deutschen Zeitgenossen eine Geschichtsmalerei entwickeln konnte, die für die Moderne ihre Gültigkeit behielt.

Der hier abgedruckte Text ist die erweiterte Fassung eines Referats, das ich im Juli 1999 im Rahmen eines Kolloquiums zum Thema *Druckgraphik* an der Universität München gehalten habe (Leitung Robert Stalla). Mein Dank gilt Jutta Schütt und Johanna Scherb, die mir als Kolleginnen an der Graphischen Sammlung im Frankfurter Städel bei der Redaktion kritische Gesprächspartner waren.

1 Vgl. Eckermann vom 29. November 1826 über Delacroix' *Faust* betreffende Bemerkung Goethes, in: *Johann Eckermann: Gespräche mit Goethe in den letzten Jahren seines Lebens* (hg. v. Christoph Michel et al.), Frankfurt am Main 1999, S. 180ff. Die beiden Lithographien waren *Auerbachs Keller* und *Faust und Mephisto auf dem Weg zum Rabenstein*. Die gründlichste und einfühlsamste Schilderung des Verhältnisses Goethes zu Delacroix in: Günther Busch*: Eugène Delacroix. Der Tod des Valentin*, Frankfurt am Main 1973, S. 49ff., insbes. S. 56f.

2 Zuletzt Norbert Miller u. Ursula Sinnreich, in: *Eugène Delacroix. Themen und Variationen, Arbeiten auf Papier* (hg. v. Margret Stuttmann) Ausstellungskatalog, Städtische Galerie im Städelschen Kunstinstitut, Frankfurt am Main 1987-1988, S. 46ff. und S. 56. Diese Ausstellung zeigte alle bekannten Probedrucke mit »Randbemerkungen« mit den ersten Hinweisen auf inhaltliche Korrespondenzen zu den jeweiligen Hauptszenen.

3 Vgl. Barthélémy Jobert: *Delacroix*, Paris 1997, insbes. Kap. II, S. 66ff. u. Kap. III, S. 92ff.; Peter Rautmann: *Eugène Delacroix*, München 1977, Kap. II, S. 52ff. u. Kap. III, S. 68ff.

4 Eine Studie zur Pariser Druckgraphik des ersten Drittels des 19. Jahrhunderts von Barthélémy Jobert, auch unter Einbeziehung der englischen Zeitgenossen, ist in Vorbereitung.

5 Die Kenntnis des Exemplars mit den Skizzen verdanke ich Barthélémy Jobert.

6 Loys Delteil: *Le Peintre-graveur illustré. Ingres – Delacroix*, Paris 1908, Nr. 59^{I}.

7 Delteil 1908 (wie Anm. 6), Nr. 66^{I}.

8 Im entsprechenden Wortsinn zitiert André Mellério eine Lithographie von Odilon Redon, in: id.: *Odilon Redon*: Paris 1913, Nr. 33.

9 André Joubin (Hg.): *Correspondance Générale d'Eugène Delacroix*, 5 Bde., Paris 1936–1938, Bd. I, S. 201f. (Oktober 1827) und S. 209 (Dezember 1827).

10 Delteil 1908 (wie Anm. 6), Nr. 67^{I}.

11 Ibid., Nr. 68^{I}.

12 Ibid., Nr. 72^{I}.

13 Ibid., Nr 55^{I}.

14 Loys Delteil: *Le Peintre-graveur illustré. Théodore Géricault*, Paris 1924, Nr. 95.

15 In dieser Figuration bereitet sich schon der »Himmlische Reiter« aus der *Vertreibung des Heliodor* (Paris, Saint Sulpice) vor.

16 Delteil 1908 (wie Anm. 6), Nr. 9^{I} und 11^{I}.

17 Beispielhaft für dieses Prinzip sind die Skizzenbücher aus Marokko, insbesondere die beiden im Département des Arts Graphiques du Louvre vgl. Maurice Sérullaz et al.: *Inventaire général des dessins. Ecole française. Dessins d'Eugène Delacroix*, Bd. 2, Paris 1984, Bd. II, Nr. 1755 (RF 39050) u. Nr. 1756 (RF 1712bis).

18 Zur Beurteilung des Verhältnisses von Delacroix zu Goya mit ergänzender Literatur vgl. Delacroix 1987-1988 (wie Anm. 2), S. 26.

19 Lee Johnson: *The Paintings of Eugène Delacroix. A Critical Catalogue,* Oxford 1981, 6 Bde., Oxford 1981-1989, Bd. 1 (1981), Nr. 105 (*Massaker von Chios*) u. Nr. 124 (*Tod des Sardanapal*).

[20] Jobert 1997 (wie Anm. 3), S. 72ff. und S. 80ff.

[21] Eine grundlegende Analyse des Gemäldes gibt Jack J. Spector: *The Death of Sardanapalus*, London 1974.

[22] *Eugène Delacroix: Journal 1822–1863* (hg. v. André Joubin), Paris 1980, S. 29 (8. Oktober 1822), S. 628 u. S. 630 (25. Januar 1857). An dieser Stelle sei auf die Arbeit von Michèle Hannoosh: *Painting and the »Journal« of Eugène Delacroix*, Princeton 1995, hingewiesen, die ebenso inspiriert wie konsequent die strukturelle Übereinstimmung von Delacroix' schriftlichen und malerischen Äußerungen nachweist.

[23] Sérullaz et al. 1984 (wie Anm. 17), Bd. I, Nr. 137 (RF 5274).

[24] Zu denken ist hier, bei aller Unterschiedlichkeit der äußeren Erscheinung, an die Druckgraphik von Edouard Manet und Odilon Redon.

[25] Johnson 1981–1989 (wie Anm. 19), Nr. 161.

[26] Ibid., Nr. 501 u. Nr. 502, die zu einer Gruppe von drei weiteren Beispielen gehören. Auf die Parallele von *Hummerstilleben* und *Sardanapal* macht auch James H. Rubin aufmerksam, in: *Manet's Silence and the Poetics of Bouquets*, London 1994, S. 203

[27] Johnson 1981–1989 (wie Anm. 19) Nr. 201 (Stuttgart, Staatsgalerie).

[28] Ibid. Nr. 291 (Ottawa, National Gallery of Canada).

[29] Ibid. Nr. 33c (Dublin, National Gallery of Ireland).

[30] Ibid. Nr. 250 (São Paolo. Museo de Arte).

[31] Zu den Wandmalereien in Saint Sulpice vgl. Jack J. Spector: *The Murals of Eugène Delacroix at Saint Sulpice*, New York 1967.

Innerlichkeit und Sinnlichkeit

Feuerbachs und Delacroix' ›Medea‹ im Vergleich

Ekkehard Mai

Medea als Thema der Kunst

Kaum jemandem ist der Mythos noch geläufig – Medea, die liebende Kindesmörderin an der Seite Jasons, des Führers der Argonauten. Sie ist Tragödin der Frühzeit Griechenlands und, dank Euripides und seiner Bühnenepigonen, ein Exempel für das Drama des Lebens.[1] Die Antike knüpfte an sie Zauber, Leidenschaft, Liebe und Verhängnis. Das Opfer höchsten Guts, der Kinder, in denen Jason und Medea sich verbanden, steht im Mittelpunkt. Heimat, Vater und Bruder hatte Medea um der Liebe zu Jason, dem Griechen, schon zuvor in Kolchis am Schwarzen Meer verloren. Jason errang durch sie das Goldene Vlies, rettete mit ihr seinen Vater vor frühem Tod und bezwang mit ihren Zauberkünsten Pelias, seinen Onkel, der sich der Herrschaft seiner Stammheimat widerrechtlich bemächtigt hatte. Stets war es Medea, die Jason, dem Helden des Schiffes Argo, zu dessen Besatzung auch Herakles, Peleus und Telamon zählten, durch List, Verrat und Mord – aus Liebe – den Triumpf ermöglichte. Sie folgte Jason nach Griechenland, gebar ihm zwei Kinder und wurde doch verstoßen. Jason, der seines Vaters Thron nicht erringen konnte, verband sich mit Kreusa, der Tochter Kreons, des Königs von Korinth. Der nichtgriechischen »Barbarin«, der Zauberin Medea, deren Ruf seit ihren Taten zu fürchten war, zog er die Unschuld eines reinen Mädchens vor. Medeas schmerzgeborene Rache war freilich fürchterlich: Sie vernichtete nicht nur Kreon und Kreusa, sie legte aus Verzweiflung auch Hand an ihre Kinder.

Das ist der Stoff, mit dem eine schicksalhafte Fügung nicht nur in der Literatur, auf dem Theater und in der Musik, sondern auch in der Bildenden Kunst mehrfach zur großen Form gefunden hat (Abb. 1-2).[2] Eine Urtypik menschlichen Konflikts zwischen Mann und Frau, die je für sich zum Täter und zum Opfer wurden, stand und steht fol-

1 Anselm Feuerbach: *Abschied der Medea*, 1870, München, Bayerische Staatsgemäldesammlungen

genreich für das Verhältnis von Strafe und Entsetzen, für Schuld und Sühne ein. Beides fand nicht etwa in Jason, sondern in Medea ausdrücklich eine konkrete und zugleich allgemeintypische, damit nahezu allegorische Gestalt. Eine Frau, in den Bildenden Künsten seit jeher Typus der Personifikation abstrakter Werte wie u. a. Eintracht und Frieden, aber auch Melancholie und Krieg, gibt mithin die Heldin, gibt als einzelne Figur eine höchst komplexe Geschichte ab. Es ist eine Geschichte einerseits gewaltvoller Handlung und andererseits ruhiger Besinnung vor und nach der Tat. Actio und Passio sind miteinander gedankenreich verknüpft. Medea – ist sie also ein Handlungs- oder Reflexionsmodell, ein In- und Sinnbild von Not und Fluch der Tat? Es kommt nicht von ungefähr, daß zwei der größten, einander ebenso gegensätzlichen wie letztlich einander aber auch verwandten Künstler sich ihrer angenommen haben: Delacroix und Feuerbach. *Die rasende Medea* des Franzosen von 1838 war sein erstes Mythos-Bild, war sogleich von Erfolg gekrönt und blieb seine einzige Fassung dieses Stoffs. Passion, Affekt und Emotion reißen hier den Betrachter mit.[3] Die *Medeen* des Deutschen, die eine ganze Generation später nach 1866-1868 vierfach Gestalt annahmen, entstanden im Kontext von einem ganzen Mythenkranz, der *Iphigenie*, des *Paris-Urteils*, von *Orpheus und Eurydike*, des *Gastmahls des Platon* und der *Amazonenschlacht*.[4] Sie stießen zeitgenössisch auf Befremden

2 Eugène Delacroix: *Rasende Medea*, 1838, Lille, Musée des Beaux-Arts

bei Kritik und Publikum. Heute hingegen stellen sie sein bildhaft wichtigstes Vermächtnis dar. Sie stehen ganz im Gegensatz zu Delacroix' Figuren von »edler Einfalt und stiller Größe« im Pathos der Beherrschung. Delacroix feierte 1998 seinen 200. Feuerbach 1999 den 170. Geburtstag – Anlaß, beider Sicht auf die vergessene Tragödin der Antike zu vergleichen.[5] Beide waren Künstler aus Leidenschaft, »hommes des lettres«, von Tradition geprägt und doch – auch Feuerbach – in ihrer bedingungslosen Subjektivität »Moderne«, die an ihrer Zeit leidvoll Anteil nahmen und dafür Stoff und Form gefunden haben. Wofür steht letztlich, zeitgebunden, die *Medea* hier wie dort? Romantiker jener, Klassizist dieser – so sagen kunsthistorische Klischees. Doch ganz so einfach ist es nicht.

Wie für die meisten deutschen Künstler vom Beginn und um die Mitte des 19. Jahrhunderts waren zwei Zentren ausschlaggebend für Biographie und Werk des Deutschen – Rom und Paris. Was die Sehnsucht nach Italien, dem klassischen Land, an Geschichte und Natur versprach, das versprach Paris durch Bildung und öffentliches Kunsturteil. »Die Stadt der ewigen Jugend«, so schrieb er später im *Vermächtnis*, wurde nach Düsseldorf, München und Antwerpen für ihn zu einem Ort der inneren Befreiung und erster künstlerischer Bekenntnisse in einem neuen hochgemuten Stil. Feuerbach war ständig ›enjoué‹ – »war es doch die Zeit eines Troyon, Rousseau, Delacroix, Decamps, eine Zeit der echten Kunstblüte, deren kräftige Luft wir atmeten«.[6] Wie so viele begann er im Louvre – mit Kopien, um Komposition und Technik auszuloten: Rembrandt und Veronese, Tizian und Ribera, Raffael, Murillo und schließlich die Franzosen der eigenen Zeit. Zwei hatten es ihm hier besonders angetan, Courbet und Couture, weniger Delacroix, den er gleichwohl erwähnt. Ersteren beiden hing er auch aus sentimentalen, selbstbezogenen Gründen an. Sie waren lange verkannt und erlangten erst nach dunklen Jahren voller Hohn und Armut den ersten Lorbeer ihres Ruhms.[7] Feuerbach, Mitte Zwanzig, sah hier das eigene Los, das durch Eitelkeit und höchstes Streben von Jugend an mit Verletzlichkeit und Haltung »à rebours« dem Zeitgeist zu entfliehen suchte. Feuerbach verwirft die Deutschen von Bendemann bis Kaulbach, sieht nunmehr das wahre Mekka seiner Kunst in Formkultur, Thema und auch Technik: »Paris hat großartige Einflüsse, ich empfinde all die Ungeschicklichkeit des vorigen – ich male jetzt mit ganz wenig, aber transparenten Farben, wie ich es bei den besseren Franzosen und Gallait gefunden.«[8] Dennoch: Nicht Courbet, geschweige denn Delacroix wird ihm zum eigentlichen Ziel, es ist Couture, der, ihm wahlverwandt, zu seinem Lehrer wurde. Dorthin will er »unbedingt«, wie er der Mutter schrieb. Wahlverwandt war ihm Couture nicht nur im Empfinden, in der Unerfülltheit und im Ringen um höchste zeitgemäße Kunst, auch die Themen und die Technik wußte er alsbald im schülerreichen Atelier für sich zu nutzen. Der *Hafis in der Schänke* wurde ebenso Beleg dafür wie die *Römer der Verfallszeit*, Coutures Erfolgsbild von 1845–1847, worin er das Vermächtnis der Antike in eine »allegorie réelle« verwandelt fand – Gleichnis der Moderne als pure Willenskunst, die auf Größe, Form und das Allgemeinkonkrete der Geschichte setzte. Mehr noch, Couture lehrte ihn, die Form im Kolorit zu bändigen: »Nicht genug danken kann ich dem Meister, welcher mich von der deutschen Spitzpinselei zu breiter, pastoser Behandlung, von der akademischen Schablonenkomposition zu großer Anschauung und Auffassung führte.«[9] Couture, zu dem er später kritische Distanz bezog, und Paris sorgten für den »Wendepunkt meines Künstlerlebens«.[10] Anders als Delacroix war Couture ein Mann gebrochener Empfindsamkeit, der einerseits romantische Verklärung und melancholische Disposition in historischen Stoffen zu seinem Thema machte, andererseits die Versöhnung mit den Stoffen der Moderne suchte. Albert Boime nannte ihn zurecht einen Maler des »juste milieu«, der den Ausgleich zwischen der »grande peinture« der Vergangenheit und den Ansprüchen der Gegenwart suchte.[11] Der Wahlspruch seiner Privatschule zur Neubegründung einer Ecole Nationale dürfte auch Delacroix, dem Älteren, gefallen haben: »[...] apprendre à reproduire d'une facon noble et elevée les merveilles de la nature, et surtout la nature et des idées de notre temps.«[12] Dieses gebrochene romantische Empfinden aus Reibung an der Zeit, versehen mit dem Anspruch auf höchste Kunst, die sich durch ihre eigene Geschichte als »meisterhaft« verstand, war es letztlich, die neben praktischen Erwägungen Feuerbach in die Schule des Älteren treten ließ. Form, Kolorit und Sentiment, die Antike als ewiggültiges Zeitverständnis, eben als Allegorie und Analogie zur Wirklichkeit, das war es, was auch den bildungs- und haltungsbemühten Feuerbach bewegte. Mehrfach ist ein Vergleich gegeben – in Porträt, Landschaft, historischen Sujets und nicht zuletzt im maltechnischen Bereich, von der Skizze, der »ébauche«, bis zur Perfektion final geschlossener Form. Gerade in letzterem unterscheidet sich Couture von Delacroix, der innere Bewegtheit durch äußere Bewegung, durch die Dramatik seiner Stoffe und den Ausdruck farbiger Materie zur Sprache brachte. Farbe und/oder Form – anfangs durchaus schwankend, entschied sich Feuerbachs naturgegebene Intention in der Folgezeit für letzteres.

Das In- und Sinnbild höchsten Strebens fand Feuerbach in Rom, einem neuerlichen Wendepunkt seit 1856: »Rom war mein Schicksal«, formulierte er, es brachte ihm Reife und Vollendung nach Aufenthalten in Venedig und Florenz.[13] Rom, das hieß Bildung, Ideal und große Kunst: vom Apoll von Belvedere, dem des Vaters ehrgeiziges Buch in den Kindesjahren des Malers gewidmet war, über die Sistina bis Raffael. So widmete Feuerbach sich bald der Verklärung eines Menschenschlags, den ihm die Natur selbst auf den Straßen Roms als plastisches Modell lieferte. Römische Straßenjungen und herbe, stolze Frauen, die an seiner Seite lebten, erst (N)Anna Risi (bis 1865) und dann, seit 1866, Lucia Brunacci lieferten ihm die rechten Posen für die Gedankenbilder seiner Kunst. »Rom: Bei diesem Namen hört alles Träumen auf, da fängt die Selbsterkenntnis an, und Rom, die alte Zauberin, weist einem jeglichen Menschenkind *seinen* Platz an«.[14] »Der Ernst, der hier weht [...]« verhalf Feuerbach zur großen Form, zu Existenzbildern »edler Einfalt und stiller Größe«, die er naturnah dennoch in Stoffen der Antike suchte, außer im *Paris* und im *Gastmahl* in *Iphigenie* (Abb. 3) und *Medea*.[15] Äußere, aber vor allem innere Anlässe führten ihn diesen hehren Schicksalsfrauen zu, die zu Formchiffren seines Schaffens wurden. Sie verkörpern den Typus der monumentalen einfigurigen Historie, deren Handeln nicht in der äußeren Bewegung, sondern in der inneren Bewegtheit liegt.[16] Sie verkörpern Sehnsuchtsfiguren und seelische Befindlichkeit, die weniger das Geschehen als das Sinnen und Trachten danach, mithin Besinnung zum Thema haben. Sie verkörpern seelische Konfliktfiguren, zu deren Wahl ihm ureigene Empfindungen verhalfen, die er in sie zu projizieren wußte. An ihnen bildete er das Allgemeine im Konkreten aus, wurde er gleichermaßen typisch wie persönlich. Für sie gilt in besonderem Maße: »[...] und was ich nicht fühlte, habe ich nicht gemalt«.[17] Das allzu ortlose Gefühl, die vermittelnde Stimmung zum Betrachter, der aufgerufen war, durch subjektive Reaktion sich auf den Maler einzulassen, wurde freilich durch Formzwang in objektive Pflicht genommen. Im Vermächtnis bekennt er denn auch verwundert und mit resignativem Stolz: »Wie kommt es doch, daß meine Bilder so fest und unberührbar dastehen und ich bin wie ein schwankendes Rohr?«[18] Die Psychologie hätte sicher

3 Anselm Feuerbach: *Iphigenie*, 1870, Stuttgart, Staatsgalerie

eine Antwort parat: Hier war einer um Fassung und Haltung bemüht, in dessen Folge Konzentration, Isolation und gerade darum Mitteilsamkeit und Leidensdruck mentalen Sinn und bildhafte Form gestalten halfen. Es geschah dies vor allem in der einzelfigurigen Historie, die seit dem 18. Jahrhundert spätestens das Reflexionsmoment, das Sinnen, Verharren, das In-sich-Versunkensein zur modernen Metapher sozialer Einsamkeit und empfindsam brüchiger Innerlichkeit erhoben hatte. Nicht umsonst war im Zeitalter der Empfindsamkeit – und des Klassizismus! – das Verlassenheitsmuster der Ariadne (Abb. 4), Penelope, Dido und Calypso, der Cornelia, Eurydike und Sappho, der Griseldis oder Abra und anderer Tugendfrauen vom Geschlecht der »femmes fortes« moralisch sanktioniert.[19] Das Feminine wurde so männlich akzeptabel, mehr noch, es forderte durch den Gegensatz der »passio« und des Passiven zu tätiger Anteilnahme des Betrachters auf. Das Bilddenken Feuer-

4 Angelika Kauffmann: *Ariadne*, um 1780, Dresden, Staatliche Kunstsammlungen

bachs konnte gerade in Rom bewußt, durch formale Vorbilder, und unbewußt, infolge eigener Psyche, davon profitieren.

Seine *Iphigenie* von 1862, heute in Darmstadt, war nicht seine erste Sinnende als Sinnfigur. Herbert von Einem sprach von ihr als einem Sehnsuchtsbild, »Sehnsucht als menschliches Urgefühl, als Sehnsucht nach etwas, das man vermißt oder begehrt [...]« Sehnsucht nach einem höheren menschlichen Dasein, das man voll Trauer in der Antike als endgültig vergangen aufgehoben sah.[20]

Feuerbach hatte dafür schon vorher die Frauenfigur der *Italia*, die er dann in *Poesie* umtaufte, eingesetzt, eine Stehende mit Violine (Karlsruhe, Staatliche Kunsthalle).[21] *Iphigenie* hingegen – auch hier gab es parallel eine stehende Version, die er später in der Stuttgarter Fassung erneuerte –, sitzt, denn, so Feuerbach selbst: »Der Gefühlszustand, welchen wir Sehnsucht nennen, bedarf körperlicher Ruhe«.[22] Auf einer Felsenbank am Meer blickt sie nahezu bildhoch und überlebensgroß abgewandt in die Ferne des wellenglatten blauen Horizonts. Fast wird der zarte Streifen über weißem Dunst nicht sichtbar – Ruhe, Weite, unendliche Gefilde wirken durch die Nuance stärker als durch breite Schilderung des Elements. Die antike Gewandfigur ist völlig in sich selbst verhüllt. Im ikonographisch bewährten Gestus der Melancholie hat sie das Kinn in ihre linke Hand gestützt. Äußere als innere Betrachtung, Fels, Meer, Größe im Vordergrund, die wie eine Barriere wirkten, und dann die auf Kopfhöhe freigesetzte Freiheit des Gedankens, der in die Weite schweift – sinnfälliger hätte Feuerbach seine eigenen Gefühle nicht in bildhafte Sprache fassen können.

Schon die erste Bildidee im Brief vom 17. Mai 1858 erwähnte »neben ihr zwei Frauen, zu ihren Füßen zwei Kinder, wovon eines die antike Doppelflöte bläst«.[23] Diese Motive, das Musikalische und das Kindliche, hatten es ihm angetan, denn parallel dazu entstand das *Kinderständchen* von 1858, das sich heute in Leipzig findet. Badende, balgende und musizierende Kinder wurden sogar ein Lieblingsstoff.[24] Der Mutterliebe, die er selbst von der Stiefmutter im Zeichen des persönlichen Verzichts über den Tod hinaus erfuhr, setzte er immer wieder gemalte Monumente: im *Familienidyll* gleichsam als Teil der »himmlischen Liebe« Tizians der Villa Borghese, aber auch in madonnenhafter Fassung von *Mutter mit Kind*. Das römische Leben selbst, Nanna und die Buben von der Straße, gaben ihm naturhaft dazu die Modelle vor.

Die Natur, das Leben und – wie bei Goethes *Iphigenie* – das Theater lieferten nun auch die Anregungen für die *Medea*-Folge, die im Kontext des Sehnsuchtsthemas der Iphigenie einzuordnen ist: Medea, die andere Iphigenie, die ebenfalls für Verlassenheit, Verlorenheit und Trauer steht. Wie immer durchdringen sich auch hier äußerliche und innere Motive. Da war das blickberauschende Erlebnis der Küste von Amalfi und Porto d'Anzios seit Juli 1861. Zwei Nächte und einen Tag hat Feuerbach das Meer studiert: »Die Ufer sind ganz homerisch. In der Ferne der Circefelsen und in der Nähe, die Grotten vom Meere bespült, wo der Apoll gefunden ist«.[25] Er hielt sie in selbständigen Skizzen fest und nahm sie außer für die *Medea* auch für das Mutter-Kind-Idyll zum Hintergrund, das diese *Am Strand* der Sammlung Schäfer und des Kunstmuseums Basel zeigt (1867–1870).[26] Im Baseler Bild ist die hoheitsvolle Gestalt der Lucia Brunacci als Rückenfigur dargestellt, den Blick auf den kauernden Knabenputto zu ihren Füßen gewendet, eine seiner schönsten Ergebnisse der Verbindung von Küste, Mensch und Meer. Sie wirkt wie ein Ausschnitt aus einer Ölskizze im Breslauer Museum, deren unvollendete Fassung heute verloren ist, dem *Abschied der Medea* der Nationalgalerie Berlin von 1867.[27] Dort sind Mutter und Kind eingebunden in ein Querformat, das Bucht und Meer zur Raumentfaltung nutzt, Ruderknechte schieben ein Boot vom Strand – das Boot der Verdammnis durch Kreon, der sie des Landes verwies. Links hinter ihr sitzt die Amme ihrer Kinder - kleinfigurig als in sich versunkene Melancholiefigur - auf einem Felsen. Und wie Goethe seit Feuerbachs Kindheitstagen die Iphigenie für dessen Gestimmtheit bereit hielt, so war es wohl auch mit dem Stoff des Euripides. Die *Medea* war nicht nur ein ihm vermutlich vertrauter Opernstoff Luigi Cherubinis; er selbst berichtet vom Eindruck einer Aufführung der Medea als Tragödie nach Ernest Legouvé, in der die Schauspielerin Adelaide Ristori die Titelheldin spielte: »Ristori in Medea hat mir zum ersten Male hier einen Genuß bereitet, ich glaubte, endlich einmal einen verwandten Geist zu sehen«.[28] Legouvé ist es auch, der Kreons Verbannung der Medea und deren Bitte um einen Tag Aufschub mit der Bereitstellung eines Boots verknüpft, »beladen mit Gold, welches sie in der Morgendämmerung des nächsten Tages davontragen möge«.[29]

Eben dies wird zur Iphigenie-Medea-Szene des Münchner Bildes von 1870. Diesmal wird der Felsvorsprung im Meer zur Folie für eine eher überlebensgroß den kompletten linken Bildrand einnehmende Medea. Das Haupt der Sitzenden schließt mit dem Bildrand ab. Die breit hingelagerte Figur, den Oberkörper zurückgelehnt, scheint dem Fels des Strandes angepaßt. Majestätisch die Ruhe, ruhig und liebend der Blick, den sie auf den nackten Knaben an ihrer von einer weißen Bluse verhüllten Brust mit der Linken hält, die Rechte hingegen umfaßt den älteren stehenden Jungen, der seinerseits mit dem rechten Arm nach dem Bruder faßt. Medea erscheint hier wie eine Caritas Romana mit Kindern. Sie bilden nach Blick und Gestus ein in sich geschlossenes Oval als Ausdruck inniger Verbundenheit. Lucia Brunacci lieh auch hier ihr weiches Profil mit geknotetem und perlengesäumtem Haar einer der Antike nachempfundenen Gewandfigur. Gänzlich verhüllt und diesmal vor ihr und zur Seite findet sich die Amme – ein einziges Symbol der Trauer. Dichter herangerückt als vorher, wuchtiger, monumentaler und ganz als Ausdruck bewegender Kraft erscheinen diesmal die Ruderknechte, die das Boot ins Wasser schieben. Der Gegensatz von Ruhe und Aufbruch allein vermittelt die Spannung des Thems, denn noch ist nichts von der grausamen Tat des Kinderopfers angemerkt. Feuerbach vermeidet dies. Fest und flächig sind die Farben gesetzt, um dennoch plastische Tiefe zu entwickeln. Wie die Iphigenie ist auch die Medea »ein mächtiges Bild« von »ergreifender Wirkung«, in dem sich das Typische vollendet.[30] Allgeyer bringt es auf den Punkt: »und er nennt, was seiner eigenen Kunst innewohnt: die ruhende Leidenschaft«.[31]

Aquarelle und farbige Kreidezeichnungen mit Medea in unterschiedlichen Stadien vor und dann auch nach dem Mord hat Marianne Arndt untersucht.[32] Die stehende Medea mit dem Dolch in der Hand und einem bereits toten Kind führt dann schließlich auch zur Medea sitzend und nach rechts gewandt von 1871 (Mannheim, Städtische Kunsthalle. Nächst verwandt der Stuttgarter Iphigenie ist Medea noch näher an den Betrachter herangerückt. Schlaff hängt ihr Arm herab, der Dolch ist der Hand entglitten, trauernd umschlingt ihr rechter Arm das Haupt. Das Meer im Mondschein erscheint oben rechts nur mehr als minimaler Horizont mit Felsen. »Sehr erschütternd« bemerkte er in einem Brief dazu (1871).[33] Ihre Kinder tauchen hier ebensowenig auf wie in einer weiteren und letzten Fassung, der *Medea an der Urne* von 1873, die sich als Pendant dazu heute in Wien befindet.[34]

Und Delacroix?

»Ruhende Leidenschaft« – dergleichen läßt sich kaum von der *Medea* des Franzosen sagen. »Dramatische Wucht« – eine Formulierung Feuerbachs für sein Münchner Bild – träfe wohl eher zu. Mehr noch: Schaurig schön, leidenschaftlich bewegt, halbentblößt, die fast nackten Knaben in unziemlicher Haltung auf dem Schoß, blickt Medea in einer Meeresgrotte zurück nach draußen, den Blick verschattet und den Mund geöffnet. »Inbrunst« und »beinahe fleischliche Präsenz« schrieben die Kritiker dem Bilde zu und lobten Energie und dramatische Ausdruckskraft.[35] Man hat das Bild die *Rasende Medea* genannt – eine halb Wahnsinnige, eine Verfolgte, die ihre Kinder an sich reißt und fast irren Blicks in Erwartung Jasons ist. Wie eine Löwin ihre Jungen umschlingt sie ihre Kinder.

Der Verfolger als konkrete Gefahr ist bewußt unterschlagen. Die Zuspitzung, die Peripetie des Moments ist ausschlaggebend für die »compassio« des Betrachters, ein durchaus antikes Inszenierungsmittel. Gerade die Unbestimmtheit sorgt für Spannung und Erwartung, mischt Angst in nachfolgendes Entsetzen, wenn man um den Ausgang der Geschichte weiß.

So ungewöhnlich wie das Motiv der Grotte, das lediglich in der Tragödienfassung von Corneille Erwähnung findet, ist auch Medeas Auftritt mit entblößten Brüsten, was sinnlichen Eros mit Schaudern mischen läßt. Medea tritt als michelangeleske Heroine auf. Obwohl sie den romantischen Schauder seines Monumentalepos vom *Tod des Sardanapal* inmitten eines auf Aktdarstellung angelegten Harems anklingen läßt, reiht sie Delacroix eher in das Geschlecht seiner allegorischen Frauen wie *Griechenland trauert auf den Ruinen von Missolunghi* und der *Freiheit auf den Barrikaden* ein. Den Typus und Topos der Mutter mit Kind hatte er nicht nur in einem Frühwerk der *Jungfrau der Ernte* nach Raffael erstmals konzipiert. Raffael in Form von Marc Antonio Raimondis Stich nach dem *Bethlehemitischen Kindermord* gab auch hier motivisch die Quelle ab, wie schon Johnson nachgewiesen hat.[36] Darüber hinaus hat man mit Recht auf den *Ganymed* Rembrandts und auf den Amor in Correggios *Venus, Satyr und Amor* im Louvre als Motiv für die Kinder der Medea hingewiesen.[37] Ferner hat Delacroix die Gestalteinheit von Flucht und Schutz auch in einer männlichen Variante motivisch vorgeprägt: in verwandter Haltung ist im *Massaker von Chios* links ein Vater mit seinen Kindern dargestellt, während um ihn her Tod und Gemetzel wüten. Zeichnungen und Ölskizzen, mal mit der bekleideten, mal mit der entblößten Medea, bereiteten die endgültige Fassung vor. Wie bei Feuerbach sind nun auch die Frauen Delacroix' zeitgemäße Allegorien der Wirklichkeit. Sie sind Ausdruck einer Projektion von Sentiment, von Schicksal, Schuld und Sühne. Mehr noch: Zu fragen wäre, ob nicht das latent positive Verständnis von Medea einen Wertewandel im Rollenbild der Frau und damit deren Emanzipation ankündigt. Die leidende und böse wird zur wehrhaften und guten Frau hier wie dort.[38] Die Ambivalenz der Haltung, die auch die des Betrachters wird, ist der Medea des Franzosen wie des Deutschen eingeschrieben. Wenn so zum einen die Ikonographie der guten und schlechten Mutter, das Thema der nährenden Caritas und der »mère mauvaise« den traditionellen Hintergrund abgibt, mithin Diderots moralisches Jahrhundert, so ist dies für beide freilich nicht mehr als nur ein Ausgangspunkt. Carle van Loos *Medea* von 1759 war eher zahm, und als Tugendbild erfuhr sie in den Cornelien des Neoklassizismus ihr pädagogisches Pendant.[39] Die Frauen Delacroix' lassen diese Phase hinter sich. Ihr romantischer Elan erneuert Pathos und Emphase aus subjektiven Gründen. Mehr noch, sie avancierten zum In- und Sinnbild eines Zeitgefühls, das Subjektivität in Objektivität verwandelte.

Nimmt man sein Tagebuch zur Hand, so wird persönliche Leidenschaft ebenso evident wie die geradezu emotional geführte Auseinandersetzung mit den Lehrmeistern des Louvre. Natürlich gedachte er Michelangelos, »der großen und ernsten Ideen von Schönheit, die der Seele Nahrung geben«,[40] und ebenso verschmolzen bei ihm hinsichtlich der Passion die Gattungen Musik, Malerei und Poesie, geriet ihm die Lektüre Dantes zu einer Quelle unbändiger Vielfalt der Schilderung vom Drama des Lebens mit seinen guten und bösen Leidenschaften. Zum selben Zeitpunkt, da ihn Medea vermutlich erstmals heftig beschäftigte, zeigte er sich vom *Moses* Michelangelos beeindruckt. Dante und Michelangelo – beide waren für ihn Vertreter des Sublimen in der Kunst. Die Zeichnung nach dem *Moses* hat sich in Lille erhalten. Die Grundfiguration für die *Medea* spricht sich darin ebenso aus, wie die bereits erwähnte Marienmutter- und Caritas-Thematik für die formale und auch inhaltliche Invention Pate stand. Zurecht wurde auf Andrea del Sartos *Caritas* von 1518 im Louvre verwiesen.[41] Die emotionale Bewegtheit ließ ihn freilich das Pathos steigern und eigene Affinitäten zum Erlebnisthema »Frau« bewältigen.[42] Therapeutische Heftigkeit der Formulierung führt zur Katharsis – wie schon das Theater der Griechen lehrte, eben auch die *Medea* des Euripides. Die Affektbeschreibung als Affektlösung war ein altbewährtes Mittel auch bei den »modi«, »moti« und »passiones« in der Kunst. Die neuzeitliche Genese der »espressiones« mit ihrer antiken theatralisch-rhetorischen Herkunft war von Leonardo über Lomazzo bis Poussin und Le Brun ein romanisches, vor allem in Frankreich über Roger de Piles an das 18. Jahrhundert und damit auch an Delacroix vermitteltes Erbe.[43] Delacroix hatte nicht umsonst Rubens, den Helden de Piles', zu seinem großen Vorbild erkoren. Guido Reni, dessen affektgeladene Bildrhetorik in Blick, Gestus und Körperhaltung in ihm einen »anderen Raffael« gerade auch im 18. Jahrhundert erkennen ließ, war gleichfalls ein Meister, zu dem er sich bekannte.[44] Die dort gezeigten »affetti« dienten ihm im Gesamtcharakter eines Bildes zur Realisierung der »effetti«, der Wirkung eines Bildes, das sich an die »compassio« des Betrachters wandte. Auf den Effekt kam es ihm an, die »energische Bewegung« und auf das »passionierte Sehen eines Gegenstandes«.[45] Es ist auffällig, wie ihn Theater und Musik zu seinen Themen inspirierten und die Vertrautheit mit der Literatur für szenischen Erzählstoff sorgten. Er selbst setzte die »passions de l'âme« bei seinem *Massaker von Chios* in der Beschreibung der Frau im Vordergrund in Worte um. Sie könnten auch für die *Medea* passen:

> »Oh Lächeln des Sterbens. Der Blick mit dem Auge der Mutter! Umarmung der Verzweiflung, kostbare Domäne der Malerei! Macht des Schweigens, das zuerst zu den Augen spricht und für sich selbst und erst dadurch alle Möglichkeiten der Seele ausschöpft. Dort liegt der Geist, die wahre Schönheit, die dir, Malerei, angemessen ist«[46]

»Femme héroique« – die moderne Frau

Wenn man in Frankreich zu Zeiten Delacroix' von der deutschen als einer metaphysisch bestimmten Malerei gesprochen hat – so erfüllte Feuerbach dieses Kriterium wohl mit Sicherheit. Dabei fühlte er sich des Deutschen stets überdrüssig und verwarf es sogar, wählte wie Delacroix Tizian und Rubens zu seinen Meistern. Seine *Medea* war die Medea eines Deutschen: »Ein Deutscher von echt deutscher Art« schrieb Uhde-Bernays, der es wissen mußte.[47] Feuerbach brachte das Innerliche stets mehr als das Äußerliche zur Sprache, gerade wo er im Äußeren oft zu erstarren schien. Dennoch gibt es mehr Verbindendes als Trennendes zwischen dem Franzosen und dem Deutschen. Die *Medea* bringt es an den Tag: Die expressive Leidenschaft bei Delacroix wird zur leidenden Ruhe bei Feuerbach, die vehemente »actio« zur stillgestellten »passio«, das allzu Sinnliche des einen zum allzu Besinnlichen des anderen. Beiden diente die Natur als Inspiration, wurden zumal Frauen die Modelle für eigenes und zeitgemäßes Fühlen. Bei beiden verkörperten nicht nur die Medeen damit das, was Feuerbach unter wahrer, historischer Kunst verstand: Historie wurde zur Kunst und Kunst zur Historie. Baudelaire brachte das moderne Frauenbild, die »femme forte« auf dem Weg zur »femme fatale« 1855 anläßlich einer Werkschau auf der Pariser Weltausstellung auf den Punkt: Für ihn war Delacroix »derjenige unter den Künstlern, der am besten gerüstet war, das moderne Weib darzustellen, darüber hinaus, das moderne Weib in seiner heroischen Gestalt, sei sie nun die göttliche oder die teuflische Deutung des Wortes«.[48]

[1] Vgl. hierzu die einschlägigen Lexikonartikel wie z. B. Herbert Hunger: *Lexikon der griechischen und römischen Mythologie*, Reinbek bei Hamburg 1974, S. 244ff.; *Mythologie*, in: *dtv-Lexikon der Antike: Religion*, Bd. 2, München 1970, S. 85; *Kindlers Literatur Lexikon*, Bd.15, München 1974, S. 6132 ff.; *Der kleine Pauly*, Bd. 3, München 1979, S. 1126 f.; H. Krauss u. E. Uthemann: *Was Bilder erzählen. Die klassischen Geschichten aus Antike und Christentum*, München 1987, S. 80ff.; *Lexicon Iconographicum Mythologiae Classicae*, Bd. VI/2, Zürich u. München 1992, S. 396ff. (Kommentar).

[2] Andor Pigler: *Barockthemen*, Bd. 2, Budapest 1974, S. 170ff.; die höchst nützliche und interpretationsreiche Kölner Dissertation von Ekaterini Kepetzis: *Medea in der Bildenden Kunst vom Mittelalter zur Neuzeit*, Frankfurt am Main 1997, kam mir erst nach Abfassung zur Kenntnis.

[3] Vgl. hierzu Lee Johnson: *The Paintings of Eugène Delacroix. A Critical Catalogue*, 6 Bde., Oxford 1981-1989, Bd. 3 (1986), Nr. 261, 333, 343 u. 344; René Huyghe: *Delacroix*, München 1967, S. 334 u. S. 339; *Eugène Delacroix. Themen und Variationen. Arbeiten auf Papier.* (hg. v. Margret Stuttmann), Ausstellungskatalog Städtische Galerie im Städelschen Kunstinstitut Frankfurt am Main 1986-1987, S. 156.

[4] Im Rahmen der umfangreichen Feuerbach-Literatur sei hier bezugnehmend lediglich verwiesen auf Julius Allgeyer: *Anselm Feuerbach*, 2 Bde., Berlin u. Stuttgart 1904; Marianne Arndt: *Die Zeichnungen Anselm Feuerbachs. Studien zur Bildentwicklung*, Phil. Diss., Bonn 1968, S. 36ff.; Jürgen Ecker: *Anselm Feuerbach. Leben und Werk*, München 1991, Kat. Nr. 435, 464, 481 u. 490.

[5] Vgl. hierzu das Dossier *Medée de E. Delacroix* anläßlich der monographischen Ausstellung im Musée des Beaux-Arts, Lille, 1999, durch den Service pédagogique und Barbara Bréjon de Lavergnée. Vorliegender Beitrag ist die erweitere Fassung eines Vortrags aus Anlaß dieser Ausstellung und auf Einladung des mitveranstaltenden Goethe-Instituts in Lille.

[6] H. Feuerbach (Hg.): *Ein Vermächtnis von Anselm Feuerbach*, Berlin 1912, S. 60. Ich greife zurück auf einen eigenen Beitrag: *Verlust des Ideals oder die Verlorenheit der Illusion. Zum Spätwerk Anselm Feuerbachs*, in: *Das Münster* 4/1996, S. 289ff.

[7] Siehe hierzu Albert Boime: *Thomas Couture and the Eclectic Vision*, New Haven u. London 1980; vgl. auch *Anselm Feuerbachs Briefe an seine Mutter*, (hg. v. Guido Josef Kern u. Hermann Uhde-Bernays), Bd. 1, Berlin 1911, S. 290: »Couture ist erst aus der dunklen Armut vor zehn Jahren herausgezogen wor-

den, verkannt, lieblos behandelt, jetzt ist er der Führer der neuen Richtung«, sowie: Feuerbach (wie Anm. 6) 1912, S. 70: »Couture und Courbet sind aus langer Dunkelheit vor wenigen Jahren erst aufgestiegen«. Zu Courbet vgl. Klaus Herding (Hg): *Erlöser und Scharlatan, Zerstörer und Märtyrer. Zur Rolle Courbets*, in: *Realismus als Widerspruch. Die Wirklichkeit in Courbets Malerei*, Frankfurt am Main 1978, S. 12ff.

8 Anselm Feuerbachs Briefe an seine Mutter, 1911 (wie Anm. 7), Bd. I, S. 260.

9 Anselm Feuerbach 1912, (wie Anm. 6) S. 64; vgl. auch Ekkehard Mai: *Im Widerspruch zur Zeit oder von der Tragik der Ideale. Feuerbachs Kunstentwürfe*, in: *»In uns selbst liegt Italien.« Die Kunst der Deutschrömer*, (Hg. v. Christoph Heilmann), Ausstellungskatalog, Haus der Kunst, München 1987, S. 80-97, bes. S. 85f.

10 Feuerbach 1912, S. 64. Vgl. auch H. Uhde-Bernays: *Anselm Feuerbachs Lehrer Thomas Couture*, in: *Münchner Jahrbuch der bildenden Kunst*, 1/1907, S. 101ff.; Boime 1980 (wie Anm. 7), S. 496ff.

11 Siehe Boime 1980 (wie Anm. 6).

12 Ibid., S. 135.

13 Vgl. hierzu Allgeyer 1904 (wie Anm. 4), Bd. 1, S. 330.

14 Ibid., S. 331.

15 Ibid., S. 347; vgl. hierzu auch das entsprechende Kapitel, S.118ff.; vgl. auch Herbert von Einem: *Gedanken zu Anselm Feuerbach und seiner »Iphigenie«*, in: *Zeitschrift des deutschen Vereins für Kunstwissenschaft*, 3-4/1964, S. 127ff.; Heinrich Theissing: *»Die Ewigkeit der Kunst«. Zu Anselm Feuerbachs Schaffen und Denken*, in: *Anselm Feuerbach 1829–1880. Gemälde und Zeichnungen*, Ausstellungskatalog, Staatliche Kunsthalle Karlsruhe 1976, S. 64-98.; Mai 1987, (wie Anm. 9), S. 90ff.; »Meister der Iphigenien und Medeen«, nennt ihn denn auch Hermann Uhde-Bernays: *Feuerbach*, Leipzig 1914, S. 12.

16 Vgl. hier zuletzt z. B. Werner Busch: *Das Einfigurenhistorienbild und der Sensibilitätskult des 18.Jahrhunderts*, in: *Angelika Kauffmann*, (hg. von Bettina Baumgärtel), Ausstellungskatalog, Kunstmuseum Düsseldorf Haus der Kunst, München Bünder Kunstmuseum Chur 1998-1999, S. 40-46.

17 So in den Briefen an die Mutter. Die persönliche Passion war für Feuerbach Quelle seiner Bilder und Qual zugleich: »Nur das ist ein Kunstwerk, in dem sich die ganze Liebe des Künstlers ausspricht«; vgl. Feuerbach 1912 (wie Anm. 6), S. 124.

18 Ibid. S. 102.

19 Vgl. hierzu Busch 1999 (wie Anm. 16), sowie die entsprechenden Werke A. Kauffmanns im genannten Katalog. Zur Herkunft siehe auch Paul Köster: *Wächters »Cornelia« und Feuerbachs »Iphigenie«*, in: *Neusser Jahrbuch für Kunst, Kulturgeschichte und Heimatkunde* 1967, S. 16-21.

20 Vgl. von Einem 1964 (wie Anm. 15), S. 135; es sind dies mehr oder minder ureigene Worte Feuerbachs selbst, vgl. Feuerbach 1912 (wie Anm. 6), S. 160ff.

21 Vgl. hierzu Ausstellungskatalog Karlsruhe 1976, Nr. 26; Ecker 1991 (wie Anm. 4), Kat. Nr. 225 (die aus den Briefen hervorgehende Konzeptionsänderung von einer »Italia« zur »Poesie« wurde nicht bemerkt). Von Einem 1964 (wie Anm. 15), hat allerdings auf die Präfigurationen der *Italia* bei den Nazarenern hingewiesen.

22 Feuerbach 1912 (wie Anm. 6), S. 162; vgl. hierzu vor allem Arndt 1968 (wie Anm. 4), S. 16ff.

23 Anselm Feuerbachs Briefe an seine Mutter 1911 (wie Anm. 7), Bd. 1, S. 387.

24 Schon im Dezember 1859 schrieb er an die Mutter: »Das römische Kind, mußt

Du wissen, ist der Keim zu allem menschlich Schönen in der Kunst. Es ist nicht nötig, weit darnach zu gehen; man stolpert in der Straße darüber bei jedem Schritt. Ich habe mir zwei kleine Buben aufgelesen, die ich füttere und im Atelier herumtollen lasse. Was ich erhaschen kann, findet ihr auf der Leinwand«, vgl. Feuerbach 1912 (wie Anm. 6), S. 156; vgl. hierzu die gründliche Studie von E. Fröhlich: *Anselm Feuerbachs Kinderdarstellungen. Das erotische Element*, Berlin u. Bern 1996, wo allerdings nicht auf die Kinder der Medea eingegangen wird. Die Formrückgriffe auf Murillo, Rubens, Poussin usw. verbinden sich mit der Erfahrung der Natur vor Ort.

25 Vgl. Anselm Feuerbachs Briefe an seine Mutter 1911 (wie Anm. 7), Bd. 2, S. 37.

26 Vgl. hierzu Fröhlich 1996, S. 115f.

27 Vgl. Ecker 1991 (wie Anm. 4), Kat. Nr. 435; vgl. auch Ludwig Justi: *Anselm Feuerbach, Medea*, Sonderdruck aus dem Führer durch die National-Galerie, Berlin 1922.

28 Brief vom 4. Januar 1866, in: Anselm Feuerbachs Briefe an seine Mutter 1911 (wie Anm. 7), Bd. 2, S. 156; ausführlich zur Genese: Arndt 1968 (wie Anm. 4), S. 36ff.

29 Aus Mangel anderer Erreichbarkeit wurde hier benutzt: *Medea. Tragedy in three acts by Ernest Legouvé* (hg v. Madame Ristori), New York 1867, Act 3, Scene 1; vgl. Cristoph Heilmann, in: *Katalog der Neuen Pinakothek*, München 1981, S. 93f.

30 Anselm Feuerbachs Briefe an seine Mutter 1911 (wie Anm. 7), S. 487.

31 Vgl. Allgeyer 1904 (wie Anm. 4), Bd. 2, S. 49.

32 Vgl. hierzu Arndt 1968 (wie Anm. 4), S. 36ff.

33 Ibid., S. 58.

34 Vgl. hierzu Ecker 1991 (wie Anm. 4), Kat. Nr. 490.

35 Vgl. J. J. Spector: *Delacroix's »Fatal Mother«: »Medea killing her children«*, in: *Arts Magazine* 5/1981, S. 156ff.; Johnson 1986 (wie Anm. 3), Bd. 3, S. 78ff.

36 Vgl. Johnson 1986 (wie Anm. 3); Huyghe 1967 (wie Anm. 3).

37 Siehe das Dossier zur Ausstellung in Lille 1999 (wie Anm. 5); Kepetzis 1997 (wie Anm.2), S. 179ff.

38 Norbert Schneider hat in einem Brief vom 28. März 1999 zu Recht darauf hingewiesen und damit die vom Salon des 18. Jahrhunderts eingeleitete Frauenthematik (Angelika Kauffmann, J. L. David u. a.) über die Forcierung durch die Romantik bis zur Aktualität der Frau in der emanzipatorischen Rolle der Leidenden um die Mitte des 19.Jahrhunderts verlängert, was noch der weiteren Untersuchung bedürfte.

39 Vgl. Henry Bardon: *Les Peintures a sujets antiques au XVIIIe Siècle d'après les livrets de Salons*, in: *Gazette des Beaux-Arts* 61/1963, S. 217ff., bes. S. 228; Michel Melot: *»La Mauvaise Mère«. Etude d'un thème romantique dans l'estampe et la littérature*, in: *Gazette des Beaux-Arts* 79/1972, S. 167ff.; Carol Duncan: *Happy Mothers and Other New Ideas in French Art*, in: *Art Bulletin* 55/1973, S. 57ff.

40 Vgl. *The Journal of Eugène Delacroix*, engl. Ausgabe durch Walter Pach, New York 1972, S. 56.

41 Vgl. hierzu Huyghe 1967 (wie Anm. 3) und Dossier zur Ausstellung in Lille 1999 (wie Anm. 5); vgl. auch Robert Rosenblum: *Caritas Romana after 1760: Some Romantic Lactations*, in: *Art News Annual* 38/1972, S. 43ff.

42 Vgl. auch Raymond Escholier: *Delacroix et les femmes*, Paris 1963; H. Brown: *The Formation of Delacroix's Hero between 1822 and 1831*, in: *The Art Bulletin* 6/1984, S. 237ff.

43 Vgl. Jenifer Montagu: *The expression of the passions*, New Haven u. London 1994.

[44] Vgl. hierzu *The Journal of Eugène Delacroix* 1972 (wie Anm. 40), S. 348; *»Der himmelnde Blick«, Zur Geschichte eines Bildmotivs von Raffael bis Rotari*, Ausstellungskatalog, Staatliche Kunstsammlungen, Dresden, 1998–1999.

[45] The Journal of Eugène Delacroix 1972 S. 85

[46] Ibid.

[47] Uhde-Bernays 1914 (wie Anm. 15), S. 64.

[48] Vgl. Charles Baudelaire: *Critique d'Art*, (hg. v. Claude Pichois, Paris 1965, S. 207: »Mais toujours et quand même, ce sont des femmes distinguées, essentiellement distinguées; et enfin, pour tout dire en un seul mot, M. Delacroix me paraît être l'artiste le mieux doué pour exprimer la femme moderne, surtout la femme moderne dans sa manifestation héroique, dans le sens infernal ou divin. Ces femmes ont même la beauté physique moderne, l'air de rêverie, mais la gorge abondante, avec une poitrine un peu étroite, le bassin ample, et des bras et des jambes charmantes«; vgl. auch Brown 1984 (wie Anm. 42), S. 241, (wie Anm. 26).

Napoleon am Scheidewege

Paul Delaroches ›Napoleon I. in Fontainebleau‹ und die Ikonographie des Gallischen Herkules

Uwe Fleckner

Zwischen Bangen und Hoffen

Tritt der Besucher im Leipziger Museum der bildenden Künste vor Paul Delaroches 1845 entstandenes Gemälde *Napoleon I. in Fontainebleau*, so begegnet er einem Werk, das zunächst und vor allem durch den Ausdruck der seelischen Gestimmtheit seines Titelhelden charakterisiert ist (Abb. 1).[1] Napoleon ist in geistiger wie körperlicher Erschöpfung auf einen gepolsterten Empirestuhl niedergesunken, sein rechter Arm ist haltsuchend über die Rückenlehne gelegt, die Linke ruht zur Faust geballt auf seinem Oberschenkel. Die überlebensgroße Sitzfigur des Kaisers beherrscht das für die Darstellung einer Einzelperson nicht eben bescheiden angelegte, 180,5 cm auf 137,5 cm messende Bildformat. Gekleidet ist Napoleon in die Uniform eines *colonel des grenadiers à pied de la Garde*; eine graue Redingote und die stark verschmutzten, mit Sporen bewehrten Reitstiefel vervollständigen den militärischen Habit des Kaisers. Aus dem Felde kommend hat Napoleon keine Zeit gefunden, beim Betreten der Schloßräume seine soldatische Kleidung abzulegen. Abgelegt aber – und das ist nicht ohne Bedeutung – hat der Kaiser sein Schwert. Es liegt nun zu seiner Linken auf einem vom Bildrand stark überschnittenen Tisch, dem historisch überlieferten *guéridon de l'abdication*, an dem Napoleon nur wenige Tage später seine Abdankung unterzeichnen wird und der in einer nur zu erschließenden Fensternische steht, von der aus ein Schlaglicht auf das Schwert und seinen Besitzer fällt.[2] Ein schwerer roter Vorhang ist hier zur Seite geschoben worden, und der Kaiser hat seinen Stuhl so vom Tisch abgerückt, daß eines der Stuhlbeine – den authentischen, szenischen Moment pointierend – auf die Borte des Vorhangs geraten ist. Im dunklen Hintergrund des Interieurs, das seine wenn auch nur geringe

1 Paul Delaroche: *Napoleon I. in Fontainebleau*, 1845, Öl auf Leinwand, 180,5 × 137,5 cm, Leipzig, Museum der bildenden Künste

Tiefenwirkung vor allem der Schrägstellung des Sitzmöbels und der gedrungenen, raumgreifenden Körperlichkeit des Dargestellten verdankt, befindet sich ein Sofa, auf das die Kartentasche des Feldherrn so niedergelegt wurde, daß eine der Stabskarten herunterzufallen droht. Am Boden schließlich liegt der berühmt gewordene Zweispitz Napoleons achtlos hingeworfen.

Lichtführung und Farbkomposition des Gemäldes dienen einzig und allein der entschiedenen Hervorhebung der dargestellten Persönlichkeit: Der weißgekleidete und zudem hell ausgeleuchtete Körper, die vom Licht erfaßten Hände, der – auf seiner rechten Seite allerdings stark verschattete – Kopf und zuletzt das Schwert haben dabei die besondere Aufmerksamkeit des Malers erfahren. Die ruhende Sitzfigur ist in das einfache, aber höchst wirkungsvolle kompositorische Koordinatenkreuz symmetrisch teilender Bildachsen gefaßt, so daß rechte Hand und Schwert auf die Mittelwaagerechte der Formathöhe, das Gesicht – genauer: die Nase – und die linke Stiefelspitze auf die Mittelsenkrechte der Formatbreite gesetzt sind. Der Fuß ruht dabei genau auf dem Schnittpunkt einer Kreuzform, die durch das diagonal verlegte Parkett des Fußbodens gebildet wird: Ein Motiv, das – wie wir später sehen werden – vielleicht nicht nur kompositorische Bedeutung besitzt.

Daß Delaroche in der figürlichen Anlage des Körpers die strenge Axialität seiner Komposition in Frage stellt, indem er Körper und Blick in einer leichten Drehung nach rechts aus der Mittelsenkrechten entläßt, begründet die verhaltene und gleichwohl noch immer kraftvolle Dynamik, die dem Dargestellten gleichsam im Potentialis innewohnt. Entscheidender Ausdrucksträger der kompositorisch spannungsreich beruhigten Figur aber ist der Blick: Ist der Kopf auch leicht nach rechts gewandt, so doch ohne daß sein Blick unter den zusammengezogenen Brauen hervor ein bestimmtes Ziel ins Auge faßte. Napoleon ist angesichts der historischen Situation in Gedanken versunken, sein »innerer« Blick scheint eher düster und visionär zu sein und ist aus der Gegenwart aktueller Bedrohung vielleicht in die Vergangenheit, vielleicht in die Zukunft gerichtet.

In den wenigen kunsthistorischen Stellungnahmen, die bislang zu diesem Werk vorliegen, überwiegt eine Einschätzung, die den motivischen und gestalterischen Befund des Bildes mit dem Wissen um die späteren historischen Geschehnisse als eine Darstellung endgültigen Scheiterns ausdeutet: Der Kaiser, heißt es da beispielsweise, sei als »geschlagener Feldherr« ins Bild gesetzt, »er stiert vor sich hin, in sich zusammengesunken«, ja, »jede Größe ist ihm genommen«.[3] Nun ist es methodisch nicht unproblematisch, den vom Betrachter empfundenen seelischen Ausdruck einer im Kunstwerk psychologisierend angelegten Person verbindlich beschreiben zu wollen, und das Werk hält in der Tat neben der schon erkannten und kompositorisch gesicherten Dynamik weitere Bilddaten bereit, die der zunächst so eindeutigen Darstellung eines resignierten Herrschers und damit dem vermeintlichen Thema des gescheiterten Helden ebenso eindeutig widersprechen.

Ein Bildmotiv hat dabei bis heute keine Beachtung gefunden: Die hintere Zimmerwand ist mit einem dunkelroten Wandbehang bespannt, auf dem Lorbeerkränze und das napoleonische Initial samt Krone eingewirkt sind. Der Künstler hat seine Sitzfigur nun so vor diesen Hintergrund plaziert, daß ihr Kopf von einem der Lorbeerkränze hinterfangen wird. Napoleon wird mithin noch immer durch das imperale Herrschaftszeichen nobilitiert und als Kaiser der Franzosen ins Bild gesetzt. Darüber hinaus widerspricht die sorgsam und sinnträchtig ausdifferenzierte Behandlung der beiden Gemäldehälften einer allein negativen Ausdeutung der Bildabsicht. Die Verschattung der – vom Betrachter aus gesehen – linken Bildseite steht in deutlichem Kontrast zum Lichteinfall zu seiner Rechten. Auf der linken Seite sehen wir den zu Boden gefallenen Zweispitz, der metaphorisch den Fall des Potentaten bezeichnet und dabei nicht von ungefähr an die letzte Hutdarstellung in Karl August von Steubens *Leben Napoleons in acht Hüten* erinnert (Abb. 2). Hier auch befindet sich die Stabskarte, die vielleicht als Hinweis auf die gegenwärtige Bedrohung der bereits tief in kaiserliches Gebiet, ja, bis in die Hauptstadt eingedrungenen alliierten Truppen zu verstehen ist. Auf der rechten Bildseite hingegen sehen wir das vom Licht erfaßte Schwert noch immer als ein Zeichen militärischer Verteidigung, das freilich für den Augenblick aus der Hand gelegt wurde. Vor allem aber in der Person Napoleons selbst ist das Prinzip der unterschiedlichen Charakterisierung von rechter und linker Körperhälfte sorgsam durchgebildet: Kontrastiert schon der herabhängende rechte Arm mit der geballten Linken, so ist vor allem der Kopf in eine helle und eine verschattete Gesichtshälfte geteilt, womit ein in der Historienmalerei tra-

2 Karl August von Steuben: *Das Leben Napoleons in acht Hüten*, 1826, Öl auf Leinwand, 26 × 29 cm, Rueil-Malmaison, Musée National des Châteaux de Malmaison et Bois-Préau

dierter Kunstgriff zur Darstellung innerer Konflikte bedeutungsstiftend eingesetzt ist.

Der historische Augenblick, den Paul Delaroche von der Mitte des Jahrhunderts auf die Ereignisse des Jahres 1814 zurückblickend seiner Bilderfindung unterlegt hat, und den er in der Titelformulierung seines Gemäldes unzweideutig angibt (*Napoléon à Fontainebleau, le 31 mars 1814*), bezeichnet keineswegs die vom geschlagenen Feldherrn bereits erkannte Ausweglosigkeit und Resignation: Zwar halten der preußische König und der russische Zar am 31. März 1814 ihren Einzug in Paris, aber noch immer verfügt der Kaiser über beträchtliche Truppen, so daß er erst einige Tage später auf Drängen seiner Generäle zur Abdankung veranlaßt werden kann. Das Gemälde folgt damit eben nicht jenem Holzstich, mit dem Denis-Auguste-Marie Raffet 1839 die Abdankungsszene in Norvins *Histoire de Napoléon* illustriert hat, und der gelegentlich als

Vorbild für Delaroches Komposition genannt worden ist.[4] Der präzise Bildtitel und vor allem die Bedeutungsgestaltung des Gemäldes selbst weisen unmißverständlich darauf hin, daß Napoleon in genau jenem Augenblick dargestellt ist, in dem er die Nachricht vom Einmarsch der Verbündeten erhalten hat, und in dem seine Zukunft und sein Schicksal ungewiß sind. Der Künstler hat mit allem Bedacht gerade den Vorabend der napoleonischen Abdankung gewählt, um seinen Helden in einer ambivalenten Situation innerer Konflikte, zwischen Bangen und Hoffen, zwischen Verzweiflung und Aufbegehren zeigen zu können.

Carracci, Puget, Delaroche

In der Geschichte der Kunst gibt es mit der Gestalt des Herkules am Scheidewege ein nachgerade klassisches Vorbild, wenn es gilt, die inneren Konflikte einer Einzelfigur ins Bild zu setzen. Vor die Wahl gestellt, dem bequemen Weg der Voluptas oder aber dem mühevollen, steinigen Weg der Virtus zu folgen, so erzählt es die Tugendfabel des Sophisten Prodikos in der Überlieferung Xenophons, entscheidet sich der antike Held für den Pfad der Tugend, der ihn zur Unsterblichkeit führen wird.[5] In einem Deckengemälde, das Annibale Carracci um 1596 für den *camerino* des Palazzo Farnese ausgeführt hat und das Herkules als Sitzfigur zwischen den Allegorien der Tugend und der Wollust zeigt, hat Erwin Panofsky die »kanonische Formulierung« des Themas erkannt, da erst mit diesem Werk eine vollkommene Übereinstimmung der Bildgestalt mit der literarischen Schilderung der antiken Quelle in zudem »zeitloser Idealität des künstlerischen Gesamtcharakters« erreicht worden sei (Abb. 3).[6]

Zwar ist bereits in diesem Werk des römischen Frühbarocks die motivische wie kompositorische Anlage der Herkulesfigur in charakteristischer Weise zweigeteilt, so daß Licht und Schatten, aber auch aktive und passive Figurenseite sinnfällig je einer der Allegorien zugeordnet sind. Die allgemeine Übereinstimmung mit der Gestaltung der inneren Konfliktsituation in Delaroches *Napoleon I. in Fontainebleau* allein liefert aber noch keine hinreichende Begründung dafür, den ikonographischen Gehalt des antiken Tugendexempels für die Interpretation des napoleonischen Bildes fruchtbar

3 Annibale Carracci: *Herkules am Scheidewege*, 1596, Öl auf Leinwand, 167 × 237 cm, Neapel, Museo Nazionale di Capodimonte

zu machen. Ist es auch nicht unwahrscheinlich, daß Paul Delaroche die Bildlösung des italienischen Malers hat kennen und studieren können, so sind die motivischen Entsprechungen beider Gemälde dennoch zu gering, um den Nachweis eines formalen wie inhaltlichen Einflusses führen zu können. Der kunsthistorische Blick muß mithin auf ein Werk gerichtet werden, das nicht nur konkrete Anregungen für die Bilderfindung des 19. Jahrhunderts erkennen läßt, sondern das darüber hinaus erlaubt, die tatsächliche Auseinandersetzung Delaroches mit dem Künstler und seinem Werk zu belegen.

Und tatsächlich verfügt die französische Kunstgeschichte über ein Bildwerk, das seinerseits dem kanonisch gewordenen Vorbild aus Italien entscheidende Anregungen verdankt und das zudem durch große motivische und kompositorische Ähnlichkeit auf die Bilderfindung Delaroches vorausweist. Ursprünglich wohl von Nicolas Fouquet in Auftrag gegeben und nach dem Sturz des

4 Pierre Puget:
Der Gallische Herkules, um 1661–1662, Marmor, 156 × 81 × 146 cm, Paris, Musée du Louvre

Finanzministers als *Hercule Gaulois* um 1661–1662 fertiggestellt, kann das Werk von der Hand Pierre Pugets als eine der bedeutendsten Herkulesfiguren der französischen Bildhauerkunst gelten (Abb. 4).[7] Die Skulptur, die seit 1798 im Palais du Luxembourg von Künstlern wie Eugène Delacroix bewundert wurde und im April 1849 seinen endgültigen Ort im Musée du Louvre gefunden hat, zeigt die sitzende Figur des antiken Helden mit Keule, Schild und Löwenfell.[8] Seinen linken Arm hat Herkules – der Haltung Napoleons bei Delaroche zwar spiegelbildlich, aber dennoch augenfällig vergleichbar – über den Schild gelegt, vor allem aber entspricht das vom Bildhauer in der Nachfolge Carraccis gestaltete »Doppelmotiv von Ruhe und Bewegung, Gelassenheit und Anspannung«[9] der zwiespältigen psychischen Charakterisierung des napoleonischen Porträts.

Pugets Skulptur, die als Herrscherallegorie auf den französischen König ausgerichtet ist, verbindet die Ikonographien des griechischen und des gallischen Herkules miteinander und erweitert sie um kompositorische Aspekte des Themas »Herkules am Scheidewege«.[10] Ist der ruhende Heros, der sein Schicksal beklagt, zudem bereits seit der Antike mit melancholischen Zügen ausgestattet, so bietet sich eine solch komplexe Bedeutungsgestaltung um so mehr dazu an, Vorbild für einen Künstler zu sein, der sich – wie Delaroche angesichts des Napoleonbildes – vor die Aufgabe gestellt sieht, die *effigies* eines Herrschers am Scheideweg von Niederlage und Aufbegehren zu gestalten.

Ist der formale und ausdruckshafte Bezug der posthumen napoleonischen Darstellung auf das Vorbild des *Gallischen Herkules* zwar unmittelbar anschaulich, so bleibt doch zu fragen, ob sich darüber hinaus bei Delaroche eine bewußte Beschäftigung mit den Werken des Bildhauers nachweisen läßt, und wie ein solcher ikonographischer Transfer über die Jahrhunderte hinweg unsere Interpretation des Gemäldes beeinflußt. Puget und seine Kunst erfahren in Frankreich seit dem frühen 18. Jahrhundert eine besondere Wertschätzung, und, wenn schon nicht der *Gallische Herkules*, so doch sein *Milon von Kroton*, »ce bel ouvrage, digne de Michel-Ange« (Charles-Paul Landon), wird zum Inbegriff der modernen Skulptur und dem antiken *Torso Belvedere* an die Seite gestellt.[11] Die hohe Zeit bewundernder Aufmerksamkeit aber stellt die erste Hälfte des 19. Jahrhunderts dar: Im Louvre wird 1824 eine »salle Puget« eingerichtet, und es ergeht – ausgerechnet – an Paul Delaroche der Auftrag, einen der Sammlungsräume des Museums mit einem Deckenbild auszustatten, das dem Thema *Puget übergibt Ludwig XIV. seinen Milon von Kroton* gewidmet sein soll.[12]

Die im Graphischen Kabinett des Louvre erhaltene Kompositionsstudie zeigt als Titelhelden die Skulptur des antiken Athleten selbst, umgeben von einem vielköpfigen Hofstaat, der interessiert herbeieilt, um der Übergabe an den Monarchen beizuwohnen. Unbekümmert um das historische Faktum, daß eine solche Begegnung von Bildhauer und Regent niemals stattgefunden hat, hält Delaroche den Augenblick fest, in dem das Werk, das noch auf Rollen gelagert ist, in Versailles eintrifft und von Gehilfen enthüllt wird. Einige der Adeligen nähern sich aufmerksam der Skulptur und begutachten die qualitätvolle Ausführung der bildhauerischen Arbeit. Der Zeichner hat es verstanden, seinen Bildentwurf gut auf die museale Aufgabe und den Ort der geplanten Anbringung abzustimmen: Zum einen widmen die zahlreichen, meist als Rückenfiguren angelegten Betrachter der Marmorstatue eine Aufmerksamkeit, die dem Besucherverhalten im Museum unmittelbar vergleichbar ist; zum anderen spiegelt der gleichberechtigte Dialog von Künstler und König – im Gegensatz zur späteren Ausführung durch Devéria – die historischen Funktionen des Louvre als Stadtschloß und Museum.

Daß der Entwurf von Delaroche zuletzt dennoch nicht zur Ausführung gelangt ist, kann daher auch nicht auf die Ablehnung der vorgeschlagenen Komposition zurückgeführt werden, sondern ist einem Streit geschuldet, der den Künstler mit den Architekten des Louvre entzweit hat. Delaroche kann sich mit seinen Vorstellungen über die dekorative Einbindung des Gemäldes in das Ausstattungsprogramm des an das *Musée Charles X* grenzenden Saals nicht durchsetzen, und so wird der Auftrag im November 1829 an Eugène Devéria übergeben, der seine Fassung des Themas, die sich noch heute im Louvre befindet, 1832 fertigstellt.

Als Delaroche von 1837 bis 1841 an seinem berühmten Wandbild für die Pariser École des Beaux-Arts arbeitet, auf dem ein Pantheon der vorbildlichen Maler, Bildhauer und Architekten von der Antike bis zum 17. Jahrhundert versammelt ist, hat er sich ein weiteres Mal mit der historischen Persönlichkeit Pierre Pugets auseinandergesetzt: Ganz selbstverständlich hat der Maler schon seit Beginn seiner Arbeit am *Hémicycle* vorgesehen, den Bildhauer in den Kreis der illustren Künstler aufzunehmen und hat seinem Porträt einen prominenten Platz gleich neben der zentralen Figurengruppe der antiken Künstler und Epochenallegorien angewiesen: Als Sitzfigur gestaltet, wendet sich der in ein historisierendes Kostüm gekleidete Bildhauer an den hinter ihm auf einer Brüstung lehnenden Giovanni da Bologna und ist mit diesem in ein intensives kollegiales Gespräch vertieft.[13]

Delaroches *Napoleon I. in Fontainebleau* ist mithin nicht das einzige Gemälde, in dem das Interesse des Malers am Werk und an der Person Pierre Pugets manifest wird. Die gelegentliche Auseinandersetzung mit der Kunst des »Michel-Ange français« untermauert den augenscheinlichen Befund der napoleonischen Darstellung und belegt, daß im Bilderschatz des Künstlers bei der Arbeit an seinem Gemälde zumindest einige Werke des Bildhauers als visuelle Anregungen zur Verfügung standen.

Paul Delaroche hat seiner Figur des »Napoleon am Scheidewege« ein Vorbild aus der französischen Kunst zugrunde gelegt, dessen Ikonographie zum einen auf die Heroisierung, zum anderen auf den zwiegespaltenen seelischen Ausdruck des Dargestellten zielt. Doch es bleibt zu fragen, ob seine ikonographischen Anstrengungen erfolgreich gewesen sind, und ob das zeitgenössische Publikum – anders als die kunsthistorische Literatur – die beabsichtigte subtile Zweideutigkeit im Ausdruck des Titelhelden erkannt hat. Dafür muß zunächst der historische Zusammenhang, in dem das Werk entstanden ist, in dem es gesammelt und ausgestellt wurde, so weit wie möglich rekonstruiert werden.

Ist die konkrete Auftragsvergabe an Delaroche dokumentarisch nicht belegt, so wissen wir doch, daß die Erstfassung des Gemäldes für eine Bildergalerie bestimmt war, die den Zeitgenossen im 19. Jahrhundert als eine der bedeutendsten Privatsammlungen zeitgenössischer französischer Kunst in Deutschland galt. Der Leipziger Kaufmann Adolph Heinrich Schletter (1793–1853), den zahlreiche Reisen nicht nur beruflich nach Lyon und Paris führten und der zu den Kunden der Pariser Kunsthandlung Goupil & Co. gehörte, hatte bis zu seinem Tod an die einhundert Werke vor allem französischer und belgischer Künstler zusammengetragen, darunter Gemälde von Hippolyte Bellangé, François-Auguste Biard, Alexandre Calame, Alfred de Dreux, Jean-Antoine-Théodore Gudin und Anne-Louis Girodet-Trioson.[14] Konsul Schletter, der schon 1837 zu den Gründungsmitgliedern des Leipziger Kunstvereins zählte, hinterließ 1853 seinen gesamten Kunstbesitz der Heimatstadt und richtete darüber hinaus ein Legat ein, das der Stadt den Neubau eines Museums ermöglichte, der am 18. Dezember 1858 feierlich eingeweiht wurde.

Das Hauptwerk der Sammlung Schletters aber war eben Paul Delaroches Gemälde *Napoleon I. in Fontainebleau*, das der Künstler 1845 signiert und datiert hat, und von dem er nicht weniger als sechs Repliken geschaffen hat, darunter die nur wenige Zentimeter kleinere Fassung im Pariser Musée de l'Armée, die in der französischen Literatur bis heute als das Original gilt, obwohl sie schon 1857 auf der Retrospektive der École des Beaux-Arts als »peint en 1847« ausgestellt wurde.[15] Eine schriftliche Erklärung, die Delaroche unter dem Datum des 28. Januars 1852 von Nizza aus an Schletter gerichtet hat und die der Verfasser im Leipziger Stadtarchiv wieder auffinden konnte, gibt nun endgültigen Aufschluß über die Abhängigkeit beider Fassungen:

»Je soussigné déclare que le tableau que j'ai vendu à Monsieur H. Schletter représentant ›Napoléon à Fontainebleau le 31 Mars 1814‹ est bien l'originale et première peinture éxécutée par moi de ce sujet. Je déclare également que celle que j'ai éxécutée plus tard et que possedent MMs Goupil & Cie n'est autre qu'une répétition de ce même sujet et qu'elle doit différer essentiellement sous le rapport de l'éxécution en générale et particulièrement dans l'expression de la tête, puisque je l'ai peinte sans avoir le tableau original sous les yeux.«[16]

Die Erstfassung des Gemäldes von Delaroche indes war schon vor der Gründung des Leipziger Museums nicht allein jenem kleinen Kreis von Kunstliebhabern vorbehalten, die im Privathaus des Sammlers verkehrten. Das Bild wird, schon kurze Zeit nachdem es in den Besitz Schletters gelangt war, in Berlin, Prag und Wien öffentlich und mit großem Erfolg ausgestellt.[17] Im Frühjahr 1847 wird das »interessante Gemälde, das die Aufmerksamkeit der gebildeten Welt in ungewöhnlichem Grade auf sich gezogen« habe, zunächst in den Räumen des Berliner Kunstvereins Unter den Linden gezeigt.[18] Eine kurze Ausstellungskritik, die am 19. März in den *Berlinischen Nachrichten* erschienen ist, lenkt das Interesse der Leser unmittelbar auf die seelische Gestimmtheit des Kaisers, die der Künstler in seiner Darstellung überzeugend eingefangen habe:

»Delaroche's Bild Napoleons, gegenwärtig im Local des Kunstvereins zu sehen, ist nicht allein als Porträt, sondern als ein in Hinsicht des psychischen Ausdrucks vollendetes Kunstwerk zu betrachten. Es ist das Bild gefallener Größe, einer Größe, die aus ihrer Verblendung zum Bewußtseyn zu erwachen beginnt. Napoleon sitzt da, in tiefes Nachdenken versunken: die rechte Hand hängt schlaff herab, während die linke krampfhaft auf dem Schenkel liegt. Der Kaiser trägt die gewöhnliche Uniform mit weißen Rabatten, und den wohlbekannten grauen Ueberrock darüber; seine hoch hinaufgehenden Reiterstiefeln sind bestäubt;

die ganze Haltung hat das Gepräge einer tiefen geistigen, wie körperlichen, Ermüdung. Vortrefflich behandelt ist der Kopf, von sprechender Aehnlichkeit der späteren Jahre; die Figur tritt, mit dem Weiß der Rabatten, der Weste und der Unterkleider (eine schwere künstlerische Aufgabe) gegen den dunkelrothen Vorhang, welcher den Hintergrund bildet, mit einer Wahrheit hervor, die fast erschrecken macht. Das Ganze ist, mit einem Worte, ein Meisterbild, würdig des Gegenstandes, und würdig des Künstlers, der es schuf!«[19]

Es ist auffallend, daß die ablehnende Sicht auf die historische Persönlichkeit des Kaisers und seine »Verblendung« den anonym bleibenden Kritiker zu einer eindeutig negativen Ausdeutung des im Bild gestalteten psychischen Befundes veranlaßt. Sein Interesse und seine Wertschätzung gelten dabei in erster Linie der künstlerischen Bewältigung, die auf die »sprechende Aehnlichkeit« und die »Wahrheit« der Erscheinung angelegt sei: Im Vordergrund der kunstkritischen Stellungnahme stehen die ästhetische und die psychologisierende Bewertung des Gemäldes, seine inhaltlich-ikonographische Interpretation ist ihre Sache nicht.

Anders hingegen eine ausführliche Besprechung des Bildes, die 1851 in die deutschsprachige Prager Zeitschrift *Bohemia* eingerückt worden ist.[20] Der Artikel stimmt seine Leser ein, indem er die besondere Erwartung beschreibt, die das Publikum dem nunmehr berühmten Werk entgegengebracht hat: »Von allen Werken, die je hier zur Ausstellung gelangten«, urteilt der Rezensent in seinen einleitenden Sätzen, »ist keinem ein solcher Ruf vorangegangen, als diesem, und nie wurde dem Eröffnungstage, der uns das Bild vorführen sollte, mit solcher Spannung von allen Seiten entgegengesehen. Leute, die sich in ihrem Leben nie um ein Gemälde gekümmert haben, belagerten förmlich den Zugang, und die Worte ›Napoleon‹ und ›Delaroche‹ gingen unaufhörlich von Mund zu Mund.«[21]

Nachdem die Kritik die besonderen Präsentationsbedingungen des Gemäldes beschrieben hat, das auf Wunsch des durch seine »ausgezeichnete Bildergalerie in ganz Europa rühmlich bekannten Besitzers« innerhalb der Ausstellung einen eigenen Saal erhalten hatte, widmet sie sich einer Beschreibung des Dargestellten und erfaßt dabei insbesondere den von Delaroche zu bildlichem Ausdruck gebrachten psychisch zugespitzten Moment. Die beschreibende, hymnisch gestimmte Passage des Artikels sei hier ausführlich zitiert:

»Man befindet sich wie im Vorzimmer und sieht den Gewaltigen in einer der wichtigsten Stunden seines Lebens. Körperlich müde und von ungeheuren Strapazen angegriffen, hat er den Degen und Hut von sich geworfen und sich in einen Lehnstuhl fallen lassen: er beachtet nicht, wie mit seinem Glückssterne auch die Schmeichler und Höflinge aus den Prunkgemächern entschwunden sind. Mit geistigem Auge überschaut er die Ereignisse, die Vergangenheit und Zukunft: außer etwas Unmuth über Feigheit und Verrat ist auf seinem Gesichte keine Spur von Niedergeschlagenheit oder heftigem Affekte zu lesen. Er ist besiegt; aber er weiß, daß sein Fall den Siegern nicht frommen wird, und daß Alle, welche ihm jetzt feindlich gegenüber stehn, ihn dereinst mit Thränen zurückwünschen werden. Wer in das Gemach eintritt, fühlt sich von Ehrfurcht durchdrungen von dem außergewöhnlichen Geschicke dieses Mannes, welcher die Kraft von Millionen in sich vereinigte. Wer beugt sich hier nicht vor einer Größe, die, soweit die Weltgeschichte reicht, nur noch einem zweiten sterblichen, Cäsar dem Römer, in so hohem Grade zu Theile geworden. [...] Die Geschicke des korsischen Helden sind jedoch unendlich erhabener, als die seines römischen Schicksalsgenossen, so wie auch sein Ende tragischer. Und dieses Geschick, diese göttliche Sendung ist es eigentlich, was uns zur Bewunderung des Mannes zwingt, was den Einzelnen, wie die Völker zu seinen Füßen legte, und nicht Napoleons Feldherrentalente, nicht seine staatsmännischen Eigenschaften oder seine unermäßliche Tatkraft.«[22]

Präzise erfaßt der Autor die spannungsreich komponierte Figur Napoleons zwischen körperlicher Erschöpfung und visionärer Geisteshaltung, beschreibt die im Bild entworfene Größe im Untergang und nimmt das Angebot des Gemäldes an, sich als Betrachter auch psychisch in den Dargestellten zu versetzen, seinen Gedanken und Empfindungen nachzuspüren, sie an seiner Stelle zu formulieren. Ein solches Einfühlen in den Bildgegenstand muß subjektiv bleiben, aber gerade die individuelle Auseinandersetzung mit dem

Gesehenen und die emotionale Anverwandlung der dargestellten Persönlichkeit im und durch den Betrachter ist in Delaroches Gemälde, in seiner Konzentration auf den denkenden und empfindenden Helden angelegt.

Der Rezensent schließt seine kunstkritische Stellungnahme mit einem ästhetischen Werturteil, das zustimmender kaum ausfallen könnte. Er vergleicht die feinmalerische Ausführung des Gemäldes mit den Meisterwerken Albrecht Dürers, und zugleich wird Delaroche (»ein Künstler in der ächtesten Bedeutung des Wortes«) der gegenwärtigen Malerei als Vorbild empfohlen: »Die Manier ist nicht ängstlich, nicht kühn; die Farben scheinen in eine Form gestoßen zu sein und kein Theil ist gegen den andern ausgezeichnet oder zurückgesetzt. Das Parkett des Fußbodens ist nicht anders behandelt, als die geistvolle Stirne, und die weltbekannten schönen Hände des Kaisers sind ebenso naturtreu, wie die kothbespritzten Stiefel.«[23]

Das Studium der zeitgenössischen Rezeption des Gemäldes zeigt, daß Delaroches *Napoleon I. in Fontainebleau* bereits im 19. Jahrhundert Gegenstand ganz widerstreitender Auffassungen gewesen ist. Der ablehnenden Beurteilung eines geschlagenen, resigniert in sich zusammengesunkenen Herrschers steht das hymnische Lob einer Apotheose gegenüber, die der Prager Journalist in Delaroches Werk gestaltet sieht. Die kritische Herangehensweise dieser unterschiedlichen Lesarten aber ist in jedem Falle gleich: Das Hauptinteresse der Betrachter richtet sich einerseits auf die ästhetischen Qualitäten einer realistischen Erfassung des Bildmotivs, andererseits aber - und vor allem - auf die psychologisierende Durchdringung der historischen Persönlichkeit.

Geschichtsschreibung mit Farbe

Zur historischen Persönlichkeit aber ist der Kaiser der Franzosen erst in diesen Jahren des 19. Jahrhunderts geworden: Im Dezember 1840, also nur kurze Zeit bevor Delaroche sein Bild des geschlagenen Herrschers malt, werden die sterblichen Reste Napoleons feierlich von der Insel St. Helena nach Paris überführt, und das Bürgerkönigtum erhofft sich durch eine historisierende Inszenierung dieses »retour des cendres« die Aufnahme der schon jetzt legendären

Gestalt in den Pantheon der französischen Geschichte.[24] Der politischen Symbolfigur des Kaisers wohnt in den Richtungskämpfen der französischen Parteien noch immer eine ungeheure Sprengkraft inne, die sich schließlich 1851 im Staatsstreich des Louis-Napoléon Bonaparte, des späteren Kaisers Napoleon III., entzünden wird.[25] Mit der Überführung seiner körperlichen Hülle nach Paris und in die französische Geschichte aber sollte Napoleon entpolitisiert, seine parteipolitische Brisanz sollte domestiziert werden.

Die Bildende Kunst sieht sich daher zur Jahrhundertmitte vor ganz neue Aufgaben gestellt, will sie Leben und Werk Napoleons zu ihrem Thema machen. Auch Delaroche reagiert mit seinen Bildern des Kaisers auf die veränderten ästhetischen Herausforderungen: Die bildkünstlerische Vergegenwärtigung der nun historisch gewordenen Gestalt betreibt der Maler durch die Historisierung und Psychologisierung seines Helden. Es ist nicht länger der Tugendappell eines *exemplum virtutis*, der sich an die Zeitgenossen richtet, es ist die Rückschau haltende Rekonstruktion der Ereignisse, die Delaroche in seinen Werken, insbesondere im Gemälde *Napoleon überquert den Großen St. Bernhard* von 1850 (Paris, Musée du Louvre), scheinbar realistisch in Szene setzt.[26]

In der psychologisierenden Wiederbelebung des nicht nur toten, sondern seit 1840 auch tatsächlich und für alle Zeiten in der französischen Geschichte begrabenen Helden liegt die besondere künstlerische Leistung der napoleonischen *anecdote historique* im Werk von Delaroche. Damit ist zugleich eines der grundlegenden Gattungsmerkmale benannt, durch die sich das historische Genre, das auf dem restaurativen *style troubadour* des früheren 19. Jahrhundert gründet, von der althergebrachten Historienmalerei unterscheidet. Heinrich Heine hat diesen Sachverhalt schon 1831 im Werk von Delaroche, dem »Hofmaler aller geköpften Majestäten«, aufgespürt und formuliert in seinem kunstkritischen Aufsatz *Französische Maler* zum Verhältnis des Künstlers zur Geschichte: »Dieser Maler hat keine Vorliebe für die Vergangenheit selbst, sondern für ihre Darstellung, für die Veranschaulichung ihres Geistes, für Geschichtsschreibung mit Farbe.«[27]

Die hellsichtigsten Überlegungen zum Verhältnis von Bildform und Geschichte aber hat der Maler und Kunsttheoretiker Carl Gustav Carus angestellt, der das Gemälde *Napoleon I. in Fontainebleau* allem Anschein nach während der Berliner Ausstellung 1847 gesehen hat. Sein Interesse gilt zunächst der vielschichtigen Bildwirkung, mit der sich Delaroches Werk auf ganz unterschiedliche Weise an Künstler und Kunstliebhaber wende:

»Der Künstler an sich bewundert daran die äußerste Technik, die Reinheit der Zeichnung und Farbe; dabei nimmt er es aber als Porträt schlechthin, will nichts von einem historischen Bilde daran erkennen, und findet es mit dieser Voraussetzung unvorteilhaft, ein Porträt so aufzufassen, daß der dargestellte Mensch niedergedrückt, ja halb vernichtet erscheine. – Die Kunstseele, wie sie sich hie und da, in Vielen halb unbewußt, in Andern mit größerer Schärfe der Einsicht äußert, empfindet sich dagegen eigenthümlich gefaßt und ergriffen von dem Werke.«[28]

Der Autor verknüpft seine Beobachtungen mit der Frage nach der tatsächlichen Gattungszugehörigkeit des Werkes, die ihm vorerst zwischen Porträt und Historie strittig erscheint. Faßt der Künstler das Gesehene als ein Bildnis Napoleons auf, so rechne das ästhetische Verständnis des Publikums, die »Kunstseele«, das Werk zum Genre der Historienmalerei. Unbekümmert um die Tatsache, daß Delaroche weder eine Figurengruppe noch eine eigentliche Bildhandlung dargestellt hat, steht nach dieser Lesart das Wirkungsverhältnis von Mensch und Welt im Zentrum der Gattungsdefinition, die so auf das Bild einer Einzelfigur ausgedehnt wird:

»Der Kunstseele ist es keineswegs zweifelhaft, daß man hier *ein historisches Bild* vor sich habe; sie knüpft nicht den Begriff eines historischen Bildes an die Zahl der Figuren oder an die Darstellung einer besonderen Handlung: ihr erscheint ein Bild historisch, wenn es nur den Menschen darstellt, in wie fern er ein Individuum war, welches auf die Menschheit irgend bewegend gewirkt hat und welches im Bilde nicht schlechthin *als dieser* besondere Mensch, sondern als einbegriffen in den Kreis der Menschheit, *als in Wechselwirkung mit derselben* erscheint, gleichviel ob leidend oder handelnd.«[29]

Doch auch für das Historienbild mit nur einer Figur ist die Wahl des erfaßten Moments entscheidend, den Carus hier durchaus in Anlehnung an die Theorie vom fruchtbaren Augenblick zur

Sprache bringt. Bei Delaroche ist es nun nicht der pointiert zugespitzte Erzählmoment vor dem eigentlichen Höhepunkt einer Bildhandlung, es ist die Wahl der besonderen historischen Situation, in der sich der Dargestellte befindet und die unabhängig von den tatsächlichen inneren Handlungsverläufen im Kunstwerk besteht. Die durch und durch negative Charakterisierung der historischen Persönlichkeit Napoleons, der »das Princip seiner eigenen Vernichtung, gleich dem Keim einer innern Fäulniß« in sich trüge, habe dabei notwendig zur Folge, daß der gewählte Augenblick immer ein Augenblick tragischen Scheiterns sein müsse und den Kaiser in keinem Fall in »Siegesfreude und Herrlichkeit« zeigen dürfe. Carus überträgt seine Reflexionen auf das Gemälde: »Die kurze Rast des Ueberwundenen in Fontainebleau, dieses Kaisers, von dem Reich und Krone abfällt wie hier der bestaubte Hut aus der ermatteten Hand, er bringt wirklich das innere Todesprincip, welches ihm eigen war, zur Anschauung, und in *einer* und *derselben* Darstellung erfassen wir die Schärfe einer solchen Individualität und den Wendepunkt zwischen zwei großen Perioden der Weltgeschichte.«[30]

Die ästhetischen Qualitäten des Bildes, die sich für den Betrachter in der überwältigenden Wahrhaftigkeit der Darstellung aussprechen, lassen das Porträt der historischen Persönlichkeit mit dem zeitgeschichtlichen Anlaß des Gemäldes verschmelzen und eröffnen so der Gattung der Historienmalerei gänzlich neue Wege. Carus läßt seine Leser noch einmal die Wirkung des Geschauten auf den Betrachter nachvollziehen, und es ist auffällig, daß seine Beschreibung dem Bild Züge religiöser Wirkmächtigkeit ansinnt:

> »Nun schaut mit geistigem Auge der Betrachtende hinein in jenes stille Zimmer, er erkennt den Gestürzten an dem verloschenen Auge, aber er erkennt zugleich die Macht dieses Geistes an der bedeutenden Stirne, er sieht nur ihn, nur die allernächsten Umgebungen, den abgelegten Degen, die hingeworfenen Portefeuille's der Depeschen, den verschobenen Sessel und den gefallenen Hut; aber dies Alles, die Gestalt selbst, der merkwürdige Kopf, die kleine Hand, die einfache bestaubte Kleidung, es ist nicht *gemalt, es ist da!* Und so wirkt denn das Ganze nach Art einer Vision, einer Vision, vor welcher sich ein Blatt der Geschichte und ein wichtiges aufschlägt. Erinnert man sich dann, es sei doch ein Bild, so dringt wenigstens *eine* Ueberzeu-

gung mit ganzer Festigkeit sich auf, und diese heißt: *es ist ein historisches Bild!* – Ja ich möchte hinzusetzen, es ist das erste mir bekannt gewordene, wahrhaft *historische* Zeitbild.«[31]

Wie auch sonst vielfach im Gesamtwerk des Künstlers zu beobachten, spricht sich das historische Ereignis im Gemälde *Napoleon I. in Fontainebleau* in einer stillgestellten, sentimentalen Szene aus. Der Hauptdarsteller einer solchen Szene ist nicht länger als der Handelnde, als der Macher der Geschichte ins Bild gesetzt, er ist als Mensch selbst den historischen Ereignissen unterworfen, die sich in seiner seelischen Verfaßtheit spiegeln: Napoleon wird in einer für ihn unsicheren historischen Situation zwischen Bangen und Hoffen gezeigt, und der Betrachter, der um den weiteren Verlauf der Geschichte weiß, ist aufgefordert, sich einfühlend in die Rolle des Helden zu versetzen. Thema eines solchen Bildes ist nicht länger der historische, politische oder religiöse Konflikt handlungsbetonter Historienmalerei, Thema ist nun der innere Konflikt eines isolierten Bildhelden. Und als solcher kann Napoleon nun in den Bilderschatz auch anderer Nationen eingehen, ohne daß die entstehenden Kunstwerke – wie etwa im Fall der deutschen oder englischen Karikatur zu Lebzeiten – noch immer politisch Stellung zum Dargestellten zu nehmen hätten: In Auftrag gegeben wird *Napoleon I. in Fontainebleau* von einem deutschen Kaufmann, und Repliken des Gemäldes gelangen nur kurze Zeit später in die Sammlungen John Naylors und der Königin Viktoria nach England.

Um das Thema des inneren Widerstreits einer einzelnen, szenisch isolierten Figur bildkünstlerisch meistern zu können, hat Delaroche auf das Vorbild des *Gallischen Herkules* von Pierre Puget und auf dessen besondere Herrscherikonographie zurückgegriffen. So wie der antike Heros in einer ethischen Konfliktsituation zwischen Tugend und Laster gezeigt wird, so wird auch Napoleon am Scheideweg seiner politischen Laufbahn vom Kunstwerk erfaßt. Der Künstler hat für diesen Scheideweg das Bildzeichen der gekreuzten Parkettdielen gefunden, auf deren Mitte der Dargestellte seinen linken Fuß gesetzt hat.[32] Der Betrachter sieht den Kaiser vor die Entscheidung gestellt, den eingedrungenen alliierten Truppen Widerstand zu leisten oder den Kampf um die europäische Hegemonie verloren zu geben. Die vorbildliche Ikonographie aber wird dabei keineswegs für alle Betrachter verbindlich auf das Gemälde des 19. Jahrhunderts übertragen, und Delaroche hat darauf verzichtet, ein Rollenporträt Napoleons zu entwerfen, wie es zu Lebzeiten des Kaisers durchaus und in bester französischer Tradition Gestalt annehmen konnte.[33] Das gewählte kunsthistorische Vorbild trägt als ästhetisches Exemplum dazu bei, das neue und genuin moderne Thema durch eine bewährte künstlerische Lösung kompositorisch abzusichern. Delaroche kann in seinem posthumen Gemälde den ethischen Appell, den die Herrscherikonographie des *Gallischen Herkules* an den König richtete, nicht auf Napoleon übertragen; er nutzt gleichwohl die vorgestaltete Form zur Bewältigung einer Einzelfigur, des Kaisers, der im inneren Konflikt einer Entscheidungssituation gezeigt wird und der – wie schon der zeitgenössische Betrachter weiß – nur wenige Tage später abdanken wird.

Das Ende der Historienmalerei ihrer höchsten Bestimmung nach, ihre Wiedergeburt als *genre historique* gehen mit dem Ende auch verbindlicher ikonographischer Aussagen einher, die von den ästhetischen Strategien der Historisierung und Psychologisierung des Helden abgelöst werden. In seiner offenen und auf den einfühlenden Blick des Betrachters angewiesenen Bildform – das haben die zeitgenössischen Reaktionen auf *Napoleon I. in Fontainebleau* gezeigt – hält das erfolgreiche, in Repliken und Reproduktionen weit verbreitete Werk das Angebot an den Betrachter bereit, selbst die widerstreitenden Gedanken und Gefühle des Dargestellten zu formulieren: Der Betrachter des Gemäldes, dem damit ein modernes Rezeptionsverhalten abverlangt wird, befindet sich mithin nicht weniger als der Held des Bildes selbst an einem Scheideweg, und doch muß er die ethischen Konsequenzen eines klassischen *exemplum virtutis* nicht länger auf sich nehmen. Paul Delaroches historische Genrebilder werden damit, so die polemischen, in ihrem grundsätzlichen Befund aber doch wohl treffsicheren Worte Heinrich Heines, zu »Lieblingsstücken der Bourgeoisie, der wackern, ehrsamen Bürgersleute«, die sich »gern erbauen an dem Anblick gefallener Größe, im süßen Bewußtseyn, daß sie vor dergleichen Katastrophen gesichert sind.«[34]

[1] Angesichts der Bedeutung Paul Delaroches für die französische Kunst des 19. Jahrhunderts ist die Aufmerksamkeit, die der Maler in der kunsthistorischen Literatur gefunden hat, erstaunlich gering und hat erst in den letzten Jahren eine gewisse Konjunktur; vgl. Norman D. Ziff: *Paul Delaroche. A Study in Nineteenth-*

Century French History Painting, New York u. London 1977; Stephen Bann: *Paul Delaroche. History Painted*, London 1997; *Paul Delaroche. Un peintre dans l'Histoire*, Ausstellungskatalog, Musée des Beaux-Arts, Nantes / Pavillon du Musée Fabre, Montpellier 1999–2000; zu Einzelfragen der Forschung vgl. auch Francis Haskell: *Rediscoveries in Art. Some Aspects of Taste, Fashion and Collecting in England and France*, London 1976, S. 9ff.; id.: *Poveri re*, in: *FMR* 25/1984, S. 139–156; Marie-Pierre Foissy-Aufrère: *La Jeanne d'Arc de Paul Delaroche*, Ausstellungskatalog, Musée des Beaux-Arts, Rouen 1983; Jean Lacambre: *Un style international en 1850: à propos de l'exposition Delaroche*, in: *Revue du Louvre et des Musées de France* XXXIV/1984, S. 337–340.

2 Der um 1805 von Jacob-Desmalter geschaffene Tisch befand sich zur Zeit Delaroches und befindet sich noch heute im restaurierten *Salon de l'Abdication* im Schloß zu Fontainbleau; vgl. Colombe Samoyault-Verlet: *Fontainebleau, l'appartement intérieur de Napoléon: aménagement et restauration*, in: *Revue du Louvre* 2/1996, S. 66–76, S. 70ff.

3 Vgl. Gerhard Winkler: *Museum der bildenden Künste Leipzig*, Leipzig 1979, S. 201; zu Delaroches *Napoleon I. in Fontainebleau* vgl. auch Marie-Louise von Plessen (Hg.): *Marianne und Germania 1789–1889. Frankreich und Deutschland. Zwei Welten – Eine Revue*, Ausstellungskatalog, Martin-Gropius-Bau, Berlin 1996–1997, S. 220 (Kat. Nr. 3/48); Bann 1997, S. 251ff.; Paul Delaroche 1999–2000, S. 315f. (Kat. Nr. 70).

4 Vgl. Jacques Marquet de Montbreton de Norvins: *Histoire de Napoléon. Illustrée par Raffet et Vernet*, Brüssel 1839, S. 548; vgl. Ziff 1977, S. 215.

5 Zur Ikonographie des Herkules am Scheidewege vgl. Erwin Panofsky: *»Hercules Prodicus«. Die Wiedergeburt einer griechischen Moralerzählung im deutschen und italienischen Humanismus*, in: id.: *Hercules am Scheidewege und andere antike Bildstoffe in der neueren Kunst*, Leipzig u. Berlin, 1930 (Studien der Bibliothek Warburg, Bd. XVIII); zur Herkules-Ikonographie allgemein vgl. Rainer Vollkommer: *Herakles – die Geburt eines Vorbildes und sein Fortbestehen bis in die Neuzeit*, in: *Idea. Jahrbuch der Hamburger Kunsthalle* VI/1987, S. 7–29; vgl. auch id.: *Herakles in the Art of Classical Greece*, Oxford 1988(Oxford University Committee for Archaeology, Bd. 25), zur politischen Ikonographie des Herkules vgl. zuletzt Klaus Irle: *Herkules im Spiegel der Herrscher*, in: *Herkules. Tugendheld und Herrscherideal. Das Herkules-Monument in Kassel-Wilhelmshöhe* (hg. v. Christiane Lukatis u. Hans Ottomeyer), Ausstellungskatalog, Staatliche Museen, Kassel 1997, S. 61–77.

6 Vgl. Panofsky 1930 (wie Anm. 5), S. 124ff.; vgl. auch Silvana Macchioni: *Annibale Carracci, Ercole al bivio. Dalla volta del Camerino Farnese alla Galleria Nazionale di Capodimonte: genesi e interpretazioni*, in: *Storia dell'arte* 42/1981, S. 151–170.

7 Vgl. Theodore Reff: *Puget's Gallic Hercules*, in: *Journal of the Warburg and Courtauld Institutes* XXIX/1966, S. 250–263; Rudolf Preimesberger: *Zu einigen Werken und der künstlerischen Form Pierre Pugets*, in: *Wiener Jahrbuch für Kunstgeschichte* XXII/1969, S. 86–119, S. 103ff.; Klaus Herding: *Pierre Puget. Das bildnerische Werk*, Berlin 1970, S. 50ff. u. S. 149f. (Kat. Nr. 16); *Pierre Puget. Peintre, sculpteur, architecte 1620–1694*, Ausstellungskatalog, Centre de la Vieille Charité u. Musée des Beaux-Arts, Marseille 1994–1995, S. 108 ff. (Kat. Nr. 28); Bettina Kastner: *Der »Gallische Herkules« von Pierre Puget*, Typoskript (Magisterarbeit), Berlin 1996.

8 Vgl. Eugène Delacroix: *Puget* [1845], in: id.: *Œuvres littéraires*, Paris 1923,

2 Bde., Bd. II, S. 105–123, S. 113: »Ce magnifique ouvrage, peu connu des artistes eux-mêmes, est placé obscurement dans une antichambre du Luxembourg.«

9 Herding 1970 (wie Anm. 7), S. 55.

10 Zur Ikonographie des »Hercules Gallicus«, die seit etwa 1600 mit der Gestalt des griechischen Herkules verschmilzt vgl. Reff 1966 (wie Anm. 7), S. 256ff.; vgl. auch Marc-René Jung: *Hercule dans la littérature française du XVIe siècle. De l'Hercule courtois à l'Hercule baroque*, Genf 1966 (Travaux d'humanisme et renaissance, Bd. 79), S. 73ff.; Corrado Vivanti: *Henry IV, the Gallic Hercules*, in: *Journal of the Warburg and Courtauld Institutes* XXX/1967, S. 176–197.

11 Vgl. Theodore Reff: *Puget's Fortune in France*, in: *Essays in the History of Art presented to Rudolf Wittkower*, London 1967, S. 274–284; Luc Georget: *La fortune critique*, in: Pierre Puget 1994–1995, S. 380–387; Geneviève Bresc-Bautier: *Milon de Crotone*, Paris 1996 (Collection Solo, Bd. 2), S. 24ff.; zur Skulptur des *Milon von Kroton* vgl. auch Herding 1970 (wie Anm. 7), S. 95ff. u. 167ff. (Kat. Nr. 38).

12 Vgl. Georget 1994–1995 (wie Anm. 11), S. 384; Bresc-Bautier 1996 (wie Anm. 11), S. 26f.; vgl. auch Norman D. Ziff: *Dessins de Paul Delaroche au Cabinet des Dessins du musée du Louvre*, in: *Revue du Louvre et des Musées de France* 25/1975, S. 163–168, S. 163f.; id. 1977 (wie Anm. 1), S. 75 f.; Paul Delaroche 1999–2000 (wie Anm. 1), S. 285 (Kat. Nr. 10).

13 Zum *Hémicycle* der Pariser École des Beaux-Arts vgl. zuletzt Alain Bonnet: *Une histoire de l'art illustrée: l'hémicycle de l'École des beaux-arts par Paul Delaroche*, in: *Histoire de l'art sur le XIXe siècle* 33–34/1996, S. 17–30: Sylvain Boyer: *La peinture de Paul Delaroche à l'École des Beaux-Arts*, in: *Bulletin de la Société de l'Histoire de l'Art français 1996*, Paris 1997, S. 155–170; Bann 1997 (wie Anm. 1), S. 200ff.; Claude Allemand-Cosneau: *L'Hémicycle de l'École des beaux-arts de Paris ou l'histoire figurée de l'art*, in: Paul Delaroche 1999–2000 (wie Anm. 1), S. 105–129.

14 Vgl. Julius Vogel: *Das städtische Museum zu Leipzig von seinen Anfängen bis zur Gegenwart*, Leipzig 1892, S. 40ff.; Winkler 1979, S. 14f.; Karl-Heinz Mehnert: *Ein Leipziger Kaufmann sammelt in Paris*, in: Dieter Gleisberg (Hg.): *Museum der bildenden Künste Leipzig*, Leipzig 1987, S. 74–76.

15 Vgl. Elisabeth Foucart-Walter: *Paul Delaroche et le thème du Passage du Saint-Bernard par Bonaparte*, in: *Revue du Louvre et des Musées de France* XXXIV/1984, S. 367–384, S. 369 u. Anm. 26; Paul Delaroche 1999–2000 (wie Anm. 1), S. 315f. Die Datierung der Pariser Fassung, für die bislang »1846« (Ziff 1977) oder »1840« (Foucart-Walter 1984) vorgeschlagen wurde, ist wohl aufgrund einer Restaurierung des 19. Jahrhunderts auch vor dem Gemälde selbst nicht eindeutig auszumachen.

16 Vgl. Stadtarchiv Leipzig, Tit. LXII M (K) Nr. 31a, fol. 12.; vgl. auch Vogel 1892, S. 93. Bei der im Besitz der Kunsthandlung Goupil erwähnten Fassung handelt es sich um das Gemälde im Musée de l'Armée, das 1852 an John Naylor verkauft wurde und 1954 aus englischem Privatbesitz in das Pariser Museum gelangte.

17 Zur Ausstellung 1851 in Wien, die über 150 000 Besucher anzog und von begeisterten Kritiken begleitet wurde vgl. anonym: [ohne Titel], in: *L'Artiste* VI/1851, S. 189; dort auch eine Beschreibung der Werkinszenierung, die der Ausstellung in Prag in etwa entspricht: »Une des salles de l'Exposition permanente de la Société [des Beaux-Arts de l'Autriche] avait été consacrée à l'œuvre de M. Paul Delaroche. Cette pièce, décorée d'une teinture de drap violet qui encadrait le tableau, concourait à inspirer un sentiment grave et religieux qui

vous saisissait à la vue de cette figure éclatante de lumière, et poétisée par la puissance du talent de l'artiste.«

18 Anonym: *Napoleon am 31sten März 1814 in Fontainebleau, historisches Gemälde von Paul Delaroche*, in: *Berliner Intelligenzblatt*, Nr. 65, 17. März 1847: »Dieses interessante Gemälde, das die Aufmerksamkeit der gebildeten Welt in ungewöhnlichem Grade auf sich gezogen, ist durch die Güte des Besitzers, des Herrn Consul *Schletter* in Leipzig, auf einige Zeit im Saale des Kunst-Vereins, unter den Linden No. 21, dem Publicum Berlins zur Ansicht ausgestellt. Die Einnahme ist zu wohlthätigen Zwecken bestimmt, und zwar die eine Hälfte den Armen des Königreichs Sachsen, die andre den hiesigen Gesellschaften zur Versorgung der deutschen und französischen Haus-Armen mit freier Feuerung. Das Local ist täglich von 11–3 Uhr geöffnet. Der Eintrittspreis 5 sgr.«; gleichlautende Anzeigen in: *Königlich priviligierte Berlinische Zeitung (Vossische Zeitung)*, Nr. 64, 17. März 1847; *Berlinische Nachrichten von staats- und gelehrten Sachen*, Nr. 64, 17. März 1847.

19 Vgl. S. H. S.: [ohne Titel], in: *Berlinische Nachrichten von staats- und gelehrten Sachen*, Nr. 66, 19. März 1847.

20 Anonym: *Die Kunstausstellung des Jahres 1851 zu Prag. Napoleon von Paul Delaroche*, in: *Bohemia* 75/1851, o. S.

21 Vgl. ibid.

22 Vgl. ibid.

23 Vgl. ibid.

24 Vgl. Uwe Fleckner: *Le retour des cendres de Napoléon. Vergängliche Denkmäler zur Domestizierung einer Legende*, in: Michael Diers (Hg.): *Mo(nu)mente. Formen und Funktionen ephemerer Denkmäler*, Berlin 1993 (Artefacten, Bd. 5), S. 61–76.

25 Zu den ikonographischen Strategien Napoleons III. vgl. Uwe Fleckner: *In nepote redivivus. Politische Ikonographie und ästhetisches Programm in Jean-Auguste-Dominique Ingres' Apotheose Napoleons I.*, in: Gudrun Gersmann u. Hubertus Kohle (Hg.): *Frankreich 1848–1870. Die Französische Revolution in der Erinnerungskultur des Zweiten Kaiserreichs*, Stuttgart 1998, S. 121–137.

26 Vgl. Foucart-Walter 1984 (wie Anm. 15), passim.

27 Heinrich Heine: *Französische Maler. Gemäldeausstellung in Paris 1831*, in: id.: *Historisch-kritische Gesamtausgabe der Werke* (hg. v. Manfred Windfuhr), Bd. 12/1, Hamburg 1980, S. 9–62, S. 35. Das Zitat »Hofmaler aller geköpften Majestäten« findet sich in id.: *Lutetia. Berichte über Politik, Kunst und Volksleben*, ibid., Bd. 13/1, Hamburg 1988, S. 13–158, S. 148.

28 Carl Gustav Carus: *Napoleon in Fontainebleau von Paul Delaroche* [1847], in: id.: *Mnemosyne. Blätter aus Gedenk- und Tagebüchern*, Pforzheim 1848, S. 124–128, S. 124.

29 Ibid., S. 125.

30 Ibid., S. 126f.

31 Ibid., S. 127f.

32 In seinem Gemälde *Cromwell am Sarg Karls I.* von 1831 (Nîmes, Musée des Beaux-Arts) hat Delaroche eine vergleichbare Metapher entwickelt, indem er Cromwell mit seinem linken Fuß auf die Draperie treten läßt, mit der der Sarg des toten Königs bedeckt ist.

33 Zum napoleonischen *portrait historié* vgl. Uwe Fleckner: *Napoleon I. als thronender Jupiter. Eine ikonographische Rechtfertigung kaiserlicher Herrschaft*, in: *Idea. Jahrbuch der Hamburger Kunsthalle* VIII/1989, S. 121–134.

34 Heine 1988 (wie Anm. 27), S. 149.

Delaroches ›Hémicycle‹ vor dem Berliner Publikum

Der Kunsthändler Louis Friedrich Sachse und sein Einsatz für den künstlerischen Austausch zwischen Berlin und Paris

Annette Schlagenhauff

Die Anfänge von Sachses Berliner Handel mit französischen Unikaten

Als der Kunsthändler Louis Friedrich Sachse am 1. August 1853 seine elegante, mit Oberlicht versehene Galerie in der Jägerstraße 27 eröffnete, wurde sein Unternehmen in Berlin freudig begrüßt. Da sie ein attraktiver Schauplatz für eine beständig wechselnde Auswahl einheimischer und ausländischer zeitgenössischer Kunst war, hatte man rasch erkannt, daß Sachses *Permanente Gemälde-Ausstellung* eine Lücke im kulturellen Angebot der Stadt schloß, in der Akademieausstellungen nur alle zwei Jahre und Kunstvereinsausstellungen zwar häufiger, jedoch in unregelmäßigen Abständen stattfanden. Unter den mehr als hundert zur Schau gestellten Werken in Sachses Eröffnungsausstellung ragte ein Werk – eine Leihgabe des Pariser Kunsthändlers Goupil – hervor: die im Format reduzierte eigenhändige Replik von Paul Delaroches Wandgemälde *Apotheose der* Künste, das das Halbrund der *Salle des prix* in der Pariser Ecole des Beaux-Arts schmückte und als der *Hémicycle* berühmt war (Abb. 1).[1] Blickt man von heute aus auf diese nahezu vergessene Episode in der kulturellen Entwicklung Berlins im 19. Jahrhundert zurück, erscheint einem die Präsentation dieses seinerzeit gefeierten Gemäldes, das eine fiktive internationale Versammlung von 67 Malern, Architekten und Bildhauern aus dem 13. bis 17. Jahrhundert zum Gegenstand hat, nachgerade wie ein Leitmotiv für Sachses beharrliche internationale Ausrichtung als Kunsthändler. Während man auf wenigen Seiten schwerlich das ganze Ausmaß von Sachses Beziehungen zu Frankreich nachzeichnen kann, läßt sich doch zeigen, wie seine Berliner Aktivitäten ungeachtet seines häufigen Blicks nach draußen durch die Grundsätze und Richtungswechsel der lokalen Geschmacksinstanzen bestimmt waren. Das überaus positive Echo, auf das 1853 sowohl Delaroches *Hémicycle* als auch Sachses neue Galerie bei der Kritik stießen, beweist, daß um die Jahrhundertmitte dem Kunsthändler im allgemeinen, und Sachse im besonderen, in der Berliner Kunstwelt eine erhebliche Geltung zugewachsen war.

Louis Friedrich Sachse (1798–1877), hugenottischer Abstammung, hatte im Juni 1828 in der Jägerstraße 30 unter dem Firmennamen *L. Sachse et Comp.* eine lithographische Anstalt in Verbindung mit einer Kunsthandlung gegründet.[2] Hatte er das Jahr davor noch als Lehrling in Paris das Geschäft erlernt, so erfreute er sich in Berlin bereits 1834 eines guten Rufs in der »lithographischen Kunstpartie«, nicht zuletzt wegen seiner Fähigkeit, talentierte Drucker, Lithographen oder Zeichner wie etwa den jungen Adolph Menzel bei sich einzustellen oder auszubilden.[3] Ende 1834 war Sachse auf seiner zweiten Parisreise dank der »großen Gefälligkeit« des Berliner Bildnismalers Eduard Magnus, der ihn durch die Pariser Ateliers begleitete, der entscheidende Schritt gelungen, Aquarelle und Ölgemälde von zeitgenössischen französischen Künstlern einzukaufen.[4] In Berlin trug ihm diese neue berufliche Initiative große Anerkennung ein, und Presseberichten zufolge war Sachses neuerworbener Vorrat an französischen Stücken im Handumdrehen verkauft.[5] Da Berlin damals noch kein Museum zeitgenössischer Kunst besaß, lobte ein Kritiker den Unternehmungsgeist des jungen Kunsthändlers mit den Worten, daß Sachse in der preußischen Hauptstadt tatsächlich ein »kleines Luxembourg« geschaffen hätte – unter Hinweis auf das Musée du Luxembourg, jenes Pariser Museum, das die staatlichen Ankäufe zeitgenössischer Kunst beherbergte.[6] Noch im gleichen Jahr nahm auch das nationale Kunstorgan, das *Kunst-Blatt*, von den Werken der »neuen französischen Schule« Notiz, die gegenwärtig in der Jägerstraße zu besichtigen seien, wobei es besonders auf die stilistische Vielfalt und das breite Spektrum der Landschafts- und Genrethemen wie auch auf die Sicherheit in Farbgebung und Farbauftrag hinwies, durch die sie sich auszeichneten.[7]

Trotz dieser vielversprechenden Anfänge machten jedoch bald kritische Vorbehalte gegen französische Maler als »Effektjäger« oder »Bravadenmacher« die Runde,[8] was Sachse veranlaßte, sich bei der höchsten Berliner Instanz in Fragen des künstlerischen Geschmacks, der Akademie der Künste, Rat zu holen. Darauf vorbereitet, sein internationales Projekt fallenzulassen, sollte sie die

ausländische, vornehmlich französische Kunst für die Kunstentwicklung in Preußen für schädlich halten, war Sachse zweifellos erfreut, als er von der Akademie folgende Antwort erhielt: »Es wäre um die deutsche Kunst schlecht bestellt, wenn sie im eignen Lande nur dadurch sich Absatz sichern könnte, daß den ausländischen Arbeiten der Eingang versagt würde.« Sie ermunterte ihn überdies dazu, ihre nächste Berliner Kunst-Ausstellung »mit möglichst wertvollen Kunstwerken des Auslandes« zu »bereichern«.[9] Obwohl 1836 im Katalog der Ausstellung Sachses Name nur in einer kurzen Notiz über aus Paris eingegangene Gemälde erwähnt war, erwiesen ihm Besprechungen der Ausstellung den verdienten Respekt.[10] In diesen Rahmen muß man auch die häufig zitierten, aber immer aus dem Zusammenhang gerissenen Sätze von Adolph Menzel über die französische Kunst einrücken: »Der wirklich geistvolle und gediegene Materialismus der jetzigen Franzosen [wird] hier eine Revolution hervorbringen [...] Wir sollen und wollen keine Franzosen werden, aber respektvoll das viele Gute in ihnen anerkennen, und uns eine Lehre sein lassen.«[11] Offenbar hoffte der junge Menzel, der im gleichen Jahr auch selbst zu malen begonnen hatte, daß Sachses Importe eine solche Revolution mit sich bringen würden.

Der Rest des Jahrzehnts war von regen Kontakten Sachses mit Paris geprägt – ein Umstand, der sich auch in dem zusätzlichen französischen Briefkopf für seine wachsende Korrespondenz mit Pariser Händlern und Künstlern kundtat (Abb. 2). Aus seinem *Reisetagebuch* geht hervor, daß die häufigsten Kontakte zu Händlern Alphonse Giroux, Susse und Adolphe Goupil betrafen (dieser war vor 1840 Geschäftspartner von Henri Rittner und sollte später Sachses wichtigster Geschäftskollege jenseits des Rheins werden),

1 Paul Delaroche: *Hémicycle*, 1853, Öl auf Leinwand, 41 × 257 cm, Baltimore, The Walters Art Gallery

während die am häufigsten wiederkehrenden Namen Pariser Künstler die von Biard, Delaroche, André Giroux, Gudin, Le Poittevin, Mozin, Roqueplan, Horace Vernet, Watelet und Winterhalter waren, seinerzeit höchst erfolgreichen Malern.[12] Trotz Sachses geschäftlicher Erfolge als Vermittler von Gemälden – französische Leinwände passierten die Jägerstraße und fanden dort Käufer aus Berlin, den östlichen Provinzen Preußens oder noch entfernteren Regionen – blieb sein lithographisches Unternehmen bis in die frühen fünfziger Jahre das finanzielle Rückgrat seiner Firma.[13] Diese Geschäftsstrategie sollte ihm später zustatten kommen, als einerseits auf *seinem* Pariser Markt die Konkurrenz seitens anderer Berliner Händler zunahm und andererseits, was weniger vorauszusehen war, die Berliner Akademie der Künste ihre tolerante Position von 1835 revidierte.

Der Konflikt, der sich in den Jahren 1838 und 1839 zwischen Sachse und der Akademie hinsichtlich der französischen Kunst anbahnte, ist für die Machtverhältnisse, welche die damalige Berliner Kunstwelt prägten, höchst aufschlußreich. Sachse hatte wieder französische Arbeiten für die Akademieausstellung zur Verfügung gestellt, doch diesmal stießen seine Importe auf Mißbilligung.[14] Die Akademie vertrat nunmehr den Standpunkt, daß ausländische Kunst, insbesondere französische, in der Tat eine nachteilige Wirkung auf einheimische Künstler habe und Sachse nicht im Interesse deutscher Kunst – für die sich die Akademie allein verantwortlich

2 *Briefkopf L. Sachse & Co.*: Berlin, Stiftung Archiv der Akademie der Künste, PrAdK Nr. 21, Bl. 130

fühle –, sondern in seinem eigenen Interesse als Kunsthändler gehandelt hätte; »nicht *Ein* größeres Historisches Bild« habe sich, klagte die Akademie, unter den von ihm zur Verfügung gestellten Werken befunden, »weder 1836 noch 1838.«[15] Als Schlichter des Konflikts hinzugezogen, beendete das Kultusministerium den Streit, indem es beide Parteien in ihre Schranken verwies (und so vor allem seine eigene Position in bezug auf Kunstsachen stärkte). Und wie um seine Unzufriedenheit mit einer Akademiepolitik zu demonstrieren, die er für eigenmächtig hielt, konzentrierte Sachse im Sommer 1839 seine Anstrengungen darauf, eine wahre Flut französischer Werke in seinen eigenen Räumen zu zeigen.[16]

Von der Kontroverse nicht unberührt, entschied Sachse sich in den vierziger Jahren dafür, in seiner engeren Heimat zu bleiben und mit größerer Regelmäßigkeit innerhalb der deutschen Staaten und in östlicher Richtung zu reisen. Er machte während dieses Jahrzehnts nur zwei Reisen nach Paris. Gleichwohl war ein Aufenthalt in der französischen Hauptstadt im Frühjahr 1844 wieder von großer Bedeutung für ihn, da er hier den ersten Anstoß erhielt, der zur Gründung der »Permanenten Gemälde-Ausstellung« führen sollte. Während dieses Pariser Aufenthalts besuchte er den »Salon zu Durand-Ruel« (sic), die mit Oberlicht und erhabenem Dekor ausgestattete Galerie des Pariser Kunsthändlers Jean-Marie-Fortuné Durand-Ruel, die speziell für eine bequeme Darbietung und

Betrachtung von Kunst entworfen worden war. Hier konnten Gemälde in übersichtlicher Zahl und Anordnung gleichsam wie in der Galerie eines Privatsammlers in Augenschein genommen werden, das heißt in einer Weise, die sowohl der Kunst wie dem Betrachter in höherem Maße entgegenkam, als es an den buntscheckigen, mit Bildern überladenen Wänden des Pariser Salons oder der Berliner Akademieausstellungen der Fall war.[17] Obwohl wir nicht genau wissen, wann Sachse den Plan faßte, eine vergleichbare Galerie in Berlin aufzumachen, spricht viel dafür, daß dieser im Zusammenhang mit Adolphe Goupils Plan stand, in Berlin eine Filiale seines erfolgreichen Geschäfts mit Reproduktionsgraphik in Form von Lithographien und Kupferstichen zu eröffnen. Als der Berliner Zweig von *Goupil et Cie* in der Jägerstraße 65 im Januar 1852 seine Pforten öffnete, geschah dies unter der Direktion von Rudolph Hepner, einer von Sachses Neffen, was darauf schließen läßt, daß zwischen den beiden lange miteinander befreundeten Geschäftskollegen Sachse und Goupil Einverständnis über die Aufteilung ihrer Interessen bestand.[18] Sachse konnte sich jetzt in erster Linie dem Gemäldehandel widmen. Während er nach vorsichtiger Schätzung etwa 400 Bilder pro Jahr ausstellte, hielt er weiterhin Kontakt mit belgischen, holländischen, französischen und englischen Kunstmetropolen und stellte dem Publikum zugleich ein breites Spektrum von Werken deutscher Künstler vor.[19] Besonders beachtenswert erschien einem Kritiker dabei die ungewöhnliche Gelegenheit für das Publikum, in Sachses Galerie »dem täglichen Wirken und kontinuirlichen Entwickelung des künstlerischen Geistes zu folgen«.[20]

Berlin und Delaroche

Schon bevor Gemälde Delaroches in der preußischen Hauptstadt selbst in Augenschein genommen werden konnten, war dieser höchst erfolgreiche französische Maler auch in Berliner Kunstkreisen ein Begriff. Ob aufgrund der Berichte über den Pariser Salon, wie sie in der deutschen Kunstpresse regelmäßig enthalten waren – die bemerkenswertesten unter ihnen stammten von Heinrich Heine und Eduard Kolloff, die beide in Paris lebten –, oder aufgrund der Drucke nach seinen bekanntesten Gemälden, die überall in Europa erhältlich waren, – galt Delaroche »mit Ingres und Delacroix [als] der Glanzpunkt der modernen französischen Schule«.[21] Seinen Werken wurde attestiert, daß sie keinen (oder nur wenige) der Mängel aufwiesen, die man vielen seiner französischen Kollegen zuschrieb: »Sein Stil ist dem Gedanken angemessen, die Form erscheint bei ihm in grösster Strenge ohne Übertreibung in Stellung und Bewegung, und der Ausdruck ist diesem gemäss, wahr und bezeichnend.«[22] Sachse war Delaroche zum ersten Mal 1834 in Paris begegnet – man darf wohl davon ausgehen, daß es durch Vermittlung von Rittner et Goupil geschah, die in den frühen dreißiger Jahren mit der Publikation von Drucken nach Delaroches Gemälden begonnen hatten – und stattete ihm auf vielen seiner späteren Parisreisen weitere Besuche ab.[23] Mitte der vierziger Jahre waren eine Reihe von Gemälden Delaroches auch in Berlin zu sehen gewesen: der polnisch-preußische Adelige Graf Athanasius Raczynski hatte für seine öffentliche Galerie ein Werk bei ihm in Auftrag gegeben; Sachse hatte von ihm ein Gemälde ausgestellt, das er später an einen Privatsammler in Königsberg verkaufte; und zwei Bilder von Delaroche, sein *Kardinal Richelieu* und *Kardinal Mazarin*, waren 1840 in der Akademieausstellung zu sehen – und zogen unmittelbar die Bewunderung der Berliner Akademie auf sich, die Delaroche am 13. März 1841 zu ihrem auswärtigen ordentlichen Mitglied ernannte.[24] Trotz allen Lobes, das Delaroches Werken von öffentlicher und privater Seite zuteil wurde, ist es nach wie vor unsicher, ob der Künstler auf einer kurzen Rundreise, die er im Herbst 1849 durch die deutschen Staaten machte, die preußische Hauptstadt besuchte.[25] Sicher ist, daß er 1850 für sein Lebenswerk den Orden »Pour le mérite« erhielt, eine der höchsten preußischen Auszeichnungen überhaupt.[26] Es war daher für Sachse ein bedeutender Coup, dem Berliner Publikum mit dem *Hémicycle* das vermutlich berühmteste Werk Delaroches zu präsentieren.

Der ›Hémicycle‹ in der Berliner Debatte

Im August 1853 wurde Sachses »Permanente Gemälde-Ausstellung« über Nacht zum Stadtgespräch in Berlin. Die einhellige positive Reaktion des Publikums auf Delaroches *Hémicycle* bewog Sachse, seine Präsentation in Berlin (mit Goupils Erlaubnis) zu verlängern, und selbst der preußische König Friedrich Wilhelm IV. stattete Sachses Galerie mehrere Besuche ab, um dieses besondere Werk genau zu studieren.[27] Die Berichte in der Berliner Fach- und Tagespresse übertrafen einander im Lob über Delaroches Meisterwerk. Und obwohl sie sich weitgehend in Beschreibungen erschöpften, die sich hauptsächlich auf die Identifizierung der dargestellten Figuren richteten, geben sie bei näherem Hinsehen einiges über die künstlerischen Debatten im damaligen Berlin preis.

Während die französische Kritik den eklektischen Ursprung, den gleichmütigen Ausdruck und gänzlich unhieratischen Status in Aussehen und Plazierung der dargestellten Maler, Bildhauer und Architekten unterstrich – die das Ganze mehr zu einer Mustersammlung (»échantillonnage«) denn zu einem Pantheon machten,[28] begegnete man in den deutschen Kommentaren immer wieder der Behauptung, daß Delaroche »die größten Notabilitäten der Kunstgeschichte« (Klein), »jene Heroen der Vergangenheit« (Lübke), »diese Reformatoren in dem Priesterthum der Kunst« (Schasler) gemalt habe.[29] Gemäß dieser hierarchischen Sichtweise identifizierte der deutsche Kritiker als die gelungenste Gruppe von allen die weit rechts im Bild erscheinende Gruppe um Raffael. Gewiß mehr als nur eine Folge der Gegebenheit, dieses Bild wegen seines besonders breiten Formats von links nach rechts zu lesen, wirft diese hierarchische Lesart die Frage auf, ob die deutsche Raffaelverehrung um die Jahrhundertmitte nicht vielleicht diejenige in Frankreich übertraf – ein Umstand, der für die vergleichende Kunstgeschichte des 19. Jahrhunderts durchaus einer näheren Untersuchung wert sein könnte. Interessanterweise fühlte sich durch die Tatsache, daß in einem Aufgebot von 67 Künstlern lediglich vier Deutsche – Dürer, Holbein, Vischer und von Steinbach –, noch dazu in einer hinteren Position des leicht ansteigenden Prosceniums, vertreten waren, nur ein einziger Rezensent in seinem Nationalstolz verletzt.[30] Der junge Kunsthistoriker Wilhelm Lübke, der damals seine ersten Artikel für Friedrich Eggers *Deutsches Kunstblatt* verfaßte, gestand dagegen, daß er auf den gewählten Stoff mit »freudiger Anerkennung« für den französischen Maler reagiert habe, eine Wertschätzung, die sich zu höchster »Bewunderung« steigerte, als er die »Art der Durchführung« wahrnahm.[31] Kurz – was kompositorische Ausgewogenheit und Farbgebung betraf, pries jeder Rezensent die durchgehende Harmonie des *Hémicycle*, nicht zuletzt weil darauf jeder Künstler »mit den Farben seiner besondern Palette« gemalt schien.[32]

Ein Punkt, der von jedem Berliner Rezensenten angesprochen wurde, betraf das Verhältnis zwischen der allegorischen Gruppe im Zentrum – hier wurden die klassischen Vertreter der Architektur, Malerei und Bildhauerei (Iktinos, Apelles und Phidias) von vier weiblichen Figuren flankiert, die die vier Kunstperioden (Gotik, griechische und römische Epoche, Renaissance) vertraten – und dem »geschichtlichen Fleisch und Blut«[33] der Künstler auf der rechten und linken Bildhälfte. Obwohl jeder Rezensent die ausgewogene Komposition pries, gingen die Meinungen darüber auseinander, welcher Aspekt dieser Doppelstruktur höher zu bewerten war, sobald es um die Frage ging, wie eine monumentale Malerei beschaffen (oder nicht beschaffen) sein sollte, die dem Berliner Publikum dargeboten wurde. Wilhem Lübke blieb in dieser Frage weitgehend unparteiisch. Für ihn ging die »Objectivität« der Bildflügel gut mit dem allegorischen Abschnitt in der Bildmitte zusammen, und er akzeptierte das Nebeneinander von historischen Porträts und Allegorie als eine gute Lösung.[34] Ein polemischer Ton schwang indessen in dem Kommentar Max Schaslers mit, eines Neulings in der Berliner Szene, dessen politischer Liberalismus seiner starken Neigung zu einem Idealismus in der Kunst nicht im Weg stand. Für Schasler bewies die Art und Weise, in der Delaroche die allegorischen Figuren wiedergegeben hatte, nicht nur die Möglichkeit, sondern auch den prinzipiellen Wert einer »symbolisch-historischen Darstellungsweise«. Er fand, daß die allegorische Gruppe im Zentrum des Bildes das perfekte Mittelglied zwischen zwei Polen bildete, da die Figuren in hohem Grade individualisiert waren und dabei doch Idealtypen blieben. Die Verschmelzung dieser gegensätzlichen Prinzipien sollte ein Grundmotiv von Schaslers Konzept der Historienmalerei werden und bestimmte bereits seine Verteidigungsschrift zugunsten eines Freskenzyklus, der damals im Treppenhaus des Neuen Museums am Lustgarten gerade im Entstehen begriffen und von Friedrich Wilhelm IV. dem Münchner Historienmaler Wilhelm von Kaulbach anvertraut worden war, was nicht überall in Berlin auf Zustimmung stieß (Abb. 3).[35] Schaslers Position wurde sofort durch den Kritiker aufs Korn genommen, der für die kurzlebige, aber vielversprechend betitelte Zeitschrift *Der Phönix* schrieb und mit sichtlicher Befriedigung notierte, daß

3 Wilhelm von Kaulbach. *Turmbau zu Babel*, um 1847, Wandgemälde im Treppenhaus des Neuen Museums Berlin (zerstört)

»die eigentlich symbolischen Personen […] auf Delaroche's Gemälde in dessen Mittelgruppe erledigt« seien. Der Herausgeber der Zeitschrift, der kunstinteressierte Arzt Julius Leopold Klein, sprach den Wunsch aus, daß die Berliner Maler etwas von den Seitenflügeln in Delaroches Komposition lernen möchten, weil der Betrachter sich hier »heimisch« fühle, nicht aber, wenn er gegen seinen Willen in metaphysische Regionen versetzt würde, wo »Gestaltenlosigkeit« drohe.[36] Auch wenn keiner der Kritiker Kaulbachs Freskenzyklus ausdrücklich erwähnte, dürften sich die Zeitgenossen den passenden Reim auf die jeweiligen Argumente gemacht haben. Für das zeitgenössische Berliner Publikum stellte Delaroches

Hémicycle eine öffentliche Würdigung der Kunstgeschichte durch einen renommierten französischen Maler dar und vielleicht, für den einen oder anderen, einen Prüfstein für die Bewertung monumentaler Historienmalerei in Berlin selbst.

Da Delaroches reduzierte Replik des *Hémicycle* zwei Gattungen der Malerei in sich vereinte – sie bildete ein Fresko nach, blieb selbst aber ein Staffeleibild –, wurde ihre Ausstellung in Sachses Galerie von manchem als eine direkte Herausforderung an eine weitere Instanz in der Berliner Kunstwelt verstanden: die Akademieausstellung. Voller Hoffnung, daß eine neue Kunstauffassung aus der sprichwörtlichen Asche erstehen möchte, wünschte *Der Phönix* Sachses »Permanenter Gemälde-Ausstellung« ein Publikum »in Permanenz« und sah in seiner neuen Galerie eine wichtige Alternative für die Heranbildung eines Kunstpublikums: »Hier kann es eine Art Kunst-Palästra (d. h. Übungsplatz) finden, wo es täglich sein Auge stärke und übend vorbereite, um es dann bei den großen periodischen Kunstausstellungen desto kräftiger, wo es Noth thut, – zuzudrücken.«[37] Es ist Sachses Einsicht, Unternehmungsgeist und Beharrlichkeit zu verdanken, daß die Stellung des Kunsthändlers, während der ersten fünfundzwanzig Jahre seiner internationalen Tätigkeit sich sicherer etablierte als je zuvor.

Aus dem Englischen von H. U. Davitt.

Folgende Berliner Archive wurden benutzt (im weiteren wie folgt abgekürzt): Archiv der Akademie der Künste (AdK), Geheimes Staatsarchiv Preußischer Kulturbesitz (GStA) und Landesarchiv Berlin (LA).

1 Kurioserweise wurde dieses Hauptwerk Delaroches irrtümlich als ein Gemälde von Eugène Delacroix identifiziert, vgl. G. J. Kern: *Louis Friedrich Sachse, der Begründer des Berliner Kunsthandels*, in: *Zeitschrift des Vereins für die Geschichte Berlins* 1/1934, S. 5. vgl. William R. Johnston: *The Nineteenth-Century Paintings in the Walters Art Gallery,* Baltimore 1982, S. 53–54. Die Replik wurde als Vorlage für den Stich von Henriquel-Dupont gemalt.

2 Die meisten Autoren befassen sich mit Sachse nur im Vorbeigehn und verlassen sich im wesentlichen auf Kern 1934 (wie Anm. 1). Nur zwei Autoren sind teilweise auf die Quellen zurückgegangen; vgl. Kerstin Bütow: *Vom Handwerk zur Kunst. Die frühe Gebrauchs- und Gelegenheitsgraphik Adolph Menzels im europäischen Kontext*, Phil. Diss., FU Berlin 1994 (zwei kurze Auszüge daraus sind erschienen im *Museums-Journal*, III/1996, S. 4–6 und *Museums-Journal* 1/1997, S. 44–46); Joachim Grossmann: *Künstler, Hof und Bürgerthum. Leben und Arbeit von Malern in Preußen 1786–1850*, Berlin 1994, S. 131–134. Meine Dissertation *German Percep-*

tions of French Art and Culture in Berlin, 1830–1855 (Courtauld Institute of Art; voraussichtliches Erscheinen 2000) wird Sachses Laufbahn im einzelnen behandeln.

3 Leopold Freiherr von Zedlitz: *Neuestes Conversations-Handbuch für Berlin und Potsdam,* Berlin 1834, Reprint Berlin 1979, S. 426.

4 Brief von L. F. Sachse an Nanni Sachse, 28. November 1834 (Sachse-Nachlaß, E. Rep. 200-03, Fasc. 1–30, hier Fasc. 4).

5 »-s-«: Französische Oel- und Aquarell-Bilder, in: *Museum. Blätter für bildende Kunst,* 6/1835, S. 43–44.

6 Ibid.

7 Adolph Schöll in: *Kunst-Blatt,* 16. Jg., Nr.92, 17. November 1835, S. 381–382.

8 Id., »Berlin den 22. August 1835«, in: *Kunst-Blatt,* 16. Jg., Nr. 95, 26. November 1835, S. 395.

9 Brief von L. F. Sachse an die Berliner Akademie der Künste, 12. November 1835 und Antwort der Akademie, 10. Dezember 1835 (GStA, Rep. 76Ve, Sect. 17, Abt. X, Nr. 1, Bd. 4, Bl. 200–202).

10 Helmut Börsch-Supan (Hg.): *Die Kataloge der Berliner Akademie-Ausstellungen 1786–1850,* 3 Bde., Berlin 1971: Ausstellungskatalog 1836, S. II; Adolph Schöll: *Bericht über die Berliner Kunst-Ausstellung,* in: *Museum. Blätter für bildende Kunst,* 4. Jg., Nr. 39, 26. September 1836, S. 306.

11 Brief von Adolph Menzel an C. H. Arnold, 29. Dezember 1836, in: Hans Wolff: *Adolph von Menzel's Briefe,* Berlin 1914, S. 13–14.

12 Zu diesen Kunsthändlern siehe Linda Whiteley: *Painters and Dealers in Nineteenth-Century France, 1820–1878,* Phil. Diss., University of Oxford 1995 wie auch ihre Einträge für die genannten Personen in: Jane Turner: *Dictionary of Art,* New York 1996. Zu Sachses Kontakten mit französischen Künstlern vgl. die maschinenschriftliche Abschrift von Sachses *Reisetagebuch* in dem unveröffentlichten Manuskript von Alfred Sachse: *Ein Pionier der Berliner Kunst: Das Lebensbild des Kunsthändlers Louis Friedrich Sachse, 1789–1877,* 1943, S. 89–116 (LA, STA Rep. 352, Hs. 170).

13 Regelmäßige Hinweise auf Sachse finden sich unter der Rubrik »Wissenschaftliche und Kunst-Nachrichten« in den *Berlinischen Nachrichten.* Zu französischen Gemälden in den Berliner Sammlungen siehe Max Schasler: *Berlin's Kunstschätze,* Berlin 1856.

14 Zu den Einzelheiten des Konflikts siehe: GStA, Rep. 76Ve, Sect. 17, Abt. X, Nr. 1, Bd. 4; daneben AdK, PrAdK Nr. 214 und PrAdK Nr. 87. Der überwiegende Teil der französischen Werke wurde schließlich angenommen und in dem Nachtrag zum Ausstellungskatalog genannt, vgl. Börsch-Supan 1971 (wie Anm. 10): Ausstellungskatalog 1838.

15 Brief der Akademie an das Kultusministerium, 2. Februar 1839 (GStA, Rep. 76Ve, Sect. 17, Abt. X, Nr. 1, Bd. 4, Bl. 203–205).

16 Vgl. *Berlinische Nachrichten* vom 1. Juni 1839 und nachfolgende Ausgaben zwischen dem 17. Juni und 12. Juli 1839 (wie Anm. 12).

17 Zu Durand-Ruel siehe Linda Whiteley: *Durand-Ruel,* in: Turner 1996 (wie Anm. 12); Nicolas Green: *The Spectacle of Nature: Landscape and Bourgeois Culture in Nineteenth-Century France,* Manchester 1990, S. 27–28.

18 Otto August Schulz: *Allgemeines Adressbuch für den Deutschen Buchhandel, den Antiquar-, Musikalien-, Kunst- und Landkarten-Handel,* Leipzig 1856, S. 65. Zu Hepner siehe Stammbaum der Familie Sachse (Privatsammlung).

[19] Louis Alfred Sachse: *Rückblick auf die zwölfjährige Wirksamkeit der Permanenten Gemälde-Ausstellung,* Berlin 1865.

[20] »T.«: *Die permanente Gemälde-Ausstellung des Herrn Kunsthändler L. Sachse,* in: *National-Zeitung,* 6. August 1853.

[21] *Delaroche, Paul,* in: G. K. Nagler: *Neues Allgemeines Künstler-Lexikon,* Leipzig 1836.

[22] Ibid.

[23] Zu Delaroche und Goupil vgl. Whiteley 1995 (wie Anm. 12). Zu Delaroche und Sachse siehe Sachse 1943.

[24] *Pilger in Rom,* datiert 1842 (Öl auf Leinwand, 164 × 205 cm, Muzeum Narodowe, Pozna; früher Sammlung Raczyúski, Berlin). Vgl. Konstanty Kalinowski u. Christoph Heilmann: *Sammlung Graf Raczyúski,* München 1992: Nr. 65. *Rettung des jungen Caumont de la Force,* um 1825 (Öl auf Leinwand, 128 × 97 cm, gegenwärtiger Aufbewahrungsort unbekannt; früher Stadt-Museum Königsberg, Sammlung Minuth). Zu Ausstellung und mutmaßlichem Verkauf durch Sachse vgl. *Berlinische Nachrichten* vom 22. Februar 1838 und Friedrich von Boetticher: *Malerwerke des neunzehnten Jahrhunderts,* Dresden 1895–1901, unter »Delaroche«. *Kardinal Richelieu,* datiert 1829 (Öl auf Leinwand, 56,4 × 97,5 cm, Wallace Collection, London) und *Kardinal Mazarin,* datiert 1830 (Öl auf Leinwand, 57,2 × 97,3 cm, Wallace Collection, London); vgl. Stephen Duffy: *Paul Delaroche 1797–1856. Paintings in the Wallace Collection,* London 1997, Nrn. 3 u. 4. Zur Mitgliedschaft in der Akademie siehe Börsch-Supan, 1971 (Anm. 10): Ausstellungskatalog 1842, S. VII sowie Delaroches Brief an die Akademie vom 14. Juni 1841 (AdK, PrAdK, Personalnachrichten, Bildende Kunst: Paul Delaroche).

[25] Weder Delaroche noch sein Reisegefährte Ernest Hébert erwähnen einen Besuch Berlins; Vgl. den undatierten Brief von Delaroche an Labouchère, zitiert von M.C.H.: »Paul Delaroche«, in: *Fine Arts Quarterly Review,* 2. Jg., Januar–Mai 1864, S. 298–299, und Héberts Brief vom 3. Oktober 1849 an seine Mutter, zitiert bei Isabelle Julia u. Arlette Sérullaz: *Un voyage en Allemagne,* in: *Petit journal des grandes expositions,* Nr. 143, 1984.

[26] Dies geschah auf Empfehlung von Alexander von Humboldt, der als Ordenskanzler zuständig war für diese hohe Auszeichnung, die 1842 von Friedrich Wilhelm IV. für hervorragende Verdienste um Kunst, Literatur und Wissenschaften geschaffen worden war. Vgl. *Orden Pour le Mérite für Wissenschaften und Künste,* Berlin 1975, Bd. 2, S. 150–151. Wahrscheinlich beziehen sich die beiden von Humboldt an Delaroche gerichteten Briefe, die in Stephen Banns kürzlich erschienener Monograpie über den Künstler zitiert werden, auf dessen Aufnahme in diesen Orden am 24. Januar 1850; Vgl. Stephen Bann: *Paul Delaroche. History Painted,* London 1997, S. 291.

[27] Nach Berlin sandte Goupil 1854 das Gemälde über den Kunsthändler Ernest Gambart zuerst nach London, dann 1855 nach New York (für diese Information danke ich William R. Johnston, Walters Art Gallery, Baltimore). Zur Verlängerung in Berlin vgl. *Berlinische Nachrichten,* 2. September 1853. Zum Besuch des Monarchen vgl. L. F. Sachse: *Erinnerungen aus dem Kunstleben, I.,* in: *Kunst-Correspondenz für die Mitglieder von Sachse's Internationalem Kunstsalon,* Nr. 4, Januar 1872, S. 6.

[28] Alain Bonnet: *Une histoire de l'art illustrée: l'hémicycle de l'École des beaux-arts par Paul Delaroche,* in: *Histoire de l'art,* 33–34/1996, S. 17–30, bes. S. 25.

[29] Die betreffenden Artikel sind: »k.« [mutmaßlich Julius Leopold Klein]: *Der*

Hémicycle von Paul Delaroche, in: *Der Phönix*, 1. Jg., Nr. 3, 21. August 1853, S. 21–24; Wilhelm Lübke: *Paul Delaroche's Hémicycle*, in: *Deutsches Kunstblatt*, 4. Jg., Nr. 42, 15. Oktober 1853, S. 366–369; »M. Sr.« [Max Schasler]: *Eröffnung der Permanenten Gemälde-Ausstellung von Sachse*, in: *Königlich Privilegirte Zeitung*, 3. August 1853.

30 Anonym: *Sachse's Permanente Gemälde-Ausstellung*, in: *Berlinische Nachrichten*, 17.–18. August 1853.

31 Lübke 1853 (wie Anm. 29), S. 367.

32 Anonym 1853 (wie Anm. 30).

33 Ibid.

34 Lübke 1853 (wie Anm. 29) S. 368.

35 Schasler 1853 (wie Anm. 29). Vgl. auch Max Schasler: *Die Wandgemälde Wilhelm von Kaulbachs im Treppenhause des Neuen Museums zu Berlin*, Berlin 1854. Zu Schasler vgl. Thomas W. Gaehtgens u. Uwe Fleckner: *Historienmalerei. Zur Geschichte einer klassischen Bildgestaltung und ihrer Theorie*, Berlin 1996, (Geschichte der klassischen Bildgattungen in Quellentexten und Kommentaren, Bd. 1), S. 343–349, zu Kaulbachs Fresken Monika Wagner: *Allegorie und Geschichte*, Tübingen 1989, S. 126–163.

36 »k.« [mutmaßlich Julius Leopold Klein], 1853 (wie Anm. 29). Der vollständige Titel dieser Berliner Zeitschrift, die nur von 1853 bis 1855 bestand, lautete: *Der Phönix. Eine Zeitschrift für Unterhaltung und Belehrung aus dem Gebiete der Kunst, Literatur, Wissenschaft und Industrie, mit Ausschluß der politischen und sozialen Fragen.*

37 »Arabesken«, in: *Der Phönix*, 1. Jg., Nr. 1, 14. August 1853, S. 15.

Christan Köhlers ›Erwachende Germania‹ von 1848–1849

Lothar Gall

Die Symbolgestalt der Nation

Ideell wie materiell markieren die Jahre vor 1789 für die Bildende Kunst in Europa einen tiefen Einschnitt, in Frankreich zumal, dann aber schrittweise auch im übrigen westlichen, im mittleren, ja, auch im östlichen Europa. Neben die alten aristokratischen Eliten trat zunehmend, als Käufer und Auftraggeber, eine neue, die bürgerliche Elite. Und neben den traditionellen Mächten Kirche und Staat entwickelte sich eine neue Vorstellung von der Gemeinschaft, von der gesellschaftlichen und staatlichen Ordnung, zuerst als Idee und dann, nach 1789, auch in der politischen und gesellschaftlichen Praxis. Der neue Staatsgedanke und die mit ihm verbundenen gesellschaftlichen Zielvorstellungen bündelten sich in der Konzeption der »einen und unteilbaren Nation« und ihrer organischen Verwirklichung, dem Nationalstaat. Beides drängte zugleich auf bildhafte und symbolische Darstellung, auf sinnhaften Ausdruck auch mit den Mitteln der Kunst – ganz praktisch dann auch in entsprechenden Aufträgen und Wettbewerben.

In Davids *Schwur der Horatier* waren dieser neue Geist, diese neue Herausforderung an die Kunst beispielgebend sichtbar geworden. Dem entsprach es, daß derselbe Künstler nach 1789 durch die neuen politischen Gewalten den Auftrag erhielt, ein großes Gemälde vom sogenannten Ballhausschwur zu malen, dem feierlichen Beschluß der Versammlung des Dritten Standes im Ballspielhaus in Versailles, nicht auseinanderzugehen, bevor Frankreich eine neue Verfassung erhalten habe. Und dieser »nationale Auftrag« war kein Einzelfall. Vor allem sahen sich die Künstler, schon bald dazu aufgerufen, eine allegorische Darstellung des neuen Frankreich in Form einer Symbolfigur zu entwickeln, für die sich rasch, in Anknüpfung an die Tradition, Länder in idealen Frauengestalten zu verkörpern, neben der »Freiheit«, dann der »Republik« die Figur einer französischen »Frau Jedermann«, einer »Marie-Anne« herausbildete.[1]

Mit den Heeren der Revolution und der Grande Armée Napoleons verbreiteten sich die neuen Bildideen, die formal wie inhaltlich vielfach an die gängigen, nun wiederzubelebenden Vorstellungen von der altrömischen Republik anknüpften, über weite Teile Europas. Freilich geschah dies in sehr abgestufter Weise, je nach dem Verhältnis zur Revolution, zur Republik und ihren Institutionen, wobei ja auch in Frankreich selber, besonders deutlich wieder bei David, eine Überformung und Durchdringung durch den imperialen Gedanken zu beobachten ist, wie überhaupt der Bezug auf den Staat und die Abhängigkeit vom Staat als Auftraggeber hier sehr ausgeprägt und bestimmend war.

Am stärksten wirkte dabei die an ältere Vorbilder anknüpfende Symbolgestalt der Nation, des nun in neuer Form aufgeladenen und dynamisierten nationalen Gedankens. Überall, in Italien, in Spanien, in Deutschland, in Polen, in Dänemark, wurden in den folgenden Jahren und Jahrzehnten solche allegorischen weiblichen nationalen Symbolfiguren geschaffen und, vielfältige Variationen provozierend, im Bewußtsein der »erwachenden« Nationen verankert. Zu ihrer Verbreitung wie zu ihrer Vielgestaltigkeit trug nicht zuletzt die Ambivalenz der ihr zugrunde liegenden nationalen Idee bei und der Zielsetzungen, die man mit ihr verband.

Germania mit Tricolore

Das wird besonders deutlich am deutschen Beispiel, wo die Figur der Germania in ihren verschiedenen Ausprägungen je nach den Ideen des Künstlers beziehungsweise des Auftraggebers das ganze Spektrum unterschiedlichster Nationsvorstellungen widerspiegelt, freilich alle positiv oder negativ inspiriert durch das Vorbild der Ideenwelt der Französischen Revolution.[2] Das reichte von christlich-konservativen, am Mittelalter und seinen vorgeblichen Ordnungen orientierten Darstellungen über solche, die die Einheit der Nation vor allem aus der gemeinsamen Abwehr äußerer Bedrohung begründeten und diesen Aspekt in den Mittelpunkt rückten, bis hin zu Bildern und Plastiken, die die Nation aus einem Akt der Selbstbefreiung hervorgehen sahen, sich also am stärksten an das französische Vorbild der »Freiheit« oder der kämpferischen »Republik« anlehnten. Letztere blieben freilich angesichts der Entwick-

1 Philipp Veit: *Germania*, Öl auf Baumwollgewebe, 1848, 482 × 320 cm, Nürnberg, Germanisches Nationalmuseum

lung und des Fehlens entsprechender Auftraggeber deutlich in der Minderheit, ja, eher marginal.

Das bekannteste ist das 482 × 320 cm große Transparent einer *Germania* von Philipp Veit, des langjährigen Städel-Direktors in Frankfurt am Main, das dieser im März 1848 für die als Sitz der Nationalversammlung bestimmte Paulskirche, die Orgel verdeckend, als Hintergrund für Präsidium und Rednerpult gestaltet hat (Abb. 1). Es zeigt die Germania mit der deutschen Trikolore, mit gesprengten Fesseln und mit erhobenem Schwert, das zum Zeichen ihrer prinzipiellen Friedfertigkeit mit einem Ölzweig versehen ist.

Diese rasch zum Symbolbild der Revolution werdende, künstlerisch relativ anspruchslose Darstellung verschwand nach deren Scheitern in den Archiven des wiederhergestellten Deutschen Bundes – nach dessen Auflösung 1866 wurde sie 1867 als »historische

Reliquie« dem Germanischen Nationalmuseum in Nürnberg übergeben. An ihre Stelle trat in den Folgejahren mehr und mehr die kämpferische Germania mit Lorenz Clasens *Germania auf der Wacht am Rhein* von 1860 gleichsam als Prototyp. Philipp Veits *Germania* von 1848 blieb allerdings über ihre vielen Ab- und Nachbildungen und über das Nürnberger Original dauerhaft, wenn auch mit unterschiedlichen inhaltlichen Wertungen, präsent und erschien in der Frankfurter Ausstellung von 1998 »1848 Aufbruch zur Freiheit«, aufwendig restauriert, als ein weithin bekanntes, zentrales Erinnerungsstück.

Erwachende Germania

Ganz anders verhielt es sich mit der in der gleichen Ausstellung gezeigten, kunsthistorisch weit bedeutenderen *Erwachenden Germania* Christian Köhlers (1809–1861), eines Schülers von Wilhelm von Schadow (Abb. 2).[3] Gleichfalls 1848 begonnen und 1849 vollendet, gelangte das Gemälde im gleichen Jahr über den nach Amerika auswandernden Düsseldorfer Weinhändler Johann Gottfried Böcker, der sich dort John Godfrey Boker nannte, nach New York und wurde hier seit 1850 in der ein Jahr zuvor gegründeten »Düsseldorf Gallery« ausgestellt. Seit 1882 nach verschiedenen Zwischenstationen im Besitz der »New York Historical Society«, hing es bis zum Jahrhundertende in deren Räumen und wanderte dann für annähernd einhundert Jahre ins Depot, bevor es für die Frankfurter Ausstellung wiederentdeckt und restauriert wurde.

Das 2,20 Meter hohe und 2,80 Meter breite monumentale Gemälde zeigt in dramatischer Bewegung die sich von einem Bärenfell aufrichtende, noch halb liegende Germania an einem Berghang, die, geweckt von zwei heranfliegenden Gestalten, der Gerechtigkeit und der Freiheit mit der schwarz-rot-goldenen Fahne, nach dem unter dem Fell verborgenen Schwert greift, um den Kampf gegen die in der linken Bildhälfte schemenhaft sichtbaren Dämonen der Knechtschaft und der Zwietracht aufzunehmen. Eingehüllt in einen kostbaren – und kostbar gemalten – gold-roten, mit Reichsadlern versehenen Mantel und angetan mit einem schwarzen, goldbordierten Kleid mit an den umgeschlagenen Ärmeln erkennbarem weißen Futter, umfaßt sie mit der Lin-

2 Christian Köhler: *Erwachende Germania*, Öl auf Leinwand, 1848–1849, 220 × 280 cm, New York, Historical Society

ken die alte Kaiserkrone. So beschwört sie mit dem Alten Reich in der vorabsolutistischen Zeit die Idee der altdeutschen Freiheit in jetzt neu zu belebender und neu zu gestaltender Form und damit zugleich die organische Verbindung von Tradition und Fortschritt.

Köhler knüpft wie Veit an das inzwischen etablierte Germaniabild mit Eichenkranz, Schild, Schwert, Krone und Reichsmantel an, wie es vor allem Veit selber beispielgebend in dem rechten Seitenbild des Fresko-Triptychons *Die Einführung der Künste durch das Christentum in Deutschland* von 1834–1836 im 1829 erworbenen Gebäude des »Städelschen Kunstinstituts« fixiert hat. Später abgenommen und auf Leinwand übertragen, fand es 1878 im Neubau des Museums am linken Mainufer seinen heutigen Platz. Aber während Veit in seiner *Germania* von 1848 trotz der Aufbruchssymbolik den statischen Charakter seiner Darstellung aus den dreißiger Jahren in vielem beibehalten hat, ist bei Köhler in seinem die Farben Schwarz-Rot-Gold in vielfältigen Variationen umspielenden Bild alles Dynamik und Bewegung, in der rückblickenden Betrachtung wie in der Perspektive auf Gegenwart und Zukunft. Seine Germania hat geschlafen, sie erwacht gerade beziehungsweise wird geweckt durch die in stürmischer Bewegung heranfliegende Gerechtigkeit mit Schwert und Gerichtswaage und die jugendliche Freiheit mit der wild bewegten deutschen Fahne. Knechtschaft und Zwietracht weichen zwar zurück, aber ihr drohender Blick verheißt nichts Gutes. Und das spiegelt sich auch in dem Gesicht der Germania, in dem sich, wie in ihrer ganzen Haltung, Entschlossenheit und Furcht mischen. Während bei Veit das Bild der schon errungenen Freiheit und der in ruhiger Selbstsicherheit ihre neue innere Ordnung gestaltenden Nation dominiert, betont Köhler in seinem in Form wie Gestaltung ungleich kraftvolleren Bild den Aufbruch, die Bewegung, die Ungewissheit des Ausgangs des erst noch bevorstehenden Kampfes.

Es ist bezeichnend, daß sich auch in formaler Hinsicht, bei allen Unterschieden nicht zuletzt in der Qualität, der Bogen von Köhlers *Erwachender Germania* sehr viel leichter zurückschlagen läßt zum *Schwur der Horatier* Davids als von Veits *Germania* aus den Jahren 1834–1836 und 1848: Hier wie dort dominiert in Rückblick und Ausblick das Moment der Bewegung, die Dramatik des Entschlusses und des Aufbruchs, die Situation des Augenblicks in ihrer historischen Perspektive und in ihrem Beispielcharakter.

In der »Düsseldorf Gallery« bildete Köhlers *Erwachende Germania* neben Karl Friedrich Lessings *Hus vor dem Scheiterhaufen* den vielbeachteten Mittelpunkt der Sammlung, noch vor Carl Wilhelm Hübners dann vielzitiertem sozialkritischen Bild *Die schlesischen Weber*, das dort ebenfalls zu sehen war. Ein zeitgenössischer Kritiker bemerkte: »Wir müssen zugeben, dass die Germania das beste Beispiel des höheren Kunststils in dieser bewundernswerten Sammlung ist, ja, vielleicht das glänzendste im ganzen Land.«[4] In Deutschland hingegen fiel das Bild, im wesentlichen aus politischen, nicht aus ästhetischen Gründen, schon bald aus dem allgemeinen Bewußtsein, sozusagen aus der Bilderwelt der von ihm beschworenen Nation heraus. Während seiner Entstehung hatte das publizistische Organ des »Kunstvereins für die Rheinlande und Westphalen« noch berichtet, dass hier eines der »großartigsten Bilder« im Werden sei, »die aus unserer Schule hervorgegangen sind«: Man werde die

Kunst preisen, »[...] die wenigstens auf der Leinwand das festzubannen vermag, was in der Wirklichkeit uns nicht beschieden zu sein scheint.«[5] Und auch Köhlers Lehrer Wilhelm von Schadow, der Direktor der Düsseldorfer Kunstakademie, nannte es eines der größten Meisterwerke der Düsseldorfer Schule. In einer zusammenfassenden Darstellung über die Düsseldorfer Künstler aus dem Jahre 1854 aber hieß es dann über das nur noch am Rand erwähnte Gemälde, es sei eine Darstellung, die zwar von großem Wert sei, aber eben fatal an das »verhängnisvolle Jahr 1848« erinnere. Und zwei Jahre später zog man an anderer Stelle nüchtern Bilanz: »Das Bild hat eben so wenig, wie der in demselben versinnbildlichte Gedanke, eine Stätte im Vaterlande gefunden, es ist ausgewandert nach Amerika.«[6]

Germania als Walküre

Das Bild der Nation von sich selbst wurde fortan von anderen in anderer Form bestimmt: Lorenz Clasens *Germania auf der Wacht am Rhein* erinnert in Gestalt und Gesichtsschnitt verblüffend an die Köhlers, die Clasen, auch er ein Mitglied der Düsseldorfer Schule[7] und während der Revolution in Düsseldorf, offenkundig gekannt hat. Für die Nation standen auch die Germania des Niederwalddenkmals, diejenige Reinhold Begas' auf dem Berliner Reichstagsgebäude und schließlich die Kaulbachsche *Germania* von 1914, vollends eine kampfbereite und kampfbegierige Walküre mit gezücktem Schwert. An die Stelle der um ihre innere Freiheit nach eigenen, lange verschütteten Traditionen, aber zugleich nach dem Vorbild Frankreichs und der Französischen Revolution kämpfenden Nation war das Bild einer Nation getreten, die sich in ständiger Verteidigung gegenüber Feinden von außen wie von innen wähnte und letztere, die »Reichsfeinde«, in allen Kräften der Veränderung am Werk sah.

Anders gewendet: Nach 1849 kehrte sich die bildliche Verkörperung der Nation in Deutschland von dem aus Frankreich herüberstrahlenden Vorbild der »Freiheit«, der »Republik«, der »Marianne« ab und näherte sich dem Typus »Jeanne d'Arc«, die in Frankreich in dieser Zeit gleichfalls, wenn auch nicht so ausschließlich und akzentuiert, zur Symbolfigur der politischen Rechten wurde.

Sicher darf man auch bei der Köhlerschen *Germania* das Element des Kämpferischen, des sich aggressiv Behauptenden, der sich nach Außen, gegen die Nachbarvölker kehrenden Nation, nicht unterschätzen, ebensowenig wie bei den Bildern einer streitbaren und kampfeslustigen »Freiheit«, »Republik« oder auch »Marianne« in Frankreich. Aber es war, in der Theorie zumindest, ein Kampf gegen die Unterdrückung, für die Freiheit aller, für die Menschen- und Bürgerrechte und für eine in ihrem Zeichen geeinigte Nation, ein Kampf für die Zukunft und gegen das zähe Festhalten an der Vergangenheit. Nun aber kehrten sich, in Deutschland zumal, die Verhältnisse um, wurde alle Veränderung, obwohl im Zeitalter der industriellen Revolution faktisch unvermeidbar, von denen, die das Bild der Nation in Öffentlichkeit und allgemeinem Bewußtsein, auch als Auftraggeber im Bereich der Kunst bestimmten, als Zerstörung der nationalen Identität betrachtet. Deren Bewahrung sahen sie in der Verteidigung des status quo, auch und gerade in den bildnerischen Symbolen. So erklärt es sich, daß im Deutschland Wilhelms II. bis zum Ende, millionenfach verbreitet, als Symbolfigur einer der modernsten Industriegesellschaften der damaligen Welt eine »Germania« als hochgepanzerte Walküre erschien und die Firma Krupp in Essen, in ihren Produkten und in der Fertigung jeweils auf dem letzten Stand der Technik, zur Feier ihres 100jährigen Firmenjubiläums ein Ritterspiel plante.

Köhlers *Erwachende Germania* aber, gemalt in einer Situation des nationalen Aufbruchs und diesen widerspiegelnd, versank in der Vergessenheit. Von der Revolution von 1848–1849 in Deutschland blieben neben der Karikatur und der Druckgraphik[8] im Bereich der bildenden Kunst vor allem zwei Werke im allgemeinen Bewußtsein: Adolph Menzels unvollendete *Aufbahrung der Märzgefallenen* vor dem Deutschen Dom am Berliner Gendarmenmarkt[9] und Alfred Rethels Holzschnitt *Auch ein Totentanz*[10], beide in ihrer jeweiligen Art Abgesänge auf die Revolution, Dokumente ihres Scheiterns. Die an sie geknüpften Hoffnungen und Erwartungen jedoch fanden, auch weil sowohl von der staatlichen Seite wie von Seiten des Bürgertums die Auftraggeber fehlten, keinen bildnerischen Ausdruck mehr. Das in ihrem Zeichen geformte, in der Gestalt der »Germania« verkörperte Selbstbild der Nation löste sich mehr und mehr von dem ursprünglich gemeinsamen Wurzelgrund, der sie mit der »Republik«, der »Freiheit«, der »Marianne« verbunden hatte.

[1] Vgl. dazu Maurice Agulhon: *Marianne au Combat. L'Imagerie et la Symbolique républie de 1789 à 1880*, Paris 1979.

[2] Lothar Gall: *Die Germania als Symbol nationaler Identität im 19. und 20. Jahrhundert*, in: id.: *Bürgertum, liberale Bewegung und Nation. Ausgewählte Aufsätze*, München 1996, S. 311–338.

[3] Vgl. dazu Karin Schambach: *Sie erwachte in Düsseldorf und schlief in New York. Die deutsche Revolution von 1848 hinterließ auch ein Hoffnungsbild: Zur Wiederentdeckung von Christian Köhlers »Germania«*, in: *Frankfurter Allgemeine Zeitung*, 12. Mai 1998.

[4] *American Art-Union Bulletin* 3/1850, S. 81.

[5] *Correspondenz-Blatt des Kunstvereins für die Rheinlande und Westphalen zu Düsseldorf*, Juli 1849, S. 7.

[6] Schambach 1998 (wie Anm. 3).

[7] Zur Düsseldorfer Malerschule vgl. Wolfgang Hütt: *Die Düsseldorfer Malerschule*, Leipzig 1984.

[8] Vgl. dazu Thomas W. Gaehtgens: *Die Revolution von 1848 in der europäischen Kunst,* in: Dieter Langewiesche (Hg.): *Die Revolution von 1848 in der europäischen Geschichte. Ergebnisse und Nachwirkung* München 1999 (Historische Zeitschrift, Beihefte, Bd. 29) S. 91ff.

[9] Vgl. dazu Christopher B. With: *Adolph Menzel and the German Revolution of 1848*, in: *Zeitschrift für Kunstgeschichte* 42/1979, S. 195 ff., und Francoise Forster-Hahn: *Die Aufbahrung der Märzgefallenen: Menzels Unfinished Painting as a Parable of the Aborted Revolution of 1848*, in: Christian Beutler, Peter-Klaus Schuster u. Martin Warnke (Hg.): *Kunst um 1800 und die Folgen. Werner Hofmann zu Ehren,* München 1988, S. 221ff.

[10] Thomas W. Gaehtgens: *Revolution und Aufruhr. Zu Menzels und Rethels Darstellung der Revolution von 1848*, in: Ilja Mieck, Horst Möller u. Jürgen Voss (Hg.): *Paris und Berlin in der Revolution von 1848*, Sigmaringen 1995, S. 279ff.; vgl. auch Peter Paret: *Kunst als Geschichte. Kultur und Politik von Menzel bis Fontane*, München 1990, S. 124ff., und id.: *The German Revolution of 1848 and Rethel's Dance of Death*, in: Robert I. Rothberg u. Theodore K. Rabb (Hg.): *Art and History, Images and the Meaning*, Cambridge u. New York 1988, S. 233ff.

Künstlerblicke auf Barrikadenkämpfe

Rethel, Baudelaire und Delacroix

Wolfgang Drost

Rethel und die Barrikaden

Die Folge der Holzschnitte *Auch ein Totentanz* lag frisch gedruckt in seinem Dresdener Atelier, als die Revolutionäre der sächsischen Stadt im Mai 1849 dort eindrangen, um über die Dächer zur nahen Barrikade zu gelangen. Rethel war sich offenbar bewußt, daß die Männer sein Werk mißverstehen würden. Er erzählte später seiner Frau, daß er die Drucke schnell unter anderen Papieren verborgen, an deren Stelle Graphik der französischen Revolution hervorgezogen und sichtbar ausgebreitet habe.[1] Wie berechtigt seine Befürchtungen waren, zeigt das Erlebnis, das er wenig später vor dem Schaufenster eines Buchhändlers hatte. Vor dem dort ausgestellten *Totentanz* sollen einige Arbeiter den Künstler verflucht haben, weil er ihren Aufstand verunglimpft habe. Ohne sich zu erkennen zu geben, verteidigte Rethel den Zeichner.[2] Die Revolution des Jahres 1848, deren Zeuge er in Frankfurt gewesen war, hatten ihn zur Gestaltung des Themas angeregt. Selbst unerfahren in der Holzschneidekunst, hatte er die sechs Zeichnungen auf Druckstöcke übertragen, die »im akademischen Atelier für Holzschneidekunst zu Dresden unter der Leitung von H. Bürckner« ausgeführt wurden. Für den Preis von 15 Silberlingen wurde das schmale Buch in der Größe 28 × 40 cm im Leipziger Verlag von Georg Wigand Ende Mai 1849 vertrieben. Zwei Neuauflagen wurden schnell notwendig; Wigand druckte insgesamt 4500 Stück. Auf den großen Erfolg hin brachte er eine Volksausgabe auf einem Bogen für 5 Silberlinge in 10 000 Exemplaren unter dem Titel *Ein Totentanz aus dem Jahre 1848* heraus. Unter jedem Bild steht eine Strophe mit »erklärendem Text von Robert Reinick«, einem Danziger Dichter, der in Abstimmung mit Rethel den Text geschrieben hatte.[3]

Wie kam es zu dem, was Rethel offenbar als Mißverständnis betrachtete und was er im Gespräch mit den Arbeitern zurecht-

1 Alfred Rethel: *Der Tod als Sieger*, 1849, 22 × 32 cm, ehemals Kupferstich-Kabinett, Staatliche Kunstsammlungen Dresden

zurücken bemüht war? Das vorliegende Blatt hat den triumphierenden Tod zum Thema (Abb. 1). Er reitet in einer zerstörten Stadt auf einem Klepper über eine Barrikade, die bis an den unteren Bildrand reicht, so daß der Betrachter den Eindruck hat, unmittelbar vor der Szene von einem hochgelegenen Blickpunkt Zeuge von seinem Sieg zu sein. Zwei Tote – offenbar Arbeiter – liegen auf der Barrikade, die aus vielerlei Material aufgehäuft war, aus Pflastersteinen, einer umgekippten Tonne, einer Holztür mit handgeschmiedeten Scharnieren. Ein Verwundeter richtet sich auf und wendet sich dem reitenden Tod zu. Zur Linken bildet ein fast bis an den oberen Bildrand reichendes zerstörtes Haus – in dessen Innerem ein Toter liegt – einen recht dunklen, stark schraffierten Hintergrund. Vor ihm heben sich Roß und Reiter ab wie auch die neben der Barrikade stehende Gruppe einer Mutter mit ihrem Sohn, die weinend vor dem vorbeireitenden Tod ihr Gesicht verbergen: in einer eindrucksvollen Geste pressen sie die Schürze bzw. das Hemd vor das Gesicht. Der reitende Tod hört höhnend die Klage des Verwundeten an, eines Vertreters des Volkes, der durch ihn in das Unglück gelockt wurde. Im Mittelgrund rechts, etwas unterhalb der Barrikade und in einiger Entfernung, erstreckt sich ein gepflasterter Platz, den zwei Häuser begrenzen; der Stufengiebel des einen könnte ein Anhaltpunkt dafür sein, daß der Zeichner an den Frankfurter Römer gedacht hat. Mit aufgepflanzten Bajonetten, die neben ihren Tschakos in die Luft ragen, stehen dort ein Dutzend Soldaten neben zwei Kanonen. Der Kampf ist gerade beendet: Ein Toter liegt vor dem rechten Geschütz und ein Verwundeter wird von zwei Kameraden fortgetragen. Die Soldaten haben den Sieg errungen und warten auf den Befehl, die nicht mehr verteidigte Barrikade einzunehmen. Vielleicht werden sie auch die Order zum Rückzug erhalten, wie jene zwei Soldaten, die als letztes Glied einer in vollkommener Ordnung abziehenden Truppe im Hintergrund erkennbar sind. Die disziplinierte Überlegenheit des regierungstreuen Militärs gegenüber den Einzelkämpfern aus dem Volk ist deutlich.

Die den Holzschnitt begleitende Legende Robert Reinicks hebt die Niederlage der Aufständischen hervor und stellt sie als verführte Menschen hin, deren Ideale jämmerlich versagt hätten:

»Der sie geführt, es war der Tod,
Er hat gehalten, was er bot,
Die ihm gefolgt, sie liegen bleich
Als Brüder alle, frei und gleich.
Seht hin, die Maske that er fort,
Als Sieger hoch zu Rosse dort
Zieht, der Verwesung Hohn im Blick,
Der Held der rothen Republik.«

Obgleich im Hintergrund, unterstreicht der Sieg des regierungstreuen Militärs das Scheitern der Revolution und den Triumph des Todes. Das Wort von der »rothen Republik« brandmarkt die Arbeiter nach damaligem Verständnis als aufrührerische Kommunisten. Sie mußten das Blatt als ironische oder gar zynische Darstellung, als Verunglimpfung ihrer idealistischen Vorstellungen verstehen.

Dem Geschick des Erzählers Rethel ist der Erfolg des Zyklus beim großen Publikum zuzuschreiben. Er hat es verstanden, das Geschehen durch die Fülle mit Bedacht ausgewählter, aussagekräftiger Gegenstände zu füllen und als Ganzheit mit epischen Details abzurunden. Das narrative Geschick wird unterstützt durch die Ausgewogenheit zwischen Detailreichtum und Konzentration auf Wesentliches. Durch die Begrenzung des Bildraums hebt Rethel dramatisch und künstlerisch sehr wirksam die Hauptgruppe von Roß und Reiter hervor. Das Pferd benutzt den Augenblick des Verweilens, um das Haupt zu senken und das Blut von der Brust des Toten abzulecken. Die sich perspektivisch verjüngende Straße führt in das Innere der Stadt und gibt dem Bild Tiefe. Breite, weiße Rauchschwaden von verbrannten Gebäuden ziehen sich im oberen rechten Teil des Holzschnitts hin, durchbrechen die Vertikalen der Gebäude und schaffen eine Ponderierung mit der weitschwingenden Fahne des Todes. Sie wird vom oberen Bildrand abgeschnitten; auch die Häuser reichen bis an den Bildrand. Dem Himmel wird dadurch eine verhältnismäßig kleine Raumzone zugestanden. Als ob es Nacht sei, macht ihn die ineinanderfließende Schraffur tiefschwarz und verleiht der Szene im Vordergrund etwas Gespenstisches.

Vom Reiz philosophischer Kunst – Baudelaire und Rethel

Baudelaire hatte 1855 auf der Weltausstellung die beiden Holzschnitte *Der Tod als Erwürger. Erster Auftritt der Cholera auf einem Maskenball in Paris* und *Der Tod als Freund* gesehen und Titel sowie Übersetzung exakt notiert – ein deutliches Zeichen seines Interesses. Er hielt die beiden erstgenannten Drucke fälschlicherweise für Teile von Rethels *Totentanz*, der ihm wahrscheinlich in *L'Illustration* zu Gesicht gekommen war; dort wurde die Folge der sechs Blätter am 28. Juli 1849 abgedruckt.[4] Er wollte sie »minutiös« beschreiben, wie er sich in dem Entwurf zu *L'Art philosophique* vornahm.[5] In den einleitenden Bemerkungen bringt der Dichter seine grundsätzlichen Vorbehalte gegenüber der philosophischen Kunst zum Ausdruck, die, wie er schreibt, »nach dem Konzept Chenavards und der deutschen Schule, die Prätention hat, das Buch zu ersetzen, das heißt mit dem Buchdruck zu rivalisieren, um Geschichte, Moral und Philosophie zu lehren.« (598) Ein solches Unterfangen sei ein Zeichen des »Verfalls« der Künste. So kommt er zu dem Schluß, die philosophische Kunst wie eine Ungeheuerlichkeit zu studieren, »une monstruosité où se sont montrés de beaux talents.» (599) Je klarer die Kunst sein will, je stärker werde sie zu einer »kindlichen Hieroglyphe« degradiert und entferne sich von der »reinen und interesselosen Schönheit« – »la beauté pure et désintéressée«. »L'Allemagne, comme on le sait et comme il serait facile de deviner si on ne le savait pas, est le pays qui a le plus donné dans l'erreur de l'art philosophique.« (599) Baudelaire nennt Overbeck, Cornelius und Kaulbach – dessen »Narrenhaus« er im »Salon 1859« bespricht[6] - um sich gleich Rethel zuzuwenden. Seine Ausführungen lassen einen gewissen Widerspruch erkennen. Denn Baudelaire mißt Rethel an dem Konzept von »art pur«, der reinen Kunst, die er wenig zuvor als unvereinbar und in ihrem Wesen nach als der philosophischen Kunst konträr bezeichnet hatte: »Nous nous occuperons aujourd'hui, comme premier échantillon de l'art philosophique, d'un artiste allemand beaucoup moins connu, mais qui, selon nous, était infiniment mieux doué au point de vue de l'art pur, je veux parler de M. Alfred Rethel, mort fou, il y a peu de temps, après avoir illustré une chapelle sur le bords du Rhin.« (599)[7]

Es läßt sich erklären, warum Baudelaire, der trotz seiner Vorbehalte gegenüber der »kindischen Utopie« Gautiers *l'art pour l'art* nahestand und jede moralisierende und politisch engagierte Kunst verurteilte, sich durch Rethels Holzschnitte von seiner These der Monstruosität der Gedankenkunst jedenfalls in einem prägnanten Einzelfall abbringen ließ. Man kann von Inkonsequenz sprechen oder vielmehr von Flexibilität. In der *Weltausstellung 1855* hatte Baudelaire bekanntlich jedem System abgeschworen, weil ihm jede methodische Kategorisierung die Offenheit des Blicks auf die Kunst verstellte. Und die Aufgeschlossenheit hat er sich tatsächlich bewahrt.

Es gibt einen inneren Zusammenhang in den kunsttheoretischen Überlegungen Baudelaires zur philosophischen Kunst. Ein Anhaltspunkt dafür ist sein Gefallen an allegorischen Darstellungen. In den *Paradis artificiels* bezeichnet er die Allegorie als eine geistvolle Form, die nur durch die Ungeschicklichkeit der Maler in Verrufenheit gekommen wäre: »l'allégorie, ce genre si *spirituel*, que les peintres maladroits, nous ont accoutumés à mépriser, mais qui vraiment l'une des formes primitives les plus naturelles de la poésie« (I, 430). Ihre Grundstruktur besteht bekanntlich in einer rational nachvollziehbaren Umsetzung von abstrakten Begriffen konkret dargestellter Details. Nicht jede Allegorie enthält zwingend die von Baudelaire verabscheute didaktische Tendenz, aber stets eine Aussage, die den Betrachter zur Mitarbeit anregen soll. Dieser Aktivierung des Betrachters mißt Baudelaire große Bedeutung bei. Sie ist ein Schlüssel für seine geheime Liebe zur philosophischen Kunst: »L'art philosophique n'est pas aussi étrangère à la nature française qu'on le croirait. La France aime le mythe, la morale, le rébus; ou, pour mieux dire, pays de raisonnement, elle aime l'effort de l'esprit.« (601) Die geistige Aktivität des Betrachters besteht in der Identifizierung der den Objekten innewohnende Bedeutung und dem Erkennen des Bildsinnes. Denn im Gegensatz zur Metapher konstituiert sich die Allegorie durch den fortgesetzten Vergleich, das heißt, die einzelnen über sich hinaus verweisenden Details stützen sich gegenseitig und bilden ein in sich geschlossenes Kontinuum, dessen Gesamtheit die Botschaft eines Bildes oder die Bedeutung einer Statue enthält.

Es war diese anregende Kraft allegorischer Darstellung, die ihn den Entwurf zu *Le Masque – statue allégorique dans le goût de la Renaissance* so hoch einschätzen[8] und ihn Rethels »Originalität« loben ließ: »génie de l'allégorie épique à la manière allemande« (600). Reinick läßt in seinen Versen zu dem ersten Blatt erkennen, was Baudelaire darunter verstand. Er erläutert, welche Eigenschaften den Objekten und Personen zuzuordnen sind: der Hut bedeutet Eitelkeit, das Roß Tollheit, die Sense Blutgier und die Waage an ihrem Schaft die Gleichheit aller vor der Macht des Todes. Der Lorbeerkranz auf dem Schädel des Todes zeigt ihn als Triumphator. Es gibt Szenen, die zu einem fast amüsierenden Aha-Erlebnis führen und zum großen Erfolg der Reihe beitrugen, z. B. jene, in dem die Königskrone »nicht mehr als nur ein Pfeifenstiel« wert ist, da der Sensenmann die Waage »am Zünglein statt am Ring« hält.[9]

Baudelaire gibt Rethels Zyklus den Vorzug vor Chenavards ihm zu »symmetrisch« erscheinenden *Calendrier historique* und Janmots *Histoire d'une âme* (wie er fälschlich schreibt), die er als verwirrend und unklar empfindet.[10] Bei Rethel ist das Konzept in den sechs Blättern konsequent durchgeführt, die Details konzis zu großer suggestiver Kraft verbunden. Er spricht dem Deutschen das höchste Lob aus, das er für ein Kunstwerk vergibt: »Les poèmes de Rethel sont bien charpentés comme poèmes.« (603)[11] Vor allem glaubte er in ihrem geistigen Gehalt seine in der europäischen Romantik wurzelnden Vorstellungen verwirklicht zu finden: »la valeur morale du poème, caractère satanique et byronien, caractère de désolation.« (600)

Des Dichters Augenmerk richtet sich besonders gerne auf Details.[12] In dem Entwurf zu *L'Art philosophique* sieht er in der Erfindung von Accessoires eine besonders hoch einzuschätzende erfinderische Tätigkeit des Künstlers und gibt zugleich zu erkennen, wie nahe philosophische Kunst der Poesie stehen kann: »D'ailleurs, même à l'esprit d'un artiste philosophe, les accessoires s'offrent, non pas avec le caractère littéral et précis, mais avec un caractère poétique, vague et confus, et souvent c'est le traducteur qui invente *les intentions*.« (601) Der unbefangenen schöpferischen Mitarbeit des Betrachters sind keine Grenzen gesetzt, und Baudelaire findet also nichts dabei, daß der Betrachter eine Bedeutung erfindet, die nicht in der Intention des Künstlers gelegen hat. Auf ein Detail sei in unserem Blatt besonders verwiesen, das im Sinne Baudelaires von großer Suggestivität ist und auf das er mit Sicherheit bei der beabsichtigten Beschreibung eingegangen wäre: Es ist der Klepper, der auch ohne Zaumzeug weiß, wohin es geht, und der mit weit heraushängender Zunge das Blut von der Brust des Toten auf der Barrikade leckt. Das Lecken eines menschlichen Körperteils von einem Tier ist gemeinhin positiv besetzt, wie Maindrons *Hirt* belegt; dieser war von einer Schlange gebissen worden und sein Hund leckte heilend die verwundete Stelle.[13] Rethel hingegen deutet an, daß die gleiche nekrophile Gier nach Blut Roß und Reiter beseelt.

Die politische Botschaft

Der Totentanz wurde nicht nur von den Revolutionären, wie ich zeigte, sondern auch von den Intellektuellen als Zeugnis für die Gegenrevolution betrachtet.[14] Auch Baudelaire verstand den Zyklus als »poème réactionnaire« (599) und begeisterte sich für den Künstler, der kritischen Abstand bewahrte: »Ce que je trouve de vraiment original dans le poème, c'est qu'il se produisit dans un instant où presque toute l'humanité européenne s'était engouée avec bonne foi dans des sottises de la révolution.« (600)

Die Einstellung Rethels zu den revolutionären Ereignissen in Deutschland ist differenziert und läßt sich recht genau aus biographischen Zeugnisse erkennen. In einem Brief an die Eltern aus dem Jahr 1833 spricht er voller Enthusiasmus von dem Aufstand der Studenten.[15] Die Begeisterung des Siebzehnjährigen findet sich auch in seinem Bericht von einem Ausflug mit einer Schar Gleichgesinnter, die unter den Klängen der Marseillaise durch die Lande zog:

> »Am Rhein angekommen, wurde das Lied *Fürsten zum Land hinaus, dann kommt der Völkerschmaus* u.s.w. angestimmt, und beim letzten Vers: *jetzt ist im Lande Raum, nun pflanzt den Freiheitsbaum*, stimmte der ganze Chor, Frauen und Männer, Bürger und Bauern, Studenten und Maler ein, und Ihr könnt leicht denken, wie der von 250 Stimmen begeistert gesungene Vers von Posaunen begleitet in der Stille der Nacht geklungen hat.« [16]

In einem Brief vom Mai 1849, den er noch ganz unter dem Eindruck der Barrikadenkämpfe, wenige Stunden danach, an seine Mutter richtete, wird seine Bewunderung für den Enthusiasmus des Volkes, das sich für das auch von ihm erstrebte Ideal, die Schaffung eines vereinigten Deutschlands einsetzte, deutlich. Er wollte die »Grundrechte des Deutschen Volkes«, auf die die Frankfurter Nationalversammlung die deutschen Fürstenstaaten zu verpflichten suchten, verwirklicht sehen und verabscheute die Unterdrückung der Revolution durch das Militär. Freilich gibt er auch sein Mißtrauen gegenüber dem Kommunismus und den Konsequenzen einer roten Republik zu erkennen. So gibt Wolfgang Müller von Königswinter 1861 seiner Überzeugung Ausdruck, daß Rethel sich nicht »der reactionären Partei zuneigte, im Gegentheil, er war ein Freund des gemäßigten Fortschritts und hielt in seinen Überzeugungen zu constitutionellen Partei. Die Einheit Deutschlands war sein höchstes Ideal. So vermuthete er, daß durch die unmäßigen Forderungen einer extremen Partei das zu erreichende Ziel eher in die Ferne wie in die Nähe gerückt würde.«[17] Rethel beweist, wie Baudelaire richtig erkannte, seine Skepsis gegenüber dem Ideal der mit Blut erkauften Freiheit, wahrt Distanz zu den revolutionären Tönen, wie sie in Rastatt angeschlagen wurden: »Und lasset Blut zum Himmel schrey'n / Wir wollen freye Menschen seyn«.[18]

In seinem *Dialogue avec Eugène Delacroix*, 1998 in der Übersetzung von Helmut Scheffel erschienen, deutet Michel Butor den dramatisch verhangenen Himmel im *Einzug der Kreuzritter in Konstantinopel* (1840) als Ausdruck von Delacroix' Wunsch, Brandfackeln der Revolution in die französische Hauptstadt zu werfen. Wir erinnern uns des eben zitierten Wortes von Baudelaire, daß »oft der Betrachter die *Intentionen* erfindet« und lesen nicht ohne Amüsement, daß Butor auch sein eigenes Konterfei im Kopf eines der gemalten Statisten wiedererkannt hat. Ich möchte nun nicht mit ähnlichen Assoziationen und Gedankenspielen in die Fußstapfen des großen zeitgenössischen Dichters treten, aber doch – wenn auch keineswegs ohne Vorbehalte – eine Hypothese formulieren: Delacroix' Historienbild hat Rethel bei dem Entwurf seiner Zeichnung angeregt (Abb. 2). Er kann eine der zahlreichen gestochenen oder radierten Reproduktionen, die Johnson aufführt, gesehen haben.[19]

2 Alfred Rethel: *Der Tod als Sieger*, Bleistiftzeichnung auf Papier, 22 × 32 cm, Staatliche Kunstsammlungen Dresden, Kupferstich-Kabinett

In der Einnahme Konstantinopels wurde das letzte christliche Bollwerk gegen den Islam barbarisch vernichtet. Die herrschende Kaiserdynastie, das Haus der Komnenen, das zu dem bekanntlich blutrünstigen Atridengeschlecht gehört, hatte die Kreuzritter ins Land gerufen. Der Triumph der Siegermacht verbindet sich mit dem Leiden der Besiegten. Hierin liegt eine Verwandtschaft zwischen Rethel und Delacroix. Baudelaire, der immer wieder auf die emphatische Wahrheit der Gesten bei dem romantischen Maler hinweist, war besonders von unglückseligen Gestalten angezogen, wie die junge Frau zur Rechten, die sich klagend über eine tote Angehörige beugt. Rethel, so könnte es sein, ließ sich von einem anderen Motiv anregen, das Martin Mosebach nur wenige Monate zuvor in einer Besprechung in der *Frankfurter Allgemeinen Zeitung* hervorgehoben hatte: »Warum nur ist das Pferd mit seinem schlangenhaft gesenkten Hals und den übergroßen Augen in der Mitte des Bildes das einzig neuartig und erschreckend gesehene Lebewesen auf dem Ritterbild?« Das Schlachtroß mit den hervorquellenden Augen, das wie die phantastischen Alptraummähren Füselis mit übersinnlichen Kräften begabt zu sein scheint, könnte Rethel beeindruckt haben. Die Zuwendung des Tieres zu der leidbeladenen Gruppe menschlicher Wesen war auffallend genug. Wie ein magisches Roß scheint das Pferd an dem Leiden der knieenden Familie teilzunehmen. Von dieser humanen Teilnahme hat Rethel nur die ungewöhnliche Bewegung des Tieres bewahrt und daraus das Motiv einer heimtückischen Schindmähre entwickelt, die blind oder mit zusammengekniffenen Augen dem Geruch des Blutes folgt. Man könnte noch weitere Parallelen anführen, wie die Zuwendung des Reiters zu einem der Klagenden, die Fahnen, den Rauch, der Butor so angeregt hat, die perspektivische Tiefe der Straßenflucht auf der rechten Seite und die im fernen, tiefer gelegenen Mittelgrund erkennbaren Menschengruppen – aber all das mag sich auch in anderen Historienbildern finden. Wenig Konkretes spricht für die Hypothese der Anregung, die Rethel von Delacroix' Werk erfahren haben könnte. Aber sie bleibt verführerisch.

Daß Rethel sich aber an Delacroix' *Liberté sur les barricades* beim Zeichnen des *Triumphierenden Todes* erinnert hat, ist von vielen Forschern behauptet worden und die Annahme ist meines Wissens nicht auf Widerspruch gestoßen (Abb. 3). Die Übereinstimmung

3 Eugène Delacroix: *Die Freiheit auf den Barrikaden*, 1830, Öl auf Leinwand, 260 × 325 cm, Paris, Musée du Louvre

des Motivs des sich aufrichtenden Mannes zur Linken der Liberté wie des klagenden Mannes zur Linken des reitenden Todes ist frappierend.[20]

Die Fülle der Gestalten bei Delacroix ist drastisch von Rethel reduziert: statt des Bürgers, in dem sich Delacroix mit dem Zylinder darstellt, hier die Gruppe der klagenden Mutter und des weinenden Sohnes. Auf der anderen Seite als eindrucksvolles Gegengewicht der sich mühsam aufrichtende Mann anstelle des Pistolen schwingenden *gamin de Paris*. Beide Männer sind verwundet, vielleicht vor dem Sterben. Aber während der Mann im blauen Hemd mit dem roten Kopftuch das Haupt wie in Verehrung zur revolutionären Siegesgöttin hebt, ist bei Rethel der Arbeiter eine Verkörperung der Verzweiflung. Vor allem aber kontrastieren die Hauptfiguren, der ausgezehrte, auf einem Klepper reitende Tod und die jugendliche, die Menge anspornende Freiheit. Ihre üppige Brust beeindruckte Heine, der sie als »seltsame Mischung von Phryne, Poissarde und Freiheitsgöttin« bezeichnete[21], gegenüber dem süffisant triumphierenden Skelett. Hier noch Kämpfer, denen die Hoffnung auf den Sieg enthusiastische Kraft verleiht, dort Klagen, Grauen, Untergang. Es liegt nahe, daß Rethel einen der vielen Reproduktionsstiche[22] zu Gesicht bekommen und seinen Holzschnitt bewußt als satirisches Gegenstück zu dem Gemälde konzipiert hat.[23]

Intention und künstlerische Gestaltung

Rethels *Totentanz* steht an einem Schnittpunkt der politischen Kultur des 19. Jahrhunderts und legt ein eigentümliches Zeugnis für die sehr unterschiedliche Auseinandersetzung kreativer Menschen mit den Revolutionen, an denen das 19. Jahrhundert, besonders Frankreich, so reich war. Künstler und Schriftsteller hatten, oft nach anfänglichem Enthusiasmus, beträchtliche Vorbehalte gegenüber den stürmischen Anläufen zu einer sozialen Umwälzung, weil der Aufruhr des Volkes von Brutalität, Brandstiftung und Tod begleitet war. Auch war die Erinnerung an die blutige Französische Revolution, obwohl sie doch die Solidarität der Menschen untereinander auf ihre Fahnen geschrieben hatte, noch lebendig. Der Vergleich mit einem großen französischen Romancier, der die Revolution von 1848 als ein Motiv kunstvoll in das Geschehen eines die Moderne einleitenden Romans verarbeitete, läßt die Unterschiede zwischen dem Konzept des deutschen Künstlers und des französischen Schriftstellers deutlich werden. Die Skepsis Flauberts gegenüber der Revolution drückt er in seiner Schilderung von den schlecht riechenden Helden aus, die in den Louvre stürmen, sich höhnend auf den Königsthron setzen und in den Betten der Prinzessinnen wälzen, als ob sie diese vergewaltigen wollten. Eine Prostituierte nimmt in einer berühmten Szene der »Education sentimentale« auf einem Kleiderhaufen die Pose von Delacroix' Freiheitsgöttin ein.[24]

Delacroix erfuhr am eigenen Leibe den Zwiespalt zwischen den revolutionären und patriotischen Idealen und der Wirklichkeit. Als er in den Julitagen 1830, an einer der *trois glorieuses*, am Seine-Quai den ihre Waffen schärfenden Barrikadenkämpfern nahe kam, war er betroffen. Aber er verdrängte den Schauer, den der Kontakt mit der Realität in ihm ausgelöst hatte. Die Tricolore, die er auf Notre-Dame flattern sah, bestärkte ihn in seiner Liebe zu Frankreich und ließ ihn, – so sah es jedenfalls Alexandre Dumas, der von dieser

Szene berichtet[25], – dem idealistischen Konzept seines Bildes treu bleiben.

Rethel wählt den Umweg über die Tradition des Totentanzes, was Baudelaire als »postiche« bezeichnet: »imitations de différents maîtres du passé, d'Albert Dürer, d'Holbein, et même de maîtres plus modernes« (600). Aber er wandelte Entscheidendes ab: Er projiziert den hohnlachenden Tod in das zeitgenössische politische Geschehen, führt also eine metaphysische Macht als agierende Kraft in die aktuelle Auseinandersetzung zwischen dem revoltierenden Volk und der repressiven Regierungsmacht ein. Bei ihm verführt der Tod durch Schlauheit und List das Volk; die durch seine demagogischen Umtriebe entfachten Kämpfe bringen reiche Ernte. Durch diesen Kunstgriff nimmt Rethel die Position eines aus der Distanz urteilenden skeptischen Philosophen, zugleich aber auch visionären Beobachters ein: Er hat die Revolution selbst erlebt und erkennt aus höherer Warte die fatale Konsequenz eines solchen Brüderkampfs. So schafft er eine besondere Art »philosophischer Kunst«. Daß er sich in dem behandelten Blatt an Delacroix inspiriert hat, zeugt von der Bedeutung der großen französischen Historienmalerei für die deutsche Kunst; daß er dessen Intention verkehrt hat, hebt seine Eigenständigkeit in einer freilich kleineren Gattung hervor. Rethel hat in seiner Art etwas Großes geschaffen, das ähnlich bei späteren Generationen die Sicht der deutschen 1848er-Revolution bestimmt hat wie in Frankreich Delacroix' Gemälde das Bild der Julirevolution bis in die Lehrbücher von Lagarde et Michard hinein. Und Baudelaire ließ sich durch die Folge der Holzschnitte von seiner theoretischen Abneigung von der philosophischen Kunst abbringen. Der Dialog der Nationen öffnet neue Perspektiven.

Der vorliegende Beitrag versteht sich als Anknüpfung an Thomas W. Gaehtgens' Studie über *Révolution et rébellion. Représentations de la révolution de 1848 chez Menzel et Rethel*, in: Thomas W. Gaehtgens: *L'Art sans frontières. Les relations artistiques entre Berlin et Paris*, Paris 1999, S. 228–255. In deutscher Sprache erschienen in Ilja Mieck u. Horst Möller, Jürgen Voss (Hg.): *Paris und Berlin in der Revolution 1848*, Sigmaringen 1995, S. 279–297. Gaehtgens geht ausführlich auf die von mir behandelten Holzschnitte Rethels ein, wobei er mit Delacroix' *Freiheit auf den Barrikaden* beginnt. Besonders erhellend ist der von ihm vorgenommene Vergleich zwischen der Einstellung der französischen und deutschen

Künstler zur Revolution von 1848 in dem als sehr unterschiedlich herausgearbeitetem politischen Kontext in den beiden Ländern.

1 Heinrich Schmidt: *Alfred Rethel (1816–1859)*, in: *Rheinischer Verein für Denkmalpflege und Heimatschutz* 1958 [erschienen 1959], S. 138.

2 Die ausführlichsten Informationen gibt Josef Ponten: *Alfred Rethel. Des Meisters Werke*, Stuttgart u. Leipzig 1911 (Klassiker der Kunst), S. XLVIII-LI u. passim, hier besonders S. Lf.

3 Ibid., S. XLVIIIf.

4 Champfleury druckte sie in seiner *Histoire de l'imagerie populaire*, Paris 1869, zwei Jahre nach Baudelaires Tod erneut ab. Die erste grundlegende Studie zu *Charles Baudelaire und Alfred Rethel* verdanken wir dem – verschollenen – Freunde Ulrich Finke; sie erschien in den *Giessener Beiträgen zur Kunstgeschichte*, I/1970, S. 137–144.

5 *Baudelaire: Œuvres complètes*. Texte établi, présenté et annoté par Claude Pichois, Paris 1975–76, Bde. I–II, hier Bd. II, S. 600. Die in Klammern oben im Text angegebenen Zahlen beziehen sich auf die entsprechende Seite im Band II dieser Ausgabe. Ich verweise zugleich auf die achtbändige, kommentierte deutsche Ausgabe: *Sämtliche Werke / Briefe* (hg. v. Friedhelm Kemp, Claude Pichois u. Wolfgang Drost, München 1975–1985. Der vorliegende Text befindet sich in Bd. 5, 1989, S. 259–268.

6 Baudelaire erwähnt nicht Kaulbachs satirischen Totentanz.

7 Es handelt sich um die Fresken im Krönungssaales des Aachener Rathauses.

8 Charles Baudelaire: *La Sculpture au Salon de 1859. Texte la »Revue française«, preprint partiel d'une édition commentée du Salon de 1859 par Wolfgang Drost avec la coopération de Ulrike Riechers. Edition illustrée de 38 reproductions, avec une bibliographie des comptes rendus de la critique d'art contemporaine et une synthèse du commentaire: Baudelaire critique d'art en 1859 par Wolfgang Drost*, Fachbereich 3, Universität Siegen 1999, S. 92–94.

9 Manchmal sieht sich Rethel allerdings gezwungen, um keine Mißverständnisse aufkommen zu lassen, den Sinn eines Objektes durch einen präzisen Begriff drastisch zu erläutern. So findet sich das Wort von der »Volks Justiz« auch schon auf der im Dresdener Kupferstichkabinett aufbewahrten Zeichnung auf dem Schwert, das der Tod nach seinen Redekünsten der Menge überreicht (*Der Tod als Volksredner*). Wir finden es wieder in dem *Triumphierenden Tod*, doch ohne die Inscriptio.

10 Vgl. Wolfgang Drost u. Elisabeth Hardouin-Fugier (Hg.): *Janmot-Précurseur du symbolisme*, Heidelberg 1994 (Reihe Siegen, Bd. 123).

11 Vgl. Finke 1970 (wie Anm. 4), S. 141. Baudelaire nennt Delacroix' *Femmes d'Alger* ein »petit poème d'intérieur« (II, 440) und Ingres' von ihm hochgeschätzte Portraits sind »presque des tableaux, c'est-à-dire des poèmes intimes« (II, 459); vgl. auch ibid., II, 693.

12 Über suggestive Details vgl. Wolfgang Drost: *Kriterien der Kunstkritik Baudelaires*, in: Alfred Noyer-Weidner (Hg.), *Baudelaire*, Darmstadt 1976, S. 410–442.

13 Marmor, 1834, Musée d'Angers. Abbildung bei Maurice Rheims: *19th Century Sculpture*, London 1977, S. 379.

14 Vgl. den Ausstellungskatalog: *La peinture allemande. Orangerie des Tuileries*, Paris 1976, S. 164.

15 Ibid., S. 163. Dazu auch Ponten 1911 (wie Anm. 2), S. XLIXf.

16 Vgl. Wolfgang Müller von Königswinter: *Alfred Rethel. Blätter der Erinnerung*, Leipzig 1861, S. 27f.

[17] Vgl. ibid., S. 153.

[18] Vgl. *Rastatt in der Revolution 1848/49,* Ausstellungskatalog, Rastatt 1999.

[19] Lee Johnson: *The Paintings of Eugène Delacroix. A critical catalogue,* Bd. I und II: *1816–1831;* Bd. III und IV: *1832–1863,* Oxford 1981 u. 1986.

[20] Ponten 1911 (wie Anm. 2), Heinrich Schmidt 1959 (wie Anm. 1), S. 150f.; Klaus Lankheit: *Revolution und Restauration,* Baaden-Baaden 1965 (wie Anm. 4); Finke 1970 (wie Anm. 1), S. 139.

[21] *Gemäldeausstellung in Paris 1831* in: Heinrich Heine: *Werke und Briefe,* Berlin u. Weimar 1980, S. 309.

[22] Johnson führt von Porret, Mouilleron, Salmon u. a. vier Reproduktionsgraphiken von der *Liberté sur les barricades* allein bis zum Jahr 1848 auf.

[23] Wir wissen, daß er französische Graphik in seinem Atelier aufbewahrte; vgl. den Beginn meiner Ausführungen.

[24] Gustave Flaubert: *L'Education sentimentale* in: Klaus Heitmann (Hg): *Der französische Roman,* Bd. I, Düsseldorf 1975, S. 332–353.

[25] Vgl. Hélène Adhémar: *›La Liberté sur les barricades‹ de Delacroix étudiée d'après des documents inédits,* in: *Gazette des Beaux-Arts* 43/1954, S. 87 vgl. auch Wolfgang Drost.: *La Conscience de l'artiste. De la peinture politique entre la Monarchie de Juillet et le Second Empire,* in: Marie-Hélène Girard (Hg.): *Les Intellectuels face au pouvoir (1815–1870). Actes du colloque organisé le 5 février 1993 à Dijon,* Dijon 1996, S. 59–75.

n'osent faire un mouvement et se livrer à la joie de leur âge... Fuyons, fuyons vite !...

Dans les maisons bourgeoises de quelque aisance les réceptions consistent plus volontiers en dîners périodiques. C'est aussi la mode préférée en province, et je suis d'avis que cette mode-là en vaut bien une autre.

Quand il y a des filles à marier, on donne quelques bals.

La rage de *recevoir*, résultat de cet impérieux besoin de se réunir qu'ont les hommes, se fait sentir jusque chez les plus humbles. Les petits veulent singer les grands. C'est un des côtés comiques du sujet. Le chef de bureau par

1 Honoré Daumier: *Lanterne magique!!!,* in: *Le Charivari,* 19. November 1869, Lithographie, Tafel 257 aus der Serie *Actualités,* Paris, Bibliothèque historique de la Ville de Paris

›Lanterne magique!!!‹
Eine Lithographie von Daumier aus dem Jahr 1869

Ségolène Le Men

Eine Pressezeichnung in ihrer zeitgeschichtlichen Situation

In der Ecke eines dunklen Zimmers steht statuengleich eine Frau in Dreiviertelansicht, mit nach hinten gebundenem Haar und drapiert mit einer Tunika, auf der das Wort »France« zu lesen ist. Ihr einziges Attribut ist die gezackte Krone, die sie auf dem Kopf trägt. Ihr linker Arm ist angewinkelt, und ihre Hand liegt auf dem Bildschieber einer Laterna magica, eines schwarzen Kastens, der einen blendenden Lichtkegel ausstrahlt; der Projektionskreis zeichnet sich deutlich vor der Wand ab, auf der ein aufgespanntes Laken zu ahnen ist, das als Leinwand dient. Im Mittelpunkt des Kreises entfaltet sich in großgeschriebenen Lettern das Wort »LIBERTÉ«, während um die Laterna magica herum das Wort »scrutin« (Wahl) zu lesen ist. Diese Lithographie Daumiers erschien am 19. November 1869 in *Le Charivari*, in der Reihe *Actualités* (Tagesgeschehen). Der zentrierte Titel *Lanterne magique* ganz unten läuft in drei Ausrufezeichen und zwei Auslassungspunkten aus. Das übliche Monogramm »hD« unten links steht – gewiß nicht zufällig – genau unter dem Wort »Liberté«. Im Werk Daumiers tritt diese Lithographie als eine der seltenen Arbeiten hervor, in denen er vor der Öffentlichkeit sein politisches und künstlerisches Glaubensbekenntnis ablegt. Er bedient sich dabei einer ähnlich geradlinigen Rhetorik wie Paul Eluard, in seinem Gedicht *Liberté,* mit dem Refrain: »ich schreibe deinen Namen, Freiheit«. Die Tragweite seines Bildes – einer Pressezeichnung – beruht zweifellos auf dieser republikanischen Bejahung eines hohen Prinzips, das den politischen Horizont jeder Demokratie bestimmt. Auch herausgelöst aus dem tagespolitischen Zusammenhang – dem Tag nach der Wahl, die Frankreich gegen Ende des Empire die Freiheit verhieß – bewahrt es seine Bedeutung für den heutigen Betrachter und Leser. Gebunden an die für das 19. Jahrhundert spezifische mediale Ausdrucksform, die Presselithographie, behält es doch über den

Kontext seiner Gegenwart hinaus Gültigkeit. Eine Analyse dieser schönen Lithographie gibt Einblick in die visuelle Rhetorik der Verdichtung und der Allegorisierung, deren sich die Bildkunst bedient, wenn sie ein Symbol erzeugt. Beispielhaft lassen sich Originalität und Verfahren des lithographischen Zeichners und Künstlers Daumier verstehen, insbesondere die seiner späten Jahre: sein Rückgriff auf die große Kunst von Licht und Schatten – um deren Ahnherrn Kircher zu paraphrasieren.

Die Pressezeichnung ist ein an das Tages- und das Verlagsgeschehen gebundenes Bild: Angesichts einer gegebenen Situation informiert sie die Leser oder kommentiert die Fakten; sie ist veröffentlicht in einer Zeitung, die ihren Kontext bestimmt. Diese doppelte (situative und kontextuelle) Referenz, die von den Lesern, die in der gleichen Gegenwart leben wie der Künstler und ihre Zeitung kennen, implizit wahrgenommen wird, verliert sich in der späteren Rezeption. Dann obliegt es dem Historiker, den Aktualitätsgehalt zu rekonstruieren und ihn explizit darzulegen, und insbesondere zu präzisieren, unter welchem Reglement der Meinungsfreiheit oder Zensur die politische Zeichnung erlaubt, eingeschränkt oder untersagt war.

Mitte November 1869 wurde das Tagesgeschehen nicht durch umwälzende Ereignisse erschüttert. Jedoch beschleunigte sich die zehn Jahre zuvor mit der Amnestie für die politischen Gefangenen eingeleitete Wende zum *Empire libéral*, die den politischen Horizont veränderte: Das im Mai 1868 verabschiedete Pressegesetz behielt zwar die Erhebung einer Kaution und die Stempelgebühr bei, hob jedoch die Pflicht zur Vorabgenehmigung von Presseerzeugnissen auf; die Freiheit der Meinungsäußerung wurde im Juni 1868 auf das Recht zur Versammlung ausgedehnt, die der vorherigen Genehmigung nun ebenfalls nicht mehr bedurfte. Die Ereignisse überstürzten sich im Anschluß an die Wahlen zur gesetzgebenden Versammlung, dem »Corps législatif«, deren erster Gang im Mai-Juni 1869 unter gewaltigem Einsatz der republikanischen Presse verlief, welche ihre 1868 errungene Meinungsfreiheit nutzte. Der zweite Wahlgang sowie Zusatzwahlen, notwendig aufgrund der wegen Mehrfachaufstellungen unvermeidlichen Rücktritte von Kandidaten, bestätigten dann ein Ergebnis, das der Opposition nunmehr die parlamentarische Mehrheit sicherte.[1] Durch das Urnenvotum zu einem Kompromiß genötigt, billigte der Kaiser im Juli das Programm der »Dritten Partei« unter Emile Ollivier, den er im Dezember mit der Regierungsbildung beauftragte. Bekanntgegeben hatte er den Schritt zur Liberalisierung anläßlich der Feiern zum hundertsten Geburtstag Napoleons am 15. August 1869. Daumiers Lithographie bringt, indem sie das von der weiblichen Verkörperung Frankreichs, der »France«, betrachtete Wort »Freiheit« in die Mitte rückt, sowohl die neue Aussage-Situation der Pressezeichner (die Meinungsfreiheit) zum Ausdruck als auch Frankreichs neue politische Situation nach den Wahlen der Legislative (das Empire libéral).

In dieser Hinsicht fügt sich *Lanterne magique* ganz in die lange Reihe der *Actualités* des *Charivari* ein, der mit der Thematisierung der Wahlkampagne und der Propagierung der Freiheit im gesamten zweiten Halbjahr 1869 ein Trommelfeuer der Rückkehr zur politischen Bildkunst entfachte. Als Zeichner des *Charivari* paßte sich Daumier den editorischen Normen der Zeitung an, bei der er angestellt war, und stimmte seine Themen mit denen der anderen Zeichner der Belegschaft ab. Wie alle Abbildungen im *Charivari*, der 1832 als erste illustrierte Tageszeitung lanciert worden war, die jeden Tag eine neue Zeichnung brachte, ist auch diese auf der dritten Seite des vierseitigen Faszikels abgedruckt: Die Lithographie, die den Großteil des Blattes einnimmt, unterbricht das typographische Umfeld, zu dem sie gehört, und läßt die lineare Lektüre im Bild zum Stillstand kommen.[2] Der Text läuft auf der Rückseite weiter; die untere Abteilung der Bildseite belegt das Feuilleton.[3] Redaktionelle und lithographische journalistische Ausdrucksform grenzen aneinander und sondern sich zugleich voneinander ab, da kein verbaler Kommentar den Lesern die Bedeutung der Abbildung erklärt.[4] Diese selbst bildet einen ikonisch-textlichen Zusammenhang, sowohl durch »Wortlaut« und Legende der Gravur als auch durch die Inschriften innerhalb des Bildes. Oberhalb der Lithographie erscheint der Titel der Serie, ergänzt um eine Seriennummer, während darunter der eigentliche Bildtitel steht.[5] Daumier, Cham, Stop und Darjou waren 1869 die Mitarbeiter der langen Serie *Actualités*, unter die so gut wie alle Lithographien der Zeitung fielen,[6] sämtliche jedoch von Daumier, für den dieses unter der Zweiten Republik begonnene Genre im Lauf der Jahre »eine Art persönliches Buch« ergab, »das man *sein* Journal nennen könnte« (Champfleury).[7]

Bei Daumier und Cham, den beiden Hauptzeichnern der *Actualités*, kommt zur Seriennummer eine vom Künstler eigenhändig ins Bild lithographierte Steinplattennummer hinzu, die wahrscheinlich als Kennziffer der Platten, die der Künstler dem Verleger vor Beschriftung einmal wöchentlich im Paket einreichte, sowie zur Ablage der Steine im Verlag diente. Anhand diese Nummer erkennt man, in welcher Reihenfolge der Künstler die Lithographien gefertigt hat, und kann zugleich das »persönliche Buch« Daumiers durchblättern und dabei feststellen, welche Platten fehlen (folglich wohl vom Verleger ausgemustert wurden). Die Seriennumerierung verläuft nicht kontinuierlich, läßt sich also weder mit der Reihenfolge der Veröffentlichung in der Zeitung noch mit der Steinnummer synchronisieren. *Lanterne Magique, Actualités 257*, veröffentlicht am 19. November (Stein 64) erschien drei Tage nach der in Serie vorangehenden Nummer, *Actualités 256*, dem von Cham gezeichneten *Mandat impératif* ... In Daumiers Werk steht sie zwischen der drei Wochen zuvor, am 27. Oktober veröffentlichten *Actualité 229* (Stein 57), *Répétition générale du concile*, und der tags darauf, am 20. November erschienenen Lithographie *V'la ma cartouche, Actualités 255* (Stein 62).[8] Die Abfolge der Lithographien wird gewissermaßen die syntagmatische Achse des lithographischen Diskurses festgelegt. So ergänzt *V'la ma cartouche*[9] die Aussage der *Lanterne magique*, indem sie auf der Bedeutung des Wahlrechts als Akt staatsbürgerlicher Äußerung und als Werkzeug politischen Handeln insistiert. Am Vortag hatte *Lanterne magique* den Wahlvorgang ins Licht gerückt und die Bilanz der Wahlen gezogen: In Gestalt einer gelassenen Göttin bediente Frankreich die Laterna magica der Wahl und projizierte als Verdikt des Urnengangs die Freiheit – eine Situation genau umgekehrt zu jener, in der sich Louis-Napoléon Bonaparte 1848 dank des nur halb allgemeinen Wahlrechts zum Prince-Président aufschwingen konnte, indem er sich auf die Stimmen der weitgehend unalphabetisierten und den Notabeln ausgelieferten Landbevölkerung stützte. Der Sieg der Freiheit – die Durchsetzung der Opposition –, den die Wahl von 1869 markierte, wird von den Republikanern als Vergeltung für das Scheitern der Zweiten Republik wahrgenommen, die paradoxerweise in ein Zweites Kaiserreich gemündet war.

Nicht nur politisches Bild und Kommentar zum Tagesgeschehen, erweist sich diese Lithographie auch als engagiertes Werk. Im

Vergleich mit den Versionen der Geschehnisse, wie die anderen Zeichner sie in derselben Zeitung vorgelegt haben, tritt die Tragweite von Daumiers Werk um so stärker hervortritt. Während Stop am 27. Juli die Freiheit als Zimmermann in Engelsgestalt vorführte, der an einem Ansatzstück für die Gesetzestafeln bastelt (*Actualités 161*), und Cham am 24. August sie durch eine Malerin verkörperte, die Retuschen an der Tafel der Verfassung vornimmt (*Actualités 179*, Stein 76), begnügt sich Daumier damit, das Wort »Freiheit« in einem makellosen Lichtkreis aufscheinen zu lassen. Zur Schlichtheit der Komposition kommt deren – im Wortsinn – Lesbarkeit, denn die Bildelemente sind in jeweils voller Länge durch die Inschriften »France«, »scrutin« und »Liberté« bezeichnet, die das Wahlergebnis wie auch die Überzeugung des Künstlers kundtun. Eine solche Betonung der Macht des geschriebenen Wortes veranschaulicht die Wichtigkeit des Lesens, der Alphabetisierung und Unterrichtung in der Bildung des Bürgers, an der es bei der Ausübung des »allgemeinen« Wahlrechts im Jahre 1848 gefehlt hatte und die den »politischen Fortschritt« (so die Inschrift einer anderen Platte) der Wahlen von 1869 erklärt. Überdies kamen die anderen Zeichner zwar immer wieder auf die politische Bildkunst zurück, frönten dabei jedoch zugleich Sitten- oder Modeszenen. Zum Beispiel zeigte Cham, der mit seinen Sonntagsskizzen im August auf die Preisverleihung in den Schulen verwies, am 28. des Monats ein von Auszeichnungen überhäuftes Kind, das sich anschickt, anstelle seines soeben zum Abgeordneten gewählten Papas eine Rede zu verfassen (*Actualités 188*). Für Daumier verbietet sich eine solche Genrevermengung, welche die politische Tragweite der Situation herunterspielt. Da er das Zeitgeschehen ernst nimmt, zieht er die gravitätischeren Register der Allegorie und der visuellen Metapher. Frankreich, das bei seinen Kollegen oft als eine kleine Pariserin von losem Lebenswandel erscheint, nimmt bei ihm, der doch mit solchen Sittenschilderungen wie den Serien *Les papas* und *Les bons bourgeois* berühmt geworden war, die edle Haltung einer antiken Karyatide ein.

So sprach *Le Charivari* durch die verschiedenen Blickpunkte seiner Zeichner eine recht breitgestreute Leserschaft an; sie reichte von jenen, die wie Cham und Stop den Kompromiß eines liberalen Kaiserreichs hinnahmen, bis zu dem unbeirrbaren Republikaner, der Daumier von Bildtafel zu Bildtafel geblieben ist. Stop zum

Beispiel nahm eine ganz andere Warte ein als Daumier, wenn er Frankreich als launisches Kind verspottete, das die von seiner Amme gereichte Saugflasche zurückweist und mit den Worten »Ich bin alt genug, um allein zu essen« die Hand nach dem Eingemachten von 1789 ausstreckt (*Actualités 204*, 18. September 1869). Drei Tage zuvor war Daumier glücklich, dank des »allgemeinen Stimmrechts« den Mann des Volkes auf der Spitze des Klettermasts anlangen zu sehen, wo er sich unter dem Beifall der Menge anschickt, die »Freiheit« auszulösen: *Dabei hatte man den Mast hübsch eingeschmiert* (*Actualités 209*, 15. September 1869, LD 3736). Und einen Monat später, als während der Feierlichkeiten zum 15. August das liberale Kaiserreich ausgerufen wurde, zeigte er, wie die Freiheit das Pulver in Brand setzt und ein riesiges Feuerwerk auslöst, das sich vom »politischen Fortschritt« auf den »sozialen Fortschritt« ausdehnt (*Le vrai feu d'artifice est d'être libéral, Actualités 182*, 14. August 1869): Das »liberale« Programm Daumiers erscheint den Positionen Léon Gambettas sehr nahe, der in seinem Programm von Belleville die politische Rolle der »neuen Schichten« hervorgehoben hatte. Indes: Zwar hat Daumier 1869 in *Le Charivari* eine Freiheit der Äußerung gewonnen, wie er sie in seiner Laufbahn sonst selten genoß, und deren dichteste Ausformulierung in der geradlinigen Komposition der *Lanterne magique* vorliegt, aber die deutliche Aussage des Künstlers wurde bei der redaktionellen Abfassung der Legende durch die vielsagende Interpunktion zu einer gewissen Zweideutigkeit abgeschwächt. Je nachdem, wie der Leser zur Technik der Laterna magica steht und je nach den widersprüchlichen Konnotationen, die sich um die Ikonographie der Laterna magica ranken, kann er die drei Ausrufezeichen entweder als ironischen Fingerzeig oder als Kennzeichen emphatischer Begeisterung lesen. Durch die Text-Bild-Anordnung ins Unbestimmte gerückt, bleibt die Aussage dieser Seite letzten Endes der freien Entscheidung des Lesers anheimgestellt, was es dem *Charivari* erlaubt, eine möglichst breitgefächerte Leserschaft an sich zu binden.

In der Pressezeichnung, die sich hier von der Karikatur entfernt, ist die Allegorie ein eher unerwartetes Register, das jedoch die lithographische Vision des späten Daumier kennzeichnet. In *Lanterne magique* tritt sie in zweierlei Gestalt auf: zum einen über die in den bildenden Künsten und in der ikonologischen Sprache bekannten Figur der weiblichen Personifikation (Frankreich als Projektionistin) und zum anderen über die ausgesponnene Metapher, eine Stilfigur, die in den Handbüchern der Rhetorik die Allegorie definiert (die Vorführung der Projektion mit der Laterne). In beiden Fällen rührt Daumiers Stiloriginalität aus der Art und Weise, wie er zu »einer überaus starken Formel«[10] (Michelet) findet, indem er aus weitgreifenden, mehr oder weniger bewußt reaktualisierten ikonologischen Verkettungen eine neue Vision verdichtet: Dieser verleiht er die Breite und Tragweite, die sie über die flüchtige Aktualität der Tageszeitung hinaushebt.

Frankreich, dessen Wählerschaft auf Männer beschränkt blieb, ist hier kraft der Ironie des ikonologischen Codes in einer Frauengestalt vergegenwärtigt.[11] Tatsächlich war 1869 die weibliche Personifizierung bis in die Pressezeichnung hinein gängige Münze geworden. »Marianne im Kampf« wurde damals zur »Marianne an der Macht«. Für die Karikatur als aggressive Kunst, eher dem Zerrportrait – dem »portrait-charge« – als der satirischen Szene zugewandt, war diese Darstellungsweise alles andere als selbstverständlich. Bei Grandville (Jean Ignace Isidore Gérard) und Alexandre Decamps erschien jedoch im Lauf der dreißiger Jahre in den republikanisch ausgerichteten lithographischen Darstellungen der satirischen Zeitungen, für die Daumier arbeitete, eine »Françoise Liberté« als Sinnbild für Frankreich, Republik und Freiheit.[12] Unter der Zweiten Republik wurde dann das Bildnis des Königs als Symbol des untergegangenen Regimes (wie schon 1792) ersetzt durch die Allegorie der Republik, wie sie der 1848 ausgeschriebene Wettbewerb offiziell beschrieben hatte: Die Figur der Republik, eher mit der Trikolore assoziiert als mit der phrygischen Mütze, personifizierte Frankreich und wurde zum nationalen Ideal, das im Bildrepertoire des »Frühlings der Völker« auf alle europäischen Völker übertragen wurde, darin einer Bildformel folgend, die der John Bullschen Vertierung und der Burleske des Deutschen Michel entgegengesetzt war.[13] Im Zuge der dann einsetztenden Ära der »Statuomanie« verallgemeinerte – und banalisierte – sich die Verwendung weiblicher Allegorien, die nun alles und jedes versinnbildlichten: die Republik ebensogut wie Frankreich, das Gesetz, die Gerechtigkeit oder die Städte – Attribute und Haartrachten bestimmten ihre jeweilige Bedeutung und Tendenz.[14]

Daumier machte sich die Allegorie in den aufeinanderfolgenden politischen Phasen seiner Lithographenlaufbahn stufenweise zu eigen: In der ersten, vom Zerrportrait und vom Symbol der Birne bestimmten politischen Periode (1830–1835) nur sporadisch vorkommend, nahm sie in der zweiten (1848–1851), in der seine gemalte Skizze, die seinen öffentlichen Eintritt in die Malerei markierte und zu den prämierten Werken des Wettbewerbs gehörte.[15] schon mehr Raum ein und stand schließlich in der letzten politischen Periode (1869–1871) im Mittelpunkt seiner künstlerischen Sprache. Als eine Art basso continuo seines Werks kommt diese Stilfigur in einigen der gelungensten Darstellungen zum Ausdruck, die vom unverminderten republikanischen Enthusiasmus eines, was seine persönlichen Standpunkte betrifft, eher wortkargen Künstlers zeugen. Da gibt es 1834 den Freiheitsengel, einen Stern, der auf dem Regenbogen der drei glorreichen Julitage seiner unausweichlichen Himmelskreisbahn folgt, voller Hoffnung betrachtet von einem Häftling in der Zelle des Gefängnisses Sainte-Pélagie (*Moderne Galilée. Et pourtant elle marche. La Caricature*, pl. 436, n° 209, 6. November 1834, LD 93). Da gibt es im Februar die leuchtende, rauschende Erscheinung mit phrygischer Mütze, die auf der Türschwelle auftaucht, Panik säend unter den abgesetzten, nach hinten kippenden Ministern (*Dernier Conseil des ex-ministres*, Abb. 5). Die beim Wettbewerb prämierte laubbekrönte Republik hingegen ist eine stattliche, ihren Nachwuchs stillende Frau, eine imposant-massige, auf ihrem Thron die Trikolore schwingende, erziehende Mutter (*Esquisse de la République*, 1848, Öl auf Leinwand, 73 × 60 cm, Paris, Musée d'Orsay, Stiftung Etienne Moreau-Nélaton, Maison I-20).[16] Und schließlich gibt es die 1870–1871, nach der Niederlage von Sedan entstandene, große Weinende, die sich sehr lebendig hoch über dem Feld der Toten erhebt.[17] Bald lebhaft und rege, bald ruhig und skulptural, ist die Daumiersche Republik keine einheitliche ikonographische Instanz – nicht einmal 1848 –, so daß man den Künstler nicht ein für allemal auf eine bestimmte, gemäß den von Maurice Agulhon herausgearbeiteten Kriterien mehr oder minder linksengagierte, republikanische Gesinnung festlegen kann.[18] Es scheint eher, daß die Art seiner Darstellung der Republik von der Botschaft abhängt, die er den Lesern und der Öffentlichkeit auf dem Wege der Lithographie oder der Malerei in verschiedenen politischen Kontexten übermitteln will.

Wo in einer solch variationsreichen Serie ist die *Lanterne magique* einzuordnen? In der Zeit nach der Wahl 1869, als die Kaiseranhänger erneut mit der Bedrohung durch das rote Gespenst aufwarteten und das mit der etablierten Ordnung im liberalen Kaisserreich in Einklang gebrachte Ideal der Freiheit »vereinnahmten«, kam es für Daumier zunächst darauf an, seine Landsleute zu beruhigen, wie er es 1848 getan hatte, und mitten im Zweiten Kaiserreich die Gestalt einer gelassenen Republik Frankreich wiederherzustellen, indem er mit der Kraft eines Propaganda und Gegenpropaganda vereinigenden Bildes die Winckelmannsche Ästhetik der edlen Einfalt für republikanisches Gedankengut in Anspruch nahm: Seine das Wort »Freiheit« anblickende »France« trägt keine phrygische Mütze und beschwört weder die Barrikaden noch die Geschehnisse von 1793; sie hat die skulpturale Haltung einer antiken Göttin, vergleichbar dem Staatssiegel von 1848, und ein nach links gerichtetes griechisches Profil, vergleichbar der am 1. Januar 1849 ausgegebenen Briefmarke (die unterdessen durch das Portrait des Kaisers ersetzt worden war). Daumiers Bild erweckt den Eindruck einer ruhigen, unabweislichen, wohleingesetzten Macht und verjagt dadurch auch das gegenläufige Bild der revolutionären Kraft und der Republik der Terreur.

Ebenfalls in die Aufschlüsselung der Allegorie fließen ein die Haartracht und das Verhältnis von Kopf und Körper: Während in der Skulptur und im Staatssiegel von Albert-Désiré Barre 1848 der Sonnenglanz der Monarchie auf die Republik übertragen wurde,[19] wie es auch Batholdi 1886 bei seinem Kolossalstandbild der Freiheit tun sollte, und während die »Ceres«, die Jean-Jacques Barre für die Briefmarke von 1849 entwarf, mit Weizenähren, Reben und Lorbeer bekränzt war, trägt Daumiers Frankreichfigur eine Turmkrone. Somit hält er an der per Laterna-Magica-Projektion ausgedrückten Lichtmetapher fest, ersetzt aber die Ähren als Beschwörungen des ackerbaulich-ländlichen Gedeihens[20] durch das Motiv der Turmkrone, ein traditionelles Attribut der Stadtstaaten[21], die seit der Antike als gut geführte Republiken auftraten.[22] Dieses bei Daumier seltene Motiv hat einen Vorläufer in der am 1. Januar 1851 erschienenen Tafel der *Actualités*, *Je veux encore du nanan* (LD 2079)[23] – eine Selbstparodie auf seine Ölskizze der Mildtätigen Republik –, auf der die Turmkrone mit der Inschrift »France« versehen ist. Anstelle der phrygischen Mütze der freigelassenen Sklaven, von deren Abbildung die Politiker der Zweiten Republik offiziell abrieten,[24] erhob die Krone nichtsdestoweniger in gemildeter Form denselben Anspruch auf Freiheit. Zu dieser Konnotation tritt in *Lanterne magique* noch eine weitere hinzu: Die Lettern des Worts »France« sind dem Stoff eingezeichnet, der den Körper der allegorischen Figur drapiert, während die Türme den Kopf, das Haupt bedecken,[25] als sollten sie mit dieser Körpersymbolik an das Verhältnis zwischen Hauptstadt und Land erinnern. Für einen Pariser, wie Daumier es war,[26] stellte die moderne demokratische Ge-sellschaft der »neuen Schichten« vor allem eine urbane, alphabetisierte Gesellschaft vor, in der Paris die privilegierte Stellung einer Kapitale zukam: der Stadt, wo staatsbürgerliche Gesinnung und Kultur zusammenflossen, des Mikrokosmos, der den Makrokosmos des Vater-/Mutterlandes und des Staatsterritoriums zusammenfaßte, der Avantgarde des politischen Bewußtseins. Bei den Wahlen von 1869 im Département Seine bewiesen die Pariser ihren Radikalismus.[27] In einem gewissen Sinn suggeriert *Laterne magique*, Paris leuchte ganz Frankreich die Freiheit.[28]

So ermöglicht es die Allegorie in ihrer Grundbedeutung Daumier, seine Überzeugungen in einem ernsthaften und emphatischen Register darzustellen, das sich von der geringschätzigen Komik der Karikatur und des Zerrbilds abhebt. Diese ikonologisch informierte und der großen Manier entlehnte didaktische Darstellungsweise bietet durch die weibliche Personifikation die Möglichkeit, ein kollektives, umfassendes politisches Ideal zu beschwören, der Gemeinschaft der Bürger und Leser eine Bildvorlage der Identifikation zu liefern und dabei doch eine gewisse Unbestimmtheit zu wahren.[29] Freilich gewährleistet die Abstraktheit einer solchen Bilddarstellung die Vielheit der Lesarten und Anwendungen, die der jeweilige Leser auf die allegorische Figur projizieren sollte. Die Allegorie als weibliche Personifikation funktioniert also gleichzeitig als bildliche Definition, als Idealentwurf, der nach kollektiver Zustimmung verlangt, und als offene Figur. Im Gegenzug bezweckt Daumiers Rekurs auf die andere Form der Allegorie, die ausgesponnene Metapher, die dazu führt, seine Pressezeichnung als politisches Bild zu verstehen, das Feld der Interpretation einzugrenzen und die eigene Auffassung des republikanischen Projektes zu spezifizieren.

Aufklärung und Laterna magica: Emblem und Überblendung

Durch die ausgesponnene Metapher macht Daumier seine Person zur Protagonistin einer Projektion mit der Laterna magica, während im Mittelpunkt der Lithographie die Laterne selbst zur visuellen Metapher der Wahlurne wird. Die Komposition beruht zum einen auf der modernisierten Wiederaufnahme einer 1834 erschienen Lithographie von Grandville, die Daumier auf zwei aufeinanderfolgende *Actualités*-Tafeln verteilt hat; zum andern stützt sie sich auf ein weitgespanntes Metaphernnetz der triumphalen Vertreibung der Finsternis durch das Licht. Daumier schließt an eine lange ikonographische Tradition an, in der die Projektion mit der Laterna magica zu vielen unterschiedlich, ja widersprüchlich konnotierten Darstellungen Anlaß gab, welche er seiner *Lanterne magique* gewissermaßen im Hintersinn eingespeichert hat. Die allgemeine Praxis einer solchen »Überblendung« wirft anhand des Beispiels Daumier die Frage nach dem Medienbild auf, das hier als Verdichtung einer ganzen Schichtung präziser oder diffuser Bilder in einem einzigen Werk verstehbar wird. Für Daumier, den Künstler, ist auch die Frage der Originalität bzw. des Stils aufgeworfen, der ein massenhaft verbreitetes Produkt einzigartig macht.

Eine erste Spielart der Überblendung besteht im Verfahren der visuellen Metapher, deren Bedeutung in der Karikatur Gombrich verdeutlicht hat.[30] Die im Zentrum der Lithographie einander überlagernden Bilder der Urne und der Laterna magica werden zu austauschbaren Entsprechungen; die Ähnlichkeit der beiden Gegenstände, durch die im Gegenlicht sich abzeichnende Silhouette noch verstärkt, erleichtert diese Gleichsetzung. Das Oszillieren der Bedeutung zeigt in der Lithographie darüber hinaus der Bild-Wort-Zusammenhang an: Das Bild der Laterna magica, des optischen Kastens, der einer Urne gleicht, wird vom Wort »scrutin« umrankt. Die visuelle Metapher ist der Ausgangspunkt der ausgesponnenen Metapher, die sich auf die Gesamtkomposition erstreckt: Wenn die Wahlurne eine Laterna magica ist, dann wird die turmbekrönte Frankreichgestalt zur Projektionistin und die Freiheit zum projizierten Bild. »La France« bedient die magische Laterne der Wahlabstimmung und projiziert das Wort »Freiheit«, das sie stumm betrachtet. Soweit der allegorische Aussagegehalt.

In einer zweiten, interikonischen Spielart der Überblendung steht das hier untersuchte Bild in Beziehung zu anderen, gewissermaßen eingespeicherten Bildern (oder Bildelementen). Einige davon rühren aus der Herstellungsweise des Bildes, hängen mit der Genese des Werks und der schöpferischen Methode des durch Umformulierung voranschreitenden Künstlers zusammen. Der Betrachter braucht sie nicht unbedingt zu kennen oder zu erkennen. Andere erscheinen als ausdrückliche, identifizierbare Quellen oder lassen sich sogar als Zitate werten, was dem Werk den Status eines gelehrten Bildes verleiht, beruhend auf dem stillschweigenden Einverständnis zwischen dem Künstler und seinem Publikum, die einen gemeinsamen kulturellen Horizont miteinander teilen. Eine letzte, unbestimmtere Gruppe knüpft an vielfach zum Zuge kommende ikonographische Verkettungen an, ohne daß von einer besonders zu sprechen wäre; nichtsdestoweniger reichern sie das Werk mit einem ganzen Konnotationennetz an, das der kollektiven Kultur zur Verfügung steht. Der exegetischen Arbeit, welche die beiden erstgenannten Kategorien erfordert und zu der im vorliegenden Fall der Zitatbezug der *Lanterne magique* auf Grandvilles Lithographie anregt, folgt also eine etwas aleatorischere Suche nach Anklängen, durch die das Werk an Tragweite gewinnt, so daß sein Symbolgehalt deutlich wird: Dies betrifft die Vorführung der Projektion als Äußerungsform der Lichtmetapher, die im Abendland seit dem 18. Jahrhundert in breitem Maße entfaltet wurde und Daumiers Werk und Stil im Kern bestimmt.

Daumiers visuelles Gedächtnis ist legendär. Er war in der Lage, eine Komposition, eine Person, ein Profil oder eine Geste zuweilen Jahrzehnte später identisch aufzugreifen und in einem anderen Kontext bzw. einem neuen Medium wiederzuverwenden.[31] Komplizierter noch wird diese eigenwillige Bastelei durch seine Vorliebe für das Abpausen von Konturen und für das seitenverkehrte Bild – wahrscheinlich mit seiner langen Ausübung der Lithographie zusammenhängend, die es ja erfordert, ein Bild in beide Richtun-

2 Grandville: *Soufflez, soufflez, vous ne l'éteindrez jamais (Blast nur, blast nur, ihr werdet sie doch nie löschen),* in: *La Caricature,* 3. April 1834, Lithographie, Paris, Privatsammlung

gen sehen zu können[32]. Diesem Verfahren unterwirft er nicht nur die eigenen, sondern gelegentlich auch die Werke anderer Künstler: So verteilt er den linken und den rechten Teil von Grandvilles am 3. April 1834 in *La Caricature* erschienener Lithographie *Soufflez, soufflez, vous ne l'éteindrez jamais* (Blast nur, blast nur, Ihr werden sie doch nie löschen) 35 Jahre später auf zwei aufeinanderfolgende Tafeln, die im Oktober und November 1869 im *Charivari* veröffentlicht wurden (Abb. 2).[33] Bei Grandville trug sich die Szene in einer dunklen Höhle zu, hell erleuchtet durch eine Fackel, die eine rechts in der Komposition angeordnete »stattliche Frau« mit edlem Profil schwenkt. Inspiriert durch Delacroix' *Liberté*, ist diese Figur eine flammende Allegorie auf die Pressefreiheit, wie ihre Mütze aus Zeitungspapier anzeigt, auf der das Wort »Presse« zu lesen steht. Auf der anderen Seite, links, stehen in der Öffnung eines Kellerfensters zusammengedrängt die Feinde der Presse, allesamt in ihren zerrbildhaften Porträts gut zu erkennen, und versuchen, die Flamme der Fackel auszublasen.[34] Ein paar Tage vor den Massakern der Rue Transnonain (14. April) und ein paar Monate vor den September-Gesetzen, welche die politische Karikatur verbieten und der republikanischen Presse bis 1848 einen Maulkorb anlegen sollten, veranschaulichte Grandville den manichäischen Kampf zwischen dem Licht und den Mächten des Schattens und bekräftigte den Sieg eines Ideals, das seine Marianne *avant la lettre* verkörperte: eine synkretistische Allegorie, die Pressefreiheit, Freiheit überhaupt, Republik und Frankreich in einem darstellt und sie den Anstürmen der Feinde entgegenstellt.

In der ersten der beiden Platten, in denen Daumier die Antithese von Hell und Dunkel aufgreift, übernimmt er, von ein paar Details abgesehen, die linke Hälfte von Grandvilles Darstellung in umgekehrter Abbildung, während er auf der zweiten deren rechte Hälfte in ihrer ursprünglichen Richtung übernimmt, aber das Thema der Laterna magica einführt. Sein Diptychon beginnt mit *Répétition genérale du Concile* (27. Oktober 1869, *Actualités 229*, Stein 57, LD 3744, Abb.), einer antiklerikalen Brandmarkung der Feindseligkeit der katholischen Kirche gegenüber der modernen Welt, wie sie das erste Vatikanische Konzil und die Enzyklika *Syllabus errorum* ausgesprochen hatten:[35] Ein starker Arm schwenkt die strahlende Fackel der »libre pensée«, gegen die sich die schwarzen Männer des Klerus, eine Schar von Raubvögeln mit spitzen Fängen, unter denen der pausbäckige Veuillot und, anhand seiner Jesuitenkappe, Basile zu erkennen sind[36], vergebens die Lunge aus dem Leib pusten. Die zweite Platte, *Lanterne magique*, zentriert das Lichtbild auf das Wort »Liberté«. Alles mutet so an, als folgten hier in einer Vorführung mit der Laterna magica zwei Ansichten aufeinander: Aus »Gedankenfreiheit« wird »Freiheit«, und das Knäuel der »Raben« des Klerus wird verdrängt durch die Göttin »Frankreich«. Vor allem aber tritt anstelle der Fackel als Motiv aus der traditionellen Ikonologie die Laterna magica, eine Projektionstechnik also, die mit der optischen Wissenschaft, der Verbreitung des Wissens und der Macht des Fortschritts verknüpft ist.

Wenn Daumier durch die Metapher der Laterna magica den bereits von Grandville entfalteten Triumph des Lichtes über den Schatten darstellt, eignet er sich eine tief in den Mentalitäten verwurzelte Thematik an,[38] die, aus der christlichen Welt hervorgegangen, von den Philosophen der Aufklärung umgemünzt, von den Hugenotten[39] wie später von der republikanischen Freimaurerei[40] übernommen worden ist und sich später in der antiklerikalen Kultur Frankreichs von den Karikaturen der Revolution über jene unter der Restauration (die das komplementäre Thema des Löschhorns ausschöpften bis zu den Freidenkern der Dritten Republik tradierte.[41] Diese ursprünglich christliche Großrhetorik des Lichtes fand somit vielfältige ideologische und politische Fortschreibungen, die man nach Goya bei Daumier wiederfindet, für den den sie sich gleichfalls als ästhetisches und stilistisches Hauptanliegen bewahrheitet. Die beiden Lithographien verdeutlichen auf parallele und gegensätzliche Weise die Abstoßungs- und Anziehungskraft des Lichtes. So wie in der christlichen Welt der rächende Gott, der im Alten Testaments seine Feinde straft, zum liebenden und tröstenden Christus des Neuen Testaments wird (jenen, den Ary Scheffer darstellt), so vernichtet auch in diesem Diptychon die Flamme der Gedankenfreiheit den klerikalen Obskurantismus, während die strahlende Freiheit die Blicke der France auf sich zieht und aus der Projektion wohltätiges Licht freisetzt: Die Nemesis des Karikaturisten verwandelt sich in eine erzieherische und mediatische Laterna magica. Dieser Moment des Optimismus im Jahr 1869 trifft sich mit der republikanischen Euphorie von 1848, die in der Republik als Mildtätigkeit auf der Skizze für den Wettbewerb verdichtet ist, bald jedoch, in den großen politischen Allegorien von 1871, erneut der Nemesis-Rhetorik weicht.[42] *Leur Manè thécel Pharès* (*Actualités 289*, Stein 81, 21. Januar 1971), eine Transposition vom Gastmahl des Belsazar[43], bildet ein weiteres Gegenstück zur *Lanterne magique*, da sie das Motiv des einem Kreis einbeschriebenen Wortes wiederholt (Abb. 3). Bei der letztgenannten jedoch verweist die Konsekration des Wortes »Freiheit«, inmitten des Projektionskreises der Anbetung der Getreuen dargetan, auf die wohltätige Macht des Wortes, während im erstgenannten das Wort-Licht wieder zur flammenden Waffe wird, mit deren Hilfe die Feinde und die Mächte des Bösen zu besiegen sind: Überwältigt von einer strahlenden Sonne, auf der das Wort »Republik« steht, brechen die europäischen Könige zusammen und fallen hintüber.[44] Daumier vereint zwei gegensätzliche, aber einander ergänzende Haltungen, die in dem von Michelet so bewunderten Werk *Dernier Conseil des ex-ministres* zusammenkommen.[45] Die Übernahme der Souveränität durch eine rauschende Republik auf dem weißen Grund der Seite verjagt die Minister und tritt jedem Betrachter als leuchtende Evidenz in den Sinn – »eine überaus starke Formel, die ins Auge springt«.

3 Honoré Daumier: *Leur Mané thécel Pharés,* in: *Le Charivari,* 21. Januar 1871, Lithographie, Tafel 289 aus der Serie Actualites, Paris, Privatsammlung

»Die große Kunst von Licht und Schatten«: ein Manifest

Die Ikonographie der Laterna magica, die in Daumiers Werk nur in dieser Lithographie vorliegt, markiert den Übergang zu einer ebenso progressiven wie positiven Darstellung seiner politischen Ideale und seines künstlerischen Vorhabens, durch die Anverwandlung der Lichtsymbolik untermauert. In der überreichen Ikonographie der Vorführung mit der Laterna magica[46] ist die Projektion von Schrift – ein Motiv, das bei Daumier mit der Anbetung eines zugleich weltlichen und heiligen Ideals einhergeht – sehr ungewöhnlich, und doch mit den Ursprüngen dieser Technik verbunden. Bei Athanasius Kircher wird die Laterna magica in der ersten Auflage der *Ars magna lucis et umbrae* (1646) als das einer Elite vorbehaltene Mittel eingeführt, eine chiffrierte Schrift zu entziffern: Diese Geheimsprache – »neue Kryptologie« oder »katoptrisches Alphabet« genannt – fußt darauf, spiegelschriftliche Lettern durch die »Magie« der Projektion richtigzustellen.[47] Dies veranschaulicht die Abbildung auf dem Vorblatt zu Buch X, »Magia catoptrica«, die anhand des lateinischen, griechischen und hebräischen Alphabets vorführt, wie diese Zauberkunst in der Projektion der evanglischen Friedensbotschaft »Pax vobis« eingesetzt werden kann.[48] Der Kommentar zu diesem Verfahren von Gaspar Schott, einem deutschen Schüler Kirchers, unterstreicht deren Bedeutung als Übertragungsmedium: In der »neuen katoptrischen Kryptologie« »können zwei durch große Ferne getrennte Freunde einander im Geheimen schreiben und sich aussprechen, können die verborgenen Überlegungen ihres Geistes ausdrücken, so als wären sie beide zugegen«; »es gibt nun schon viele, die sich Kirchers Anweisungen unter dem großen Beifall und Bewundern der Zuschauer bedienen«.[49] Durch die natürliche Magie der neuen Geheimschrift, die spiegelbildliche Schriften und Bilder wieder in die richtige Stellung bringt, wird es möglich, einen verborgenen Sinn aufzudecken, ihn lesbar und den Betrachtern verfügbar zu machen, einem großen Publikum eine Botschaft zu übermitteln. Indirekt preist die Laterna magica die Arbeit des Graveurs und des Lithographen; sie veranschaulicht die Rolle, die der Verbreitung vervielfältigter Bilder zukommt, als eine Art Verstärker, der die Spannweite eines Werkes auf eine breite Zuschauerschar ausdehnt.

So haben es auch Daumiers publizistische Zeitgenossen verstanden: Illustratoren und Pressezeichner bedienten sich des Themas der Lichtprojektion als einer Sinnfigur für ihre eigene Tätigkeit und Rolle als Verbreiter von Bildern in einer erweiterten Öffentlichkeit.[50] Sie alle adaptierten die bildliche Darstellung diese Projektionstechnik für ihren Werkzusammenhang: Grandville assoziierte sie mit den *Métamorphoses du jour*,[51] Gavarni mit Teufelei und Fantasmagorie,[52] Nadar ordnete die Laterna magica im Unterschied zum Fotoapparat unter die Licht- und Bilderspiele ein.[53] Daumiers Laterna magica aber ist republikanisch und mischt das Ästhetische mit dem Politischen. Indem er Laternenmetaphorik und Politik vereint, reiht sich Daumier in eine Tradition der Bildrhetorik und des Pamphlets ein, die bis zur Satire auf den Bankrott John Laws zurückreicht, in der Revolutionszeit aufgegriffen wurde (unter Ausnutzung des Wortspiels zwischen der Laterne, die als Galgen diente, und der Laterne als Projektionsgerät),[54] und sich über das ganze Jahrhundert hinweg wiederfindet, zum Beispiel in dem illustrierten Büchlein von Frédéric Soulié, *La Lanterne magique de Napoléon*, einem bonapartistischen Propagandawerk, das 1840 erschien, im Jahr der Rücküberführung von Napoleons Asche.[55] Daumier war nicht entgangen, in welchem Ausmaß der »Neffe des Onkels« Propaganda betrieb (zu deren audiovisuellen Hauptkampagnemitteln just die Laterna magica gehörte), und hatte den Hauptbetreiber solcher bonapartistischen Propaganda in der Gestalt des *Ratapoil* verkörpert [»rat à poil«; »haarige Ratte«]. 1869 erschien seine republikanische Laterna magica als Antithese zu diesem Medienmißbrauch durch Napoleon III. und reihte sich im gleichen Zuge in eine Kultur ein, die unter der Dritten Republik zu voller Blüte gelangen sollte und den Gebrauch der »Projektionslaterne« anempfahl.[56]

Tatsächlich werden mit der Laterna magica zwei Wertungen verbunden: Die eine deckt ihren Illusionismus auf und betont die trügerische Bedeutung der Bilder: Diese läßt sich ein leichtgläubiges Publikum vom allmächtigen Projektionisten vorgegaukeln, der sich für den Affen des Schöpfers hält (in Florians Fabel *Le Singe qui montre la lanterne magique*). So läßt sich gerade am Bild der Laterna magica John Laws Betrug mit den Mississippi-Aktien entlarven. Umgekehrt aber, bei richtigem Gebrauch, ist sie informativ und unterhaltsam zugleich und bewährt sich als ein Werkzeug der Bildung und Emanzipation in der Tradition der Aufklärung, in ihrer optischen Apparatur versinnbildlicht durch den Lichtkegel, der auf der Leinwand den weißen Kreis des projiziierten Bildes zeichnet. Etliche vignettengeschmückte Seiten in Abhandlungen zur Projektionskunst oder zur Optik wollen den Beweis antreten, in welch hohem Maße die schiere Technik der Laterna magica als Emblem ihres Zweckes wirkt: die *ars magna lucis et umbrae* ist das Medium der Aufklärung und des enzyklopäischen Geistes schlechthin. An eben diese mit dem Projektionsvorgang verbundene bildhafte Vorstellung knüpft Daumier offenkundig an, und zwar so eingehend, daß der Titel von Kirchers Schrift auch zur Kennzeichnung seines Werkes und seiner Ästhetik dienen könnte.

Das Zusammenspiel von Schatten und Licht, von Schwarz und Weiß, aus dem der Graphiker seine Ausdrucksmittel bezieht, gehört in der Tat zu den vorherrschenden Merkmalen von Daumiers künstlerischem Stil: Seine Kunst der Lichtkontraste manifestiert sich in der Verwendung des Hell-Dunkel, der Intensivierung der ausgesparten Weißflächen und dem hellen Umschein, der die Silhouette einer Einzelfigur umflort. Das Interesse für Lichtkontraste und Nachtstücke verbindet sein Werk mit der Romantik und verrät zuweilen die Inspiration durch Delacroix (überdies erinnert es natürlich an Rembrandt). In den lithographischen Nachtstücken wirken die ausgesparten Blankstellen des Papiers wie zu weißem Glühen entfacht. Dieses Geschick, durch Intensivierung der *en réserve* behandelten Weißstellen mit der Wahrnehmung des Betrachters zu spielen, hatte auch Baudelaire bemerkt, und zwar anläßlich der Holzstichvignette *Le Choléra morbus* in *La Némésis médicale* von 1840.[57] Dementsprechend interessierte Daumier sich in den späteren Lithographien sowie in seinem zeichnerischen und malerischen Werk für die Darstellung von Schatten und Dunkelheit: Diese etwa in *Ecce Homo* um 1849–1852(Essen, Museum Folkwang)[58] zu erkennende Beschäftigung mit Gegenlicht und Clair-Obscur hat er in den Zyklen über die öffentlichen Verkehrsmittel und über die Trinker ins Werk gesetzt.[59] Durch die Betonung des Kontrasts zwischen dem blendenden Licht des projizierten Kreises und der Dämmerung, die über dem Raum liegt, in dem sich die allegorische Figur befindet (welcher somit Platons Höhle oder einer *camera obscura* gleicht), läßt sich die *Lanterne magique* als Verdichtung deuten. Die Hell-Dunkel-Ästhetik, bei der Daumier die Beteiligung des Betrachters einplant, und die »magischen« Wirkungen der visuellen Wahrnehmung kommen dabei zusammen: Das Weiß des Kreises erscheint weißer als das Papier, und an das Dunkel, in dem die Formen versinken, muß der Blick sich erst gewöhnen.[60]

Die Einbeziehung des Betrachters ist schon darin angelegt, wie Daumier die Szene der Lichtprojektion ausführt: Die Abwesenheit eines Publikums mag zunächst als eine um so erstaunlichere Anomalie ins Auge fallen, als es bei diesem Thema auch darum geht, die Rezeption des audiovisuellen Schauspiels der Laterna magica festzuhalten: Einschlägige Gravüren stellen die Zuschauerschar meistens im Vordergrund des Bildes dar.[61] Meine Hypothese lautet, daß Daumier diese Dimension seines Themas keineswegs übergangen, sondern ihr eine ganz eigene Wendung gegeben hat, die den Begriff des »impliziten Betrachters« voraussetzt: In bewußter Verschmelzung des Aussageinhalts mit dem Äußerungsvollzug vertritt das Publikum, das Daumiers Lithographie betrachtet, die Zuschauer, die im Bild erscheinen sollten. Durch dieses Verfahren wird der Leser-Betrachter der Lithographie in die Bildanordnung hineingezogen, wie er es bereits auf der psycho-physiologischen Ebene der visuellen Wahrnehmung ist.[62] Wie sich Daumier als engagierter Künstler in seiner Lithographie persönlich impliziert, so wird auch der Betrachter »von der anderen Seite des Spiegels« in sie hereingeholt. Diese pragmatische Dimension erweist sich als für seine Kunst entscheidend.

Diese Interpretation der Projektionsszene verschmilzt die im Bild darzustellenden Betrachter mit den Betrachtern des Bildes zu einem einzigen Publikum, so daß die Menge aus dem Darstellungsfeld ausgeklammert wird. Dies wiederum verstärkt das Themas der Einzelfigur: So herausgehoben, steht die Projektionistin alleine vor dem Wort »Freiheit«, das sie ehrfürchtig betrachtet. Vielleicht liegt darin die hintersinnigste Aussage einer Lithographie, die für Daumier nicht nur republikanisches Propagandabild, nicht nur Glaubensbekenntnis eines engagierten Künstlers ist, sondern auch ein ästhetisches Manifest, das seine volle Bedeutung gewinnt, wenn man die darin dargestellte Gestalt zu gezeichneten oder gemalten Figuren des einsamen Künstlers vor der Staffelei im Atelier in Beziehung setzt, etwa in *Le Peintre devant son tableau*, um 1870–1875 (Washington, Phillips Collection).[63] Ähnlich ließ Léger, als er hundert Jahre später Eluards Gedicht »*J'écris ton nom, Liberté*« illustrierte (Abb. 4)[64] – ein Blatt, das er in nebeneinandergesetzten leuchtenden Farbflächen von Lettern und Formen gestaltete – in der Nähe des Wortes »Liberté« unter dem Namen des Dichters einen palettenförmigen Umriß erscheinen. Der Künstler, Dichter oder Maler, der engagierte Maler-Dichter, fordert seine schöpferische Freiheit, die Freiheit seines Stils. Die einsame Frankreichgestalt, die das Wort »Freiheit« projiziert, ist bei Daumier immer auch schon eine Identifikationsfigur auf Kosten des Urhebers, nicht anders als der pikareske Held Don Quijote, auf den er ständig zurückkommt.[65] Der Traum von der Unabhängigkeit, den Daumier in Ausübung seiner Malerei zum Teil wahrmacht, ist um so lebhafter, als der Beruf des Pressezeichners den verschiedensten inneren und äußeren Zwängen unterworfen ist, die Daumier sein Leben lang aushalten mußte. Im Umfeld einer bildüberfluteten Kultur,[66] von der die dichtbehängten Wände in den Interieurs der Liebhaber von Kunstdrucken ebenso künden wie der visuelle Vorbeimarsch, den die Projektion mit der Laterna magica üblicherweie inszeniert, läuft der Betrachter Gefahr, sich zu verlieren und unterzugehen, wenn es

4 Fernand Léger: *Liberté,* Serigraphie, Titelblatt zu einem Gedichtband von Paul Eluard, 1959

ihm nicht gelingt, seinen Blick zu konzentrieren: Der Künstler behauptet die Notwendigkeit eines einsamen Rückzugs in die Dunkelkammer des Gedächtnisses und der Einbildungskraft.[67] Dies ist die Voraussetzung der Daumierschen »Bild-Erarbeitung«, aus der jene äußerste Verdichtung mancher Tafeln erwächst, die, wie *Lanterne magique*, weitläufige Bildreihungen und synchronisch wie diachronisch bezogene Abwandlungen in einem einzigen Werk zusammenfassen und zur Synthese bringen.

Aus dem Französischen von Stefan Barmann

Abgekürzt zitierte Literatur:

LD: Loys Delteil: *Le Peintre graveur illustré XIXe et XXe siècles. Daumier*, Paris 1925–1926, Bd. XX bis XXIV bis und 1930, Bildtafeln, Bd. XXIX bis.

Maison: Karl Eric Maison: *Honoré Daumier, catalogue raisonné of the paintings, watercolors and drawings*, 2 Bde., London u. a. 1968 (Neudruck San Francisco 1996).

Ausst. *Daumier* 1999–2000: *Daumier 1808–1879*, Ausstellungskatalog, Galeries nationales du Grand Palais, Paris/Musée des Beaux-Arts du Canada, Ottawa/Phillips Collection, Washington 1999–2000.

Ausst. *Emblèmes de la liberté*, 1991: Dario Gamboni u. Georg Germann (Hg.): *Emblèmes de la liberté. L'image de la République dans l'art du XVIe au XXe siècle*, Ausstellungskatalog, Historisches Museum u. Museum der Schönen Künste, Bern 1999.

1 Während die offiziellen Kandidaten 120 Sitze innehatten, entfielen auf die Oppositionellen insgesamt 140 Sitze, darunter 30 für die Republikaner und 110 für die Dritte Partei, den eigentlichen Sieger.

2 An den Wochentagen erschien jeweils eine Lithographie und sonntags eine Serie von Holzstichvignetten nach Cham, unter der Überschrift »Croquis, par Cham«.

3 Das ursprüngliche In-Quarto-Format wurde auf ein In-Folio-Format erweitert, während das von den Steinmaßen definierte Format der Lithographie unverändert blieb.

4 Dies im Unterschied zu den Anfangsjahren der Tageszeitung, in denen die Rubrik »explication« oder »dessin« die Illustration vorstellte und häufig auch aufschlüsselte.

5 Dieses doppelte Verzeichnissystem hatte die Lithographie der Romantik in den dreißiger Jahren eingeführt, zu dem Zeitpunkt also, als in der Verlagswelt sowohl das Phänomen der Reihe als auch das des Feuilletons aufkam. Die anderen Angaben der »lettre« unter dem Bild vermerkten den Namen des Künstlers, des Druckers und mitunter des Verlegers, wie sich auch im Buchdruck allmählich die Präsentation auf der Titelseite und der Vermerk der bibliographischen Angaben durchsetzte.

6 Mit wenigen Ausnahmen waren sie den Sitten und den Moden gewidmet – etwa die Serie »croquis parisiens« (Lithographie von Darjou am 8. September 1869) oder die Serie »ces dames« (Lithographie von Stop am 24. September 1869).

7 »Über dreißig Jahre hinweg hat Daumier unter dem Titel *Actualités* im Verfolg der Tagesereignisse mit der Kreide ein persönliches Buch verfaßt, das man *sein* Journal nennen könnte. Neuigkeiten, Zeichnungen von der Straße, Charaktere und Maximen, flüchtige Skizzen, Tagestratsch, Mauläffereien bis hin zu den politischen Krisen, welche die Nation in Atem halten, sind darin Tag um Tag

wiedergegeben. Dies gehört zu den kuriosen Seiten eines Werkes, mit dessen Hilfe man später die Miseren des privaten und des politischen Lebens rekonstruieren wird« (Champfleury: *Histoire de la caricature moderne*, Paris, 1865, Beginn des Kapitels XVIII, S. 157).

8 Es geht an dieser Stelle nicht darum, die verschiedenen Reihenfolgen der durch Veröffentlichungsdatum, Steinnummer und Seriennummer bestimmten Sequenzen zu rekonstruieren. Vgl. dazu die Konkordanztafeln von Louis Provost: *Honoré Daumier. A Thematic Guide to the œuvre by Louis Provost edited with an introduction by Elisabeth L. Childs*, New York u. London 1989; vgl. auch Segolène Le Men: »*La série Les Gens de justice*«, Ausstellungskatalog *Daumier. Les Gens de justice*, in: *Daumier. Les gens de justice*, Ausstellungskatalog, Cour de Cassation, Paris/Hôtel de Ville, Brüssel 1997, S. 33–40.

9 Der Stimmzettel wird darin zur Waffe des Wählers, des Mannes aus dem Volk, der den gesetzmäßigen Weg dem des Aufstands vorgezogen und deshalb das Gewehr der Barrikaden niedergelegt hat.

10 Brief an Honoré Daumier vom 30. März 1951, veröffentlicht von Arsène Alexandre in: *Honoré Daumier*, Paris 1888, zuletzt abgedruckt in der Le-Guillou-Ausgabe der *Correspondance générale de Jules Michelet*, Paris 1996, Bd. VI, Brief 5451, S. 719. Michelet bedankt sich darin bei Daumier, daß dieser sich in einer Karikatur über die Suspendierung seiner Lehrveranstaltung am Collège de France empört hat.

11 Vgl. Maurice Agulhon: *Propos sur l'allégorie politique (en réponse à Eric Hobshawn)*, in: *Actes de la recherche en sciences sociales* 28/1979, S. 27–32; Helga Möbius: *Images de femmes pour la République*, in: Emblèmes de la liberté, 1991, S. 53–72.

12 Vgl. Maurice Agulhon: *Marianne au combat: l'imagerie et la symbolique républicaines de 1789 à 1880*, Paris 1979; Raimund Rütten, Ruth Jung u. Gerhard Schneider (Hg.): *L'imagerie satirique en France de 1830 à 1880: un discours de résistance? La caricature entre République et censure*, Lyon 1997

13 *L'Europe des images et les Révolutions de 1848, Bd. II., Le printemps des peuples*, Ausstellungskatalog, Assemblée nationale, Paris 1998.

14 Vgl. Agulhon 1979 (wie Anm. 12); Maurice Agulhon u. Pierre Bonté: *Marianne, les visages de la République*, Paris 1992.

15 Marie-Claude Chaudonneret: *La Figure de la République*, Paris 1987.

16 Ausst. *Daumier*, 1999–2000, Nr. 120; Chantal Georgel: *1848: la République et l'art vivant*, Paris 1998.

17 So etwa *Epouvantée de l'héritage, Le Charivari*, 11. Januar 1971, *Actualités 280*, LD 3838, Ausst. *Daumier*, 1999–2000, Nr. 334.

18 Agulhon 1979 (wie Anm. 12).

19 Vgl. dazu die Untersuchungen über die Ikonologie Cesare Ripas und verschiedene ikonologischen Abhandlungen über dieses Thema von Martin Warnke: *La Démocratie entre images idéales et caricatures*, in: Emblèmes de la liberté 1991, S. 73–95; vgl. auch Agulhon u. Bonté 1992 (wie Anm. 14) S. 23ff.

20 Die Ähre steht auch für Reichhaltigkeit sowie für die Vielfalt der Körner in einer Demokratie.

21 Die Verbindung zwischen der Inschrift »Freiheit« und der Einbeschreibung der Stadt in ihre Turmumfriedung deutet Thomas Hobbes im 21. Kapitel seines *Leviathan* an: »Heutzutage steht das Wort LIBERTAS in großen Lettern auf den Türmchen der Stadt Lucques geschrieben.« Text zitiert nach Martin Warnke, in: Emblèmes de la liberté, 1991, S. 76.

22 Dieses ikonologische Attribut, das in den Münzen der kleinasiatischen Kolonien des spätrömischen Reiches aufkam, wurde in der Numismatik der Feudalzeit von den Städten aufgenommen, die ein Parlament hatten und damit stolze Autonomie gegenüber der königlichen Zentralmacht bekundeten. Das Münzemblem, das sich in der Heraldik, der Statuarik und in der Graphik durchsetzte, wurde in der Epoche der »Statuomanie« vielfach auf die Standbilder der Plätze, Bahnhöfe und Brunnen übertragen. Zum Beispiel stellte der Bildhauer Guillaume Bonnet 1865 die Stadt Lyon durch eine turmbekrönte Frauenfigur dar – die Gipsmakette für den Dekor eines Brunnens wurde 1873 durch das Museum von Lyon erworben. Bekannter sind die Statuen der Städte Frankreichs auf der Place de la Concorde, insbesondere die berühmte Straßburg-Statue von Pradier.

23 Abgedruckt in Maurice Agulhon u. Ségolène Le Men: *L'Europe des images et les Révolutions de 1848*, Bd. I: *Une République nouvelle*, Ausstellungskatalog, Assemblée nationale, Paris 1998.

24 Wie in der Ausschreibung für den Wettbewerb um die Figur der Republik sowie in Ledru-Rollins Empfehlungen an die Künstler vermerkt; vgl. Chaudonneret 1987 (wie Anm. 15); Agulhon 1979 (wie Anm. 12).

25 Aus »caput« wurden im Französchen »chef« (Haupt, Oberhaupt) und »capitale« (Hauptstadt).

26 Zwar in Marseille geboren, bestritt er jedoch seine gesamte Laufbahn in Paris.

27 Von den in den neun Wahlkreisen des Département Seine eingeschriebenen Stimmberechtigten wurden im ersten Wahlgang am 24. und 25. Mai 76 500 Enthaltungen, 77 000 Stimmen für die offiziellen Kandidaten und 234 000 für die Oppositonellen gezählt (fünf Abgeordnete, darunter Gambetta). Jules Ferry, Garnier-Pagès, Jules Favre und Henri de Rochefort wurden im zweiten Wahlgang am 6. und 8. Juni gewählt.

28 War die Laterne nicht möglicherweise auch eine Anspielung auf Rocheforts *La Lanterne,* das bissige Pamphlet, das am 30. Mai 1868 lanciert wurde, durch alle Hände ging und in der Hauptstadt ungeheuren Erfolg hatte?

29 Vgl. Anm. 10 und H. Hartwig: *Die Republik und andere allegorische Frauengestalten. Zum Verhältnis von Bild und Begriff von Daumier*, in: *Daumier und die ungelösten Probleme der bürgerlichen Gesellschaft*, Ausstellungskatalog, Schloß Charlottenburg, Neue Gesellschaft für Bildende Kunst, Berlin 1974.

30 Ernst H. Gombrich: *Kunst und Illusion. Eine Studie über die Psychologie von Abbild und Wirklichkeit in der Kunst*, Stuttgart u. Zürich 1978; id.: *Meditations on a Hobby Horse, and other essays on the theory of art*, London u. New York 1978.

31 Vgl. Michael Pantazzi: *»Sein Traum war in der Tat die Malerei«*, in: Ausst. Daumier, 1999–2000, S. 22–31.

32 Vgl. Michael Pantazzi: »Daumier ou l'habitude de la lithographie«, in: *Actes du Colloque Daumier* (Musée d'Orsay, Dezember 1999), im Druck.

33 Die Numerierung der Lithographien belegt, daß die beiden Werke zwar in zeitlicher Nähe, aber nicht unmittelbar nacheinander geschaffen wurden. Allerdings legte der Verleger, indem er sie in der Zeitung vom Erscheinungsdatum her zusammenzog, die Vermutung einer gemeinsamen Quelle nahe und ermutigte den Leser gleichzeitig, sie als Pendants aufzufassen.

34 Oberhalb der Fledermaus Viennet sind in diesem Gesichterknäuel die Zerrportraits von Soult, Schonen, Baron Louis, Lefebvre und Argout zu erkennen. Grandville greift hier zu dem bei den Karikaturisten von da Vinci bis Hogarth

beliebte Verfahren der »Kopfgruppe«. Im Hinterkopf hat er besonders Boillys *Grimassen*, verweist aber zugleich auch auf die Büsten, die Daumier für Auberts und Philipons Zeichner als Maketten modelliert hatte.

35 Vgl. Michel Lagrée: *La Bénédiction de Prométhée. Religion et technologie*, Paris 1999 (der eine abwägende Beurteilung der Behauptung eines katholischen Widerstands gegen den technischen Fortschritt ermöglicht), sowie die Doktorarbeit von Jacqueline Lalouette: *La Libre-pensée en France*, Paris 1997.

36 Siehe auch die Lithographie *Le Concil selon Basile*, die sofort im Anschluß geschaffen, aber erst etwas später, am 30. November 1869, veröffentlicht wurde (*Actualités 250*, Stein 59, LD 3749). Darauf hält Basile eine Waage, in der die Schale des Evangeliums weniger wiegt als die des Syllabus, auf die er mit dem Finger zeigt.

37 Eine zusätzliche, wenn auch untergründige Verbindung zwischen den beiden Bildern ist möglicherweise in dem Licht-Arm zu erkennen, der ein denkwürdiges Motiv in Madame Leprince de Beaumonts *La Belle et la Bête* darstellt. Es ist den Lichtbildern in Spielzeugversionen der Laterna magica entlehnt und wurde von Cocteau in seinem Film aufgegriffen. Dazu ist zu bemerken, daß dieses einer Textpassage entstammende Motiv in keiner Buchillustration ausgedeutet wurde, sondern nur auf den Lichtbildern erscheint. Cocteaus unter der Okkupation gedrehter Film greift die Thematik des Kampfes zwischen Licht und Schatten auf und wendet sie gegen den Nazismus. Allerdings – aber dies ist nicht unvereinbar – verweist das Motiv auch auf die kontrarevolutionären Karikaturen von Villeneuve mit der Darbietung des geköpften Hauptes durch einen aus dem Nirgendwo kommenden Arm und somit auf die Greuel der Revolution wie auch auf sämtliche Geißeln der Gedankenfreiheit, denen die Jesuiten den Kampf angesagt haben, vgl. *La Caricature française et la Révolution, 1789–1799, Politique et Polémique*, Ausstellungskatalog, Grunwald Center for the Graphic Arts, Wight Art Gallery, University of California, Los Angeles 1988.

38 Vgl. Rolf Reichardt: *»Light against darkness: The Visual Representations of a Central Enlightenment Concept«*, in: *Representations*, 61/1998, S. 95–148.

39 Der Wahlspruch der Genfer Calvinisten lautete: »Fiat lux post tenebras«.

40 Wie Grandville gehörte Daumier wahrscheinlich der Loge an: Alexandre Lenoir, sein erster Lehrmeister, war gleichfalls Freimauer.

41 Zum Thema des Löschhorns der der Jesuiten, das Daumier in weiteren Lithographien fortspann, vgl. die Ausstellung. *Caricatures politiques 1829–1848. De l'éteignoire à la poire*, Ausstellungskatalog Conseil Général des Hauts de Seine, Maison de Chateaubriand 1994, sowie Reichart 1998 (wie Anm. 38)

42 Fortan untermauert durch die poetische Bezugnahme auf die politische Satire – eine Ader, die von Juvenal bis zum Aubigné der *Tragiques* und zum Hugo der *Châtiments* führt.

43 Die religiöse Ikonographie vom Gastmahl des Belsazar inspiriert Daumier nach Rembrandt und Delacroix, zwei Malern und Graveuren, die er zutiefst bewundert. Vgl. André Stoll (Hg.): *Honoré Daumier. Il ritorno dei Barbari europei »selvaggi« nella caricatura,* Ausstellungskatalog, Venedig 1998, S. 506f.

44 Hierbei handelt es sich um einen Daumiersches Hinweis zum Jahrestag der Hinrichtung Ludwig XIV., die von den Freidenkern gefeiert und von den Legitimisten betrauert wurde.

45 »Ich erinnere mich an eine weitere Skizze, in der Sie auch den schlichtesten Geistern das Recht der Republik veranschaulicht haben. Sie kommt *nach Hause*;

sie trifft auf die Diebe bei Tisch, die hintüber fallen. Sie hat die Kraft und die Selbstgewißheit der *Hausherrin*. Damit ist sie definiert und ihr Recht für alle klar. Nur sie ist in Frankreich *zuhause*. Die Dinge gehen nur voran, wenn man solch eine überaus starke Formel findet, die ins Auge springt«; vgl. Brief an Honoré Daumier vom 30. März 1851 (wie Anm. 10).

46 David Robinson: *The Lantern Image – Iconography of the Magic Lantern 1420–1880*, London 1993.

47 Während der Belagerung von Paris kam dieses Verfahren vorübergehend wieder zum Zuge: Mit seiner Hilfe wurden die von Brieftauben überbrachten mikrographischen Depeschen vergrößert.

48 Vgl. hierzu Robinson 1993 (wie Anm. 46), Nr. 4.

49 Gaspar Schott: *Magia universalis naturae et artis, opus quadripartum, pars I*, Würzburg 1657, S. 425f.

50 Vgl. Ségolène Le Men: *Monsieur le Soleil et Madame la Lune*, in: *Lanternes magiques, tableaux transparents*, Ausstellungskatalog, Musée d'Orsay, 1995–1996, S. 9–82.

51 Auf dem Frontispiz der *Métamorphoses du jour*, Paris 1828, dessen Plakat für die Havard-Ausgabe von 1851 eine Variation davon bildet; vgl. *L'Affiche de librairie au XIXe siècle*, Ausstellungskatalog, Musée d'Orsay, Paris 1987, Kat. Nr. 30, Abb. S. 18.

52 Auf der Rückseite des Umschlags seines ersten Bildbandes, *Etrennes de 1825. Récréations diabolico-fantasmagoriques*, Paris 1825, Lanternes magiques, 1995-1996 (wie Anm. 50), S. 83–100.

53 Plakat Nadar, *Jury au Salon de 1855*, Paris, 1855, ibid., Kat. Nr. 126.

54 Vgl. den Aufsatz von Jean-Jacques Tatin-Gourier: *Lanterne et Révolution*, ibid., S. 83–100.

55 Ségolène Le Men: *La Lanterne magique de Frédéric Soulié (1838)*, in: Jean-Jacques Tatin-Gourier (Hg.): *La Lanterne magique, pratiques et mise en écriture*, Tours 1997 (Cahiers d'histoire culturelle), Nr. 2, S. 33–46.

56 Bezeichnenderweise hat dieser Begriff den traditionellen Ausdruck »Laterna magica« abgelöst.

57 Ausst. Daumier, 1999–2000, Nr. 62.

58 Ibid., Nr. 135 (Katalogtext von Henri Loyrette).

59 Ibid., Nr. 269–275 und Nr. 304–306 (Katalogtexte von Michel Pantazzi).

60 Das Experimentieren der Künstler in diesem Bereich, das man ebenso bei Delacroix, Turner und später bei Seurat antrifft und auch bei den zeitgenössischen Schriftstellern Aufmerksamkeit findet – zum Beispiel in bestimmten Passagen von Hugos *Notre-Dame de Paris* –, verläuft parallel zu den psycho-physiologischen Forschungen über das Sehen und die Sehanpassung; vgl. Jonathan Crary: *L'art de l'observateur. Vision et Modernité au XIXe siècle*, Nîmes 1994 und Ségolène Le Men: *La Cathédrale illustrée, de Hugo à Monet. Regard romantique et modernité*, Paris 1998.

61 Die Projektionsvorführung ist eine Ikonographie der Rezeption des projizierten Bildes; sie gehört zu jenen Werkformen, in denen das Ausgesagte auf den Aussagevorgang übergreift und funktionell der »Rahmenerzählungen« vergleichbar wird, wie Louis Marin in seinem Kommentar zu den Frontispizen der Perraultschen Märchen dargelegt hat, die in ähnlicher Weise die Darstellung der Rezeption thematisieren (oder den Aufbau eines Rezeptionshorizontes für einen Erzählabend). Vgl. den Aufsatz von Catherine Velay-Vallantin in: Tatin-Gourier 1997 (wie Anm. 55), Nr. 2, S. 33–46. Louis Marin: *Préface-image, le frontispice*

des Contes de Perrault, in: *Europe,* 739–740/1990 [Sonderheft Charles Verrault], S. 114–122.

62 Diese Einbezeihung des Leser-Betrachters beim späten Daumier reiht sich in das allgemeine Umfeld ein, wie Michael Fried es beschrieben und insbesondere am Werk Courbets verdeutlicht hat, der Daumier in vieler Hinsicht nahesteht; vgl. Michael Fried: *Le Réalisme de Courbet.* Paris 1993.

63 Ausst. Daumier, 1999–2000, Nr. 349; vgl. Klaus Herding: *Daumiers Bild vom Künstler und vom Kunstliebhaber*, in: Colta Ives, Margret Stuffmann u. Martin Sonnabend: *Honoré Daumier. Zeichnungen*, Ausstellungskatalog, Städtische Galerie im Städelschen Kunstinstitut, Graphische Sammlung, Frankfurt am Main 1992, S. 48–58

64 *From Delacroix to Dubuffet. Frenche Prints and Livres d'artistes. An Exhibition for the Canterbury Arts Festival at Canterbury College of Art*, Ausstellungskatalog, The Herbert Read Gallery, Canterbury 1986, Nr. 25.

65 Ausst. Daumier, 1999–2000, S. 516–541.

66 Vgl. Ségolène Le Men: *Le 19e siècle de l'image. Peut-on apprendre à voir?*, in: Laurent Gervereau (Hg.): *L'Image.* Actes du Colloque de l' Ecole nationale supérieure des beaux-arts, Paris 1999, S. 165–174.

67 Zum Thema des inneren Blicks vgl. Margret Stuffmann: *Daumier, der Blick nach innen. Beobachtungen zu seinem Spätwerk*, in: *Im Blickfeld. Jahrbuch der Hamburger Kunsthalle* 3/1998, S. 79–94.

1 Charles Busson: *Das Dorf Lavardin (Loir-et-Cher)*, um 1877,
Öl auf Leinwand, 175 × 220 cm, Angers, Musée des Beaux-Arts

Die französische Landschaft 1877

›Le Village de Lavardin (Loir-et-Cher)‹ von Charles Busson

John House

Bussons »begnadeter und anmutiger Landstrich«

Wir sehen ein in Hügel gebettetes Dorf: alte Steinhäuser von Bäumen eingerahmt; Sonnenstrahlen beleuchten nach einem flüchtigen Regenschauer die Gebäude; im Vordergrund, jenseits des gemächlich dahinfließenden Flüßchens sieht man Landleute, Vieh und ein Kohlbeet; eine einfache Dorfkirche schließt die Szenerie zur Rechten hin ab (Abb. 1). Kurz: das archetypische Bild von *la France profonde*, einer scheinbar zeitlosen und unveränderlichen ländlichen Welt, die tief in der Natur verwurzelt ist und von deren Elementen genährt wird.

Charles Bussons Gemälde wurde 1877 im Pariser Salon ausgestellt. Seine monumentalen Ausmaße – 175 auf 220 Zentimeter – strafen die Bescheidenheit des Motivs offensichtlich Lügen. Wer vor der Leinwand steht, hegt keinerlei Zweifel, daß es sich hier um ein bedeutendes Bild handelt. Seine Bedeutung liegt nicht in der Verarbeitung der Farben. Der Maler versucht hier nicht, seine künstlerische Virtuosität zur Schau zu stellen, ganz im Gegenteil, die Ausführung ist durchweg maßvoll, unprätentiös, ja fast ein wenig bieder. Wir sind nicht aufgefordert, die Kunstfertigkeit des Malers zu bewundern, sondern sollen uns der Vision jener Welt hingeben, die er uns darbietet: Man will uns glauben machen, daß dieses Dorf selbst und die darin verkörperte Lebensweise das eigentlich Wichtige sind.

Die Kunstbehörden erkannten sofort die Bedeutung des Gemäldes: Es wurde auf dem Salon vom französischen Staat gekauft. Das war an sich nicht außergewöhnlich, denn der Staat erwarb auf jedem Salon zahlreiche Landschaftsbilder, um all die Museen auszustatten, die in ganz Frankreich eröffnet wurden. Doch gerade im Jahr 1877 stellte sich die Lage ganz anders dar. Unter der von »Moral und Ordnung« geprägten Präsidentschaft von Marschall

MacMahon verfolgte der Direktor der Schönen Künste, Marquis de Chennevières, eine unerbittlich restaurative Politik.[1] Nach den Desastern des Deutsch-Französischen Kriegs und der Pariser Commune in den Jahren 1870–1871 fühlte der Staat sich verpflichtet, zur Hebung der nationalen Moral eine Renaissance der öffentlichen Kunst und insbesondere der Historienmalerei zu fördern. Diese Absicht der Regierung wurde in der Rede des Ministers zur Preisverleihung auf dem Salon von 1876 auch unmissverständlich zum Ausdruck gebracht – und dieselbe Rede erschien 1877 als Vorwort zu jenem Ausstellungskatalog, in dem auch Bussons Gemälde erschien.[2] Die Bedeutung von Bussons Bild wird dadurch unterstrichen, daß es eines von insgesamt nur drei Landschaftsbildern war, die der Staat im Jahre 1877 ankaufte – im Vergleich zu 29 im Jahr 1874 und 21 im Jahr 1878, nachdem Chennevières aus dem Amt geschieden war.

Chennevières Kunstpolitik war nur eine der Facetten von MacMahons moralisch-repressivem Regime, das durch die gnadenlose Unterdrückung politischer Aktivitäten und öffentlicher Lustbarkeiten ganz Frankreich und insbesondere die Wiege der Commune, Paris, in einen regelrechten Polizeistaat verwandelte. MacMahons Bemühungen, den wachsenden Zulauf der Wähler zu republikanischen Vereinigungen zu unterbinden, gipfelten am 16. Mai 1877, zwei Wochen nach Eröffnung des Salons, in dem staatsstreichartigen Versuch, ein ultrakonservatives Kabinett einzusetzen. Längerfristig gesehen erwies sich diese Aktion als ein vollkommener Fehlschlag, der zunächst zum wachsenden Erfolg der Republikaner bei den Wahlen 1877 beitrug und im Januar 1879 schließlich zum Sturz MacMahons und zur Einsetzung des »opportunistischen« republikanischen Präsidenten Jules Grévy führte. Doch im Sommer 1877, als eine weitere Runde repressiver Maßnahmen gegen die Pariser Kaffeehauskultur eingeleitet wurde, schien ein Sieg der Reaktion noch keineswegs ausgeschlossen.[3]

In diesem Zusammenhang gewinnt Bussons Vision einer *France profonde* deutlichere Konturen. Das ins Monumentale gesteigerte Bild eines vermeintlich zeitlosen französischen Landlebens konnte als eine Art Historiengemälde angesehen werden, als Darstellung der bruchlosen historischen Kontinuität jenes Landlebens, in dem das »wahre« Frankreich – jenseits der Veränderlichkeiten und Flüchtigkeiten des Stadtlebens – verwurzelt war. Das Tal des Loir (eines Nebenflusses der Loire), in dem Lavardin liegt, galt als ein besonders schöner und charakteristischer Teil des ländlichen Frankreich, und Busson, der selbst aus der Gegend stammte, stand in dem Ruf, die Schönheiten dieses »begnadeten und anmutigen Landstrichs, der von zahllosen Wassern durchquert wird und übersät ist mit lieblichen Dörfern, die sich krönend aus pittoresken Ruinen erheben«, am trefflichsten auf die Leinwand gebannt und damit dem Betrachter die verborgenen Reize ihres alltäglichen Lebens erschlossen zu haben.[4]

Mythische Landschaft

Natürlich war Bussons Vision der französischen Landschaft durch und durch mythisch und blendete sowohl die konkrete Realität des Lebens auf dem Lande als auch die Erschütterungen der jüngsten französischen Geschichte vollständig aus. Der Zustand der französischen Landschaft gab zu jener Zeit nämlich aus verschiedenerlei Gründen Anlaß zu großer Sorge: Da war die zunehmende Entvölkerung des Landes, weil die Bauern in der Stadt ihr Glück versuchten, sodann der wachsende Wettbewerb durch ausländische Getreideproduzenten, und schließlich die ganz konkreten Verheerungen der Phylloxera, jener Blattlausart, die seit den 1860er Jahren die französischen Weinreben zerstörte (die sich aber erst im Verlauf der 1880er im Loire-Becken ausbreitete und die daher die 1877 von Busson auf dem Hügel oberhalb Lavardins gemalten Rebberge vielleicht noch nicht erreicht hatte).[5]

Ein zeitgenössischer Betrachter von *Le Village de Lavardin* setzte der idyllischen Atmosphäre des Bildes bereits 1877 eine Vorstellung der mutmaßlichen Lebensrealitäten entgegen, indem er sich den Ort als Schauplatz eines ländlichen Melodrams imaginierte:

> »Herr Busson besitzt das einzigartige Talent, uns die Landschaft als so unerschöpflich zu präsentieren wie eine Zauberflasche. Es ist nicht nur eine Seite, die der Betrachter hier lesen kann, sondern ein ganzes Buch, ja so viele Bücher ihm seine Einbildungskraft zu lesen gestattet. Dieses schöne Dorf, das sich bis zum Ufer des kleinen Flüßchens erstreckt, wo Pferde und Lausbuben und Enten umherspringen, und das jenseits den Gipfel des reich

bewaldeten Hügels erklimmt, [...] es könnte der Schauplatz sein für jeden beliebigen Roman, jedes Drama, jede Novelle, jedes Idyll, das man sich ausdenken möchte. – Es war an einem heißen Tag im August 186* Die Sonne kämpfte mit den dicken schwarzen Wolken, doch ein flüchtiger Lichtstrahl fiel auf das Dorf Lavardin, das malerisch über den grünen Abhang hingegossen lag. Der alte gotische Kirchturm hatte gerade drei Uhr geschlagen. Die Klatschweiber, die vor den Häusern fröhlich miteinander plauderten, wurden plötzlich durch die Ankunft eines jungen Unbekannten unterbrochen, der vor dem Goldenen Löwen von seinem Pferd abstieg ... Am Ende des Romans würde die Heldin, jenes Mädchen, das man dort stehen sieht, von dem jungen Unbekannten verführt und dann verlassen, sich in jenes liebliche Flüsschen werfen, wenn nicht ... aber vielleicht ...«[6]

Ausblendungen und die Politisierung der »Natur«

Das Schauspiel, das hier ausgemalt wird, bewegt sich im Bereich des Menschlichen und hat keine weiteren gesellschaftlichen oder politischen Implikationen. Aber es gab eine andere, viel handgreiflichere Geschichte, die Bussons ländliches Idyll Lügen strafte: Während des Deutsch-Französischen Kriegs war diese Region Frankreichs und insbesondere dieser Teil des Loir-Tals der Schauplatz heftiger Kämpfe gewesen. Nachdem die Franzosen ihre Verteidigungslinie, die zwischen Vendôme und Montoire dem Nordufer des Loir entlang verlief, hatten räumen müssen, führte der preußische Vormarsch in Richtung Le Mans die Truppen am 6. Januar 1871 geradewegs durch das Dorf Lavardin hindurch.[7]

Vor diesem Hintergrund muß Bussons Gemälde als ein expliziter Reparationsversuch bewertet werden. Frankreich hat überlebt, so will es uns sagen, und wird sich kraft der Arbeit seiner Landbevölkerung und der Segnungen seines Klimas und Bodens gleichsam von innen heraus erneuern. Diese Botschaft des Gemäldes weist enge Parallelen zu einer anderen bedeutenden Kulturproduktion des Jahres 1877 auf, nämlich zu *Le Tour de France par deux enfants*, einem Lehrstück von G. Bruno (wie das Pseudonym für Madame Alfred Fouillée, geborene Augustine Tuillerie lautete). Dieser Text wurde in den ersten 25 Jahren nach Erscheinen über sechs Millionen mal verkauft. Brunos Erzählung geht über die sektiererischen, politischen und religiösen Spaltungen in der jüngsten französischen Geschichte beschönigend hinweg und legt die Handlung in die Zeit nach dem Deutsch-Französischen Krieg.[8] Die beiden Knaben müßen ihr Haus in Lothringen verlassen, weil es in jener Zone liegt, die nach dem Krieg an Deutschland abgetreten werden mußte. Aber auch ihr am Ende glücklich wiedergefundener Freund Guillaume steht vor dem Ruin, weil sein Bauernhof im Krieg schwer beschädigt wurde. Es ist diese letzte Szene, in der sich die Parallele zu Busson findet. Das Gehöft liegt im Orléanais, einer östlich von Lavardin gelegenen, ebenfalls sehr fruchtbaren Gegend; Guillaumes Schicksal wendet sich nur dadurch zum Guten, daß der Onkel der beiden Knaben in der Lage ist, den Wiederaufbau des Bauernhofs zu finanzieren. Onkel Frantz beschwört das gemeinsame Vorhaben wie folgt:

> »Wir werden alle arbeiten, jeder auf seine Weise. Mag der Krieg auch das Land mit Ruinen übersät haben, es liegt nur an uns, den Kindern Frankreichs, die Trauer durch Arbeit wegzuwischen und die alte Erde Frankreichs, die der pflegenden Hand niemals Undank erweist, wieder zu befruchten. In einigen Jahren werden wir die Felder, die uns umgeben, mit reicher Ernte bedeckt und das Dach des Gehöfts Stein um Stein wiederhergestellt haben [...]«

Angesichts dieser glücklichen Wendung brechen die beiden kriegshalber aus ihrer Heimat vertriebenen Knaben in eine Art beschwörende Litanei aus: »Ich liebe Frankreich! [...] Frankreich.«[9] Brunos Text wird durch zwei Stiche illustriert, deren einer den zerstörten Bauernhof zeigt (Abb. 2), der andere den »Bauernhof, nachdem er durch den Frieden wiederhergestellt wurde« (Abb. 3). Nichts an den festgefügten Gebäuden und dem munteren Treiben auf dem Hof weist mehr auf die jüngsten Kriegsschäden hin; die Bildsprache dieses letzteren Stichs ist derjenigen von Bussons Gemälde zum verwechseln ähnlich.

In dem Bemühen, die Ereignisse der Jahre 1870–1871 hinter sich zu lassen, diente diese idealisierte Vision einer scheinbar zeitlosen natürlichen Ordnung als machtvolle ideologische Waffe, die gerade

2 Ein Bauernhof vom Krieg zerstört, Radierung, in: G. Bruno, *Le Tour de France par deux enfants*, Paris 1877

1877 während des letzten Versuchs von MacMahons repressivem Konservatismus, die dominante politische Kraft in Frankreich zu bleiben, auf eine besondere Resonanz gestoßen sein dürfte. Es waren diese politischen Verhältnisse, vor deren Hintergrund sich die bekanntere kunsthistorische Kontroverse um die dritte impressionistischen Gruppenausstellung abspielte, die Ende April, drei Tage vor Eröffnung des Salons, ihre Pforten schloß. In seiner Besprechung dieser Ausstellung benutzte Charles Bigot jenen idealisierenden Naturbegriff, um die Auswahl impressionistischer Landschaftsmotive zu kritisieren:

> »Im Grunde ist es nicht die wirkliche Natur, die sie betrachtet haben und darzustellen sich bemühen, sondern es ist die Natur, wie man sie auf Ausflügen in der Großstadt und in deren Umgebung erhascht, dort, wo die marktschreierischen Töne der Häu-

3 Ein Bauernhof durch den Frieden wiederhergestellt, in: G. Bruno, *Le Tour de France par deux enfants*, Paris 1877

ser, die weißen, roten oder gelben Mauern und grünen Fensterläden sich mit den Bäumen und der Vegetation vermengen und schmerzliche Kontraste bilden. Ach! Um wieviel besser haben nicht die Holländer, haben nicht unsere modernen Landschaftsmaler, die Rousseaus, die Corots, die Daubignys sowohl die Poesie als auch die Wahrheit der Natur auszudrücken vermocht! Um wieviel besser haben sie nicht das Land mit seinen Gewässern, seinen Wäldern, seinen Wiesen und Feldern, mit seinen fernen und stillen Horizonten darzustellen vermocht!«[10]

Unnötig zu erwähnen, daß Bussons Gemälde den Kriterien Bigots aufs wundervollste entsprach.

Während die versteckte Politisierung der »Natur« in Bigots normativen Vorstellungen deutlich zu erkennen ist, blieb es einem anderem Kritiker namens Fréderic Chevalier vorbehalten, in seiner

Besprechung der nämlichen Ausstellung die politische Dimension des impressionistischen Weltbildes herauszuarbeiten:

> »Die Merkmale, durch welche sich die Unbeugsamen auszeichnen, die grobe Ausführung, die Alltäglichkeit der Motive, für die sie sich interessieren, der Anschein der Spontaneität, den sie über alles stellen, die gewollte Zusammenhanglosigkeit, die Kühnheit der Farbgebung, die Geringschätzung der Form, die pubertäre Naivität, die sie unbekümmert mit der höchsten Raffinesse verbinden, dieses ganze beunruhigende Ensemble von widersprüchlichen Stärken und Schwächen entbehrt nicht einer gewissen Analogie zu dem Chaos antagonistischer Kräfte, die unser Zeitalter verwirren.«

Chevaliers Text ist insofern außergewöhnlich, als er neben der Motivwahl auch die formalen Qualitäten impressionistischer Gemälde zur zeitgenössischen politischen Lage in Beziehung setzt: Die bildliche Fragmentierung wird als Zeichen für die soziale und politische Instabilität gelesen. In diesem Lichte besehen verstehen wir um so leichter, weshalb Bussons *Le Village de Lavardin* den Wünschen der Regierung an diesem Wendepunkt der französischen Geschichte entgegenkam. Durch majestätischen Pinselstrich wurden die Zeichen der Gegensätze und die Narben der Konflikte getilgt, wurden die Schlachtfelder von 1871 wiederhergestellt und gleichsam zum integralen Bestandteil einer bruchlosen und naturgegebenen *France profonde* (v)erklärt. Die Vision einer tief verwurzelten und scheinbar zeitlosen natürlichen Ordnung war die beste Gewähr dafür, dass das »Chaos antagonistischer Kräfte« nur ein vorübergehendes Gewitter blieb und schon bald wieder die Sonne auf die Nation herabscheinen solle.

Aus dem Englischen von Robin Cackett.

1 Zwei radikal verschiedene Einschätzungen der Leistungen Chennevières finden sich bei Jane Mayo Roos: *Aristocracy and the Arts: Philippe de Chennevières and the Salon of the mid-1870s,* in: *Art Journal,* Frühjahr 1989, S. 53–62; u. Jacques Foucart u. Louis-Antoine Prat: *Preface* in: Philippe de Chevennières: *Souvenirs d'un Directeur des Beaux-Arts*, Paris 1979.

2 Katalog des Salons von 1877, S. VII.

3 Vgl. Susanna Barrows: *Nineteenth-Century Cafés: Arenas of Everyday Life* in: *Pleasures of Paris: Daumier to Picasso*, Ausstellungskatalog, Museum of Fine Arts, Boston 1991, S. 22–24.

4 Vgl. etwa Emile Michel: *Le Salon de 1880,* in: *Revue des deux mondes* 15. Juni 1880, S. 911–912. Vgl. auch: Hippolyte Taine: *Journeys through France*, London 1897, S. 20–22.

5 Vgl. Maurice Agulhon, Gabriel Désert u. Robert Specklin: *Histoire de la France rurale, Bd. 3:* Apogée et crise de la civilisation paysanne, Paris 1982, S. 387ff., zur Phylloxera vgl. ibid., S. 388–90.

6 Maris Proth: *Voyage au pays des peintres: Salon de 1877*, Paris 1877, S. 127–128.

7 Vgl. *Cassell's History of the War between France and Germany, 1870–1871*, London o. J., S. 149, sowie Karten auf S. 169 und S. 181.

8 G. Bruno: *Le Tour de France par deux enfants: Devoir et Patrie*, Paris 1877, Nachdruck der Erstausgabe mit einem Nachwort von Jean-Pierre Bardos 1977; vgl. auch Jacques Ozouf u. Mona Ozouf: *›Le Tour de France par deux enfants‹*, in: Pierre Nora (Hg.): *Les Lieux de mémoire*, I: *La République*, Paris 1984, S. 291–321.

9 Ibid., S. 305.

10 Vgl. Charles Bigot: *Causerie artistique: L'Exposition des ›impressionistes‹* in: *La revue politique et littéraire,* 28. April 1877, abgedruckt in Ruth Berson (Hg.): *The New Painting: Impressionism 1874–1886, Documentation, I: Reviews*, Ausstellungskatalog, Fine Arts Museum, San Francisco 1996, S. 134.

1 Jules Bastien-Lepage: *Jeanne d'Arc écoutant les voix*, 1879, Öl auf Leinwand, 259 × 279,4 cm, New York, The Metropolitan Museum of Art

Stimmen für Frankreich

Jules Bastien-Lepages Gemälde ›Jeanne d'Arc écoutant les voix‹ von 1879

Barbara Paul

Bastien-Lepage und der Jeanne d'Arc-Kult der 1870er Jahre

Der Kult der Jeanne d'Arc, die beliebte französische Nationalheldin, hatte seit Gründung der Dritten Republik in den 1870er Jahren Hochkonjunktur. Nach dem verlorenen Deutsch-Französischen Krieg 1870/71, infolge der Niederschlagung der Pariser Kommune 1871 und im Zusammenhang mit den von zahlreichen Schwierigkeiten gekennzeichneten Etablierungsbestrebungen einer tatsächlichen Republik bot die historische Figur der Jeanne d'Arc (1410/12–1431) vielfältige Möglichkeiten politischer Funktionalisierung.[1] Das Leben und die Taten dieser »Ausnahme«-Frau, die sich, eine Tochter begüterter Landleute, durch »Stimmen« berufen fühlte, den Dauphin (Karl VII.) zur Krönung nach Reims zu führen und im Hundertjährigen Krieg Frankreich von den Engländern zu befreien, war bereits von den Zeitgenossen kontrovers diskutiert worden. Die Jeanne d'Arc-Debatte entzündete sich immer wieder an der Authentizität ihrer Sendung, der Bedeutung ihrer bewaffnet, in Männerkleidung erzielten militärischen Erfolge, insbesondere der Befreiung der Stadt Orléans von der englischen Belagerung (8. Mai 1429), und der Rechtmäßigkeit ihrer Verbrennung als Ketzerin auf dem Scheiterhaufen in Rouen (30. Mai 1431).

Ein neuerliches Interesse an Jeanne d'Arc war schon im frühen 19. Jahrhundert aufgekommen. Einerseits bemühte sich die inzwischen als Wissenschaft institutionalisierte Geschichtsschreibung um eine möglichst exakte Rekonstruktion ihrer Biographie; andererseits fungierte Jeanne d'Arc in den seit der Französischen Revolution virulenten Diskussionen um eine freiheitliche französische Nation *und* Staatsform als Leitfigur. Für den Prozeß der politischen Aneignung Jeanne d'Arcs zu Beginn der Dritten Republik war von entscheidender Bedeutung, daß sie für Französinnen und Franzosen unterschiedlicher politischer, religiöser und sozialer Überzeugungen als gemeinsame, national zu nennende Identifikationsfigur funktionalisiert wurde. Die besondere Aktualität des Jeanne d'Arc-Themas begünstigte wesentlich die Aufmerksamkeit, die Jules Bastien-Lepages großformatigem Gemälde *Jeanne d'Arc écoutant les voix* von 1879 seit seiner ersten Präsentation auf dem Pariser Salon des Jahres 1880 zuteil wurde (Abb. 1).[2]

Jules Bastien-Lepage (1848–1884), der sich in den vorangegangenen Jahren mit den Gemälden *Les Foins* (1877, Paris, Musée d'Orsay; Salon 1878) und *La Saison d'Octobre: Récolte des pommes de terre* (1878, Melbourne, National Gallery of Victoria; Salon 1879) bereits einen gewissen Namen als naturalistischer Maler der jüngeren Generation gemacht hatte[3], zog mit dem Jeanne d'Arc-Thema die Aufmerksamkeit der Kunstkritik auf sich[4]. Das Interesse an dem Gemälde steigerte er noch durch die Wahl des dargestellten Moments innerhalb der Heldinnenlegende, dem Hören der »Stimmen«, bedeutete doch die Visualisierung dieses bildlich eher selten anzutreffenden Sujets eine besondere künstlerische Herausforderung.[5] Bastien-Lepages Versuch der visuellen Umsetzung von etwas an sich nicht Darstellbarem wurde seitens der Kunstkritik teils positiv, teils negativ aufgenommen. Eine wichtige Rolle bei der Beurteilung spielte die Frage, ob naturalistische Malerei stets nur mit Realistik als künstlerischem Mittel arbeiten dürfe oder ob sie nicht vielmehr realistische und symbolistische Argumentationselemente miteinander zu einer künstlerisch hochwertigeren Einheit verbinden müsse. Diesem Problem werde ich mich im folgenden insoweit zuwenden, als es unmittelbare Bedeutung für eine – von der kunsthistorischen Forschung bislang vernachlässigte[6] – politische Kontextualisierung von Bastien-Lepages Bild gewinnt. Im Zentrum stehen die Aneignungsstrategien des Jeanne d'Arc-Kults der späten 1870er und frühen 1880er Jahre, so wie sie in Bastien-Lepages Gemälde zum Ausdruck kommen und dessen Rezeption prägten.

Bastien-Lepages Jeanne d'Arc-Gemälde

In seinem Gemälde *Jeanne d'Arc écoutant les voix* fügte Bastien-Lepage seiner Signatur am rechten unteren Bildrand die Orts- und Zeitangabe »DAMVILLERS – Meuse 1879« hinzu. Damvillers, der Geburtsort Bastien-Lepages, liegt im Department Meuse, einem Teil Lothringens. Während der Französischen Revolution wurde das (ehemalige) Herzogtum Lothringen in die vier Departments Moselle, Meurthe, Vosges und Meuse eingeteilt. Nach dem Deutsch-Französischen Krieg 1871 wurden bekanntlich das Elsaß, bestehend aus den Departments Haut-Rhin und Bas-Rhin, und Gebiete Lothringens, genauer gesagt Teile der Departments Moselle (mit Metz) und Meurthe, zum deutschen Reichsland Elsaß-Lothringen zusammengeschlossen.[7] Damvillers wurde demnach vom Deutschen Reich nicht annektiert. Französisch blieb auch der im Department Vosges gelegene, ebenfalls lothringische Geburtsort Jeanne d'Arcs, Domrémy, das heutige Domrémy-la-Pucelle. Bastien-Lepages Angabe des Entstehungsorts ist im Zusammenhang mit dem Jeanne d'Arc-Thema von Bedeutung, teilt doch der Künstler seinem Publikum damit nicht nur vordergründig mit, wo er das Bild gemalt hat; vielmehr kennzeichnet er den zu sehen gegebenen Ort als einen authentisch lothringischen und als einen im Jahre 1879 real existierenden Schauplatz. In einem detailreich in Grün- und Brauntönen gestalteten Obst- und Gemüsegarten, dem seiner Eltern, läßt Bastien-Lepage seine fast lebensgroß dargestellte Jeanne d'Arc auftreten. Durch ihre Kleidung als einfache Bäuerin charakterisiert, steht sie rechts vorne unter einem Apfelbaum. Ein Arm hängt langgestreckt am Körper herunter, während sie mit ihrer anderen Hand nach einem Zweig greift; der Kopf der Frau ist leicht geneigt. Am auffälligsten ist jedoch ihr enigmatischer Blick, der das gesamte Gemälde zu dominieren scheint. Jeanne d'Arc ist gerade von ihrer Arbeit am Flachsrad aufgestanden, das zusammen mit einem umgeworfenen Schemel in der linken Bildhälfte zu sehen ist. Dort sind außer einem ziegelgedeckten Bauernhaus noch drei, nur schemenhaft dargestellte Figuren mit Heiligenschein zu erkennen. Bei dieser Dreiergruppe handelt es sich um den hl. Michael, Schutzpatron Frankreichs, der in goldfarbener Ritterrüstung mit ausgestreckten Armen Jeanne d'Arc ein Schwert reicht, sowie um die hl. Margarethe und die hl. Katharina, die Blumenkränze im Haar tragen und von Schleiern umhüllt sind. Neben Jeanne d'Arc steht die hl. Katharina vor allem für Askese; die hl. Margarethe fungiert als Schutzpatronin der Bäuerinnen und Bauern und wurde besonders im Elsaß und in Lothringen verehrt.[8]

Bastien-Lepages Gemälde steht im Kontext der gesellschaftlichen und politischen Reorganisationsprozesse zu Beginn der Dritten Republik, bei denen Jeanne d'Arc eine bedeutsame Rolle spielte. Vor allem Gerd Krumeich hat sich 1989 in einer mentalitätsgeschichtlich orientierten Untersuchung mit dem historiographischen Jeanne d'Arc-Bild und dem damit verknüpften französischen Nationalismus beschäftigt. Seinen Ausführungen zufolge galt Jeanne d'Arc seit Anfang des 19. Jahrhunderts als »[...] das einfache Mädchen aus dem Volke, das von den ›Großen‹ benutzt und im Stich gelassen wurde, obwohl sie doch beseelt war vom unbeugsamen Willen, Frankreich zu befreien.«[9] Für die 1870er Jahre läßt sich im einzelnen festhalten, daß dieses Jeanne d'Arc-Bild von zwei an sich entgegengesetzten Interessensgruppen für die Durchsetzung ihrer je eigenen Ziele zu funktionalisieren versucht wurde: Zum einen propagierten Befürworter republikanischer Vorstellungen Jeanne d'Arc als politische Patriotin; zum anderen bemühte sich die katholische Kirche – auch in Reaktion auf laizisierende Tendenzen – um ein betont religiöses Jeanne d'Arc-Image, indem sie im Vatikan einen Antrag auf Heiligsprechung stellte. Das Kanonisierungsbestreben, das seit den 1860er Jahren im wesentlichen vom Orléaneser Bischof Félix Dupanloup betrieben wurde, ging mit der Neuaneignung Jeanne d'Arcs als patriotische Katholikin einher. Für diese Religiösisierungsbestrebungen des katholischen Frankreichs war es von nur untergeordneter Bedeutung, daß Jeanne d'Arcs Heiligsprechung erst nach über fünfzig Jahren, 1920, realisiert wurde.[10]

Frémiets Jeanne d'Arc und seine zeitgenössische Funktionalisierung

Innerhalb der bildenden Kunst avancierte in den 1870er Jahren Emmanuel Frémiets Reiterdenkmal *Jeanne d'Arc* (1874, Bronze) zum wohl populärsten Beispiel einer Jeanne d'Arc-Darstellung (Abb. 2).[11] Es wurde 1872 von der ersten Regierung der Dritten Republik unter Präsident Adolphe Thiers in Auftrag gegeben, am

2 Emmanuel Frémiet: *Jeanne d'Arc*, bronzenes Reiterstandbild, 1874, Paris, Place des Pyramides (Aufnahme um 1920)

20. Februar 1874 auf der Place des Pyramides in Paris eingeweiht und auch in der Folge als öffentlicher Ort für Jeanne d'Arc-spezifische Ereignisse genutzt. Das Denkmal zeigt die Protagonistin hoch zu Pferde, mit Rüstung, Schwert und Fahne, kurzum als militante Christin, die für die Freiheit ihres Vaterlands kämpfte und siegte. Das »republikanisch« motivierte Denkmal ist als ein euphorischer und symbolischer Ausdruck der Republikgründung zu verstehen – einer Republik, deren konkrete politische Umsetzung zur Zeit der Projektierung des Denkmals noch auf sich warten ließ.[12] Der Umgang mit diesem Denkmal verdeutlicht, daß Jeanne d'Arc in den 1870er Jahren zunehmend von klerikalen Parteien und dem politisch rechten Flügel als nationale, auch monarchistische Symbolfigur vereinnahmt werden konnte. Besondere Aufmerksamkeit verdienen in diesem Zusammenhang einige den Jeanne d'Arc-Kult betreffende Ereignisse des Jahres 1878;[13] sie sind Teil der Phase fortschreitender

politischer »Republikanisierung«, womit sowohl die tatsächliche Realisierung der republikanischen Staatsform als auch die symbolische Inbesitznahme Frankreichs als Republik gemeint ist. Vor allem die Auseinandersetzungen um den 100. Todestag von Voltaire, Repräsentant der Aufklärung und des Anti-Klerikalismus, am 30. Mai 1878 veranschaulichen den Antagonismus zwischen Republik und Kirche. Die republikanischen Feierlichkeiten konnten kurzfristig nur als geschlossene und nicht – wie geplant – als öffentliche und damit offizielle Veranstaltungen stattfinden, da sich die Regierung unter massivem Druck ihrer Gegner zu staatlicher Neutralität gezwungen sah. Auch die im Gegenzug vorgesehenen Aktivitäten von Traditionalisten, Patrioten und Katholiken, Kränze an der Frémiet-Statue auf der Place des Pyramides zu Ehren von der ebenfalls am 30. Mai verstorbenen Jeanne d'Arc niederzulegen, konnten nicht stattfinden. Dafür sorgte die am besagten Tag in Paris aufgebotene Polizei, die jegliches Demonstrationsanliegen vereitelte. Die Bemühungen einer Jeanne d'Arc-Verehrung hatten jedoch vor der Folie Voltaires an Profil gewinnen können. Neben der geplanten Kranzniederlegung, für die sich vor allem adlige Frauen der Gruppe *Femmes de France* engagiert hatten, war zudem die Subskription eines Jeanne d'Arc-Denkmals in Domrémy initiiert worden. Nur wenig später, am 10. Juli 1878, wurde mit großem Erfolg ein umfangreicher Pilgerzug nach Domrémy realisiert, der »wohl als Geburtsstunde des ›modernen‹ katholischen Massenkults für Jeanne d'Arc« gelten kann; sie war nunmehr in den »integristischen Kreuzzug gegen die Republik und für das ›wahre Frankreich‹« miteinbezogen.[14]

Bastien-Lepages Beschäftigung mit dem Jeanne d'Arc-Thema in den 1870er Jahren

Bastien-Lepage beschäftigte sich auf die ihm eigene Weise mit dem antagonistisch geführten Jeanne d'Arc-Kult, der seit 1878 nochmals an Virulenz gewonnen hatte. Bereits Mitte der 1870er Jahre hatte er ein Porträt des katholischen Historikers und Politikers *Henri Wallon* (1875, Versailles, Musée National du Château; Salon 1876) gemalt, der zwischen 1860 und 1876 ein in mehreren, inhaltlich veränderten Auflagen verlegtes Jeanne d'Arc-Buch veröffentlicht hatte. In seiner für die katholisch orientierte Geschichtsschreibung wichtigen Darstellung vertrat Wallon eine anti-royalistische Auffassung, die der herkömmlichen katholischen Auslegungstradition widersprach. In einer »psychologisierenden« Sichtweise präsentierte er Jeanne d'Arc als eine sich durch Frömmigkeit und gläubige Bescheidenheit auszeichnende Christin, die gemäß ihrer als »wahr« einzustufenden Inspiration ihre Mission, ganz Frankreich zu befreien, unbeirrt, allein auf ihren Glauben vertrauend, auch gegen den König realisiert habe.[15] Die Jeanne d'Arc-Deutung von Wallon, der zudem erstmals ihre Heiligsprechung gefordert hatte, stand bezeichnenderweise in keinem grundsätzlichen Widerspruch zu liberal-republikanischen Positionen. Jeanne d'Arc wurde also sowohl für patriotisch-katholische als auch für republikanisch-nationale Ziele funktionalisiert. Dieses »Zweckbündnis« thematisiert offenbar auch Bastien-Lepage. Sein Jeanne d'Arc-Projekt hatte er sorgfältig vorbereitet. Er besuchte Domrémy, den Geburtsort seiner Heldin, und die dortige Gedenkstätte, wo sich damals Léon Benouvilles Gemälde *Jeanne d'Arc écoutant ses voix* (1858/59, heute Reims, Musée de Reims) befand. In diesem narrativen, an christliche Verkündigungsszenen erinnernden Bild, das auch in einer Reproduktion als Frontispiz in Wallons Jeanne d'Arc-Biographie publiziert wurde, sieht man im Vordergrund die sitzende Jeanne d'Arc bei der Arbeit, während direkt hinter ihrem Kopf vom Himmel herabschwebende Heilige, die »Stimmen«, gezeigt werden.[16] Bastien-Lepage fertigte zudem einige Vorstudien an, insbesondere von Jeanne d'Arc als stehender Figur, und kehrte, damals in Paris lebend, zur Ausführung des Gemäldes nach Lothringen zurück.[17] Für das Bild selbst wählte er den Moment der göttlichen Eingebung, mit dem sich auch Wallon intensiv beschäftigt hatte, und eröffnete damit die Möglichkeit unterschiedlicher, auch zu kombinierender Lesarten. Einige wichtige sind bereits von der zeitgenössischen Kunstkritik artikuliert worden.

Bastien-Lepages Gemälde in der Kunstkritik

Ausgehend von der aktuellen Relevanz der Jeanne d'Arc-Figur stand vor allem die von Bastien-Lepage vorgenommene spezifische Darstellungsweise seiner Protagonistin und ihrer Vision im Zentrum der kunstkritischen Diskussion. Die vom Künstler gewählte

Problemstellung veranlaßte manchen Kritiker, sein Verhältnis zum Naturalismus zu bestimmen und die als zeitgemäß erachteten Aufgaben der bildenden Kunst zu umreißen. Innerhalb dieses Prozesses der Positionssicherung ist an erster Stelle Emile Zola zu nennen, um 1880 gewiß ein besonders einflußreicher Kritiker. Zola vertrat spätestens seit seinen Salonkritiken der Jahre 1879 und 1880 ein explizit naturalistisches Kunstkonzept. Darunter verstand er nicht nur – wie oft verkürzend behauptet – eine möglichst exakte, geradezu (natur-)wissenschaftlich experimentell erarbeitete Wiedergabe und damit auch Interpretation der zeitgenössischen Wirklichkeit, die in all seinen Mechanismen begriffen und in seiner »ganzen Wahrheit« thematisiert werden müsse.[18] Vielmehr favorisierte Zola gleichzeitig die Individualität und Originalität, auch Freiheit des künstlerischen, stets männlichen Genies und das von ihm geschaffene Meisterwerk; das heißt, er postulierte das diskursiv wirksame Bild vom modernen Künstler.[19] Einen möglichen Kandidaten für das von der Kunstkritik zu kürende Künstlergenie sah Zola in Bastien-Lepage. Dessen Gemälde *Les Foins* hatte ihm auf dem Salon 1879 aufgrund des genauen Studiums der Wirklichkeit, seiner guten Technik und des ausgeprägten künstlerischen Willens besonders gut gefallen.[20] Entsprechend groß müssen Zolas Erwartungen an den Salon 1880 gewesen sein. Sein Urteil über Bastien-Lepages Jeanne d'Arc-Gemälde fiel zwiespältig aus. Er begrüßte die naturalistisch-exakte Darstellung von Jeanne d'Arc und ihrer Umgebung. Auch deren historisch begründete Ekstase sei sehr gelungen wiedergegeben; aufgrund ihrer Haltung, Gestik und ihres Blicks spüre man regelrecht ihre Halluzination. Für problematisch hielt Zola hingegen die Darstellung der Stimmen durch die drei Heiligen, auf die Bastien-Lepage unbedingt hätte verzichten können, widersprächen sie doch den »imaginations pures« der Jeanne d'Arc und – mehr noch – störten »toute la belle unité naturaliste du sujet«.[21] Damit gab Zola unmißverständlich zu verstehen, daß er seinen Naturalismusanspruch in Bastien-Lepages Gemälde nicht konsequent realisiert sah. Den Erfolg des Bildes führte Zola neben dem anti-naturalistischen »effet littéraire« der Jeanne d'Arc-Legende vor allem auf die »étrangeté voulue de cette paysanne hystérique« zurück.[22] Zola, der kein abschließendes Urteil über den noch jungen Mann fällte, gab dem an sich geschätzten Bastien-Lepage noch eine Chance, sich als naturalistisches Künstlergenie zu beweisen.

Die von Zola in die Diskussion eingebrachten Kritikpunkte machen zunächst vor allem deutlich, daß Bastien-Lepage bei seiner bildnerischen Umsetzung des Stimmen-Hörens an künstlerische Darstellungskonventionen anknüpfte, diese aber modifizierte. Verwiesen sei beispielsweise auf das bereits erwähnte Jeanne d'Arc-Gemälde von Benouville in Domrémy oder auf eine Arbeit von Bastien-Lepage selbst, *L'Annonciation aux bergers* (1875, Melbourne, National Gallery of Victoria), die er für den Wettbewerb zum Prix de Rome gemalt hatte.[23] Während in diesen Arbeiten die Botschaft durch die realistisch im Bild gegebenen Personen übermittelt wird, stellt Bastien-Lepage in seinem Jeanne d'Arc-Gemälde die Heiligengruppe, die auf den ersten Blick mitunter gar nicht wahrgenommen wird, vergleichsweise undeutlich dar. Er zeigt sie so konkret wie nötig und so visionär wie möglich. Durch die Entscheidung für diese ambige Repräsentationsform der Übermittler und für deren kompositionelle Plazierung im Gemälde wird eine zusätzliche Lesart gewonnen. Als Adressaten der Stimmen sind auch die Betrachtenden des Bildes – und ich werde darauf noch zurückkommen – mitgemeint.

Besondere Beachtung verdient die von Zola angesprochene Klassifizierung von Jeanne d'Arc als »hysterische Bäuerin«. Im kulturellen Kontext der Zeit um 1880 bewirkte die körpersprachliche, auch mimische Disposition Jeanne d'Arcs eine Semantisierung, die künstlerische und medizinisch-neurologische Parameter miteinander verbindet und sogar in Wettstreit treten ließ. Die kunstkritischen Deutungsversuche der Hauptfigur reichten von einer noch prinzipiell religiös motivierten Ekstase über Halluzination, Trancezustand und Hypnose bis hin zu einer als Krankheit interpretierten Epilepsie und Hysterie. Mit diesem »schillernden« Vokabular versuchte die Kunstkritik nicht nur einen angenommenen psychischen Zustand Jeanne d'Arcs zu beschreiben; vielmehr war diese fast schon inflationäre Charakterisierung zudem Ausdruck der damaligen Faszination für die Diskursfigur der – vereinheitlichend formuliert – »Hysterikerin«.[24] Joris-Karl Huysmans, der Bastien-Lepages Jeanne d'Arc-Gemälde wie auch dessen übrigen Bilder als »l'œuvre d'un matois qui essaye du faux naturalisme« ablehnte, erkannte »un effet d'optique sans doute observé dans les maladies mentales«.[25] Edmond About wurde konkreter und machte darauf aufmerksam, daß Bastien-Lepage von Beobachtungen gelegentlich der öffentlichen Zurschaustellungen von Hysterikerinnen in der von Jean-Martin

Charcot geleiteten Pariser Nervenklinik La Saltpêtrière profitiert haben könnte.[26] In Deutschland verwies Richard Muther auf den Einfluß Charcots. Bastien-Lepage habe »wohl allein mit Zuhilfenahme der Hypnose, auf die gerade durch die Experimente Charcots die Aufmerksamkeit der Maler gelenkt war«, die »Ekstase« und »mythische Verzückung« Jeanne d'Arcs bildnerisch erzeugen können.[27] Philippe Burty äußerte über Bastien-Lepages Jeanne d'Arc: »Elle a en somme plus les apparences d'une folle, qui se néglige et tombe dans des crises de marasme, que ces pauvres créatures dont le professeur Charcot étudie et décrit avec les intuitions du génie les crises d'hystéro-épilepsie.«[28] Damit aktivierte Burty, der Bastien-Lepages Gemälde ebenso zwiespältig beurteilte wie Zola, besonders markant die zeittypische Konstruktion der weiblichen, krankhaften und damit auch unberechenbaren Hysterikerin, während er im Gegenzug den männlichen Arzt, Charcot, geniehafte Eigenschaften zusprach. Diese hierarchische Rollenverteilung unter den Geschlechtern betonte Burty, obwohl er im nächsten Satz einschränkend hinzufügte, es gebe keine Anhaltspunkte für die Annahme, die historische Jeanne d'Arc sei »wahnsinnig« gewesen: »Rien dans les procès de Jeanne d'Arc, dans les récits des contemporains n'a fait croire qu'elle ait été démente.«[29]

Die Diskursfigur der ›Hysterikerin‹ und ihre Bedeutung für Bastien-Lepage

Der hier kurz zusammengefaßte, lebhafte Rekurs der Kunstkritik auf die Diskursfigur der »Hysterikerin« ist für eine politische Lesart von Bastien-Lepages Jeanne d'Arc-Gemälde in mehrfacher Hinsicht von Bedeutung. Charcot und die von ihm geleitete geschlossene Anstalt La Saltpêtrière besaßen – dies ist als erstes festzuhalten – für die damalige Kunstszene regelrecht »Sensationscharakter«.[30] Seine Arbeit mit sogenannten Hysterikerinnen »dokumentierte« Charcot, der seinerseits Kontakte mit Künstlern pflegte, im Medium der Fotografie. Die aus eigens inszenierten Hysterieanfällen hervorgegangenen Aufnahmen fanden Verbreitung in opulenten Veröffentlichungen mit Katalogcharakter, insbesondere in der Iconographie photographique de la Saltpêtrière (1876–1880). Die dort festgehaltenen Posen, die vorgeführte Gebärdensprache und Mimik boten reichhaltiges Anschauungsmaterial, auch zur

Wiederverwertung.[31] In einem weiteren, zweiten Schritt führten neue Erkenntnisse, die den damaligen (natur-)wissenschaftlichen und medizinischen Standards entsprachen, zu einer Um-Interpretation der Vision Jeanne d'Arcs. Entgegen dem kirchlichen Dogma hielten Skeptiker die Stimmen nicht länger für eine göttliche Eingebung, sondern erklärten sie psychologisch als Imagination Jeanne d'Arcs. Eine rein psychologische Deutung der »ungewöhnlichen« Erlebnisse hatte schon der Historiker Jules Michelet, der im 19. Jahrhundert das Jeanne d'Arc-Bild wohl am nachhaltigsten geprägt und popularisiert hat, seit mehreren Jahrzehnten favorisiert.[32] Seine Position konkretisierte er 1872 nochmals dahingehend, daß er die Imagination Jeanne d'Arcs auf ihre unterentwickelte Sexualität, das heißt auf ihre Jungfräulichkeit, zurückgeführt wissen wollte.[33] Eine andere Konstruktion brachte Charcot in die Diskussion, indem er Hexerei, deren auch Jeanne d'Arc beschuldigt worden war, zu einer fehldiagnostizierten psychischen Erkrankung erklärte.[34] Auf diese Weise wurde der religiösen, spirituellen Interpretation Jeanne d'Arcs eine säkularisierte Sichtweise hinzugefügt und damit das Spektrum der Jeanne d'Arc-Funktionalisierungen um eine psychologisch, also naturwissenschaftlich untermauerte, als hochmodern eingeschätzte Position erweitert.

Für Bastien-Lepages Jeanne d'Arc-Gemälde bedeutet dies, daß sich nicht nur der Künstler verschiedener Jeanne d'Arc-Konzeptionen bediente, die in den späten 1870er Jahren diskursiv wirksam waren. Auch das Publikum konnte das Bild, wie die zitierten Stellungnahmen der Kunstkritik veranschaulichen, gemäß damals virulenter Vorstellungen von »ihrer Heldin« rezipieren. Auf diese Weise entstand eine besondere Akkumulation von Jeanne d'Arc-Aneignungen. Im einzelnen läßt sich festhalten, daß Bastien-Lepage aufgrund seiner Sujetwahl und der naturalistischen Darstellungsweise offenbar ein unbedingt aktuelles und künstlerisch zeitgemäßes, das heißt auch republikanisch ambitioniertes Gemälde anfertigen wollte. Innerhalb seines ehrgeizigen Jeanne d'Arc-Projekts bemühte sich Bastien-Lepage bei der bildnerischen Umsetzung der Vision, traditionelle Darstellungskonventionen möglichst hinter sich zu lassen und die »Stimmen« visuell undeutlich und deutlich zugleich zu realisieren.[35] Bei der Gestaltung der Jeanne d'Arc-Figur ließ Bastien-Lepage keinen Zweifel daran, daß er den entscheidenden Augenblick des Erfahrens der Vision meinte. Zur Visualisierung ihres Zustands, der als ekstatisch bis hysterisch beschrieben wurde, verwendete der Künstler eine Körpersprache und Mimik, die von den Zeitgenossen fast zwangsläufig mit den Inszenierungen Charcots in Verbindung gebracht werden mußte. Für die offensichtliche Verknüpfung von Bastien-Lepages Jeanne d'Arc-Figur mit dem Diskursphänomen der »Hysterie« ist es nur zweitrangig, ob man davon ausgeht, daß durch das Gemälde das Assoziationsfeld Jeanne d'Arc – Ekstase – Charcots La Saltpêtrière aufgerufen wird oder ob man eine ganz bestimmte Pose der vermeintlichen Hysterikerinnen als Vorbild annimmt.[36] Bastien-Lepage profitierte von der um 1880 aktuellen Debatte um »Hysterie«, in der es auch wesentlich um Kompetenzverteilungen und Priviligierungen hinsichtlich des Verständnisses des Unterbewußten ging. Von seiner Jeanne d'Arc-Figur und seinem Gemälde insgesamt geht eine besondere Suggestionskraft aus, da er seine Protagonistin nicht nur als lothringische »fille de peuple« darstellte. Durch den Bildaufbau und die Figurenanordnung sowie durch die naturalistische, scheinbar wissenschaftlich-psychologisch exakte Gestaltung der Jeanne d'Arc, die wie hypnotisiert und zugleich selbst hypnotisierend wirkenden, ließ er die Betrachter am Geschehen partizipieren. Auf diese Weise entsteht so etwas wie eine Rezeptionsgemeinschaft: Die Betrachtenden können – und das ist das Entscheidende – an der Vision teilhaben. Und der Auftrag lautete bekanntlich unverändert – auch wenn die Urheberschaft der Mitteilung eine neue Interpretation erfahren hatte –, Frankreich zu befreien.

Jeanne d'Arc als »zentristische Leitfigur« und ihre »Allegorisierung« bei Bastien-Lepage

Die »Ausnahme«-Frau Jeanne d'Arc avancierte – so läßt sich zusammenfassend festhalten – in den 1870er Jahren zu einer »zentristischen« Leitfigur, die gegensätzliche politische und religiöse Interessen zu bündeln vermochte. Im Zuge sowohl der »Republikanisierungs«- als auch »Religiösisierungsbestrebungen« der späten 1870er Jahre besaß Jeanne d'Arc in besonderem Maße eine kollektive, nationale Identität stiftenden Wirkung. Bastien-Lepage rekurierte in seinem Gemälde einerseits durch den Rückgriff auf die historische Figur der Jeanne d'Arc auf deren heroische Einmaligkeit – ein Status, den in der Regel nur Männer erzielen können –; andererseits gestaltete er seine Protagonistin als »eine von uns« aus dem Volk. Sich als naturalistischer Künstler verstehend, aktualisierte Bastien-Lepage, der mit seinen Mitteln einen Beitrag zur »Republikanisierung« Frankreichs in den späten 1870er Jahren zu leisten versuchte, Jeanne d'Arc gemäß des zeitgenössischen Verständnisses und funktionalisierte bildkünstlerisch das damals virulente Ausdrucksvokabular der »Hysterikerin«. An ihrer Vision, Frankreich zu befreien, können – so eine mögliche, Bedeutung konstituierende Lesart – auch die Rezipierenden teilhaben, die durch den hypnotisierenden Effekt am Geschehen gefesselt und in die mythische Sendung miteingebunden werden.

Durch die Konzentration auf die Vision von Freiheit gewinnt Bastien-Lepages Jeanne d'Arc-Figur auch allegorische Qualitäten: Sie wird zur Trägerin des nationalen Wertes der Freiheit. Innerhalb der visuellen Kultur und der Repräsentationen von Nation gibt es entsprechend des bürgerlichen zweigeschlechtlichen Ordnungssystems, wie Silke Wenk 1996 konsequent aufgezeigt hat[37], eine polare Rollenzuweisung an die Geschlechter. Anstelle des als Individium verstandenen Herrscher(körper)s treten seit der Französischen Revolution Bilder von Weiblichkeit mit allegorischer Funktion. Die weiblichen Personifikationen fungieren als Fixierung von Werten; sie sind Zeichen etwa für Freiheit, aber auch für die Republik, die Nation oder den Sieg. Als Zeichen des Weiblichen sind sie stets als Gegensatz zum Männlichen konstruiert. Von grundlegender politischer und kultureller Bedeutung an dieser im Bild fixierten Weiblichkeit ist, daß die »Frau« als das »Andere« »nicht als Subjekt anwesend sein soll, wo es um Freiheit und Nation geht.«[38] Die hier imaginierte und präsentierte Weiblichkeit propagiert Vorstellungen von Frausein, die mit den realen Lebensbedingungen und -zielsetzungen von Frauen in Frankreich um 1880 nicht nur keine Gemeinsamkeiten aufweisen, sondern diese sogar noch aufgrund ihres Effekts der fiktiven Authentizität zu ersetzen versuchen. Die seit den 1870er Jahren verstärkt artikulierten Forderungen der bürgerlichen Frauenbewegung, wie etwa die Einführung des Frauenstimmrechts und eine Revision des frauendiskriminierenden *Code civil*[39], werden durch dieses visuelle Repräsentationssystem eindeutig ausgeklammert.

Bei der Gestaltung der Dritten Republik übernahmen, da die Frauen ja weitgehend ausgeschlossen waren, die Männer den aktiven Part. Diese geschlechterhierarchisierende Rollenzuweisung wird durch nationale Identität, die als »eine Konstruktion des Kollektiven im Spannungsfeld zwischen Kunst und Politik« zu verstehen ist[40], wesentlich festgeschrieben. Nation als »eine bloß vorgestellte Gemeinschaft« existiert an sich nur in der Vorstellung, da sich die Mitglieder größtenteils nicht kennen; die Gemeinschaft funktioniert wesentlich als »›kameradschaftlicher‹ Verbund« von Männern.[41] Um das Prestige und die Aufrechterhaltung dieser Gemeinschaft, sprich Nation, geht es auch in Bastien-Lepages Gemälde. Die Jeanne d'Arc-Figur und ihr Freiheitspotential mag im Kontext des Verhältnisses der Nachbarstaaten Frankreich und Deutschland in der Zeit um 1880 noch eine weitere, zugespitztere Lesart implizieren, die des revanchistischen Appells. Der Revanchegedanke hatte sich als Reaktion auf die traumatisch erfahrende Niederlage des Deutsch-Französischen Krieges und der Annexion des Elsaß und von Teilen Lothringens in den 1870er Jahren herausbildet und im Verlauf der 1880er und 1890er Jahren zunehmend an Bedeutung gewonnen.[42] Eine auf Vergeltung ausgerichtete Interpretation sollte jedoch für Bastien-Lepages Werk nicht überstrapaziert werden, formulieren doch die »Stimmen«, die nicht nur an Jeanne d'Arc, sondern auch an die das Gemälde betrachtenden Französinnen und Franzosen gerichtet sind, für die historische Phase um 1880 keinen unmittelbaren Handlungsaufruf; vielmehr fungiert die im Bild allegorisierte Jeanne d'Arc primär als Zeichen für Freiheit.

1 Zu Jeanne d'Arc und ihrer Interpretationsgeschichte siehe vor allem Gerd Krumeich: *Jeanne d'Arc in der Geschichte. Historiographie – Politik – Kultur*, Sigmaringen 1989. (Beihefte der Francia, hg. vom Deutschen Historischen Institut Paris, Bd. 9).

2 Grundlegende Informationen zu Jules Bastien-Lepage: *Jeanne d'Arc écoutant les voix*, 1879, Öl auf Leinwand, 254 × 279 cm, signiert und datiert: »J. BASTIEN-LEPAGE/DAMVILLERS – Meuse/1879«, New York, The Metropolitan Museum of Art, Gift of Erwin Davis, 1889, Inv. 89.21.1, finden sich in entsprechenden Museums- und Œuvrekatalogen: Charles Sterling und Margaretta M. Salinger: *French Paintings. A Catalogue of the Collection of the Metropolitan Museum of Art*, Bd. 2, New York 1966, S. 207–210, und Marie-Madeleine Aubrun: *Jules Bastien-Lepage 1848–1884. Catalogue raisonné de l'Œuvre*, o. J. 1985, S. 172–176, Nr. 249. Außerdem liegen zwei monographische Aufsätze vor: Kenneth McConkey: *Listening to the Voices: A Study of Some Aspects of Jules Bastien-Lepage's »Joan of Arc Listening to the Voices«*, in: *Arts Magazine* 56–5/Januar

1982, S. 154–160 und, Patricia G. Berman: *Unholy Ghosts in Jules Bastien-Lepage's Joan of Arc Listening to the Voices*, in: *Marsyas* 21/1981–82, S. 51–56.

[3] Zu Jules Bastien-Lepage vgl. neben Aubrun 1985 (wie Anm. 2) vor allem: *Jules Bastien-Lepage. Damvillers 1848 – Paris 1884*, Ausstellungskatalog, Les Musées de la Meuse. *Verdun* – Musée de la Princerie und Montmedy – Musée citadelle 1984, ferner Gabriel P. Weisberg: *Beyond Impressionism.* Id. (Hg.): *The Naturalist Impulse*, New York 1992, besonders S. 61–68, und – übergreifend – *The Realist Tradition. French Painting and Drawing, 1830–1900*, Ausstellungskatalog, The Cleveland Museum of Art, Cleveland/Ohio 1980. Nicht zugänglich war mir William Steven Feldman: *The Life and Work of Jules Bastien-Lepage, 1848–1884*, unveröffentlichte Phil. Diss. New York University 1973.

[4] Aubrun 1985 (wie Anm. 2), S. 172–175, listet für die 1880er Jahre über 100 Besprechungen auf.

[5] Einen Überblick über Jeanne d'Arc-Darstellungen bietet *Images de Jeanne d'Arc. Hommage pour le 550e anniversaire de la libération d'Orléans et du Sacre*, bearbeitet von Anne Pingeot, Ausstellungskatalog, Hôtel de la Monnaie, Paris 1979.

[6] Die zwei vorliegenden monographischen Aufsätze zu Bastien-Lepages Jeanne d'Arc-Gemälde, von denen ich profitieren konnte, beschäftigen sich vorrangig mit darstellerischen Fragen: McConkey 1982 (wie Anm. 2) konzentriert sich auf eine kunsthistorische, das Bildsujet und die Stilrichtung betreffende Einordnung; Berman 1981/82 (wie Anm. 2) setzt Bastien-Lepages Gemälde mit zeitgenössischen Hysteriedarstellungen und Geisterfotografien in Beziehung.

[7] Zur Geschichte Lothringens und seiner Bedeutung für das Verhältnis zwischen Frankreich und Deutschland siehe u. a. Raymond Poidevin und Jacques Bariéty: *Frankreich und Deutschland. Die Geschichte ihrer Beziehungen 1815–1975*, München 1982 (französische Originalausgabe: *Les relations franco-allemandes 1815–1975*, Paris 1977).

[8] Siehe hierzu McConkey 1982 (wie Anm. 2), S. 156 und S. 160, Anm. 15.

[9] Krumeich 1989 (wie Anm. 1), S. 233.

[10] Vgl. ibid., S. 155–183, auch S. 133–153.

[11] Zu Frémiets *Jeanne d'Arc* vgl. vor allem Albert Boime: *Hollow Icons. The Politics of Sculpture in Nineteenth-Century France*, Kent/Ohio und London 1987, S. 88–95 und auch id.: *Art and the French Commune. Imaging Paris after War and Revolution*, Princeton/New Jersey 1995, S. 65–67; erwähnt u. a. auch bei Sergiusz Michalski: *Public Monuments. Art in Political Bondage, 1870–1990*, London 1998, S. 14–16. – Zu Jeanne d'Arc-Darstellungen siehe *Images de Jeanne d'Arc*, Paris 1979 (wie Anm. 5); für die Restaurationszeit siehe Norman D. Ziff: *Jeanne d'Arc and French Restoration Art*, in: *Gazette des Beaux-Arts* 93/1979, S. 37–48; speziell zu Ingres Jeanne d'Arc-Gemälde siehe Katharina Krause: *Jean-Auguste-Dominique Ingres: Jeanne d'Arc au sacre de Charles VII.*, in: *Zeitschrift für Kunstgeschichte* 57 /1994, S. 239–251. Allgemein siehe auch Marina Warner: *Joan of Arc. The Image of Female Heroism*, London 1981.

[12] Zu den Etablierungsschwierigkeiten der Dritten Republik siehe u. a. Jean-Marie Mayeur: *La vie politique sous la Troisième République 1870–1940*, Paris 1984, besonders S. 35–69, und François Caron: *Frankreich im Zeitalter des Imperialismus 1851–1918*, Stuttgart 1992 (französische Originalausgabe: *La France patriotes de 1851 à 1918*, Paris 1985), besonders S. 257–286.

[13] Vgl. zum Folgenden Krumeich 1989 (wie Anm. 1), S. 172–183.

[14] Ibid., S. 181 und S. 182.

[15] Vgl. Ibid., S. 130–133; dort auch Differenzierungen zu den einzelnen Auflagen.

[16] Vgl. Marie-Madeleine Aubrun: *Lèon Benouville 1821–1859. Catalogue raisonné de l'Œuvre*, Nantes 1981, S. 225–228, Kat. Nr. 315 mit Abb. Im Musée de la Maison Jeanne d'Arc in Domrémy befindet sich heute eine Kopie von Benouvilles Gemälde. Vgl. auch McConkey 1982 (wie Anm. 2), S. 155.

[17] Vgl. Aubrun 1985 (wie Anm. 2), besonders S. 175–176, und zu den Vorstudien S. 177–181, Kat.-Nr. D. 250–269.

[18] Emile Zola: *Le naturalisme au salon* (1880), in: *Le Voltaire*, 18.-22. Juni 1880, wiederabgedruckt in: Emile Zola: *Œuvres complètes*, hg. von Henri Mitterand, Bd. 12 (*Œuvres critiques III*), Paris 1969, S. 1007–1030, besonders S. 1016. So betont Zola dort etwa: »Du moment qu'on veut faire de la vie, il faut bien prendre la vie avec son mécanisme complet.« [...] »Mais l'obversation au fond est d'une absolue vérité, la nature n'a jamais eu la notation simplifiée et purement conventionnelle que les traditions d'école lui donnent.«

[19] Bezogen auf die von ihm bis dahin positiv beurteilten Impressionisten (außer Edouard Manet) schrieb er: »Le grand malheur, c'est que pas un artiste de ce groupe n'a réalisé puissamment et définitivement la formule qu'ils apportent tous, éparse dans leurs œuvres. [...] Ce sont tous des précurseurs, l'homme de génie n'est pas né. [...] on cherche en vain le chef-d'œuvre qui doit imposer la formule«; zit. nach Zola 1969 (wie Anm. 18), S. 1018.

[20] Emile Zola: *Nouvelles artistiques et littéraires (Salon 1879)*, in: *Le Messager de l'Europe*, Juli 1879, wiederabgedruckt in: Zola 1969 (wie Anm. 18), S. 1001–1006, S. 1003–1004.

[21] Ibid., S. 1022.

[22] Ibid., S. 1024.

[23] Abb. u. a. in McConkey 1982 (wie Anm. 2), S. 155, Abb. 2.

[24] Zur problematischen Konstruktion der zunächst ausschließlich weiblichen Hysterie vgl. u. a. Ursula Link-Heer: *»Männliche Hysterie«. Eine Diskursanalyse*, in: Ursula A.J. Becher u. Jörn Rüsen (Hg.): *Weiblichkeit in geschichtlicher Perspektive. Fallstudien und Reflexionen zu Grundproblemen der historischen Frauenforschung*, Frankfurt am Main 1988, S. 364–396, besonders S. 368–377, und – grundlegend – Georges Didi-Huberman: *Invention de l'hystérie. Charcot et l'Iconographie photographique de la Saltpêtrière*, Paris 1982 (auf deutsch: *Die Erfindung der Hysterie*, München 1997).

[25] Joris-Karl Huysmans in: *L'Art moderne* 1883, wiederabgedruckt unter dem Titel: *Le Salon officiel en 1880*, in: id.: *L'Art moderne/Certains*, mit einem Vorwort von Hubert Juin, Paris 1975, S. 125–157, S. 130 und S. 129.

[26] Edmond About in: *Dix-Neuvième Siècle*, 23. Mai 1880; zit. nach McConkey 1982 (wie Anm. 2), S. 158 und S. 160, Anm. 37.

[27] Richard Muther: *Geschichte der Malerei im XIX. Jahrhundert*, 3 Bde., München 1893–1894, Bd. 3, München 1894, S. 20.

[28] Philippe Burty: *Le Salon de 1880. Les Portraits – La Grande Peinture*, in: *L'Art* VII–2/1880, S. 175–181, S. 178.

[29] Ibid., S. 178.

[30] Sigrid Schade: *Charcot und das Schauspiel des hysterischen Körpers. Die »Pathosformel« als ästhetische Inszenierung des psychiatrischen Diskurses – ein blinder Fleck in der Warburg-Rezeption*, in: Silvia Baumgart u. a. (Hg.): *Denkräume zwischen Kunst und Wissenschaft. 5. Kunsthistorikerinnentagung in Hamburg 1991*, Berlin 1993, S. 459–484, S. 466.

[31] Edmont About 1880 erwähnt, daß Bastien-Lepage von seinen Beobachtungen bei Hysterieinszenierungen in der Saltpêtrière hat profitieren können; zit. nach McConkey 1982 (wie Anm. 2), S. 160, Anm. 37.

[32] Zu Jules Michelet vgl. Krumeich 1989 (wie Anm. 1), besonders S. 60–79, S. 66.

[33] Siehe Berman 1981-1982 (wie Anm. 2), S. 52.

[34] Ibid., S. 52.

[35] Anregungen für die Gestaltung der Heiligengruppe mag Bastien-Lepage außerdem, worauf Berman 1981–82, S. 53–54 aufmerksam macht, durch die zeitgenössische sogenannte Geister- oder spiritistische Fotografie gewonnen haben. Technische Geräte und Verfahren, wie etwas das Stereoskop und der Abzug von zwei übereinander gelegten Negativen, ermöglichten fotografisch die ›Materialisation‹ von Geistern, Gespenstern und generell von Halluzinationen. Berman weist zudem darauf hin, daß Bastien-Lepage während seines Studiums in Paris bei einem kommerziellen Fotografen gearbeitet hat und daß er sich auch im Verlaufe seiner Karriere kontinuierlich für Fotografie interessierte. Desweiteren stand er in Kontakt mit den Präraffaeliten, die ihrerseits mit der sogenannten Geisterfotografie gut vertraut waren. Vgl. auch Kenneth McConkey: *The Bougereau of the Naturalists: Bastien Lepage and British Art*, in: *Art History* 1–3/September 1978, S. 371–382.

[36] Die Verfasserin favorisiert die erstgenannte Position. Berman 1981–82 und McConkey 1982 (wie Anm. 2) weisen hingegen einer bestimmten Hysteriepose Vorbildfunktion zu: Berman 1981–82, S. 52–53 und Abb. 4 nennt Tafel 100a *Period des attitudes passionnelles de la Grande Attaque Hysterique. Attitude d'attente extatique*, in: Jean-Martin Charcot und Paul Richer: *Les Démoniaques dans l'art*, Paris 1868; die Gestik der ekstatisch Betenden werden hier als Höhepunkt eines hysterischen Anfalls reinterpretiert. McConkey 1982, S. 160, Anm. 37, bezieht sich auf *Melancolie Cataleptique*, abgebildet in Jean-Martin Charcot und Paul Richer: *Nouvelle Iconographie de la Saltpêtrière*, Paris 1888ff., Bd. 2, Tafel X.

[37] Silke Wenk: *Versteinerte Weiblichkeit. Allegorien in der Skulptur der Moderne*, Köln, Weimar u. Wien 1996; vgl. ferner Silke Wenk: *Geschlechterdifferenz und visuelle Repräsentation des Politischen*, in: *FrauenKunstWissenschaft* 27/Juni 1999, S. 25–42.

[38] Wenk 1999 (wie Anm. 37), S. 36.

[39] Zur französischen Frauenbewegung seit den 1870er Jahren vgl. u. a. Marie Luise Christadler: *Mondäner und rebellischer Feminismus. Die Frauenbewegung in der Dritten Republik*, in: dies. u. Florence Hervé (Hg.): *Bewegte Jahre – Frankreichs Frauen*, Düsseldorf 1994, S. 53–71 und – grundlegend – P.K. Bidelman: *Pariahs Stand Up! The Founding of the Liberal Feminist Movement in France, 1858–1889*, Westport/Conn. 1982.

[40] Bernhard Giesen: *Einleitung*, in: Bernhard Giesen (Hg.): *Nationale und kulturelle Identität. Studien zur Entwicklung des kollektiven Bewußtseins in der Neuzeit*, Frankfurt a. Main 1991, S. 9–18, S. 13.

[41] Benedict Anderson: *Die Erfindung der Nation. Zur Karriere eines folgenreichen Konzepts*, erw. Ausgabe, Berlin 1998 (englische Originalausgabe: *Imagined Communities. Reflections on the Origin and Spread of Nationalism*, London 1983), S. 14–16.

[42] Hierzu bezogen auf Jeanne d'Arc siehe: Krumeich 1989 (wie Anm. 1), S. 154ff., und insgesamt u. a. Poidevin und Bariéty 1982 (wie Anm. 7), S. 144ff.

1 Gustave Eiffel: *Eiffelturm,* 1887–1889, Höhe: 300 m, Paris

Die Apotheose des Eisens und der Eisenkonstruktion

Der Eiffelturm in Deutschland

Hubertus Kohle

Der Turm auf der Weltausstellung 1889

Der überragende Stellenwert, den Gustave Eiffels Turm in der Geschichte der Eisenarchitektur des neunzehnten Jahrhunderts einnimmt, ist häufig beschrieben worden. Bekannt ist auch, wie sehr das eigentümliche Bauwerk auf die Avantgarde-Künstler gewirkt hat (Abb. 1). Weniger ausführlich hat man die Rezeption des Turmes in der breiten Öffentlichkeit diskutiert. Das gilt umso mehr für die Wahrnehmung außerhalb Frankreichs. Ich möchte mich daher in diesem kurzem Beitrag der Rezeption des Eiffelturms in Deutschland widmen und damit einen Fall von »Künstlerischem Austausch« diskutieren, für den der Name Thomas Gaehtgens in besonderer Weise steht. Beschränken will ich mich dabei auf die unmittelbar zeitgenössische Wahrnehmung, in der der Turm einmal als »Apotheose des Eisens und der Eisenkonstruktion« apostrophiert wurde.[1]

Diese fand in einem politischen Umfeld statt, das man nur als schwierig bezeichnen kann. Allgemein waren die Beziehungen zwischen den beiden Ländern nach dem Deutsch-Französischen Krieg weiterhin gespannt, die Elsaß-Lothringen-Frage blieb auf der Tagesordnung und hatte sich nach der Schnaebelé-Affäre des Jahres 1887 beinahe zu einem Flächenbrand ausgeweitet. Auch der eigentliche Grund für den Bau des Turmes hatte Anlaß zu Auseinandersetzungen gegeben. Der Plan der französischen Regierung, die Weltausstellung des Jahres 1889, für deren architektonische Krönung der Eiffelturm vorgesehen war, gleichzeitig als Hundertjahr-Feier der Französischen Revolution zu gestalten, war auf Widerspruch in den europäischen Monarchien und insbesondere bei den Deutschen gestoßen: Wurde das Ereignis von den meisten europäischen Mächten offiziell gemieden, so ging Deutschland noch weiter. Hier nämlich verzichteten auch die meisten privatwirtschaftlichen Unternehmen auf eine Beteiligung, während andernorts deren Präsenz trotz offizieller Ablehnung teilweise ausdrücklich gefördert wurde.[2]

In diesem Umfeld mußte jeder Kommentar zur Weltausstellung und zum Eiffelturm eine mindestens implizit politische Färbung bekommen. Dies um so mehr, als der Turm von den Organisatoren selbst als ein Ausweis der industriellen und wissenschaftlichen Potenz Frankreichs verstanden und zudem zu einem Symbol republikanischer Verfaßtheit stilisiert worden war. Er stand für Fortschritt und Innerweltlichkeit und diente als Herold einer neuen Zeit, in der der Mensch sein Schicksal in die eigene Hand nahm. Gesellschaftspolitisch repräsentierte er zudem eine historische Phase, in der die Massenkultur gegenüber der traditionellen Elitenkultur die Oberhand gewann.[3] Daneben und damit vermittelt spielt für die Rezeption aber selbstverständlich auch die eigenwillige Ästhetik des Turmes eine Rolle, eine Ästhetik, die allgemein umstritten war und in Frankreich zur berühmt-berüchtigten *Protestation des artistes* geführt hatte, mit der sich eine Reihe von renommierten französischen Künstlern angewidert gegen die fabrikmäßige Erscheinungsweise einer im innerstädtischen Kontext noch immer ungewohnten Eisenarchitektur gewendet hatten.

Der Turm, die Ausstellung und Deutschland: Ambivalenz der Impressionen

Die deutsche Berichterstattung scheint insgesamt eher spärlich, bei der kurz beschriebenen Ausgangskonstellation ist auch kaum etwas anderes zu erwarten. Einige Journalisten nutzten die Gelegenheit, in der angespannten Situation auf Ausgleich zu drängen. Bei allen Unkenrufen zu Beginn, die Franzosen wollten mit der Ausstellung ihre Revanchepläne verhüllen, habe sich das Unternehmen letztlich doch als Fest des Friedens und der Völkerverständigung erwiesen, bei dem auch die Deutschen gut daran getan hätten, mehr Präsenz zu zeigen.[4] Auch seien die Verhältnisse in Paris sehr viel weniger anarchisch, als einem das eine gewisse Meinung in Deutschland immer zu suggerieren versuche.[5] In dieser Abwiegelungsstrategie spielt auch der Eiffelturm selbst eine Rolle. Der Blick von den Höhen des Turmes – so ein katholischer Kommentator, der sich dem polarisierenden Preußen zu widersetzen scheint – müsse jeden davon überzeugen, daß die kleinlichen Streitereien der Gegenwart im Angesicht des großen Gotteswerkes ganz und gar deplaziert seien.[6]

Andere Vertreter der bürgerlichen Presse binden ihre Kommentare in allgemeine Reiseeindrücke ein. Ganz unverkennbar herrscht bei aller Bewunderung für französische Lebensart und das Talent der Pariser, Ereignissen wie dem einer Weltausstellung »blendendes Gepräge und wirksamen Zauber« zu geben[7], ein gewisses Unwohlsein vor, wie beim Betreten einer wenn nicht feindlichen, dann doch abweisenden Region[8]. »Meister in der Kunst des Scheins« zu sein, den »Blick für das Effektvolle, Elegante, Einschmeichelnde« zu besitzen[9], dürfte zwar als Kompliment gemeint sein, gleichzeitig aber wird hiermit ein Topos verwandt, der das deutsche Frankreichbild fast durchgängig bestimmt: Im suggerierten Gegensatz von Schein und Sein nehmen die Franzosen mit der Oberfläche Vorlieb, dem Leser bleibt es überlassen, den Tiefgang mit dem Wesen des Deutschen zu konnotieren.

Die Ambivalenz der Impressionen wird zum Grundtenor, sie konkretisierte sich im Angesicht der Weltausstellung zu einem Gemisch aus Faszination und Schrecken vor den Errungenschaften einer radikalisierten Moderne, die im Eiffelturm ihren vorläufigen Höhepunkt erfuhr.

»Stahlmeißel, die im Stande sind, das Urgebirge zu durchbohren«, erblickt A. Hausrath von der *Deutschen Rundschau* auf der Ausstellung und charakterisiert damit emphatisch die Maschinenungeheuer, die speziell in der Galerie des Machines ausgestellt worden waren.[10] Symbol des Sieges der Technik ist ihm der Eiffelturm, mit dem »Zeit und Raum überwunden« sei, was jedermann erfahren könne, wenn er sich mit einem der Aufzüge in Windeseile nach oben tragen lasse. Wenn Hausrath wie viele andere hier auf die mythische Parallele des Babel-Turmes zurückgreift, so schwingt in der Begeisterung auch Bedenken gegenüber dem Ansinnen mit, die göttlichen Mächte herauszufordern. Im kalten Wind der Moderne sucht Hausrath Ausgleich in der Kunst, die sich in einer großen Rückschau auf die letzten hundert Jahre auf der Ausstellung präsentiert. Aber auch hier hat sich vieles verändert, das Häßliche und Gekleckste habe sich häufig gegen stimmungsvolle Idealität durchgesetzt, die Prosa auch hier ihren Sieg über die Poesie hinweggetragen; zu ergänzen wäre: wie im Eiffelturm selber.

Geradezu schulmäßig in ihrer Verschränkung von gesellschaftspolitischen und ästhetischen Aspekten ist die Kritik, die Eugen von Jagow in seinem Bericht *Von der Pariser Ausstellung* liefert.[11] In seiner Grundeinstellung fügt er sich in die konziliante, dabei gleichzeitig skeptische Wahrnehmung der Weltausstellung ein. Vor allem diene diese dazu, »die öffentliche Aufmerksamkeit von allerlei Übelständen abzulenken«.[12] Die Bemerkung ist ganz offensichtlich auf die politische Großwetterlage gemünzt, in der die noch am Anfang der 1880er Jahre vorherrschende Begeisterung für das republikanische System unter dem Eindruck diverser Skandale geschwunden war und den General Boulanger nahe an die Macht gebracht hatte. Aus der durchaus nicht unbegründeten Sicht von Jagows spielt der Eiffelturm in dieser Ablenkungsstrategie naheliegenderweise eine herausragende Rolle. Er habe die Aufgabe, so von Jagow in einem weiteren Bericht, »das große Publikum anzulocken und zu blenden.«[13] Seine Reaktion ähnelt in ihrer Zwiespältigkeit sehr derjenigen der einem traditionellen Kunstbegriff anhängenden Franzosen, die sich zur *Protestation* zusammengeschlossen hatten. Zwar gesteht er zu, daß der Turm in keiner Weise dem Schornstein ähnlich sehe, den die protestierenden Künstler – und im übrigen auch deutsche Kommentatoren[14] – 1887 mit Schrecken an die Wand gemalt hatten, als sie noch kein Bild des realen Bauwerks vor Augen hatten. Ja er streicht sogar den ätherischen Charakter einer transparenten Architektur heraus, die dann auch die auf Grenzüberschreitung zielenden Avantgardisten so faszinieren sollte. Aber auch er, der die Transparenz gleichzeitig als unarchitektonisch geißelt und damit letztlich nur die Verwirrung vor dem Neuen anzeigt[15], bemißt das Bauwerk an einem überkommenen Ideal von Schönheit und Würde und läßt es letztlich daran scheitern. Seine schiere Höhe, die diejenige des Kölner Doms fast um das Doppelte überrage, imponiert ihm, an künstlerischer Größe und Erhabenheit aber sei ihm das alte Kirchengebäude bei weitem überlegen. Einen mathematischen Plan, ja, den will er ihm zugestehen, aber eben keinen künstlerischen.[16] »Rein Stoffliches« flößt ihm wenig Respekt ein[17], damit ist eine ähnliche Dichotomie aufgemacht, die um das »Geistige« zu ergänzen wäre. Verständlich wird damit seine Schlußfolgerung, bei dem Turm handele es sich mehr um einen Triumph der Wissenschaft als der Kunst[18], in einer insgesamt kunstfeindlichen Zeit sei er Symbol der Moderne.

Gerade die Gegenüberstellung von quantitativer und qualitativer Größe entspricht einer geläufigen Strategie, mit der sich Vertreter eines elitären Kunstbegriffs gegen die Massenkultur zur Wehr zu setzen versuchten, die sich in dieser Zeit zu einer »Kulturindustrie« zu formieren beginnt. Wenn von Jagow die schreiende Farbigkeit des Turmes zu einem Schachzug der Erbauer erklärt, das breite Publikum einzunehmen, so bestätigt sich diese These.

Den Triumph der reinen Quantität zu konstatieren und ihn gleichzeitig als Sieg der Masse gegenüber dem hehren Individuum zu charakterisieren: Das war eine Strategie, die durchaus auch von den konservativen französischen Kritikern verfolgt wurde.[19] Sie ist Teil einer Auseinandersetzung mit der Demokratie, die seit Alexis de Tocqueville als Amerikakritik geradezu topischen Charakter bekommen hat. So wird man auch eine Bemerkung Paul Doberts verstehen müssen, die hier abschließend zitiert sei: »Der Eiffelturm – was ist er anders als ein Lockmittel für die amerikanischen und asiatischen Völkerschaften«.[20] Nur noch Sensationelles für den Wegwerfgeschmack scheint hier übrig geblieben, wenigstens unterschwellig schwingt die Angst vor den außereuropäischen »Horden« mit, die die alten Kulturen des Abendlandes schon mehrfach bedroht hatten.

1 Eugen von Jagow: *Von der Pariser Ausstellung*, in: *Die Gartenlaube. Illustrirtes Familienblatt* 4/1889, S. 415–416.

2 Siehe hierzu Brenda Nelms: *The Third Republic and the Centennial of 1789*, New York 1987, vor allem S. 50ff.

3 Zu den symbolischen Konnotationen vor allem die glänzende Darstellung von Miriam Levin: *When the Eiffel-Tower was New. French Visions of Progress at the Centennial of the Revolution*, Ausstellungskatalog Mount Holyoke College Art Museum 1989. Für das ideologische Umfeld auch dies.: *Republican Art and Ideology in Late Nineteenth Century France*, Ann Arbor 1986.

4 Peter Taren: *Von der Pariser Weltausstellung*, in: *Die Gegenwart. Wochenschrift für Literatur, Kunst und öffentliches Leben* 35/1889, S. 374. Siehe auch Paul Dobert: *Paris und die Pariser Weltausstellung*, in: *Moderne Kunst. Illustrirte Zeitschrift*, Berlin 3/1889.

5 A. Hausrath: *1789 und 1889. Betrachtungen über die Pariser Weltausstellung*, in: *Deutsche Rundschau* 61/1889, S. 467f.

6 Hermann Kuhn: *Aus dem modernen Babylon. Pariser Bilder*, Köln o. J., S. 50f.

7 Eugen von Jagow: *Streifzüge durch die Pariser Ausstellung, durch Stadt und über Land*, in: *Vom Fels zum Meer* 2/1889, Sp. 714.

8 Siehe etwa C.S.: *Ein Ausflug nach Paris*, in: *Über Land und Meer,* S. 325ff. Deutlich anders akzentuiert ist die Rezeption in der linken Presse. *Der wahre Jakob*

preist durchweg französische Fortschrittlichkeit und entschiedenen Republikanismus, der Eiffelturm wird in ihm zum Symbol von Freiheit und Arbeiterschutz [Nr. 54, 70, 79 und 88 (1888)].

9 Dobert 1889 (wie Anm. 4).

10 Hausrath 1889 (wie Anm. 5), vor allem S. 464ff.

11 Von Jagow 1889 (wie Anm. 1), S. 415f.

12 Ibid., S. 415.

13 Jagow 1889 (wie Anm. 7), Sp. 702

14 Der Berichterstatter der *Kunst für Alle* 3/1887, S. 79 spricht von »Monstrositäten«.

15 Jagow 1889 (wie Anm. 7), Sp. 697.

16 Ibid.

17 Id.: *Der Eiffelthurm*, in: *Universum. Illustrirte Zeitschrift für die Deutsche Familie*, 5/1889, S. 601.

18 Ibid.

19 Siehe hierzu meinen Aufsatz: *Der Eiffelturm als Revolutionsdenkmal*, erscheint in: *Frankreich 1889–1914*, Stuttgart 2000.

20 Vgl. Dobert 1889 (wie Anm. 4).

Victor Prouvés Wandgemälde ›La Vie‹ als soziale Kunst

Gabriel P. Weisberg

Die neue republikanische Ideologie und die bildenden Künste

In den späten 1890er Jahren wurde Victor Prouvé (1858–1943), eine der wichtigsten Figuren der Ecole de Nancy, zu einem der bedeutendsten Wandmaler Frankreichs.[1] Sein Gemälde *La Vie* im Hauptaufgang des Rathauses von Issy-les-Moulineaux vor den Toren von Paris sollte die neue republikanische Ideologie veranschaulichen, derzufolge ein einiges Familienleben und die sorgfältige Erziehung der Kinder die besten Garanten für eine starke Nation und für den allgemeinen materiellen Fortschritt waren.[2]

Viele Autoren, vom damaligen Direktor des Musée du Luxembourg Léonce Bénédite bis hin zu dem zeitgenössischen Kunsthistoriker Pierre Vaisse haben hellsichtig auf die Reflexe republikanischer Doktrin in der Kunst jener Zeit aufmerksam gemacht. Am stärksten wurden die meisten Künstler von Roger Marx (1859–1913) beeinflußt, einem führenden Pariser Kunstkritiker und aufrechten politischen Aktivisten.[3] Marx, selbst aus Nancy gebürtig, propagierte in der Pariser Presse wortgewandt seine Idee einer »sozialen Kunst«. Angeregt durch einige Artikel, die 1891 in *La Plume* erschienen waren, glaubten Marx und einige Gesinnungsfreunde an die baldige Heraufkunft eines »sozialen Zeitalters«, in dem Kunst und Sozialismus eine enge Verbindng eingehen würden.[4] Seine späteren Schriften brachten viele der Überzeugungen auf den Punkt, die in den 1890er Jahren, als sich zahlreiche Künstler nach einem grundlegenden gesellschaftlichen Wandel sehnten, heiß debattiert wurden.[5] Marx ging es im wesentlichen darum, den sozialen Zweck der Kunst in den Mittelpunkt zu rücken, damit die Menschen aus den bildlichen Darstellungen etwas lernen könnten. Da die Kunst seiner Auffassung nach für alle gemacht war, unterstützte er den populistischen Trend, sie auch an öffentlichen Orten zugänglich zu machen, wo sie demokratisch von jedem betrachtet werden konnte. Als überzeugter Befürworter einer Vereinheitlichung der dekorativen Künste hielt Marx auch eine engere

Zusammenarbeit zwischen allen bildenden Künsten für wünschenswert. Sein Engagement für die Befreiung von der Tyrannei älterer, historischer Stile verhalf der Vorstellung einer gestalterischen Reform zum Durchbruch, und seine liberale Politik als Mitglied der administrativen Elite der Dritten Republik (Marx wurde 1888 zum Inspecteur des Beaux-Arts und 1889 zum Inspecteur Principal des Musées Départementaux ernannt) verschaffte einer ganzen Reihe von jungen Künstlern staatliche Anerkennung und Aufträge.

Prouvés *La Vie* stieß in der Pariser Presse auf ein starkes Echo und trug dem Künstler weitere Aufträge für Wanddekorationen in öffentlichen Pariser Gebäuden ein. Das Werk läßt deutlich erkennen, daß sich der Künstler der nationalen Diskussionen durchaus bewußt war. Es vermittelt den Eindruck, Prouvé habe mit seinem Wandgemälde nicht nur die Baulichkeiten verschönern, sondern die Betrachter auch an die Notwendigkeiten der »neuen Gesellschaft« heranführen wollen. Nach seiner Berufung zum Präsidenten der Ecole de Nancy im Jahre 1904 trat Prouvé denn auch vehement dafür ein, daß alle Kunst immer auch eine Vision des besseren Lebens anbieten solle. Sein Wandgemälde in Issy unterstrich die Grundprinzipien des Art nouveau, der damals in voller Blüte stand: Wenn alle zusammenarbeiteten, würde es gelingen, die neue, auf ein harmonisches »häusliches Leben« aufgebaute Gesellschaft zu verwirklichen. Die nationalistischen Neigungen des Künstlers, die in *La Vie* zum Ausdruck kommen, trugen angesichts des anhaltenden Wettbewerbs mit anderen Nationen einerseits zur Ausbildung einer neuen französischen Identität bei und stellten andererseits eine visuelle Verknüpfung zu dem sozialen Anliegen einer Besserung der Menschheit her.[6]

Die neue republikanische Ideologie, die Prouvé sich zu eigen machte und (beispielsweise durch *La Vie*) zu verbreiten suchte, spiegelte auch die Veränderung im Selbstbild Frankreichs in den 1890er Jahren wider. Zwar stellte die Weltausstellung von 1889 vor allem technische Leistungen wie den Bau des Eiffelturms in den Vordergrund, dennoch kann sie als eine Art abschließende Visualisierung eines machtvollen Republikanismus gelten, der an die Ideale der Französischen Revolution anschloß. Der Vergleich mit anderen stark industrialisierten Länder, etwas Deutschland, führte den Franzosen vor Augen, daß Frankreich nicht mehr zu den dominierenden Großmächten gehörte. Der Verlust junger Männer, die während des Deutsch-Französischen Kriegs gefallen waren, eine abnehmende Geburtenrate und Verzögerungen im Fortgang der Industrialisierung hatten zu einer Phase des Mangels und des Wiederaufbaus geführt, die länger anhielt als ursprünglich erwartet. Das Land war zu einer Rückbesinnung auf konservativere und traditionellere Werte entschlossen, aber es bedurfte noch beträchtlicher Arbeit, alle Bereiche der Landes auf einen gemeinsamen Plan einzuschwören. Es ist dieser Zusammenhang einer verstärkt religiösen Ausrichtung und einer erneuerten Hinwendung zur Familie und zum häuslichen Leben, in dem Prouvés *La Vie* angesiedelt und interpretiert werden muß, zumal des politische Ziel des neuen Republikanismus in der Vision einer einheitlichen Lebensart lag, die alle Schichten und Altersgruppen auf die Schaffung einer stärker integrierten Gesellschaft einschwor.

Auftrag und Komposition

Prouvé hatte sich einen gewissen Namen als Porträtmaler gemacht und wurde von den Kunstkritikern als Vertreter einer jüngeren Generation von dekorativen Malern angesehen, als er 1896 den Auftrag erhielt, das zentrale Treppenhaus des Rathauses von Issy-les-Moulineaux auszuschmücken.[7] Der Künstler sollte für die gelungene Ausführung des Projekts 12.000 Francs erhalten, was für einen Maler seinerzeit ein stattlicher Betrag war.[8] Bevor er den endgültigen Auftrag erhielt, stellte Prouvé 1897 im Salon der Société des Beaux-Arts seinen Entwurf letzter Hand aus. Eifrig darauf bedacht, daß dieses öffentliche Gemälde die wesentlichen Themen zu Darstellung bringe, die damals in Presse und Regierungskreisen debattiert wurden, nahmen Politiker und Künstler den Entwurf prüfend in Augenschein (Abb. 1–4).

In einem Artikel in der vielgelesenen Zeitschrift *L'Evénement* erklärte der angesehene Kunstkritiker Léo Claretie, Prouvés Arbeit sei zugleich trügerisch und komplex. Der Künstler habe in seiner Bildmetaphorik zwei künstlerische Tendenzen – Symbolismus und Realismus – miteinander verschmolzen, um ein möglichst großes Publikum anzusprechen. Prouvés Version des Symbolismus unterscheide sich von vielen anderen durch ihren Bezug neuer Frage-

1 Victor Prouvé: *La Vie: le couple; la maternité; le travail*, 1897, Wandmalerei, Treppenhaus des Rathauses von Issy-les-Moulineaux

stellungen, die später dann unter dem Titel des Art nouveau firmierten.[9]

In seiner Erörterung des Entwurfs beschrieb Claretie die dreigeteilte Darstellung des Themas *Das Leben*. Der erste Teil zeige die Vorbereitung auf das Eheleben, die Zeit der Werbung. Der zweite betone die Anfänge des Familienlebens, während der letzte (und zentrale) Teil sich auf die erzieherische Gestaltung der Familie konzentriere. Die Errichtung eines Gebäudes im Hintergrund symbolisiere den Aufbau eines gemeinsamen Lebens.

Jeder Teil des Wandgemäldes zeigt außerdem untergeordnete Elemente – Kinder oder Großeltern –, die für das Familienleben von Bedeutung sind. Zwei Figuren aus der Arbeiterklasse – junge Liebende beziehungsweise Mann und Frau – rahmen jeden Bildteil ein. Wie schon an Prouvés Kompositionsentwurf deutlich wurde, war *La Vie* von Anfang an als Hymne auf das Leben eines Paars aus der Arbeiterklasse angelegt. Der Maler wollte demonstrieren,

2 Victor Prouvé: *La Vie: le couple* (Detail), 1897, Wandmalerei, Treppenhaus des Rathauses von Issy-les-Moulineaux

3 Victor Prouvé: *La Vie: la maternité; le travail* (Detail), 1897, Wandmalerei, Treppenhaus des Rathauses von Issy-les-Moulineaux

4 Victor Prouvé: *La Vie: le fiancés,* (Detail), 1897, Wandmalerei, Treppenhaus des Rathauses von Issy-les-Moulineaux

inwiefern deren Familiensinn fortlaufend zum Wohle der Nation beitrug.[10]

Natürlich war sich Prouvé der Bedeutung bewußt, die alle seine bildlichen Darstellungen für die Familienpolitik der Dritten Republik besaßen.[11] Die Darstellung der Frau in der Mutterrolle war ein wesentlicher Bestandteil der Indoktrination und findet sich entsprechend häufig auf Plakaten und Buchillustrationen wieder. In einem Land, das nach den Verheerungen des Deutsch-Französischen Krieges noch immer bemüht war, seine Bevölkerungszahl zu erhöhen, stand Mutterschaft hoch im Kurs. Auch das Wohlergehen und die Zukunftsaussichten der Kinder wurden aus Furcht vor einer Entvölkerung des Landes mit großer Anteilnahme verfolgt. Je stärker der Zusammenhalt der Familie, desto größer das Vertrauen der Arbeiter in die Fähigkeit der Republik, sich ihrer Bürger anzunehmen. Während der gesamten Epoche verstärkten sich die Bemühungen um eine Demokratisierung des Erziehungssystems. Seit den frühen 1880er Jahren war in den öffentlichen Schulen die allgemeine Chancengleichheit angestrebt worden. Die neue Regierung war fest davon überzeugt, daß gut ausgebildete Staatsbürger ihr besonders loyal gegenüberständen. Neben der Hervorhebung des Werts der Familie bestand der Wunsch, eine Republik zu schaffen, deren Kinder von republikanischen Idealen beseelt würden. Deutlicher als je zuvor in der Geschichte Frankreichs wurden die Ziele der Nation mit dem Geschick seiner Bevölkerung verknüpft.[12] Nachdem Prouvé bestimmt worden war, die erzieherische Botschaft mittels eines öffentlichen Gemäldes unters Volk zu bringen, schloß er sich anderen Künstlern an, die in der Dritten Republik ähnliche Aufgaben wahrnahmen.[13]

Im linken Teil des Gemäldes, in dem leidenschaftlich miteinander verbundene Familienmitglieder gezeigt werden, ist eine proletarische Färbung unverkennbar. Der Mann krempelt zum Zeichen seines großen Arbeitswillens die Hemdsärmel hoch. Aber Prouvé lenkt die Aufmerksamkeit auch auf die Umgebung, und die in voller Blüte stehenden Blumen im Vordergrund dienen als metaphorischer Hinweis auf das Wachstum von Familie und Natur. Andere Ausschnitte der Komposition entwickeln diese zyklische Betonung der Vereinigung von Mensch und Natur weiter. In diesen Ausschnitten von *La Vie* werden die Figuren durch organische Effekte mit der natürlichen Umgebung verbunden.

Zur Rechten sieht man ein Paar, das den Figuren auf der linken Seite gleicht. Ihre gegenseitige Liebe bindet sie eng zusammen, während sie gemeinsam ins Land gehen. Hinter ihnen befindet sich eine idyllische Runde junger Frauen, die einen Augenblick vollständiger Hingabe und Entspannung genießen. Sie stehen für die Unbeschwertheit der Jugend, während das spätere Leben von den verpflichtenden Bindungen der Ehe und Familie geprägt und beherrscht wird. So bilden sie gleichsam das Gegengewicht zu den familiären Obertönen des linken Teils des Wandgemäldes.

Im Mittelteil schlendert ein kleines Mädchen vorbei, das eine Puppe bei sich trägt – Symbol seiner Mutterinstinkte und seiner künftigen Rolle als Frau in der Dritten Republik. Linker Hand greift eine stillende Mutter am Baum nach einem Apfel. Im Vordergrund sieht man eine Gruppe lesender junger Frauen. Auch wenn die familiären Verpflichtungen Vorrang haben, so will Prouvé vermutlich damit andeuten, daß sich die Frauen doch bilden müssen, um ihrer Verantwortung gegenüber Frankreich gerecht zu werden. Mit anderen Worten, Frauen sollen nicht nur danach streben, gute Mütter zu sein, sondern auch ihren Platz in der modernen Welt einnehmen. Die Arbeiter hinter ihnen bauen ein neues Gebäude. Damit wird suggeriert, daß das Haus der Nation und das Leben des gesamten Landes durch die Familiengruppe und die Rolle der französischen Frauen verbessert und erhöht wird.

Auf dem Weg zum Art nouveau

In seinem Entwurf hatte Prouvé vorgesehen, die einzelnen Teile architektonisch durch einen von Akanthusblättern und -blüten überwucherten Pilaster zu trennen. Aber nachdem das Projekt ausgestellt worden war und die Pariser Presse Gelegenheit zur Stellungnahme erhalten hatte, beschloß Prouvé, auf diese künstlichen räumlichen Unterteilungen zu verzichten. Der bekannte Kunstkritiker Auguste Dalligny hatte Prouvé dazu ermutigt, eine üppige Landschaft als vereinheitlichendes Element zu verwenden, welches einen fließenden Übergang zwischen den Szenen ermöglichen würde.[14] *La Vie* wurde zu einem Paradigma für die Wandgemälde oder Ensembles des Art nouveau, da der Stil des Werks und seine tiefere philosophische Bedeutung miteinander verschmolzen. Die starke Symbolik des Gemäldes wurde von vielen Betrachtern im Rathaus von Issy-les-Moulineux verstanden, und seine Botschaft stieß auf lebhafte Resonanz. Die moderne Bildgestaltung spiegelte die dekorativ-künstlerischen Tendenzen wieder, die seinerzeit in den Salons und in der jüngeren Künstlergeneration *en vogue* waren. Die Integration der drei Teile mittels der sich durch die gesamte Komposition hindurchziehenden Landschaft erweckte jenen Eindruck serpentinenhafter Bewegung, die wir heute mit dem Art nouveau verbinden. Zudem wurde der didaktische Inhalt zur traumhaft entrückten Idylle verklärt.

Aber noch in anderer Hinsicht war *La Vie* für die 1890er Jahre paradigmatisch. Die führenden Persönlichkeiten der republikanischen Regierung waren zutiefst davon überzeugt, daß es ihre Pflicht sei, die Gesellschaft zu bessern, ja zu erziehen. Ihre Vision von »höheren Idealen«, insbesondere solchen, die durch öffentliche Bildung zu erreichen waren, wurde zu einer der wichtigsten Antriebskräfte der Epoche. Fast könnte man sagen, daß diese Ideale denjenigen einer Athenischen Republik entsprachen.[15] Prouvé folgte lediglich den gültigen Überzeugungen seiner Zeit, wenn er die Familie den staatlich vorgegebenen Idealen folgen ließ. Wenn die republikanischen Vorstellungen von einem geläuterten Familienleben erst einmal zu einer gesellschaftlichen Kraft geworden wären, würde sich die Vision einer neuen Gesellschaft von utopischem Zuschnitt gleichsam von selbst verwirklichen. Auf diese Weise würden alle Teile der Gesellschaft zu ihrer Verbesserung beitragen. *La Vie* repräsentierte daher im Grunde nicht nur die Hoffnung auf Verbesserung, sondern auch auf die Schaffung eines paradiesischen Gnadenzustands auf Erden. Der Art nouveau bot die visuellen Metaphern an, durch die sich die neue Gesellschaft sowohl empfahl als auch bereits realisierte. Gleichheit, Freiheit und Einigkeit aller sozialen Gruppen rangierten als oberste Ziele. Und es waren diese Leitsätze, die Prouvé zur Schaffung einer nationalistischen Metapher veranlassten, in der die Menschheit, das urbane Leben und die Liebe zur Natur zu einer ausgewogenen und harmonischen Existenz verschmolzen.

Aus dem Englischen von Robin Cackett.

[1] Siehe Gabriel P. Weisberg: *Emile Friant et Victor Prouvé, entre naturalisme et symbolisme* in: *Peinture et Art Nouveau*, Ausstellungskatalog, Musée des Beaux-Arts, Nancy, 1999, S. 40–89. Um die Jahrhundertwende, als Prouvés Wandgemälde in den neu errichteten Amtsgebäuden platziert wurden, waren diese der Öffentlichkeit oft leichter zugänglich als heute.

[2] Sowohl die Bildungselite wie die Amtsträger im Ministerium der Schönen Künste, die für die Patronage der Künstler zuständig waren, hingen diesen republikanischen Werten an. Weitere Erläuterungen zur republikanischen Kunstszene finden sich in Gabriel P. Weisberg: *The French Reception of American Art at the Universal Exposition of 1900* in: *Paris 1900: The »American« School at the Universal Exposition*, Ausstellungskatalog, New Brunswick/N.J. und London, 1999, S. 145–180, wo die französische Bewunderung für den amerikanischen Fortschritt diskutiert wird. Siehe auch Jill Miller: *Propaganda and Utopianism: The Fin de Siècle French Family and Visual Culture*, Diss., University of Minnesota 1998. Zum Rathaus von Issy-les-Moulineaux siehe *L'Hôtel de ville, sa construction,* Musée Municipal, Issy-les-Moulineaux o. J.

[3] Zu Léonce Bénédite siehe: *La Peinture décorative aux Salons,* in: *Art et Décoration* 1/1898, S. 137. Siehe auch Pierre Vaisse: *La Troisième République et les Peintres,* Paris 1995, insbesondere Kapitel 9: *La Décoration des édifices: Les artistes et les styles,* sowie Kapitel 10: *La Décoration des édifices: L'iconographie.*

[4] Siehe E. Museux: *L'Art social*, I in: *La Plume* 49, 1. Mai 1891, S. 145–150.

[5] Siehe Roger Marx: *L'art social*, Paris 1913, seine Artikel in *Le Rapide* (1892–94) und in *Le Voltaire* (1893–1896), sowie seinen Artikel in *Idées modernes* 1–1/Januar 1909, in dem er die Idee ausführt, daß nicht nur einige wenige, sondern alle Klassen ein Recht auf Schönheit hätten. In demselben Artikel schlägt Marx außerdem vor, den Ausdruck »art décoratif« durch »art social« zu ersetzen.

[6] Die Malerei des *Art nouveau* ist als Untersuchungsgegenstand nur schwer abzugrenzen. Prouvés Wandgemälde und eine ganze Reihe von Bildern anderer Künstler zeigen, inwieweit sich programmatische Fragen, die ein Land oder auch mehrere Nationen beschäftigen, auch im dekorativen Stil niederschlagen können. Vgl. auch Gabriel P. Weisberg: *Art Nouveau, Paris style 1900*, Ausstellungskatalog Virginia Museum of Fine Arts, Richmond/u.a., wo näher auf die Konkurrenz zwischen Frankreich und den Vereinigten Staaten eingegangen wird. Zur öffentlichen Malerei in der Dritten Republik siehe: *Le Triomphe des mairies: Grands décors républicains à Paris, 1870–1914*, Ausstellungskatalog, Musée du Petit Palais, Paris 1986.

[7] Es ist bis heute unklar, ob es sich hierbei um eine öffentliche Ausschreibung handelte. Einerseits ist kein einziger anderer Entwurf erhalten, andererseits lassen die seinerzeit veröffentlichten Texte darauf schließen, daß auch andere Künstler eingeladen wurden, sich zu beteiligen. Einige der Kritikerkommentare zu Prouvés Entwürfen für *La Vie* deuten versteckt an, es könnte eine Art informelle Übereinkunft gegeben haben, daß Prouvés bildliche Darstellungsweise für Issy genau das Richtige sei. Eine ausführliche oder genaue Lokalisierung der Dokumente, in denen die in diesem Wandgemälde umgesetzten politischen Ideologien ausgeführt wird, steht noch aus.

[8] Der Auftrag ist durch den Brief des Inspecteur des Beaux-Arts de la Ville de Paris an Prouvé vom 30. Januar 1896 dokumentiert, der sich heute im Archiv

des Petit Palais, Paris, befindet. Ich danke der Kuratorin des Petit Palais, Dominique Boudou, für das Auffinden dieses Dokuments.

9 Léo Claretie: *Les Salons* in: *L'Evénement*, 3. Mai 1897. Obschon Claretie den Wandel in Prouvés Arbeiten bemerkte, stand ihm der Begriff Art nouveau noch nicht zur Verfügung.

10 Prouvé wurde stets als militanter Republikaner angesehen, der sowohl im Hinblick auf das menschliche Verhalten als auch im Hinblick auf die Regierung an die höchsten Ideale glaubte. Für weitere Ausführungen zu seinem Leben siehe Madeleine Prouvé: *Victor Prouvé, 1858–1943*, Paris 1958. Zur parallelen Entwicklung in der Bemalung öffentlicher Räume siehe die Diskussion von: Eugène Carrières *Les Ages de la Vie* in: *Eugène Carrière, 1849–1906*, Ausstellungskatalog Musées de Strasbourg 1996, S. 190–195 (Beitrag von Michael F. Zimmermann).

11 Siehe Miller 1998 (wie Anm. 2), S. 4. Die Führer der Dritten Republik benutzten die Printmedien und öffentliche Kunstausstellungen, um ihre Botschaften unters Volks zu bringen. Plakate an Hauswänden entwickelten sich zu einer weiteren wirksamen und populären Kunstform und konkurrierten, was ihre erzieherischen und propagandistischen Funktionen anbelangte, mit den Wandgemälden.

12 Siehe Marie-Claude Genet-Delacroix: *Art et Etat sous la IIIe République: Le système des beaux-arts 1870–1914*, Paris 1992. Dieses Buch untersucht die komplexen Zusammenhänge zwischen Staat und Bildmetaphorik in der öffentlichen Kunst.

13 Miller 1998 (wie Anm. 2) untersucht die Rolle von Jean Geoffroy, Louis-Marice Boulet de Monvel und Alexander Steinlen bei der Umsetzung von Propaganda in visuelle Bilder. Diese Künstler illustrieren hervorragend die unterschiedlichen Arten, wie künstlerisch Schaffende sich für die Verbesserung der Gesellschaft und, mutatis mutandis, für die Stärkung des republikanischen Frankreich einsetzten.

14 Auguste Dalligny: *L'exposition de la Société Nationale des Beaux-Arts,* in: *Journal des Arts,* 12. Juni 1897.

15 Die Mitglieder des Ministeriums der Schönen Künste, namentlich Georges Leygues, bemühten sich um die Vereinigung aller Künste mit der Gesellschaft und förderten ihre utopischen Vorstellungen. Für weitere Ausführungen zu diesem Aspekt siehe Weisberg 1986-1987 (wie Anm. 6), S. 145–180.

»Hoffnung für das Frankreich von heute, Verheißung für ein Frankreich in Zukunft«

Maurice Denis' ›La Vierge à l'Ecole‹ von 1903

Jean-Paul Bouillon

Ein ambitioniertes Bild

La Vierge à l'Ecole oder auch *Notre-Dame de l'Ecole*[1] (1903) steht im noch immer viel zu wenig bekannten Werk von Maurice Denis[2] als ein einzigartiges Gemälde da (Abb. 1). Für einen Studienband zum Thema »Kunst der Nationen« allerdings erscheint dieses Bild gleich auf den ersten Blick als signifikant, zielt es doch in besonderer Weise auf das Verhältnis von Frankreich und Deutschland. Es propagiert nämlich im Herzen der Nation (in der Schule) und am Quell ihrer Lebenskräfte (bei den Kindern) die erneuerte Einheit von Religion und Lehre als Zukunftsprogramm Frankreichs, während es zugleich im Hintergrund die beiden Nachbarländer einander nähernd gegenüberstellt, indem es die Landkarte vor Augen führt, die hinter dem Kopf der Jungfrau angebracht ist, als solle sie den Kreis der Aureole noch einmal mit einem größeren rechteckigen Rahmen umsäumen. Es handelt sich mithin um einen Entwurf für Frankreich, anhand eines katholischen Lehrprogramms, das merkwürdigerweise durch die auffällige Wandkarte verknüpft ist mit einer Heraufbeschwörung des zum Jahrhundertanfang schwer lastenden Streits um die Annexion Elsaß-Lothringens: eine zunächst recht irritierend wirkende Montage, die einiges zum »Verfremdungseffekt« des Gemäldes beiträgt!

Gewiß haben Gemälde mit religiöser und nationaler Thematik bei uns lange Tradition. Auch in Denis' Werk zum Beispiel tauchen ein paar Jahre später mehrere Darstellungen zu Jeanne d'Arc auf, zu einem in der nationalen Malerei immer wieder aktualisierten Thema also, das heute gründlich erforscht ist.[3] Doch irgend etwas an dem besagten Bild ist anders, komplexer und weniger klar – zumindest heute weniger klar geworden. Nicht weniger

1 Maurice Denis: *La Vierge à l'école*, 1903, Öl auf Leinwand, 158 × 200 cm, Brüssel, Musée royaux des Beaux-Arts de Belgique

ungewöhnlich als in Denis' Schaffen ist das Gemälde in der Geschichte der französischen Malerei, trotz des mittelalterlichen Präzedenzmotivs der »Barmherzigen Jungfrauen«, auf das der Maler sich wahrscheinlich bezieht.[4] Handelt es sich um ein historisches Bild (oder Historienbild?), ein religiöses, ein agitatorisches Gemälde oder um ein individuelles Bekenntnis?

Aus der Einzigartigkeit ist das Gemälde seit dem Tod des Malers geradezu ins Abseits geraten: Es tauchte seither nur in einer einzigen Ausstellung auf[5], wurde lediglich mit kurzen Kommentaren bedacht[6], und in noch weiter Ferne liegen vielschichtige »neue Lesarten«, zu denen etwa dieses oder jene berühmte Gemälde von Manet herausforderte, oder eine mögliche »Entschlüsselung« der politischen Denkweise und der gesellschaftlichen Wandlungen, die sich indirekt in ihm anzeigen könnten. Dennoch ist es ein wichtiges, ja ambitioniertes Bild mit durchaus realem Wirkungspotential: Davon zeugen sowohl seine Ausmaße und der Grad seiner Durcharbeitung als auch der Ankauf durch ein großes Museum, die kritische Aufmerksamkeit, die ihm in der ersten Jahrhunderthälfte zuteil wurde, genauso wie die Tatsache, daß der Maler sein Lebtag sehr an ihm hing.

Wirkt das Werk heute isoliert und etwas fremdartig, ja abweisend, so deshalb, weil es uns zunächst ein Sujet aufzudrängen scheint, ja mehr noch, eine bestimmte »Bildlichkeit«, und zwar eine eindeutige: die des »Andachtsbildes«, wie sie zunächst durch die »Literatur« vermittelt wurde; ferner spricht aus ihm eine agitatorische Absicht, die dem Künstler stets vorrangiges Anliegen blieb, trotz der Entwicklung, die er unter der Devise der berühmten Erklärung, die seinen ersten, 1890 veröffentlichten theoretischen Text eröffnet, seither genommen hat: »Man muß sich bewußt sein, daß ein Gemälde – bevor es zu einem Schlachtroß, einem weiblichen Akt oder irgend einer Genreszene wird – im wesentlichen eine flache, mit Farben in einer gewissen Anordnung bedeckte Fläche is«.[7]

Die historischen Verhältnisse

Denis hat der folgenden Deutung selbst mit den Weg geebnet, indem er zum fraglichen Zeitpunkt, im November 1902, in seinem *Journal* darlegte, das Werk sei von den Verhältnissen und Ereignissen der nationalen Geschichte *diktiert* worden – ein in seinem Schaffen in der Tat ganz ungewöhnlicher Vorgang:

> »Die Combes-Gesetze, politischer Handlungsbedarf (Gründung einer Zeitung *Echo de Seine-et-Oise* – die anstehende Schließung des Collège in Le Vésinet) und meine Sorge um das Gemälde, das die dortige Kapelle schmückt –, all dies zusammen mit dem Wunsch, eine große Leinwand mit einem Naturmotiv zu malen und in weitgreifenden Formeln die Undeutlichkeiten des Lebens zu verdeutlichen – daraus erkläre ich mir, daß die bei den Schwestern verehrte heilige Katharina mir plötzlich die Idee zu Notre-Dame de l'Ecole libre eingab, die ich sogleich am 26. November 1902 in großen Umrissen in Leimfarben ausführte.«[8]

Diese Äußerungen deuten unmißverständlich auf die dramatischen Ereignisse, die zu jener Zeit Frankreich spalteten. Im Gefolge der Dreyfus-Affäre, die bekanntlich in der nationalen Einheit einen tiefen Riß hinterließ, hatte das seit Juni 1899 amtierende Ministerium

Waldeck-Rousseau im Rahmen einer Politik sogenannter »action républicaine« den religiösen Ordensgemeinschaften, die größtenteils auf seiten der Anti-Dreyfusards standen, den Kampf angesagt. Das am 1. Juli 1901 erlassene Vereinsgesetz zielte vor allem darauf, unautorisierten Orden die Privilegien im Schulwesen zu entziehen; eine Zulassung konnte nur noch aufgrund dieser gesetzlichen Regelung erfolgen. Als nach den Wahlen von 1902 Emile Combes als Ministerpräsident (bis 1905) mit den Radikalen und Radikalsozialisten die Macht antrat, zog dies einen verschärften Antiklerikalismus und eine äußerst strenge Auslegung des Gesetzes von 1901 nach sich (Ausführungsbestimmung vom 27. Juni 1902), die zur Schließung zahlreicher Privatschulen führte. 1904 wurde dann jedem Orden, gleich ob autorisiert oder nicht, die Lehrtätigkeit gesetzlich untersagt. Dementsprechend wurden einige tausend vor dem Juli 1901 eröffnete nichtautorisierte Schulen geschlossen und sämtliche von den Orden – besonders den Frauenorden – gestellten Zulassungsanträge abgelehnt: Dies sind die »Combes-Gesetze«, von denen Denis spricht. Gleichzeitig führte 1901 die Nachfolge Pius' X. auf den Papstthron Leos XIII. zu erhöhten Spannungen mit Rom, bis hin zum Abbruch der diplomatischen Beziehungen im Jahr 1904 und dem Gesetz über die Trennung von Kirche und Staat (1905). Das Gemälde von Denis, das am Anfang dieser spannungsgeladenen Zeit steht, signalisiert mithin eine schwerwiegende Krise der nationalen Identität, durch die sich die von der Dreyfus-Affaire ausgelöste Spaltung noch vertiefte.

Zu vergegenwärtigen gilt es noch die im Tagebucheintrag nicht erwähnte Affäre selbst, die – das darf man nicht vergessen – Dreyfus für seine Gegner zu einem jüdischen Spion im Dienste Deutschlands machte. Der zweite Dreyfus-Prozeß im September 1899 in Rennes war bekanntlich auf halbem Wege stehengeblieben und führte lediglich zur Begnadigung durch den Präsidenten – für völlig unschuldig wurde der Hauptmann erst 1905 erklärt. Daß sich die große Mehrheit der Katholiken gegen Dreyfus aussprach, gemahnte daher direkt an die nationalen Positionen zur deutschen Frage. Es ist folglich weniger erstaunlich, als man vermuten könnte, daß Denis 1902 in seinem Bild ein Manifest zugunsten der Ordensgemeinschaften und des katholischen Unterrichts mit der Erinnerung an die Annexion Elsaß-Lothringens durch Deutschland unterlegte: Dies zeugt von einem bündigen römisch-katholischen, nationalistischen und anti-dreyfusardischen Standpunkt, mit dem Denis nie hinter dem Berg gehalten hat. Man könnte sogar sagen, durch die Fixierung und Veröffentlichung des Bildes verstärke oder kristallisiere sich diese Position, so daß sich darin ein baldiges Übereingehen mit der Bewegung und Gesinnung der *Action française* geradezu unausweichlich ankündigt[9]: Ein Jahr nach der Fertigstellung des Bildes, im Frühjahr 1904, schreibt Denis in seinem *Journal*: »Antirevolutionäre Lektüren […]. Ich werde zum Royalisten.«[10]

Wie die wenigen Zeilen seines *Journal* im November 1902 – wiederum andeutungsweise – erkennen lassen, war Denis aber auch in hohem Maße persönlich betroffen. Die Auflösung der nichtautorisierten Orden ging einher mit der Einziehung ihrer Güter und deren Liquidation. Für den Maler hieß dies, daß die Dekoration für die Kapelle des Collège Sainte-Croix in Le Vésinet nahe Saint-Germain-en-Laye, die er 1899 vollendet hatte, binnen kurzem abgenommen werden würde. Tatsächlich wurde sie 1905 demontiert und ist heute in ihrem Sinn und bildnerischen Zusammenhang weitgehend verstümmelt.[11] Nun war dieses Werk der erste Dekorationsauftrag des Malers für eine Kirche und somit, wie unschwer vorstellbar, affektiv und psychologisch besetzt, zumal sich darin eine von Jugend an tief verwurzelte Sehnsucht verwirklichte »Die Malerei ist eine dem Wesen nach religiöse und christliche Kunst. […] Zum höchsten Ruhme Gottes soll die Kunst im Kloster Einzug halten«[12] und der Maler darin seit kurzem völlig aufging: »[…] es wird eine sehr schöne Arbeit sein, die ich *gut* machen möchte«[13] Wie so oft bei diesem Maler hat die gesellschaftliche und politische Bedeutung des Werks ihre Grundlage in einer affektiven, ganz persönlichen Anteilnahme am Geschehen: Aus ihr bezieht sie ihre Kraft und ihre Authentizität. Dem Manifestcharakter der *Vierge à l 'Ecole* vorgeordnet ist eine vor allem gefühlsmäßige, emotionale Affektreaktion, wie sie ja auch der Tagebucheintrag offenlegt.

Der manifeste Gehalt

So sind alle Daten für den manifesten Werkgehalt versammelt, wie man ihn systematisch zum Beispiel anhand der frühen Beschreibung von Paul Jamot aufgliedern kann, der einen besonderen Sinn für diese Arbeit und ihr Sujet mitbrachte.[14]

Hauptmotiv: *Die Jungfrau in der Schule.* »Die heilige Jungfrau hat das bescheidene Klassenzimmer betreten, in dem die Töchter der Charité de Saint-Vincent-de-Paul ihre kleinen Schüler unterrichten. Man hat ihr einen Stuhl gereicht, damit sie sich in die Mitte der Klasse setzen kann, und zu ihren Füßen, auf den Falten ihres unbefleckten Kleides steht der göttliche *Bambino*, als wolle er auf die treue junge Schar zugehen, die ihn umringt.« Der strahlende Nimbus zeigt seine Göttlichkeit an, so wie die Aureole die der Jungfrau. (Die Aureole ist mehr als ein konventionelles Attribut: Jene »sichtbare Ausstrahlung des Abstrakten, Unsterblichen, Absoluten«, erklärten die *Notes sur la peinture religieuse* von 1896, sei die eigentliche Essenz des christlichen Symbolismus[15]). Die geneigte Haltung der Köpfe und das Weiß der Hauben (die »wie schützende weiße Vögel über der Schar gesenkter Köpfe schweben«, kommentiert Jamot) verknüpft die Schwestern unmittelbar mit der Jungfrau und den Kindern; gleichzeitig bezeichnet diese Tracht deutlich die Schwestern der Charité de Saint-Vincent-de-Paul, was wiederum auf die besagten historischen Umstände, genauer, auf die Ecole de la Nativité, Rue des Ursulines, in Saint-Germain-en-Laye verweist – die Stadt, in der Denis lebte. Die Kindergruppe im rechten Bildteil, deren Kleidung auffällig herausgestellt ist, unterstreicht auf ihre Weise die zeitgeschichtliche Einbindung der Szene.

Die Nebenmotive, Ausstattung und Einrichtung, weisen klar auf die Schule hin, wobei die Landkarte deren pädagogischen Auftrag verdeutlicht, und zwar ganz besonders den der »Staatsbürgerkunde«, die sich, wie wir sahen, auf die nationale Frage und die Beziehungen zu Deutschland konzentrierte. Das der Landkarte als Pendant zugeordnete kleine Kruzifix über einem symmetrischen hellen Fleck, dessen Funktion ungewiß bleibt, weist einerseits auf die Schwestern, da es wie auf eine der Hauben gesetzt anmutet, und andererseits auf die Jungfrau, auf die sich auch das Gesicht Christi und der hinter ihm angeordnete Zweig richten. In ikonographischer Tradition evoziert dieses Kreuz im oberen Bildteil auch die spätere Bestimmung des heiligen Kindes im Vordergrund, von dem es in halbseitwärtiger Linie kein Gegenstand, keine Figur trennt. Ebenfalls muß man darin eine Anspielung auf das Kruzifix sehen, unter dessen Zeichen Dreyfus im Gerichtssaal verurteilt worden war (nachdem man diesem 1899 mildernde Umstände zuerkannt hatte, zog auch Leo XIII. diesen Vergleich: »Glücklich der Sieg, den Gott für gerecht genug erkennt, um dessen Sache der Sache seines eigenen geopferten Sohnes gleichzusetzen!«). Geschah es in Reaktion darauf, daß Combes im Frühjahr 1903 ein auf Karfreitag datiertes Dekret erließ, das die Entfernung der Kruzifixe aus den Gerichtshöfen verlangte? Vielleicht ist dies zu weit gegriffen, doch steht zu diesem Zeitpunkt das symbolische Objekt auch hier mit zur Verhandlung.

Der latente Gehalt

Wo derart viele explizite Zeichen zusammenkommen, scheint die Deutung des Werks durch den manifesten Gehalt ganz in der agitatorischen Absicht und zeitgeschichtlichen Einbettung aufgehoben, die offenbar von der Kunst fortführen. Und dennoch: Der latente Gehalt entfaltet, ohne etwas zu dementieren, eine weitere Dimension, so daß der Aspekt des »Andachtsbildes« weniger ins Gewicht fällt oder sogar aufgewogen wird.

Der Jungfrau steht unter dem Schutz der Schwesternhauben die Schule in Gestalt der Kinder gegenüber, deren dichtgedrängte Gruppe den unteren Bildteil zu etwas mehr als die Hälfte einnimmt: In ihr finden sich auch die Menschen, die Denis nach seiner Frau Marthe am meisten bedeuten, nämlich die vorerst drei Töchter, die ihm nach dem frühzeitigen Tod des ersten Sohnes (im Februar 1895) geschenkt wurden (Abb. 2). Deren jüngste, Anne-Marie, kam im September 1901, kurz vor Beginn des Werks zur Welt – so wie Bernadette 1899 den Auftrag für die Kapelle Sainte-Croix in Le Vésinet begleitet hat; die älteste, Noèlle, war 1896 geboren worden. Tatsächlich erscheinen sie hier aus der Menge der anderen Mädchen herausgehoben: rechts von Jesus und ihm am nächsten Bernadette, dann Noèlle; links auf den Armen einer Schwester Anne-Marie, die Neugeborene. Vor allem über die letztere, die durch räumliche Nähe und Altersverwandtschaft besonders mit Jesus verbunden ist, schließt sich in dieser Dreiecksgruppierung jene Konfiguration, die auch ein intimerer »Kreis« ist, welcher die spirituelle Kernbedeutung ausmacht: die »innige Kommunion« von Denis' drei leiblichen Kindern mit Jesus.

Wie so oft bei Denis verknüpft sich also alles zu einem engen Netz, dessen Maschen kaum aufzufädeln sind. Das Thema der drei Kinder

2 Maurice Denis: *Zwei Studien für Kinderportraits*:
a. *zwei Mädchen*, 38 × 45 cm, Privatsammlung;
b. *Juliette Guérandel*, Privatsammlung

hatte Denis kurz zuvor im *Großen Familienbild* von 1902 behandelt, das am Motiv Marthes und ihrer drei Töchter ziemlich ausdrücklich auf die Madonnendarstellungen Raffaels verweist und bildnerische Referenz (Denis' »Neoklassizismus«) mit spiritueller verschmilzt[16] (Abb. 3): Darin hält Marthe die neugeborene Anne-Marie so auf dem Arm, daß sich ganz der Eindruck einer »Darbietung Christi« einstellt. In *La Vierge à l'Ecole* ist diese in die Arme der Ordensschwester übergewechselt, so daß in der zentralen Gruppe der Jungfrau und Jesus, die hier herangezogen werden muß, und im Zuge einer vielleicht intimeren Projektion, als es zunächst scheinen mag, unterschwellig das Bild von Marthe und Anne-Marie aufscheint.

Unter diesen Gegebenheiten könnte man sich im Anschluß an eine Bemerkung Paul Jamots nach der jedenfalls unüblichen, ja

3 Maurice Denis: *Familienportrait*, 1902, Öl auf Leinwand, 82 × 94 cm, Privatsammlung

überraschenden Position des *Bambino* fragen, das »auf den Falten des unbefleckten Kleides« seiner Mutter steht und sozusagen aus ihrem Schoße kommt.[17] Unweigerlich erinnert dies an eine der berühmtesten Jungfrau-mit-Kind-Darstellungen, nämlich Michelangelos *Madonna von Brügge*, an die auch die Kopfverschleierung und der leonardeske, rätselhafte, ernste Gesichtsausdruck denken lassen. Aufzugreifen wäre hier Charles Tolnays Beschreibung des Kindes, das »zwischen ihren Beinen steht, umgeben von den Faltungen ihres Kleides und durch diese Art Nische gleichsam behütet«, also gewissermaßen »noch im schützenden Schoße geborgen«, gleichzeitig aber »im Begriff ist, sich zu befreien und ins Leben hinabzusteigen«[18]: Dies ist Denis' eigenes Kind, so plaziert, »als wolle es auf die treue junge Schar zugehen, die es umringt« (um noch einmal

4 Maurice Denis: *Lasset die Kindlein zu mir kommen (Sinite parvulos),* 1900, Öl auf Leinwand, 185 × 189 cm, Neuss, Clemens-Sels Museum

Jamot zu zitieren). Die aus dem Mutterschoß hervorgehende Gestalt Jesus-Anne-Marie bewegt sich somit auf die gegenüber angeordneten älteren Schwestern zu, die sie im Blick hat. Mehr als wahrscheinlich ist, daß Denis die Skulptur Michelangelos in seinem *musée imaginaire* gespeichert hatte. Daß er – womöglich unbewußt – davon Gebrauch machte, ist es nicht minder. Dafür spricht auch ein weiteres »Zeichen«, das keine reine Koinzidenz ist: Als Denis zu Ostern 1913 Brügge besucht, nennt er in seinem *Journal* »die Statue Michelangelos« ein einziges Mal, ohne weiteren Kommentar – auch ohne Titel, was eine ganz persönliche und sozusagen intime Werkvertrautheit bestätigt. Und er nennt sie auf ein und derselben

Seite wie sein eigenes Bild von 1903, das er danach in Brüssel im Museum besichtigt hat.[19]

In dieser Phase der Hinwendung zum »Klassischen« dürfte sich die Bezugnahme auf den Michelangelo der frühen florentinischen Periode formal ausgewirkt haben. Wohl nicht weniger wichtig war aber der psychologische Gehalt des Werks. Was bei Michelangelo aus der komplexen Verflechtung der eigenen Künstlerpersönlichkeit erwachsen mochte, projiziert Denis – unter nicht unbedingt minderer Herzensangst – auf den Familien-»Kern«, wobei dieses Wort hier seinen ganzen Sinn gewinnt.

Christus mit den Kindern hatte Denis kurz zuvor in seinem bedeutenden Werk *Lasset die Kindlein zu mir kommen (Sinite parvulos)* dargestellt (Museum Neuss, 1900, Entwurf 1899) (Abb. 4): Hierin geht eine Gruppe von Kindern, die ebenfalls schon Denis' eigene umfaßte[20], auf Christus zu. Der Maler stellt seine beiden Töchter Christus vor, der sich zur Umarmung eines namenlosen Kindes hinabbeugt, in welchem sich durchaus eine Vorprägung von Denis' nächstem Kind erkennen läßt. Tatsächlich zeigt das Bild von 1903 die folgende Stufe; Anne-Marie erscheint an genau der Stelle, wo Bernadette plaziert war, und wird auch genauso gehalten. Die beiden Werke sind also nebeneinanderzustellen und bilden Spiegel oder Gegenstücke.

Im selben Sinne müßte man dem Gemälde von 1903 schließlich *Kinderzimmer Via Sistina* oder *Das Bad in der blauen Waschschüssel* aus dem folgenden Jahr zur Seite stellen, worin, gleichsam spiegelbildlich, eine zur »Anbetung« Anne-Maries im Bade hinuntergebeugte Marthe wie auch das von seinen beiden Schwestern angeblickte Kind erscheinen (»Dies ist ein kleines Kind, das in seiner Schwäche und Nacktheit ganz dem schwächsten und nacktesten aller Kinder gleicht«, kommentierte Jamot).[21] Daraus erhellt um so deutlicher die Identifizierung der Jungfrau mit Marthe im Gemälde von 1903.

Dieser knappe Vergleich mit drei wichtigen Bildern aus dem Umkreis zeigt, daß sich das Gemälde in Denis' persönlichste Herzenswerke einreiht, also in einer homogenen Werkfolge steht, deren Schwerpunkt ganz woanders liegt, und entreißt es im selben Zug der Kontingenz eines allzu brennenden Zeitgeschehens, das seine Bedeutung gar zu sehr zu beschränken schien.

In der Schar der Anbetenden zu nennen wäre vielleicht noch ein Mädchen, das anhand einer der Vorstudien identifiziert werden konnte: Juliette Guérandel, die Tochter des Assistenten, der Denis zur gleichen Zeit bei der Fertigstellung der Dekoration der Pfarrkirche Sainte-Marguerite in Le Vésinet (1901–1903) zur Hand ging – ein Akt der Revanche an der politischen Obrigkeit, die gerade die Dekoration der Sainte-Croix-Kapelle zur Abnahme verdammt hatte.[22] Es liegt darin also entschieden mehr als die von André Pératé 1923[23] heraufbeschworene »Natürlichkeit«, die »vertrauende Zärtlichkeit und ein Gefühl von Kindheit, die in der französischen Kunst von erlesener Neuheit sind«.

Und Deutschland, dessen besorgniserregende Präsenz und besetzerische Macht auf der Wand im Hintergrund plakativ aufscheint? Auch hier gehen die Dinge über die beschriebene Aussageabsicht hinaus. Denis' »deutsche Akte« ist zu umfangreich, als daß man sie hier auch nur durchblättern könnte. Erinnern wir gleichwohl ans Wesentliche: Einerseits ein Fries nach *Frauenliebe und Leben* von Schumann für den Salon de l'Art nouveau im Pariser Hôtel Bing 1895, der von der engen Verschränkung der Liebe zu Marthe und einer wesentlich der deutschen Kultur zugehörigen Empfindsameit zeugt (fünf der sieben Tafeln erwarb ja Graf Kessler 1904–1905 für sein Haus in Weimar[24]). Und demgegenüber jenes Kesslersche und »Van-de-Veldesche« Deutschland von 1909, das Denis kritisierte, ja ablehnte, und zwar wegen seines »Nietzscheanismus«, in dem er vor allem ein Heidentum erblickte:

> »Nicht ganz Deutschland nach dieser Gesinnung beurteilen. Dem Charme und der vornehmen Geistesart Kesslers zum Trotz würde ich nicht in dieser Gesellschaft leben, die so weit von der Vorstellung entfernt ist, die ich mir nach den Liedern, den Balladen, nach Schumann und sogar Wagner von Deutschland gemacht hatte. Wie sehr hat man in diesem Land die alte deutsche Empfindsamkeit, die *Stimmung,* und die legendäre Familientugend der Deutschen erstickt!«[25]

Dieses Zitat aus dem *Journal,* »geschrieben«, wie darin vermerkt ist, »bei der Rückkehr nach Frankreich«, also vor dem Sommer 1909, läßt zur Genüge erkennen, wo Denis zwischen diesen beiden Zeitpunkten (dem Fries nach Schumann 1895 und der Ablehnung des »Neuen Weimar« 1909) mit seinen Gedanken und Gefühlen stand: Der von der Politik wie von der Karte an der Wand verurteilte Wilhelminische Imperialismus wird nämlich im Gemälde von 1903 durch die mit den Tugenden der Familie verknüpfte »Stimmung« ausgeglichen, welche niemand besser verkörpern könnte als die Jungfrau mit dem Kind – vor allem wenn sie mit Denis' eigener Familie in Zusammenhang gebracht wird! Indem die zwei gegnerischen Seiten auf der Karte beidseits der usurpierten Grenze durch die Aureole verbunden werden, bezeugt diese den Ort einer weitaus tieferen Anbindung, nämlich an die Werte der Religion und der Familie: Darin liegt gegenüber der expliziten Aussage die verborgene, latente Bedeutung.

Im Jahr 1903 gingen, noch ehe das Fries von 1895 in sein »Heimatland« zurückkehrte, weitere wichtige Werke von Denis nach Deutschland: zuvorderst *L'Ensevelissement* (heute verschollen), das Kessler ausdrücklich für Weimar angefordert hatte[26]; dann, nach Berlin, der *Strand mit weißem Pferd*, eines der konzisesten und stärksten Gemälde aus der großen Strandserie, das Eberhard von Bodenhausen in Paris für Hugo von Hofmannsthal erwarb.[27] Die schwere Erkrankung Noèlles trug dazu bei, den Werken jener Jahre (etwa dem Gemälde *Septima hora*, das von der Gottesdankbarkeit für ihre Genesung zeugt[28]), jene ganz besondere Ernsthaftigkeit und Gewichtigkeit zu verleihen, die der »großen Malerei« eigen ist: vor allem in der überraschenden »Grablegung«, die das von Kessler erworbene und in seiner Bibliothek angebrachte *Ensevelissment* darstellt. In jenem Jahr veröffentlichte Vollard auch die *Imitation de Jésus-Christ*, an deren Illustration Denis seit 1893 gearbeitet hatte. Daß diese neue affektive und spirituelle Bedeutung somit eng mit Deutschland und zugleich mit den Kindern im Vordergrund der *Vierge à L'Ecole* einhergeht, »verdichtet« noch das Bild in jenem Abschnitt, den man nunmehr vertikal lesen muß und in dem die Verlängerungen der schwarz konturierten senkrechten Ränder der an der Wand angebrachten Landkarte exakt einen Rahmen um ein vereinigtes Deutschland-Frankreich, die Jungfrau, das Kind und die jüngste Tochter Anne-Marie legen.

Die Form

Kommen wir nun ein letztes Mal auf das Zitat vom November 1902 aus dem *Journal* zurück. Die Gedankenstriche zeigen eine ganz andere Art von Motivationen an als das Gesamt der äußeren

Gründe, aus denen das Werk hervorging: »all dies zusammen mit dem Wunsch, eine große Leinwand mit einem Naturmotiv zu malen und in weitgreifenden Formeln die Undeutlichkeiten des Lebens zu verdeutlichen«. Hier ist ausdrücklich formuliert, was Denis' Arbeit seit der »klassischen Wende« von 1898 inspiriert, die nach der Meditation vor Raffaels Stanzen zunächst 1900 zum großen *Sinite parvulos* führte, gleichzeitig aber zur *Hommage an Cézanne*, den Zeitgenossen. Auch in dieser Hinsicht fügt sich *La Vierge à l'Ecole* in eine kontinuierliche, methodisch verfolgte Serie ein, die von einem bestimmten »Kunstwollen« und Ausrichtung der bildnerischen Suche zeugt.

Mit Sicherheit wirkt Raffael in der zentralen Gruppe nach, wo durch Anne-Maries Ankunft von links ein zweites Kind hinzutritt, das nach den Varianten der *Belvedere-Madonna* aus Wien, der *Madonna mit dem Stieglitz* der Uffizien und der *Schönen Gärtnerin* aus dem Louvre, an die Denis mit seiner Konfiguration unmittelbar anknüpft, so entscheidend für die Komposition wurde. Deutlicher noch zeigt sich die Beschäftigung mit Raffael freilich in der Gesamtanlage, der Frontalität und Ausgewogenheit, die im großen Format nach der Monumentalität und den klaren Gliederungen der *Stanzen* strebt (und die im Profil dargestellten Anbetenden rechts, die an die gedrängten Verehrerscharen der frühen Flamen erinnern, wirken sie nicht auch wie eine verjüngte Version der Schweizergarden in der Messe von Bolsena?). »Die Gliederung der Komposition, die intime Geometrie, das Spiel der Proportionen, die Magie der Farben sind es, die den religiösen Ausdruck wesentlich ausmachen«, faßt Denis später zusammen, indem er Trompe-l'oeil und Realismus verwirft[29]: Dies sind die »weitgreifenden Formeln«, die er in dem Werk von 1903 anwendet, so daß der Bildaufbau mit den seitenhalbierenden, orthogonalen und diagonalen Linien (deren Winkel das Gesicht der Jungfrau und die Neigung der beiden Schwestern rechts symmetrisch nachzeichnen), den dreigliedrigen Rhythmen und den wiederholten Modulen es gestattet, sich über das »Naturmotiv« zu erheben, dem übermäßig zu huldigen Vuillard wie den Nabis überhaupt 1898 als substantielle Kritik entgegengehalten wurde. In dieser Suche nach der »großen Form« oder der »großen Manier« markiert die *Vierge à l'Ecole* eine wichtige Entwicklungsstufe gegenüber manchen Nachwirkungen des Impressionismus, etwa in *Sinite parvulos* von 1900.

Zu einem Bruch kommt es gleichwohl nicht, denn Denis zeichnet sich auch durch ein synkretistisches Streben aus, welches ihn Entwicklungen, die zunächst wie mehrfache Kehrtwenden anmuten, in der Theorie zusammenbinden läßt. Man muß die *Vierge à l'Ecole* den verschiedenen Versionen des *Mystère catholique* von 1889–1891 gegenüberstellen (Abb. 5), um zu erkennen, wie nicht nur der gebeugte Oberkörper der gleichfalls sitzenden Jungfrau, die beinahe wie ein Selbstzitat wirkt, sondern auch die Gestaltung der Profile, der Bildparallelen und der orthogonalen Hintergrundaufteilung Kontinuität erzeugen: Auch hier entsprechen die Werke einander in ihrer Bewegung von links nach rechts und von rechts nach links als Gegenstücke – erst die Verkündigung des *Mystère catholique* (der Zukunftsverheißung zu Beginn von Denis' Laufbahn), dann die Erfüllung der Verheißung in Jesus, der auf die Welt kommt, um in dem Augenblick, wo es Partei zu ergreifen gilt, sein gutes Werk zu vollbringen.

Weitere formale Kontinuitäten sind zu erkennen. Etwa in den Karomotiven auf der Kleidung der Mädchen auf der zweiten Bildebene, deren unplastische und unperspektivische Darstellung dazu beiträgt, das Gemälde zu »derealisieren« und seinen dekorativen

5 Maurice Denis: *Mystère catholique*, 1890, Öl auf Leinwand, 57 × 77 cm, Privatsammlung

Charakter hervorzuheben, indem sie den Volumeneffekt anderer Kleider oder das ausgeprägte Modelé der Gesichter aufheben, die ihrerseits verdeutlichen, wie weit sich Denis von der bei den Nabis üblichen Stilisierung entfernt hat. Dieser Kontrast ist ein kalkulierter Effekt, vergleichbar der Wirkung des *Portrait de famille* von 1902 und, systematischer noch, des heute in Frankfurt aufbewahrten *Goûter à Loctudy* (um 1901) – zwei Bilder, in denen wiederum Mutter und Kinder zusammenkommen, und von denen letzteres 1903 von Kessler erworben wurde.[30] Mit dieser »Erscheinung« der Jungfrau in der Schule, die, wie es der Maler seit je zu tun pflegte, die zeitgenössische Welt mit einer außerzeitlichen Glaubenssache verknüpft, sie dabei aber durch eine »dekorative« Behandlung dem Illusionismus wie dem Prosaismus des Anekdotischen entreißt, vollendet Denis jene einmalige Legierung von Tradition und Moderne, Aktualität und notwendiger Unaktualität, die das Ausgewogene dieser Schaffensperiode ausmacht.[31]

Deshalb kann man über die Form sagen, daß sie die »Botschaft« weniger »unterwandert« als vielmehr schrittweise von verschiedener Seite »belehnt«, so daß sie – wie man einen Handschuh umstülpt – das Innere des Bildes herausstülpt in einer Entäußerung, die allein sie leisten kann: ein zentraler Punkt im Kontinuum von Denis' theoretischem Denken.

Das weitere Schicksal des Werkes

Daß sich das zunächst als reine Gelegenheitsarbeit erscheinende Werk der freilich starken und präzisen Verankerung im Zeitgeschehen letzten Endes entzieht, erklärt wahrscheinlich auch seine lang anhaltende Fortüne. Und, umgekehrt, die eher ungünstige Reaktion bei der Vorstellung des Gemäldes auf dem Salon de la Société nationale des Beaux-Art von 1903, wie Denis am 15. April in seinem *Journal* berichtet:

> »Carrière sagt mir, je bündiger ein Werk die Beziehungen zusammenfasse, desto interessanter sei es. Er verwendet diese schöne Formel, um meine *Vierge de l'Ecole* [sic] zu loben. Alle Kritiker sprechen von Unbeholfenheit, von Naivität, von schlechter Zeichnung. Warum zeichne ich nicht wie alle Welt?

Andererseits wirft Verkade mir vor, meine Figuren nicht anatomisch aufzubauen. Das versteht er unter Zeichnen. […] Ich vertiefe mich in den Gedanken, daß mir das Studium der Antike die Formel offenbaren wird, durch die ich meinen natürlichen Ausdruck (meine Unbeholfenheit) mit einer allgemeineren Schönheit vereinbaren könnte.«[32]

Mehrere Merkmale werden hier deutlich: Auf der Grundlage einer treuen Naturstudie (wie sie die Vorstudien belegen) die Entscheidung zur Vereinfachung der Kinderprofile, die wie ausgeschnitten und aufgeklebt wirken, oder die Montage in parallelen Ebenen und, umgekehrt, die Suche nach Konstruktion, nach »Abstraktion« (die »Beziehungen«, von denen Carrière spricht), dazu das Bemühen, die Expressivität (die frühere »subjektive Deformation«) zu erhalten und zu vereinbaren mit der Suche nach dem »Klassischen« (die »objektive Deformation«, die nun durch das Raffaelsche Vorbild und die »allgemeinere Schönheit« abgelöst wird): Eine Suche, die sich bald des Rückgriffs auf Cézanne versichern wird, dessen Problemstellung Denis äußerst nahegelegen schien.[33]

Kurze Zeit nach seiner Ausstellung begann das Werk indes seinen Höhenflug, und zwar ausgerechnet in Deutschland, das es doch anzugreifen scheint! Auf Vermittlung Kesslers erschien es dort zuerst auf der *Dritten Ausstellung der Neo-Impressionisten*, die dieser 1905 in Weimar organisiert hatte[34] (daß ihm dabei das *Ensevelissement* zur Seite gestellt wurde[35], zeigt an, in welchem Sinn man es wahrnahm), und wo es, abermals scheinbar paradoxerweise, den Beifall Van de Veldes fand[36]. Dieser Umstand bestätigt, wie sehr dieses Werk, gleichauf mit dem *Ensevelissment*, so wie Van de Velde es in Kesslers Haus in Szene gesetzt hatte – und dabei 1909 Denis' Zustimmung fand![37] –, sich in seinem »Stil«-Willen in ein gemeinsames Weiterschreiten zur Klassik einreiht, das bei dem einen mit dem Ausgang aus dem Jugendstil, bei dem andern mit der Abkehr vom Symbolismus der 1890er Jahre erfolgte.[38] Im selben Jahr wurde das Gemälde mit lediglich zwei weiteren Arbeiten von Denis auf der 24. Ausstellung der Wiener Sezession gezeigt (Nr. 119), dann, nach der siebenten Biennale von Venedig 1907 (Nr. 7) – als eines von zwei Bildern des Malers – auf der großen Düsseldorfer Ausstellung für christliche Kunst im Jahre 1909 (Nr. 187, weiterhin nicht verkauft), deren Bedeutung in der Geschichte der religiösen Kunst zu Anfang des Jahrhunderts bekannt ist. Es verblüfft, daß Deutschland dem Werk den freundlichsten Empfang bereitete, wiewohl es mit dem deutschen Imperialismus ins Gericht ging – so als habe die Szene im Vordergrund ausgereicht, diese Anklage zu übersehen.[39]

In Belgien, wo Denis bekanntlich über ausgezeichnete Beziehungen verfügte[40], erschien die *Vierge à l'Ecole* Anfang 1911 auf der großen Ausstellung *L'art contemporain* in Antwerpen, und zwar mit mehreren bedeutenden religiösen Gemälden des Malers, darunter die *Hommage à l'enfant Jésus*, die sich heute im Vatikan befindet, und die bereits besprochene *Communion de Jeanne d'Arc*. In einem ausführlichen Artikel, der bezeichnenderweise den Titel *La Renaissance du grand Art* trug[41], lobte Fierens-Gevaert das Bild damals in höchsten Tönen. Sein Enthusiasmus erstaunt, selbst hinsichtlich eines Künstlers, der sich dortzulande, insbesondere bei der *Libre esthétique*[42], seinen Adelsbrief erworben hatte. Als ein »Meister der Lieblichkeit, der Überzeugung, der Güte [...], Meister des Edlen und der idealen Harmonie« gelange Denis zu einer »wundersamen Verschmelzung von Alltagsrealität und übernatürlicher Wirklichkeit«, vornehmlich in diesem Bild, das der Autor ausgiebig bespricht: »Diese wunderbare *Vierge à l'Ecole* ist die ganze Hoffnung für das heutige Frankreich und die Verheißung für ein gestärktes und von den bösen Mächten geläutertes Frankreich der Zukunft.« Womit wir wieder bei unserem Ausgangsthema wären. Doch freilich: Fierens-Gevaert liest in dem Bild nicht mehr den Kontext der »Combes-Gesetze« heraus, der nun weit zurückliegt, ebensowenig wie er die persönliche Einbindung Denis' und seiner Kinder erkennt.

Von dieser Rühmung des »frischesten, unverdorbensten, lieblichsten Lyrismus« und diesem so eindeutig bekundeten Glauben an die reine Macht der »Seligkeit« ließe sich wohl sogar auf das unselige Vertrauen schließen, das die Invasion vom August 1914 ermöglichen sollte, wie es die bedrohliche Wandkarte mit ihrem durch den Rahmen abgeschnittenen Belgien ankündigt, die Fierens-Gevaert ebenfalls nicht wahrhaben wollte!

»M. Maurice Denis hat der religiösen Malerei aller Zeiten ein unbestreitbares Meisterwerk hinterlassen«: Nach dem Abstecher nach Deutschland hatte das Werk endgültig die Schranken der Umstände durchbrochen, unter denen es entstanden war. Daraus folgte fast zwangsläufig der Einzug ins Museum als dem schlechthin »Außerzeitlichen«.

So geschehen nach dem dritten Salon de printemps in Brüssel (Mai–Juni 1911, Nr. 553), infolgedessen sich Denis 1913 (!), als er die Leinwandverstärkung seines Bildes überprüfte, glücklich schätzen durfte, »erstmalig« ein Werk von sich im Museum zu sehen.[43]

Daß der Künstler sich persönlich einschaltete, damit das Bild im Frühjahr 1924 für seine große Werkschau im Pariser Pavillon de Marsan entliehen werden konnte, bezeugt abermals eine ganz besondere Verbundenheit mit dem Gemälde, die auch eine Karte an den Konservator bestätigt.[44] Der Schlußpunkt ist gesetzt, als Denis 1939 die Passage, die er in seiner großen *Histoire de l'art religieux* sich selbst zu widmen hatte, mit dem Bild zu illustrieren entschied: Kommentiert wird es nicht, doch begleitet es die Version von 1890 des *Mystère catholique* und betont damit die beschriebene Filiation und die Richtung dieser Entwicklung.[45] Im Text präsentiert Denis sich als einen der Vertreter der klassischen Tendenz in der religiösen Kunst des 20. Jahrhunderts, und zwar in Worten, wie sie ganz besonders auf das Bild zutreffen, das wir zu analysieren versucht haben.[46]

Die *Vierge à l'Ecole* entzieht sich somit endgültig dem Konjunkturbedingten und dem allzu eindeutigen Sinn, wie wir ihn zunächst umrissen haben.[47] Aufschlußreich in dieser Hinsicht ist auch das Zögern des Malers bei der Titelgebung. Nachdem er den im November 1902 im *Journal* verzeichneten vollständigen Tiel *Notre-Dame de l'Ecole libre*, der sich ausschließlich auf den agitatorischen Aspekt konzentrierte, rasch aufgegeben hatte, schwankte er in seinen persönlichen Aufzeichnungen und seinen Ausstellungstiteln, die auch von der Presse übernommen wurden, zwischen *Notre-Dame* und *Vierge de l'Ecole* und *La Vierge à l'Ecole*[48]: Ersterer legt noch ein emblematisches Bild zugrunde, während der zweite eine Präsenz bekundet, so wie das Gemälde Formen zeigt und organisiert: Er hat sich denn auch in der Publikation von 1939 durchgesetzt. Aus der Geschichte hervorgegangen, hat das Werk somit am Ende über die Geschichte gesiegt. Die *Vierge à l'Ecole*, die zunächst in den inneren Auseinandersetzungen einer Nation Partei ergriff und von dort aus zum Zusammenstoß mit der Nachbarnation Stellung nahm, verschmolz im Zuge des Abstechers nach

Deutschland schon in ihrer bildnerischen Anlage individuelles Bewußtsein und nationale Identität: eine der Stärken von Denis' Malerei.

Aus dem Französischen von Stefan Barmann.

[1] Öl auf Leinwand, 158 × 200 cm, signiert und datiert unten rechts, Brüssel, Musée royaux des Beaux-Arts de Belgique, Inv. 3998, vom Künstler erworben auf dem Troisième Salon de printemps, Bruxelles, 1911 (auf die Titelfrage kommen wir später zurück).

[2] In ihrer kurz nach dem Tod des Malers veröffentlichten Monographie läßt sich Suzanne Barazzetti-Demoulin in der von ihr gewählten thematisch gegliederten Werkdarstellung von dem Bild in die Irre führen und ordnet es unter »Divers tableaux« ein, wo sie ihm nur eine knappe Beschreibung widmet: »Ein Gemälde von 1903, die *Vierge à l'Ecole* im Brüsseler Museum, nimmt in Maurice Denis' Schaffen eine fast isolierte Stellung ein«. Vgl. Suzanne Barazzetti-Demoulin, *Maurice Denis 25 novembre 1870 13 novembre 1943*, Paris 1945, S. 244.

[3] Anne Gruson: *Jeanne d'Arc, ›Belle de Dieu‹, La Communion de Jeanne d'Arc, par Maurice Denis, 1909–1912*, in: *Bulletin des Musées et monuments lyonnais* 1996–3, S. 46–69.

[4] Der Vergleich stammt von Paul Jamot: *Maurice Denis*, Paris 1945, S. 21.

[5] *Maurice Denis 1870–1943*, Ausstellungskatalog, Fondation Septentrion, Marcq en Baroeul, 1988, Nr. 14 – ohne Kommentar. Hingegen wurde das Gemälde weder in der großen Retrospektive *Maurice Denis 1870–1943*, Lyon, Musée des Beaux-arts, Lyon 1994 (anschließend Köln, Liverpool, Amsterdam), S. 100, eingehender berücksichtigt, noch in: Jean-Paul Bouillon, *Maurice Denis*, Genf 1993, S. 111, sondern jeweils nur mit einem kurzen Kommentar bedacht.

[6] Michael Marlais: *Conservative Echoes in Fin-de-Siècle Parisian Art Criticism*, Pennsylvania 1992, Kapitel 6 (Maurice Denis's Conservative Modernism), S. 213–214, auf den wir später zurückkommen.

[7] Maurice Denis: *Définition du néo-traditionnisme*, 1890, zuletzt wieder abgedruckt in der Anthologie Maurice Denis: *Le Ciel et l'Arcadie*, Paris 1993, S. 5–21.

[8] Maurice Denis: *Journal, 1884–1943*, 3 Bde., Paris 1957–1959 Bd. I, S. 182; das Datum ist lediglich mit »November 1902« angegeben. Die große Skizze in Tempera (150 × 190 cm, Privatbesitz), auf die am Ende des Textes angespielt wird, wurde 1988 gleichzeitig mit dem Gemälde ausgestellt: siehe Anm. 5 (nicht abgeb.).

[9] Zu diesem Fragenkomplex siehe Jean Paul Bouillon: *Politique de Denis*, in: *Maurice Denis 1870–1943* (wie Anm. 5), S. 94–109.

[10] Denis 1957–1959 (wie Anm. 8), Bd. I, S. 222.

[11] Paris, Musée des arts décoratifs, als Leihgabe im Musée d'Orsay: siehe zu diesem Werk das von Anne Gruson zusammengestellte Dossier im Ausstellungskatalog Denis 1994 (wie Anm. 5), Nr. 87, S. 232–234.

[12] Denis 1957–1959 (wie Anm. 8), Bd. I (5. Januar 1886).

[13] Ibid., Bd. 1 (27. September 1898).

[14] Jamot 1945 (wie Anm. 4), S. 22–24.

[15] Denis 1993 (wie Anm. 7), S. 37.

[16] Bouillon 1993 (wie Anm. 5), S. 106; zur Entwicklung von Denis siehe zuletzt

Jean-Paul Bouillon: *Maurice Denis: four stages in the history of French landscape, 1889–1914*, in: Richard Thomson (Hg.): *Framing France: The representation of landscape in France 1870–1914*, Manchester 1998, S. 119–146.

17 Dieses Merkmal genügt auch schon, um die Madonna Denis' von denen Fra Angelicos mit dem Kind auf dem Schoß abzurücken, die uns hier nicht zugrunde zu liegen scheinen; vgl. Marlais 1992 (wie Anm. 6), S. 213.

18 Charles Tolnay: *Michel-Ange*, Paris 1970, S. 36.

19 Vgl. Denis 1957–1959 (wie Anm. 8), Bd. II, S. 152: »Ich sehe mein Gemälde umgeben von schwarzen/dunklen Bildern, doch wirkt es recht fest und farbig, und so sehe ich erstmalig ein Gemälde von mir im Museum.«

20 Bouillon 1993 (wie Anm. 5), S. 103, *Maurice Denis 1870–1943* (wie Anm. 5), Nr. 107, S. 257.

21 Ibid., S. 107 u. Nr. 117, S. 269.

22 Thérèse Barruel: *Décor de Maurice Denis*, in: *Le Vésinet, (Cahiers de l'Inventaire*, 17), Paris 1989, S. 110 und Anm. 40.

23 André Pératé: *Maurice Denis*, in: *L'Art et les artistes* 41/November 1923, S. 72 (Eine Reproduktion der *Vierge à l'Ecole* ist – unter dem Titel *Notre-Dame de l' Ecole* – dem Artikel vorangestellt, S. 41).

24 Carina Schäfer: *Maurice Denis et le comte Kessler (1902–1913)*, Frankfurt am Main, Berlin u. Bern 1997, insbesondere S. 178–179.

25 Denis 1957–1959 (wie Anm. 8), Bd. II, S. 109.

26 Schäfer 1997 (wie Anm. 24), S. 185–186.

27 Ibid., S. 85–87, sowie *Strahlte an Hofmannsthals Wand*, in: *Frankfurter Allgemeine Zeitung*, 4. Juli 1998, Nr. 152, S. 50. Zur Serie der Strände, darunter dieses Werk, siehe: *Lumières de Sable, plages de Maurice Denis*, Ausstellungskatalog Musée Maurice Denis »Le Prieuré«, Saint-Germain-en-Laye 1997.

28 Jean-Paul Bouillon: *Du jardin à la plage: deux peintures nouvelles de Maurice Denis au Musée des Beaux-Arts de Lausanne*, in: *De Vallotton à Dubuffet*, in: *Les Cahiers du Musée des Beaux-Arts de Lausanne*, 5/1996, S. 21–28.

29 Maurice Denis: *Le Symbolisme et l'art religieux moderne*, 1918, erneut in *Nouvelles Théories*, Paris 1922, S. 187.

30 Schäfer 1997 (wie Anm. 24), S. 182–183, *Maurice Denis 1870–1943* 1994 (wie Anm. 5), Nr. 263.

31 Diese Formel wird insbesondere in der *Communion de Jeanne d'Arc* von 1909–1912 wieder aufgegriffen, wo allerdings die Umwälzung der traditionellen Ikonographie nicht bis zur Verschränkung zweier verschiedener Epochen reicht, sondern sich durch eine nachträgliche Einfügung der Bekrönung mit ihrem trikolorisch beflügelten Engelchen und ins Klassische spielenden Architekturelementen erklärt; siehe Gruson 1996 (wie Anm. 3).

32 Denis 1957–1959 (wie Anm. 8), Bd. II, S. 195.

33 Vgl. Kean-Paul Bouillon: *Le modèle cézannien de Maurice Denis*, in: *Cézanne aujourd'hui*, Paris 1997, S. 145–164, besonders S. 155–156.

34 Schäfer 1997 (wie Anm. 24), S. 105–106 (in seinem Leihgaben- und Verkaufsheft veranschlagt Denis das Werk damals auf 8.000 Francs).

35 Die einzige kurze kritische Erwähnung, so scheint es, zieht in einem gewogenen Gesamtkommentar eine Parallele zwischen dem Jungfrauenbild »mit seinem grünen.« und dem *Ensevelissement* »mit seinem gelben Tone«; Hermann Schlag in der *Weimarischen Zeitung*, 8 März 1905; Dank an Carina Schäfer für diese Auskunft.

[36] Van de Velde schreibt an Kessler: »Die Ausst. (sic) wird schön, obwohl die Arbeiten von Maurice Denis bis auf ›Notre Dame de l'Ecole‹ nicht so schön sind wie die der letzten Ausst«; zit. nach Schäfer 1997, (wie Anm. 24).

[37] Siehe die zeitgenössischen Fotografien dieses untergegangenen Dekors in Bouillon 1993 (wie Anm. 5), S. 111 und Schäfer 1997 (wie Anm. 24), S. 316–319, die Denis in seinem *Journal*, Bd. II, S. 110, wie folgt kommentierte: »Kesslers Haus, von Van de Velde anhand von Bildern von mir sehr gut eingerichtet« – wohl zu unterscheiden von den voraufgehenden negativen Bemerkungen über den *Geist* der deutschen Gesellschaft, wie wir sie weiter oben wiedergegeben haben.

[38] So sahen Denis' Werk auch die Deutschen, die ihn 1903 in Saint-Germain-en-Laye besuchen kommen, der Maler Ludwig von Hofmann et dessen Schüler Ivo Hauptmann; siehe Carina Schäfer: *Maurice Denis in Weimar*, in: Rolf Bothe und Thomas Föhl (Hg.): *Aufstieg und Fall der Moderne*, Ausstellungskatalog Kunstsammlungen zu Weimar, 1999, S. 131.

[39] Diese Auskunft gab Carina Schäfer: Die Ausstellung für christliche Kunst führt das im Prinzip vollständigen Verzeichnis der Ausstellungen Denis' von 1880 bis 1943 nicht auf; in: *Maurice Denis 1870–1943* 1994 (wie Anm. 5), S. 362–367.

[40] Thérèse Barruel: *Maurice Denis et la Belgique*, in: *Bulletin de la Société de l'Histoire de l'Art français* (Jahrgang 1997), Paris 1998, S. 313–326. Das Bulletin verzeichnet die in Belgien gezeigten Werke Denis' und die damit verbundenen Ereignisse.

[41] Alle folgenden Dokumente und Auskünfte hat uns liebenswürdigerweise Madame Micheline Colin, Chargé de mission, Responsable des Archives de l'Art contemporain aux Musées royaux des Beaux-Arts de Belgique mitgeteilt, der wir unserer Dankbarkeit versichern.

[42] In einer bezeichnenden Verwechslung gab der Chronist der Zeitschrift *L'Art Moderne*, 30. Juli 1911, an, diese »bedeutende Komposition von Maurice Denis«, die der Staat jüngst angekauft hatte, sei »vor einigen Jahren auf *Libre Esthétique* ausgestellt« gewesen.

[43] Denis 1957–1959 (wie Anm. 8), Bd. II, S. 152 (Ostern 1913).

[44] Karte vom 24 Mai 1924 an Hippolyte Fierens-Gevaert, aufbewahrt in der Abteilung für moderne Kunst des Museums (vgl. Anm. 41): »Sie haben dazu beigetragen, meiner Ausstellung ihre ganze Bedeutung zu verleihen, indem Sie Ihr religiöses Gemälde dorthin entsandten, an dem mir so sehr liegt.«

[45] Maurice Denis: *Histoire de l'art religieux*, Paris 1939, S. 299–300, aus dem das folgende Zitat stammt; der Titel des Gemäldes lautet nun *La Vierge à l'Ecole* (die dritte Arbeit von Denis ist der Dekor für die Apsis der Hl.-Paulus-Kirche in Genf, 1916).

[46] »Es gibt die klassische Strömung oder wenigstens jene, die sich auf die Klassik beruft und die Tradition von Puvis de Chavannes oder der italienischen Freskenmaler fortführt. Diese Künstler bemühen sich, den christlichen Humanismus durch Beobachtung des Lebens zu erneuern und das beschreibende Element, das heißt ihre Beobachtungen der Natur, zu spiritualisieren. Sie wollen durch das Spiel der Formen und der Farben in aller Klarheit die Geheimnisse des Glaubens und die Regungen ihrer persönlichen Frömmigkeit zum Ausdruck bringen. Die beinahe einhellige Meinung der Kunstschriftsteller verpflichtet den Verfasser des vorliegenden Buches, sich in diese Kategorie einzuordnen«; Denis 1939 (wie Anm. 45), S. 299-300

[47] Auch wir selbst haben diesen Sinn bislang allzu ausschließlich in Betracht gezogen

vgl. Bouillon 1993 (wie Anm. 5), S. 111, und id. 1994 (wie Anm. 9), S. 100, was der vorliegende Text berichtigen soll. Ebenso Marlais 1992 (wie Anm. 6), S. 213f.; er spricht von »Notre-Dame des Ecoles«, der das Gemälde nach nuancierter Analyse auf den Gehalt eines politischen Manifestes bringt.

48 Einige Nachweise der verschiedenen Titelangaben: 1902: *Notre-Dame de l'Ecole libre* Denis 1957–1959 (wie Anm. 8), Bd. II, S. 182); 1903: *Vierge de l'Ecole* (ibid., S. 195); 1905: *Notre-Dame de l'Ecole* (Leihgaben- und Verkaufsverzeichnis, zit. nach Schäfer 1997 [wie Anm. 24], S. 106); genauso in dem Artikel von Pératé 1923 (wie Anm. 23), und anderen; *Notre-Dame à l'Ecole* (François Fosca, *Maurice Denis*, Paris 1924, S. 8, aber bei der nachfolgenden Abbildung *La Vierge à l'Ecole*); 1911, zur Zeit der Ausstellung in Belgien und des Ankaufs: *La Vierge à l'Ecole*, wie auch 1939 in der *Histoire de l'art religieux* von Maurice Denis 1939, S. 300.

Christus und Bellona

Ein deutsch-französischer Dialog im Jahr 1900

Robert Rosenblum

Utopische Vision internationaler Harmonie

Mit ihrem Aufbau aus einzelnen Ständen und Pavillons, die Nationen aus allen fünf Kontinenten repräsentierten, konnte man die Weltausstellungen des 19. und 20. Jahrhunderts als utopische Visionen einer internationalen Harmonie erleben, in der alle Stimmen präsent waren. Doch man konnte sie ebenso als festliche Aufzüge einer internationalen Konkurrenz sehen, bei denen jedes Land seine fortschrittlichsten Errungenschaften und verführerischsten einheimischen Produkte vorführte. Jede Nation bot alles Mögliche – von Volksmusik, Fotografie und Metallurgie bis zu Bildungswesen, Arbeiterwohnsiedlungen und Kunsthandwerk – auf, um ein Bild von sich zu erzeugen, das auf der Weltkarte unmittelbar wiedererkennbar war. Unter den zahllosen Mitteln hierfür war die Kunst eines der bemerkenswertesten Vehikel nationaler Propaganda. Auf allen großen Weltausstellungen dies- und jenseits des Atlantiks waren die Präsentationen von Gemälden und Skulpturen eine Ausstellung des offiziellen Geschmacks, zu denen die Nationen diejenigen entsandten, die sie für ihre besten zeitgenössischen Künstler hielten – nicht nur hinsichtlich ihrer ästhetischen Meisterschaft, sondern auch hinsichtlich ihrer Fähigkeit, Bilder zu finden, die den patriotischen Stolz widerspiegelten. Staatsoberhäupter, kulturelle Giganten, packende historische Ereignisse, exotische Landschaften und Erzeugnisse, literarische Quellen und folkloristischer Charme – all dies konnte zur Herstellung nationaler Identitäten beitragen.

Was die schiere Quantität und die umfassende und globale Repräsentation der Kunst betraf, so konnte keine andere Weltausstellung die Pariser Exposition Universelle des Jahres 1900 übertreffen, die im Petit Palais und im Grand Palais – zwei Gebäuden, die anläßlich der Ausstellung errichtet wurden und als bleibende

Wahrzeichen gedacht waren – zu sehen war.[1] In diesen weitläufigen neuen Räumen bot jedes Land seine Waren dar, ein scheinbar unendliches Labyrinth aus gerahmten Gemälden, Aquarellen und Zeichnungen, die sich mit einschüchternd gewaltigen Bergen und Tälern aus Bronze- und Marmorskulpturen abwechselten. Für die meisten Nationen war es wichtig, durch eine von Juroren getroffene Auswahl in diesem Urwald aus Kunstwerken etwas anzubieten, das den besonderen Charakter jedes Landes unmittelbar anpries. So gab es selbstverständlich zahlreiche Porträts regierender Monarchen und ihrer Familien. Einige deuteten tatsächlich auf den kosmopolitischen Geist der aristokratischen Porträtkunst um die Jahrhundertwende hin, so daß etwa Queen Victoria auf dem Gemälde eines Franzosen, Benjamin-Constant, und die spanische Infantin, Eulalia, auf einem Bild des Italieners Giovanni Boldini dargestellt war. Doch die meisten dieser Staatsporträts wurden von Künstlern geschaffen, die selbst Untertanen derjenigen waren, die sie malten oder meißelten. Kaiser Wilhelm II. wurde von einem Deutschen, Max Koner, gemalt; die Prinzessin von Bulgarien von einem Bulgaren, Jan Mrkvicka; der Großfürst Paul Alexandrowitsch von einem Russen, Valentin Serow; Prinzessin Alexandra von Griechenland von einem griechischen Bildhauer, Lazar Sochas; Prinz Eugen von Schweden von seinem Landsmann Oscar Bjorck, der den Prinzen malend an seiner Staffelei zeigte.[2] Aber abgesehen von der Präsenz dieser Staatsoberhäupter, die ihre Nationen in offensichtlicher Weise symbolisierten, ließen sich viele Kunstwerke eher als eine Art visueller Propaganda verstehen, die den internationalen Besuchern der Ausstellung das Beste offerierte, was ein Land zu bieten hatte. Diese Einblicke in die besonderen Eigenarten, Vergnügungen und Errungenschaften jeder Nation nahmen die unterschiedlichsten Formen an. Die Vereinigten Staaten, die mit 352 Gemälden und Zeichnungen sowie 70 Skulpturen die Repräsentation jedes anderen Landes – mit Ausnahme der Gastgebernation Frankreich – zahlenmäßig übertrafen, boten eine besonders reiche Vielfalt nationalistischer Bilder.[3] Darunter fanden sich Reminiszenzen aller Art: an Amerikas ursprüngliche Vergangenheit (das Bild eines Navajo-Indianers, *Thi-ich-no-pa*, von Elbridge Ayer Burbank), an seine neuen Triumphe der Ingenieurskunst in der modernsten aller Städte, New York (*The Brooklyn Bridge* von Henry Ward Ranger) und an seine blühende Machokultur, wie man sie im

Boxring (*Salutat* von Thomas Eakins) oder im Leben eines alten Seemanns sehen konnte, der mit den wilden Fluten vor der Küste Neuenglands kämpfte (*The Look-Out: »All's Well«* von Winslow Homer). Portugal konnte das Publikum an seine glorreiche Rolle in der Geschichte der Entdeckung der Welt erinnern: mit einem Gemälde von José Veloso Salgado, das eine Episode aus den Abenteuern des großen Entdeckers Vasco da Gama rekonstruiert und zeigt, wie dieser in Indien einen Brief von König Manuel überbringt; England hatte Bilder seiner eigenen dramatischen Geschichte (Ernest Crofts *Hinrichtung Karls I.*) und seiner nationalen Legenden (Edward Burne-Jones' *Traum des Lanzelot)* anzubieten, und Rußland konnte seine fremdartige Vergangenheit in Erinnerung rufen, etwa Andrej Ryabuschkins Rekonstruktionen des religiösen und häuslichen Lebens im Moskau des 17. Jahrhunderts. Oftmals schlossen die Länder auch Porträts ihrer zeitgenössischen kulturellen Größen ein: So zeigte etwa Frankreich ein Bildnis Verlaines (von Eugène Carrière), Norwegen zwei Porträts von Ibsen (von Nils Gude und Hans Heyerdahl) und Rußland ein Trio berühmter Männer aus den Welten der Wissenschaft, Musik und Literatur: Pawlow, Cui und Tolstoi (von Ilja Repin).

Die Gemälde konnten auch mit den Wundern und Reizen der Natur prahlen, ein Pendant verlockender Tourismusplakate. Spanien offerierte zwei bezaubernde Ansichten der Alhambra-Gärten von Santiago Rusiñol; die Schweiz bot in ihren zahlreichen Ansichten alpiner Landschaft von Malern wie Auguste Baud-Bovy und Alfred Rehfous weitere Vergnügungsreisen an; Norwegen konkurrierte gegen diese imaginären Ausflüge in die unberührte Natur mit seinem eigenen malerischen Panorama spektakulärer Fjorde und dramatischer Gegensätze zwischen Sommer- und Winternächten, gemalt von Sigmund Sinding, Kitty Kielland und anderen.; die Niederlande präsentierten, wie vorhersehbar, das vertraute Tulpenfeld (Antonie Louis Koster) zusammen mit Ansichten tadelloser Waisenhäuser, die dem niederländischen Wohlfahrtssystem schmeichelten (Thérèse Schwartz); Algerien führte mit einer umfassenden Anthologie orientalistischer Malerei von in Paris ausgebildeten französischen Künstlern wie Alphonse-Etienne Dinet und Eugène Giradet die Tradition des 19. Jahrhunderts fort, Nordafrikas ethnisches Brauchtum, seine geheimnisvollen Wüsten und seine dekorative Pracht zu schildern; Martinique, das ebenfalls in der

Sektion französischer Kolonialkunst vertreten war, zeigte ein köstlich exotisches Stillleben mit einem Ensemble karibischer Früchte – Mangos, Kokosnüsse, Ananas, Brotfrüchte; und selbst der Kongo und der Senegal legten Ansichten ihrer Ehrfurcht gebietenden heimischen Landschaften vor.

Klassiker des schwelenden Nationalismus

Obwohl man diese weltumspannende Anthologie von Herrschern, Landschaften, berühmten Persönlichkeiten, Historie und Ethnologie gutgläubig als eine Art Überblickslektion in Sachen Mannigfaltigkeit für die Ausstellungsbesucher interpretieren könnte, vermochten einige Kunstwerke beunruhigendere Botschaften über internationale Politik und Chauvinismus zu verbreiten. So wurde in den Sektionen von Rußland und Österreich, deren Imperien nun auch finnische und polnische Künstler einschlossen, nationalistischer Aufruhr sichtbar. Künstler aus Finnland, das unter dem im Jahre 1899 von Rußland diktierten tyrannischen Gesetz litt, wollten ihren Patriotismus und ihre eigenständige Kultur geltend machen, so daß etwa Aleksi Gallen-Kallela heroische Episoden aus dem finnischen Nationalepos, der *Kavela* ausstellte. Ebenso wollten Künstler aus Polen, einem Land mit einer Geschichte der brutalen Unterdrückung durch seine Nachbarmächte, ihre Unabhängigkeit verkünden. So schuf Jacek Malczewski mit seinem bedeutenden Bild *Melancholia* eine stürmische Allegorie der gescheiterten polnischen Aufstände des 19. Jahrhunderts gegen Preußen, Österreich und Rußland.

In diesem Getöse des politischen Zwists und der kriegerischen Waffenrufe präsentierten Deutschland und Frankreich – mit ihrer bitteren Geschichte des 19. Jahrhunderts voller Eroberungen, Kriege und kultureller Gegnerschaft – Bilder, die diese Feindseligkeiten wieder aufleben lassen konnten. Zwei von ihnen mögen hier als Klassiker des schwelenden Nationalismus herausgegriffen werden, der 1914 wieder aufflammen sollte. Was Frankreich betrifft, so fand sich dessen schwülstigste Hymne an das patriotische Opfer »pour la Patrie« in einem großformatigen Gemälde von Jean-Joseph Weerts (Abb. 1). Dieser hatte zuvor dramatische und gewaltsame Szenen aus der Geschichte der Französischen Revolution dargestellt, dar-

1 Jean-Joseph Weerts: *Pour l'Humanité, pour la Patrie*, 1895, Öl auf Leinwand, Paris, Petit Palais

unter neue Versionen von Davids kanonischen Darstellungen der Ermordung Marats und des Todes des jugendlichen Märtyrers Joseph Bara durch die Hand der Royalisten.[4] Auf der Weltausstellung präsentierte Weerts ein Werk, das im Grunde einem riesigen religiösen Altarbild mit dem Titel *Pour l'humanité, pour la Patrie!* gleichkam. Sein Bildgegenstand verkündet unmittelbar, daß es in den ehrwürdigsten Traditionen der christlichen Ikonografie steht; eine erhabene Kreuzigung, die in der hyperrealistischen Manier zahlreicher offizieller Kreuzigungsdarstellungen des 19. Jahrhunderts ausgeführt war, wie etwa derjenigen, die von Léon Bonnat für das Palais de Justice gemalt und im Salon von 1874 gezeigt worden war. Doch das Opfer Christi für die Menschheit verbindet sich bei Weerts mit der zeitgebundeneren Tradition des patriotischen

Opfers; eine Verknüpfung, die der aufrührerische Titel unterstreicht. Wir begreifen nicht nur rasch, daß die dramatischen Wolken hinter dem Kreuz teils übernatürlichen Ursprungs und teils Schießpulverrauch sind, sondern auch, daß die üblichen Trauernden am Fuß des Kreuzes durch einen gefallenen Offizier der Kavallerie und sein gestürztes Pferd ersetzt wurden. In einer Art Paraphrase des Formats, das traditionell für die *Bekehrung des Heiligen Paulus* verwendet wird, hebt dieser Märtyrer Frankreichs die Hand zu einem militärischen Gruß, der zugleich eine christliche Offenbarung ist. Darüber hinaus wird die patriotische Rhetorik des Bildes durch die Verwendung der Farben der Trikolore verstärkt; ein Farbklang, der in französischen Darstellungen der neueren Geschichte, von Delacroix' *Die Freiheit führt das Volk auf die Barrikaden* bis zu Meissoniers datailreich gemalter Allegorie der Belagerung von Paris, dazu diente, den Ruhm eines Todes für das Vaterland zuverlässig zu vergrößern.

Weerts' Vision des Aufstiegs vom Schlachtfeld in einen übernatürlichen Himmel soldatischer Märtyrer war in der Kunst des 19. Jahrhunderts neu und altbekannt zugleich. Bereits im Salon von 1802 hatte Girodet seine Phantasie der Geister napoleonischer Helden gezeigt, die für das Vaterland gestorben waren und in ein nordisches Walhalla aufsteigen, wo sie von Ossian und seinen legendären Kriegern begrüßt werden. Und in der Folgezeit des Deutsch-Französischen Krieges schlugen sich diese Träume von einem himmlischen Reich, das jenen vorbehalten war, die für ihr Vaterland das höchste Opfer gebracht hatten, in dem berühmten Bild eines unmittelbaren Zeitgenossen Weerts', Edouard Detaille, nieder. Im Salon von 1888 zeigte Detaille, bekannt für seine peinlich genauen Kenntnisse militärischer Uniformen und seine prosaischen, dokumentarischen Wiedergaben des französischen Widerstands gegen die Deutschen während des Krieges (einschließlich panoramischer Darstellungen der Verteidigung von Champigny und Rezonville) das Bild *Le Rêve*, das durch seine druckgrafische Verbreitung rasch zu einer Ikone des französischen Patriotismus wurde (Abb. 2). In diesem riesigen Gemälde werden die häßlichen Tatsachen des Schlachtfeldes mit filmischer Wahrheitstreue beschrieben: In den öden Weiten des irdischen Bezirks versuchen die Soldaten, hinter einer Reihe aufgestapelter Gewehre, die sich bis zum unendlich weit entfernten Horizont erstreckt, zu schlafen, bis der Kampf im Morgengrauen wieder beginnt. Doch ihre Träume füllen den darüber liegenden Himmel mit heroischen Fantasien. Eine in den französischen Nationalfarben getönte himmlische Halluzination der französischen Kriegshelden von Jeanne d' Arc bis zu den Märtyrern der Revolution und der Napoleonischen Kriege erfüllt den Himmel und erinnert die namenlosen Soldaten an ihre letzte Belohnung. In gewisser Weise formuliert Weerts' Ikone lediglich erneut diese chauvinistische Botschaft, doch sie verändert sie auch, indem sie das Profane in das Heilige verwandelt. Denn nun wird denen, die für ihr Vaterland sterben, ein ewiger Trost eher im Märtyrertod Christi als in den glorreichen Erinnerungen an historische Schlachten geboten. Schon in seinem *Tod des Bara*, der im Salon von 1883 ausgestellt wurde, evozierte Weerts durch die Haltung des jungen Märtyrers, der im Todeskampf seine Arme ausbreitet, die Verbindung eines soldatischen Todes mit einer Kreuzigung, doch erst in *Pour l'humanité, pour la Patrie!* verschmelzen Kirche und Staat vollständig.

2 Edouard Detaille: *Le Rêve*, 1888, Öl auf Leinwand, 300 × 320 cm, Paris, Musée d'Orsay

Wenn wir unseren Blick jenseits des Rheins auf die deutschen Bilder zur Pariser Weltausstellung richten, so lieferte Ludwig Herterich, ein offizieller Künstler und eine Stütze der Münchner Akademie, ein paralleles Beispiel für einen aufwallenden Nationalismus, der sich mit dem christlichen Glauben verband. Sein Gemälde aus dem Jahr 1894 mit dem Titel *Ulrich von Hutten* ließe sich zunächst einfach als historisches Porträt klassifizieren (Abb. 3). Der große deutsche Humanist ist hier mit verblüffender Unmittelbarkeit als ganzfigurige und lebensgroße Gestalt präsentiert, deren Beine und Schwert auf dem Boden scharf umrissene Schatten werfen und dessen Rüstung des 16. Jahrhunderts mit einer glänzenden Präzision ausgeführt ist, die ihr die Illusion einer greifbaren historischen Wahrheit, einer imaginären Zeitreise in die Welt der Reformation verleiht. Doch das Bild und seine Assoziationen sind weitaus kom-

3 Ludwig Herterich: *Ulrich von Hutten*, 1895, Öl auf Leinwand, 184 × 108 cm, Dresden, Gemäldegalerie, Neue Meister Staatliche Kunstsammlungen

plexer als die Nachbildung einer historischen Persönlichkeit in einem Wachsfigurenkabinett. Als würde er für ein symbolisches Bildnis posieren, steht Hutten neben einer anderen lebensgroßen Figur, einer Skulptur des gekreuzigten Christus, deren Kopf und ausgestreckte Arme vom Rahmen so angeschnitten werden, daß ihre materielle Wirklichkeit als Artefakt in dem engen Raum, den der Dichter-Soldat soeben betreten hat, unterstrichen wird. Mit einer Gelehrsamkeit, die für die künstlerischen Rekonstruktionen der historischen Vergangenheit des 19. Jahrhunderts charakteristisch ist, erinnert die von Herterich dargestellte Kreuzigungs-Skulptur zweifellos an das Werk des bedeutendsten deutschen Bildhauers der Zeit Huttens, Veit Stoss, und könnte durchaus eine nahezu exakte Kopie eines seiner Werke in Krakau oder Nürnberg sein.[5] Wie man hier sieht, liefert der gemarterte Christus nicht nur die geistige Inspiration für Huttens leidenschaftliche Hingabe an die religiöse Reform, sondern auch für dessen Bereitschaft, für Kirche und Staat in den Kampf zu ziehen. Und tatsächlich war Hutten im 19. Jahrhundert zum Symbol der Erneuerung Deutschlands als politischer und religiöser Einheit geworden. In bildnerischer Hinsicht findet sich der volltönendste Ausdruck von Huttens wegweisender Bedeutung für die Zukunft des deutschen Glaubens und Nationalismus in Caspar David Friedrichs Darstellung von *Huttens Grab* (Abb. 4). Die Entstehungszeit des Bildes, 1823–1824, stimmt mit einem zweifachen Jubiläum der deutschen Geschichte überein. 1823 jährten sich zum dreihundertsten Mal der Todestag Huttens und der erfolglose Aufstand der deutschen Ritter gegen den römischen Katholizismus; ein Datum, das die Erkenntnis weckte, daß es für den Vorläufer aller deutschen Patrioten kein angemessenes Grabmal gab. Und es war zugleich der zehnte Jahrestag des Sieges über die einmarschierten Napoleonischen Truppen, der die Hoffnungen auf eine Vereinigung Deutschlands wieder belebt hatte. So hatte Friedrich tatsächlich die Namen der politischen Propagandisten seiner eigenen Generation auf Huttens Grabstein gesetzt: Jahn, Arndt, Stein, Görres, Scharnhorst; Männer, die mit Liedern wie Arndts *Was ist das deutsche Vaterland*? und mit aufrührerischen Artikeln, wie jenen von Görres im *Rheinischen Merkur*, danach strebten, in der deutschen Bevölkerung ein nationalistisches Bewußtsein zu wecken. Ein uniformierter Soldat mit einem altdeutschen Barett betrachtet nachdenklich das Grabmal; auch er

4 Casper David Friedrich: *Huttens Grab,* 1823–1824, Öl auf Leinwand, 93 × 74 cm, Weimar, Staatliche Kunstsammlungen

eine Erinnerung an den patriotischen Kampf und eine Neuinterpretation von Friedrichs Vision eines Napoleonischen Soldaten des Jahres 1812, der die Grabmäler des Arminius und eines unbekannten deutschen Zeitgenossen, der für sein Vaterland gestorben war, betrachtet.[6] Für Friedrich ist der Kampf für die Wiederbelebung der deutschen Nation vollkommen identisch mit dem Kampf für die Wiederbelebung des Christentums. Die Ruinen einer gotischen Apsis umschließen Huttens Grabstätte, und in einer Nische steht noch die kopflose Statue der Fides, die ihr traditionelles Symbol, ein Kreuz, festhält. Trotz dieser Melancholie des Verfalls und der Niederlage besteht noch Hoffnung auf eine Wiedergeburt der deutschen Kirche und des deutschen Staates, wie uns der spriessende Baum verkündet.

Herterich, der inzwischen im vereinten, imperialen Deutschland Kaiser Wilhelms II. und im Klima der aggressiven Außenpolitik des neuen Kanzlers Bernhard von Bülow arbeitet, läßt mit seinem Porträt Ulrich von Huttens Friedrichs subtilere patriotische Hymne auf kühne Weise wieder aufleben und erzeugt ein kraftvolles Emblem, das wie die meisten Symbole für zahlreiche zeitgenössische Interpretationen offen war. Für eine aufgewühlte Nation war Hutten ein historischer Spiegel, der viele verschiedene Dinge reflektieren konnte – Deutschlands ausgeprägte Identifikation mit dem Protestantismus, die Macht der deutschen arbeitenden Klassen in Stadt und Land, die überragenden militärischen Fähigkeiten des gebildeten Adels. Und die Besucher der Exposition Universelle konnten Huttens Porträt ganz als ein Symbol der Ursprünge des deutschen Glaubens an Staat und Kirche verstehen, deren militärisches Potenzial durch die lateinische Inschrift auf dem vergoldeten Rahmen unterstrichen wurde: MILES EGO FIDEI. Dies war ein Aspekt, der auch in dem 1907 erschienenen Führer durch die Dresdner Sammlungen von Julia de Wolf Addison nicht übersehen wurde, in dem die Amerikanerin Herterichs Interpretation des »Glaubensritters« ausarbeitete und in dem sie Huttens Art, »die Laufbahn eines Soldaten, jedoch stets nach den höchsten religiösen Prinzipien, zu verfolgen« Beifall zollte.[7] Und selbst Herterichs Stil evozierte durch seine strenge Klarheit und Kraft eine Art nationalistischen deutschen Archaismus, wie in einem französischem Bericht über die ausländischen Gemälde auf der Weltausstellung angemerkt wurde.[8] Es ist durchaus möglich, daß Herterich sich von Heinrich Witz' verblüffender Darstellung eines Kriegers König Davids, Sebiah (Basel, Kunstmuseum), inspirieren ließ, der ebenfalls eine spätmittelalterliche Rüstung und einen den Kopf bedeckenden Helm trägt und der ebenso wie Hutten präsent scheint: er wirft kräftige Schatten auf einen schmalen, bühnenähnlichen Boden.

Selbstverständlich brachten die deutsche und französische Kunst der 1890er Jahre auch universellere Allegorien hervor, die den Wahnsinn und das Grauen des Krieges verkündeten, wie etwa zwei Gemälde aus dem Jahr 1894: Henri Rousseaus Vision einer kindlichen Bellona, die über einer mit nackten Leibern und hungrigen Krähen bedeckten Landschaft triumphiert, und Franz von Stucks vergleichbare Neuinterpretation des Krieges als apokalyptischer Reiter auf einem Leichenfeld, ein schwülstiges Plädoyer für den Frieden, das zusammen mit Herterichs Gemälde in der deutschen Sektion der Exposition Universelle ausgestellt wurde. Doch die Fakten der modernen Geschichte entsprachen eher den Bildern von Weerts und Herterich, die aus heutiger Sicht auf den Deutsch-Französischen Krieg zurückblickten und bereits auf den ersten

5 Hubert Lanzinger: *Der Bannerträger*, 1937, Öl auf Leinwand, 152,4 × 152,4 cm, Washington D. C., U.S. Army Center of Military History, Fort McNair

Weltkrieg vorauswiesen, als die populäre visuelle Propaganda Frankreichs erneut für eine Verschmelzung von christlichem und patriotischem Opfer warb.[9] Und in der folgenden Welle eines bösartigen Nationalismus konnten die Tradition des gebildeten christlichen Ritters der deutschen Geschichte, Legende und Kunst durch die visuelle Politik des Dritten Reiches entehrt werden. In einer der seltsamsten und erschreckendsten Allegorien, die Adolf Hitler glorifizieren sollten, stellte der Maler Hubert Lanzinger den Führer als einen kampfbereiten Ritter in schwerer Rüstung dar, der die Fahne der Nationalsozialisten trug (Abb. 5).

Aus dem Französischen von Barbara Hess.

[1] Die beiden offiziellen Kataloge zur Kunst auf der Exposition Universelle 1900 sind: *Catalogue officiel illustré de l'Exposition Décennale des Beaux-Arts de 1889 à 1900*, Paris 1900; *Catalogue Général Officie, Tome Second: Groupe II. Œuvres d'Art*, Paris 1900 (mit ausführlicheren Einträgen als im illustrierten Katalog). Beide wurden in der Reihe *Modern Art in Paris, 1855–1900*, hg. v. Theodore Reff, New York u. London 1981, wieder aufgelegt. Die jüngste Untersuchung zur Kunst auf der

Weltausstellung bietet Robert Rosenblum, Mary Anne Stevens und Ann Dumas: *1900: Art at the Crossroads,* Ausstellungskatalog Royal Academy, London 2000.

[2] Tatsächlich wurden drei stimmungsvolle Landschaftsbilder von Prinz Eugen in der schwedischen Sektion gezeigt, und ein anderer königlicher Künstler, Don Carlos I. von Portugal, stand mit einem Pastell, das drei portugiesische Fischer bei der Arbeit zeigte, an der Spitze der Liste der Künstler seines Landes.

[3] Die Sektionen amerikanischer Kunst auf der Exposition Universelle sind jetzt vollständig dokumentiert bei Diane P. Fischer (Hg.): *Paris 1900: The »American School« at the Universal Exposition*, New Brunswick/ N.J. 1999.

[4] Vgl. *Jean-Joseph Weerts,* Ausstellungskatalog Musée de Roubaix, Roubaix 1989. Dieser Katalog enthält allerdings keinerlei Informationen zu *Pour l'humanité, pour la Patrie!*

[5] Ich bin Wolfgang Augustyn und Michael Zimmermann für ihre Hilfe bei der klaren Zuordnung der Skulptur zum Umfeld von Veit Stoss zu Dank verpflichtet, obwohl diese sich nicht eindeutig mit einem bestimmten Werk identifizieren läßt. Möglicherweise nahm Herterich sich die Freiheit, die Anordnung der Draperien gegenüber der originalen Skulptur zu verändern, um dadurch die Wirkung seines eigenen Bildes zu steigern.

[6] Zu diesen beiden Bildern von Heldengräbern vgl. Helmut Börsch-Supan u. Karl Wilhelm Jähnig: *Caspar David Friedrich*, München 1973, Kat.-Nr. 205 und 316.

[7] Julia de Wolf Addison: *The Art of the Dresden Gallery*, London 1907, S. 436f.

[8] Siehe Georges Lafenestre: *Les Ecoles Etrangères*, in: *L'Art à l'Exposition Universelle de 1900*, Paris 1900, S. 192.

[9] Eine Auswahl dieser populären Bilder, die das christliche Himmelreich mit soldatischer Pflicht verbinden, findet sich bei Kenneth E. Silver: *Esprit de Corps: The Art of the Parisian Avant-Garde and the First World War, 1914–1925*, Princeton/ N.J. 1989, besonders Abb. 57, 58, 61, 69.

Deutsche »Bierburg« oder »le clou de l'Exposition«?

›Le Pavillon de l'Empereur‹ auf der Pariser Weltausstellung 1900

Françoise Forster-Hahn

»Im Stil der deutschen Frührenaissance«

Ein Renaissancehaus ist hingebaut in der Art jener Bierburgen, die an der Spree süddeutsches Wesen symbolisieren. Und das Äussere dieser Pschorrbräuhalle ist im Rathauskellerstil mit gedankenvollen Inschriften geschmückt, die in verschnörkelten gothischen Buchstaben Propaganda für die Flottenvorlage machen: ›Unsere Zukunft liegt auf dem Wasser‹, ›Auf die Flut der Stern des Schicksals weist, lichte kühn die Anker, Menschengeist‹«.[1] So charakterisierte Richard Muther das deutsche Haus der Pariser Weltausstellung 1900 (Abb. 1). Muther, der im Zimmer der Wiener Sezession »den vornehmsten Raum des ganzen Palastes« der internationalen Kunstausstellung im Grand Palais sah[2], konnte über das historisierend-eklektische Gebäude des Deutschen Reiches nur urteilen: »das Geschmackloseste leistet sich Deutschland«[3], nicht ohne sarkastisch die stolz-nationalen Inschriften am Äußeren über den Aufbau der Flotte zu zitieren.

Im krassen Gegensatz zu dieser Aburteilung des deutschen Hauses pries der deutsche Botschafter in Paris, der damals achtzigjährige Fürst Münster von Derneburg, in seinen Berichten nach Berlin überschwenglich die kluge Auswahl des im Inneren Dargestellten – ganz besonders eine Auswahl der Räume Friedrichs des Großen und das deutsche Weinrestaurant (Abb. 2–4) – und die effektvolle Wirkung auf das französische Publikum:

> »Das deutsche Haus, welches ganz allgemein als le pavillon de l'Empereur bezeichnet wird, ist so vom Publikum überlaufen, daß der Reichskommissar und die Beamten [...] gar nicht mehr wissen, wo ihnen der Kopf steht. Für die oberen Zimmer und die Collection de l'Empereur müssen Karten ausgegeben werden [...]. An einem Nachmittage wurden von 2 bis 5 Uhr die Besu-

1 *Das deutsche Haus*, aus: Julius Meier-Graefe (Hg.): *Die Weltausstellung in Paris 1900*, Paris u. Leipzig 1900, S. 41

cher des Hauses gezählt und die grosse Zahl von 67000 erreicht. Unsere Ausstellung wird ganz allgemein für die beste gehalten und ich höre vielfach von Franzosen die Äußerung: ›La Collection de l'Empereur est le clou de l'Exposition.‹«[4]

Le pavillon de l'Empereur war »im Stil der deutschen Frührenaissance« nach den Plänen des Kaiserlichen Post-Bauinspektors Johannes Radke gebaut. Die Räume Friedrichs des Großen, die auch als Empfangs- und Repräsentationsräume für den Kaiserlichen Reichskommissar dienten, befanden sich im ersten Stockwerk, »die ganze Front nach der Seine einnehmend.«[5] Während der deutsche Botschafter Fürst Münster, der das deutsche Haus am 15. Mai eröffnet hatte[6], den populären Erfolg der deutschen Ausstellung sofort mit effektvoller diplomatischer Geste in seiner politischen Wirkung auf das Verhältnis zwischen Frankreich und Deutschland bewertete,[7]

2 *Das deutsche Haus, »Le Grand Salon«* mit der Sammlung Friedrichs II., aus: *Figaro Illustré,* Oktober 1900, S. 195

3 *Das deutsche Haus,* Sammlung Friedrichs II., aus: Meier-Graefe 1900, S. 55

4 Bruno Möhring: *Das deutsche Haus: Weinrestaurant,* aus: Meier-Graefe 1900, S. 116

schrieb und urteilte der Kunsthistoriker und Kritiker Muther ganz vom Blickpunkt einer modernistischen Ästhetik aus und hielt die Institution von Weltausstellungen schon damals, 1900, für einen Anachronismus: »Doch wird alles Flittergold, alles Feuerwerk darüber täuschen, daß wir mit dem neunzehnten Jahrhundert auch die Weltausstellungen begraben?«[8]

Um die enorme, ja überraschende Wirkung des deutschen Hauses in einer Zeit der politischen Spannungen zwischen der französischen Republik und dem deutschen Kaiserreich zu verstehen, muß man äußere Gestalt, Inhalt und Inszenierung des Dargebotenen analysieren; denn die populäre und kritische Rezeption schwingt mit in den verschiedenen, sich einander überlagernden Schichten der Kommunikation: politisch, ästhetisch und soziologisch. Ohne modernen Massentourismus, das heißt ohne die modernen Kommunikationsmittel Verkehr und Medien, wäre ein solcher »clou« nicht denkbar gewesen.[9]

Seit 1867 war es das erste Mal, daß sich Deutschland offiziell an einer Weltausstellung in Paris beteiligte. 1878 hatte das Deutsche Reich, als diplomatische Geste und in letzter Minute organisiert, nur eine Kunstausstellung *hors concours* nach Paris geschickt, und 1889 richtete Max Liebermann eine Kunstausstellung ein, die gegen die Wünsche der deutschen Regierung stattfand. 1900 hingegen unternahm das Kaiserreich eine außergewöhnliche Anstrengung, die letzten Errungenschaften in Technik, Wissenschaft und Kultur zu präsentieren.[10] Weil die Exposition 1900 selbst nach dem Prinzip der Wissensgebiete und nicht nach Ländern geordnet war, wurde der traditionelle Zweck von Weltausstellungen, nämlich die nationale Selbstdarstellung der einzelnen Länder, in den sogenannten »Repräsentationshäusern« in historischem Stil an der »Rue des Nations« am Quai d'Orsay bewahrt, deren »retrospektiver Geschmack« sie zum »stilistischen Popanz« machte, wie Muther polemisch feststellte.[11] Während die deutsche Kunst zusammen mit den Kunstausstellungen der übrigen beteiligten Länder im Grand Palais gezeigt wurde, war das deutsche Haus – wie schon seine historisierende Renaissancearchitektur mit Erker und Türmchen signalisierte – die »nationale Repräsentations-Ausstellung« des Kaiserreiches[12].

Obwohl Diplomaten und die konservative Presse ihr Lob ungeteilt aussprechen konnten, färbt der Zwiespalt zwischen patriotischer Begeisterung und ästhetischem Urteil viele der Formulierungen der »Modernisten«, am deutlichsten vielleicht diejenige Meier-Graefes, der einen ganzen Band über die Weltausstellung herausgab: Er schrieb von den »köstlichsten Triumphen der deutschen Geschichte« und mußte dann doch zugeben, daß »dieses Haus (das deutsche Haus) [...] wenig mit dem alten Nürnberg zu thun (hat). Es erinnert mehr an die nordischen Übertragungen, an die stilvollen Bierrestaurants, wie sie der Berliner liebt.«[13]

Der engagierte Verfechter des Art Nouveau konnte nicht umhin zu betonen, daß die »Mode der deutschen Renaissance des 16. Jahrhunderts« in Deutschland fast »überwunden« sei, aber daß es »fern sei von uns, über das alte Nürnberg ein Wort zu schmähen«, und beschloß seine Beschreibung mit der ungeteilten Bewunderung der »außerordentlich schönen und modernen Weise« des von Bruno Möhring im Jugendstil entworfenen Weinrestaurants.[14] Alfred Lichtwark, der den Text über die deutsche Kunstausstellung für den Amtlichen Katalog schrieb, betonte die unterschiedlichen Bedingungen für die Entwicklung der deutschen Kunst im 19. Jahrhundert, die sich durch die politische Dezentralisierung ergaben.[15] Nur der Belgier Henry van de Velde war – wie Muther – eindeutig in seinem sarkastischen Urteil über die »Paläste der Nationen«: »Sie machen den Eindruck einer unbekannten Stadt von ungeheurer Größe, etwa so, wie der phantastische Traum eines emporgekommenen Schweinemetzgers sie sich vorstellen würde. [...] Einzige Anhäufung monumentaler Thorheiten, unvergleichliches Zeugnis herrschender Denkfaulheit und des Unvermögens, Neues zu schaffen!«[16]

Die Ambivalenz der deutschen Rezeption spiegelt den Widerspruch in der ideologischen und ästhetischen Konzeption des deutschen Hauses selbst: historisierende Neo-Renaissance, die das alte Nürnberg in Erinnerung rufen wollte, und internationales Art Nouveau in Kunsthandwerk, Innendekoration (Weinrestaurant) und Buchkunst.

Französische Kunst, »für einige Zeit in ihre Heimat zurückgekehrt« – Die Präsentation der Sammlungen Friedrichs des Großen

Der Besucher, der von der Seineterrasse her das deutsche Haus betrat, kam zuerst in eine weite Halle, an die sich rechts und links kleinere Räume anschlossen, wo die Erzeugnisse des deutschen Buchgewerbes, auch Fotografien und Plakate, ausgestellt waren. Über Marmor-Doppeltreppen in einem monumentalen mit allegorischen Wandgemälden, schwarzen heraldischen Adlern und Kronen geschmücken Treppenhaus gelangte man in das erste Stockwerk. Ein sechs Meter hohes Glasfenster, wo »der Friede [...] ein wenig kriegerisch durch einen silbergerüsteten Ritter dargestellt« war, beleuchtete das Treppenhaus. Auf der ersten Etage führte dann »unter dem mit den Walküren Wotans geschmückten Bogen« eine Eichentür mit dem goldbronzenen Reliefbildnis Friedrichs im Giebelfeld in die vier Repräsentationsräume Friedrichs des Großen.[17] In den Seitenabteilungen waren Ausstellungen der Reichsdruckerei und des deutschen Arbeiterschutzes untergebracht und im Erdgeschoß das von Bruno Möhring im Jugendstil ausgestattete Weinrestaurant, das sich großer Beliebtheit bei »der vornehmsten Pariser Welt und Halbwelt«[18] erfreute.

Das zentrale Stück und die Hauptattraktion dieser Einrichtung waren aber die Sammlungen Friedrichs des Großen, »ausgestellt auf Allerhöchsten Befehl Seiner Majestät des Deutschen Kaisers«, wie es ausdrücklich im *Amtlichen Katalog* heißt: französische Kunst, »für einige Zeit in ihre Heimat zurückgekehrt.«[19] Die Ausstellung wurde begleitet von einem ausführlichen Katalog von Paul Seidel, Direktor des Hohenzollernmuseums und der königlichen Sammlungen.[20] Während die Hauptwerke Watteaus, *Die Einschiffung nach Cythera* und *Das Firmenschild des Kunsthändlers Gersaint* (damals noch in zwei Teilen) in Berlin geblieben waren, war die Auswahl an Bildern, Skulpturen, Möbeln und Kunstgewerbe so umfassend, daß ihre Inszenierung in den von dem Architekten Radke dekorierten Räumen die Wohnungen Friedrichs des Großen in Sanssouci und im Potsdamer Stadtschloß bis zur Verwechselbarkeit nachahmten: so kunstvoll waren originale Objekte, Gegenstände aus anderen Sammlungen, Kopien, Nachbildungen und Modernes zu einem Simulacrum zusammengefügt, daß die Grenze zwischen Authentizität und Fiktion effektvoll verwischt wurde. Wie Seidel im Vorwort zu seinem Katalog erwähnt, war die ursprüngliche Idee, den französischen Gemälden »den richtigen Hintergrund zu geben«: so waren für Friedrich den Großen hergestellte Möbel durch moderne ergänzt worden, der Kamin im gelben Salon des deutschen Hauses war eine Kopie des Originals in der Bibliothek in Sanssouci; die alten Teppiche waren von der Berliner Firma Hermann Gerson geliehen, »die Decke im Salon eine Nachbildung der Decke im Musikzimmer in Sanssouci.«[21] Die Seidentapeten waren nach alten Mustern neu gewebt, »der Kronleuchter aus Porzellan nach altem Modell, die Bänke und Stühle frisch vergoldet und mit frischen Stoffen bezogen [...].«[22] Dieses fiktive Ensemble, das Wohnräume Friedrichs des Großen vortäuschte, bildete das *environment* für die französischen Kunstwerke aus der Sammlung des Königs: unter anderem vier Bilder Watteaus, drei Bilder Chardins, zehn Gemälde Lancrets und sechs von Pater. Einen prominenten Platz hatten das Notenpult von Melchior Kambly aus dem Musikzimmer Friedrichs des Großen im Potsdamer Stadtschloß (Abb. 3) und ebenso die Standuhr von Joannes Biesta (Abb. 2), originale Objekte, die dazu beitrugen, den Schein der »echten« Wohnräume vorzuspiegeln, auf die gleiche Art, wie ein kleiner von Ferdinand Vogts dekorierter Raum die Bibliothek von Sanssouci in Erinnerung rief. Neben Porzellanen, Uhren und anderem waren auch Skulpturen ausgestellt, so z. B. die *Marmorbüste Voltaires* in Lebensgröße von Houdon, die Friedrich II. der Berliner Akademie der Wissenschaften geschenkt hatte.[23]

Dieses Verfahren, heterogenste Gegenstände aus örtlich und zeitlich weit auseinanderliegenden Sphären für einen kurzen historischen Augenblick zu einem harmonischen Simulacrum zusammenzufügen, erzeugte im Publikum eine so vollkommene Illusion, daß die Pariser »sich immer tiefer in den Gedanken hinein(arbeiteten), daß Friedrich der Große eigentlich einer der Ihrigen ist.«[24] Die Illusion, sich in den Wohnräumen Friedrichs des Großen zu befinden, bewirkte zweierlei: Das deutsche Kaiserreich bezeugte »erlesenen« Geschmack und machte Frankreich gegenüber eine großzügige Geste; auf der anderen Seite fand das Pariser Publikum ein altes Vorurteil bestätigt: die Dominanz französischer Kultur jenseits des Rheins.

Vor allem zwei Lesarten bestimmten die kritische Rezeption der Ausstellung in Deutschland. Man erblickte in ihr eine diplomatische Geste friedvoller Annäherung und zugleich ein Zeichen nationalen Selbstbewußtseins. Das deutsche Publikum konnte seine neu erfundene nationale Identität, die sich auf die revidierte historische Rolle Friedrichs des Großen als Wegbereiter preußich-deutscher Macht berief, in den Räumen des Königs dargestellt sehen. Beide Lesarten, die auf den ersten Blick gegensätzliche Motive zu privilegieren scheinen, bedeuteten für die Zeitgenossen keinen Widerspruch, sondern überlagerten sich in schillernder Weise. Derselbe Paul Seidel, der im *Amtlichen Katalog* die Ausstellung preist als »ein Zeichen des dankbaren Gedenkens [...], welches das deutsche Volk dem französischen für die Lehre und Anregung bewahrt hat, die ihm im 18. Jahrhundert von Frankreich aus zu Theil wurde«[25], deutet sie in seinem Katalog der *Kunstsammlung Friedrichs des Großen* als »Huldigung für die Manen Friedrichs des Einzigen«, der nicht nur als Kenner französischer Kultur, als »grosser Philosoph und (...) bedeutender Musiker«, sondern auch als »einer der ersten Schlachtenlenker und Politiker« gerühmt wird.[26] In dieser Charakterisierung Friedrichs II. tritt nicht nur die Ambivalenz der deutschen Haltung hervor, die prekär zwischen dem »einerseits« und dem »andererseits« schwebt, sondern auch die fundamentale Revision in der Beurteilung der historischen Rolle des Königs: Während Friedrich in der Vormärzzeit und um 1848 als aufgeklärter Philosoph auf dem Thron, als Freund Voltaires und Vorbereiter bürgerlicher Freiheiten gefeiert wurde[27], verschob sich seit der Reichsgründung diese liberal-bürgerliche Lesart ins Nationale: Friedrich wurde nun als Held und Schöpfer preußischer Hegemonie und im Zuge des »nationalen Aufschwungs« als Begründer der Machtstellung des Deutschen Reiches gesehen.[28] Die Wiederentdeckung des Rokoko und die Mode des sogenannten »zweiten Rokoko« in der angewandten Kunst ist mit den revisionistischen historischen Diskursen eng verknüpft.

So kann in diesem weiteren politischen Kontext betrachtet die Ausstellung der Sammlung Friedrichs des Großen in sorgfältig ausgestatteten *period rooms* zweifach wirken: als Geste von Détente und Darstellung nationalen Machtbewußtseins. Die psychologische

Wirkung dieses »Disneyland der Bildung« auf die französischen Besucher war allerdings so stark, daß – wie die *National-Zeitung* vermerkte – die französische Presse (in der ihr eigenen nationalen Haltung) den Schlußsatz Seidels aus der Einleitung des ausgelegten Katalogs über die hervorragende und anregende Rolle der französischen Kunst im 18. Jahrhundert aufgriff und wörtlich übersetzte oder paraphrasierte[29]: »[...] Pouvait-on, comme l'a dit M. Seidel [...] ›contribuer plus noblement à la grande fête pacifique de l'Exposition universelle, qu'en rappelant par ce retour sur le passé le souvenir de ce que le peuple allemand doit, dans le domaine de l'art, à la nation voisine et [...] l'hommage rendu par Frédéric II [...] à la civilisation et à l'art français?‹«[30] Kaiser Wilhelm II. ließ sich von der Vielzahl der überschwenglichen Berichte aus Paris allerdings nicht in seiner politischen Position beeinflußen: in einer sarkastischen Randnotiz in einem Bericht aus der deutschen Botschaft über die Räume Friedrichs des Großen bemerkte er: »Weil sie (die Franzosen) sich in denselben selbst bewundern konnten!«[31] Diese und ähnliche Randkommentare, die Wilhelm II., der selbst aktiv in die Außenpolitik eingriff, in der diplomatischen Korrespondenz machte, weisen darauf hin, daß das Schauspiel der Weltausstellung und die zeitweise Détente zwischen Frankreich und Deutschland (gefördert durch den Burenkrieg und französisches Mißtrauen gegen Rußland), die tiefliegenden politischen Konflikte nur oberflächlich maskierten.[32]

Nationale Ambivalenz in der Inszenierung des deutschen Repräsentationshauses

Überlagerten sich die politischen Ideologien, die das Unternehmen der »Ausstellung der Fridriciana« (so Münster) und deren theatralische Inszenierung in *period rooms* bestimmten, so tritt die Diskrepanz zwischen retrospektiver Architektur und modernem Kunsthandwerk deutlich hervor. Das deutsche Weinrestaurant von Bruno Möhring, das wie ein Gesamtkunstwerk des Jugendstils erscheint, und die Buchkunst repräsentierten die Moderne, während die historisierende Architektur des deutschen Hauses und die Ausstattung des monumentalen Treppenhauses den »offiziellen« Geschmack der Regierung darstellten. Die Imitation des Renais-

DAS DEUTSCHE HAUS

Das Repräsentationsgebäude des Reichs ist erbaut im Stil der deutschen Frührenaissance nach den Plänen des Kaiserlichen Post-Bauinspektors Johannes Radke, eines der Architekten des Reichskommissariats.
Auf einer Grundfläche von 700 qm steigt es in seinem Dachfirst bis zu 37 m, in dem Hauptthurm bis zu 15 m über dem unteren Seine-Quai auf. Um eine Treppenhaushalle von 16 m lichter Höhe sind gelegen: im Erdgeschoß der Saal für die Sammelausstellung der Photographie sowie Räume für die Ausstellung des deutschen Buch-

58

5 Bernhard Pankok: *Das deutsche Haus,* aus: Otto N. Witt: *Weltausstellung in Paris 1900,* S. 58.

sancestils, besonders des deutschen der Dürerzeit, brachte zudem nationale Tradition[33] mit ein und korrespondierte mit den chauvinistischen Inschriften über die deutsche Flotte am Äußeren des Hauses. Die Illustration zum Kapitel *Das deutsche Haus* im *Amtlichen Katalog* (Abb. 5) kann als bildliche Metapher für die ineinandergreifenden politischen und ästhetischen Sprachen der deutschen Selbstdarstellung gelesen werden: die deutsche »Bierburg« im »Rathauskellerstil«, umrankt von einer auffallend üppigen Jugendstildekoration. Die Identität des Deutschen Reiches wird hier verbildlicht durch Neo-Renaissance-Architektur, welche nationale Tradition beschwört, während die Ranken des Art Nouveau die kosmopolitische Moderne repräsentieren. Ebenso koexistieren beide Sprachen in der Gestaltung von Text und Design des *Amtlichen Katalogs der Ausstellung des Deutschen Reiches*: Bernhard Pankok, Mitbegründer der Vereinigten Werkstätten, entwarf die Ausstattung des Katalogs, während die »eigenthümlich deutsche Schrift« in der Reichsdruckerei »nach Entwürfen des Kaiserlichen Graveurs Georg Schiller hergestellt« wurde.[34] Nicht eine kohärente Sprache spricht für die Nation, sondern erst das Zusammen- und Gegeneinander der verschiedenen Stimmen fügt sich zum komplexen Ensemble des deutschen »Repräsentationshauses«. Das Prinzip der Montage, das die Inszenierung der Räume Friedrichs II. gestaltet, bestimmt auch in viel umfassenderem Sinn die gesamte Konzeption des *Pavillon de l'Empereur.* Nur so konnten sich die multiplen, oft divergierenden politischen und ästhetischen Tendenzen in *einem* Gebäude, das die Nation repräsentieren sollte, darstellen: deutsche Bierburg, französische Kunst des 18. Jahrhunderts und ein Weinrestaurant im internationalen Jugendstil.

Für die Unterstützung meiner Forschungsarbeit danke ich dem Archiv des Auswärtigen Amtes, Bonn; der Kunstbibliothek, Staatliche Museen zu Berlin Preussischer Kulturbesitz; der University of California, Riverside für einen *intramural research grant* und Nanni Baltzer für kenntnisreiche und aufmerksame wissenschaftliche und editorische Hilfe.

1 Richard Muther: *Aufsätze über Bildende Kunst*, hg. von Hans Rosenhagen, 3 Bde. *Bücher und Reisen*, Berlin 1914, S. 164–165.

2 Vgl. ibid., S. 197.

3 Vgl. ibid., S. 164.

4 Vgl. Fürst Münster von Derneburg in einem Bericht vom 25. Juni 1900 an den Reichskanzler Fürst zu Hohenlohe-Schillingsfürst: hier zitiert nach einer Abschrift im Politischen Archiv des Auswärtigen Amts: *Acten betreffend: die Pariser Weltausstellung im Jahre 1900*, Frankreich No. 111 (o. J.), Bd. 7, 963/2. Die Korrespondenz des Botschafters mit Berlin und die beigelegten Ausschnitte aus der französischen Presse sind ausgewertet in: Herbert von Nostitz: *Bismarcks unbotmässiger Botschafter Fürst Münster von Derneburg (1820–1902)*, Göttingen 1968, S. 264–271.

5 Vgl. die Beschreibung in: Otto N. Witt (Hg.): *Weltausstellung in Paris 1900. Amtlicher Katalog der Ausstellung des Deutschen Reiches*, Berlin o. J., S. 58–60.

6 In der Anlage zu dem Botschaftsbericht Nr. 116 vom 16. Mai 1900 befinden sich die durchweg positiven französischen Zeitungsberichte: *Le Gaulois* vom 16. Mai 1900, *Le Rappel* vom 17. Mai 1900, *Le Soleil* vom 16. Mai 1900, *l'Intransigeant* vom 17. Mai 1900, *Le Siècle* vom 16. Mai 1900; Politisches Archiv des Auswärtigen Amts (wie Anm. 4).

7 Wie die politische Entwicklung zeigen sollte, beurteilte Münster die Wirkung der Ausstellung viel zu optimistisch: »Die Stimmung für Deutschland ist völlig umgeschlagen. Abgesehen von der politischen Konstellation wird diese Ausstellung wesentlich dazu beitragen, ein dauernd besseres Verhältnis zwischen Deutschland und Frankreich anzubahnen.« In seinem Bericht vom 25. Juni 1900 – siehe Politisches Archiv des Auswärtigen Amts (wie Anm. 4).

[8] Vgl. Muther 1914 (wie Anm. 1), S. 160.

[9] Die Literatur zu Weltausstellungen ist umfangreich. Für meine Arbeit wichtig waren: *The Books of the Fairs: Materials about World's Fairs, 1834–1916, in the Smithsonian Institution Libraries*, mit einer Einführung von Robert W. Rydell, Chicago u. London 1992; Brigitte Schroeder-Gudehus u. Anne Rasmussen: *Les fastes du progrès: Le guide des expositions universelles 1851–1992*, Paris 1992; für einen neuen methodischen Ansatz siehe: Burton Benedict (Hg.): *The Anthropology of World's Fairs*, Berkeley 1983; Patricia Mainardi: *Art and Politics of the Second Empire: The Universal Expositions of 1855 and 1867*, New Haven 1987; Philippe Hamon: *Expositions: Literature and Architecture in Nineteenth-Century France*, Einleitung von Richard Sieburth, Berkeley, Los Angeles u. Oxford 1992.
Die zeitgenössischen Publikationen über die Weltausstellung – von Katalogen bis zu Presseberichten – sind umfassend. Aber erst wenn man die Ausstellung im politischen Kontext der Zeit sieht, wird ersichtlich, warum gerade das deutsche Haus ein solcher Massenerfolg war. Siehe auch: Françoise Forster-Hahn: *»La Confraternité de l'art«: Deutsch-französische Ausstellungspolitik von 1871 bis 1914*, in: *Zeitschrift für Kunstgeschichte* 4/1985, S. 506–537, besonders S. 533–534; und: dies.: *Constructing New Histories: Nationalism and Modernity in the Display of Art*, in: Françoise Forster-Hahn (Hg.): *Imagining Modern German Culture: 1889–1910, Studies in the History of Art 53*, National Gallery of Art, Washington D.C. 1996, S. 71–89. Für die kritische Rezeption der deutschen Kunstausstellung im Grand Palais in Frankreich siehe Rachel Esner: *»Art knows no fatherland«: The reception of German art in France, 1878–1900*, Ann Arbor (MI, U.M.I.) 1994, S. 335–363.

[10] Siehe hierzu Forster-Hahn 1985 (wie Anm. 9), S. 506–537.

[11] Muther 1914 (wie Anm. 1), S. 163.

[12] Die zeitgenössische Literatur und die deutschen sowohl wie die französischen Publikationen über die Pariser Weltausstellung und besonders über den deutschen Beitrag sind umfangreich. Für die Beschreibung im folgenden siehe Georg Malkowsky (Hg.): *Die Innenräume des deutschen Hauses*, in: *Die Pariser Weltausstellung in Wort und Bild*, Berlin 1900, S. 172–174; *Das Arbeits-Kabinet Friedrichs des Großen*, ibid., S. 234. Und die offizielle Publikation: Paul Seidel: *Die Kunstsammlung Friedrichs des Großen auf der Pariser Weltausstellung 1900*, Berlin u. Leipzig 1900; dieser Band ist ein: *Beschreibendes Verzeichnis von Paul Seidel. Mit 45 Abbildungen nach Zeichnungen und Radierungen von Peter Halm.* A. J. Meier-Graefe (Hg.): *Die Weltausstellung in Paris 1900*, Paris u. Leipzig 1900 (mit farbigen Abbildungen), über das deutsche Haus siehe S. 32–34. Witt o. J. (wie Anm. 5). Ibid., Paul Seidel: *Das deutsche Haus*, S. 58–60, und *Die Sammlung Friedrichs des Großen, ausgestellt auf Allerhöchsten Befehl Seiner Majestät des Deutschen Kaisers*, S. 61–65.

[13] Vgl. Meier-Graefe 1900 (wie Anm. 12), S. 32–34. Über die Ambivalenz Meier-Graefes im Urteil über den deutschen Beitrag siehe auch Forster-Hahn 1996 (wie Anm. 9), S. 71–89.

[14] Ibid., S. 34.

[15] Alfred Lichtwark: *Deutsche Kunst*, in: Witt o. J. (wie Anm. 5), S. 122–128.

[16] Vgl. Henry van de Velde: *Pariser Eindrücke*, in: Maximilian Harden (Hg.): *Die Zukunft*, Bd. 33, Berlin 1900, S. 14–23, besonders S. 17.

[17] Malkowsky 1900 (wie Anm. 12), S. 173.

[18] Vgl. ibid., S. 174.

[19] Seidel 1900 (wie Anm. 12), S. 27.

[20] Ibid.

[21] Vgl. ibid., S. XI, XII. Siehe auch die kurze Zusammenfassung von Seidel o. J. (Sammlung) (wie Anm. 12), S. 61–65.

[22] Vgl. Julius Lessing: *Das deutsche Haus*, in: *National-Zeitung*, 15. Mai 1900.

[23] Ausgestellt waren nach den Titeln im *Amtlichen Katalog,* Witt o. J. (wie Anm. 5), S. 63: Antoine Watteau: *Der Liebesunterricht, Die Liebe auf dem Lande, Die Hirten, Das Konzert*; Jean-Baptiste-Siméon Chardin: *Der Zeichner, La Pourvoieuse, La Ratisseuse*. Nicolas Lancret: *Das Moulinet, Die Gesellschaft im Gartenpavillon, Ländlicher Tanz, Blindekuhspiel, Das beendete Gastmahl, Die Tänzerin Camargo, Der Guckkastenmann, Tanz an der Pegasus-Fontäne*. Jean-Baptiste-Joseph Pater: *Das Fest im Freien, Badende Mädchen, Der Tanz im Freien, Das Bad, Blindekuhspiel*; ausserdem 14 gemalte Illustrationen zu Paul Scarrons *Roman comique*. Siehe auch Seidel 1900 (wie Anm. 12), S. 32–33, S. 36–42, S. 43–51, S. 55–59, S. 66. Die hier angegebenen Titel stimmen nicht immer mit denjenigen im *Amtlichen Katalog* überein. Nach Seidel waren außerdem ausgestellt von Lancret *Der Tanz vor dem Zelte,* Nr. 6 des *Beschreibenden Verzeichnisses*, und *Der Vogelfänger (Les Amours du boccage),* Nr. 12, und von Pater *Die Gesellschaft an der Parkmauer*, Nr. 18. Zu Houdon siehe Seidel 1900 (wie Anm. 12), S. 66, Nr. 35.

[24] Vgl. Malkowsky 1900 Arbeits-Kabinett) (wie Anm. 12), S. 234.

[25] Seidel in seinem Schlußsatz in *Die Sammlung Friedrichs des Großen* (wie Anm. 12), S. 65.

[26] Seidel 1900 (wie Anm. 12), S. 27: In dem langen, verschachtelten Schlußteil seiner Einleitung komponiert Seidel einen verschlungenen Satz, der in seiner grammatikalischen Struktur das »einerseits« und »andererseits« der Funktion dieser Ausstellung spiegelt. Die Auswahl der Kunstwerke sei »in ihre Heimat zurückgekehrt, einerseits als Huldigung für die Manen Friedrichs des Einzigen, der mit dem Ruhme einer der ersten Schlachtenlenker und Politiker, ein großer Philosoph und ein bedeutender Musiker zu sein, auch das Verständnis dafür vereinigte, wo Litteratur und Kunst seiner Zeit den höchsten Ausdruck [...] gefunden hatten, andererseits aber auch als Huldigung für den unvergänglichen Ruhm des französischen Volkes auf dem Gebiete der Kunst im achtzehnten Jahrhundert, auf dem das deutsche Volk heute ebenso wie Friedrich der Große ihm neidlos den Lorbeer anerkennt.«

[27] Zur bürgerlich-liberalen Lesart siehe den Beitrag über *Friedrich II.* von G. Friedrich Kolb, in: Carl von Rotteck und Carl Welcker (Hg.): *Das Staats-Lexikon. Encyklopädie der sämmtlichen Staatswissenschaften für alle Stände*, neue verbesserte Auflage, Altona 1847, Bd. V, S. 263.

[28] Zur Revision der historischen Rolle Friedrichs II. und in Reziprozität der kritischen Rezeption von Menzels Geschichtsbildern siehe Françoise Forster-Hahn: *Die »formende Kraft« historischer Bilder: Adolph Menzels und Anton von Werners Darstellungen deutscher Geschichte*, in: Dominik Bartmann (Hg.): *Anton von Werner. Geschichte in Bildern*, München 1993, S. 80–90.

[29] Julius Lessing: *Das deutsche Haus*, in: *National-Zeitung*, 15. (?) Mai 1900.

[30] Vgl. Jean-J. Marquet de Vasselot: *Frédéric II, Amateur d'art français, La peinture française du XVIIIe siècle au Pavillon Impérial Allemand*, in: *Figaro Illustré*, Oktober 1900, S. 216.

[31] Vgl. Randnotiz in einem Bericht von Herrn Delcassé, in: *Acten betreffend: die Pariser Welt-Ausstellung im Jahre 1900 vom 1. Juli 1900*, Politisches Archiv des Auswärtigen Amts, Frankreich No. 111 o. J., Bd. 8, 963/3.

[32] Zur Eskalation der europäischen Konflikte siehe Gordon Craig: *Germany 1866–1945*, New York 1978, besonders das Kapitel: *Weltpolitik, Navalism, and the Coming of the War 1897–1914*, S. 302–338.

[33] Siehe hierzu Robin Lenman: *From »Brown Sauce« to »Plein Air«: Taste and the Art Market in Germany, 1889–1910*, in: Forster-Hahn 1996 (wie Anm. 9), S. 53–69, besonders S. 61–64.

[34] Wie im *Amtlichen Katalog*, Witt o. J. (wie Anm. 5), selbst vermerkt (o. Seitenangabe – gegenüber der Titelseite), »lehnt sich (die Schrift) an Typen von rundlichem Schnitt an, die bei den deutschen Druckern der gothischen Epoche für verschiedene Sprachen üblich waren. Daher konnte diese eigenthümlich deutsche Schrift auch für die französische und englische Ausgabe verwendet werden.« Es war vielleicht kein Zufall, daß die »eigenthümlich deutsche Schrift« aus Berlin und der Jugendstil-Buchschmuck aus München kamen!

Daumiers ›L'Homme à la corde‹

Klaus Herding

Brüche in den Bildern

Frankreichs »kritische« Künstler, Daumier und Courbet, haben den stärksten Widerhall in Deutschland gefunden. Während man aber an Courbet vornehmlich die freie Malweise rühmte (eine Sicht, die wesentlich auf Meier-Graefe zurückgeht)[1], war Daumier hierzulande vor allem als Karikaturist anerkannt. Walter Benjamin z. B. hat ihn – selbst wo er von seiner Malerei spricht – *nur* so gesehen[2]. Der hohe Rang seiner *Malerei* hingegen blieb beiderseits des Rheins umstritten (wozu das Werkverzeichnis von Eduard Fuchs mit Fehlzuschreibungen ungewollt beitrug).[3] In mehreren Schritten erst setzte sich die Einsicht durch, daß Daumier auch als Maler sehr früh Entscheidendes zur Moderne beitrug; noch die große Ausstellung der Jahre 1999–2000 hat nicht wenig für dieses Verständnis geleistet.[4]

Als Maler kann Daumier sprunghaft, in ein und demselben Bild, von einer narrativen zu einer abstrahierenden Methode wechseln; er kann Vorder- und Hintergrund partiell zusammenbinden, ja negieren, wie Cézanne; er kann die Farbe bald lokal, bald flächig, bald bunt, bald schattig auftragen und so geradezu demonstrativ unterschiedliche Möglichkeiten zum Ausstieg aus akademischen Konventionen vor Augen führen. Ein Problem dabei ist, daß Daumier oft (wenn nicht immer) experimentiert und seine Gemälde häufig unvollendet zurückläßt. Daher die Frage (die noch im Dezember 1999, auf einem Rundgang durch die Pariser Ausstellung mit Thomas W. Gaehtgens, Segolène Le Men und Michael Pantazzi aufkam): Hat Daumier dies gewollt, oder hat er keine andere Lösung gefunden? Ist der abrupte Wechsel, sind die Brüche in den Bildern als bewußte Setzung zu verstehen oder aber aus mangelnder Erfahrung abzuleiten? Sind sie gar als Ausdruck der Resignation zu deuten?

1 Honoré Daumier: *Der Mann am Seil* (*L'Homme à la corde*), um 1858–1860, Öl auf Leinwand, 113 × 73,5 cm, Ottawa, Musée national du Canada

Verzicht auf Erzählung

Diese Fragen werden sich in einem positivistischen Sinne kaum klären lassen. Aus den einigermaßen vollendeten Bildern, (zu denen sogar das graubraune, eigentlich nur gezeichnete Essener Gemälde *Ecce homo* gehört[5], möchte man immerhin schließen, daß sich bei Daumier mehrere Qualitäten miteinander verbinden. Der in zwei Versionen erhaltene, wohl um 1858–1860 entstandene *Mann am Seil* (*L'Homme à la corde*)[6] ist dafür ein Beispiel (Abb. 1 und 2). Ein mit Hemd (blouse d'ouvrier?) und langer Arbeiterhose bekleideter jüngerer Mann, allerdings mit dickem Bauch à la Daumier,[7] läßt sich an einem geknoteten Seil von einer Mauer herab, deren obere und untere Begrenzung sich unseren Blicken entzieht (oben werden jedoch Stangen und Schrägen sichtbar, die vermutlich zum

2 Honoré Daumier: *Der Mann am Seil* (*L'Homme à la corde*), um 1858–1860, Öl auf Leinwand, 113 × 73,5 cm, Boston, Museum of Fine Arts, Thompkin Collection

Dachansatz überleiten). Daß der Mann hinabgleitet und nicht etwa hinaufklettert, wird durch den Blick nach unten und das ausgestreckte linke Bein angedeutet. Rechts im Hintergrund erscheinen in der Tiefe die Konturen einiger Häuser; vielleicht sollen sie die gegenüberliegende Straßenseite mit Altbauten markieren, im Gegensatz zu dem höheren Neubau, von dem sich der Mann abseilt. Solch bildliches Kontrastdenken liebt Daumier.[8] Es dient ihm zur Verdichtung, zur Fokussierung des malerischen Vorgangs: Das Malen wird bei ihm nicht als narrative Schilderung, sondern als ein gedanklicher Prozeß aufgefaßt. Daumier erzählt nicht – er *setzt*, und seien es erratische Blöcke in einer nur skizzenhaft gestalteten, von der Phantasie erst aufzufüllenden Umgebung.

Da keine »Geschichte« erzählt wird, ist das Motiv des Abseilens nur der Anlaß des Bildes. Wir brauchen ihm deshalb nur kursorisch nachzugehen; auch sind ikonographische »Vorbilder« kaum zu finden: Paulus wird in Damaskus in einem Korb über die Stadtmauer hinabgelassen. Soweit an der Kreuzabnahme Christi Handwerker beteiligt sind, berühren sie den Boden oder stehen auf einer Leiter. Bei Brand oder Überschwemmung, in Kriegs- und Naturkatastrophenbildern, in den zahlreichen Gemälden des 16. Jahrhudnerts mit dem brennenden Troja etwa, werden solche Figuren meines Wissens nie als einzelne zum Bildthema, schon gar nicht zum Sujet eines großen Formats erhoben (während die beiden Versionen Daumiers immerhin rund 111 × 72 cm messen).[9] Die einzige Ausnahme, wo ein Mann am Seil ähnlich gewichtig in den Mittelpunkt einer Komposition gerückt wird, aber doch nur in einer kleinen Graphik, scheint mir in einer Illustration zu Victor Hugos *Notre-Dame de Paris*, Ausgabe von 1844, vorzuliegen. Dort findet sich als Titelkupfer zu Kapitel VIII ein Stich, der Quasimodo zeigt, wie er sich, den Blick in die Tiefe gerichtet, vom Glockenturm von Notre-Dame abseilt oder daran emporklimmt (Abb. 3). Aber dort ist der Ort mit allen Insignien, Spitzbogen, Hohlkehle, Ornament, Basen von Säulen, Statuensockel, in aller Präzision angegeben.[10] Daumiers Mann am Seil dagegen ist ortlos. Um so unheimlicher wirkt er; wie ein Bleigewicht hängt er da, bedroht und bedrohlich zugleich. Vor allem in der Bostoner Fassung (Abb. 2), wo die Gegensätze durch das gleißende Licht der Hauswand noch verschärft werden, spitzt sich dies zu – nicht unvergleichbar dem einsamen *Maler im Atelier* (*L'Artiste en face de son œuvre*), der mit der ganzen Welt und mit sich selbst allein zurechtkommen muß.[11]

Alltag ohne Rückhalt

In *L'Homme à la corde* monumentalisiert Daumier gleichwohl einen alltäglichen Vorgang. Er erhebt einen Arbeiter, der mit dem Abriß, Aufbau oder Anstrich eines Pariser Hauses beschäftigt ist, in den Rang einer Hauptfigur; er verselbständigt gewissermaßen einen Schnappschuß und verdichtet ihn zu einem Spiegelbild der *condition* humaine. Fast droht er daran zu scheitern: Nicht von ungefähr zeigen sich in der Fassung in Ottawa wie in der Bostoner Version umfangreiche *pentimenti*: die Stellung der Beine ändert sich mehrfach, der Griff der Hände um das Seil wird variiert, das Ge-

3 A. Aisné nach Zeichnung von Émile de Rudder (?): *Quasimodo am Turm von Notre-Dame* (*Quasimodo à la tour de Notre-Dame*), Holzstich, 13,3 × 7,8 cm, Frontispiz zu Victor Hugo: *Notre-Dame de Paris*, 8. Buch, 1844

sicht wird hin- und hergerückt, Hemdzipfel werden verkürzt. Auch die Farben wechseln. Weiß bricht überall durch und wird, wiederum weiß, übermalt. Der Horizont, das von Wolkenschlieren durchzogene Himmelsblau (das vor allem in der Bostoner Fassung hervortritt und sich dort auch im Herabgleitenden zeigt) wird bald höher, bald tiefer angesetzt. Selbst die Konturen der Hauswand verschieben sich. Nichts steht fest, nichts ist sicher. Diese Unsicherheiten verweisen auf die ephemere Situation, zeigen, daß es Daumier um den ständig wechselnden Augenblick geht – so, als suche er Gegenkräfte gegen die von ihm selbst inszenierte Monumentalisierung aufzurufen. Zum Stillstand eines Denkmals jedenfalls will er seinen Helden nicht verdammen. Es ist ja auch kein »Held«, sondern ein gewöhnlicher Alltagsagent dargestellt, wie in Daumiers Œuvre so häufig.[12]

4 Honoré Daumier: *Schwer zu erneuern* (*Difficile à remettre à neuf*), Lithographie (D. 3693), 25,5 × 20,5 cm, *Le Charivari*, 22. Februar 1869

Michael Pantazzi vermutet, daß ein Anstreicher gezeigt sei. Das soll nicht bestritten werden, aber entscheidend ist, daß der Mann keinerlei Instrumente bei sich führt, die ihn auf einen Beruf festlegen könnten, wie überhaupt das gesamte Bild (und nicht anders die Bostoner Version) aller Attribute entbehrt, die ein erzählerisches Ambiente verlangt. In dieser Abstraktion liegt – wie unvollendet das Bild auch immer sein mag[13] – eine Attitüde, die auf das 20. Jahrhundert vorausweist. Das unterscheidet diese Komposition sehr von einer motivisch verwandten Lithographie (Abb. 4), die Daumier 1869 schuf. Dort sitzt die Allegorie einer Friedensgöttin, tatsächlich mit großem Anstreicherpinsel versehen, auf einem Sitz, der an ein Seil geknüpft ist. Die Dame bemüht sich vergeblich, dem »Temple de la paix« einen neuen Anstrich zu verleihen: »Difficile à remettre à neuf« lautet die Legende. Hier liegt der politische Sinn offen zu Tage, und das Handwerkszeug dazu wird eindeutig mitgeliefert. Wenn das in unserem Gemälde anders ist, zeigt sich darin auch eine mediale Differenz. Die publizierte Lithographie verlangt nach einer lesbaren Botschaft. Das Gemälde (und das hat mit dem Vollendungsgrad wenig zu tun) darf offen und vieldeutig sein.

Auch Daumiers Zeichnungen unterscheiden sich von diesem Bild. Handwerker bei der Arbeit kommen öfter vor: Träger mit Schubkarren, Eimer oder schwerem Sack auf dem Rücken[14], Maurer mit Kopflasten[15], ferner Fleischer und Schmiede[16]; aber in keinem Falle fehlen Arbeitsmaterial oder Gerät. Bei der gelegentlich zum Vergleich herangezogenen Zeichnung eines Maurers nimmt der Handwerker überdies innerhalb des Bildfelds nur winzigen Raum ein.[17]

Im übrigen ist dieser Akt des sich Abseilens in der Verbindung von Senkrechten und Diagonalen derart spielerisch komponiert, daß man ihn, in anderem Kontext, anders deuten könnte. Allein von der Form her, sieht man von der Mauer einmal ab, mag man ihn auch als eine sportliche Übung, als eine Art Stabhochsprung, lesen (zumal Daumier dieses Motiv in einer Karikatur auf Thiers verwendet hat).[18] Einen *Seiltanz* hatte er bereits 1833 gezeichnet, damals in politischer Absicht, nämlich um Louis-Philippes Plan zu geißeln, Paris mit Mauern zu umgeben.[19] Zwanzig Jahre nach *L'Homme à la corde*, 1879, schuf Degas mit dem berühmten Gemälde *Mlle La La im Zirkus Fernando* (*Mlle La La au Cirque Fernando*)[20] eine rein akrobatische Vorführung am Seil, und ein Vergleich mit Daumiers Bild könnte nur den Gegensatz verdeutlichen: Degas zeigt das Zirkuszelt in extremer Ausschnitthaftigkeit und Mademoiselle La La als Applikationsfigur ihrer Umgebung, künstlich beleuchtet, ein Fragment der beginnenden Industriekultur. Die Reduktion in Ort und Zeit, die formelhafte Kürze für das, was vorgeht, ist bezeichnend für Degas' Analyse der Epoche. Der Künstler gibt nicht irgendeinen fernen Eindruck davon wieder; er beobachtet ganz aus der Nähe, wie die Akrobatin sich mit großer Anstrengung hält, wobei sie mit den Zähnen das Seil faßt, an dem sie sich hochziehen läßt. Eine Ballerina ohne Boden – faszinierend »bizarr« im Sinne Baudelaires. Daumiers Komposition ist kaum weniger ausschnitthaft, aber seine Figur erscheint nicht als Resultat eines technischen Arrangements; sie behält ihre Autonomie gegenüber der Welt. Doch eines ist verwandt: Die »saltimbanques«, mit denen gerade Daumier sich identifiziert hat[21], kennen keine Sicherheit; sie agieren in einem Zwischenreich ohne Halt, und sie ziehen von einem Ort zum anderen; sie gehen beständig ein Risiko ein. Daumiers Kunst besteht darin, dieses Risiko zu einem *künstlerischen* Thema zu machen, zu einer Reflexion über Malerei zu erheben.

Der Einzelne in der Menge

Daumiers Bild ist nicht eindeutig festlegbar (auch wenn die Zeitumstände nahelegen, es mit dem großen Umbau von Paris zu verknüpfen, den der Künstler verschiedentlich thematisiert hat).[22] Alle situativen Festlegungsversuche, erst recht die Vermutung, eine Flucht oder Evasion sei gemeint, bleiben spekulativ.[23] Und welche Art von Flucht könnte gemeint sein? Eine Flucht vor der Haussmannisierung? Dieser Gedanke ist zwar legitim, denn Daumier hat sich (wie Baudelaire und Meryon) im alten Paris, im Kleinbürgertum der Rue Saint-Denis, eingenistet – mißtrauisch gegen die neu entstehenden großen Boulevards. Aber die Bewegung nach unten widerspricht der Evasionsidee. Auch war Daumier – entgegen einer weit verbreiteten und von Champfleury genährten Legende – kein bloßer Illustrator des Zeitgeschehens, gerade in seinen Gemälden nicht. Daher darf man fragen: Warum gäbe Daumier dem herab-

5 Honoré Daumier: *Die Passanten* (*Les Passants*), um 1858–1860, Öl auf Leinwand, 59 × 115 cm, Lyon, Musée des Beaux-Arts

gleitenden Arbeiter eine solch monumentale Inszenierung, wenn er dem Sujet nicht auch eine grundsätzliche Dimension abgewönne? Mit Recht schreibt Pantazzi: »[...] une scène de la vie quotidienne est élevée à la hauteur de la peinture d'histoire«.[24] Auf einen grundsätzlichen, historisch bedeutsamen, über die Situation hinausführenden Gedanken verweist auch der Umstand, daß Daumier offensichtlich zur gleichen Zeit sich mit dem Problem *des einzelnen in der Menge* befasst hat. So scheint es nicht abwegig, das Alltagsbild über den Alltag hinauszuheben, das heißt das Bild metaphorisch zu deuten.

An dieser Stelle muß man einige Informationen zur Genese des Bildes interpolieren. Denn die »heroische« Isolation der Figur ist nur die eine Seite der Sache. Die andere Hälfte derselben Leinwand nutzte Daumier ebenfalls um 1858/60, für *Die Passanten* (*Les passants*) – ein Bild der Menge (Abb. 5).[25] In der Genese überlagern sich also mehrere Gedanken, und das Bild des einzelnen in der Menge gehören dazu – einer jener drei Themenkomplexe des *Zarathustra*, von denen aus zurückblickend man die Geschichte der Kunst des 19. Jahrhunderts neu schreiben könnte.[26]

Das Bild der *Passanten* wirft aber auch in sich schon das Thema des einzelnen in der Menge auf. Denn es sind lauter einzelne hier versammelt. Diese einzelnen sind nicht Flâneurs. Denn der Flâneur, wie ihn Baudelaire definiert, bleibt unabhängig; in der Menge und doch seitab von ihr zieht er seines Weges.[27] Hier dagegen gibt es kein Entrinnen; die Hauptfigur, der Herr mit Zylinder in der Mitte, lächelt zwar in sich hinein, ohne der übrigen Passanten zu achten, aber Daumier bindet ihn kompositorisch streng ein: In fast symmetrischem Kontrast umgeben ihn, sich ihm zuwendend, eine dunkel gekleidete, von vorn gesehene jüngere Frau und eine Ältere, als Rückenfigur in Weiß gegeben; dazwischen Mann und Frau, in gegensätzlicher Blickrichtung wiederum. Auch für die übrigen Passanten gilt, daß sie den Ort eben nur passieren, aber nicht miteinander Kontakt aufnehmen, so dicht gedrängt und so nahe gerückt die Halbfiguren uns auch gegenüberstehen. Zu seinem *Eisenbahnwagen dritter Klasse* hat man sogar geschrieben: »Daumier hat als erster das unsichtbare Gefängnis wiedergegeben, in dem jeder inmitten der Menge in *Einzelhaft* sitzt«.[28]

Das Bild der Menge hat seit David seinen festen Platz in der französischen Kunst[29]; aber erst Daumier zeigt das inhärente Spannungsgefüge innerhalb dieses *corps social*, erst er rückt die Menge so zusammen und bricht sie zugleich so auseinander, erst er enthüllt den Kommunikationsverlust unter allen Beteiligten, denn keiner hat hier dem anderen das Geringste zu sagen. Wahrscheinlich ist dies die Ursache dafür, daß man das Gemälde auch an einen Ort zerstreuten Wartens versetzt und mit dem Titel *L'attente à la gare* bedacht hat; dieser gewiß unzutreffende Titel verweist auf ein Beisammensein ohne Zusammensein. Degas wird diese paradoxe Situation später noch zuspitzen: *In Vicomte Lepic und seine Töchte beim Überqueren der Place de la Concorde* (*Vicomte Lepic et ses deux fillettes traversant la place de la Concorde*) von 1875[30] wird gerade die Straße, der eigentliche Ort der Begegnung in der modernen Großstadt, zum Ort, wo man ohne einander zu begegnen aneinander vorbeihuscht. Das Bild interpretiert dieses Paradox in dem erstaunten Blick, den der Herr links dem vorbeihuschenden Lepic nachwirft, als hätte er erwartet, daß der Vicomte ihm tatsächlich begegnet.

Das Bild *L'Homme à la corde* wiederum verabsolutiert den einzelnen, der dem Bild der Menge schon inhärent war. Zwischen Himmel und Erde schwebend, keinem Ort zugehörig, läßt sich der Mann auf die Tiefe ein; man sieht nicht, woher er kommt, wohin er geht; Ausgangspunkt und Ziel bleiben verborgen. Und diese Situation zwischen Himmel und Erde ist prekär: Am Seil hängen ist nicht weit vom Hängen am seidenen Faden entfernt.[31] Das hat Daumier auch als Lithographen beschäftigt, zum Beispiel wenn er jemanden im kalten Oktoberregen in der Badehose an einem Ballonseil hängen läßt[32] oder wenn das Seil just in dem Augenblick gekappt wird, da der Ballon über einem spitzen Blitzableiter schwebt[33]; aber erst im Gemälde gelingt es ihm, die Schilderung der »faits divers« hinter sich zu lassen.

Die Lust zu fliegen und die Angst zu fallen

Der Blick nach unten, in eine ungewisse Tiefe, läßt sich mit Victor Hugos Thematisierung des Abgrunds verbinden, aber auch mit Courbets *Selbstbildnis als Verzweifelndem* (*Le Désespéré, autoportrait*), vor dem ebenfalls ein Abgrund klafft.[34] Die Lust zu fliegen und die Angst zu fallen sind historisch faßbare, oft wiederholte Phantasien romantischer Künstler.[35] In Hugos Œuvre und noch im Frühwerk des Realisten Courbet ist das eigentlich Angst auslösende Moment, daß der Protagonist vor dem Abgrund verharrt; eben dies kosten Hugo in der Gestaltung des Quasimodo und Courbet in seinem Selbstbildnis mimisch aus. Daumiers dagegen läßt sich auf den Abgrund ein, und das ohne jeden Ausdruck von Schrecken. Insofern kann der *L'Homme à la corde* als Akt der Überwindung jener schaurigen, uns seit Schillers *Taucher* geläufigen, Abgrundvisionen verstanden werden.

Will man sich einen Spiegel dessen vor Augen halten, was zu Daumiers Zeiten üblich war, genügt ein Blick in das Universum Gustave Dorés. Der Sturz in den Abgrund, ob in den Illustrationen zu Rabelais' *Gargantua* oder zu Taines *Reise in die Pyrenäen*,[36] ob es Mohammedaner sind, die in den Kreuzzügen über eine Mauer hinabgestürzt werden, oder Bergsteiger, die beim Abstieg vom Mont Cervin eine Felswand hinabstürzen[37], ist ihm ein beliebtes, dramatisch ausgekostetes Motiv. In anderen Holzstischen Dorés hängen einzelne Gestalten in Lebensgefahr über dem Abgrund[38] oder über stürmischer See in den Rahen[39].

Verfolgt man diesen Gedanken ein Stück weiter, auch wenn das zunächst von Daumier wegzuführen scheint, so stößt man darauf, daß der Sturz von einer Felswand oder einer glatten Mauer bei Sigmund Freud als Traummuster vorkommt (möglicherweise ist Freud an dieser Stelle Spätromantiker): »Glatte Wände, über die man klettert, Fassaden von Häusern, an denen man sich – häufig unter starker Angst – herabläßt, entsprechen aufrechten menschlichen Körpern, wiederholen im Traum wahrscheinlich die Erinnerung an das Emporklettern des kleinen Kindes an Eltern und Pflegepersonen«.[40] Mit anderen Worten: In dieser Lage ist der Mensch besonders *bedürftig* – wobei im unmittelbar vorangehenden Satz Freuds die Aufwärts- und die Abwärtsbewegung zur gleichen Deutung führen. Diese besondere Situation verbindet Freuds Analyse durchaus mit Daumiers Bild.

Die bildende Kunst der deutschen Spätromantik kennt das Thema ebenfalls, und auch von dorther läßt sich Daumiers Bild als Inversion begreifen, selbst wenn man eine Kenntnis der deutschen Gemälde und Stiche bei ihm nicht voraussetzen mag. Bei den Deutschen, bei Moritz von Schwind oder Edward von Steinle, ist der Akt, sich auf den Abgrund einzulassen, von der Natur begleitet, gerahmt, umrankt, sogar beschützt und abgemildert, was vorher in Eichendorffs Vers »Von schwindelnden Felsenschlüften, wo die Wälder rauschen so sacht« bereits anklang.[41] Die ungleiche Seilschaft in Schwinds *Fuchs und Wolf im Brunnen* oder seine kletternden Gnome im *Falkensteiner Ritt* bewegen sich im Reich des Märchens[42]; bei Steinles *Geiger im Turmfenster* verdecken Büsche, blühende Zweige, Altstadthäuser in der Ferne den furchterregenden Blick in die Tiefe.[43]

Zur gleichen Zeit motiviert der zunehmende Hochgebirgstourismus Maler, Illustratoren und Fotografen dazu, hinaufkletternde und sich abseilende Männer darzustellen.[44] Wenig später wird in Frankreich die Flucht aus Paris, aus der Großstadt, als Flucht vor *décadence* und Enge das Thema sein. Die Künstler des neuen Jahrhunderts werden damit der Forderung »il faut être absolument moderne« Genüge tun.[45]

Eine Generation vorher, um 1860, ist freilich Paris der Austragungsort aller Hoffnungen und Ängste, zumal für Daumier. Dem begeisterten Blick von oben, aus Nadars Ballon etwa, entsprach auf der anderen Seite der trübsinnige Blick von unten, z. B. aus der Kellerwohnung; beides hat Daumier gestaltet.[46] Aber in *L'Homme à la corde* gerät nicht der Beobachter am Rande, sondern der Handelnde im Zentrum selbst in den Blick. Daumiers Ausgangspunkt ist die Pariser Arbeitswelt. Wenn wir das Bild metaphorisch verstehen dürfen, als Überwindung der Angst, so kann eine solche Metapher im Paris des Zweiten Kaiserreichs unter verschiedenen Aspekten als Zeitphänomen begriffen werden; als politisch wird sie sich nicht unmittelbar deuten lassen, auch nicht als Evasion, denn der Weg führt ja mitten hinein, hinunter in die Stadt. Aber die Verweigerung von Zugehörigkeit, von Beruf und Ziel, scheint mir Daumiers Wunsch, sich nicht festlegen zu wollen, auch politisch sehr genau zu entsprechen. Es ist kaum von der Hand zu weisen, daß in diesem Gemälde Daumier indirekt auch sich selbst inszeniert hat, zumal er das Hin und Her zwischen dem Beruf eines Malers und der Notwendigkeit, als Handwerker sein Brot verdienen zu müssen, mehrfach bedacht und in Karikaturen verarbeitet hat.[47]

Man kommt angesichts dieses zugleich flüchtigen und monumentalisierten Bildes nicht an Baudelaires berühmter Definition der Moderne vorbei, die gerade diese beiden Aspekte, das Ephemere und das Dauernde, hervorkehrt: Es geht für den Maler des modernen Lebens darum, »de tirer l'éternel du transitoire [...]. Cet élément transitoire, fugitif, dont les métamorphoses sont si fréquentes, vous n'avez pas le droit de le mépriser ou de vous en passer. En le supprimant, vous tombez forcément dans le vide d'une beauté abstraite et indéfinissable [...]«[48]. Die Verschmelzung des Unvergänglichen mit dem Flüchtigen – das war Daumiers Problem und für seine Malerei ein Risiko. Aber noch der Versuch dieser Verbindung ist spannend genug.

Inkohärenz als Signum der Moderne

Daher sei am Ende noch einmal der Blick auf die künstlerische Seite des Bildes gelenkt: Die Inkohärenz in Farbe und Zeichnung. Unter diesem Aspekt, nicht ikonographisch, gewinnt die Rede vom Anstreicher einen guten Sinn. Daumier selbst, nicht sein Kletterer, betätigt sich so. Er hat die Wand, in Wirklichkeit die Leinwand, regelrecht durchgepflügt, hat die Farbe aufgetragen, abgekratzt, Teilflächen erneut mit Weiß überzogen und auch diese offenbar mehrfach verändert. Das sind nicht nur *pentimenti*, denn auch in vollendeten Bildern fehlt es, von einem akademischen Standpunkt betrachtet, nicht an Unstimmigkeiten: Vielmehr ist dies eine Methode, der Flüchtigkeit des Augenblicks Ausdruck zu verleihen und dadurch der Monumentalisierung entgegenzuarbeiten. Aber zugleich gelingt es ihm, durch den Verzicht auf Erzählung, auf Attribute und Details, auf Lokalfarbe und Buntheit, den Blick zu fokussieren, in ein Nachdenken über die Kondition des Hängenden zu überführen. Eine Malerei aus Inkohärenzen zu schaffen, in der sich ein Denkprozeß verdichtet – in diesem von Delacroix initiierten Wagnis liegt Daumiers künstlerische Modernität.

Daumier entzieht uns die unerschöpfliche Fülle der Straße, wie sie z. B. Doré in seinem London-Zyklus 1872 überdeutlich zeigt[49] – er erhebt sich darüber, indem er einen Typus (eher den *artiste-ouvrier* im Sinne Courbets als den wirklichen Arbeiter vorstellend) inszeniert – dieser Festlegung durch die Einarbeitung des augenblickshaften Moments doch sogleich entgegenarbeitet und so zwischen beiden Momenten Spannung erzeugt! Anders gesagt: In die *pentimenti* verlagert Daumier die Flüchtigkeit der *vie quotidienne*.

Dieser Umgang mit der Farbe, vor allem mit Weiß, hat Daumier in allen Medien immer wieder beschäftigt: In der Fassung unseres Bildes in Ottawa (Abb. 1) wird das Weiß links als kompakter Farbkörper wie ein kompositorisches Gegengewicht zur Figur eingesetzt. Auch um die Figur herum wird es rechts wie ein Schleier oder wie ein wehender Gewandbausch um die Figur ausgebreitet, offenbar um deren Aura zu erhöhen. Andererseits wird das Weiß, am rechten Ellbogen, auch über den Körper gestrichen, so daß dieser optisch verletzt wird. Ferner bedeckt das Weiß oberhalb und unterhalb des Körpers die Wandfläche, aber nur im Abschnitt zwischen Eckkante und Seil, so dass dieser Streifen hervorgehoben wird, als sei es ein Kreuz- oder Baumstamm. In den übrigen Flächen ist das Weiß in schwächerem Auftrag, mit Unterbrechungen, appliziert. Als Masse stabilisiert es, als Tupfer verflüssigt es die Komposition.

Nun scheint es absurd, Weiß als Mittel der Stabilisierung einzusetzen. Aber das pastos aufgetragene Weiß ist tatsächlich ein *Corpus sui generis* und verschiebt die Gewichte im Bild. Könnte man nicht sagen: Es bezeichnet die Idee der Komposition, das »Nach unten«? Denn das kompakte Weiß sitzt links oben, die Dunkelheit (die Stadthöhle, auf die sich der Mann zubewegt) rechts unten. Mit Weiß die Komposition zu ordnen, zu verdichten, die Gewichte zu verschieben – das führt Daumier in zahlreichen Gemälden vor. Nur wenige Beispiele: In zwei Versionen der *Pferdetränke* (*L'Abreuvoir, Les Cavaliers*)[50] markiert das Weiß den kompositorischen und emotionalen Höhepunkt, das Pferd, das sich vor einem bellenden Hund aufbäumt; Daumier hat das Weiß sogar stellenweise mit dem Pallettmesser wieder getilgt, um seine fokussierende Bedeutung zu garantieren. Ein pastoses Weiß, ohne welches das Bild »kippen« würde, kennzeichnet die *Lastträgerin* (*Le Fardeau*).[51] In der Pariser *Wäscherin* (*La Laveuse ou La Blanchisseuse*)[52] wird deren Tätigkeit, das *blanchir*, auf die Häuserwände im Hintergrund geworfen, so dass sich dort die Essenz des Bildes verdichtet; die Wäscherin selbst verbleibt im Dunkel. Im Münchner *Don Quichote*[53] wird durch das Weiß der Rosinante die imaginäre, ja irreale Situation überhaupt erst hervorgebracht. Als Leerstellen im Sinne einer Herausforderung an die Phantasie wirkt das Weiß der beiden Protagonisten schließlich in dem unerhört dichten Zürcher Gemälde gleichen Themas[54]. Unter den Lithographien seien nur zwei Beispiele genannt: Zunächst *Manière ingénieuse de décharger les toits de neige* von

1844[55]; hier signalisiert das Weiß den Schneeball, den explosiven Höhepunkt des Blattes. In *Oui, Madame Fribochon* von 1852 wird durch das Weiß der Zentralfigur und die riesenhaften Schatten hinter ihr die absurde Angst vor einem Erdbeben erst eigentlich erzeugt. Baudelaire hat sogar in einem wenig bekannten Holzstich Daumiers das Weiß gerühmt: »[...] le ciel est spendide; il est blanc, incandescent d'ardeur«.[56] Der späte Daumier verwandelt Weiß zunehmend in Licht, vor allem in den Lithographien[57], und auch dies dürfte, als Gegensatz zum Dunkel der Stadt, in *L'Homme à la corde* mitbedacht sein.

So ist denn das Wort: »[...] une scène de la vie quotidienne est élevée à la hauteur de la peinture d'histoire«[58] auch nur die halbe Wahrheit; Daumiers Bild bezeichnet zugleich den radikalen Bruch der Moderne mit der Historienmalerei, die Absage an eine festgelegte (oder: unseren Festlegungswünschen sich fügende) politische Ikonographie und ebenso an eine den Konventionen gehorchende Farbsemantik. Soweit von Inhalten die Rede sein kann, muß sich die Schlußfolgerung daher auf wenige Aussagen beschränken: Daumier hat, wie Courbet und Millet, die Monumentalisierung des nicht-historischen Sujets im Medium der Malerei gewagt; er hat den »Mann von der Straße« damit gehörig aufgewertet, aber auch isoliert; er reflektiert in diesem Bild sehr wahrscheinlich auch seine eigene soziale Lage, bietet eine Parabel auf die riskante Unbehaustheit des Künstlers und überwindet den romantischen Topos der Angst vor dem Abgrund. War der romantische Künstler oder Dichter für Baudelaire jenes Sonderwesen, das zwischen Himmel und Erde schwebt – »ses ailes de génie l'empêchent de marcher«[59] –, so ist Daumiers Figur ein Mann, der seinen Standort sucht. Dafür ist der Umgang mit der Farbe und vor allem mit der »Nichtfarbe« Weiß wesentlich als Zeichen des Versuchs, immer wieder neu zu beginnen: Der Prozeß ist dem Künstler ebenso bedeutsam wie das Ergebnis.[60]

[1] Julius Meier-Graefe: *Corot und Courbet*, Leipzig 1905; id.: *Courbet*, München 1921. – Das Phänomen ist meines Erachtens so zu erklären: Vom spitzen Griffel der Karikatur fühlten sich die Deutschen nicht unmittelbar getroffen, während in Frankreich Daumiers Lithographien (zu Recht) vornehmlich als innenpolitische Attacke verstanden wurden. Auch kam Daumiers graphische Form dem »verletzenden« graphischen Duktus deutscher Tradition entgegen. Die freie

Malweise Courbets wiederum auch vor dem Hintergrund akademischer Bindung, eines unentwickelten künstlerischen Selbstbewußtseins und einer wenig entwickelten Bereitschaft des (schwach ausgebildeten) Kunstmarkts zur Aufnahme experimenteller Werke in Deutschland Beachtung.

2 Vgl. Walter Benjamin: *Das Paris des Second Empire bei Baudelaire*, in: *Gesammelte Werke*, hg. von Rolf Tiedemann u. Hermann Schweppenhäuser, Bd. I/2, Frankfurt am Main 1974, S. 538; id.: *Eduard Fuchs, der Sammler und der Historiker*, ibid., Bd. II/2, 1977, S. 499–502; id.: *Pariser Brief (2)*, ibid., Bd. III, 1972, S. 506; id.: *Das Passagen-Werk*, ibid., Bd. V/1, 1982, S. 305.

3 Eduard Fuchs: *Der Maler Daumier*, München 1927 (Nachtragsband 1930).

4 *Daumier 1808–1879*, Ausstellungskatalog, Musée des Beaux-Arts du Canada, Ottawa, Galeries nationales du Grand Palais, Paris und The Philipps Collection, Washington, 1999–2000.

5 Ibid., Nr. 135.

6 Siehe ibid., Nr. 199 (Ottawa, Musée national du Canada, don de S. H. Southam), 200 (Boston, Museum of Fine Arts, Thompkin Collection).- Fuchs 1927, Taf. 89b und S. 28 erwähnt bereits als dritte Version »ein fertiges Ölgemälde« in den geringen Maßen von 28 × 19 cm (heute noch in Privatbesitz).

7 Mit Allusion an die D-Form, die Werner Hofmann bereits 1956 als typisch für Daumier analysiert hat; siehe Werner Hofmann: *Zu Daumiers graphischer Gestaltungsweise*, in: *Jahrbuch der kunsthistorischen Sammlungen in Wien* 52/1956, S. 147–181.

8 Vielleicht darf ich hier auf meine diesbezügliche Deutung des Blattes *Der Künstler vor seinem Werk* verweisen, in: *Daumier, Zeichnungen*, Ausstellungskatalog, Städtische Galerie im Städelschen Kunstinstitut, Graphische Sammlung, Frankfurt am Main u. The Metropolitan Museum of Art, New York, 1992–1993, S. 48–58, Abb. 51.

9 Moderne Kletterer kommen ansonsten in Vergnügungsparks oder in Sporthallen vor. Siehe Edmond Texier: *Tableau de Paris*, 2 Bde., Paris 1852–1853, Bd. 1, S. 14: »Le mât de cocagne, […], au carré Marigny«; Bd. 2, S. 193: »Le gymnase«. Siehe ferner Gustave Doré, *Kletterer an Maibäumen in der Esplanade des Invalides*, 1856; Gabriele Forberg: *Gustave Doré. Das graphische Werk in zwei Bänden*, München 1975, Bd. 2, S. 1024.

10 So auch die Beschreibung von Victor Hugo: Notre Dame de Paris, 1492, 1830, 4. Buch, 3. Kap., Paris 1975, S. 149: »Cette demeure [Notre-Dame] lui était propre. Elle n'avait pas de profondeur que Quasimodo n'eût pénétré, pas de hauteur qu'il n'eût escaladée. Il lui arrivait bien des fois de gravir la façade à plusieurs élévations en s'aidant seulement des aspérités de la sculpture. Les tours, sur la surface extérieure desquelles on le voyait souvent ramper comme un lézard qui glisse sur un mur à pic, ces deux géantes jumelles […] n'avaient pour lui ni vertiges, ni terreur, ni secousses d'étourdissement […]«.

11 Vgl. *Daumier, Zeichnungen* 1992–1993 (wie Anm. 8), Nr. 76, Abb. S. 48 und 171.

12 Zum Alltagshelden vgl. Margret Stuffmann: *Daumier – der Blick nach innen. Beobachtungen zu seinem Spätwerk*, in: *Im Blickfeld* 3/1998, S. 79–94, bes. Abb. 14, 16, 18; Klaus Herding: *Verkehrte Welt und Korrektiv: Die Karikatur. Die Forschung zur Bildsatire blüht auf/Zu einer Frankfurter Tagung*, in: *Wilhelm-Busch-Jahrbuch* 1988, Hannover 1989, S. 101–106, mit einer Analyse von Daumiers *Betrunkenem*.

13 In *Daumier 1808–1879* 1999–2000 (wie Anm. 4), wird das Gemälde in Ottawa

(Nr. 199) als »inachevé« bezeichnet. Aber Daumier gibt das, was er gegenständlich konkret bezeichnen will, Hände oder Schuhwerk, so genau an, dass man zweifeln kann, ob er bei fortgesetzter Arbeit an dem Bild weitere Attribute hinzugefügt hätte.

14 Karl Eric Maison: *Honoré Daumier. Catalogue Raisonné of the Paintings, the Watercolours and the Drawings*, 2 Bde., Paris 1968, Bd. 2, Nr. 255–257, pl. 59.

15 Ibid., Bd. 2, Nr. 258, 259, pl. 59; ähnlich eine Lithographie von 1856, siehe Loys Delteil: *Le peintre-graveur illustré (XIXe et XXe siècles), Honoré Daumier*, 11 Bde., Paris 1925–1930, Bd. 8, Nr. 2842.

16 Maison 1968 (wie Anm. 14), Bd. 2, Nr. 260–269, pl. 60–65.

17 Die Unterschiede zwischen Maison 1968 (wie Anm. 14), Nr. 258 oder 259 einerseits und *L'Homme à la corde* andererseits kommen in *Daumier 1808–1879* 1999–2000 (wie Anm. 4), S. 348f. nicht zur Sprache.

18 Allerdings etwas später, 1870; Delteil 1925–1930 (wie Anm. 15), Nr. 3769.

19 *Mr. Chose, Premier saltimbanque d'Europe*, Delteil 1925–1930 Bd. 10, Nr. 161; siehe auch *Saltimbanques*, ibid., Nr. 3954, erst 1880 publiziert.

20 117 × 78 cm, London, National Gallery; vgl. *Degas, Form and Space*, Ausstellungskatalog, Centre Cultuel du Marais, Paris, 1984, Nr. 43, Farbtafeln S. 5 und 44.

21 Siehe *Die Gaukler wechseln den Standort* (Le déplacement des saltimbanques); *Daumier 1808–1879* 1999–2000 (wie Anm. 4), Nr. 329; dazu Timothy J. Clark: *The Absolute Bourgeois. Artists and Politics in France 1818–1851*, London 1973, S. 120 und Taf. V.

22 Sehr früh und eindrucksvoll: Delteil 1925–1930 (wie Anm. 15), Nr. 2275, 2276, 2278, 2305, sämtlich im Dezember 1852 im *Charivari* erschienen.

23 *Daumier 1808–1879* 1999–2000 (wie Anm. 4), Nr. 199, S. 348. – Jean Adhémar: *Honoré Daumier*, Paris 1954, schrieb in seinem Kommentar (zum Bostoner Bild, bei ihm Nr. 119) bereits: »Ce tableau est appelé parfois *L'évasion*, à tort. Il ne représente nullement un sujet anecdotique; c'est tout simplement un sujet réaliste, une scène de la rue comme on en retrouve dans les dessins du Maître […]«. Fuchs 1927 (1930) (wie Anm. 3), S. 29, schrieb zum Bostoner Bild: »Für diese Form der Heroisierung gibt es kein klassischeres Beispiel als die grandiose Komposition »Mann am Seil«, die Darstellung eines Bauarbeiters, der sich an einem Strick von einem hohen Gebäude herunterläßt. Von diesem gewaltigen Vorwurf gibt es drei Fassungen, davon zwei in für Daumier außergewöhnlich großem Format. Leider sind diese beiden Werke in großem Format unvollendet geblieben und es ist nur das dritte, auf dem er denselben Stoff in wesentlich kleinerem Maßstab ausgeführt hat, fertig geworden.«

24 *Daumier 1808–1879* 1999–2000 (wie Anm. 4), Nr. 199, S. 348.

25 Ibid., Nr. 197.

26 Die beiden anderen Problemkomplexe des *Zarathustra* (1883–1885), die zu einer Umschreibung der Kunstgeschichte des 19. Jahrhunderts einladen, sind: Die Nichtsesshaftigkeit, Heimatlosigkeit, Ortlosigkeit des Künstlers (in Dichtung und Kunst häufig im Bild des Gauklers ausgedrückt); das Bedürfnis nach Erlösung und die Selbstbestimmung als des Unerlösten (häufig im Bild des leidenden Künstlers visualisiert). – Man kann bekanntlich Edgar Poe's *The Man of the Crowd* kaum für dieses Problem heranziehen, auch nicht Charles Baudelaires kurzen Kommentar dazu (*Œuvres complètes*, hg. von Claude Pichois, Paris 1976, Bd. 2, S. 277), weil Poe's Stück »sans explication« bleibt und es für Baudelaires

Problem, »épouser la foule« und sich zugleich sich von der Menge abzusondern, keine Lösung bietet. Baudelaire verwendet daher den Begriff des »Homme des foules« ganz anders: im Sinne des »flâneur« und des »observateur passionné« als den entscheidenden Voraussetzungen für den modernen Maler (*Le Peintre de la vie moderne* [1863/68], ibid., Bd. 2, S. 683–724, hier S. 691). – Vgl. auch Walter Benjamin: *Das Paris des Second Empire*, Kap. II: *Der Flaneur*, in: *Gesammelte Werke*, Bd. I/2, 1974 (wie Anm. 2), S. 537–569; id.: *Über einige Motive bei Baudelaire*, ibid., S. 605–653.

27 Baudelaire (wie Anm. 26), [1863/68], Bd. 2, S. 691f.: »Etre hors de chez soi, et pourtant se sentir partout chez soi; voir le monde, être au centre du monde et rester caché au monde, tels sont les moindres plaisirs de ces esprits indépendants, passionnés, impartiaux [...]«.

28 Claude Roy: *Daumier*, Genf 1971, S. 93.

29 Vgl. Wolfgang Kemp: *Das Bild der Menge (1789–1830)*, in: *Städel-Jahrbuch*, 4/1974, S. 249–270.

30 Vgl. Albert Kostenewitsch: *Aus der Eremitage. Verschollene Meisterwerke deutscher Privatsammlungen*, München 1995, Nr. 16, Farbtafel S. 73–74.

31 Obgleich im folgenden allen möglichen Situationen nachgespürt wird, bei denen das Seil eine Rolle spielt, sei das Seil als Instrument der Todesstrafe ausgespart; es kommt zwar im 19. Jahrhundert und auch bei Daumier vor, kann aber wohl kaum in Verbindung zum vorliegenden Bild gebracht werden.

32 *Une ascension en automne*, 1852; Delteil 1925–1930 (wie Anm. 15), Nr. 2267.

33 *Une descente en parachute*, 1852; ibid., Nr. 2268.

34 1843–45, Oslo, Nasjonalgalleriet; Abb. in: *Courbet und Deutschland*, Ausstellungskatalog, Hamburger Kunsthalle, Hamburg u. Städtische Galerie im Städelschen Kunstinstitut, Frankfurt am Main 1978–1979, Nr. 214, Farbtafel 1.

35 Eine immer noch unschätzbare Fundgrube hierfür ist Maurice Z. Shroder: *Icarus. The Image of the Artist in French Romanticism*, Cambridge/Mass. 1961, besonders S. 55ff. Die Angstlust, sich in den Abgrund zu stürzen, analysiert überaus deutlich: Edgar Allan Poe: *The imp of the perverse*. [1845] in: id.: 1994, S. 357-363

36 Forberg 1975 (wie Anm. 9), Bd. 1, S. 43, 253.

37 Ibid., Bd. 2, S. 816, 1227.

38 Ibid., Bd. 1, S. 320 (*Le Roi des montagnes*) und S. 532 (*Münchhausen*).

39 Vor allem ibid., Bd. 2, S. 822, auch 857, 858 (*Orlando furioso*).

40 Sigmund Freud: *Die Traumdeutung* [1900], Studienausgabe, Bd. II, Frankfurt a. M.^{2} 1980, S. 349f. – Der Passus ist offenbar ein Zusatz der Ausgabe von 1911; Nachweis bei Ilse Grubrich-Simitis: *Metamorphosen der ›Traumdeutung‹*, in: Jean Starobinski, Ilse Grubrich-Simitis, Mark Holms: *Hundert Jahre ›Traumdeutung‹ von Sigmund Freud. Drei Essays* (zusammen mit dem Reprint der Erstausgabe), Frankfurt am Main 1999, S. 47. – Möglicherweise könnte man im Sinne dieser Argumentation Raffaels *Borgobrand* mit der Szene eines jungen Mannes, der von einer Wand herabhängt – aber eben so, daß er durch Körperüberlängung Bodenberührung hat – als Verweigerung deuten, sich der Gefahr des Absturzes auszusetzen.

41 Im Gedicht *Sehnsucht*.

42 *Moritz von Schwind. Meister der Spätromantik*, Ausstellungskatalog, Staatliche Kunsthalle, Karlsruhe und Museum der bildenden Künste, Leipzig 1996–1997, Nr. 306, 310 (*Fuchs und Wolf*); Nr. 247, 248 (*Falkensteiner Ritt*).

[43] Zwei Fassungen (1858 und 1862); vgl. Städelsches Kunstinstitut. *Die Gemälde des 19. Jahrhunderts*, hg. von Ernst Holzinger, bearbeitet von Hans-Joachim Ziemke, Frankfurt a. Main 1972, Nr. 1264 (1862) und 1629 (1858), beide Taf. 75, mit Hinweisen zu den Fassungen in Weimar und München.

[44] Bei Daumier selbst schon 1846 (Delteil 1925–1930 (wie Anm. 15), Bd. 5, Nr. 1500) und 1849 (ibid., Bd. 5, Nr. 1727), noch ohne Seil; fachmännischer sodann bei Doré 1860 der *Aufstieg zum Mont-Blanc* Forberg 1975 (wie Anm. 9), Bd. 2, S. 1046) und 1865 der *Aufstieg zum Mont Cervin* (ibid., Bd. 2, S. 1226) Im Bereich der Fotografie ließen sich Daguerrotypien der Gebrüder Bisson aus den 1860er Jahren vergleichend heranziehen.

[45] Arthur Rimbaud: *Une saison en enfer*, Prosagedicht von 1873; aber die Publikation, welche das Zitat im Titel führt, nämlich *Zwischen Fahrrad und Fließband. Absolut modern sein. Culture technique in Frankreich 1889–1917*, Ausstellungskatalog, NGBK, Berlin 1986, darf man dazu nicht heranziehen. Der Katalog befaßt sich in keiner Weise mit der Flucht aus der Großstadt, zelebriert vielmehr Großstadtkultur und verkehrt damit Rimbauds Wort in sein Gegenteil.

[46] Blick des Fotografen von oben (*Nadar élevant la photographie à la hauteur de l'art*), 1862, Delteil 1925–1930 (wie Anm. 15), Bd. 9, Nr. 3248; Blick aus der Kellerwohnung auf die Füße der Passanten (»Agréable vue dont jouissent exclusivement les locataires des sous-sols«), 1856, Delteil 1925–1930 (wie Anm. 15), Bd. 8, Nr. 2815; *Daumier 1809–1879* 1999–2000 (wie Anm. 4), Nr. 232, 174.

[47] Vgl. *Désillusion*, 1843; Delteil 1925–1930 (wie Anm. 15), Nr. 999.

[48] Baudelaire [1863/68], Bd. 2, S. 683–724, S. 694f.

[49] Forberg 1975 (wie Anm. 9), Bd. 2, S. 743.

[50] *Daumier 1808–1879* 1999–2000, (wie Anm. 4), Nr. 156, 157.

[51] Ibid., Nr. 160.

[52] Ibid., Nr. 164.

[53] *Don Quichote und Sancho Panza* (*Don Quichote et Sancho Pança*); ibid., Nr. 354.

[54] *Don Quichote kämpft gegen eine Schafherde an* (*Don Quichote courant sur les moutans*); ibid., Nr. 361.

[55] Ibid., Nr. 88.

[56] Es geht um einen Holzstich von 1840 für die Zeitschrift *Némésis médicale*; siehe Charles Baudelaire: *Quelques caricaturistes français*, in: *Œuvres complètes* 1976 (wie Anm. 26), Bd. 2, S. 544–563, S. 554.

[57] Vgl. *Le vrai feu d'artifice*, 1869, Delteil 1925–1930 (wie Anm. 15), Bd. 10, Nr. 3728; Répétition générale du Concile, 1869, ibid., Bd. 10, Nr. 3744; *Lanterne magique*, 1869, ibid., Bd. 10, Nr. 3745; *Le peuple souverain*, 1872, Bd. 10, ibid., Nr. 3928.

[58] Vgl. Anm. 24.

[59] *L'Albatros*, 1859, in: *Les Fleurs du mal*, in: *Œuvres complètes* 1976 (wie Anm. 26), Bd. 1, S. 10.

[60] Für Anregungen danke ich Henry Keazor, Margret Stuffmann und Bernhard Stumpfhaus.

Max Klinger: Spaziergang ins Unbewußte?

Claude Keisch

Ein deutscher Ruhm

Ungläubig rechnet man es nach: Max Klinger (1857–1920) wurde nur dreiundsechzig Jahre alt; doch bei seinem Tod stand die Nachwelt befremdet vor einem schon halb verschütteten, von Krieg und Revolution überblendeten Ruhm, einer Altlast jenseits der Jahrhundertwende. Unter den vereinten Zeichen von Geniekult und Pessimismus hatte Klinger den Umbruch zur Moderne im klassischen Gewande deutscher Ideenkunst erstrebt. Daß er die Synthese der Künste, Stoffe, Tonlagen in einem Moment suchte, der statt dessen Zentrifugalität und kritische Fragmentierung forderte, entrückte ihn der Zeitgenossenschaft. Klinger, »ein Homeride zwischen Fabrikschornsteinen, ein attischer Aristokrat in der Determination des Gymnasialprofessors […] Bei leidenschaftlichem Schöpferwollen keine Schöpfersinnlichkeit«[1]: dies wurde mit der Zeit das allgemeine Urteil über ihn.

Mit Vierzig konnte er über die Maßen tief beeindrucken: »Neben Klinger erblaßt auch Wagner etwas, und alles andre bricht krachend zusammen«, schrieb ein fast gleichaltriger Kollege. »Raffael erscheint seicht und unleidlich fad, nur mit Michael Angelo kann man ihn vergleichen und Klinger ist vielleicht der größere. Ich stehe für jedes Wort ein, das ich schreibe.«[2]

Allerdings bedeutete dieser allzu deutsche Ruhm schon jenseits des Rheins nicht mehr viel. Jener unter den Zeitgenossen, an dem Klinger sich wohl am liebsten gemessen hätte, Rodin[3], beurteilte seinen *Beethoven* sehr zurückhaltend[4]. Übrigens hatte er den Deutschen kurz zuvor nicht einmal dem Namen nach gekannt. Als Klinger, durch jahrelangen Aufenthalt mit Paris wohlvertraut, den Berliner Sammler Felix Koenigs in das Atelier des Vielbewunderten begleitete, notierte dessen Sekretär nur: »banquier venu avec un sculpteur«.[5] Das war 1900. Dem Ozean deutscher Publikationen über Klinger zu dessen Lebzeiten steht in Frankreich sehr wenig gegenüber: in der *Gazette des Beaux-Arts* ein Text von Emile Michel (1894)[6] immerhin und freilich ein Aufsatz von Louis Réau (1908)[7]. Einen frühen Bewunderer, wohl gar Freund – wie eine Anzahl von Briefen zwischen 1883 und 1884 bezeugen –, hatte er zu Anfang der achtziger Jahre in dem jungen Dichter Jules Laforgue gefunden.[8] Laforgue, damals in Berlin als Vorleser der Kaiserin, hatte Klinger in dem neu mit Impressionistenbildern geschmückten Salon von Carl und Felicie Bernstein kennengelernt[9] und machte in der *Gazette des Beaux-Arts* gleich auf ihn aufmerksam: aus der Mediokrität einer Jahresausstellung der Berliner Akademie, der seine Rezension galt, sah er neben Böcklin nur ihn herausragen; in dem Zyklus *Dramen* erblickte er freilich nur eine »crise naturaliste«, nach der Klinger wohl zu seinem Eigentlichen, der Phantastik, zurückfinden werde.[10] Kaum war der Text erschienen, fand der junge Verfasser ihn jedoch »ein wenig streng oder doch kühl. Ich hätte ausrufen sollen, daß Sie ein Genie sind«, schrieb er dem Künstler und wollte sich in einem längeren monographischen Artikel revidieren.[11] Noch ein Jahr später fragte er munter-vertraulich: »Comment allez-vous? que faites-vous? Comment se porte monsieur votre génie?«[12]

Durch Laforgue wissen wir auch, daß Klinger sich 1882 von Berlin aus vergeblich bemühte, ein Bild zum Pariser Salon einzureichen. Dessen Titel ist unterschiedlich gelesen worden: als *Circé* und – glaubwürdiger – als *Cerné*.[13] »Umzingelt«: sehr passend für das Werk, das drei Jahre zuvor, von dem Einundzwanzigjährigen in Berlin unter dem Titel *Spaziergänger* ausgestellt und bald auch, als *Die rothe Mauer* und *Der Überfall* bezeichnet, Aufsehen erregt hatte. Da jedoch nichts Ähnliches folgte, geriet dieser Erstling bald in den Schatten ehrgeizigerer Arbeiten, wurde erst lange post festum durch die Nationalgalerie angekauft[14] und fand in der üppigen Literatur über den Künstler nur den bescheidenen Platz eines biographischen Marksteins[15]. Um so bemerkenswerter, unter welchem Zeichen er wieder in den Lichtkreis einer modernen Wahrnehmung geriet. Für Giorgio de Chirico verkörperte der so unzeitgemäße Klinger den »modernen Künstler schlechthin«, der »wachen Auges in die Vergangenheit, in die Gegenwart und in sich selbst blickt«[16]: dieser Satz, der auf »Zukunft« zu steuern scheint und statt dessen in scharfer Wendung im Subjektiven ankommt, ist das Fazit eines langen, programmatischen Nachrufs, in dem nur zwei Ölbilder besprochen werden: die *Kreuzigung* und *Spaziergänger*.

Kein Künstler seines Jahrhunderts hat so – wie Athene fertig gerüstet – die Bühne der Kunst betreten wie er, dessen kurze Akademiejahre – in Karlsruhe und Berlin – schon höchst innovative Arbeiten hervorbrachten. Von Anfang an gegeben ist namentlich die Doppelorientierung auf gedankenschwere, zeitvergessene Phantastik einerseits, eine naturalistische Milieuschilderung von bedrängender Intensität andererseits. Nichts findet man aber in dieser Frühzeit vom apotheotischen Geist späterer Schöpfungen, nichts von Heroisierung und schwerblütiger nietzscheanischer Tragik.

Als er *Spaziergänger* zum erstenmal ausstellte, war er 21 Jahre alt und besuchte noch die Berliner Akademie. Mit anderen treuen Schülern Carl Gussows war er dem Lehrer von Karlsruhe nach Berlin gefolgt und bewegte sich gern in der exquisiten Gruppe der skandinavischen Mitschüler.[17] Mit dem fünf Jahre älteren Christian Krohg, der bald darauf, malend und schreibend, eine Schlüsselfigur der »Kristiania-Boheme« – und Edvard Munchs Mentor – werden sollte, teilte er zwei Jahre lang am Schöneberger Ufer einen Raum, der als Wohnung und Atelier diente: im fünften Stock, im Eckturm der »aristokratischen« Hohenzollernstraße Nr. 9.[18]

Als »Hungerturm« ging die Wohnung in die Legende ein. Es war die Zeit der problematischen Begegnung mit jener rätselhaften »Brasilianerin«, die ihn zu dem *Handschuh*-Zyklus inspiriert haben soll und die er niemals vergessen sollte. Klingers erster Herold, der dänische Literaturwissenschaftler Georg Brandes[19], hat das bohemehafte Geniewesen und die großen Träume der dort Versammelten geschildert. »Es waren – selbstverständlich – lauter eifrige Nihilisten, Socialisten, Atheisten, Naturalisten, Materialisten und Egoisten. Sie docirten einstimmig Ansichten, die für die Gesellschaftsordnung und den Frieden des Nächsten höchst gefährlich waren. Sie huldigten der Politik der Pariser Commune«, verehrten nur Böcklin, Menzel und Gussow und »trugen ihren Benjamin [Klinger] auf den Händen.«[20]

Klinger hatte schon im Frühjahr 1878 die ersten acht Kompositionen zu den – erst später radierten – *Phantasien über einen gefundenen Handschuh* ausgestellt.[21] Im Herbst folgten, auf der Akademie-Ausstellung, acht Federkompositionen unter dem preziös verklausulierten Titel *Rathschläge zu einer Concurrenz über das Thema*

Christus[22], außerdem das Bild *Spaziergänger.* Beides fiel sogleich auf. In der Zeitschrift *Die Gegenwart* hieß es: »der 52. Ausstellung wird man stets als derjenigen gedenken, auf welcher seine [Klingers] Christuszeichnungen so großes Aufsehen erregten.«[23] In *Spaziergänger* entdeckte derselbe Rezensent den »bitteren Humor«, den »Geist des Capriccios«, die »Spannung der Situation«.[24] Ein kompetenter Künstler habe geäußert, »das Bild könne in jeder Galerie von Florenz hängen«. Von solcher Begeisterung indessen distanzierte sich die Redaktion in einer längeren Fußnote: Man müsse den jungen Künstler vor »Effekthascherei« mit »Absonderlichkeiten und Verschrobenheiten seiner Sujets« warnen.[25] »Was soll denn die vielgenannte ›rothe Mauer‹ überhaupt bedeuten? Und was der gesuchte, anspruchsvolle und thörichte Titel des Bildes ›Spaziergänger‹? Alles das ist unecht, affectirt, unbescheiden.« Das wäre recht nett für die *Fliegenden Blätter*, meinte der Maler Arthur Fitger[26], und einige Jahre später mochte Klinger selbst »lachend« bekennen: »Schlecht ist es, aber so unglaublich ›frech‹, daß es wo es hinkommt bemerkt werden muß.«[27] Aber auch der einflußreiche Ludwig Pietsch empfand das Bild als »beklemmend wie der ängstigende Traum einer originellen Phantasie«. »Das Abscheuliche und Grausige [...] erscheint beinahe heiter und humoristisch. Aber trotzdem ist die bleibende Wirkung des Bildes jene traumhaft unheimliche.«[28]

Der Schauplatz: »Jejend«

»Vor einer langen, niedrigen Backsteinmauer ergehen sich einige Männer in der Sonne; ihre Schatten zeichnen sich auf der Erde ab und springen auf die Mauer hinüber. Der Horizont ist leer. Die Mauer scheint die Grenze der Welt anzuzeigen; es scheint, als müsse hinter ihr das Nichts sein. Das Gefühl von Langeweile und unendlicher Bestürzung, von Fraglichkeit, das von der Horizontlinie ausgeht, durchdringt das ganze Bild: die Figuren und die Erde, die Schatten und das Licht.«[29] Diese Beschreibung Giorgio de Chiricos erschließt den magischen Realismus, der einer »naturalistischen Milieuschilderung« innewohnen kann. An der Wirkkraft des kleinen Bildes hat das auffallend gestreckte Format einen Anteil; aber auch die neuartige Stoffwahl, das radikale Bekenntnis zur Nüchternheit der Gegenwart, das Ausspielen der räumlichen Span-

1 Max Klinger: *Überfall an der Mauer* (»*Spaziergänger*«, 1878, Öl auf Holz, 37 × 86 cm, Staatliche Museen zu Berlin, Preußischer Kulturbesitz, Nationalgalerie

nung; und im Zusammenhang mit alledem die Herstellung einer Weltsekunde, die das Fließen der Zeit ignoriert.

Der Horizont liegt hoch, und man fragt sich, wo ein solcher Blickpunkt im flachen Vorland von *Willemsfeile* oder *Wilhelmsfiedel*, wie das Gauner-Rotwelsch die kaiserliche Hauptstadt nennt, zu finden wäre (Abb. 1). Ein Zeitgenosse erkennt die Hasenheide bei Tempelhof, »berüchtigt als unsichere Gegend«, und eine Friedhofsmauer.[30] Schräg in die Tiefe verläuft die kahle rote Mauer, die vor kurzem noch an die grüne Wiese grenzte, während jetzt davor verschütteter Bausand einen Pfad markiert. Der kräftig gekrümmte Zaun zeigt an, daß die dürftige Vegetation wenigstens als Weide genutzt wird. Bis zum Horizont hin kein Baum. Die hohe unverputzte Mauer, überaus eintönig dank der Kleinteiligkeit ihrer Fugen, scheint »die Grenze der Welt anzuzeigen«, bemerkt de Chirico.

Die Welt ist abgeschirmt erst hinter der Ecke öffnet sich eine schmale Ferne, und der perspektivisch verzwergte Zaun am Bildrand unterstreicht das Tempo der Raumflucht. Aber welche Enttäuschung! hier ist die ödeste Stelle des Bildes. (Was machte Caspar David Friedrich aus einer vergleichbaren Situation? Auf seine weiten grünen Ebenen, die bis zu Bergen oder zu einer Stadt hinführen, senkt sich ein mildes Licht, das die Welt überfängt, nicht fragmentiert.) Auf das ergrauende Grün und Braun einer endlosen Wiese (schon zuviel gesagt für dieses Gras) fällt das stumpfe Hellblau des Himmels. Die Farbe ist ohne Brio aufgetragen, ohne Bravour, flach und mit einer vorsätzlichen Trockenheit und Ausdrucksarmut (geringste Farbakzente sind das rote Band an einer Mütze, eine rote Weste), und zu der man die Parallelen weniger bei den französischen Impressionisten als in der italienischen Freilichtmalerei suchen kann: etwa, mit einer sehr vergleichbaren Härte des Lichtes, einer ähnlichen Spannung zwischen Raum und Figuren, in Frühwerken des wenig älteren Venezianers Luigi Nono (1850–1918)[31] und seiner Zeitgenossen. Sogar dem Motiv nach überraschend ähnlich ist Giovanni Fattoris *In vedetta (Il muro bianco)* (um 1872).[32] Daß Betrachter des Klingerschen Frühbildes wiederholt die Schulung am krassen, nahsichtigen Naturalismus Carl Gussows erkennen wollten, wird schon durch die Reduktion des Dinglichen in der Weite des Raumes zweifelhaft.

Ein solcher Nicht-Ort heißt berlinisch-witzig »nischt als Jejend«: bedeutete doch »Gegend« einst »umliegende Landschaft«. Klinger gibt »Jejend« im heruntergekommenen Sinne, ungegliedertes Umland einer ungewissen Stadt[33], von der man nichts sieht. Zu derartiger Auszehrung des Landschaftlichen – in der sich schon der Siebzehnjährige übte[34] – gibt es selbst bei Menzel nur Ansätze: *Bauplatz mit Weiden* (1846), motivisch am ehesten vergleichbar, bietet deutlich mehr Topographie und schildert mehr, bis zum Baugerüst im Hintergrund mit den Maurern; die Gouachen *Trockenplatz* (1863, mit einem ähnlich aggressiven Grün wie Klinger es verwendet)[35], *Maurer bei der Arbeit*[36] (1875) oder das 1876 überarbeitete große Bild *Palaisgarten des Prinzen Albrecht*[37] gehen einem chaotischen Kleinleben nach. Klinger gibt anonyme Peripherie, noch deutlich radikaler als Menzel in seiner wohl ersten gemalten Landschaft *Hinterhaus und Hof*[38] (die aber in dem Antimotiv noch immer das Pittoreske aktiviert und Werte des Unheimlichen unmittelbar im subjektiv geprägten malerischen Ausdruck findet) und entzieht ihm alle individuellen Kennzeichen.

Die Handlung: Polizeiwidrige Gestalten

Als »eines der landläufigsten Ereignisse des Polizeiberichtes« stellte sich der Bildgegenstand den Zeitgenossen dar.[39] Jedermann konnte ihn am eigenen Leibe kennenlernen: so Klingers Freund Stauffer-

Bern, der, freilich dafür besonders prädestiniert, in München bei einer Rauferei mit Vorstadtganoven mit einem Messer verletzt wurde.[40] An dem jungen Mann mit dem Melonenhut, der mit seinem Angsterlebnis recht wohl eine der vielen Projektionsfiguren des ebenso jungen Malers sein könnte, hat ein Autor »elegante Gesellschaftskleidung« erkennen wollen.[41] Doch zieht man aus deren Taschen einen Revolver – notabene eine neueste Erfindung der sechziger Jahre? Was zieht den schwachbeinigen Unterwelt-Elegant in diese einsame Gegend? Auf einem ersten Zustand des Bildes sah Georg Brandes eine junge Dame, »die sich ängstlich an ihn klammert«.[42] Doch eher als für ein Liebesidyll oder ein Zuhältergeschäft eignet sich der Ort zum »Baldowern« einer sicheren »Kawure« für den »Masematten«. Sollte aber der Schlingel im Verdacht stehen, die eigenen Kumpane »verseifelt« zu haben, und umzingeln ihn die schweren Jungs, um ihn dafür zu »vertobaken«?[43] Man nimmt nicht Handlung wahr, nur Drohung. Sie besteht nur im augenfälligen Beziehen strategischer Positionen. Die Stöcke sind teils im Anschlag, teils gesenkt, und nur einer der Angreifer, der sich bückt, um hurtig einen Stein aufzuheben, unterbricht die sonst herrschende starre Reglosigkeit. Wie lange wird der junge Mann mit seiner Pistole die Herausforderer in Schach halten können? (So könnte auch der letzte Satz eines Abschnitts im Fortsetzunsgsroman lauten. Bei dem aufgehobenen Stein »fällt der Vorhang«, bemerkte, angenehm irritiert, einer der frühen Betrachter des Bildes.)[44]

Der ursprüngliche Titel *Spaziergänger* bleibt doppeldeutig: Einzahl oder Plural? Auch seine Harmlosigkeit kann nur ironisch gemeint sein. Moderner Geist eignet ihm zudem, weil es als Gegenbild einen anderen Topos des Unterwegsseins assoziiert: den »Wanderer«. Der Unterschied fällt in die Augen: der Radius ist ebenso verengt wie die Tiefe des Erlebens. Die Wanderung zielt auf Ferne und verändert die Existenz, das spannungsarme Spazierengehen ist ein Werk der Muße und der Beliebigkeit. Der Spaziergänger kann nur ein Städter sein, wie es ein Wiener Jugendwerk von Moritz von Schwind zeigt, *Spaziergang vor dem Stadttor*[45], das an Goethes Ostermorgenszene erinnert. Oder: Arnold Böcklin malt sich mit seiner Frau in herbstlicher Landschaft, wiederum dicht an einer Mauer entlanggehend.[46] Oder der Berliner Oscar Wisniewski zitiert gegen 1880 das romantische Motiv der Rückenfiguren und des Fernblicks, ohne im geringsten den Kreis der Gegebenheiten zu durchbrechen.[47] Den ganz anderen Pol aber bildet die Pilgerfahrt. Wanderer und Pilger gehören in die Landschafts-, der Spaziergänger in die Genremalerei.

Der Mehrgliedrigkeit herkömmlich kunstvoller Komposition entsagend, beschränkt sich Klinger auf die Hauptelemente der Situation und macht namentlich den Grundriß ganz deutlich: den Rücken an der Mauer, kann der Bedrohte nach keiner Richtung hin ausweichen, und das ihm versperrte Stück Freiheit jenseits der Mauerecke wird durch die perspektivische Flucht ironisiert. Wie seine alarmierten Sinne wahrnehmen, selektiv und überscharf, so ist das Bild gemalt. Ein Zug von Kolportage ist nicht zu übersehen. Die Darstellung des *Attentats auf Labori*, den Verteidiger des Hauptmanns Dreyfus (auf einer Titelseite der *Berliner Illustrierten Zeitung*) zeigt die gleiche Vorstadtsituation mit Wüstenei und Zaun, die gleiche Vereinzelung und Spannung zwischen den Figuren (Abb. 2).[48]

Wie biedermeierlich pittoresk und kleinstädtisch muten dagegen Rudolf Hennebergs *Polizeiwidrige Gestalten* (1861) an.[49] Der junge

2 Anonym: *Das Attentat auf Labori*, aus: *Berliner Illustrierte Zeitung*, Nr. 35, 1899, Titelseite

Klinger begegnet der Gegenwart frontal. Noch fünf Jahre danach gibt er in den *Märztage-* und *Eine Mutter*-Radierungen aus *Dramen* mehrere Berliner Nutzarchitekturen detailgetreu wieder. Soziales Chaos und wachsende Kriminalität waren eine unmittelbare Folge der multiplizierten wirtschaftlichen Regsamkeit, der brutalen Veränderungen, der Zuwanderung und der Wohnungsnot. Auf den Gründerkrach, der dem Gründerfieber gefolgt war, beruft sich Klinger ausdrücklich im Kommentar zu den drei *Eine Mutter*-Kompositionen.[50] Obwohl in *Spaziergänger* unsichtbar, bildet das zur reichen Reichshauptstadt gewordene Berlin auch hier die Voraussetzung für Gegenstand und Blickweise.

Die Geheimnisse von Berlin

1878 hatte die Einwohnerzahl Berlins die Million überschritten und wuchs immer weiter. Die Aussicht auf ein Wachstum ähnlich dem von Paris und London war einem Jeden gegenwärtig, Bodenspekulation und Baugesellschaften wucherten seit 1871. Seit 1875, da die Straßen, Plätze und Brücken der Residenz durch den Magistrat verwaltet wurden, hatten Kanalisation, Pflasterung, Beleuchtung ein neues Tempo genommen. Das Bewußtsein von Vorläufigkeit und Offenheit ließ sich allerdings nicht immer mit der offiziösen Selbstdarstellung einer perfekten »Kaiserstadt« vereinbaren: In den zwei wohlbekannten und so unterrichtenden Bänden von Max Ring *Die deutsche Kaiserstadt Berlin* deutet sich die Existenz städtischen Elends nur durch das Lob der Wohlfahrtsanstalten an: der als beispielhaft dargestellten Obdachlosenasyle und der »großartigen und bewunderungswürdigen« Waisenhäuser.[51]

Dem unheimlichen, verruchten Hintergrund der modernen Gesellschaft widmete sich aber eine Gattung der Trivialliteratur: die auf die Entrechteten und Gestrauchelten orientierte Geheimnisliteratur in der Nachfolge von Eugène Sues Unterweltroman *Les Mystères de Paris* (1843), der, kaum erschienen, schon 1844 ins Deutsche übersetzt war, und zwar, wie es heißt, in zehn verschiedenen Varianten.[52] Der Zusammenhang von Armut und Kriminalität wurde damals bereits international beachtet. Im Jahre vor Sues Sensationserfolg hatte Bettina von Arnim in ihr Werk *Dies Buch gehört dem König* einen Bericht des Schweizer Studenten Grunholter über das Elend im »Vogtland« vor dem Rosenthaler Tor eingefügt. Zahlreicher als die Reportagen waren freilich die Kolportagen: den in Berlin handelnden *Mysterien*-Romanen von August Braß (1844) und Rudolf Lubars (1844–1846) folgten die *Geheimnisse* anderer Städte. Arbeitslosigkeit und Familienelend, Alkoholismus, Verbrechen aller Art, Prostitution, Strafvollzug bilden den Rahmen der Romanhandlungen – eine publizistische Konjunktur, die ihren Grund wohl darin hatte, daß die proletarische Verelendung erst durch massenhaftes Auftreten, aber auch durch den Kontrast mit dem städtischen Zivilisationsideal auffallend geworden war.

Nicht zu übersehen war die politische Dimension des Phänomens: »Die sozialen Übelstände aber, von denen wir in unserem Werke gesprochen«, schrieb August Braß, »gehen von der gesamten Gesellschaft aus.«[53] Das ist der Ausgangspunkt der späteren »Milieutheorie«, die bereit ist, das *Verbrechen als sozialpathologische Erscheinung*[54] auch gegenüber der Justiz zu relativieren, was der Psychiater Cesare Lombroso auf dubiosere Weise mit seiner Vorstellung vom sozial ebenso chancen- wie schuldlosen, »geborenen Verbrecher« versucht[55]. Bald sollten Romane von Max Kretzer, dem »deutschen Zola« (*Die Verkommenen*, 1883) und Conrad Alberti (*Der Kampf ums Dasein*, Romanzyklus ab 1888) das allgemeine Interesse an dem Thema nähren.

Deren Vorbild, die Romane Emile Zolas (ebenso wie Flaubert, die Brüdern Goncourt, Maupassant) hatten Klingers Anfänge nachhaltig berührt. Die Anregung wird wohl von dem belesenen und ganz auf diese Richtung orientierten Christian Krohg ausgegangen sein.[56] Schon 1884 begann er sich indessen von französischer naturalistischer Literatur (und Malerei) zu distanzieren[57], erlebte sie als bestechliche »Journalistenliteratur«[58] und betrachtete auch seinen eigenen, erst kurz zuvor erschienenen radierten Zyklus *Dramen* jetzt folgerichtig als »reinen Zeitungsbericht«[59]. Unerträglich sei ihm »dieser Mangel an großer Weltanschauung« und das »Wühlen im Elend« geworden, das »der früher grassierenden Asphaltschmiererei« gleiche.[60] Aber wie mußte ihn berührt haben, was er jetzt verwarf:

»Langsam folgte sie von einem Ende des Horizonts zum anderen der Stadtzollmauer, hinter der sie nachts manchmal Schreie von Ermordeten hörte [...] Als sie über dieses graue und endlose Gemäuer hinwegblickte, das die Stadt mit einer öden Einfassung umgab, gewahrte sie einen weißen Lichtschein, einen Sonnenstaub, der schon von dem morgendlichen Grollen von Paris erfüllt war [...] Dort war ein Herdengetrampel, eine Menge, die durch jähe Stockungen in Lachen auf dem Fahrdamm ausgebreitet wurde, ein endloser Vorbeimarsch von Arbeitern [...] Und das Gewühl ergoß sich nach Paris hinein, wo es unaufhörlich versank ...«[61]

Dieses Stimmungsbild des Pariser Stadtrandes in der Morgendämmerung eröffnet ein Buch, das gerade ein Jahr alt war, als Klinger den *Spaziergänger* malte: Zolas *L'Assommoir* (*Der Totschläger*), »ein Werk der Wahrheit«, wie sein Autor es ankündigte, »der erste Roman über das Volk, der nicht lügt und den Geruch des Volkes atmet«.[62] Wenn der junge Maler es las – gleich damals oder erst in der 1880 erschinenen Übersetzung –, wird er die verwandte Situation, aber auch den Unterschied zwischen dem Moloch Paris und dem Berlin der Gründerjahre ermessen haben. Während Zola ein endloses Menschengewühl beschreibt, setzt Klinger nur fünf Personen in Szene, und wiederum erlebt man gegen Ende des Romans eine ähnliche Szenerie, wenn die inzwischen ganz heruntergekommene Gervaise auf der Suche nach Freiern nachts durch die anrüchigen Vorstädte wankt.[63]

Während Klingers Bild in der Akademie hing, verabschiedete der Reichstag am 21. Oktober 1878 Bismarcks *Gesetz gegen die gemeingefährlichen Bestrebungen der Sozialdemokratie*. Damit war sozialistische Organisierung und Agitation verboten und blieb es bis 1890. Wichtig für unseren Zusammenhang: Die Kriminalisierung verwischte den Unterschied zwischen politischen Agitatoren und Strolchen. Sie konnte noch weiter ausgreifen, wenn etwa Max Schasler – Herausgeber der *Dioskuren*, Verfasser des berühmten, endlosen Traktats *Was thut der deutschen Historienmalerei Noth*? und einstiger Barrikadenkämpfer – in den siebziger Jahren den »Materialismus« in der Kunst mit der Sozialdemokratie verknüpfte und beide wiederum, in kühnem Bogen, mit dem anarchistischen Königsmord.[64] Im Lichte dieser Möglichkeit, ideelle Werte und niedere Motive zu vertauschen, mag in Klingers Unterweltsschilderung auch ein Stück ironisierter Räuber- und Rebellenromantik eingelagert sein.

Entschieden kehrt sich Klinger vom herkömmlichen Bilddrama ab. Auch den Bösewichtern gestanden Bühne wie Malerei bis dahin

Größe zu. In der Tragödie traten Schurken auf, nicht Gauner; deren Erscheinen war erst durch die komische Gattung gerechtfertigt. So bei Shakespeare, so bei Hogarth, dem Klinger in manchem nachfolgt[65]; doch nicht im Respekt vor den Gattungsgrenzen. Und so kann er jämmerliche Alltagsstrolche, banale Akteure trüber Missetaten aller Verpflichtung zu Größe und Schönheit entbinden, wozu die Tradition so wirkungsvolle Zeichen bereithielt: siehe etwa die Pathosformeln in Davids Sabinerinnen! Schon Ludwig Pietsch bemerkte den Abstand selbst zu Ausläufern der Räuberromantik: Klingers Gestalten seien eben »nicht von der Art jener trotzigen, kühnen Wildschützen, sondern von der der feigen, tückisch lauernden, hinterrücks überfallenden Wegelagerer, des Auswurfs der großen Städte.«[66]

Die Beunruhigung beginnt jedoch damit, daß von diesem modernen Drama nur die Akteure wahrnehmbar sind, keineswegs aber Ursachen, Beweggründe, Inhalte. Die Namenlosen, so einzeln sie sich darbieten, sind nur Figuren der Menge, in der sie mit etwas Glück auch wieder untertauchen werden. Selten ist der Bildbetrachter so sehr in die Rolle eines Spions versetzt, und man erinnert sich, wie eng der Baudelaire-Leser Walter Benjamin moderne Menge und Detektivgeschichte miteinander verknüpft.[67] Hier übrigens begreift man, weshalb der anfangs zitierte Redakteur der *Gegenwart* den Bildtitel so töricht fand: er erklärt nichts und hält in der Tat zum Narren.

Ereignislosigkeit und Dauer

Mit Nachdruck sind die räumlichen Verhältnisse festgelegt, und den Standort jeder Figur verdeutlicht der Schlagschatten. Jeder der Akteure ist unterschiedlich weit entfernt sowohl von der vorderen Bildebene wie von der Mauer. Rechts von dem *Spaziergänger* befinden sich, einander benachbart, die dem Betrachter nächste und die von ihm entfernteste Gestalt; letztere in einem gewissen Abstand von der Mauer, an die sich der Spaziergänger drückt. Die beiden Männer links stehen frei im Raum und bilden eine eigene, in mehrere Richtungen zugleich räumlich entfaltete Gruppe. Sonst aber sind die Abstände zwischen den einzelnen Gestalten – und zwischen der letzten Gestalt und dem Zaun – so weit gedehnt, daß das

3 *Der Tod des Orpheus*, aus: Ovids *Metamorphosen* Lyon 1507, S. 152

Negativ, die Leere zwischen ihnen, bestimmend wird. Goldenes Maß wie Symmetrie haben ihre Geltung verloren. Sehr frühzeitig hat Klinger japanische Graphik gesehen, und mehrere Blätter aus einem Skizzenbuch der Studienzeit zeigen aufs deutlichste, wie stark sie seine Formvorstellung geprägt hat.[68] Die Leere aber ist es, die die Drohung, die nervenzerrende Spannung vermittelt.

Damit hängt zusammen ein subtiles Spiel mit unserem Erlebnis der Zeit im Bild. Diese bestimmt sich in Analogie zur zeitlichen Struktur der Beschauung.[69] *Spaziergänger* scheint einen »fruchtbaren Moment« der dramatischen Entscheidung unmittelbar vor dem Höhepunkt des Dramas darstellen zu sollen. Doch nichts, angesichts des Kräfteverhältnisses, deutet auf den Ausgang hin, der im klassischen »fruchtbaren Moment« stets bereits angelegt ist. (In manchen Darstellungen des Todes des Orpheus sind die Mänaden mit Knüppeln bewaffnet, was den Vergleich mit Klinger leicht macht (Abb. 3).[70] Und als dieser 1879 eine Wendung ins hergebracht dramatische Fach suchte und *Cäsars Tod* malte[71], stellte er drei Verschwörer nach der Tat grübelnd vor den regungslosen Leichnam und mied wiederum den »fruchtbaren Moment«.)

Das Patt vermag einzig der Betrachter zu beenden: für sich, indem er sich abwendet, was ihm indes durch eine formale Vorkehrung erschwert wird.[72] Die überstreckte Bildfläche verweigert eine einheitliche Wahrnehmung. Angesichts der Unmöglichkeit, sie mit einem einzigen, also ruhenden Blick aufzufassen, müssen wir die Augen »wandern« lassen, um nach und nach den Bestand zu inventarisieren und die Situation zu erfassen. Natürlich läßt auch jedes Normalformat diese Möglichkeit zu, und niemand – der sich überhaupt auf ein längeres Anschauen einläßt – wird darauf verzichten, auch Teil für Teil, mit wechselndem Fokus, abzutasten. So setzt sich jede Betrachtung einer Bildkomposition aus vielen Einzelwahrnehmungen zusammen; doch diese können durch einen Blick auf das Ganze immer wieder zusammengefaßt werden. Wiederholter Kontrolle unterworfen, ergänzt, ausgebaut, vertiefend strukturiert, bleibt dieses Ganze in der Regel Anfang und Ende. – Dies eben erlaubt das Breitwandformat nicht, es läßt in aufreizender Weise die Spannung zwischen Detail und Ganzem unaufgelöst und verlängert das Bilderеignis ins Ungewisse. Umso mehr, als der Auslöser der plötzlich eingetretenen Stille, der Revolverträger, klein, unbewegt, durch nichts hervorgehoben ist als durch eine besonders breite Strecke leerer Mauer neben ihm. Sie bildet die genaue Mitte der Komposition, eine klassische »Leerstelle« im Sinne Wolfgang Kemps[73], deren schiedsrichterliche Ereignislosigkeit die Ansätze zu einer Aktion erstickt. Von einer der zerstreuten Gestalten zur anderen springend und zurück, vermag das Auge sie nicht zu einer in Zeit und Raum einheitlichen Handlung zu vereinigen.

Solche der Höhe oder besonders der Breite nach überdehnte Formate kommen bei Carl Spitzweg, der Inhalt wie Bildgestalt stets gern pointiert, aber auch bei Klinger auffallend oft vor: wie in der Malerei, so in der Graphik. Man wird sich nicht wundern, sie in den Bildern aus der Villa Albers in Steglitz (1883 begonnen) anzutreffen, denn hier waren Wandfelder vorgegeben. In der Graphik gibt es solche Zwänge nicht, hier aber zielt die Entscheidung auf das Friesartige, Addierende hin, etwa in mehreren Kompositionen aus der *Handschuh*-Serie.

Die Vereinzelung, die notwendig mit Regungslosigkeit einhergeht, kennt man am ehesten von den sog. Begegnungsbildern des Münchners Wilhelm Kobell (seit etwa 1815) her. Weshalb es auch in den naiveren Schichten der Malerei häufig vorkommt, wäre des

besonderen Nachdenkens wert. Auch die Surrealisten – gleichviel, ob Tanguy, Magritte, Dalí oder Delvaux – suggerieren auf diese Weise hypnotische Situationen, Traum, schleichendes Entsetzen. Es mag dieser »metaphysische« Zug, diese sich selbst transzendierende Hyperrealität im besonderen gewesen sein, der, neben der gemeinsamen Liebe zu Böcklin, de Chirico zu seiner bemerkenswerten Klinger-Eloge veranlaßte. Darin fallen Begriffe wie »Romantik des modernen Lebens« – für de Chirico gleichbedeutend mit Melancholie. 1976 kam Alexander Dückers auf das Thema zurück, hob den »Ton des Irrealen« hervor, die kalte Leblosigkeit, die »unendliche Leere« des Raumes, und sprach von einer »Parabel der Bedrohung, Angst und Gegendrohung«, einem »Gleichnis für die überzeitliche Gewißheit, daß der Mensch der Feind des Menschen sei.«[74]

Vergleichbares findet sich am ehesten in der gleichzeitigen französischen Malerei, von der Klinger noch nicht viel wissen konnte. Daß Manets *Erschießung Kaiser Maximilians*[75] (1868–1869) eine ähnliche rhythmische Wiederholung isolierter, drohend auf eine Figur vor der Mauer bezogener Gestalten zeigt, bedeutet gewiß nicht, daß hier ein »direktes Vorbild«[76] gefunden sei; doch verwandte Ansätze und zeitliche Nähe sind unleugbar. Auch in Gustave Caillebottes *Kanalufer in Italien*, einem wie ausgeräumten Landstück,

4 Hans Speckter: *Gang in der Alten Anatomie in Weimar,* 1882, Öl auf Leinwand, 52 × 180 cm, Hamburger Kunsthalle

müßten nur einige Figuren eingesetzt werden, um ein dem Klingerschen Bild sehr ähnliches Resultat zu erzielen.[77] Das Unheimliche kann sich ins Skurrile wenden, sobald eine einzige Gestalt der Fläche ausgesetzt ist (wie in Hans Speckters *Gang in der Alten Anatomie in Weimar* von 1882 (Abb. 4), einem überraschend großen Bild, dessen einziges Geschehen im Anzünden einer Pfeife besteht)[78]; oder in Segantinis *Frühmesse* (1884–1886) mit dem einsamen Geistlichen auf der breitgestreckten Barocktreppe.[79] Wie eine Adaption der *Spaziergänger*-Situation für eine einzige Figur und Hochformat wirkt Klingers Federzeichnung *Allegorie des Lebens* von 1884.[80]

Wie aber, wenn wir der Entleerung des Bildes beiwohnen – noch dazu ausgerechnet in der »historischen« Gattung? Jean-Léon Gérômes *Le 7 décembre 1815, neuf heures du matin* (1867) stellt die Hinrichtung des Marschalls Ney dar, der die Alte Garde bei Waterloo angeführt hatte.[81] Es kehrt die Anordnung von Goyas berühmtem Erschießungsbild um, das Gérôme als *Episode du 3 mai 1808* kannte. Hauptdarsteller ist eine Mauer – trotz ihrer pittoresken Oberfläche und dem eingeritzten »Vive l'empereur« von schreiender Leere; denn kurz zuvor stand der Verurteilte vor ihr. Wolfgang Kemp hat dieses Bild als ein Exempel für den Mitteilungs- und Spannungsgehalt von »Leerstellen« in der Malerei interpretiert.[82] Der Höhepunkt bleibt ausgespart. Das Erschießungskommando entfernt sich, der schwer hingestürzte Leichnam, der wegrollende Hut bleiben als Indizien des Dramas – ganz wie in Klingers Radierung *In flagranti* (aus *Dramen*, 1883). Was hier vor einer Minute vorgefallen ist, läßt sich unschwer rekonstruieren, aber auf den »fruchtbaren Moment«, wie man ihn aus zahllosen *Paolo und Francesca*-Szenen kennt, läßt auch Klinger sich nicht ein.

Etwa gleichzeitig suchte der junge französische Philosoph Henri Bergson die Vorstellung der Zeit von quantitativen Begriffen abzukoppeln und außerhalb von Meß- und Teilbarkeit in der durée réelle, der »wirklichen«, das heißt aber subjektiv und konkret erfahrenen »reinen Dauer« anzusiedeln.[83] Dieser metaphysische Begriff diente ihm zunächst als Unterbau einer Theorie der Kausalität und der Willensfreiheit, gewann aber ein Eigenleben auch unabhängig von ihr. Man sollte nicht nach einem unmittelbaren Zusammenhang zwischen dem Philosophen und dem zwei Jahre jüngeren Maler suchen; wesentlich ist das Bedürfnis der Zeit nach einer suggestiven neuen Erfahrung des gelebten Moments.

Suspense

Für dieses Anhalten der Zeit stehen der Literatur andere Mittel zur Verfügung. In einer Erzählung von Jorge Luis Borges, *Der Süden*, wird ein Mann zum Messerduell provoziert. Sein Zögern und Schwanken wird ebenso in der Vergangenheitsform erzählt wie sein Vorleben. Nur ganz zum Schluß wechselt der Tempus unerwartet. Der vorletzte Satz lautete: »Er fühlte, daß – wenn er damals seinen Tod hätte wählen oder erträumen können – es dieser Tod gewesen wäre, den er erwählt oder erträumt hätte.« Dann aber, unvermittelt: »Mit festem Griff packt Dahlmann das Messer, das er vielleicht nicht einmal zu führen wissen wird, und geht in die Ebene hinaus.« Diese Sekunden zum Tode hin sind es, die das Präsens verewigt[84], indem es Anfang, Ende und Verlauf in eins zusammenzieht – oder dehnt. Wahrlich ein Schwarzes Loch, wiegt ein »suspense« dieser Art viel Aktion und Panik auf, wie man in berühmten Western-Szenen erleben kann: etwa in *High noon* (von Fred Zinnemann 1952) oder in der Anfangsszene von Sergio Leones *C'erà una volta il West* (*Spiel mir das Lied vom Tod*, 1968), deren Arrangement – die wartenden Revolvermänner an der Bahnstation, einzeln über die Breite der Leinwand verteilt – dem Klingerschen verwandt ist.

Umwertung der Werte

Mit *Spaziergänger* findet die naturalistische Gegenwartsmotivik ihren Eingang in Klingers Werk. Merkwürdigerweise erfolgt dieser Vorstoß zunächst nicht in der Graphik, die Klinger solchen Gegenständen bald immer mehr öffnen wird, sondern in der Malerei, in der sich solches niemals wiederholen wird. Wenn er später, in dem Traktat *Malerei und Zeichnung*, Eigenart und spezielle Aufgabe jeder der drei Bildkünste definiert, wird die Malerei auf ein harmonisches Schauen verwiesen, das Phantastisches wie Erzählerisches ausschließt. Die Graphik aber, die sich für beides empfiehlt, bildet seit dem *Handschuh* (1881 radiert) wohl die moderne Großstadt, ihre Bauten und Menschen ab, doch es ist immer ausschließlich die bürgerliche Oberschicht, die behandschuhte und behütete, die Rollschuhbahnen besucht und zu deren Villen man durch kunstreich geschmiedete Gitter gelangt. Erst in *Dramen* (1883) wird der Leipziger Seifenfabrikantensohn auf die Stadtarmut, das Proletariat als leidende wie als aufbegehrende Klasse blicken. Und es ist eine durchaus andere, eine sozial analysierende Wahrnehmung, deren Schärfe unterstrichen wird durch den philosophisch umgreifenden Weltzusammenhang, den der Zyklus herstellt; deutlich anders als die erschrockene, aber flüchtige Neugier des jungen Bürgersohns auf die Abgründe der Unterwelt und die halluzinatorische Erscheinung ihrer verkommenen Helden.

Diese Malerei von geisterhafter Nüchternheit ist ein Beitrag zur Umwertung der traditionellen Werte. Die gegensatzreichen Posen des Kampfes, wie sie die Tradition anbietet, sind so vergessen wie die Spielregeln der Ehre. Das Anhalten der Handlung am toten Punkt der Stille vor dem Sturm verfremdet Zeit und Geschehen. Die Landschaft wird durch endlose »Gegend« ersetzt, die mannigfaltige Komposition durch kunstvolle Monotonie. Die Suggestivkraft des Gestaltlosen, die Anziehung durch das Wüst-Leere läßt sich als Umkehrung der Ruinenromantik verstehen: An die Stelle einer verfallenden Vergangenheit mit reichen Konnotationen tritt eine konnotationenlose, nichts versprechende Vorläufigkeit. Die Mauer bezeichnet einen hortus exclusus. Die Tradition wird wie ein schäbig gewordener Mantel gewendet, und die radikale Reduktion, die dabei herauskommt, gehört zu Klingers auch sonst beträchtlichem Anteil an der Grundlegung der modernen Kunst.

1 Vgl. Karl Scheffler: *Deutsche Maler und Zeichner im Neunzehnten Jahrhundert*, Leipzig 1920, hier zitiert nach der eindrucksvollen Anthologie von Stimmen zu Klinger in: Manfred Boetzkes und Uwe Hager (Hg.): *Max Klinger. Wege zum Gesamtkunstwerk*, Ausstellungskatalog Roemer- und Pelizaeus-Museum Hildesheim, 1984, S. 91–252, S. 147f.

2 Vgl. Hans Olde an seine Frau 1897; zit. nach Hildegard Gantner: *Hans Olde 1855–1917. Leben und Werk*, Phil. Diss. Tübingen 1970, S. 89.

3 Gegen den großen *Penseur* erschien ihm sein *Beethoven* »gräulig spielig«: Klinger an Alexander Hummel, 10. Dezember 1904; zit. nach: Ausstellungskatalog *Max Klinger 1857–1920*, Museum der bildenden Künste zu Leipzig, 1970, S. 57.

4 Mehrere Äußerungen sind überliefert. Siehe Claude Keisch: *Rodin dans l'Allemagne de Guillaume II. Partisans et détracteurs à Leipzig, Dresden et Berlin*, Paris 1998, S. 39.

5 Ibid., S. 18.

6 Außerdem ein kurzer Bericht über die Radierungen nach Böcklin (1895).

7 Dazu mehrere Briefe von Réau an Klinger (Stadtarchiv Naumburg, Klinger-Nachlaß), darunter ein langer vom vom 1. Januar 1909, der um Verständnis für seine »analyse un peu froide« wirbt: er habe jenseits seiner persönlichen Ansicht »objektiv« einen französischen Standpunkt einnehmen wollen.

8 Der Dichter erhielt im Sommer 1883 die soeben fertiggestellte Serie der »Dramen«; vgl. Laforgue an Klinger, 15. September 1883, in: Jules Laforgue*: Oeuvres complètes*, hg. von Jean-Louis Debauve u. a., Bd. 1, Paris 1986, S. 837.

9 Jules Laforgue an Charles Ephrussi, 13. März 1882, ibid., Bd. 1, S. 759.

10 Jules Laforgue: *Le Salon de Berlin*, in: *Gazette des Beaux-Arts* 1883/II, S. 170-181; zu Klinger, Laforgue 1986 (wie Anm. 8), S. 173–175. Dabei hatte er auf Wunsch des Chefredakteurs Charles Ephrussi seinen Text – auch die Passage über Klinger – zusammengestrichen; Laforgue an Charles Ephrussi, 3. Juli 1883, ibid., Bd. 1, S. 828f.. Auch sonst hatte er aus Rücksicht auf die Redaktion seinen Groll auf »le peuple le plus activement antiartistique des peuples connus« zurückgehalten; Laforgue an Charles Henry, 27. Juli 1883, ibid., S. 832. Die *Gazette* hatte daran gedacht, dem Artikel einer Klinger-Radierung beizufügen; Laforgue an Charles Henry, Anfang August 1883, ibid., S. 834.

11 Laforgue an Klinger, 15. September 1883, ibid., Bd. 1, S. 837. Der Aufsatz wurde nicht geschrieben.

12 Vgl. Laforgue an Klinger, 5. Juni 1884, ibid., Bd. 2, Paris 1995, S. 704.

13 Laforgue an Charles Ephrussi, 31. März 1882, ibid., Bd. 1, S. 765f. Diese jüngste Laforgue-Edition entscheidet sich für *Circé*, allerdings ohne auf die verschol-

lene Original-Handschrift zurückgreifen zu können. Ob sie für die – unzuverlässige – ältere Werkausgabe von G. Jean-Aubry: *Oeuvres complètes de Jules Laforgue*, Bd. IV, Paris 1925, S. 132, zur Verfügung stand, ist nicht deutlich. Auch hier liest man *Circé*, doch ein Bild dieses Titels ist in Klingers Oeuvre unbekannt, wie mir Renate Hartleb, Leipzig, bestätigte. Giorgio de Chirico hingegen, der die Stelle offenbar nach den älteren Publikationen des Briefes zitiert, schreibt *Cerné*. Giorgio de Chirico: *Max Klinger*, zuerst erschienen in: *Il Convegno* 1–10/1920, S. 32–44, vollständiger Abdruck (deutsch) in: Max Klinger 1984 (wie Anm. 1), S. 132–142. – Zwei Jahre später wurde Klingers überraschend bescheidene Einsendung (die Radierung *Burg am Meer* nach Böcklin) wiederum zurückgewiesen; vgl. Laforgue an Klinger, 15. Juni 1884, id., 1986 (wie Anm. 8), Bd. 2, S. 708.

14 Die Nationalgalerie hatte sich bis nach der Jahrhundertwende ausschließlich, hier aber systematisch für Klingers Graphik interessiert. Sie erwarb das Bild 1933 von Hermann Fliess in Berlin. Vorher: Dr. Julius Stettenheim, Berlin; Versteigerung Lepke; Berlin, 5. Dezember1899 (für 7.700 Mark); 1907 wiederum im Berliner Kunsthandel; Johannes Guthmann. – Im Laufe der Zeit wurden mehrere Titel ausprobiert: Schon während der Akademie-Ausstellung schrieb Klinger in der Widmung einer Photographie des Bildes an seine Eltern *Die rothe Mauer* (Photographie im Nachlaß. Siehe hierzu *Max Klinger 1857–1920* 1970 (wie Anm. 3), Nr. 29. Später hieß das Bild auch *Der Überfall*, oder auch *Überfall an der Mauer* (Abb. 1).

15 »Es ist das einzige Bild, aus welchem man ersehen kann, daß Klinger ein Schüler Gussows war … Eigentum des Künstlers ist daran so gut wie nichts«; vgl. Lothar Brieger-Wasservogel: *Max Klinger*), Leipzig 1902, S. 59f.

16 Chirico 1920 in *Max Klinger* 1984 (wie Anm. 1), S. 132–142, Zitat auf S. 142.

17 Unser bisher kümmerliches Wissen über Klingers Berliner Jahre wurde jüngst durch neu erschlossene norwegische und dänische Quellen bereichert: siehe Marit Lange: *Max Klinger und Norwegen*, in: *Niederdeutsche Beiträge zur Kunstgeschichte* 33/1994, S. 157–212. Das bekannte kleine Bild *Tafelrunde mit Freunden in Berlin* (Leipzig, Museum der bildenden Künste) erwies sich dabei als eine Arbeit nicht von Klinger, sondern von Christian Krohg.

18 Diese Parallelstraße der Hildebrandstraße verlief zwischen Tiergarten und Schöneberger Ufer. Sie wurde später überbaut und existiert nicht mehr. »Aristokratisch« nannte sie Georg Brandes: *Max Klinger* (1881), Wiederabdruck in der 2. Auflage (1887) seines Bandes: *Moderne Geister. Literarische Bildnisse aus dem neunzehnten Jahrhundert*, hier zitiert nach der 4., vermehrten Auflage, Frankfurt a. Main 1902, S. 57–72, S. 60.

19 Viel später sollte Klinger ihn porträtieren (Marmorbüste 1902, Museum der bildenden Künste Leipzig; Gemälde 1904, Chemnitz, Städtische Kunstsammlungen).

20 Brandes 1902 (wie Anm. 18), S. 61f.

21 In der radierten Fassung (1881) wurden es zehn. Zu den Zusammenhängen siehe Lange 1994 (wie Anm. 17), S. 168 und 191f.

22 Dazu ibid., S. 168 und 172ff.

23 Vgl. Th. L.: *Die 52. Ausstellung der Königlichen Akademie der Künste zu Berlin (I)*, in: *Die Gegenwart* 14/1878–II, S. 156–157.

24 Ibid. (Schluß), S. 236–238, S. 238.

25 Vielleicht der Herausgeber Paul Lindau selbst.

[26] *Arthur Fitger an Georg Brandes*, 21. April 1882; zit. nach Paul Krüger (Hg.): *Correspondance de Georg Brandes*, III: *L'Allemagne*, Kopenhagen 1966, Nr. 557, S. 319ff., S. 322.

[27] Vgl. Georg Brandes an Arthur Fitger, 9. Mai 1882, ibid. Nr. 558, S. 323ff., S. 324. Auf diese Stelle hat Renate Hartleb zuerst aufmerksam gemacht: *Max Klinger pittore e scultore,* in: *Max Klinger*, Ausstellungskatalog Palazzo dei Diamanti, Ferrara 1996, S. 79–121, S. 80.

[28] Vgl. Ludwig Pietsch: *Die Berliner Kunst-Ausstellung (XVI)*, in: *Vossische Zeitung* 4. Januar 1878.

[29] Vgl. Chirico 1920 (wie Anm. 16), S. 140 (hier von mir redigiert).

[30] Georg Brandes: *Fra Berlin*, in: *Dagbladed* vom 19. Oktober 1878; zit. nach Lange 1994 (wie Anm. 17),S. 157–212, S. 208. Diese Angabe wiederholt Brandes in *Max Klinger* (1881), Wiederabdruck in der 2. Auflage (1887) seines Bandes *Moderne Geister* (wie Anm. 18), S. 65.

[31] Z. B. *La Sorgente del Gorgazzo*, 1872, 65 × 102, Venedig, Sammlung Rina Nono; vgl. Giovanni Granzotto: *Luigi Nono*, Firenze 1990 Nr. 5.

[32] Sammlung Giannino Marzotto. Abb. in Raffaele Monti (Hg.): *Cézanne, Fattori e il ›900 in Italia*, Ausstellungskatalog Museo Faltori, Livorno 1997, Nr. 10.

[33] Zur Ästhetik der Stadtperipherie vgl. Wolfgang Kemp: *Bilder des Verfalls. Die Fotografie in der Tradition des Pittoresken*, in: *Foto-Essays zur Geschichte und Theorie der Fotografie*, München 1978, S. 102–141.

[34] Siehe die große (34 × 53,6 cm) lavierte Zeichnung *Landschaft mit Pappelallee bei Plagwitz* von 1874 (Leipzig, Museum der bildenden Künste), Abb. *Max Klinger* 1996 (wie Anm. 27), Nr. C 181.

[35] Eines der ersten Blätter des *Kinderalbums* (im Berliner Kupferstichkabinett).

[36] Essen, Privatbesitz.

[37] Berlin, Nationalgalerie.

[38] 1844, Berlin, Nationalgalerie.

[39] Max Schmid: *Klinger*, Bielefeld und Leipzig 1899, S. 14.

[40] Hermann Schlittgen: *Erinnerungen*, Hamburg-Bergedorf 1947, S. 118.

[41] Martin Michalski: *Max Klingers künstlerische Entwicklung und Wandel weltanschaulicher Gehalte in den Jahren 1878–1910*, Phil. Diss. Marburg 1986, S. 28.

[42] Brandes 1878 (wie Anm. 30), S. 170 und S. 208.

[43] Carl Wilhelm Zimmermann: *Die Diebe in Berlin*, Berlin 1847; Friedrich Christian Benedict Avé-Lallemant: *Das deutsche Gaunertum* [...], 1858.

[44] Th. L. 1878 (wie Anm. 23).

[45] 1827, Standort unbekannt.

[46] 1863, Berlin, Nationalgalerie.

[47] Berlin, Nationalgalerie.

[48] *Berliner Illustrierte Zeitung*, VIII, 1899, Nr. 35, Titelseite.

[49] Braunschweig, Herzog-Anton-Ulrich-Museum.

[50] Die Familie sei »durch den Krach verarmt«, schreibt er in einem Kommentar.

[51] Max Ring: *Die deutsche Kaiserstadt Berlin*, Berlin 1883–1884, Band I, S. 162–164.

[52] Hainer Paul: *Illustrierte Geschichte der Trivialliteratur*, Leipzig 1983, S. 227.

[53] Vgl. Zitat in Erich Edler: *Die Anfänge des sozialen Romans und der sozialen Novelle in Deutschland*, Frankfurt am Main 1977, S. 99.

[54] So der Titel einer Schrift des Juristen Franz von Lißt (1899). Siehe Richard Hamann und Jost Hermand: *Naturalismus* (Deutsche Kunst und Kultur von der Gründerzeit bis zum Expressionismus, II), Berlin 1959, S. 162–165.

55 Lombrosos 1876 in Turin erschienenes Werk *L'uomo delinquente* kam erst 1887–1890 in deutscher Übersetzung heraus.

56 So vermutet Lange 1994 (wie Anm. 17), S. 165.

57 Max Klinger an Georg Brandes, 13. Mai 1884, zit. nach Anneliese Hübscher (Hg.): *Max Klinger. Malerei und Zeichnung. Tagebuchaufzeichnungen und Briefe*, Leipzig 1985, S. 103f.

58 Besonders ausführlich und erbittert in einem Brief an Hermann Prell, 8. Mai 1886, ibid., S. 185–190, S. 186.

59 Max Klinger an Dr. H. H. Meier, 9. Februar 1889, zit. nach: *Max Klinger zum 50. Todestag. Das druckgraphische Werk aus dem Besitz der Kunsthalle Bremen, Vermächtnis H.H. Meier*, Ausstellungskatalog Kunsthalle Bremen, 1970, S. 15.

60 Hübscher 1985, S. 189.

61 Vgl. Emile Zola: *Der Totschläger*, Deutsch von Gerhard Krüger, Berlin[7] 1977, S. 9; das Original *L'Assommoir* erschien Anfang 1877.

62 Zolas Vorwort, ibid., S. 6. Auf Zolas *L'assommoir* hat man die Blätter *Eine Mutter I–III* aus *Dramen* beziehen wollen; Bernd Growe: *»Beobachten aber nichts mitthun« (Materialien zum Opus »Dramen«)*, in: *Max Klinger*, Ausstellungskatalog Kunsthalle Bielefeld, S. 15-18, S. 17. Daß ihnen auch ein wirklicher Vorfall zugrundeliegt, bleibt davon unberührt.

63 Zola 1877 (wie Anm. 61), S. 516ff.

64 Max Schasler: *Über materialistische und idealistische Weltanschauung*, Berlin 1879, S. 39.

65 Siehe Claude Keisch: *Klinger. Der schäbige Heroismus einer Gegenwart*, in: *Marriage A-la-mode. Hogarth und seine deutschen Bewunderer*, hg. von Martina Dillmann, Claude Keisch, Ausstellungskatalog Nationalgalerie Berlin 1998, S. 146.

66 Vgl. Pietsch 1878 (wie Anm. 28).

67 Walter Benjamin: *Das Paris des Second Empire bei Baudelaire*, hrsg. von Rodemarie Heise, Berlin und Weimar 1971, S. 68–76.

68 Leipzig, Museum der bildenden Künste. Man datiert es gegen 1874/1877. Siehe Renate Hartleb u. a.: *Max Klinger. Bestandskatalog der Bildwerke, Gemälde und Zeichnungen im Museum der bildenden Künste Leipzig*, Leipzig 1995, Nr. C 218–276, ; vor allem S. 234, 242, 243, 252, 256.

69 Zu diesem unabsehbaren Problemfeld siehe Götz Pochat: *Bild-Zeit. Zeitgestalt und Erzählstruktur in der bildenden Kunst von den Anfängen bis zur frühen Neuzeit*, Wien, Köln und Weimar 1996, mit einer umfassenden Einführung in die Forschungslage.

70 Den Orpheus-Holzschnitt aus Ovids *Metamorphosen*, Lyon 1507, hat Ernst H. Gombrich: *Der fruchtbare Moment*, in: *Bild und Auge*, Stuttgart 1984, S. 40–62, S. 53 und Abb. 24 und 25, mit der quasi identischen Anordnung einer Szene aus Bunuels Film *Los Olvidados* konfrontiert.

71 Museum der bildenden Künste, Leipzig.

72 Am Beispiel von zwei der Christus-Blätter von 1878 hat Wolfgang Kemp die unmittelbar inhaltliche Aussagekraft Klingerscher Komposition demonstriert: *Ellipsen, Analepsen, Gleichzeitigkeiten. Schwierige Aufgaben für die Bilderzählung*, in: Wolfgang Kemp (Hg.): *Der Text des Bildes. Möglichkeiten und Mittel eigenständiger Bilderzählung*, München 1989, S. 62–88, S. 76–79.

73 Wolfgang Kemp: *Verständlichkeit und Spannung. Über Leerstellen in der Malerei des 19. Jahrhunderts*, in: Wolfgang Kemp (Hg.): *Der Betrachter ist im Bild. Kunstwissenschaft und Rezeptionsästhetik*, Köln 1985, S. 253–278.

74 Vgl. Alexander Dückers: *Max Klinger*, Berlin 1976, S. 47.

75 Mannheim, Städtische Kunsthalle.

76 Michalski 1986 (wie Anm. 41), S. 30.

77 Um 1872, John M. and Sally B. Thornton Trust.

78 52 × 180 cm, Hamburger Kunsthalle. Oder eine gedrängte Gruppe, wie in Jean-Léon Gérômes *Ils conspirent!* (ausgestellt 1892; eine Fassung im Museum Vesoul).

79 Kunstmuseum St. Gallen, mit Nachklängen in Eisensteins *Panzerkreuzer Potemkin* (1925) wie in Herbert Lists Photographie *Kind auf der Spanischen Treppe* (1949).

80 Kunsthalle Bremen. *Max Klinger 1857–1920*, Ausstellungskatalog Städel, Frankfurt am Main, 1992, Nr. 54, Abb. S. 119.

81 Ausgestellt 1868. Sheffield, Graves Art Gallery. Gerald M. Ackerman: *La vie et l'œuvre de Jean-Léon Gérôme*, Paris 1986, S. 82 und Nr. 170.

82 Kemp 1985 (wie Anm. 73), S. 262ff.

83 Henri Bergsons Schrift *Sur les données immédiates de la conscience* (deutsch: *Zeit und Freiheit. Eine Abhandlung über die unmittelbaren Bewußtseinstatsachen*, Jena 1911) erschien 1888, wurde aber bereits Anfang der achtziger Jahre verfaßt.

84 Jorge Luis Borges: *Der Süden* (1944), in: id.: *Labyrinthe*, München 1959, S. 281–289. In einer anderen Geschichte, *Das geheime Wunder*, id., S. 253–261 gewährt Gott einem Dichter unmittelbar vor der Hinrichtung ein Jahr zur Vollendung seines Lebenswerkes. Dieses Jahr aber, dessen Verlauf ausführlich erzählt wird, ist nichts anderes als der unendliche, unendlich kurze Augenblick der Erschießung selbst, denn für äußere und innere Zeit gelten unterschiedliche Maße.

Vincent van Gogh und Fritz von Uhde

Peter-Klaus Schuster

»Ich habe schon so gewaltig viel Grau gesehen«

Vincent van Gogh schrieb 1885 an seinen Bruder Theo über Fritz von Uhdes 1883/84 entstandenes Gemälde *Lasset die Kindlein zu mir kommen*:

> »Ja, ich finde es schön. Aber etwas Neues ist es nicht. Interieurs in hellem Ton mit Bauernkindern, *ohne* mystische Christusfigur, wie Israëls oder Arzt sie malen, gefallen mir besser als dies, wo man einen mystischen Christus als Zugabe erhält. Die Kinder sind *sehr* schön im Charakter- sind sie aber besser als die von Labrichon, Frère oder sogar Knaus, Vautrier? (So wie sie früher in ihrer besten Zeit waren).«

»Gegen Uhdes Bild«, so führt van Gogh weiter aus, »habe ich einzuwenden, daß es etwas Kaltes hat wie die neuen Backsteinhäuser und -schulen und -kirchen der Methodisten. Ich bekomme, verzeih' mir, trotz der großen Verdienste des Bildes Heimweh nach der weniger orthodoxen Malweise von Decamps oder Isabey. Es ist après tout etwas Schwindsüchtiges darin, und ich finde, ein Corot, ein Dupré, ein Millet ist so unendlich viel gesünder gemalt. Ich urteile jedoch nur nach der Reproduktion; mag sein, daß ich mich mehr damit befreunden würde, was die Technik betrifft, wenn ich das Bild sähe.«[1]

Uhdes großformatiges Bild, über das van Gogh seinem Bruder so kritisch schreibt, war 1884 in der Berliner Akademie der Künste und 1885 im Salon in Paris ausgestellt.[2] Beide Male wurde es mit Goldmedaillen ausgezeichnet, vielbeachtet und höchst kontrovers diskutiert. Was das Publikum so sehr bewegte und was bei Kaiser Franz Joseph geradezu Tränen der Empörung hervorgebracht haben soll, ist Uhdes Vergegenwärtigung der christlichen Botschaft in einem zeitgenössischen ärmlichen Milieu mit den Mitteln moderner Frei-

1 Fritz von Uhde: *Lasset die Kindlein zu mir kommen,* 1884, Reproduktion von Franz Hanfstaengl, Staatliche Museen zu Berlin, Museum Europäischer Kulturen

lichtmalerei. Bereits 1884 wurden von Uhdes Gemälde des kindersegnenden Christus über zehntausend Fotografien verkauft, Ausweis des Sensationellen wie des Populären dieses Bildes, das 1886 vom Museum der Bildenden Künste in Leipzig angekauft wurde.

Auch van Gogh besaß von Uhdes Bild offensichtlich eine Reproduktion (Abb. 1).[3] Schon als Angestellter im Kunsthandel um Marktkenntnisse bemüht, entwickelte sich van Gogh zu einem ausgesprochenen Sammler von Reproduktionsgrafik, besonders der zeitgenössischen englischen Kunst. Aber - wie seine Briefe an Theo zeigen - auch die aktuelle deutsche und französische Kunst war ihm durch solche Reproduktionen in ganz erstaunlichem Maße präsent.[4] Von einer kanonischen Entwicklungsgeschichte der Kunst noch weit entfernt, verfügte van Gogh als Kenner der internationalen Reproduktionsmedien vielmehr über einen ganz unorthodoxen, einstige Salongrößen mit Gründerfiguren der Moderne ständig vergleichenden Blick für »Seltsame Paare«.[5]

Aus diesem künstlerisch so differenzierten Geschmacksrelief erwächst auch der Reiz seiner Mitteilungen über Uhde. Dessen Pleinair-Malerei scheint van Gogh ebenso artifiziell wie dessen scheinbar so im Leben verankerte Christusgestalt. Was bei Uhde lebendige und lichtvolle Wirklichkeit sein will, ist für van Gogh nur eine Hell-Malerei, die mit Weißhöhungen verkleistert statt wirkliche Farb- und Lichtvaleurs zu erfassen. An Uhdes Interieur in silbriggrauem Ton wird für van Gogh das Dilemma einer bloß kalt ausgedachten Pleinair-Malerei deutlich: »Da siehst Du: allmählich empfindet man jeden Effekt gegen ein kräftiges und farbiges Licht, jeden Schlagschatten als Ketzerei - es scheint, kein Mensch geht mehr frühzeitig am Morgen oder abends bei Sonnenuntergang spazieren - man will nichts weiter sehen als Mittagslicht oder Gaslicht oder gar Elektrisch!« Angesichts solch korrekt vereinheitlichender und trockener Lichtmalerei kommt van Gogh gegenüber Theo zu dem Schluß: »Dieses Bild von Uhde ist viel deutscher (siehe im Artikel von Mantz, wie fein er Meijerheim verspottet: ›nature-mortier‹, hast Du das bemerkt?), ist , sage ich, viel deutscher, als es den Anschein hat.«[6]

In seinem wenig späteren Brief an Theo vom 6. Juli 1885 bleibt van Gogh bei seinem Urteil, daß Uhdes *Lasset die Kindlein zu mir kommen* in seiner Malweise wie in seiner christlichen Ikonographie ein bloß ausgedachtes und deshalb auch sehr deutsches Bild sei:

»Theo, Du darfst nicht denken, wenn ich das Bild von Uhde im Original sähe, würde sich der Eindruck ändern, den ich zuerst davon hatte [...]. Nun sagst Du, das silbrige Grau bei Uhde sei so schön, und ich würde anders darüber denken, wenn ich das Bild sähe. Nein, Junge - ich habe schon so gewaltig viel Grau gesehen, daß ich mit ein bißchen Silbergrau nicht mehr so leicht zu verführen bin wie früher. [...] Vergiß aber nicht - obgleich ich gewisse Einwände gegen Uhde habe -, in erster Linie betonte ich, daß ich das Bild ganz entschieden - was das Wichtigste betrifft, und das macht drei Viertel des Bildes aus, nämlich die Kinder - sehr schön finde. [...] Ich habe jetzt anderthalb Jahre hier auf die Bauernfiguren und ihre Bewegung scharf aufgepaßt, gerade um ein bißchen Charakter hineinzukriegen. Da kann ich so einen Knecht Ruprecht wie bei Uhde da in der Schule - die Schule ist sonst doch recht schön! - nicht gut ausstehen. Uhde selbst - ich wette, er weiß es auch selber, und er hat es gemacht, weil die braven Bürger des Landes, wo er wohnt ›ein sujet‹ und ›etwas (Konventionelles) zum Nachdenken‹ verlangen, und weil er sonst Hunger leiden müßte.«[7]

Das Evangelium der Kunst

Nicht gut ausstehen konnte van Gogh allerdings auch die Verwendung konventioneller biblischer Sujets bei Gauguin. Verärgert über Gauguin, Bernard und »ihre Christusse am Ölberg, wo nichts beobachtet ist«, begann van Gogh im November 1889 seine Serie von Olivenhainen. Besonders in seinen Darstellungen der Olivenernte, die Männer und Frauen bei der Mühsal der Arbeit zeigen, sah van Gogh eine zeitgemäße Entsprechung zum biblischen Garten Gethsemane und der Angst, die Christus dort erlitt.[8] In Über-einstimmung mit der calvinistischen Kunstanschauung behauptete van Gogh, es sei »das Kennzeichnende der Holländer, daß sie nichts erfinden, daß sie weder Einbildungskraft noch Phantasie haben.«[9] Deshalb weiß van Gogh in seinem Brief aus St. Remy Ende 1889 an Theo: »Wenn ich hierbleibe, werde ich nicht versuchen einen Christus auf dem Ölberg zu malen, wohl aber die Olivenernte, wie sie noch heute vor sich geht; und dann, selbst wenn man die menschliche Figur darin in der richtigen Proportion gäbe, würde es vielleicht daran erinnern.«[10]

Diese calvinistische Strenge gegenüber den nicht darstellbaren biblischen Themen - für van Gogh allenfalls in Kopien nach religiösen Gemälden von Rembrandt, Delacroix oder Millet malerisch zu realisieren - diese calvinistische Strenge hat van Gogh freilich nicht gehindert, die Anwesenheit des Göttlichen ganz im Sinne der theologischen Metaphorik seiner früheren Predigten in den alltäglichen Dingen Bild werden zu lassen. So lautete der Schlußsatz von van Goghs Predigt, gehalten 1876 in Isleworth: »When every one of us goes back to daily things and daily duties, let us not forget that things are not what they seem, that God by the things of daily life teacheth us higher things.«[11]

Solcher Verweischarakter des Alltäglichen auf die höheren Dinge kennzeichnet auch van Goghs Stilleben-Zyklus der *Sonnenblumen*. Gemalt 1888, waren die *Sonnenblumen* ursprünglich gedacht als Schmuck des Ateliers, das van Gogh für die gemeinsame Arbeit mit Gauguin - und, so seine Hoffnung, mit weiteren Künstlern - im *Gel-*

ben Haus in Arles einrichtete. In diesen *Sonnenblumen* sah van Gogh das Licht des Südens eingefangen. In ihrer Wirkung verglich er sie deshalb mit »Glasfenstern gotischer Kirchen«.[12] Zugleich waren ihm die *Sonnenblumen* ganz in Übereinstimmung mit der emblematischen Überlieferung Sinnbilder seiner Malerei, seines Strebens nach Gemeinschaft und Freundschaft sowie seiner Weltfrömmigkeit. Denn analog der ständigen Ausrichtung der Sonnenblumen zum Licht, interpretiert als Hinwendung der Schöpfung zu ihrem göttlichen Schöpfer, ebenso verstand van Gogh sein künstlerisches Tun als »religiös« dienenden Auftrag des Künstlers an die Gemeinschaft.[13]

Der leere Stuhl

Dieses Evangelium der Kunst thematisiert van Gogh im unmittelbaren Anschluß an seine Sonnenblumenbilder auch in seinen beiden Stuhl-Stilleben (Abb. 2, 3). Sie sind offensichtlich als Pendants

2 Vincent van Gogh: *van Goghs Stuhl,* 1888–1889, London, National Gallery

3 Vincent van Gogh: *Gauguins Stuhl,* 1888–1889, Amsterdam, Rijksmuseum Vincent van Gogh

aufeinander bezogen. Während des kurzen Aufenthaltes von Gauguin in Arles im November 1888 gemalt und nach Gauguins Abschied im Januar 1889 vollendet, hat van Gogh den rustikalen korbgeflochtenen Stuhl als seinen Stuhl bezeichnet. Den eleganten Stuhl mit Armlehnen, auf dem zwei Bücher und eine brennende Kerze arrangiert sind, erläuterte van Gogh als den »leeren Platz« Gauguins.[14]

Als Anregung für diese Bildidee, einen Abwesenden durch seinen leeren Stuhl zu vergegenwärtigen, hat man erneut auf van Goghs Kenntnisse der Reproduktionsgrafik verwiesen. Die von ihm erworbenen Bände der englischen Zeitschrift *The Graphic* enthielten auch Luke Fildes Illustration des *Leeren Stuhles*, eine 1870 publizierte Hommage auf den eben verstorbenen Romancier und Gesellschaftskritiker Charles Dickens. 1882 schrieb van Gogh an Theo voller Bewunderung für das Charles Dickens so verbundene englische Künstlerkollektiv der Zeitschrift *The Graphic* ausführlich auch über den *Leeren Stuhl* von Luke Fildes. Dessen *Leerer Stuhl* erschien ihm wie ein Menetekel für all die Schwierigkeiten, die eine für das Wohl der Gesellschaft arbeitende Kunst zukünftig haben wird:

> »Empty Chairs - es gibt ihrer viele, es werden noch mehr dazukommen, und früher oder später werden anstelle von Herkommer, Luke Fildes, Frank Holl, William Small usw. nur Empty Chairs bleiben. Und doch werden die Herausgeber und Kunsthändler [...] uns versichern, es stehe alles gut, und wir machten gewaltige Fortschritte. Wie hart sind sie in ihrem Herzen, wie sehr irren sie sich aber, wenn sie glauben, sie könnten jedem weismachen, die grandeur matérielle wiege die grandeur morale auf, und auch ohne die letzte könne etwas Gutes zustandegebracht werden. So steht es mit dem »Graphic«, so steht es mit anderen, mit viel mehr anderen Dingen auf dem Gebiet der Kunst. Die grandeur morale nimmt ab, die grandeur matérielle kommt an ihre Stelle.«[15]

Entsprechend dieser pessimistischen Einsicht sah man in den beiden leeren Stühlen van Goghs nicht nur sein und das Portrait Gauguins, sondern zugleich das Scheitern seiner Utopie einer Künstlergemeinschaft, die er gemeinsam mit Gauguin im *Gelben Haus* in

Arles begründen wollte und die weithin in die Gesellschaft hätte wirken sollen.[16] Nicht zu Unrecht wurde demgegenüber jedoch vermerkt, daß die beiden leeren Stühle ebenso wie seine als Atelierschmuck für das *Gelbe Haus* gedachten Sonnenblumenbilder keinerlei Hinweis auf irgendein Scheitern enthalten.[17] Von van Gogh vielmehr auch als Gegenüberstellung von »Tag« und »Nacht« gedeutet, hat der als »Tag« aufgefaßte helle Holzstuhl mit Korbgeflecht, den van Gogh als Stuhl des Arbeiters und mithin als sein Stuhl-Porträt reklamierte, mit der Pfeife und dem Tabak sowie den aufkeimenden Zwiebeln in dem mit seinem Vornamen signierten Holzkasten ein durchaus optimistischen Charakter. Gleiches gilt auch von dem mit der »Nacht« identifizierten Stuhl Gauguins. Mit der brennenden Kerze und den Büchern auf der gepolsterten Sitzfläche wie durch das helle Gaslicht an der Wand strahlt dieses Stuhl-Porträt eine ebenso trauliche wie auch intellektuell anspruchsvolle Atmosphäre aus. Gauguin, von dem van Gogh sagt, er lasse einen fühlen, daß ein gutes Bild einer guten Handlung gleichen soll[18], dieser von van Gogh auch als »Dichter des Südens« apostrophierte Künstlerfreund, ist in dem bequemen Lehnstuhl mit seinem illuminierten Bücherstilleben als verehrte Lehrergestalt überaus tröstlich und hoffnungsvoll präsent.

Eine ebensolche Antithese zweier Stühle zeigt kurz zuvor auch das von van Gogh so aufmerksam wahrgenommene Erfolgsgemälde *Lasset die Kindlein zu mir kommen* von Fritz von Uhde. Am linken Bildrand, bei den scheu sich Christus nähernden einfachen Leuten mit ihren Kindern, steht ein einfacher Holzstuhl mit Korbgeflecht auf rotbraunen Bodenfliesen (Abb. 4). Diesen rustikalen Stuhl hat Uhde auf der rechten Seite einen weit aufwendiger dekorierten Stuhl kontrastiert (Abb. 5). Auf ihm sitzt Christus in blauer Kutte und barfuß, gleich einem der Arme Leute-Kinder. Dort empfängt, segnet und tröstet Christus die sich um ihn versammelnde Kinderschar. Die Szene spielt in der Diele eines niederländischen Hauses, durch dessen Fenster man die Kirche in einiger Entfernung sieht. Uhdes Botschaft ist eindeutig: Christus ist nicht bei der Amtskirche, sondern bei den Armen.[19] Sie haben sich in einem Raum versammelt, den van Gogh als Schule interpretiert. Im ersten Brief an Theo beklagt van Gogh, daß der Raum etwas Kaltes habe. Im späteren Brief findet er Uhdes Schule mit den Kindern »doch recht schön«.

4 *Leerer Stuhl*, Detail der Hanfstaengl-Reproduktion nach Fritz von Uhde: *Lasset die Kindlein zu mir kommen*

5 *Christus auf dem Stuhl sitzend empfängt die Kinder*, Detail der Hanfstaengl-Reproduktion nach Fritz von Uhde: *Lasset die Kindlein zu mir kommen*

Was van Gogh als aufmerksam kritischer Betrachter bei Uhde ebenfalls nicht entgangen sein dürfte, ist das merkwürdige Motiv des leeren Stuhles im Spiegel zwischen den beiden Fenstern. Der leere Stuhl, den auch alle Reproduktionen von Uhdes Bild zeigen[20], ist im gerahmten Spiegel wie ein Bild im Bild isoliert. Uhde zitiert mit dieser Spiegelung den kunstvollen Realismus niederländischer Interieurs des 17. Jahrhunderts.[21] Zugleich veranschaulicht er damit in der Bildtradition des »disguised symbolism« - und ganz wie auch von van Gogh gefordert - höhere Dinge in alltäglichen Gegenständen. Die Praxis eines solch symbolischen Realismus verrät bereits Uhdes bedeutsame Lichtregie, die den Scheitel Christi derart erleuchtet, daß er bei seinem Segenswerk wie mit einem Nimbus ausgezeichnet ist.[22] Obgleich das offizielle Gotteshaus, wie Uhdes

Blick durchs Fenster verrät, entfernt liegt, ist Gott nach christlicher Tradition im leeren Stuhl dennoch anwesend beim wohltätigen Wirken seines Sohnes unter den einfachen Menschen.[23]

Der leere Stuhl als Zeichen der Anwesenheit eines Abwesenden mag bei Uhde zudem biographisch begründet sein. Die erste Entwurfszeichnung zu seinem Bild *Lasset die Kindlein zu mir kommen* findet sich bemerkenswerterweise auf der Rückseite der Todesanzeige für seinen Vater.[24] Die Erinnerung an den geschätzten Vater, angesehener Jurist im Dienste der protestantischen Kirche, im Kontext einer Segenshandlung mag bei Uhdes pointiertem Rückgriff auf das christliche Sinnbild des leeren Stuhles mitspielen. Auch die pietistische Umformung der »Hetoimasia « ist Uhde vertraut gewesen. Nach Hebräer 13 und Matthäus 25 (V. 31-40) soll für den unerkannten Boten Gottes am Tisch des christlichen Hauses stets ein Platz freigehalten werden. Im Pietismus führt dies als Ausweis christlicher Nächstenliebe zum leeren Stuhl, der auch für Christus - wie auf Uhdes späterem Gemälde *Tischgebet* dargestellt - als unverhofftem Gast beim Mittagsmahl bereitsteht.[25]

Van Gogh konnte an Uhdes Erfolgsbild *Lasset die Kindlein zu mir kommen* die allzu trockene Pleinair-Malerei wie den »Knecht Ruprecht in der Schule« »nicht gut ausstehen. Interieurs in hellem Ton mit »einem mystischen Christus als Zugabe«, das war für ihn ein künstlerisches Ärgernis. Van Goghs Lösung für den Verzicht auf die Christusfigur im Motiv des leeren Stuhles hat Uhde selbst vorgegeben. Vorgegeben hat Uhde aber auch die bei van Gogh wiederkehrende Antithese eines einfachen und eines kostbaren Stuhles. Der aufwendig dekorierte Stuhl steht bei Uhde wie dann auch bei van Gogh nicht auf den Fliesen, sondern auf einem Teppich. Dieser sogar ein wenig gepolsterte Stuhl ist auch bei Uhde schon Sitz des illuminierten Menschheitslehrers. Der einfache, mit korbgeflochtener Sitzfläche ausgestattete Holzstuhl steht hingegen wie bei van Gogh so auch schon bei Uhde auf dem Fliesenboden nahe vor einer steinernen Rückwand und ganz nahe bei einem noch unbeholfen auf dem Boden sitzenden Kleinkind, Sinnbild eines unschuldigen zukünftigen Lebens. Dort links, auf der Seite des einfachen Stuhles mit den Hinweisen auf die Mühen des Lebens und den kindlichen Glauben, dort auf der taghell erleuchteten Seite hat auch Uhde seine Signatur angebracht. Alle von links Eintretenden wenden sich in Verehrung dem, durch das Licht auf seinem Haar verklärten Menschheitserlöser zu, der ihnen auf der rechten Seite auf seinem aufwendiger dekorierten Stuhl liebevoll zugewandt ist.

Van Goghs Bücherstilleben mit brennender Kerze auf dem ebenfalls rechts stehenden und nach links ausgerichteten Stuhl - dem leeren Platz Gauguins -, erinnert an frühere Bibelstilleben van Goghs. Wenn die Bibel nun durch zwei Romanbände ersetzt ist, so ist das eine Hommage an Gauguin als »Dichter des Südens« und zugleich verweist dies auf den Austausch beziehungsweise die Gleichsetzung von Religion und Kunst. Analog zu Uhdes tröstlicher Begegnung Christi mit den unschuldigen, einfachen und bedürftigen Menschen ist in van Goghs imaginärem Dialog der Stühle und ihrer Benutzer eine nicht weniger tröstliche Gemeinschaft im Bereich der Künste angezeigt. Bildgeworden ist im Diptychon der einander zugewandten Stühle die Hoffnung van Goghs auf eine Künstlergemeinschaft, deren Werke unmittelbar in die Gesellschaft hilfreich einwirken, ähnlich wie dies Christus bei Uhde tut. Angezeigt ist also eine künstlerische Sozialutopie, die van Gogh so sehr erstrebte und für die ihm mit dem Besuch Gauguins und dem gemeinsamen Atelier im *Gelben Haus* in Arles so sehr ein Anfang gemacht schien.

Was van Gogh an Uhdes Bild ikonographisch so missfiel, - »den Christus von Uhdes finde ich besonders unglücklich, der ist unter Mittelmaß«[26]-, das hat van Gogh mit Uhdes eigenen Mitteln, mit dessen so bedeutsam eingeführtem Motiv des leeren Stuhles behoben. Auch van Gogh benutzt den leeren Stuhl zur Vergegenwärtigung und - in der Tradition christlicher »Hetoimasia « - zur Auratisierung eines Abwesenden.[27] Wer auf van Goghs Stühlen sitzt, hat nach Überzeugung des Künstlers an jenem Erbauungs- und Erlösungswerk teil, das Uhdes Bild zeigt, freilich ohne daß man einen mystischen Christus als Zugabe kriegt«.[28]

Was van Gogh an Uhdes Bild malerisch so wenig überzeugte, jene von ihm als trocken und korrekt getadelte Hell-Malerei, die mit größter Systematik das ganze Bild silbergrau überzieht, gegen diese alles nivellierende Hell-Malerei hat van Gogh im Fall seiner Stuhl-Stillleben dezidiert versucht, das Licht aus der Farbe zu entwickeln: »In diesen beiden Studien wie auch in anderen habe ich einen Lichteffekt mit heller Farbe versucht.«[29] Schon während seiner Korrespondenz über Uhde vermerkt van Gogh gegenüber Theo, »daß es mir darum zu tun ist, die Hauptfarben: Rot, Blau,

Gelb, als Grundlage, als Ausgangspunkt zu nehmen und nicht Grau.«[30] Mit diesen Hauptfarben hat van Gogh auf seinem Stuhl-Stilleben so unterschiedliche Lichtstimmungen und Lichtquellen malerisch realisiert wie Tag und Nacht, Gas- und Kerzenlicht. Pointierter kann der gesuchte Kontrast zu Uhdes vereinheitlichender Hell-Malerei nicht ausfallen. Was van Gogh dieser ausdrücklich vorwirft, ist gerade ihre Beschränkung auf nur eine Lichtstimmung: »Man will nichts weiter sehen als Mittagslicht oder Gaslicht oder gar Elektrisch!" Van Goghs Stuhl-Stilleben antworten hierauf mit ganz unterschiedlichem Licht in ganz unterschiedlichen Farben und nicht mit Grau und verkleisternden Weißhöhungen.

Talent und Genie

Van Gogh hat mit seinem antithetischen Stuhl-Stilleben jene christliche Botschaft des Uhdeschen Bildes die dort gerade den einfachen und armen Menschen zugedachten Tröstungen und Ermutigungen aus dem Bereich der christlichen Ikonographie in den Bereich der Kunst zurückübertragen. Aus Uhdes religiösem Figuren- und Andachtsbild werden bei van Gogh Programmbilder seiner eigenen Kunst und ihres moralischen Appells, ja der Erlösungsgewissheit, die von der Gemeinschaft der Künstler ausgehen soll. Im Rückgriff auf Uhdes Erfolgsbild und gegen dieses anmalend, so lautet unsere These, gelangen van Gogh diese Programmbilder einer - in seiner Sicht - wahren Kunst.

Der Einfluss von Uhdes *Lasset die Kindlein zu mir kommen* kann für die damalige Zeit gar nicht überschätzt werden. Uhdes Monumentalbild entwickelte sich zu einer internationalen Ausstellungsmonströsität, die nach der Berliner Akademieausstellung und dem Salon von 1885 in Paris auch auf der Weltausstellung von 1885 in Antwerpen und 1889 in München auf der *1. Jahresausstellung von Kunstwerken aller Nationen* gezeigt und dort mit der ersten Goldmedaille ausgezeichnet wurde. In Abertausenden von Reproduktionen verbreitet, ist mit Uhdes Erfolgsbild genau das eingetreten, was van Gogh angesichts des »leeren Stuhls« von Luke Fildes einst prognostiziert hatte. Unter dem Diktat des Marktes droht jede für das Wohl für des Gesellschaft wirklich engagierte Kunst zu verschwinden: »Die grandeur morale nimmt ab, die grandeur matérielle kommt an ihre Stelle.« Und doch, so weiß van Gogh, »werden die Herausgeber und Kunsthändler [...] uns versichern, es stehe alles gut und wir machten gewaltige Fortschritte.«[31] Das damalige Alibi solch gewaltiger Fortschritte war eben Uhdes *Lasset die Kindlein zu mir kommen.*

Mit und gegen Uhdes Bild sich seines eigenen Künstlertums zu versichern, musste auch deshalb so verlockend sein, weil Uhdes Christus für die Armen ja selbst eine entschiedene Provokation des bürgerlichen Geschmacks darstellte. Das Ärgernis für van Gogh bestand gerade darin, daß Uhde nicht provozierend genug war. Allem Realismus zum Trotz wurde eine mystische Christusfigur beibehalten. Und trotz aller Freilicht-Malerei, die fortschrittlich schien, war es eine sehr schematische Hellmalerei ohne wirkliches Leben. Von daher hatte Uhdes Bild für van Gogh »etwas Kaltes [...] wie die neuen Backsteinhäuser und -schulen und -kirchen der Methodisten.«

Angesichts dieses Vorwurfes könnte man van Goghs Sonnenblumenbilder, mit denen er das Künstlerhaus in Arles dekorieren wollte, geradezu als Antwort auf die Pflanzentöpfe in Uhdes Interieur verstehen. Sie sind dort wie in einem naturalistischen Bühnenbild vor den abgedunkelten Fenstern aufgereiht als sentimentaler Ausdruck der Sehnsucht nach Licht, Wärme und Leben. Gerade in diesem Motiv bewahrheitet sich van Goghs Urteil über Uhdes Bild, »es ist après tout etwas Schwindsüchtiges darin.« Demgegenüber verkörpern van Goghs *Sonnenblumen* nicht nur die Kraft seiner Malerei. Vielmehr inkarnieren sie in der von van Gogh schließlich geplanten Zusammenstellung zweier Sonnenblumenbilder mit dem Bildnis der *Kinderfrau* (*La Berceuse*) in Form eines Triptychons (Abb. 8) mit geradezu religiöser Würde eine elementare Lebensmacht und zugleich ein Ikone tröstlicher Lebensorientierung.[32]

Im unmittelbaren Anschluß an das Diptychon der Stühle konzipiert, war das Triptychon der Kinderfrau zwischen Sonnenblumen als flankierenden »Fackeln oder Kandelabern« von van Gogh unter anderem als Trostbild für Seeleute gedacht. Seine Idee sei gewesen, so resümiert van Gogh seine Gespräche mit Gauguin im Atelier in Arles, »ein Bild zu malen, vor dem die Seeleute, diese Kinder und Märtyrer zugleich, wenn sie es in dem Kabinen eines Islandfischerbootes sähen, ein Gefühl verspürten, als würden sie eingewiegt, als hörten sie wieder ihr eigenes Wiegenlied. Jetzt sieht es, wenn man will, wie ein Buntdruck aus dem Kaufladen aus.«[33]

In der Zeit seines gemeinsamen Ateliers mit Gauguin hat mithin van Gogh eine eigene, mehrfach variierte Paraphrase auf Uhdes Thema *Lasset die Kindlein zu mir kommen* entwickelt und zwar durchaus im Hinblick auf jene populären Bildbedürfnisse, für die auch Uhdes Bild bestimmt war. Van Gogh war von seiner Bildidee so beglückt, daß er Varianten der *Berceuse*, dieses in die Geborgenheit der Kinderzeit zurückversetzenden Trostbildes, an seine Künstlerfreunde Gauguin und Bernard schicken läßt, »als Zeichen meiner Freundschaft«.[34] Über die Kinderfrau auf dem Stuhl, der dem Stuhl Gauguins so ähnelt, fühlt sich van Gogh auch durch das Urteil von Theo bestätigt: »Was Du über die *Berceuse* sagst, freut mich sehr; es ist sehr richtig: die Leute aus dem Volk, die sich Farbdrucke kaufen und gefühlsselig einem Leierkasten zuhören, fühlen dunkel das Richtige und sind vielleicht ehrlicher als gewisse Großstadttypen, die in den ›Salon‹ gehen.«[35] Van Gogh entwickelte mit der *Berceuse* zwischen den Sonnenblumen also ein Trostbild in der religiösen Würdeformel eins Triptychons, das die Dekoration seines Künstlerhauses in die Uhdesche Welt des Kinderglücks zurückversetzte. Nicht ein Knecht Ruprecht, wie bei Uhde in der Schule, sondern die Kinderfrau als magna mater im Schmuck des Künstlerhauses sollte den beladenen Menschen als ein jedermann verständliches Bild Trost stiften.

Wenn unsere These zutrifft, dann hätte van Gogh im Blick auf das Gemeinschaftsatelier von Arles und in der Hoffnung auf eine neue Rolle der Kunst in der Gesellschaft, die Summe eines Kunstwollens entwickelt, das sich als gezielter Gegenentwurf zu Uhdes Erfolgsbild verstehen läßt. Diese These kann nur gewagt werden angesichts der ungeheuren Popularität des Uhdeschen Gemäldes sowohl für die bürgerlich liberalen Bildbedürfnisse im ›Salon‹ wie auch für die Bild- und Trostbedürfnisse eines breiten Publikumsgeschmacks, den der internationale Reproduktionsmarkt umfassend zufriedenstellte. Die schwindsüchtige Methodistenschule Uhdes, wie van Gogh wohlwollend abschätzig formulierte, die auf allen Ebenen des zeitgenössischen Kunstbetriebs so Furore machte, bildete also die absolute Antithese zu van Goghs Lieblingsvision eines lebendigen, an den wirklichen Bedürfnissen der Gesellschaft und der Kunst orientierten Künstlerateliers im *Gelben Haus* von Arles.

Diese geradezu idealtypische Konstruktion zweier künstlerischer Gegenwelten hat ihre Wahrscheinlichkeit in einem höchst zweideutigen Lob van Goghs auf Uhde, das ebenso zweideutig wie mit einem gewissen Selbsthass auch peinigend für van Gogh und verletzend auch für Theo war. Uhdes Bild, so van Gogh an Theo, sei:

»[...]ganz das richtige Bild für das Haus G. & Co, eines ihrer besten. Knaus haben sie bei G. & Co auch gehabt, und Labrichon auch. Ich versichere Dir, daß ich das alles nicht von vornherein ablehne, weit entfernt davon. Drückt es aus, was ich meine, wenn ich sage: es ist ein gutes Bild der Herren Goupil & Co? Drückt es aus, was ich meine, wenn ich sage: beaucoup, mais beaucoup de talent, autant que possible - du génie? non.«[36]

Damit war die unüberbrückbare Trennlinie bezeichnet: Uhde als herausragendes Talent, das - wie Theo van Gogh - erfolgreich für den internationalen Kunstmarkt der Herren Goupil und Co. arbeitet. Van Gogh und Gauguin sind hingegen die wahren Genies, die das, was Uhde so philiströs illustriert, in ihrer Malerei wirklich werden lassen. Uhdes Malerei als »nature-mortier« ist eine Malerei, die nach van Gogh Natur nur verkleistert. Demgegenüber zeigt sich van Gogh als das Genie des Stillebens. Malerei als »nature morte«, die alles Unbelebte belebt, der selbst noch der Stuhl zum Porträt gerät und der Stuhl-Dialog zur Vision eines kosmologisch auf Tag und Nacht ausgreifenden künstlerischen Gemeinschafts- und Erlösungswerkes. Im Triptychon der *Berceuse* mit Sonnenblumen zielt dieses malerische Werk nach sorgfältig beobachteten Modellen schließlich auf die Tröstung der gesamten, mit Ängsten und Nöten beladenen Menschheit.

Im Unterschied zum bloßen Talent, dem die ganze Welt applaudiert, ist die Malerei des Genies für van Gogh ein kompromissloses Werk von Außenseitern. Nach dem gemeinsamen Besuch mit Gauguin im Musée Fabre in Montpellier schreibt van Gogh an Theo über Delacroix' Bildnis des Kunstsammlers und Mäzens Alfred Bruyas: »Im Portrait von Delacroix ist er ein Herr mit rotem Haar und rotem Bart und hat eine verdammte Ähnlichkeit mit Dir oder mit mir, so daß ich an Mussets Gedicht denken mußte: Überall, wo ich hinkam auf Erden, hat sich im schwarzen Rock ein Unglücklicher zu uns gesetzt und uns angeblickt wie ein Bruder.«[37] Das Genie als Außenseiter hat für van Gogh sein einziges raison d'être im Vollzug der Malerei als Ausdruck christlicher Nächstenliebe: »Zum Teufel, eine Leinwand, auf die ich was male, ist mehr wert als eine weiße Leinwand. Höhere Ansprüche stelle ich nicht, verlass' Dich drauf - aber ein Recht zu malen, ein Grund zu malen, bei Gott, habe ich! Mich hat es weiter nichts gekostet als einen ruinierten Kadaver, mein angeknackstes Gehirn, um so zu leben, wie ich es konnte und mußte, als Menschenfreund.«[38] Uhde hingegen, so formuliert van Gogh bei allem Wohlwollen letztlich vernichtend, war kein Menschenfreund durch sein künstlerisches Werk, sondern er malte christlich anrührende, sozialkritische Sujets, um am Kunstmarkt erfolgreich zu sein und nicht Hunger zu leiden.

»Hör' mal, geh' nicht völlig in den Impressionisten auf«

So verschieden Uhde und van Gogh die christliche Botschaft zum Grund ihres Künstlertums erheben und sich einverwandeln, war doch beiden als künstlerischer Ausgangspunkt bei aller Bewunderung die Distanz zum französischen Impressionismus gemeinsam. Der Impressionismus war ihnen beiden eine bloße malerische Darstellung ohne gedankliche Tiefe. So schreibt Uhde rückblickend über die Entstehung seines Erfolgsbildes: »Die Impressionisten wollen nur eine neue malerische Formel. Ich suchte so etwas wie eine Seele. So ist das erste Bild dieser Art entstanden: Lasset die Kindlein zu mir kommen, im Winter 83/84: aus den Drang heraus, etwas mehr geben zu wollen als bloße Abschrift aus der Natur.«[39] Zum Zwecke solcher Bedeutungsvertiefung hat Uhde die Pleinair-Malerei mit dem Rückgriff auf den Realismus des 17. Jahrhunderts und mit einer seit Max Liebermanns *Christus im Tempel* zum Skandal eskalierten realistischen Vergegenwärtigung der biblischen Historie verbunden.[40]

Für van Gogh hatte Uhdes Versuch einer gedanklichen Vertiefung der französischen Malkultur durch Realismus und Symbolismus etwas typisch Deutsches. Uhde habe seine Aktualisierung christlicher Themen in hellem Ton nur gemalt, »weil die braven Bürger des Landes, wo er wohnt, ›ein sujet‹ und ›etwas (Konventionelles) zum Nachdenken‹ verlangen, und weil er sonst Hunger leiden müßte.«[41] Aber auch für van Gogh fehlte der Malkultur der Impressionisten etwas Entscheidendes. So rät er seinem Bruder im Mai 1889 noch aus Arles:

»Ich sehe aus den Zeitungen, daß gute Sachen im ›Salon‹ sind. Hör' mal, geh' nicht völlig in den Impressionisten auf - wenn es sonst irgendwo Gutes gibt, verliere es nicht aus den Augen. Gewiß, die Farbe ist auf dem Vormarsch, gerade durch die Impressionisten, selbst wo sie auf dem falschen Wege sind, aber Delacroix war schon vollendeter als sie. Und verdammt nochmal, Millet, der doch beinahe gar keine Farbe hat, wie groß ist sein Werk!«

Van Gogh beschließt seinen Vorbehalt: »Und so werden wir immer eine gewisse Leidenschaft für den Impressionismus behalten, doch ich spüre, wie ich selber mehr und mehr auf die Ideen zurückkomme, die ich schon vor meinem Pariser Aufenthalt hatte.«[42]

Zu diesen Ideen gehört van Goghs Begeisterung für die so sozial engagierte Künstlergemeinschaft in London um Charles Dickens und der englischen Zeitschrift *The Graphic*. Im Unterschied zu den Engländern sieht sich van Gogh an ihrer narrativen Figurenkunst jedoch als Niederländer gehindert durch die strenge Arbeit nach dem Modell. »Die Holländer«, so van Gogh, »hatten nicht viel Einbildungskraft und Phantasie, aber ungeheuer viel Geschmack und Sinn für Komposition. Sie haben nicht Christus, den lieben Gott und sowas gemalt - außer Rembrandt.«[43] Mit diesem Brief aus Arles im Juli 1888 verwahrt sich van Gogh gegenüber seinem Künstlerfreund Bernard nochmals entschieden gegen alle figürlichen Christusbilder und gegen jegliche traditionelle religiöse Malerei: »Sie zwingt mir ein leises Lächeln ab.«[44] Van Gogh lehnt für seine religiösen Darstellungsbemühungen alles nicht abbildbare Figürliche strikt ab. Er rekrutiert vielmehr auf das stupende Modellstudium, auf die beobachtbare Landschaft und auf das Gegenständliche des Stillebens, auf die unbezweifelbar vorhandenen Dinge, deren Bedeutung er nach dem »disguised symbolism« der Alten Niederländer und der niederländischen Malerei des 17. Jahrhunderts vertieft, darin den Bildtraditionen der Emblematik und der holländischen Erbauungsliteratur folgend.

Die Symbolik van Goghs ist freilich nicht als intellektuelles Spiel der Entschlüsselung zu erledigen. Seine Symbolik war im Unterschied zu Uhde nicht konventionell, sondern »direkt« bis hinein in seinen bedeutsamen Gebrauch rein künstlerischer Elemente.[45]

Deshalb gilt für van Gogh als dem Antipoden zu Uhdes realistisch offensichtlicher Symbolik noch weit mehr, was bereits für die

Sprache der Bilder in der niederländischen Kunst des 17. Jahrhunderts problematisiert wurde. Ihre »Verbindung von realistischer Form mit sinnbildlichem Denken« gibt ganz entschieden und immer wieder erneut Anlass, »die Fragen nach dem Zusammenwirken von künstlerischer Absicht, malerischem Können und Gebundenheit an Traditionen mit der Bestimmung von hinterlegtem Bildsinn zu verbinden.«[46]

1 Vincent van Gogh: *Sämtliche Briefe,* in der Neuübersetzung von Eva Schumann, hg. von Fritz Erpel, Bd. III, Zürich 1965, S. 281. Für zahlreiche Hinweise und vielfältige Unterstützung danke ich sehr herzlich in Berlin: Ingrid Rieck, Manfred Richter, Günther Schauerte, Konrad Vanja und Moritz Wullen sowie in München Ingrid Huber, Andrea Pophanken, Andreas Strobl und Esther Wipfler. Ohne die Münchener Kollegen hätte es die Fritz von Uhde-Ausstellung in der Neuen Pinakothek und damit den Grund meines Nachfragens nicht gegeben.

2 Fritz von Uhde: *Lasset die Kindlein zu mir kommen,* 1884; Öl auf Leinwand, 188 × 290,5 cm bez. u.l. F. v. Uhde, 1884, Leipzig, Museum der bildenden Künste, vgl. *Fritz von Uhde. Vom Realismus zum Impressionismus,* Ausstellungskatalog, Neue Pinakothek, München, 1999, S. 90ff., vgl. S. 21ff., ferner Bettina Brand-Clausen: *Uhdes Christusbilder - Eine Erfolgsgeschichte.* Ferner *»München leuchtete«. Karl Caspar und die Erneuerung Christlicher Kunst in München um 1900,* Ausstellungskatalog, Bayerische Staatsgemäldesammlungen, München, 1984, S. 186f. Zu Uhdes proletarischem Christus und seiner Rezeption ausführlich auch Friedrich Gross: *Jesus, Luther und der Papst im Bilderkampf 1871 bis 1918. Zur Malereigeschichte des Kaiserreiches,* Marburg 1989, S. 196ff.

3 Hanfstaengl-Reproduktion nach Fritz von Uhde: *Lasset die Kindlein zu mir kommen,* München, o. J., Staatliche Museen zu Berlin, Museum Europäischer Kulturen. Vgl. Peter-Klaus Schuster: *Religiöses bei Hanfstaengl,* in : *»München leuchtete«* 1984 (wie Anm. 2), S. 90ff.

4 Vgl. Ronald Pickvance: *English Influences on Vincent van Gogh,* Ausstellungskatalog, Fine Art Department University of Nottingham, 1974–1975, S. 26ff. Roland Dorn: *»The thoughts of youth are long, long thoughts«. Van Goghs Frühwerk,* in: *Van Gogh und die Haager Schule*, Ausstellungskatalog, Bank Austria Kunstforum, Wien 1996, S. 39ff.

5 Vgl. Werner Hofmann: *Seltsame Paare,* in: *Ein Geschmack wird untersucht. Die G.C. Schwabe-Stiftung*, Ausstellungskatalog, Hamburger Kunsthalle, o. J., S. 44ff.

6 Van Gogh 1965 (wie Anm. 1), S. 282.

7 Ibid., S. 286f.

8 Vgl. Werner Hofmann: *Die Geburt der Moderne aus dem Geist der Religion,* in: *Luther und die Folgen für die Kunst*, Ausstellungskatalog, Hamburger Kunsthalle, München, 1983, S. 57f. und S. 572ff., ferner Cornelia Stabenow, in:*»München leuchtete«* 1984 (wie Anm. 2), S. 199f., und Roland Dorn, in: *Vincent van Gogh und die Moderne, 1890–1914,* Ausstellungskatalog, Museum Folkwang Essen, 1990, S. 158ff.

9 *Luther und die Folgen für die Kunst* 1983 (wie Anm. 8), S. 574.

[10] Ibid., S. 574.

[11] Zit. nach Carl Nordenfalk: *Van Gogh and literature,* in: *Journal of the Warburg and Courtauld Institutes* X/1947, S.147.

[12] Vgl. Konrad Hoffmann: *Zu van Goghs Sonnenblumenbildern,* in: *Zeitschrift für Kunstgeschichte* XXXI/1968, S. 27ff., besonders S. 32.

[13] Ibid., S. 47.

[14] Ronald Pickvance: *Van Gogh in Arles,* Ausstellungskatalog, The Metropolitan Museum of Art, New York, 1984, S. 234f.

[15] Zit. nach Fritz Erpel: *Die Selbstbildnisse Vincent van Goghs,* Berlin 1964, S. 29f., vgl. auch Pickvance 1974–1975 (wie Anm. 4), S. 26f.

[16] Erpel 1964 (wie Anm. 15), S. 8 und 29ff. Als Scheitern der Künstlergemeinschaft interpretiert die *Stühle* auch H. R. Graetz: *The Symbolic Language Of Vincent Van Gogh,* New York 1963, S. 138f.

[17] Karin Beth: *Stilleben des 19. Jahrhunderts. Studien zur französischen und deutschen Stillebenmalerei,* Diss. Tübingen 1979, S. 228ff., besonders S. 234ff.

[18] Zit. nach Erpel 1964 (wie Anm. 15), S. 30.

[19] Peter-Klaus Schuster: *Nachdenken über Uhde,* in: *Fritz von Uhde* 1999 (wie Anm. 2), S. 6f.

[20] Vgl. Bruno Langner: *Evangelische Bilderwelt. Druckgraphik zwischen 1850 und 1950,* Bad Windsheim 1992, Nr. 196f.

[21] Uhde kannte möglicherweise in der Alten Pinakothek das Interieur mit Spiegel von Pieter Jansens Elinga, vgl. Rüdiger van der Heiden: *Die Alte Pinakothek. Sammlunggeschichte Bau und Bilder,* Munchen 1988, S. 26ff. Einen Stuhl sieht man im Spiegel des Interieurs von Samuel van Hoogstraten; vgl. Jonathan Miller: *On Reflection,* Ausstellungskatalog, National Gallery, London, 1998, S. 106, Abb.

[22] Schuster 1999 (wie Anm. 19), S. 6f.

[23] Vgl. Artikel *»Thron Hetoimasia«,* in: *Lexikon der christlichen Ikonographie,* Bd. IV, Freiburg 1972, Sp. 305 ff., Artikel *Etimasia,* in: *Reallexikon zur Deutschen Kunstgeschichte,* Bd. VI, München 1973, Sp. 144ff.

[24] Vgl. *Fritz von Uhde* 1999 (wie Anm. 2), S. 90.

[25] Zur protestantischen Ikonographie des Tischgebetes und Mittagessen s. Gross 1989 (wie Anm. 2), S. 211ff. Besonders auffällig ist der leere Stuhl beim *Tischgebet* von Liebermann (1886); vgl. Gross, S. 214. Den Hinweis auf die Bedeutung des leeren Stuhls im Pietismus verdanke ich Pfarrer Manfred Richter, Berlin.

[26] Van Gogh 1965 (wie Anm. 1), Bd. III, S. 286.

[27] Zur Deutung von van Goghs Stuhl-Stilleben in der Tradition der Hetoimasia vgl. bereits Beth 1979 (wie Anm. 17), S. 235f., und Hofmann 1983 (wie Anm. 8), S. 57.

[28] Van Gogh 1965 (wie Anm. 1), Bd. III, S. 281.

[29] Ibid., Bd. IV, S. 232.

[30] Ibid., Bd. III, S. 283.

[31] Zit. nach Erpel 1984 (wie Anm. 15), S. 30.

[32] Vgl. Pickvance 1964 (wie Anm. 14), S. 246ff., und Hoffmann 1968 (wie Anm. 12), S. 32f. Zum Heliotropismus als Inbegriff natürlicher Lebensorientierung gegen Ende des 19. Jahrhunderts s. auch Peter-Klaus Schuster: *Theodor Fontane: Effie Briest - Ein Leben nach christlichen Bildern,* Tübingen 1978, S. 110ff.

[33] Van Gogh 1965 (wie Anm. 1), Bd. IV, S. 240.

[34] Ibid.

[35] Ibid., S. 280.

36 Ibid., Bd. III, S. 281f.

37 Erpel 1964 (wie Anm. 15), S. 30.

38 Ibid., S. 34. Deutlich spricht sich im Ideal des »Menschenfreundes« van Goghs Identifikation mit Christus aus. Dieser sei »als Künstler Größer als alle Künstler, er hat Marmor und Ton und Farbe verschmäht und in lebendigem Fleisch gearbeitet [...], er hat [...] lebendige Menschen gemacht, Unsterbliche«; zit. nach Van Gogh 1965 (wie Anm. 1), Bd. V, S. 262, an Bernard, Juni 1888). Unter dieser, bis auf Dürer zurückgehenden Vorstellung vom künstlerischen Tun als imitatio Christi, gewinnt van Goghs Rivalität mit Uhdes *Lasset die Kindlein zu mir kommen* sowie sein Rückgriff auf den leeren Stuhl - für die Weltgerichts-Hetoimasia ist der leere Thron Sinnbild des siegreichen Christus beim Jüngsten Gericht - eine zusätzliche Bedeutungsvertiefung. Uhdes Erfolgsbild liefert gewissermaßen die sentimentale Illustration von van Goghs Idealverständnis seines eigenen Künstlertums als Menschenfreund in der Nachfolge Christi. Zu van Goghs Gleichsetzung mit Christus vgl. auch Beth 1979 (wie Anm. 17), S. 240.

39 *Fritz von Uhde* 1999 (wie Anm. 2), S. 90.

40 Ibid.

41 Van Gogh 1965 (wie Anm. 1), Bd. III, S. 287.

42 Ibid., Bd. IV, S. 276f.

43 Ibid., Bd. V, S. 271.

44 Ibid., Bd. V, S. 261f.

45 Jan Białostocki: *Van Goghs Symbolik,* in: id.: *Stil und Ikonographie. Studien zur Kunstwissenschaft,* Dresden 1966, S. 182ff.

46 Thomas W. Gaehtgens: *Die Sprache der Bilder.* Ausstellung im Herzog-Anton-Ulrich-Museum in Braunschweig, in: *Neue Zürcher Zeitung*, 21. September 1978.

1 Wilhelm Leibl: *Drei Frauen in der Kirche*, 1878–1882, Öl auf Mahagoni, 113 × 77 cm, Hamburger Kunsthalle

Kein Appell an das Gemüt

Wilhelm Leibls Realismus

Beate Söntgen

Drei Frauen in der Aiblinger Dorfkirche

Vier Jahre hat Wilhelm Leibl an einer 113 mal 77 cm großen Tafel gearbeitet, um in überaus detaillierter Malweise drei Bäuerinnen beim Gebet auf einer Kirchenbank ins Bild zu setzen. Mit dem ambitionierten Gemälde stellte er sich in die Tradition des Bauerngenres, das seit der Mitte des 19. Jahrhunderts als deutsche Malerei schlechthin galt. Doch die Darstellungsweise durchkreuzte die Erwartungen, die mit dem Motiv verbunden waren. Gegen den »poetischen Realismus« der deutschen Genremalerei reklamiert das Bild *Drei Frauen in der Kirche*[1] (Abb. 1) einen unverstellten, wahren Realismus – ein Import aus Frankreich, der letzten Endes dazu dient, die Souveränität der Malerei zu behaupten. Dies geschieht paradoxerweise durch ein Verfahren, das sich als allegorisch beschreiben läßt.[2]

Drei Frauen in der Kirche entstand in der Dorfkirche von Aibling, wo der Maler sich nach seinem Rückzug aus München niedergelassen hatte. Angewiesen auf die ständige Präsenz der Modelle, konnte Leibl nur bei warmen Wetter arbeiten, da die Kirche ungeheizt war. Ärger mit dem Pfarrer und die Krankheit einer der Frauen verzögerten zudem den Fortgang.[3] Als er sein Gemälde 1882 in München und kurze Zeit später in Paris und Wien zeigte, wurde es in allen wichtigen Zeitschriften besprochen. Gut gemalt sei das Bild, hieß es, aber ihm fehle ein Gegenstand im künstlerischen Sinne, es sei buchstäblich ohne Bedeutung, denn es sei nicht lesbar.

> »Was stellt aber das Bild nun vor? – Drei Frauenpersonen im Betstuhl einer Dorfkirche, – eine junge, von gewöhnlichstem Äusseren, die beiden anderen, Alte von seltener Häßlichkeit, ein Stück Betstuhl, ein Ende geweisster Wand. Alles in ungefähr

halber Lebensgröße mit minutiösester Durchführung gemalt, so dass man in dem Gebetbuche den Text lesen, an jedem Kettchen die Gliederung, bei den goldenen Schnüren und Quasten am Hute der Jungen das Gewinde unterscheiden kann. Das sind die ungewöhnlichen Vorzüge am Bilde; außerdem muss man bewundern, wie Leibl trotz dieser peinlichen Durchführung es verstanden, doch mässig in der Erscheinung zu wirken, wie das Ganze überzeugend in dem von allen Seiten eindringenden Lichte reflectirt, wirklich an Ort und Stelle gemalt, sich uns darstellt. Ob es nun die Aufgabe der Kunst, und eines Künstlers, der über technische Mittel in so hohem Grade verfügt, würdig ist, diese dazu zu verwenden und Motive darzustellen, die auf keine Weise in der Natur im Stande sind, unser Interesse zu erwecken; ob es künstlerisch gedacht ist, zwei alte Vetteln mit fast ekelhafter Gewissenhaftigkeit zu verewigen, bis zu den gichtichen Auswüchsen ihrer sonst wunderbar gemalten Hände; ob es würdig, sich zu verlieren bis in's kleinste Gefältel eines talentlos anilinblau- und schwarz-carrirten Weiberrockes, darüber liesse sich streiten!«[4]

Das »gemütliche« Genre

Wenn auch unter negativen Vorzeichen, gibt der 1882 anonym in der *Allgemeinen Kunstchronik* erschienene Artikel eine treffende Beschreibung des Gemäldes. Die Kritik an der »peinlichen Durchführung« und dem Mangel an künstlerischer Ausführung weist aber über *Drei Frauen in der Kirche* hinaus: sie zeigt die Krisenhaftigkeit eines Realismus, der Detailgenauigkeit als Index für Wahrhaftigkeit ansieht. Der Realismus, den der anonyme Autor mit seinem Lob der Authentizität meint, prägte sich in Deutschland in den 1840er Jahren aus.[5] Malerei sollte sich, so die Losung, jedem Betrachter, auch dem ungebildeten, erschließen. Die Verwerfung antikisierender Historie und der Mythologie zugunsten emphatischer Zeitgenossenschaft ging – anders als in Frankreich – einher mit einer vehementen Ablehnung des Allegorischen. Anstatt verschobener Bedeutung sollte ein Bild nun unverstellten Sinn haben und unmittelbar sprechen. Die geeignete Gattung, diesen Anspruch umzusetzen, war die Genremalerei.[6] Zu den bevorzugten Sujets gehörten alltägliche Szenen in privaten Innenräumen oder rituelle Handlungen wie Kirchgang, Kneipenbesuch und Volksversammlung. Die Figuren, die diese Szenarien bevölkern, sind als Typen gekennzeichnet, deren Gesichter nach den Regeln der Physiognomik ausdrucksvoll sind. Detaillierte Beschreibungen der Kleidung und des Ambientes geben der Darstellung die Evidenz des Gesehenen. Besonders beliebt waren dörfliche Sujets. In der Figur des Bauern verschmolz Zeitgenossenschaft im Sinne des Nichtliterarischen, Nichtmythologischen, mit Vorstellungen über das intakte Leben auf dem Dorf, das zudem Anlaß zur pittoresken Ausgestaltung der Kostüme, der Landschaft und der Innenräume bot. Mit dem Gemälde *Dorfkirche mit Andächtigen*[7] von 1856 hatte der in Düsseldorf tätige Schweizer Marc Louis Benjamin Vautier dem Thema eine prägnante Formulierung gegeben.[8] Eine Gemeinde, nach Lebensaltern und dem Grad der Aufmerksamkeit differenziert, singt während der Kollekte. Der Kirchenraum ist demonstrativ nüchtern, das Stilleben aus Tisch, Gesangbüchern und Regenschirm im Vordergrund verkleinert das religiöse Motiv zur Anekdote.[9] Das realistische Prinzip, nur zu malen, was der eigenen Erfahrung zugänglich ist, drückt sich auch in der Komposition aus. Die scheinbare Willkür des Ausschnitts (sogar das Kreuzigungsbild ist fragmentiert) und die schräge Perspektive folgen dem Verfahren der photographischen Momentaufnahme[10]; ein Stück Außenwelt wird ausgeschnitten und ins Bild gesetzt. Auch die sorgfältige Zeichnung der Gesichter, der ländlichen Festtagskleidung und des Kirchengestühls markiert den Realismus der Darstellung, legt sie doch ebenfalls die Augenzeugenschaft des Künstlers nahe. Nicht das Zitat einer künstlerischen Autorität, das Fortschreiben des Kanons, erzeugt Wahrhaftigkeit, sondern allein die Rhetorik der genauen Aufzeichnung.[11] Das Bild muß als Darstellung empirischer oder psychologischer Wirklichkeit glaubhaft gemacht werden.

Gestik und Mimik sollen als »der Wirklichkeit abgelauscht« erscheinen. Tatsächlich folgen sie aber der klassischen Affektenlehre – als naturalisierte Form barocker Gebärdensprache. Der verschleierte Griff nach konventionellen Darstellungsmitteln zeigt ein schwerwiegendes Problem des Realismus an: die Frage nach der Verbindlichkeit, ja der Lesbarkeit eines Bildes, das sich unabhängig von der Überlieferung nur auf die Beobachtung beruft.[12] In diesem Dilemma gründet die Beliebtheit der »Dorfgeschichten«.[13] Das

Leben auf dem Land, festgefügt, ritualisiert und durch den Kreislauf der Natur bestimmt, war Gegenstand kollektiver Phantasien. Im Verlauf des 19. Jahrhunderts wandelte sich die Besetzung der Figur des Bauern, ein Wandel, der sich auch auf den Realismus in der Malerei auswirkte. In ihren Anfängen, in der Folge der Revolution von 1848, enthielt die Dorfgeschichte eine politische Utopie.[14] Die Figur des Bauern wurde in den Dienst der Versittlichung des Volkes gestellt: sie verkörpere den gesunden Urzustand, der durch Zivilisation verlorengegangen schien. Der Malerei kam die Aufgabe zu, diesen vorbildlichen Zustand glaubhaft vor Augen zu stellen. Glaubhaft hieß, auch die harten, häßlichen Seiten der bäuerlichen Existenz zu zeigen, sie aber künstlerisch auszugleichen und zu mildern. Dieses Verfahren, von Wolfgang Preisendanz als »poetischer Realismus« bezeichnet[15], bedeutete keine Idealisierung im klassischen Sinne, die als Verfälschung galt, es verstand sich vielmehr als Verdichtung der zergliederten, rohen Wirklichkeit zur Wahrheit mit den Mitteln der Kunst: poetische Gerechtigkeit als Widerschein göttlicher Gerechtigkeit. Als realistisch setzte sich diese Malerei durch, weil sie sich auf eine tatsächliche Vergangenheit berief und auf eine zu verwirklichende, das heißt reale Zukunft vorauswies.

In den siebziger Jahren verlor der Realismus seine politisch-utopische Dimension. Die vom poetischen Realismus eingeführten darstellerischen Techniken sollten nurmehr den Prozeß der Einfühlung erleichtern und auf diese Weise unmittelbare Verständlichkeit garantieren. »Das Genre appelliert an das Gemüt«[16], lautete die prägnante Formulierung von Theodor Fontane. Als Werk ersten Ranges bezeichnete er Ludwig Knaus' *Taschenspieler in der Scheune* von 1862[17], ein Gemälde, das an »scharfer Beobachtung, an humoristischer Auffassung und an technischer Meisterschaft« nichts zu wünschen übrig lasse; das Werk sei »poetisch von Grund aus; Romantik und Humor in glücklichster Einigung, dabei eine wunderbare technische Behandlungsweise, subtil und genialisch zugleich«[18]. Solche Werke seien von »liebenswürdiger, wenn auch kleinbürgerlicher Innerlichkeit«, das Publikum folge »zwanglos, lediglich dem Zuge des eigenen Herzens nachgebend, lächelnd-teilnahmevoll den kleinen Hergängen«. Ganz in diesem Sinne definiert Rudolf von Eitelberger: »[...] das Genrebild muß sich an das Volkstümliche, an das Erlebte anschließen; es muß Situationen schildern, die man mitempfinden kann, die man nicht erdenken, sondern nachempfinden muß. Die Historie weist an das Gedachte, an die Erfindung, an das Ideal [...] Der Genremaler gibt uns die Poesie der Wirklichkeit [...] Er füllt die geistigen Bedürfnisse des Mittelstandes in glänzender Weise aus.«[19] Kunst und ihre Bedeutung nach dem Stand des Betrachters zu sortieren – Literarizität und Historie für den gebildeten Bürger, Einfühlung, Innerlichkeit und poetisch verklärte Alltäglichkeitkeit für den Kleinbürger –, gründet auch in den veränderten Bedingungen der Kunstproduktion und der Öffnung des Marktes. Die neue ästhetische Kategorie der Innerlichkeit zeigt an, daß andere Mittel der Betrachteransprache gesucht wurden, die im Gegensatz zu den klassischen, als bloße Rhetorik entwerteten Darstellungsweisen »unmittelbar« wirksam sein sollten. Die Forderung nach Lesbarkeit im Sinne narrativer Geschlossenheit der Darstellung, eine Forderung, die ein Kennzeichen klassischer literarischer Kunst ist, blieb aber bei der »Gemütskunst« bestehen. Denn erst Eindeutigkeit, Wiedererkennbarkeit und Geschlossenheit einer »geschilderten« Situation ermöglichten Mit- und Nachempfinden.

Die Kategorien des Poetischen und des »Gemüths« dienten auch zur Abgrenzung gegen Frankreich, dessen führende Rolle im Kunstgeschehen Europas kaum geleugnet werden konnte.[20] »Die Strömung von 1840–1866 hätte uns gern das Französische oktroyirt«, so Franz von Reber, doch mit der Herausbildung des Nationalgefühls, »mit der Erhebung der Nation war dieser Traum vorbei«, Deutschland habe sich endlich »von der Herrschaft der französischen Kunst« emanzipiert[21] – mit dem »gemütlichen« Genre als Ausdruck von Innerlichkeit, wahrhaftiger als der plumpe Empirismus der Franzosen. Man gestand zu, daß die französischen Künstler die besseren Maler seien, aber man warf ihnen eine Vorliebe für das Häßliche, Rohe und Gemeine vor, es fehle ihnen eben an Gemüt und Innerlichkeit – Qualitäten, die als »genuin deutsch« für den eigenen »Nationalcharakter« vereinnahmt wurden: »Der Franzose wird, so wie er sich an die Schilderung seelischer Empfindung, die Darstellung des Gemüths und Familienlebens wagt, meist pathetisch äußerlich.«[22] Vor diesem Hintergrund gewinnt die eingangs zitierte anonyme Kritik an Wilhelm Leibls Gemälde *Drei Frauen in der Kirche* Kontur. Das Lob der detaillierten Zeichnung, der Anschaulichkeit, ja Wahrhaftigkeit des Ortes findet seine

Grenze an den gichtigen Auswüchsen der Hände. Allzu buchstäblich sei die Forderung nach Lebenswahrheit genommen, bis zur Kunstlosigkeit des Bildes. Dem Häßlichen fehlt das versöhnende schöne Gegenüber, wie es Vautier zu arrangieren wußte, die Poetisierung, die die Darstellung der rohen Wirklichkeit erst in Stand der Kunst erhebe. Die harte Arbeit der Hände ist ungemildert sichtbar, sie wird nicht überstrahlt von lieblicher Jugend und der heiteren Innigkeit des dörflichen Gottesdienstes. Die drei Bäuerinnen sind isolierte Figuren, monumental und in dunklen, erdigen Tönen ins Bild gesetzt. Trotz der Detailliertheit fehlt der Darstellung das Anekdotische, das die Gemälde des poetischen Realismus prägt. Die Reduktion des Personals auf drei Figuren, die großen Formen, festen Konturen und harten Helldunkel-Kontraste wirken narrativen Strukturen entgegen, die mit der ausführlichen Beschreibung von Details angelegt sind. Wie erstarrt verharren die Figuren, und die Erzählung steht still.

Überschreitung des Faktischen

Die Form der Stilisierung ist dem französischen Realismus entlehnt. Courbet und Millet haben auf diese Weise die Figuren des Arbeiters und des Bauern monumentalisiert und sie an die Stelle klassisch mythologischer Helden gesetzt.[23] Auch in Frankreich war die Rede vom Malen, was man gesehen, mit den Sinnen erfahren habe, wurde emphatisch Zeitgenossenschaft gegen die Historie gesetzt.[24] Dennoch ist dem französischen Realismus seit seinen Anfängen die Allegorie impliziert. Im Akt des Sehens verdichte sich, so Courbet, die empirische Wirklichkeit bereits zum Sinnbild. In einem Brief an Francis Wey vom 26. November 1849 schrieb der Maler seinem neuen Motiv, den Steinklopfern, allegorisches Potential ein. Auf dem Weg zu einer Landschaft, die er malen wollte, habe er von einer Kutsche aus die Arbeiter gesehen. Mitleid habe ihn angesichts des in den beiden Gestalten verkörperten Elends erfaßt; es sei der vollkommene Ausdruck der Armut gewesen. Er habe die beiden Männer in sein Atelier gebeten, und so sei *Die Steinklopfer* entstanden, ein Bild, mit dem er die soziale Frage aufgeworfen habe, ohne es zu wollen.[25] Denn er habe nichts erfunden, wie er kurz darauf an Champfleury schrieb, sondern nur gemalt, was er gesehen habe.[26]

Millet malte vor allem Bauern bei ihren alltäglichen Verrichtungen. Er sah die Figur des Bauern als Verkörperung gottgefälliger Existenz, wie sie in der Stadt nicht möglich sei. Sein schon damals berühmtes und häufig reproduziertes Gemälde *Angelus* von 1857/59[27] gibt sich als wirklichkeitsgetreue Aufzeichnung einer ländlichen Szene, ist aber erfüllt mit biblischer Bedeutung. Das göttliche Diktum, der Mensch müsse sein Brot im Schweiße seines Angesichts verdienen, scheint auf im Bild eines bäuerlichen Paares, das die Arbeit zum Gebet niedergelegt hat. In einfachen, großen Formen gefaßt, ragen die Figuren hieratisch in den durch rötliche Färbung dramatisierten Himmel. Einziges Gegenwicht ist der Kirchturm in der Ferne, irdisches Zeichen göttlicher Präsenz. Ohne physiognomische Individualität, sind die Figuren Träger dessen, was bäuerliches Leben markiert. Die Kargheit des Bodens und die Werkzeuge zeigen harte körperliche Arbeit an, Folge des Sündenfalls. Rhythmisiert war das Leben durch das Angelusläuten: es rief dreimal täglich zum Gebet und teilte das Leben in Arbeit und Nicht-Arbeit ein. Die Glocken erinnerten an die eschatologische Perspektive, die durch Menschwerdung, Opfertod und Auferstehung Christi gegeben ist.[28] Die durch die Erbsünde verursachte Härte des irdischen Lebens wird im Heilsversprechen aufgehoben. Wie Maria und Joseph sich über die Krippe neigen, beugt sich das Paar zum Gebet über den mit den Früchten des Feldes gefüllten Korb. Die Figur des Bauern in ihrer Gottergebenheit erscheint als Inbild menschlicher Existenz, ihrer Gefallenheit und ihrer Heilserwartung schlechthin. Die Überschreitung des Faktischen vollzieht sich in der künstlerischen Bearbeitung des banalen Gegenstands. Entgegen seiner Rede von unbedingter Zeitgenossenschaft lehnte sich Millet in der Komposition von *Angelus* an die Darstellungsweisen kanonischer Meister an. Die Monumentalisierung der Figuren und die Strukturierung des Bildraums in parallelen Schichten erinnern an die berühmten Kartons von Raffael. Die alltägliche Szene wird bedeutend durch ihre Formung nach Gesetzen der klassischen Kunst. Der Akt der Bedeutungsverdichtung, die Einschreibung eschatologischer Bedeutung in eine alltägliche Szene, thematisiert zugleich auch den Akt des Malens selbst: religiöse Sinngebung als Allegorie der künstlerischen Sinnstiftung.

Während die französischen Realisten mit allegorisierenden Verfahren arbeiteten, mit Verdichtungen, die immer auch eine Verschiebung bedeuten, sollte in der deutschen Malerei die sprechende Anekdote die Allegorie ersetzten. Denn das Allegorische galt als Kennzeichen einer literarischen Kunst, die die Unmittelbarkeit des Realismus überwinden sollte. Das Häßliche, der wichtigste Agent des Realen, sollte auch in der deutschen Malerei aufgehoben werden, jedoch nicht durch Überschreitung des Sichtbaren, durch unsichtbare Einschreibungen, sondern anschaulich im Dargestellten selbst. In diesem Streit um den wahren Realismus schlug Leibl sich mit seinem Gemälde *Drei Frauen in der Kirche* letzten Endes auf die französische Seite. Auf den ersten Blick steht das Bild in deutscher Tradition. Die detaillierte Darstellungsweise legt eine Augenzeugenschaft des Malers nahe, sie stellt Haut, Stoffe und Holz in ihrer Materialität überzeugend, nahezu greifbar vor Augen und verlebendigt die Gesichter. Doch Stilisierungen stellen das mit der Kleinteiligkeit der Beschreibung angelegte Anekdotische still. Der mit dem Format, den monumentalisierten Figuren und ihren erstarrten Gesten erhobene Anspruch auf eine Bedeutung, die die dargestellte Szene transzendiert, bleibt aber ungefüllt, zu einer Verdichtung des Andachtsmotivs wie in Millets Gemälde *Angelus* kommt es nicht.

Es ist die detaillierte Malweise, die die allegorisierenden Verfahren durchkreuzt, und zwar derart, daß die Stilisierungen zur leeren Markierung werden. Die Detaillierung, im poetischen Realismus ein Mittel zur Erzeugung von Wahrhaftigkeit im Sinne der Evidenz des Gesehenen, nimmt auf *Drei Frauen in der Kirche* den Gegenständen ihre Bedeutung. Im Vordergrund des Bildes drängt sich eine ausgebesserte Stelle im Holz auf; sie ist mit der selben Sorgfalt gemalt wie die Figuren. Es gibt keine Hierarchie der Bildgegenstände, alles, eben auch diese absurde Flickstelle, ist genau verzeichnet. Sie raubt der genauen physiognomischen Beschreibung ihren Sinn, sie macht die Detaillierung, das Zeichen der Augenzeugenschaft, zu einer formalen Geste, die letzten Endes auf sich selbst, auf den Akt des Malens verweist. Diese moderne Form einer Allegorie, die immer auch eine Allegorie der Malerei ist, beerbt den französischen Realismus. Im Fall der *Drei Frauen in der Kirche* hat sie eine besondere Pointe. Die Rhetorik der genauen Aufzeichnung stellt die Evidenz des Faktischen her, die das Allegorische zu tilgen scheint. Auch der emailleglatte Farbauftrag spricht, fern von genialischem Furor, von bloßer Aufzeichnung. Die emphatische Sachlichkeit der ausgelöschten Handschrift nivelliert die Autorschaft des Künstlers zur perfekten Technik. Die Malweise ist aber derart minutiös, daß sie zugleich die Aufmerksamkeit auf den Malakt zurückzieht. Das Auge wandert langsam, die Feinheit der Pinselführung nachvollziehend, über die Bildfläche, zergliedert sie und läßt die dargestellten Gegenstände als solche zerfallen. Die Blumen lösen sich vom Schultertuch ab zum eigenständigen Stilleben, die Muster und Maserungen des Holzes verselbständigen sich. Der Akt des Betrachtens wird zum Nachvollzug des dargestellten Gestus, zur Versenkung in das gemalte Detail, das das Bild zugleich fragmentiert und konstituiert, als Andachtsbild und als Allegorie der Malerei.

1 Wilhelm Leibl: *Drei Frauen in der Kirche*, 1878–1882, Öl auf Mahagoni, 113 × 77 cm, bez. oben links: W. Leibl 82. Berbling; Hamburg, Kunsthalle, Inv. 1534.

2 Der Beitrag stützt sich auf meine Dissertation: *Sehen ist alles. Wilhelm Leibl und die Wahrnehmung des Realismus,* München 2000.

3 Siehe die Korrenspondenz aus den Jahren 1878–1882, die Boris Röhrl größtenteils ediert hat: Wilhelm Leibl: *Briefe mit historisch-kritischem Kommentar. Gesamtverzeichnis des schriftlichen Nachlasses*, Hildesheim u.a. 1996.

4 Siehe hierzu Anonym: *Kunstbrief aus München*, in: *Allgemeine Kunstchronik*, VI/1882, S. 121f.

5 Siehe Werner Busch u. Wolfgang Beyroth (Hg.): *Kunsttheorie und Malerei. Kunstwisschenschaft* Stuttgart 1982.

6 Siehe Wolfgang Hütt: *Das Genrebild*, Dresden 1955; Ute Immel: *Die deutsche Genremalerei im 19. Jahrhundert*, Phil. Diss., Heidelberg 1967, und: *Angesicht des Alltäglichen*, Ausstellungskatalog Kunstmuseum Düsseldorf, 1997.

7 Öl auf Leinwand, 82 × 72 cm, Worms, Stiftung Kunsthaus Heylshof.

8 Siehe den Katalogtext in: *Luther und die Folgen*, Ausstellungskatakog Kunsthalle Hamburg hg. von Werner Hofmann, 1983, S. 542.

9 Zur Rolle von Gottesdienstbildern im »Kulturkampf« siehe Friedrich Gross: *Wahrheit und Wirklichkeit. Protestantische Bildkunst und Realismus im weltanschaulichen Widerstreit des 19. Jahrhunderts* ibid., S. 476–571 und Söntgen 2000 (wie Anm 1), Kap. V.

10 Vgl. Max Imdahl: *Die Momentfotografie und »Le comte Lepic« von Edgar Degas* (1970), in: *Gesammelte Schriften*, Bd. I, hg. von Angeli Janhsen-Vukicevic, Frankfurt am Main 1996, S. 181–193.

11 Siehe hierzu Carlo Ginzburg: *Veranschaulichung und Zitat. Die Wahrheit der Geschichte*, in: *Der Historiker als Menschenfresser. Über den Beruf des Geschichtsschreibers*, Berlin 1980, S. 85–102.

[12] Zur Vorgeschichte siehe Werner Busch: *Das sentimentalische Bild. Die Krise der Kunst im 18. Jahrhundert und die Geburt der Moderne*, München 1993, besonders Kap. II.

[13] *Schwarzwälder Dorfgeschichten* lautete der Titel der beliebten, das literarische Genre mitbegründenden Erzählungen von Berthold Auerbach aus den Jahren 1843–1853.

[14] Siehe Söntgen 2000 (wie Anm. 1), Kap. I.

[15] Wolfgang Preisendanz: *Humor als dichterische Einbildungskraft. Studien zur Erzählkunst des poetischen Realismus*, München 1963. Siehe auch Hermann Kinder: *Poesie als Synthese*, München 1973.

[16] Vgl. Theodor Fontane: *Berliner Kunstausstellung* (1863), in: *Sämtliche Werke*, Bd. 23, I, München 1970, S. 307.

[17] Öl auf Leinwand, 112 × 165, Privatbesitz.

[18] Vgl. *Sachses permanente Gemäldeausstellung* (1865), in: Fontane 1970 (wie Anm. 16), S. 323f. Siehe auch Sigrid Russ: *Das »interessante gemüthliche deutsche Genre« Betrachtungen zur Genremalerei von Ludwig Knaus*, in: *Ludwig Knaus 1829–1910*, hg. von Ulrich Schmid, Ausstellungskatalog Wiesbaden, 1979 S. 13–35.

[19] Vgl. Rudolf von Eitelberger: *Das Wiener Genrebild vor dem Jahre 1848*, in: *Zeitschrift für bildende Kunst* 12/1877, S. 135–142, S. 136.

[20] Siehe Barbara Paul: *Hugo von Tschudi und die moderne französische Kunst im Deutschen Kaiserreich*, Mainz 1993.

[21] Vgl. Franz von Reber: *Geschichte der Neueren deutschen Kunst*, 3 Bde., (2. erw. Aufl.), Leipzig 1884, S. 205–211.

[22] Vgl. Anonym: *Aus der Internationalen Kunstausstellung in Wien*, in: *Illustrierte Zeitung*, Bd. 79, Nr. 2035, 1. Juli 1882, S. 9. Thomas W. Gaehtgens hat am Beispiel von Anton von Werner darauf hingewiesen, daß das Ideal von Handwerklichkeit und Schönheit in Deutschland bis in das 20. Jahrhundert gültig blieb; vgl. *Die großen Anreger und Vermittler*, in: *Mäzenatentum in Berlin. Bürgersinn und kulturelle Kompetenz unter sich verändernden Bedingungen*, hg. von Günter und Waltraud Braun, Berlin und New York 1993, S. 99–126.

[23] Robert Herbert: *Country versus City. The Rural Image in French Painting From Millet to Gauguin*, in: VIII–6/1970, S. 44–55, besonders S. 46. Zur Courbet-Rezeption in Deutschland siehe *Courbet und Deutschland*, hg. von Werner Hofmann, Ausstellungskatalog Kunsthalle Hamburg, 1978.

[24] Siehe die Publikationen von Klaus Herding zum französischen Realismus, vor allem: Klaus Herding: *Realismus als Widerspruch. Die Wirklichkeit in Courbets Malerei*, Frankfurt am Main 1978.

[25] Der Brief ist abgedruckt in: Petra ten-Doesschate Chu: *Correspondance de Courbet*, Paris 1996, Nr. 49–8.

[26] Courbet an Champfleury Frühjahr 1850; zit. nach: ten-Doesschate Chu 1996 (wie Anm. 25), Nr. 50–1.

[27] 55,5 × 66 cm, Paris, Musée d'Orsay.

[28] S. Th. Schnitzler, Art.: *Angelusläuten* in: *Lexikon für Theologie und Kirche*, Bd. 1, hg. von Josef Höfer und Karl Rahner, 2. überarbeitete Auflage, Freiburg 1957.

»Ist der Ruf erst ruiniert ...«

Manet im Blick der Deutschen

Andreas Blühm

Manet in Berlin

Als Hugo von Tschudi 1896 Edouard Manets *Wintergarten*[1] für die Berliner Nationalgalerie erwarb, war das Gemälde bereits 17 Jahre alt, im Pariser Salon ausgestellt gewesen und hatte zweimal den Besitzer gewechselt (Abb. 1). Es konnte als exemplarisches Werk des reifen Manet und der gesamten jüngeren französischen Malerei Geltung beanspruchen. Der Preis von 22.000 Franc ist für damalige Verhältnisse stattlich zu nennen. In Tschudis Erwerbungspolitik nimmt das Bild eine wichtige Position ein, da es in seinen Augen nicht nur von herausragender Qualität war, sondern in seiner gemäßigten Modernität eine Brücke vom französischen Impressionismus zur Gegenwartskunst in Deutschland schlug. Max Liebermann war dabei, als Tschudi das Gemälde bei Durand-Ruel entdeckte. Claude Keisch vermutete unlängst, daß Liebermann es auch war, der Tschudi erst die Augen für den Impressionismus geöffnet habe. Diese Annahme wird von anderen bezweifelt. Worauf es ankommt, ist, daß der Leiter der Nationalgalerie den *Wintergarten* nicht nur erwarb, weil er ein gutes Auge hatte, sondern dies auch in Kenntnis der Kunst in Deutschland und mit bewußter Rücksichtnahme auf ihre Lage tat.[2]

So weit, so vernünftig, und das Thema könnte zu den Akten gelegt werden, wenn eben jenes Gemälde nicht in das Kreuzfeuer einer politischen Debatte geraten wäre. 1904 – acht Jahre nach dem Erwerb des Bildes und seiner ersten Ausstellung in Berlin und nun bereits 25 Jahre nach seinem Entstehen – nahmen Redner verschiedener Parteien sowohl im Reichstag als auch im Preußischen Landtag Bezug auf Manets *Wintergarten*. Dem heutigen Betrachter mag es rätselhaft vorkommen, warum die mit lockerem, aber festem Pinselstrich gemalte Darstellung einer gutgekleideten, auf einer Gartenbank sitzenden Dame und eines hinter der Bank ste-

1 Eduard Manet: *Im Wintergarten (Dans la serre)*, 1878-1879, Öl auf Leinwand, 115 × 150 cm, Staatliche Museen zu Berlin, Preußischer Kulturbesitz, Nationalgalerie

henden Herrn überhaupt eine Debatte auslösen konnte. Daher zunächst in aller gebotenen Kürze der Hintergrund: Am 15. und 16. Februar 1904 erörterte der Reichstag in Berlin den Titel 4a des Haushalts. Hierin ging es unter anderem um die finanziellen Mittel, die das Reich für den deutschen Beitrag an der Weltausstellung in St. Louis zur Verfügung stellte. Zur allgemeinen Überraschung entbrannte eine heftige Diskussion um die Auswahl der Künstler, die Deutschland in der Neuen Welt repräsentieren und den dortigen Markt erobern sollten. Ein wichtiger Streitpunkt war die Zusammensetzung der Jury. Aufgrund höchster Intervention des Kaisers war dem sogenannten »Kunstparlament«, einer fortschrittlich gesinnten Gruppe von Künstlern, Kritikern und Museumsleuten, der bereits erteilte Auftrag wieder aberkannt worden. Wahrscheinlich auf Anraten Anton von Werners griff Wilhelm II. persönlich ein, um diesen aus seiner Sicht höchst gefährlichen Irrtum zu korrigieren. Die Jury sollte von der Allgemeinen Deutschen Kunstgenossenschaft gestellt werden. Dieses konservativ gesinnte Gremium war in der Vergangenheit für die Auswahl zuständig gewesen, was regelmäßig zu Konflikten mit den Modernen führte. Endlich schien ein frischer Wind zu wehen, bis das Rad durch die Einmischung Wilhelms II. aber rasch wieder zurückgedreht wurde.

Die liberale Presse reagierte empfindlich auf diesen Eingriff des Staates. In der Folge gerieten die deutschen Kunstsezessionen zum Politikum, eine Entwicklung, die die Beteiligten gar nicht gern sahen. Im Reichstag konnten die Parlamentarier nun die Debatte um die Förderung der Weltausstellung dazu nutzen, ihre Abneigung gegen das Verfahren kundzutun und dabei Kritik am Kaiser zu üben. Der Umweg über das vergleichsweise harmlose Thema war nicht nur willkommen, sondern auch notwendig, da die Monarchie selbst im Parlament nicht Gegenstand der Auseinandersetzung sein durfte. In der von der Öffentlichkeit mit großem Interesse verfolgten und von der Fachwelt kommentierten Sitzung vom Februar 1904 löste sich die Erörterung der zeitgenössischen Kunst gelegentlich vom konkreten Anlaß. Die bedeutendsten Vertreter der Fraktionen ergriffen dabei das Wort, keineswegs überließen sie das Thema den Hinterbänklern. Die Lektüre der *Stenographischen Berichte* ist ein faszinierendes Dokument, das Zeugnis ablegt von einem entwickelten parlamentarischen Pluralismus, der nun auch auf die verschiedenen Kunstrichtungen übertragen wurde. In diesem Beitrag soll es in erster Linie um Manet gehen und seine Rezeption im Spannungsfeld der Tagespolitik. Hinter den aktuellen Ereignissen verbergen sich zudem Muster der Kritik, die ein gutes Bild vom Verständnis moderner Kunst in jener Zeit vermitteln.

Nach der Rede des Berichterstatters der Budgetkommission, Freiherr von Richthofen-Damsdorf, ergriff der Vorsitzende der Zentrumsfraktion, Peter Spahn, das Wort. Er brachte den Namen des französischen Malers auch als erster ins Plenum: »Meine Herren, die Sezession knüpft an an Manet, sie ist ausländischen Ursprungs, [...].« Schon im ersten Satz wird der Kern des Problems offenbar: Eine Kunstrichtung, die das moderne Deutschland in St. Louis vertreten sollte, ist abhängig von einem Vorbild aus dem

Ausland. Spahn ist nun aber nicht, wie man vorschnell annehmen könnte, gegen die Huldigung eines Franzosen durch deutsche Maler. Im Gegenteil:

»Wir haben durch Manet gelernt – und das ist, einmal darauf aufmerksam geworden, uns Laien sofort verständlich –, daß es nicht mehr darauf ankommt, die feststehende Form zur Darstellung zu bringen, sondern daß es darauf ankommt, die Gegenstände der Natur so darzustellen, wie sie von Licht und Luft gestaltet auf uns einwirken, sodaß also der Maler auf uns genau so einwirken will, wie der Gegenstand unter Berücksichtigung von Licht und Luft in der Natur auf unseren Geist einwirkt. Das Sujet muß als von Licht und Luft umflutet auf der Leinwand erscheinen. Das ist das Problem, das Manet uns durch die neue Art seines Sehens und Denkens gestellt hat, und die Lösung dieses Problems ist der Kernpunkt dessen, was wir unter Sezession verstehen.«[3]

Nach Spahn könne niemand, auch nicht die älteren Künstler, sich der »Manetschen Beobachtungsweise« entziehen. Auch wenn der Redner auf eine Schrift Richard Muthers Bezug nimmt, ist dieses Exposé des Zentrumsvorsitzenden nicht nur für einen Laien sehr beachtlich.[4] Es zeugt von einer reifen, von nationalistischen Scheuklappen freien und begründeten Auffassung einer jüngeren Kunstentwicklung, zu der noch kaum ein historischer Abstand gewonnen werden konnte.

Spahn hatte seinen Kollegen Anschauungsmaterial zur Verfügung gestellt, um so auch jenen einen Eindruck von Manets Kunst zu geben, die jüngere Ausstellungen oder etwa den *Wintergarten* der Nationalgalerie nicht kannten. Es handelt sich dabei um den im November 1903 erschienenen Artikel von Ferdinand Laban, *Im zwanzigsten Jahre nach Manets Tode*, aus der *Zeitschrift für Bildende Kunst.*[5] Darin sind zahlreiche Bilder reproduziert, eines davon sogar in Farbe. Laban vergleicht Manet in seinem Aufsatz mit Nietzsche, dem »[...] Impressionist der Philosophie, der, die Atelier-Systemmacherei mißachtend, in pointillierender Weise einen Sentenzenwirbel mit kühner Hand aussäte und die Spekulation in den Farben des Lebens und der Wirklichkeit erstrahlen ließ wie noch nie vordem.«[6] Für Laban ist Manet ein Genie, der wichtigste und einflußreichste Maler des 19. Jahrhunderts.

Nach dem Vorsitzenden der SPD-Fraktion, Paul Singer, der nicht auf Manet einging, ergriff der Deutsch-Konservative Abgeordnete Henning das Wort: »[…] daß er [Spahn] uns als Vorbild der Sezession einen französischen Künstler Manet angeführt hat, kann ich doch nicht ganz gut heißen. Ich hätte lieber gesehen, er hätte uns einen hervorragenden deutschen Meister vorgestellt, da es sich gerade um die deutsche Kunst handelt.« Henning berief sich jedoch nicht allein auf das Ursprungsland des Künstlers. Spahn habe an seine Ausführungen über Manet »künstlerisch gelehrte Betrachtungen geknüpft, philologische Spekulationen«, die darauf hinausliefen, daß man das Publikum belehren müsse, um es an die neue Sehweise zu gewöhnen: »Ich will ja eine gewisse Kunstgelehrsamkeit an und für sich durchaus nicht etwa tadeln; aber wenn man sich auf das Grübeln verlegen muß, dann ist immer schon der erste, frische, göttliche, sprudelnde Quell hinweg.«[7] Das ist eine bemerkenswerte Behauptung, weil Manet und die Impressionisten, gerade von ihren Befürwortern, immer als Maler für die Augen und nicht für das Hirn propagiert wurden. Außerdem scheint hier ein Paradigmenwechsel stattgefunden zu haben, waren es im gesamten 19. Jahrhundert schließlich immer die Franzosen gewesen, die den Deutschen Gedankenmalerei vorgeworfen hatte, und nicht umgekehrt. Hier wird ausgerechnet einem Maler im Umfeld der Impressionisten und seinen Interpreten der Vorwurf gemacht, erst über ein philosophisches Konstrukt verständlich zu sein.

Henning wurde in seinem regierungstreuen Plädoyer für die Auswahl der deutschen Künstler in St. Louis pflichtgemäß durch den ihm folgenden Staatssekretär des Inneren, Graf von Posadowsky-Wehner, unterstützt. Aber selbst der hohe Beamte ließ es sich nicht nehmen, den Wert und den Einfluß der Malerei Manets Redezeit zu widmen. Seiner Meinung stammte die sezessionistische Richtung nicht von Manet ab, denn erstens sei jede vergangene Kunstform bestrebt gewesen, die Dinge nicht so zu malen, wie sie sind, »sondern wie der Maler sie sieht«, und zweitens ginge es der Sezession um Individualismus »ohne Einfluß einer bestimmten Kunstrichtung«.[8] Graf Oriola von den Nationalliberalen zeigte sich von den Ausführungen des Staatssekretärs wenig beeindruckt:

»Aber, meine Herren, […] man muß auf der anderen Seite doch konstatieren, daß die neue Bewegung in der Kunst auch Hervorragendes geleistet hat (sehr wahr!), dann müssen wir mit dem Herrn Abgeordneten Dr. Spahn die Leistungen eines Liebermann und anderer bedeutender Künstler anerkennen. Dann werden wir auch nicht zögern, zu sagen: ein Mann wie Manet ist in der deutschen Kunst ein großes Vorbild geworden und ist von der größten Bedeutung für unsere deutsche Kunst gewesen, selbst wenn dem Herrn Abgeordeten Henning eine derartige Lobpreisung eines französischen Künstlers nicht besonders sympathisch ist.«[9]

Einer der profiliertesten Redner in dieser und in anderen »Kunstdebatten« war der Abgeordnete der Freisinnigen Volkspartei, Ernst Müller aus Meiningen. Er kannte Manet nicht nur aus den Abbildungen der von Peter Spahn freundlicherweise seinen Kollegen zur Ansicht vorgelegten Kunstzeitschrift:

»[...] das eine muß doch jeder Mensch zugeben, der z. B. die vorjährige Manetsche Ausstellung bei Paul Cassirer hier gesehen hat: diese moderne Kunst hat uns erst die Natur sehen gelehrt. (Sehr richtig! Links.) [...] Das ist das große Verdienst dieser ganzen modernen Richtung. Nun hat sich der Herr Collega Henning darüber aufgeregt, daß Herr Collega Spahn gestern der Berühmtesten einen, den Lehrer des Pleinairismus, Manet, einen Franzosen, hier gepriesen hat! Ja, meine Herren, wir wollen uns doch in dieser Beziehung von einem falschen Chauvinismus (sehr richtig! links), der uns vor dem Auslande gründlich blamiert, hüten! (Sehr richtig! links.)«.

Danach zählte Müller mit Meunier, Rodin, Israels, Zorn und Segantini eine Reihe von Künstlern auf, um die Internationalität der Sezession zu betonen: »Glauben Sie denn, daß einer derartigen Kunstbewegung gegenüber die Deutschen überhaupt Halt machen könnten?«[10]

Im Preußischen Landtag war es dem Grafen Moltke vorbehalten, das französische Element in der Sezession aufzuspüren, indem er auf die schärfste Charakteristik, das positive Können, die außerordentlich gute Beobachtung, die aus Frankreich wohl entlehnt ist, hinwies, weil alle lateinischen Nationen wie alle weiblichen Individuen die schärfere Beobachtungsgabe besitzen: »Aber, meine Herren, daneben auch diese eisige Kälte, diese Rücksichtslosigkeit gegen das ästhetisch Schöne, diese unerfreuliche Gesamtwirkung und vor allen Dingen wieder jener gänzliche Mangel an innerer Leuchtkraft und seelischer Heiterkeit [...].«[11] Im Preußischen Haus der Abgeordneten wurde zwei Monate nach der aufsehenerregenden Reichstagsdebatte ebenfalls über Kunstförderung gesprochen, als am 14. April der Haushaltstitel *Dauernde Ausgaben, Kunst und Wissenschaft* auf die Tagesordnung gelangte. Graf Moltkes Meinung zum Charakter der Franzosen und ihrer Kunst verblüfft insofern, als sie beinahe wortwörtlich aus einer französischen Kritik an der Kunst des Preußen Adolph Menzel hätte stammen können.[12]

»Eine Dame, eine erwachsene Dame (Heiterkeit)«

Erneut geriet auch Manet wieder ins Blickfeld. Die Sezession, ihr nationaler Charakter, der internationale Kunstmarkt, die Vorliebe der Amerikaner für französische Impressionisten, die Rolle der Nationalgalerie als Herberge internationaler Kunst statt »preußischer Bilderkaserne«, alle diese Themen bildeten dabei den Rahmen. Mit Nachahmungen Manets, so meinte ein Abgeordneter, sei der amerikanische Markt nicht zu erobern; das ginge auch gar nicht, da sich die Kunst nicht von ihrem Volke trennen lasse.[13] Der Abgeordnete von Neumann-Großenborau meinte schließlich, seinen Kollegen noch einmal eine kunsthistorische Lektion erteilen zu müssen, in dem er ihnen eine kurze, mit Anekdoten gewürzte Biographie des Malers präsentierte. Er war es auch, der den Aspekt der Sittlichkeit bzw. Unsittlichkeit in die Debatte brachte. Seiner Ansicht nach habe die Pariser Salonjury Manets Bilder vor allem wegen ihrer Sinnlichkeit refüsiert. Ohne offenbar zu ahnen, daß der *Wintergarten* auf einem jener Salons zu sehen gewesen war, ging er in diesem Zusammenhang darauf ein:

> »Wenn Sie sich, meine Herren, von der Wahrheit meiner Worte einmal überzeugen wollen, so sehen Sie sich hier in der Nationalgalerie das Manetsche Bild an; es heißt, wie ich glaube *Im Treibhaus*. Da sitzt eine Dame, eine erwachsene Dame (Heiterkeit) auf einer Bank, und über die Bank gelehnt, steht ein Herr. Wenn der Besucher der Galerie, und möge er noch so unschul-

dig sein, dieses Bild sieht, dann weiß er ganz genau, was sich dort vollzieht.«[14]

Von Neumann-Großenborau konnte nicht wissen, daß es sich bei den gesittet gekleideten Personen um Eheleute handelte. Dennoch muß man an dieser Stelle einmal innehalten: Warum löst der Nachdruck auf die »erwachsene Dame« im Plenum Heiterkeit aus? Was ist in der von Manet gemalten Szene so verfänglich, daß es selbst die Unschuldigen, die nicht von vornherein Böses Ahnenden auf schlüpfrige Gedanken bringt?

In der zeitgenössischen französischen Kritik war der *Wintergarten* bereits ein Alterswerk des Malers, das nicht mehr zu schockieren vermochte. Manch einer erkannte in der vergleichsweise feinen Malweise sogar Konzessionen an das Publikum.[15] Kein Kritiker schien in der Konversation zwischen dem Mann und der Frau irgendetwas Anstößiges erkennen zu können. Der Schock, den das *Dejeuner sur l'herbe* und *Olympia* weniger als fünfzehn Jahre zuvor ausgelöst hatten, war in Frankreich anscheinend schon vergessen.

Man kann nicht voraussetzen, daß der französische Kunststreit der sechziger und siebziger Jahre des vergangenen Jahrhunderts in den Berliner Parlamenten noch lebendig war. Manets *Wintergarten* löste offenbar bei manchen Betrachtern etwas aus, das tief in ihnen verwurzelt war. Dabei sollte im Berlin des Jahres 1904 die berührungs- und blicklose Anwesenheit zweier bekleideter Erwachsener beiderlei Geschlechts keine Unruhe ausgelöst haben. Die moralischen Verhältnisse in der Hauptstadt, die jede Erscheinungsform der Unter- und Halbwelten anderer Metropolen aus eigenem Erleben kannte, waren selbst immer wieder Gegenstand öffentlicher Debatten gewesen, auch im Reichstag. Kein Berliner sollte sich angemaßt haben können, naserümpfend auf das unsittliche Verhalten anderer herabzuschauen.

Aber ist die Darstellung einer Prostituierten oder – wie im Falle von Manets *Wintergarten* – das zwanglose Beisammensein eines Mannes und einer Frau, wobei der Status ihres Verhältnisses nicht überprüfbar ist, an sich unsittlich und, wenn ja, warum? Was denn in der Kunst sittlich oder unsittlich sei, darüber hatten die Reichstagsabgeordneten bereits 1893 in aller Ausführlichkeit debattiert, als die sogenannte Lex Heinze zur Abstimmung stand. Der nach einem Berliner Zuhälter benannten Gesetzentwurf, der der Polizei mehr

Befugnisse bei der Kontrolle der öffentlichen Moral einräumen sollte, drohte die bildende Kunst zu zensieren. Kurz danach erschien E. W. Bredts »historische Revision« *Sittliche oder unsittliche Kunst?* beim Piper-Verlag in München.[16] In Debatte und Buch ging es vor allem um die Zurschaustellung von Nacktheit. Alles, was sich nackt im Bilde zeigte, war auf einmal umstritten, selbst in der Malerei Alter Meister. Der komplizierende Faktor bei Manet ist nun, daß das auf seine Personen im Bild der Nationalgalerie gar nicht zutrifft. Die Phantasie des preußischen Abgeordneten und vieler seiner durchwegs männlichen Kollegen war insofern nicht von dem Gesehenen selbst, sondern allein von dem Wissen um die Herkunft des Bildes beflügelt worden. Es stammte unglücklicherweise von einem Franzosen, und es scheint, als hätten die französischen Nachbarn in einem Ruf gestanden, der auch ein so harmlos scheinendes Beieinander wie des Herrn und der Dame im Wintergarten anzüglich aussehen ließ.

Die Reputation der Franzosen auf dem Gebiet des Anstands und der guten Sitten war beim östlichen Nachbarn seit Jahrhunderten zumindest umstritten. Auf der Suche nach den Quellen des zweifelhaften Rufs der Franzosen gerät man auf das Glatteis einer Analyse der Mentalitäten. Eigenes Erleben, Einflüsse von aufgeschnappten Redensarten, die Medien und zuletzt die wissenschaftliche Analyse vermengen sich zu einem Brei von diffusen Gefühlen. Kühle Distanz war und ist kaum vorhanden, weder beim nationalistischen Politiker noch beim uninteressieren Touristen und selbst nicht beim interessierten Kunsthistoriker. Das Wesen der Vorurteile ist, daß sie unausrottbar sind und sie die Erfahrungen nahezu provozieren, welche sie am Leben erhalten. Deshalb ist es auch nicht mehr nachvollziehbar, seit wann die Franzosen als genußvolle Lebenskünstler gelten, seit den napoleonischen Heeren, die über Europa zogen, der Dekadenz der Aristokratie im Ancien Régime, dem offiziellen Status der Mätressen am Hofe oder gar den Troubadouren des Mittelalters? Jede dieser Erscheinungen ließe sich sowohl mit Parallelen in anderen Ländern versehen, die als gesitteter gelten, als auch mit Beispielen von puritanischer Strenge in Frankreich selbst. Die Pariser Bohème, die Belle Epoque mit ihren gewagten Bildern und noch gewagteren Tänzen bestätigte uralte Vorurteile, wobei ein ganzes Volk an den Sitten ihrer Hauptstadt gemessen wurde, in der man sich schon immer mehr Freiheiten erlaubt hatte als im großen Rest des Landes. Spezialisierte, aber auch allgemeine Reiseführer in die französische Hauptstadt gingen mehr oder weniger unverhohlen auf die Attraktionen des Nachtlebens ein. Die Frage ist noch offen, ob es die wirklichen Auswüchse der Großstadt waren, die sich von jenen in London, New York oder Berlin kaum unterschieden haben dürften, oder ob eher die über viele Medien tradierten und in ihrer Dramatik gesteigerten Berichte Paris und damit Frankreich einen höheren Grad an Zweifelhaftigkeit verschafften. Auf den Boulevards schienen die Laternen auf eine bunte Mischung von Glücksuchern und Elenden, die von Romanen beschrieben und zu Helden gemacht wurden. Schriftstellern wie Zola, Murger, Flaubert, Maupassant und Malern wie Manet, Degas, Toulouse-Lautrec, Angrand, Bernard, Béraud und vielen anderen bot die explosiv wachsende Hauptstadt eine Fülle neuer Motive und sozialer Spannungen, die sie zu literarischen oder bildnerischen Darstellungen inspirierten, als sie die Dynamik ihrer eigenen Epoche erfassen wollten. Neben Lokomotiven, Industrieanlagen und Gaslaternen gehören eben auch Damen der Halbwelt auf die Bühne der modernen Stadt und damit zum Standardrepertoire der Impressionisten und ihrer Freunde. Zahlreiche wissenschaftliche Untersuchungen zur Prostitution und Ratschläge zu ihrer Bekämpfung lassen vermuten, daß nicht alles auf Phantasie beruhte. Und vielleicht dient das von außen an ein Volk getragene Bild zur eigenen Identitätsfindung, wird aufgegriffen und somit das Vorurteil nachträglich mit Inhalt gefüllt und bestätigt.

Es scheint, als könnten die Franzosen malen, was sie wollten, ohne Hintergedanken geht es nicht. Bredt zitiert belustigt ein anonymes Pamphlet, in dem ihnen vorgeworfen wird, fast alle künstlerischen Fähigkeiten »an die Verherrlichung der Dirne verschwendet« zu haben.[17] Dafür daß die Klischees weiterleben, kann selbst ein so unverdächtiger heutiger Zeitgenosse wie Werner Hofmann als Zeuge genannt werden. Auch er schließt vom Allgemeinen aufs Besondere, wenn er die Sittengeschichte des Impressionismus so zusammenfaßt: »Was immer in dieser Welt des permanenten Zeitvertreibs geschieht, ist offen oder geheim von erotischen Erwartungen und Wunschbildern, aber auch von Konflikten und Entfremdungen geprägt. Diese Erotik spielt sich nicht mehr abgeschieden oder im Halbdunkel ab, Flirt und Verführung gehören zu den selbstverständlichen öffentlichen Umgangsformen.« Es sei dabei bezeichnend, »daß Manets Frauen sich nicht mehr nackt zur Schau stellen« – so Hofmann über den Manet der siebziger Jahre.[18] Differenzierter als die konservativen Parlamentarier von 1904 interpretiert Hofmann das Verhältnis der von Manet gemalten Personen als Ausdruck einer delikaten Balance, in der sich Annäherung und Distanz die Waage halten. Hatte von Neumann-Großenborau also recht, wenn er dem Künstler unsittliche Motive unterstellte?

Die Eheleute Guillemet im *Wintergarten* sind ein modernes Paar. Ferdinand Laban beschrieb seine Beobachtung des Bildes und seiner Betrachter in der Nationalgalerie. Ihm fiel vor allem auf, daß zwischen den Besuchern vor dem Bild und den Dargestellten kein Unterschied auszumachen sei.[19] Die entscheidende Veränderung im gegenüber den alten Schulen sei, daß Manet – etwa im Vergleich zu Rubens' *Selbstporträt mit Isabella Brant* oder Gainsboroughs *Morgenspaziergang* – das Verhältnis der Eheleute nicht definierte. Die Inszenierung liegt bei ihm in der Nicht-Inszenierung, in der umso geschickter arrangierten Ungezwungenheit des Moments. Dieser bewußte Mangel an inhaltlicher Deutlichkeit löst die Vermutung aus, daß da doch etwas dahinterstecken müsse. Eine verhohlene Erotik läßt sich in das Gemälde dann hineinlesen, wenn man die Franzosen grundsätzlich verdächtigt, immer nur an das Eine zu denken, im Falle des Abgeordneten von Neumann-Großenborau mit Verachtung, im Falle Werner Hofmanns mit Sympathie. Einem Franzosen trauten beide nicht zu, eine unverfängliche Situtation zu malen, in der es nur um Malerei ging, einfach so.

Vorurteile der Kunstpatrioten

Fassen wir zusammen: Wenn man die Ausführungen der damaligen männlichen deutschen Volksvertreter, allgemein und gleich gewählt im Reich, nach dem Dreiklassenwahlrecht in Preußen, als leidlich repräsentativ ansieht, so treten einige Begriffsmuster für die damalige Kunstanschauung zutage: Die Kenntnis des Impressionismus gehört zum Allgemeingut des gebildeten Bürgers, viele haben von Manet gehört, einige haben Originalbilder gesehen, Literatur und Abbildungsmaterial sind unschwer zu bekommen. Die Sezession gilt als von ausländischen Vorbildern abhängig, ob man das bedauern mochte oder nicht. Einem Gutteil der Abgeordneten aus dem linken und liberalen Lager ist es gleich, wo die Kunst gemacht wird; sie erkennen keine nationalen Unterschiede oder halten es nicht der Mühe wert, darauf näher einzugehen. Einige Abgeordnete, dem konservativen und nationalen Spektrum zugehörig, finden nicht nur, daß deutsche Kunst deutsch ist und französische französisch, sondern halten das auch für gut und richtig. Was typisch deutsch und typisch französisch in der Kunst ist, bleibt notwendigerweise vage. Manches, was man für französisch hält, gilt in Frankreich als typisch deutsch, etwa die vermeintliche Intellektualität in der Malerei.

Zum Schluß möchte ich einige hypothetische Fragen stellen, die der Adressat dieser Festschrift am besten beantworten kann: Ist Manets *Wintergarten* französisch, weil wir wissen, daß er von einem Franzosen gemalt ist? Wäre es das einzige überlieferte und nicht signierte Bild des Malers, würden wir es dann immer noch Frankreich zuordnen? Und wenn ja, liegt das dann an der lockeren Malweise und der hellen Palette? Oder liegt es am Inhalt, dem Ambiente und den Personen, oder an einer Kombination aus Malweise und Sujet? Zeigt das Bild wesentliche Elemente der französischen Schule, die auch in zeitgleichen Bildern anderer Richtungen zu finden sind, etwa in den Werken Gérômes oder Detailles? Hätten Max Liebermann, Anders Zorn oder William Merritt Chase den *Wintergarten* in ihrer Handschrift gemalt, würden sie dann auch die Sittenwächter auf den Plan gerufen haben?

Hugo von Tschudi beginnt seine kleine, 1902 bei Bruno Cassirer erschienene erste deutschsprachige Monographie Manets mit dessen Lehre bei Couture, »dem aus aller Herren Länder die Schüler zuströmten und dessen innere Unwahrheit der Deutsche Feuerbach nie ganz überwunden hat«.[20] Das Unverständnis, das Manets Bildern im eigenen Lande entgegenschlug, behandelt er kursorisch, um in der folgenden Beschreibung der Entwicklung des Malers nur wenig auf Inhalte oder gar nationale Eigenarten einzugehen, ganz offenbar, weil er letzteren keine Bedeutung beimaß. Mit der Erwerbung des Gemäldes bewies Tschudi, daß er über den engen Tellerrand des Kunstpatriotismus hinausblickte, eine vorbildliche Haltung, die wenig an Aktualität eingebüßt hat. Für ein besseres Verständnis der Kunst und ihrer Wirkung müssen wir uns dennoch auch mit den Niederungen der Vorurteile und Klischees beschäftigen.

[1] Edouard Manet: *Im Wintergarten (Dans la serre)*, 1878–1879, Öl auf Leinwand, 115 × 150 cm, Staatliche Museen zu Berlin, Preußischer Kulturbesitz, Nationalgalerie, Inv. A I 550.

[2] Barbara Paul: *Hugo von Tschudi und die moderne französische Kunst im Deutschen Kaiserreich*, Mainz 1993; Claude Keisch, in: Johann Georg Prinz von Hohenzollern und Peter-Klaus Schuster (Hg.): *Manet bis Van Gogh: Hugo von Tschudi und der Kampf um die Moderne*, Katalogeintrag im Ausstellungskatalog, Nationalgalerie, Berlin und Neue Pinakothek, München 1997, S. 80, Nr. 19; Thomas W. Gaehtgens: *Tschudis Impressionismusverständnis: Historienmalerei als Darstellung erlebten Lebens*, in: ibid., S. 360–363.

[3] Vgl. *Stenographische Berichte über die Verhandlungen des Reichstags*, XI. Legislaturperiode, I. Session, erster Sessionsabschnitt, 1903/1904, Bd. 2, Berlin 1904, Sp. 992.

[4] Richard Muther: *Geschichte der Malerei im XIX. Jahrhundert*, 3 Bde., München 1893, Bd. 2, S. 626. Julius Meier-Graefes Kommentare zu Manet scheinen keinen Einfluß auf die Meinungsbildung der Abgeordneten gehabt zu haben. Joes Segal weist mich in diesem Zusmmenhang auf den breiteren Kontext der Manet-Rezeption in Deutschland hin, die in dem umstrittenen Erwerb der *Erschießung Kaiser Maximilians* durch die Kunsthalle Mannheim gipfelte.

[5] Ferdinand Laban: *Im zwanzigsten Jahre nach Manets Tode*, in: *Zeitschrift für Bildende Kunst*, 15/1904, S. 25–35.

[6] Vgl. ibid., S. 26.

[7] Vgl. *Stenographische Berichte Reichstag* 1904 (wie Anm. 3), Sp. 999.

[8] Vgl. ibid., Sp. 1003.

[9] Vgl. ibid., Sp. 1005–1006.

[10] Vgl. ibid., Sp. 1017–1018.

[11] Vgl. *Stenographische Berichte über die Verhandlungen des Preußischen Hauses der Abgeordneten*, 20. Legislaturperiode, I. Session 1904/05, Bd. 3, Berlin 1904, Sp. 3752.

[12] Zur französischen Kritik an der deutschen Malerei nach 1870 siehe Rachel Esner: *»Art knows no fatherland«: The reception of German art in France, 1870–1900*, Diss. New York University 1994.

[13] *Stenographische Berichte Preußisches Haus der Abgeordneten* 1904, (wie Anm. 11), Sp. 3703.

[14] Vgl. ibid., Sp. 3726–3728.

[15] George Heard Hamilton: *Manet and his critics*, New Haven und London 1986 (1954), S. 211–217, S. 215.

[16] E. W. Bredt: *Sittliche oder unsittliche Kunst?*, München o. J.

[17] Ibid., S. 4.

[18] Werner Hofmann: *Nana: Mythos und Wirklichkeit*, Köln 1987 (1973), S. 41.

[19] Laban 1904 (wie Anm. 5), S. 31.

[20] Vgl. Hugo von Tschudi: *Manet*, Berlin 1902, S. 5.

1 Edouard Manet: *Bildnis Zacharie Astruc*, 1866, Öl auf Leinwand, 90 × 110 cm, Bremen, Kunsthalle

Manets Bildnis des Zacharie Astruc in Bremen

Eberhard König

Der Weg des Gemäldes in die Bremer Kunsthalle

Mit dem monumentalen Bildnis des vielseitig begabten Zacharie Astruc (1835–1907) erwarb Gustav Pauli 1908 für die Bremer Kunsthalle eines der ersten Gemälde von Edouard Manet, das überhaupt in ein deutsches Museum gelangte (Abb. 1).[1] Die *Bremer Kunstfreunde*, die dazu eine Zuwendung der Freunde der Galerie erhielten, mußten die recht erhebliche Summe von 21.000 Goldmark für dieses Werk aufwenden.[2] Die Erwerbung geschah zu Ehren des 70. Geburtstages von Carl Schütte, der als langjähriger Vorsitzender des Bremer Kunstvereins, Sammler und Stifter noch bis zum Beginn des Ersten Weltkriegs die Kunsthalle förderte. Gustav Pauli selbst (1866–1938), Sohn des Bremer Bürgermeisters Alfred Pauli, war seit Sommer 1899 Direktor in Bremen, wo er bis zu seiner Berufung an die Hamburger Kunsthalle 1914 so prägend wirkte, daß Karl Scheffler 1912 rühmte: »Es bedarf nur eines Ganges durch die Bremer Kunsthalle, um zu begreifen, daß diesem Museum neuerer Kunst weit über die Grenzen Bremens hinaus die Bedeutung eines Musterinstituts zukommt.«[3]

Manets *Astruc* war sicher eines der wichtigsten Bilder, die Gustav Pauli für Bremen erwarb[4]; das Gemälde war bei Paul Cassirer in Berlin zu haben, der es schon um das Jahr 1900 bei Durand-Ruel in Paris gekauft und 1904 in Berlin ausgestellt hatte. Man weiß nicht genau, welcher Weg zu Durand-Ruel geführt hatte; der erstaunlichste Umstand aber steht fest: Zum Kunsthändler gelangte das Bild nicht von der Familie des Dargestellten aus, der, als sein Porträt bereits in Deutschland war, noch lebte und erst ein Jahr vor der Bremer Erwerbung starb, sondern entweder direkt aus dem Atelier des Künstlers oder über einen Sammler, der das Porträt zwischenzeitlich besaß. Der bedeutende deutsche Kritiker Julius Meier-Graefe gibt an, der Maler selbst habe das Gemälde für 1.000 Fr. an den Bariton Jean-Baptiste Faure verkauft, der es seinerseits 1899 an

Durand-Ruel veräußerte.[5] Faure besaß andere Arbeiten von Manet, darunter das Hamburger Porträt, das ihn selbst in der Rolle des Hamlet zeigt. Manets großer Biograph Tabarant, der auch den grundlegenden Œuvre-Katalog veröffentlichte, behauptet hingegen[6], die Witwe des Künstlers habe das Werk 1895 aus dem Nachlaß ihres 1883 verstorbenen Gatten an den Pariser Kunsthändler Durand-Ruel für 1.800 Fr. veräußert, was zu dem Zeitpunkt ein allzu niedriger Preis für ein so großes Bild des nach dem Tod teurer werdenden Meisters gewesen wäre.

Im wesentlichsten Punkt stimmen die abweichenden Versionen überein; denn sie lassen die Widmung in der Signatur gegenstandslos erscheinen: Mit den Worten »au poète / Z. Astruc / son ami / Manet / 1866«, die deutlich auf dem Bilde zu lesen sind, hatte der Maler das Bild »seinem Freunde« vermacht.

Die eindeutig lesbare Jahreszahl 1866 hat nicht verhindert, daß man das Bremer Gemälde aus stilistischen Gründen bis vor kurzem bereits um 1863/64 datierte.[7] Zumindest Ende 1866 mag das Porträt tatsächlich in den Händen des darauf Dargestellten gewesen sein; denn Zola hat es bei einem Besuch in Manets Atelier im Dezember jenes Jahres zumindest nicht erwähnt.[8] Tabarant schildert ohne konkrete Quellen, Astrucs frisch angetraute Gemahlin habe das Bild nicht geschätzt; sie habe die sprichwörtliche Schönheit ihres Mannes vermißt und sich an der skizzenhaften Anlage der linken Hand so gestört, daß die Eheleute Astruc das Porträt an den Maler zurückgehen ließen.[9]

Porträt, Stilleben, Intérieur

Das Bremer Bild verbindet in auffälliger Weise zumindest zwei Gattungen der Malerei, indem es die Darstellung einer zeitgenössischen Persönlichkeit mit einem Stilleben kombiniert und dahinter die Andeutung einer Genreszene im Interieur bietet.[10] Die Deutung der Gegenstände macht kaum Schwierigkeiten: Neben einem Beistelltisch, der links im Bild mit einer geblümten Decke steht, sitzt Astruc in einem zeitgenössischen Lehnstuhl. Bücher in abgewetztem Leder und ungebundene Werke lassen Lektüre von älterer und aktueller Literatur ahnen, ohne daß Verfasser oder gar Titel des hier Ausgebreiteten erkennbar wären. Auf den selbst als Dichter tätigen Astruc deutet hingegen wenig: Schreibpapier oder ein Notizheft, wie sie damals üblich waren, fehlen; die Schreibfedern auf dem Tisch sind undeutlich gemalt und vom Bücherstapel so weit verdeckt, daß kaum Platz für ein Tintenfaß bleibt.

Bei solchen Gegenständen stellt sich die Frage, wie weit der Künstler eine Situation beiläufig wahrgenommen hat oder schon im Arrangement über das Gegegenwärtige und Alltägliche hinausgreift. Daß Manet die Kunstgeschichte wichtiger ist als das Abmalen nach der Natur, zeigt am besten das rote Lacktablett mit Glas, Zitrone und Messer neben Astruc: Während die Lackarbeit auf ostasiatisches Kunsthandwerk anspielt, gehörte die Darstellung des durchsichtigen Materials und der halb geschälten Zitrone sowie die Verkürzung eines Messers in der europäischen Malerei seit Jahrhunderten zum Stilleben. Solche Motive verlangten Virtuosität und waren zugleich wiedererkennbare Vokabeln, wie sie Manet in seinem zwei Jahre später gemalten Münchner Atelierbild noch direkter aus holländischen Gemälden des 17. Jahrhunderts[11], mithin aus dem Museum und nicht aus dem Leben nehmen sollte.

Am ungewöhnlichsten in diesem Arrangement ist das Konvolut, auf das Manet seine Widmung an Astruc geschrieben hat: Dem Eingeweihten gibt es sich leicht als ein Heft mit japanischen Farbholzschnitten zu erkennen. Die Beschwörung der Freundschaft durch die Aufschrift dieses Hefts spielt sichtlich auf gemeinsame Begeisterung für fernöstliche Kunst und den gerade erst in jener Zeit in Paris aufgekommenen Japonismus an.[12] Entsprechend ist wohl auch die Gitarre im Hintergrund zu verstehen: Der Dargestellte spielte dieses Instrument, das zugleich spanische Assoziationen aufkommen läßt, und Manet hatte im Vorjahr Spanien bereist und war dabei Astrucs Ratschlägen gefolgt.

Kunstgeschichtliche Kunstwerke: Astruc und Zola

Zacharie Astruc, 1835 geboren, also drei Jahre jünger als der Maler, war ein vielseitiges Talent; er schrieb Gedichte und Theaterstücke, komponierte und spielte Gitarre, er malte Aquarelle, die er im Salon ausstellte; in seinen späteren Jahren erreichte er einen gewissen Erfolg als Bildhauer, die von seiner Nähe zur künstlerischen Avantgarde der 1860er Jahre nichts spüren lassen. Vor allem aber

2 Edouard Manet: *Bildnis Émile Zola*, 1867–1868, Öl auf Leinwand, 146 × 114 cm, Paris, Musée d'Orsay

betätigte er sich als Kunstkritiker und als solcher war er der erste, der Manet nach dem Skandal durch das *Déjeuner sur l'herbe* 1863 vehement verteidigte.[13] Manet hatte für Astrucs *Lola de Valence* eine Lithographie geschaffen; Verse aus Astrucs Gedicht *La fille des iles* waren unter Manets *Olympia* 1865 im Salon angebracht.[14] Mit Manet verband Astruc somit eine langjährige Freundschaft; Korrespondenz bezeugt, daß beide intensives Interesse für spanische und auch für ostasiatische Kunst teilten.[15] In Gemälden aus der Zeit von 1860 bis 1870 hat Manet seinen Freund dargestellt: Zum ersten Mal taucht Astruc mit anderen zusammen in der *Musique aux Tuileries* der Londoner Nationalgalerie von 1860 auf.

In Manets Œuvre sieht man das Bremer Gemälde als Parallele, seltener sogar pointiert als Gegenstück eines prominenteren und künstlerisch bedeutenderen Werks, das Manet zwei Jahre später geschaffen hat: Gemeint ist das Bildnis des Schriftstellers Emile Zola von 1868 (Abb. 2).[16]

Zola sitzt in nahezu strengem Profil, den Kopf leicht gedreht, so daß ansatzweise auch das linke Auge zu sehen ist, auf einem Stuhl mit geblümtem Bezug, vor einem Tisch, der größer ist und mehr nach Arbeit aussieht als das Möbelstück neben Astruc. Ein Tintenfaß ostasiatischer Mode, jedoch eher französischer Massenproduktion, mit buschiger Schreibfeder zeigt, was man im Bremer Bild noch hinter dem Bücherstapel unterbringen müßte, wenn das Arragement dort ganz aus dem Leben gegriffen wäre. Das Bücherstilleben auf Zolas Tisch wird wiederum durch eine Erfrischung ergänzt, einen kandierten Apfel, der vom rechten Bildrand abgeschnitten wird.

Das Prinzip des Porträts mit Accessoires wird bei Zola lesbarer gehandhabt als bei Astruc. Manet hat seine Signatur im Bücherstillleben auf dem einzigen sichtbaren Titel untergebracht, auf einer graublauen Broschüre rechts außen, die nur leicht von Zolas Feder verdeckt wird, also eher hervorgehoben als versteckt. Auch der Name des Dargestellten findet sich dort, denn bei der Broschüre handelt es sich um Zolas Schrift über Manet, die in der Folge des Skandals um die *Olympia* am 1. Januar 1867 veröffentlicht worden ist.[17]

Manets noch 1868 umstrittenste Bild, die *Olympia*, erscheint dann selbst im Porträt Zolas in einer Reproduktion, direkt über Zolas Manet-Schrift. Die Wiedergabe des Gemäldes ist in einem größeren Rahmen untergebracht, zusammen mit einem japanischen Farbholzschnitt, einem *Sumo-Ringkämpfer* von Kanuiaki II., und einer Radierung nach Velazquez' *Bacchus bei den Hirten*. Mit erstaunlichem Freimut gesellt sich hier der lebende Künstler Manet zu zwei künstlerischen Vorbildern, dem japanischen Farbholzschnitt und Velazquez, dabei setzt er sein eigenes Werk buchstäblich vor diese, so daß von den Borachos nur die Köpfe zu sehen sind.

Theodore Reff hat zu Recht darauf aufmerksam gemacht, wie viel mehr die Zitate in Manets Bildnis den Maler angehen mußten als den Schriftsteller. Doch weicht dieser Interpret schließlich einer Entscheidung über die Angemessenheit des Werks aus, indem er als Manets wesentliche Absicht eine Art Dichterkrönung Zolas zu erkennen glaubt, durch die über dem Haupt dargestellten Pfauenfedern und unter dem Beifall der im Bilderrahmen hinten gezeigten Gestalten aus älterer Zeit und Gegenwart. Reff selbst hat die spätere

Geschichte des Gemäldes nicht weiter erörtert: Das Bildnis ist zwar von Zola akzeptiert worden, hing jedoch in dessen Hause nur in einem Vorzimmer. Des Dichters Ehefrau Alexandrine sollte das Werk immerhin später dem Louvre überlassen.[18]

Trotz Reffs skeptischer Einschätzung, wie weit das Ambiente einer Darstellung Zolas angemessen sein mag, hat man nicht aufgehört, das Bild nach Hinweisen auf den Schriftsteller hin zu befragen: Werner Hofmann hatte schon 1973 aus dem Zitat der *Olympia* eine Art verkleideter *Versuchung des heiligen Antonius* für Zola konstruieren wollen[19], und im Manet-Katalog von 1983 werden die Zecher des Velazquez mit dem Alkoholismus in jener Familie assoziiert, von der Zolas Hauptwerke, der zwanzigbändige Romanzyklus *Les Rougon-Macquart*, handelt! George Mauner schließlich will als Gemeinsamkeit aller drei im Rahmen zitierten Bilder das Eindringen des Unsterblichen in die jeweils zeitgenössische Wirklichkeit erkennen und postuliert damit ein Verständnis von Realismus, dem es um Herausfiltern des Ewig Gültigen gehe.[20]

Daß es sich beim Bildnis Zolas um ein *kunsthistorisches* Kunstwerk in einem eigenartig hermetischen Sinne handeln könnte, hat nur Reff mit einer gewissen Verwunderung bedacht. Er hat auch das Buch in den Händen des Romanciers identifiziert: Es handelt sich um eine Kunstgeschichte, um Charles le Blancs *Vies des Peintres*, die damals gerade erschienen waren und aus denen Manet für verschiedene seiner Kompositionen Vorbilder entlehnt hat.

Die Verwunderung müßte entschiedener sein als selbst bei Reff: Man stelle sich vor, ein Schriftsteller solch unakademischer Lebensnähe wie Zola wird ausgerechnet mit einem Kunstgeschichtswälzer in der Hand vor seinem Schreibtisch dargestellt, auf dem – von all seinen Werken – nur ein kleines Pamphlet über den verantwortlichen Maler zu erkennen ist. Manets Bild ist erwiesenermaßen im Atelier entstanden, in das sich Zola zu zahlreichen Sitzungen begeben mußte. Nur scheinbar hat sich der Maler bemüht, den Lebensbereich seines Modells zu erfassen. In Wirklichkeit benutzt er die Sympathie, die der prominente Schriftsteller Zola seiner Malerei entgegengebracht hat, dazu, ihn für die eigene Ästhetik zu vereinnahmen.

Mit der Ahnenreihe kunstgeschichtlicher Vorbilder, die er im Bildnis Zolas zitiert und vor die er sein eigenes Werk setzt, schafft Manet ein Manifest für seine eigene Malerei, das durch die Bildzitate an Deutlichkeit nichts zu wünschen übrig läßt. Eine gewisse Fremdheit des Porträtierten zu seinem Bildnis ist deshalb durchaus zu begreifen. Damit reiht sich dieses anspruchsvolle Werk in eine Reihe mit Manets Porträt der Eva Gonzales, in dem er im klassischen Sinne die Künstlerin als Verkörperung der Malerei posieren läßt, die Zugehörigkeit des Stillebens zur niederen Gattung leugnet und ein Programmbild für die eigene Kunst schafft.[21]

Im Bremer *Astruc* fehlen die Bildzitate, nicht einmal japanische Farbholzschnitte werden offen gezeigt; in subtiler Weise wird nur auf sie hingewiesen, erkennbar allein für den, der ein Heft mit solcher Graphik einmal gesehen hat.

Die übrigen Glieder seiner kunsthistorischen Ahnenreihe zeigt Manet im Bremer *Astruc* scheinbar gar nicht. Doch tatsächlich wählt er eine viel kühnere Assoziationsform: Statt einige Bilder in Reproduktionen zu zitieren, nutzt er die Raumdisposition als einen Verweis auf die Quellen seiner Komposition. Manets Vorbild für das Bremer Bildnis springt ins Auge, es ist Tizians *Venus von Urbino* in den Uffizien.[22] Von diesem Werk hängt die Teilung in eine dunkle und eine helle Partie ab, die von Manet seitenverkehrt wiederholt wird, als spiele der Maler auf Seitenverkehrung nach Kupferstichen an, obwohl er selbst das Florentiner Gemälde seitenrichtig in einer kleinen Ölskizze kopiert hatte.[23] Auch das Fenster und die Grünpflanzen könnten hierher stammen.

Zwar hat man Tizians Bild als Quelle von Manets Komposition allgemein anerkannt, doch bleibt die Raumdisposition im Bremer Gemälde bis heute umstritten. Die Vorstellung, ein fortschrittlicher Pariser Maler der 1860er Jahre habe gar nicht anders gekonnt, als eine konkrete Situation abzumalen, hat immer wieder nach der Situation im Hause Astruc fragen lassen. Daß sich Manet nicht nur an Tizians Komposition orientiert, sondern dessen Raumform auch wirklich gemeint haben könnte, hat immerhin Gisela Hopp in ihrem Buch von 1968 erwogen.[24] An die Erkenntnis anknüpfend, daß Manet von der *Venus von Urbino* die räumliche Gliederung bezieht, meint Werner Hofmann,: »daß der Hintergrund sich zum

Bild im Bild verselbständigt.« Er schreibt dann weiter über Manet: »Offenbar will er uns verwirren und die Wahrnehmung auf zwei mögliche Alternativen hinweisen. Unsere Analyse läßt nämlich keine eindeutige Entscheidung über die Raumdisposition zu: entweder steht die Rückenfigur tatsächlich im Hintergrund oder wir erblicken sie im Spiegel, demnach hielte sie sich im Blickfeld des Mannes auf, der an uns vorbeischaut.«[25]

Mauner hält, auf Tabarant gestützt, die helle Farbe links für einen Spiegel, stützt auf diese Annahme und auf Astrucs Haltung eine kühne These von der im Bremer Bild dargestellten Dualität des menschlichen Seins.[26] Manet hat sich gegen Lebensende zwar im Gemälde *Un bar aux Folies Bergères* von 1881 geradezu einen Scherz mit der Erwartung an ein Spiegelbild gemacht, indem er die Flaschen im Spiegel raffiniert umstellte.[27] Daß er jedoch fünfzehn Jahre früher die Spiegelung völlig weggelassen und trotzdem einen Spiegel gemeint hätte, wird man nicht annehmen dürfen. Zudem fehlt die leichte Trübung des Blicks, mit dem in der späteren Darstellung des Spiegels Glas angedeutet wird.

Gegen eine Flucht von zwei Räumen, in deren vorderem Astruc arbeiten könnte, während sich eine Frau im hinteren aufhielte, spricht jedoch die Tatsache, daß keine Tür- oder Wandlaibung zu erkennen ist. Den hellen Raum trennt von dem dunklen Grund hinter Astruc eine leicht modellierte schmale vergoldete Leiste, die eher zum dunklen Fond als zur Helligkeit links gehört.

Die Verkleinerung des Schaukelstuhls könnte zwar durch Nahsicht auf den Vordergrund einfach erklärt werden, was bisher niemand versucht hat. Sie wirkt perspektivisch jedoch so unwahrscheinlich, daß man auch an ein Bild an der Wand denken könnte. Deshalb hat Sharon Flescher vorgeschlagen, ein Gemälde von Astruc selbst, keine bildhafte Komposition, sondern ein großflächiges eher dekoratives Aquarell, wie es aber nicht annähernd ähnlich erhalten ist, habe Manet hier wiedergegeben, um Astruc als einem Maler zu huldigen.[28] Die Annahme eines echten Bildes im Bild hat sich im Katalog der Pariser Manet-Ausstellung durchgesetzt[29], freilich nun mit der Variante, es handele sich um ein Phantasiewerk Manets, um ein von ihm erfundenes Pasticcio, »une oeuvre de fantaisie, un pastiche imaginé par Manet«.[30]

Bei Spiegel oder Gemälde wäre ein Rahmen zu erwarten, der mit seinen Maßen zur Größe des hellen Feldes links passen müßte.[31]

Dazu aber ist die Goldleiste zu schmal. Schwer zu erkennen, verläuft zudem auf dem dunklen Grund neben der Goldleiste ein Randmuster, in ähnlichen grauen Strichen wie der Dekor in der rechten oberen Ecke. Goldleiste und Randmuster gehören zusammen, sie grenzen einen festen Stoff ab, der glatt herunterfällt, eine ungewohnte Art von faltenlosem Vorhang, ein Paravent also, das hinter Astrucs Stuhl aufgehängt ist und links den Blick in die Tiefe des Zimmers freigibt. Dabei assoziiert die wenig konsequent durchgeführte Malerei im rechten oberen Eck den ebenfalls vom Dunkel verschluckten Vorhang über Tizians *Venus*, will aber nicht als Tuch für sich verstanden werden.

Auf keinen Fall ist ein orientalisches Paravent gemeint; wie das aussähe, zeigt Manet links hinter Zola (Abb. 2). Die Frage danach, ob es ein solches Arrangement in Pariser Wohnungen gegeben hat, ist belanglos, wenn man mit dem Bezug zur *Venus von Urbino* ernst macht. Die mißglückte Darstellung des Pariser Fensters hinten und die eher kühne Verkürzung zum Schaukelstuhl hin fänden ihre Erklärung ebenso wie die eher hilflose Raumdarstellung mit wenig überzeugenden perspektivischen Linien und der nicht einsichtigen Raumecke beim Schaukelstuhl. Manet hätte dieses Arrangement nicht im konkreten Raum beobachtet, sondern nach Tizian skizziert und nicht weiter ausgearbeitet.

Nicht der Bezug auf den *Bildgegenstand* der *Venus von Urbino*, sondern der *kunsthistorische* Kontext läßt Manets Disposition verstehen. Zwar hat Manet verschiedene Porträts von sitzenden Personen im Querformat gemalt (Abb. 3); keinmal hat er jedoch sonst die Gestalt mit dem aus der Gattungsgeschichte vertrauten dunklen Grund hinterlegt, um in scharfem Bruch daneben ein Accessoire vor hellen Grund zu stellen. Schon diese Grundentscheidung zeigt, wie nebensächlich dem Maler der Charakter des Bremer Gemäldes als Porträt war, zwingt er doch den schwarz eingekleideten Mann ins Format der *nackten Venus*, auch wenn er dann dort, wo deren Beine auf dem purpurnen Diwan ruhen, über ebenfalls rotem Tischtuch ein Stillleben arrangieren muß.

In sehr viel kühnerer Weise als in dem durch erkennbare Bildzitate ergänzten Porträt Zolas nimmt Manet bei Astruc für sich einen kunsthistorischen Standort ein. Er zitiert das ältere Werk, auf das er sich bezieht, nicht als Bild im Bild, sondern er bemächtigt sich seiner, richtet sein eigenes Bild in ihm ein. Doch eigentlich

3 Edouard Manet: *Lesestunde (mit Bildnis Suzanne Manet)*, 1865–1873, Öl auf Leinwand, 60,5 × 73,5 cm, Paris, Musée d'Orsay

geht es ihm gar nicht um die *Venus von Urbino*, sondern um ein Werk, das er selbst von dort aus gestaltet hatte: Auch im *Astruc* geht es vorrangig um die *Olympia*.[32] Das war schon insofern gerechtfertigt, als der Dargestellte, wie schon gesagt, die Verse geschrieben hatte, welche im Salon von 1865 Manets Bild begleiteten.[33] Manet läßt den Dichter Astruc – und nur von ihm handelt seine Widmung! – im Ambiente der *Venus von Urbino* Platz nehmen und beschwört gleichsam im nachhinein noch einmal die Situation, wie er sich zusammen mit Astruc der Tradition Tizians für sein Skandalbild bemächtigt hat.

Die Erinnerung an den Venezianer und damit an die große venezianische Malerei erscheint bei Manet auffällig verfremdet. Tizians Tiefenillusion und dessen weiche Modellierung sind plakativer Flachheit gewichen, wie sie wohl zu Recht auf den Einfluß des japanischen Farbholzschnitts zurückgeführt wird. Im Kolorit zeigt sich das Bild eher Velazquez verpflichtet; denn der Spanier beeindruckt und befremdet durch glatt hingestrichenes, großflächiges Schwarz und kaltes, bleiches Inkarnat, das kaum modelliert und auch in den physiognomischen Einzelheiten recht summarisch gearbeitet ist. Selbst der Anschein des Unvollendeten hat dort eine Wurzel. Spanische Reminiszenzen, die die Literatur vermißt hat[34], fehlen keineswegs; nicht nur die Gitarre, die Hopp für ein Cello gehalten hat, sondern vor allem die Schärpe um Astrucs Taille weist darauf hin, als sollte die Erinnerung an Manets eigene Torero-Bilder beschworen werden, auch wenn dort die Schärpe auch weiß sein mag.

Subtiler als im Bildnis Emile Zolas, intimer in der Zwiesprache mit dem Vertrauten, der das Bremer Bild nicht auf einen eigenen Auftrag hin, sondern als Freund erhalten sollte, unterwirft der Maler sein Modell der eigenen Kunst. Nur scheinbar bedeutet das einen radikalen Bruch mit der Aufgabe eines Bildnismalers. Schon Jahrhunderte vorher war in ungezählten Gemälden angelegt, daß dem Maler ein größerer Teil an der Konzeption zukam als dem Dargestellten.

Für die ältere Tradition des Porträts mit Accessoire, die schon vor 1.500 brillante Werke hervorbrachte, konnte Petra Kathke in einer umfangreichen und grundlegenden Studie nachweisen, wie viel solche Gemälde ausschließlich rein künstlerischer Intention verdanken.[35] Nicht das Publikum, sondern die Maler boten das Repertoire und die Bildsprache, die ihren Kunden zunutze kam; Künstler mußten Meister der anschaulichen Anspielung sein und wissen, welcher Gegenstand wofür stehen mochte.

Astruc und Madame Manet

Im Vergleich von *Zola* und *Astruc* fällt schließlich auf, wie wenig sich die beiden Männer von ihren Gesichtern her unterscheiden; das wesentlichste Merkmal, Astrucs wallende Mähne, ist so unterdrückt, daß es in Reproduktionen völlig übersehen wird. Manet wird deshalb nicht einmal dem Postulat an das Porträt wirklich gerecht, die Individualität seiner Dichterfreunde im Antlitz zu differenzieren. Doch auch mit der Geringschätzung der mimetischen Treffsicherheit reiht er sich in ältere Auffassungen ein; denn selbst die physiognomische Eigenart des Modells mußte schon früh zurückstehen, weil es manch ein großer Porträtist mit Michelangelo hielt. Zu seinen Grabstatuen in der Neuen Sakristei zu Florenz soll der ja gesagt haben, es lohne sich nicht, die Medici so darzustellen, wie sie wirklich aussahen, weil nach tausend Jahren nur noch zähle, daß sie von Michelangelo geformt wurden.

Nun wird Astruc nicht allein dargestellt; eine Frau im Hintergrund links, abgewendet und frei gemalt, ist schließlich mit abgebildet. Meiner Meinung nach ist sie im Wesentlichen als Zusammenfassung von Motiven der beiden Frauen bei Tizian zu verstehen. Doch eine solch lapidare Erklärung für ihr Auftauchen kann einer zugleich anekdotisch interessierten Forschung nicht genügen.

Wer wie Werner Hofmann zwar die Ambiguität der Raumdarstellung erkennt, aber dennoch davon ausgeht, der Maler habe den Freund in dessen häuslicher Umgebung erfaßt, muß in dieser zweiten Gestalt Astrucs Braut erkennen.[36] Doch so naheliegend ein solcher Schluß wirken mag, so entschieden falsch mag er sein. Wie wenig damit gerechnet werden kann, Porträtmaler schilderten das Zuhause ihrer Modelle, beweist heute eher die Porträtphotographie; denn zum professionellen Photographen geht man in aller Regel hin und bestellt ihn keineswegs zu sich nach Hause. Nicht einmal dem, was ein Kind auf einem kommerziell entstandenen Photo hält, ist immer zu trauen, weil es sich vielleicht nur um ein Spielzeug handelt, das man ihm vor der Kamera in die Hand gedrückt hat, um es abzulenken.

Wenn Astruc wie Zola, von dem man das sicher weiß, bei Manet gemalt wurde und das Beiwerk links doch nach der Anschauung und nicht nur der Vorstellung entstand, dann dürfte im Bremer Gemälde Madame Manet dargestellt sein.[37] Für eine Studie nach dem Modell, das Manet in seiner Frau vorgefunden hätte, spricht die frappierende Ähnlichkeit des Kleides mit dem schönen Pariser Bild *La lecture* (Abb. 3). Dieses querformatige Bild hat Manet 1865, also nur wenig vor dem Bremer *Astruc* angefangen. 1866 wurde es von Burty als exzellente Studie einer Frau in weißer Mousseline gerühmt; doch erst Jahre später, vielleicht 1873, erhielt es seine gültige Form.[38] Suzanne Manet erscheint im fertigen Bild in einer Art Genreszene; ähnlich ist die Rückenfigur neben Astruc zu verstehen; sie gehört als Beiwerk nicht zur Gattung Porträt.

Nun gibt Tabarant Astrucs Frau die Schuld daran, daß das Bremer Bild keine Gnade gefunden habe. Die Rückgabe des Gemäldes aber müßte den Künstler brüskiert haben; zugleich hätten die

4 Edouard Manet: *Musikstunde* (*Bildnis des Ehepaars Astruc*), 1870, Öl auf Leinwand, 140 × 173 cm, Boston, Privatsammlung

Astrucs auf ein Werk verzichtet, das, wie schon damals erkennbar war, einmal wachsenden Wert auf dem Kunstmarkt haben würde. Gegen eine Entfremdung von Astrucs Gemahlin spricht, daß der Maler Anfang 1870 ein stattliches Doppelporträt des Ehepaars geschaffen hat (Abb. 4), dem eine Einzelstudie der Frau vorausging.[39] Im Gruppenbild des *Atelier in Batignolles* aus dem gleichen Jahr 1870 zeigt Fantin-Latour Manet ebenfalls bei einer Porträtsitzung mit Astruc, wobei ein sonst nicht bekanntes Bildnis auf der verdeckten Leinwand entsteht.[40]

Das Bremer Porträt war also keinesfalls Manets letzter Versuch, seinen Freund Astruc darzustellen. Statt eines Zerwürfnisses zwischen den beiden könnte man ein intellektuelles Einverständnis annehmen, das dem Maler wie dem Dargestellten klar machte: Ein Bild wie der Bremer *Astruc* ist in seiner Konfrontation von Gattungen und in seiner kunsttheoretischen Disposition kein Werk für die

Privatsphäre, sondern von vorneherein auf Kunstgeschichte und Museum hin konzipiert.

Wenn wir wie Tabarant ein wenig romanhaft ausmalen wollten, was geschehen sein mag, dann mögen wir uns vorstellen: Als das *Kunstgemälde Astruc* in den Händen von Durand-Ruel, Cassirer und schließlich Gustav Pauli war, hing über einem Sofa der Eheleute Astruc zu deren Vergnügen die sehr viel banalere *Leçon de musique*, ein Bild, das es bis heute weder geschafft hat, in Büchern über Manet ernstgenommen zu werden, noch einen Platz im Museum zu erhalten.

Ein Porträt und die Autonomie der Kunst im Wilhelminischen Deutschland

1868, also zwei Jahre nach der Vollendung des Bremer Gemäldes und zwei Jahre vor dem Doppelbild des Ehepaars Astruc, das durch seinen Titel *Leçon de musique* eher als Genrebild ausgewiesen ist, äußerte sich der Dargestellte programmatisch zum Stellenwert des Porträts: Im *L'Etendard* vom 29. Juli stellte Astruc fest[41], zum Œuvre eines wahrhaft großen Malers gehöre unbedingt ein Beispiel dieser Gattung. Mit einem Bildnis stelle der Maler sein Beobachtungsvermögen unter Beweis. Dabei gehe es um den Ausdruck der Gesichtszüge, der sich vom ersten Blick an mitteilen müsse. Dann unterscheidet er das Bildnis vom *tableau* im herkömmlichen Sinne, das schrittweise erschlossen werden müsse. Dem Porträt können die *surprises de l'idée* nicht zuhilfekommen. Es müsse aus der Unmittelbarkeit reiner Malerei frappieren und wirke wie ein Objekt, das von einem lebendigen Wesen die Intensität von dessen persönlichem Leben übernommen hat.[42]

Von Accessoire ist dabei nicht die Rede; es scheint mir aber, als habe Astruc als Kritiker das Bremer Bildnis eher dem zugeordnet, was sich als *tableau* der spontanen Erschließung verweigert, und als habe er Beiwerk, wie es in Bremen den Witz des Bildes ausmacht und in Boston fehlt, nicht zu den genuinen Stärken der Porträtmalerei gezählt. Deshalb mag es dem Kritiker Astruc leicht gefallen sein, sich von Manets ideenreichem und komplexem Versuch zu trennen und es gegen ein Objekt zu tauschen, das dem lebendigen Ehepaar Astruc die Intensität von deren persönlichem Leben, und sei es nur beim Musizieren, entlehnt hat.

Gustav Pauli mag in dem Gemälde vor allem die herausragende Malkultur gefallen haben, die sich im Porträt wie im beigegebenen Stilleben und in der Genreszene im Hintergrund zeigte. Darüber hinaus mußte ein Werk, das gelebte Modernität in der kunsthistorischen Tradition verankert, der Geschmackskultur eines aufgeschlossenen deutschen Museumskurators besonders entgegenkommen. Hugo von Tschudi, seit 1908 Direktor der Bayerischen Staatsgemäldesammlungen, sollte kurze Zeit später Manets Monument Pariser Lebens, die Bar in den *Folies-Bergère*, in der Sammlung Auguste Pellerin hängenlassen, um das *Atelierfrühstück* für die Münchener Sammlungen zu erwerben. Dieses erinnerte an niederländische Gruppenporträts des 16. und 17. Jahrhunderts. Tschudi und Pauli setzten sich wie andere deutsche Kuratoren (Alfred Lichtwark, Fritz Wichert und Georg Swarzenski) für Manet und die Impressionisten ein, weil sie die Freiheit der Kunst und die Selbständigkeit des kunsthistorischen Urteils gegen ideologische Übergriffe verteidigen wollten. Manets Porträt Astrucs steht bis heute dafür ein.

1 Grundlegend: *1832–1883*, Ausstellungskatalog *Manet,* Paris und New York 1983, Nr. 94, S. 248–252. Zu Astruc vgl. insbesondere Sharon Flescher: *Zacharie Astruc, Critic, Artist and Japonist,* Phil. Diss., New York und London 1978; id.: *Manet's Portrait of Zacharie Astruc: A Study of a Friendship and New Light on a Problematic Painting,* in: *Arts Magazine* 52/Juni 1978, S. 98–105. Gustav Pauli erörterte das Bild in seinem *Katalog der Gemälde und Bildhauerarbeiten in der Kunsthalle zu Bremen*, 2. Auflage, Bremen 1913, Nr. 88, S. 65. Zuletzt faßte Dorothee Hansen die gängige Interpretation des Bildes zusammen im Ausstellungskatalog *Die Kunsthalle Bremen zu Gast in Bonn. Meisterwerke aus sechs Jahrhunderten,* Köln 1997, S. 164–166.

2 Zu den Preisen für solche Bilder, zur Polemik gegen Paulis Ankaufpolitik und zu den frühen Erwerbungen in Bremen siehe Wulf Herzogenrath: *Ein Schaukelpferd von einem Berserker geritten. Gustav Pauli, Carl Vinnen und der »Protest der deutschen Künstler«*, in: *Manet bis van Gogh. Hugo von Tschudi und der Kampf um die Moderne*, hrsg. v. Johann Georg Prinz von Hohenzollern und Peter-Klaus Schuster, Ausstellungskatalog München und Berlin 1996, S. 264–273. Zum Gesamtphänomen siehe die Dissertation: Barbara Paul: *Hugo von Tschudi und die französische Kunst im Deutschen Kaiserreich*, Mainz 1993.

3 Karl Scheffler: *Deutsche Museen Moderner Kunst III. Die Bremer Kunsthalle*, in: *Kunst und Künstler* 11/1912–13, S. 85f.

4 Zur Geschichte der Kunsthalle siehe zuletzt die Einführung von Dorothee Hansen zum Bonner Ausstellungskatalog *Die Kunsthalle Bremen zu Gast in Bonn* 1997 (wie Anm. 1), besonders S. 16.

[5] Julius Meier-Graefe: *Edouard Manet*, München 1912, S. 314; Faure besaß beispielsweise das Münchner *Frühstück im Atelier*; vgl. *Manet bis van Gogh* 1996 (wie Anm. 2) Nr. 17, S. 74–77.

[6] Adolphe Tabarant: *Manet. Histoire catalographique*, Paris 1931, S. 115.

[7] Das falsche Datum findet sich beispielsweise bei Pauli 1913 (wie Anm. 1), dann bei Gisela Hopp: *Edouard Manet. Farbe und Bildgestalt,* Berlin 1968, in der ausführlichen und erhellenden Erörterung des Bildes: S. 33–39; ebenso bei George Mauner: *Manet. Peintre-Philosophe. A Study of the Painter's Themes*, University Park und London 1975, S. 152f. Schon Étienne Moreau-Nélaton hatte in seinem handgeschriebenen Katalog im Cabinet des Estampes der Bibliothèque Nationale de France das Datum richtig bestimmt; überzeugende Klärung bietet Flescher 1978 (wie Anm. 1).

[8] Emilé Zola: *Une novelle manière en peinture. Edouard Manet,* in: *Revue du XIX siècle* 1867.

[9] Als knappe Wahrheit wird diese Version festgeschrieben von Sandra Orienti: *L'opera pittorica di Edouard Manet,* Mailand 1967, S. 93, Nr. 70.

[10] Mein Versuch über Manet, der in Zeiten entstand, da die Bremer Kunsthalle für jemanden, der in Kiel unterrichtete, einen Hauch von Paris bieten konnte, und den ich 1983 bei der Habilitation in Berlin als Vortrag nutzte, erscheint in diesem Zusammenhang, weil unser Jubilar die Berliner Serie *Geschichte der Klassischen Bildgattungen in Quellentexten und Kommentaren*, Berlin 1996ff. entscheidend angeregt und gefördert hat, auch wenn ich nicht behaupten möchte, *Astruc* reihe sich in das von Zola geforderte »moderne Historienbild« ein.

[11] Nr. 17 des Ausstellungskatalogs *Manet bis van Gogh* 1996 (wie Anm. 2).

[12] Zum Japonismus siehe Gabriel P. Weisberg: *Japonisme*, Cleveland 1975; Frank Whitford: *Japanese Prints and Western Painters*, London 1977; Klaus Berger: *Japonismus in der westlichen Malerei 1860–1920*, München 1980.

[13] Zacharie Astruc: *Le Salon des Réfusés,* in: *Le Salon,* 20. Mai 1863, S. 5.

[14] Aus der umfangreichen Literatur sei hier nur zitiert Theodore Reff: *Manet. Olympia, Art in Context*, London 1976; Timothy J. Clark: *Olympia's Choice,* zuerst in: *The Painting of Modern Life: Paris in the Art of Manet and his Followers,* Princeton 1984, wieder abgedruckt in Rona Goffen: *Titian's Venus of Urbino,* Cambridge 1997, S. 129–145. Astrucs Texte *Lola de Valence* und Verse *La fille des iles* sind bei Flescher 1978 (wie Anm. 1), S. 493f. und 495f. abgedruckt.

[15] Das Wesentliche findet sich bei Flescher 1978 (wie Anm. 1).

[16] Dieses heute in Paris, Musée d'Orsay aufbewahrte Bild ist 1975 von Theodore Reff in einer vorzüglichen Arbeit untersucht worden: *Manet's Portrait of Zola,* in: *Burlington Magazine* CXVII/1975, S. 34–44. In konkreter Opposition zueinander begreift beide Bilder Werner Hofmann: *Nana. Mythos und Wirklichkeit,* Köln 1973, S. 40.

[17] Bibliographische Angaben in Anm. 8.

[18] Huysmans berichtet, die Manets hätten das Bild in die Antichambre ihres Hauses in Médan verbannt; Adolphe Retté ortet es im Billardsaal und kolportiert, Zola habe es und den Maler folgendermaßen abqualifiziert: »Oui ce portrait n'est pas mal, et pourtant Manet ne fut pas un très grand peintre; c'était un talent incomplet.«; zit. nach *Manet 1832–1883* (wie Anm. 1), S. 285, Nr. 106 (mit Quellenangaben). Derweil wurde Manets *Olympia* 1907 gleichsam im Louvre dadurch geadelt, dass man sie neben der *Odaliske* von Ingres präsentierte.

[19] Hofmann 1973 (wie Anm. 16), S. 29.

20 Mauner 1975 (wie Anm. 7), S. 123–129, besonders S. 126f.

21 London, National Gallery; zu dem hier umrissenen Zusammenhang vgl. das von Thomas Gaehtgens angeregte Buch: Eberhard König und Christiane Schön (Hg.): *Stilleben* (Geschichte der klassischen Bildgattungen in Quellentexten und Kommentaren, Bd. 5), Berlin 1996, Abb. 3 und S. 37ff. Die in Anm. 126 dort angekündigte Studie lege ich hiermit vor.

22 Vgl. Goffen 1997 (wie Anm. 14).

23 1856, 24 × 27 cm, Paris, Privatsammlung, vgl. z. B. Orienti 1967 (wie Anm. 9), Nr. 10, S. 88.

24 Vgl. Anm. 7; Hopp erkennt dabei den Durchgang zu einem anderen Raum. Für Anne Coffin Hanson: *Manet and the Modern Tradition,* New Haven u. London 1977, S. 75, ist der Bezug so banal, daß sie mit dem Bremer Bild wenig anzufangen weiß.

25 Hofmann 1973 (wie Anm. 16), S. 29. Das greift Anette Meyer von Eissen auf, indem sie eine Blickverbindung zwischen Astruc und dem Raum links über Spiegelung annimmt; Anette Meyer von Eissen: *Spiegel und Raum in der Bildenden Kunst der Gegenwart*, Bonn 1980, S. 54f.

26 Mauner 1975 (wie Anm. 7), S. 152–154; Adolphe Tabarant: *Manet et ses œuvres*, Paris 1947, S. 92.

27 London, Courtauld Institute; nach einer von der Spiegelung her noch problemastischeren Vorstudie im Stedelijk Museum in Amsterdam; zuletzt sah man beide Werke zusammen in der Pariser Ausstellung von 1983 (wie Anm. 1), Nr. 211–212.

28 Flescher 1978 (wie Anm. 1).

29 Im Gegensatz zu der oben zitierten Formel Werner Hofmanns von 1973 (wie Anm. 16).

30 Vgl. Anm. 1.

31 Einen Spiegel nimmt Hansen 1997 (wie Anm. 1) als gesichert an. Petra Kathke: *Porträt und Accessoire. Eine Bildnisform im sechzehnten Jahrhundert*, Berlin, 1997. S. 269, meint: »Eine Entscheidung darüber, ob sich neben dem Porträtierten ein Spiegel befindet oder ob sich ein Durchblick in einen zweiten Raum öffnet, ist kaum mit letzter Gewissheit zu treffen. Die Uneindeutigkeit der tatsächlichen räumlichen Verhältnisse scheint intendiert, die Szene in der rechten Bildhälfte schafft einen, Manets Auseinandersetzung mit Tizians Venus von Urbino reflektierenden, gegensätzlichen Ausgleich, der sich durch Kontraste sowohl motivisch [...] als auch formal [...] mitteilt.«

32 Aus der umfangreichen Literatur sei hier nur zitiert Reff: (wie Anm. 16) 1976; Clark 1984 (wie Anm. 14).

33 Vgl. Anm. 14; zum Text: Flescher 1978 (wie Anm.1) , S. 495f.

34 Beispielsweise der Pariser Ausstellungskatalog 1983 (wie Anm. 1).

35 Kathke 1997 (wie Anm. 31); den *Astruc* bildet die Autorin, die auf ihrer Berliner Dissertation, die Thomas Gaehtgens gemeinsam mit mir gefördert hat, aufbaut, als Abb. 229 ab und diskutiert das Bild auf S. 269.

36 Hofmann 1973 (wie Anm. 16), S. 40. Frau Astruc identifiziert auch Orienti 1967 (wie Anm. 9).

37 An dieser Stelle greife ich gern eine Anregung von Michael Zimmermann auf, der im Gespräch auch auf das hier genannte Vergleichsbeispiel hinwies.

38 Paris, Musée d'Orsay; siehe den Ausstellungskatalog von 1983 (wie Anm. 1). Nr. 97, S. 258–260.

[39] *Leçon de Musique*, heute in einer Bostoner Privatsammlung (im Querformat 140 × 173 cm) sowie Einzelstudie in der Pariser Sammlung J. Charron (97 × 82 cm); die Daten freilich sind nicht ganz geklärt; es gibt auch den Ansatz um 1865.

[40] Paris, Musée d'Orsay. Zu diesem Bild wie zum Gesamtphänomen siehe Flescher 1978 (wie Anm. 1). Pauli 1913 meinte noch, Fantin-Latour habe Manet beim Malen des Bremer Bildes dargestellt, ohne auf das Hochformat der Leinwand im Gruppenbild und dessen Datierung 1870 zu achten.

[41] Vgl. die Erläuterungen von Barbara Wittmann in: Rudolf Preimesberger, Hannah Baader und Nicola Suthor (Hg:): *Porträt, Berlin 1999,*Geschichte der Klassischen Bildgattungen in Quellentexten und Kommentaren, Bd. 2, S. 409–415; die Verfasserin wird in Kürze ihre mir noch unzugängliche Berliner Dissertation zum Bildnis bei Edouard Manet gedruckt vorlegen.

[42] Die hier gegebene Formulierung lehnt sich an Barbara Wittmanns Übersetzung (wie Anm. 41) an, folgt ihr aber nicht in allen Punkten.

Max Liebermanns ›Eva‹ und die impressionistische Ursprünglichkeit?

Pierre Vaisse

Liebermann und der Pleinairismus?

Eva heißt sie, und in der Hand hält sie einen Apfel, in den sie schon gebissen hat: Doch scheint entgegen einer allzu gelehrten Hypothese jede Anspielung auf den Sündenfall ausgeschlossen (Abb. 1)[1]. Die Hauptfigur des in der Hamburger Kunsthalle aufbewahrten Gemäldes von Max Liebermann ist eine kleine Holländerin in Holzschuhen und schwarzem Kleid, über dem sie eine Schürze in verschossenem Rosa trägt.[2] Sie steht im Vordergrund, im Gras einer Wiese, die von einem Hain abgeschlossen wird, durch den im Hintergrund ein Haus und ein paar Figuren hindurchschimmern. In Anbetracht ihres abweisenden Blicks und der Verkniffenheit ihres Mundes wäre ihr das Eigenschaftswort »anmutig« wohl am wenigsten zuzusprechen. Ist es dem Maler mit diesem Ausdruck gelungen, den Charakter seines Modells wiederzugeben, oder verrät das Gesicht des Mädchens nur die Unlust, vor dem Maler zu posieren?

Im Sommer 1882 unternahm Liebermann eine Reise ins niederländische Delden, wo er eine vorbereitende Skizze zu dem Gemälde *Die Bleiche* anfertigte; darauf zu sehen sind spielende Kinder, die wie die kleine Eva gekleidet sind. Auf diesen Umstand stützt sich die in letzter Zeit Geltung gewinnende Hypothese, auch das Hamburger Gemälde sei bei dieser Gelegenheit entstanden, obwohl der Künstler neben seine Signatur das Datum 1883 gesetzt hat.[3] Falsche Datierungen von eigener Hand des Werkurhebers sind in der Geschichte der Malerei durchaus nichts Außergewöhnliches. Oft beruht dieser im beginnenden 20. Jahrhundert häufige Vorgang auf dem Wunsch, sich als Vorreiter auszugeben oder wenigstens den Verdacht einer doch allzu augenfälligen Beeinflussung auszuräumen. Andere Fehlangaben gehen einfach auf Gedächtnislücken zurück, wenn etwa ein Künstler wie Courbet seine Jugendwerke im nachhinein datiert. Liebermann aber hatte keinen

1 Max Liebermann: *Eva*, 1882, Öl auf Leinwand, 95,3 × 67,2 cm, Hamburger Kunsthalle

Grund, seine *Eva* um ein Jahr zu verjüngen, und die auf die Leinwand gesetzte Jahresangabe 1883 ist keine spätere Hinzufügung, so daß sie, eher spitzfindigen als soliden Argumenten zum Trotz, für richtig gelten muß.

Im übrigen wäre diese Frage auch folgenlos und somit uninteressant, schlösse sich an sie nicht eine weitere an: Entweder wir haben es mit einer nach dem Motiv und in einer einzigen Sitzung gemalten Studie zu tun, dann nämlich, wenn man sie mit einer lebensgroßen Studie gleichsetzt, die Liebermann seinem ausgewiesenen Biographen Hanke zufolge in Delden nach einem der Mädchen aus der Skizze zur *Bleiche* angefertigt habe[4]; oder aber es handelt sich, wie bei dem letztgenannten Werk, um ein im Jahr darauf im Berliner Atelier fertiggestelltes Gemälde. An die Frage der Datierung knüpfen sich demnach zwei verschiedene Auffassungen von diesem Werk und dadurch auch von Liebermanns Kunst. Nun genügt jedoch der bloße Vergleich mit dessen zahlreichen Personenskizzen, um zu zeigen, daß wir keine Studie vor uns haben, sondern das, was man damals in Frankreich ein *tableau* nannte, ein den Epochekriterien nach vollendetes Werk also, das zum Verkauf bestimmt war.

Diese augenfällige Feststellung schließt für sich genommen nicht aus, daß das Bild in Delden entstanden sein könnte. Dabei gilt es aber die Arbeitsgewohnheiten des Malers zu berücksichtigen, wie sie bei einem berühmten Berliner Kunsthistoriker eingehend beschrieben stehen, der Liebermann, wenngleich zwanzig Jahre jünger als dieser, persönlich gekannt haben muß: Max Friedländer. Dieser erinnert in seiner 1924 erschienenen Monographie daran, daß Liebermann seine Zeit aufteilte zwischen den Niederlanden, wo er im Sommer Eindrücke sammelte, und Berlin, wo er das Leben eines wohlorganisierten Fabrikanten führte, der seine Bilder fertigstellte und seine Ausstellungen vorbereitete. Eine derartige Zweiteilung, fügt Friedländer hinzu, hatte den Nachteil, die Kluft zwischen Studien und Gemälden zu vertiefen – oder zu verhindern, daß sie geschlossen werde.[5] Nun war dies die geläufige Praxis bei den Malern des 19. Jahrhunderts, insbesondere bei den Landschaftsmalern, die sich mit den im Sommer auf dem Lande angesammelten Studien im Winter ins Atelier begaben, um ihre nächste Ausstellung vorzubereiten. Indes gilt diese Arbeitsmethode als mit den Impressionisten verschwunden, die ihre Bilder an der freien Luft unmittelbar am Motiv gemalt und dadurch das Gefälle zwischen Studie und *tableau* aufgehoben haben sollen. Bekanntlich warf die zeitgenössische Kritik den Impressionisten vor, dem Publikum bloße Studien, flüchtige Pinselzeichnungen vorzulegen – gleichbedeutend den Aufzeichnungen und Rohentwürfen eines Schriftstellers. Was zunächst als Tadel gemeint war, wandelte sich in einer Umkehrung der ästhetischen Werte später zum Lob: zunächst im Namen der Treue zur Natur, an der durch die Arbeit im Atelier Verrat begangen werde, dann im Namen der Spontaneität, die zur wichtigsten Tugend eines Kunstwerks aufstieg.

Daß diese Auffassung vom Impressionismus zumindest fragwürdig ist, braucht hier nicht länger ausgeführt zu werden. Wichtig ist nur, daß sie sehr frühzeitig hervortrat und noch immer weit verbreitet ist. Alfred Koeppen verurteilte in einem 1902 erschienenen Buch über die moderne Malerei in Deutschland die, wie er sie nannte, akademische Arbeit im Atelier, durch die das Werk alten Vorbildern unterworfen werde; falls die modernen Maler sie überhaupt noch pflegten, so zielten sie dabei nur noch auf die Vergrößerung ihrer am Motiv gemalten Skizzen ab, sei doch ihr Hauptanliegen nunmehr die Wiedergabe des Lichtes.[6] Bis zur Rede von Impressionismus war es von da aus nur ein Schritt, den der Verfasser umstandslos vollzog.[7] Nun betrifft sein Buch freilich nicht die französische, sondern die deutsche Malerei. Folglich existierte seiner Auffassung nach ein deutscher Impressionismus, dessen erster Vertreter Liebermann sei – »ein echter Impressionist« wie zu präzisieren er sich bemüßigt fühlte.[8]

Gibt es einen deutschen Impressionismus?

Es ist schwer festzumachen, wann genau diese Vorstellung von deutschem Impressionismus aufgekommen ist. Sicher ist indes, daß sie sich sehr früh durchgesetzt hat. In seiner 1913 erschienenen Geschichte der deutschen Malerei im 19. Jahrhundert ging Richard Hamann in einer Einzeldarstellung auf den Impressionismus ein, der für ihn, wie für Koeppen, durch Liebermann und Fritz von Uhde vertreten wurde.[9] Sein Buch stützte sich auf die große Jahrhundertausstellung deutscher Malerei, die 1906 in Berlin stattgefunden hatte. Die treibende Kraft dieser Ausstellung,

Hugo von Tschudi, hatte in der Katalogeinleitung Liebermanns Entwicklung als Fortschreiten zur impressionistischen Farbauffassung dargestellt.[10] Bis auf Julius Meier-Graefe, der nachdrücklich hervorhob, was Liebermann vom Impressionismus trennte, den der Künstler gar nicht wirklich verstanden habe[11], wurde in der geschichtlichen Darstellung deutscher Kunst Liebermann sehr schnell zur zentralen Gestalt eines deutschen Impressionismus erhoben, als deren beide anderen wichtigen Figuren man Corinth und Slevogt anführte – zwei Künstler, die sich freilich deutlich von ihm unterscheiden und auch nicht derselben Generation angehörten.[12]

Lassen wir hier die besonderen Probleme beiseite, die die Eingrenzung dieses Impressionismus selbst aufwirft, etwa hinsichtlich der Frage, ob Fritz von Uhde darin einen Platz innehatte oder nicht: Emil Waldmann nahm ihn 1927 davon aus, obwohl eine jüngst vergangene Werkschau den Titel *Fritz von Uhde. Vom Realismus zum Impressionismus* getragen hatte.[13] Waldmann und anderen Autoren galt Uhde als derjenige, der in Deutschland den Pleinairismus eingeführt oder sogar begründet hatte. Wichtiger ist die Infragestellung des Begriffs Pleinairismus selbst. Diese der deutschen Kunstgeschichtsschreibung eigentümliche Bezeichnung nicht eines Verfahrens, sondern eines Stils ist jedoch ausgesprochen schlecht gewählt, selbst wenn es bis hin zur Pariser Ecole des Beaux-Arts eine regelrechte Freilichtmode gab, die sogar von Historienmalern gepflegt wurde. Tatsächlich beschreibt diese Bezeichnung die Arbeitsmethode der betreffenden Maler nicht einmal umfassend; außerdem erstreckt sie sich nach und nach auf den gesamten – wie man ihn nennen könnte – Spätrealismus oder Naturalismus, der um 1880 in ganz Europa, insbesondere im Norden verbreitet war.[14] Schaut man auf die konkreten Werke, so handelt es sich also um eine vom Impressionismus weit entfernte Kunst, wohingegen die theoretische Pleinairismus-Definition der deutschen Kunsthistoriker sich nicht immer deutlich genug von dem unterscheidet, was diese unter dem Stilbegriff des Impressionismus faßten.

Solchen Probleme des Vokabulars kann man gar nicht genug Aufmerksamkeit schenken, denn sie sind bezeichnend dafür, wie sich die Kunstgeschichtsschreibung in den beiden Ländern konstituiert hat. In Frankreich stützten sich die mit der Malerei des 19. Jahrhunderts befaßten Kunsthistoriker lange Zeit auf die Kunstkritik, deren Urteile und Denkweisen sie übernahmen – eine Kunstkritik, die aus den Pariser Salons entstanden war und sich aus den ästhetischen und institutionellen Konflikten speiste, zu denen die Salons das gesamte Jahrhundert hindurch Anlaß gaben. Daher rührt das kämpferische Verständnis vom Kunstgeschehen, das sich schließlich in der zumindest fragwürdigen manichäischen Entgegensetzung von Akademismus und Avantgarde niederschlug. Aus diesem Blickwinkel ist auch die Äußerung aufzufassen, die Léonce Bénédite, Konservator des Musée du Luxembourg, auf Liebermann münzte, den er zuvor als Hauptvertreter der realistischen Strömung in Deutschland definiert hatte: »Doch M. Liebermann ist das schwarze Schaf seines Landes, so etwas wie bei uns ein Impressionist.«[15]

In Deutschland erreichten aufgrund der Aufsplitterung des Kunstgeschehens Ausstellungen niemals den Stellenwert der Pariser Salons, und die Kritik gewann nie die Bedeutung, die sie in Frankreich hatte. Die stark philosophisch unterlegte Kunstgeschichte universitärer Ausprägung hingegen nahm dort während der zweiten Jahrhunderthälfte eine rasche Entwicklung. Daher ein Hang zur Theorie, den man in Frankreich in dieser Form bei weitem nicht antrifft. Nicht daß die französische Geschichtsschreibung sich jeglicher theoretischer Spekulation versperrt hätte, doch was den Impressionismus angeht, blieben solche Bemühungen lange Zeit darauf beschränkt, die Erkenntnisse heranzuziehen, die Physiker und Chemiker über die Farbe und ihre Wahrnehmung durch das menschliche Auge gewonnen hatten – ein Erklärungsmodell, das man bei den deutschen Kunsthistorikern wohl vergeblich sucht, welche von Chevreul und dessen Arbeiten auf diesem Gebiet nichts gewußt zu haben scheinen.

Hingegen wurde der Impressionismus in Deutschland schon früh einer Theoriebildung unterzogen, die weniger auf direkter Anschauung der Werke der französischen Impressionisten beruhte (wie es zur Definition dieses Phänomens eigentlich normal schiene), als vielmehr auf der Vorstellung, die man aus der dem Begriff verliehenen Bedeutung bezog. So veröffentlichte Werner Weisbach, eher als Barockspezialist bekannt, zwischen 1910 und 1911 ein zweibändiges Werk, das den Impressionismus als Problemfeld darstellte, das von der Malerei der Antike – über unter anderem die venezianische Kunst, Velázquez oder die Niederlande – bis zur Moderne reicht.[16] Dieser Auffassung eines immerwährenden Impressionismus trat Richard Hamann entgegen, der in ihm vielmehr einen Ausdruck des Zeitgeistes sah, also einer bestimmten Weltanschauung, die mit dem Zustand der Gesellschaft einhergeht – eine Konzeption, die er sehr viel später in einem seiner Bände zur deutschen Kultur Ende des 19. und Anfang des 20. Jahrhunderts wieder aufgriff.[17]

Diese Bemühung um Theoriebildung rührt sicherlich auch aus der fundamentalen Bedeutung, den der Begriff des Stils in der deutschen Kunstgeschichtsschreibung um die Jahrhundertwende gewonnen hatte.[18] Der Impressionismus erschien mit demselben Recht als ein Stil wie Gotik, Barock oder Klassik, jene abstrakten Einheiten, deren Bestand gleichermaßen Autonomie wie Wissenschaftlichkeit der Kunstgeschichte abzusichern schien. Dabei waren deren Grenzen allemal dehnbar genug, um die verschiedenartigsten Werke zu umschließen. Den Impressionismus anhand einer bestimmten Weltanschauung zu definieren, gewährte, ob gewollt oder nicht, die Möglichkeit, Gemälde in diese Kategorie aufzunehmen, die in der Faktur keinerlei Ähnlichkeit mit den Bildern Monets, Renoirs oder Pissarros hatten; und dies wiederum gestattete es in einer Epoche des akuten Nationalismus, in der viele deutsche Darstellungen zur Malerei des 19. Jahrhunderts sich ganz auf Frankreich und Deutschland beschränkten, Deutschland von einem Stildefizit auszunehmen.[19]

Liebermann und Frankreich

Durch die Erfindung des Expressionismus, der sich schon durch seine Vorsilbe als Gegenbegriff zum Impressionismus kennzeichnet, bekam Deutschland bekanntlich Anfang des 20. Jahrhunderts einen eigenen, nordischen oder germanischen Stil, wie es, so dachte man, die Gotik gewesen war, von der die sogenannten expressionistischen Künstler im übrigen zehrten.[20] Denn wie immer man ihn definierte, haftete dem Impressionismus etwas gleichermaßen Sinnliches wie Oberflächliches an, das sich schlecht in die Vorstellung fügte, die man sich von einer nordischen Kunst machte. Bei Liebermann komplizierte sich diese nationale Dimension des Problems dadurch, daß er Jude war. Im Dritten Reich, unter dem er noch zu leiden hatte, ehe er 1935 in vorgerücktem Alter starb[21], wurde er wegen seiner Herkunft aus historischen Darstellungen der deutschen Kunst fast vollständig gestrichen: Hermann Beenken räumt ihm in seiner umfangreichen Arbeit zur deutschen Kunst des 19. Jahrhunderts nur vier kurze Bemerkungen ein, von denen zwei sich auf seine jüdische Herkunft beziehen.[22] Allerdings kursierte die Meinung, seine Kunst könne aufgrund dieser Zugehörigkeit keine wirklich deutsche Kunst sein, schon seit Beginn des Jahrhunderts, und zwar in so weiten Kreisen, daß Gustav Pauli es für nötig hielt, sie in seiner Liebermann-Studie, die in seiner prestigereichen Reihe *Klassiker der Kunst* erschien, ausführlich zu widerlegen:

»Ja, ja, die Deutschen! Als sie ihr ästhetisches Pulver verschossen hatten, fingen sie an zu bemerken, dass Liebermann ein Jude sei und infolgedessen nur halb zu ihnen gehöre [...] Daß er ein Jude ist und sich mit Stolz als den Sohn einer alten reinen Rasse fühlt, kommt für uns, die wir vor seinen Bildern stehen, nur wenig in Betracht, denn diese Bilder reden unsre Muttersprache und haben ihre besten Anregungen dem urgermanischen Boden der Niederlande entnommen. Liebermann malt Holland aber nicht wie ein Holländer, sondern wie ein Berliner. Eben das feste Wurzeln in der heimischen Erde gibt ihm die Kraft und die Möglichkeit, auf viele zu wirken, die auf derselben norddeutschen Scholle stehen.«[23]

Zuvor erinnert Pauli daran, auf welche Widerstände Liebermanns Malerei beim deutschen Publikum gestoßen war – ein Umstand, der wie gesagt dazu führte, daß Léonce Bénédite ihn mit den Impressionisten verglich. Wie Leibl, so betonte er, war Liebermann in Frankreich sehr viel früher anerkannt worden als im eigenen Lande. Dessen Ansehen in Frankreich bestätigte 1894 auch Alfred Lichtwark, der Konservator der Hamburger Kunsthalle (und wahrscheinlich einer der besten deutschen Konservatoren überhaupt), als er hervorhob, der von Léonce Bénédite am meisten geschätzte deutsche Künstler sei Liebermann, und hinzufügte, man möge nicht vergessen, daß er in Paris besser bekannt sei als alle übrigen.[24] Diese Anerkennung wirft die Frage auf, welche Verwandtschaft möglicherweise zwischen seiner Kunst und der französischen Malerei bestand, was er von ihr also aufgenommen oder entlehnt haben mag.

Die Frage ist von den Fachleuten gut erforscht, so daß ein paar Hinweise zur Erinnerung genügen werden. Wir folgen heute nicht mehr der von Léonce Bénédite Anfang des Jahrhunderts vertretenen Auffassung, Liebermann sei bei seinem Paris-Aufenthalt von 1873 bis 1878 »mitten in die Entwicklung verstrickt gewesen, die seinerzeit die französische Schule so sehr in Aufruhr brachte«; auch glauben wir nicht, daß er »tief durchdrungen von dieser täglichen Berührung mit dem Impressionismus und den Versuchen der Plein-Air-Schule«[25] aus Frankreich fortging. Max Friedländer war bereits 1924 zu dem Urteil gekommen, die Rolle der französischen Malerei bei der Herausbildung und Entwicklung seiner Malerei werde überschätzt: Während seines ersten Aufenthalts in Paris habe Liebermann die Neuheiten nicht gesehen oder nicht verstanden, und als er später Manet, Degas, ja Cézanne schätzen lernte, habe er es als Liebhaber und Sammler getan.[26] Dagegen betont Friedländer nachdrücklich, wie viel Paris für Liebermanns Karriere bedeutete: Dort war er zuerst anerkannt worden, dort hatte er die ersten Auszeichnungen erhalten und hatte sich seinen Ruf erworben.

Diese Tatsache, die bereits Lichtwark hervorhob, ist bei der Beurteilung, welche Stellung Liebermanns Kunst gegenüber der zeitgenössischen französischen Malerei innehatte, nicht hinlänglich berücksichtigt worden. Liebermann stellte regelmäßig im Salon aus und erntete Lobesworte von Persönlichkeiten, die sich nicht immer durch ihr Engagement für die radikalsten Neuerungen auszeichneten. »Bringen Sie das kleine Opfer, sich einbürgern zu lassen, und Sie werden einer der unseren sein«. Diese als Wink verkleidete Belobigung nach seiner ersten Salon-Einreichung, den *Gänsefedern*, sprach ihm weder Manet noch Ribot aus, sondern Léon Bonnat, dem er durch seinen Lehrmeister Steffeck anempfohlen worden war.[27] 1880 erweckte er in der *Gazette des beaux-arts* die Begeisterung des Marquis de Chennevières, vormals Direktor der Beaux-Arts, ein großer Kenner und großer Sammler, der freilich nie als unverbesserlicher Modernist galt.[28] Im Jahr darauf erhielt er beim Salon seine erste Medaille für das Gemälde *Altmännerhaus in Amsterdam*, heute in der Sammlung Schäfer in Schweinfurt. Weil der Staat Anfang des Jahres die Organisation des Salons unversehens den Künstlern überlassen hatte, wurde ihm die Auszeichnung von einem 1882 ins Leben gerufenen *Ad-Hoc*-Komitee verliehen. 1883 veranstaltete der Staat die erste (und letzte) Exposition nationale, die auch, da sie alle drei Jahre stattfinden sollte, Triennale genannt wurde.[29] Der Zulassungsausschuß setzte sich halb aus von der Administration ernannten Mitgliedern, halb aus Mitgliedern der Académie des beaux-arts zusammen. Liebermann reichte drei Gemälde ein, die gleich auf Anhieb angenommen wurden.[30]

1890 kam es zu einer Spaltung innerhalb der Société des artistes français, die zur Gründung der Société Nationale des Beaux-Arts führte. Deren erster Präsident wurde Meissonier, der kurze Zeit später starb.[31] In diesem Amt löste ihn Puvis de Chavannes ab, der mit dreizehn weiteren Künstlern, darunter Roll, Gervex, Albert Besnard und Carolus-Duran, dem vorläufigen Ausschuß angehört hatte. Falls sie sie nicht einfach schweigend übergeht, erkennt die Geschichtsschreibung der Gründung der Société nationale des beaux-arts nur geringfügige Bedeutung zu, indem sie diese zu einer Angelegenheit persönlichen Ehrgeizes herunterspielt. Das aber heißt den wahren Gegenstand der Debatte verkennen, und es heißt auch vergessen, daß diese Spaltung zum Vorbild der mitteleuropäischen Sezessionen wurde – angefangen bei der Münchener. Auf dem Salon der neuen Vereinigung, der sich Salon du Champ-de-Mars nannte, stellte Liebermann von 1890 bis 1896 aus. Dort traf er sich mit deutschen Malern wie Kuehl, Leistikow, Skarbina, Truebner und von Uhde. 1893 zeigte er eine *Brasserie en plein air*, die der französische Staat für das Musée du Luxembourg erwarb, in dem soeben eine ausländische Abteilung eingerichtet worden war. 1896 erhielt er schließlich das Band der Ehrenlegion. Seither hat er, abgesehen von der Exposition Universelle von 1900, in Paris nicht mehr ausgestellt.[32]

Aus diesen knappen Hinweisen auf seine Laufbahn in Frankreich tritt Liebermann als ein Maler hervor, dessen Werke ohne weiteres angenommen wurden und keinerlei Polemik auslösten, so daß man sie dem zurechnen könnte, was in Frankreich – freilich in grober sprachlicher Verdrehung – »offizielle Malerei« heißt, jener Malerei also, die auf den Salons zu sehen war. Eine solche Einordnung läuft allerdings Gefahr, Liebermanns Reputation zu schädigen und seine Kunst herabzuwürdigen, seit eine immer manichäischere und undifferenziertere Geschichtsschreibung die gesamte französische Malerei um 1880, die nicht im engeren oder weiteren dem Impressionismus angehörte, in die finsteren Gefilde des Akademismus verwiesen hat, und ihre außerordentliche Vielfalt, ihr Reichtum, die

2 Alfred Roll: *Manda Lamétrie fermière (Die Bäuerin Manda Lamétrie)*, 1887, Öl auf Leinwand, 214,5 × 161 cm, Paris, Musée d'Orsay

hohe Qualität sehr vieler Werke in Vergessenheit geraten sind.[33] Schon Hanke, der eine 1914 erschienene grundlegende Monographie über den Künstler abfaßte, versuchte, ihn vor einem Vergleich mit Bastien-Lepage in Schutz zu nehmen.[34] Dazu muß man sagen, daß Vergleiche, die sich nicht auf konkrete historische Gegebenheiten stützen, meist auf Willkür beruhen, besonders wenn sie darauf abzielen, das Prestige eines mittelmäßigen Künstlers durch Herbeizitieren eines großen Namens zu erhöhen.[35] Daß im Zusammenhang mit Liebermann der Name Bastien-Lepage fiel, überrascht dennoch nicht, wenn man die Reputation des Malers der *Foins* bedenkt – obgleich dessen akribische Malweise mit der des Malers der *Eva* nur wenig Ähnlichkeiten aufweist.

Nein, vor der *Eva* kommt einem ein anderes Gemälde in den Sinn – ein anderes Gemälde und nicht so sehr der Name eines anderen Malers, denn worauf es hier ankommt, sind bestimmte Werke und nicht Maler, die sich in ihrer Kunst und ihrer Karriere durchaus voneinander unterscheiden. Die Rede ist von *Manda*

Lamétrie fermière, 1887 gemalt von Roll, im Jahr darauf auf dem Salon gezeigt, vom Staat für das Musée du Luxembourg angekauft und heute zu sehen im Musée d'Orsay (Abb. 2). Gemeinsam ist den beiden Bildern natürlich die ländliche Inspiration, doch ist dies ein allgemeines Kennzeichen der damaligen Malerei. Trotz der unterschiedlichen Ausbildung der beiden Maler ähneln sich diese Bilder auch in der breiten, synthetischen Faktur, die von der eines Bastien-Lepage so gänzlich abweicht. Weitgehender noch gleichen sie sich in der Komposition: eine große Einzelfigur in Vorderansicht auf einer von einem Baumhain gesäumten Wiese. Beide Künstler haben eine Schwierigkeit zu bewältigen gesucht, die den Malern des 19. Jahrhunderts sehr vertraut war, nämlich die Einbettung der menschlichen Figur in das Licht im Freien. Da es sich einerseits um Bäuerinnentypen und andererseits um Modelle zur Lösung eines malerischen Gestaltungsproblems handelt, bestand eigentlich keinerlei Grund, das Kind mit dem Apfel und die junge Bäuerin mit dem Milchgefäß unter ihrem Namen oder Vornamen vorzustellen, so als habe es sich um regelrechte Porträts gehandelt, was beide Gemälde ihrem Zweck nach nicht sind. Diese scheinbar nutzlose Präzision entspricht bei beiden Künstlern einem Bedürfnis nach Wahrhaftigkeit, dem Wunsch, die beobachtete Wirklichkeit zu beglaubigen und die Einmaligkeit des Individuums auch dort zu wahren, wo es in seiner Verbildlichung zum Typus stilisiert wird.

Gewiß ist Roll nicht Liebermann; er ist lediglich der meistverkannte große französische Maler des ausgehenden 19. Jahrhunderts – verkannt solchermaßen, daß es einer Kunsthistorikerin gelang, eines seiner wichtigsten Werke, *Le Triomphe de la République*, das in Paris eine Galeriekuppel im Petit Palais schmückt, ausgiebig zu kommentieren – und es dabei Albert Besnard zuzuschreiben![36] Ebensowenig geht es darum, Parallelen zwischen beider Werdegängen zu ziehen, auch wenn es manche Berührungspunkte gibt, und schon gar nicht darum, die Rolle zu vergleichen, die sie jeweils in ihrem Land gespielt haben. Vielmehr gilt es, zwei Werke unabhängig von den üblichen Kategorien der Kunstgeschichtsschreibung stilistisch zu verorten. Zweifellos sind derlei Kategorien, die aus einem Prozeß des Abstrahierens und Verallgemeinerns erwachsen, unerläßlich, damit sich Geschichte überhaupt denken läßt; gleichwohl müssen sie ständig durch die Erinnerung an ihre Herkunft in Frage gestellt und relativiert werden. Ein solcher Fall ist der Begriff des Impressionismus, der zur Definition von Liebermanns Malerei nur taugt, wenn man vergißt, was er in der französischen Malerei bedeutet.

Aus dem Französischen von Stefan Barmann.

[1] *Symboles et Réalités. La peinture allemande 1848–1905*, Ausstellungskatalog, Petit Palais, Paris 1984, Nr. 79, S. 197: »Wahrscheinlich spielt Liebermanns in der ihren angebissenen Apfel an sich drückenden *Eva* mit einem gewollten Paradox auf das biblische und wahrhaft klassische Thema der Eva im Paradies an.«

[2] *Eva*, Öl auf Leinwand, 95,3 × 67,2 cm, Hamburger Kunsthalle (Stiftung Troplowitz, 1920). Die Skizze von 1882 (Privatbesitz) ist eine vorbereitende Skizze für das Gemälde *Die Bleiche* (Köln, Museum Ludwig), das auf 1883 datiert ist und auf dem die Kinder nicht mehr vorkommen.

[3] *Max Liebermann in seiner Zeit*, Ausstellungskatalog, Nationalgalerie, Berlin (West) 1979, Nr. 44, S. 224; Jenns Eric Howoldt und Andreas Baur: *Die Gemälde des 19. Jahrhunderts in der Hamburger Kunsthalle*, Hamburg Kunsthalle 1993: »Wohl im Sommer 1882 in Delden entstanden.«.

[4] Siehe hierzu *Max Liebermann in seiner Zeit* 1979 (wie Anm. 3).

[5] Max J. Friedländer: *Max Liebermann*, Berlin o. J. [evtl. 1924], S. 76.

[6] Alfred Koeppen: *Die moderne Malerei in Deutschland*, Bielefeld und Leipzig, 1902, S. 17f.

[7] Ibid., S. 19.

[8] Vgl. ibid., S. 33.

[9] Richard Hamann: *Die deutsche Malerei im 19. Jahrhundert*, Leipzig-Berlin 1914 (Das Vorwort ist auf 1913 datiert), S. 295ff.

[10] *Ausstellung deutscher Kunst aus der Zeit von 1775–1875 in der Kgl. Nationalgalerie*, Berlin 1906, mit einem einleitenden Text von Hugo von Tschudi, München 1906, wieder abgedruckt in: Hugo von Tschudi: *Gesammelte Schriften zur neueren Kunst*, München 1912, S. 219.

[11] Julius Meier-Graefe: *Entwicklungsgeschichte der modernen Kunst*, 1914, Neuausgabe München 1966, Bd. 1, besonders S. 365.

[12] Die drei Namen Liebermann, Corinth, Slevogt bringt bereits Emil Waldmann zusammen: *Die Kunst des Realismus und des Impressionismus im 19. Jahrhundert*, Berlin 1927.Propyläen-Kunstgeschichte, Bd. XV. Gemeinsam gezeigt wurden sie u. a. auf den Ausstellungen *Liebermann – Corinth – Slevogt*, Museum zu Allerheiligen, Schaffhausen, 1955, und *Liebermann – Corinth – Slevogt*, Badischer Kunstverein, Karlsruhe, 1960.

[13] Waldmann 1927, S. 121–122; *Fritz von Uhde. Vom Realismus zum Impressionismus*, Ausstellungskatalog, Kunsthalle, Bremen und Kunstmuseum, Leipzig, 1999. In seiner Studie über »Max Liebermanns Impressionisten-Sammlung und ihre Bedeutung für sein Werk«, veröffentlicht im Katalog der Ausstellung *Max Liebermann in seiner Zeit* 1979 (wie Anm. 2), S. 60–71, S. 70, hat Peter Krieger diese »Hilfskonstruktion« zu Recht kritisiert.

[14] Vgl. zu diesem Aspekt der Kunst des ausgehenden 19. Jahrhunderts den Ausstellungskatalog *Tranches de vie. Le naturalisme en Europe 1875–1915*, Musée royal des beaux-arts, 1996–1997, Antwerpen und Gent 1996.

[15] Léonce Bénédite: *Les Arts à l'Exposition universelle de 1900. L'Exposition décennale. La Peinture étrangère,* in: *Gazette des Beaux-Arts*, November 1900/2, S. 502.

[16] Werner Weisbach: *Impressionismus. Ein Problem der Malerei in der Antike und Neuzeit*, 2 Bde., Berlin 1910–1911.

[17] Richard Hamann: *Der Impressionismus in Leben und Kunst*, Köln 1907; Richard und Jost Hermand: *Impressionismus*, Berlin (Ost) 1972.

[18] Zur Bedeutung des Stilbegriffs in der deutschen Kunstgeschichtsschreibung Ende des 19. und Anfang des 20. Jahrhunderts vgl. u. a. Pierre Vaisse: *La Féaction catre le positivisme de Semper et de Taine*, in: *Histoire de l' histoire de l'art. XVIIIe et XIXe siècles*, Paris 1997, S. 385-412.

[19] Dies betrifft das Werk von Adolf Rosenberg: *Geschichte der modernen Kunst*, 3 Bde., Leipzig 1884-1889, sowie später die beiden Bände von Gustav Pauli: *Klassizismus und Romantik*, 1925, und von Emil Waldmann 1927 (wie Anm. 12).

[20] Siehe Magdalena Bushardt: *Der Geist der Gotik und die expressionistische Kunst*, München 1990.

[21] Man weiß, daß er aller seiner offiziellen Titel und Funktionen enthoben wurde und Malverbot bekam. Er starb am 8. Februar 1935. Seine Frau nahm sich 1943 das Leben, um der Gestapo zu entkommen.

[22] Hermann Beeken: *Das neunzehne Jahrhundert in der deutschen Kunst. Aufgaben und Gehalte. Versuche einer Rechenschaft*, München 1944, S. 117, 215, 228, 427-428.

[23] Vgl. Gustav Pauli: *Max Liebermann. Des Meisters Gemälde*, Stuttgart und Leipzig 1911, S. XXXIX-XL.

[24] Alfred Lichtwark: *Briefe an die Kommission für die Verwaltung der Kunsthalle, in Auswahl*, Hamburg 1923, Bd. 1, S.179 (Brief vom 19. September 1894).

[25] Léonce Bénédite: *La peinture au XIXe siècle*, Paris o. J., S. 325.

[26] Friedländer o. J. (wie Anm. 5), S. 33; siehe auch S. 34, 36, 96.

[27] Die Anekdote wird überliefert von Pauli 1911 (wie Anm. 23), S. XVII.

[28] Marquis de Chennevières: *Le Salon de 1880*, in: *Gazette des beaux-arts*, 1880/2, S. 64.

[29] Zur Exposition nationale siehe Pierre Vaisse: *La République et les peintres*, Paris 1995, S. 117ff.

[30] Archives nationales F21 4087. Die drei Bilder waren *Jardin d'une maison de retraite*, *Echoppe de savetier* und *Jésus enfant parmi les rabbins* (wahrscheinlich das bereits auf dem Salon von 1879 gezeigte Gemälde). Der Katalog führt nur das erste davon auf, und zwar unter der Nr. 468. Es war der Jury als bereits auf dem Salon von 1882 gezeigtes Werk vorgestellt worden. Demnach handelte es sich um das heute im Städelschen Institut in Frankfurt am Main befindliche Gemälde, doch stimmen die Abmessungen nicht überein.

[31] Im Katalog der Ausstellung *Max Liebermann in seiner Zeit* 1979 (wie Anm. 3) wird der Salon de la Société nationale des beaux-arts durchgängig als »Salon Meissonier« bezeichnet. Dabei handelt es sich jedoch um eine ironische oder polemische Namensgebung, die zur damaligen Zeit im Umlauf war, wobei es allemal absurd ist, sie für die Salons nach dem Tod des Künstlers zu benutzen, der am 31. Januar 1891 eintrat. Dieses Detail wäre unbedeutend, enthüllte es nicht die tiefe Unkenntnis, die lange Zeit in der Kunstgeschichte über die künstlerischen Institutionen im Paris des 19. Jahrhunderts herrschte.

[32] Im Jahr 1927 nahm in Paris der Plan einer Liebermann-Ausstellung Gestalt an, die aber an der in Frankreich seit dem Ersten Weltkrieg herrschenden antideutschen Gesinnung scheiterte; vgl. Paris, Archives nationales, F21 4051, Dossier 3.

33 Es empfiehlt sich, zu diesen Problemen an den bewundernswerten Text von Jacques Thuillier zu erinnern: *Peut-on parler d'une peinture »pompier«?*, Paris 1984.

34 Erich Hanke: *Max Liebermann, sein Leben und seine Werke*, Berlin 1914, S. 170–171, zit. nach Julius Meier-Graefe 1914 (wie Anm. 11), S. 363.

35 Zur Kritik des Vergleichs als kunsthistorischer Methode siehe Pierre Vaisse: *Menzel im internationalen Kontet oder vom Unnütz der Vergleiche*, in: *Adolf Menzel. Das Labyrinth der Wahrnehmung*. Beiheft zum *Jahrbuch der Berliner Museen*, im Druck.

36 Debora L. Silvermann: *Art nouveau in fin-de-siècle France: politics, psychology and style*, 1989, französische Übersetzung *L'art nouveau en France. Politique, psychologie et style fin de siècle*, Paris 1994.

Two Ladies Vanishing

Die ›Poseuses‹ von Georges Seurat in der Sammlung Harry Graf Kessler. Kunsttransfer als Teilrezeption

Alexandre Kostka

Paris–Berlin: Ein Bild ändert seine Gestalt

Mit den *Poseuses* besaß Harry Graf Kessler eines der heute bekanntesten Meisterwerke der Moderne. In seiner Wohnung war jedoch nur ein Drittel des Bildes, die rechte Seitenfigur, sichtbar. Der restliche Teil blieb innerhalb eines organisch in die Wand integrierten Kastens verborgen; das Bild ordnete sich dem Gesamteindruck der von Henry van de Velde entwofenen Speisezimmerdekoration unter. Ähnlich wie in Agatha Christies Kriminalroman *A lady vanishes* waren auf der Reise von Paris nach Berlin gleich zwei Hauptfiguren verschwunden. Warum wurden sie in das Reich des Schattens verbannt?

Die den *Poseuses* angetane Gewalt hat bis heute jeden Beobachter verwundert. Wie konnte ein so feinsinniger, die Kunst vergötternder Ästhet an einem Meisterwerk der Moderne einen geradezu ikonoklastischen Eingriff vollziehen? Auch wenn es legitim ist, aus einer Distanz von über hundert Jahren Kesslers Verhalten als Marotte eines egoistischen Sammlers zu denunzieren, so ist ein Erkenntnisgewinn damit nicht verbunden.[1] Dieser läßt sich durch den Bezug auf die Theorie des Kulturtransfers zurückgewinnen.

Eine Grundannahme dieser Theorie ist, daß mit dem Transfer eines Kulturobjektes ein Bedeutungswandel einhergeht. Die Veränderung des Referenzsystems, das einem Gegenstand erst seinen »Sinn« zuweist, führt dazu, daß einzelne Teile eines Gesamtwerkes im Empfängerland unvollkommen wahrgenommen beziehungsweise von neuen Bedeutungen überlagert werden.[2] Der »Wahrheitsgehalt« eines Transfers ist kein Kriterium seiner Beurteilung. Signifikant ist nicht die philologische Treue der Übernahme, sondern der Gebrauchswert im rezipierenden Kulturkreis.

Der vorliegende Beitrag möchte versuchen, an einem Einzelfall die Herangehensweise und Pertinenz der Paradigmen des Kulturtransfers zu testen. Die *Poseuses* stellen ein Manifest dar; die vermittelte Botschaft ändert sich im Moment des Transfers. Die Form des Bildes wird seiner Funktion angepaßt. Die Hypothese dieses Artikels ist, daß die Verkleinerung der *Poseuses* in Berlin einer besonderen Rezeptionskonstellation des Neoimpressionismus in Deutschland entspricht. Kesslers auf den ersten Blick befremdendes Verhalten kann somit als funktionelles Äquivalent einer »Übersetzung« betrachtet werden, welche französisches Kulturgut in den deutschen Kulturkreis, und damit in ein neues Referenzsystem, projiziert.

Die dem Bild angetane Gewalt steigert ein virtuelles, im ursprünglichen System zwar schon vorhandenes Sinnpotential, weist ihm jedoch eine neue Bedeutung zu. In diesem Zusammenhang ist die Begegnung zwischen Kessler und dem geistigen Führer des sogenannten »zweiten Neoimpressionismus«, Paul Signac, determinierend. Durch die Interpretationsmacht Signacs – der das Bild seines ehemaligen Meisters Seurat vom Standpunkt seiner eigenen Theorien als überholt kritisiert – wird der Eingriff ins Werk legitimiert. Dabei wird die Hypothese zugrunde gelegt, daß im Wilhelminischen Deutschland die Idee des bildendende und dekorative Kunst zusammenfassenden Gesamtkunstwerkes die Rezeptionskonstellation beherrscht. Sie bestimmt letztendlich den »Gebrauch« des Bildes.

Von besonderer Bedeutung in diesem Zusammenhang ist die Tatsache, daß van de Velde und Kessler in einem engeren Sinn »Nietzscheaner« sind, das heißt sich auf die physiologische Kunsttheorie Friedrich Nietzsches beziehen. Die Behandlung der *Poseuses* weist schon auf spätere Unternehmungen des von Kessler initiierten *Neuen Weimar*, welches dem Gesamtkunstwerk zu einer konkreten Existenz verhelfen sollte. Der Kult von Kunst als »Verführung zum Leben« ermöglicht auch eine eingehendere Präzisierung der Rezeptionskonstellationen des Neoimpressionismus innerhalb einer elitären, kosmopolitischen und im weiteren Sinne »liberalen« Nietzsche-Generation, die sich weitgehend mit dem Bekanntenkreis Kesslers und dem Kundenkreis van de Veldes deckt.

1 Die Berliner Wohnung von Harry Graf Kessler, Köthenerstraße 28, vor 1900. Links das zu zwei Dritteln zusammengerollte Bild ›Les Poseuses‹ von Georges Seurat. Möbel aus weißem Schleiflack und violette Tapete von Henry van de Velde, Fotografie, 1898

2 Henry van de Velde: *Speisetisch mit Auszieh-Vorrichtung* für *Graf K.*, aus: *Dekorative Kunst* 1899

3 Henry van de Velde: *Buffet des Speisezimmers des Grafen K. in Berlin*, aus: *Dekorative Kunst* 1899

Die ›Poseuses‹ im Sinne Seurats – Manifest einer ästhetischen und sozialen Kritik

Die *Poseuses* (1888–1889), das dritte große Gemälde Seurats, nach den *Badenden in Asnières* (1884) und *Ein Sonntagnachmittag auf der Ile de la Grande Jatte* (1884–1886), sind ein vieldeutiges Werk, worauf auch Françoise Cachin in ihrem Katalogbeitrag zur Retrospektive anläßlich seines hundertsten Todesjahres hinweist: »Die Poseuses zählen zu den wichtigsten Werken seiner Karriere, und ermöglichen die weitesten Interpretationsmöglichkeiten; für die Geschichte der modernen Malerei sind sie so bedeutend wie Cézannes *Badende* oder Picassos *Demoiselles d'Avignon*«.[3] Die Interpretation Seurats schwankt, wie Richard Thomson feststellt, im wesentlichen zwischen zwei Polen: eine Forschungsrichtung beschäftigt sich vor allem mit den technischen Innovationen im Bereich der Farbtheorie, während eine andere den Akzent auf Seurats gesellschaftskritische Ansichten legt, wobei die enge Beziehung zwischen den neoimpressionistischen Kreisen und dem zeitgenössischen Anarchismus hervorgehoben wird.[4] Zugleich naturalistische Abbildung der Atelierwelt und ein sich auf Charles Henry beziehendes Farbexperiment, sind die *Poseuses* ein Beispiel für jenen Doppelcharakter von Seurats Kunst. Das Motiv ist einfach – drei Modelle in verschiedenen Stadien des Umkleidens stehen in Seurats Atelier vor der aus einer Ausstellung zurückgekehrten *Grande Jatte*. Das Bedeutungsgeflecht, daß aus dieser Kombination entsteht, ist jedoch schwer zu entwirren. Im Rahmen dieses Beitrags müssen wir uns auf zwei modellhafte Interpretationen konzentrieren. Schon in den zeitgenössischen Kommentaren – auf die hier nicht eingegangen werden kann – lassen sich zwei Grundtendenzen feststellen: eine auf die malerische Interpretation bezogene, sowie eine auf die soziale Kritik bezogene.[5] Diese Tendenzen sind auch heute noch bestimmend. Michael F. Zimmermann zum Beispiel deutet die *Poseuses* als einen »gemalten Kommentar zur Grande Jatte«, das heißt als Beweis der Leistungsfähigkeit der neoimpressionistischen Technik im legimationsstrategisch wichtigen Bereich des Aktes.[6] Die amerikanische Kunsthistorikerin Linda Nochlin dagegen betont die sozialkritische Dimension der bloßgestellten, auf ihren Marktwert reduzierten Modelle, deren »anti-utopistische« Züge den Betrachter – wie die *Grande Jatte* – auf die Trostlosigkeit des Diesseitigen verweisen.[7] Denn während zeitgleich Puvis de Chavannes den Frauengestalten eine naturbestimmte Funktion als Muse und Mutter zuwies und damit zu Botschafterinnen einer zeitlosen Utopie der absoluten Harmonie verklärte, verweisen die Haartracht sowie die billigen, aber modischen Kostüme von Seurats *Poseuses* präzis auf den Boulevard de Clichy des Sommers 1888, wo junge Frauen ihre Reize übrigens nicht nur Malern feilboten. Die *Poseuses* erscheinen solchermaßen als Amazonen einer entnüchterten Moderne – eher als Bewohnerinnen des Brechtschen Mahagonny als der antikisierenden Haine eines Puvis de Chavannes. Beide Deutungen – die ästhetische und die sozialkritische – schließen sich natürlich nicht aus: Michael F. Zimmermann hat herausgearbeitet, wie sehr Seurats Aktualität gerade auf ihrer nie aufgelösten, im Spätwerk immer komplexer werdenden, Spannung beruht.[8] Leider können wir diese Thematik in diesem Rahmen nicht weiterverfolgen. Wichtig ist hier nur festzustellen, daß die Sinnvielfalt in der Reduktion auf eine einzige Poseuse wegfällt. Nur als Ensemble können die *Poseuses* in dem von Seurat intendierten ambivalenten Sinngeflecht wirken; durch die Auswahl wird dem Bild ein neuer Sinn gegeben.

Diese Sinnzuweisung resultiert nicht zuletzt aus dem prekären sozialen Status des neuen Eigentümers, Harry Graf Kessler.[9] Der 1897 erfolgte Bezug einer geräumigen Wohnung in der Köthener Straße 28 markierte äußerlich den Entschluß des jungen Grafen, sich in der Berliner Gesellschaft zu etablieren.[10] Bei den *Poseuses* handelte sich um den ersten bedeutenden Kauf, den Kessler als Sammler tätigte. Bis dahin hatte er nur kleinere Werke zweitrangiger Berliner Künstler erworben. Ihr durch Paul Signac persönlich vermittelter Besitz sollte Kessler quasi zu einem inoffiziellen »Generalkonsul« des Neoimpressionismus, und damit der aktuellen Pariser Kunstszene, erheben.

Die Entscheidung, die *Poseuses* in das an der Straßenfront gelegene Speisezimmer zu stellen, entsprach dem Willen, dem Bild eine zentrale Stelle zuzuweisen.[11] Die Ankunft des riesigen Kastens am 10. Februar 1898 stellte den jungen Hausherrn und seinen Innenarchitekten Henry van de Velde jedoch vor ein Problem: Der Belgier war schon seit zwei Tagen mit dem Einbau der Möbel beschäftigt, die Kessler im Sommer 1897 bei ihm bestellt hatte. In van de Veldes Zeugnis spiegelt sich das Dilemma:

> »Was war mit einem Bild von zwei Metern Höhe und drei Metern Breite anzufangen, in dem es keinen Raum zum Aufhängen eines Bildes von solchen Ausmaßen gab? Harry hatte nur einen Wunsch, das Gemälde, das erste große neo-impressionistische Bild, das die deutschen Kritiker zu sehen bekamen – zu zeigen. Er war zu allem bereit, selbst dazu, seinen Gästen nur einen Teil vorzuführen. Selbstverständlich »ohne daß es die geringste Beschneidung erleidet« sagte er. Mit diesen zugleich verärgerten und enttäuschten Worten wies er auf eine Lösungsmöglichkeit. Ich mußte nur noch überlegen, wie es zu machen sei, nur eine Figur, den Akt in der Mitte, zu zeigen. Es gab eine Möglichkeit: das Bild vom Keilrahmen zu lösen und zwei Stangen an der Wand zu befestigen, über die die beiden Enden gerollte werden konnten, so daß nur die Mittelfigur zu sehen war. Diese Operation war gefahrlos: Die Poseuses waren in einer soliden neo-impressionistischen Technik gemalt, das heißt mit Hilfe von unzähligen kleinen, voneinander getrennten Farbpunkten.«[12]

Aus einer Distanz von fast fünfzig Jahren, und zu einem Zeitpunkt, an dem es fast unvorstellbar erschien, daß eines der vier Hauptwerke eines der Gründerväter der Moderne einfach zusammengerollt wurde, ist es verständlich, daß sich in diesem kurzen Abschnitt van de Veldes Gedächtnis gleich zweimal täuscht. Denn erstens, wie zuerst Thomas Föhl festgestellt hat, war in Kesslers Wohnung sehr wohl genug Platz, um die *Poseuses* vollständig auszustellen. Er wohnte keineswegs, wie die Freifrau von Spitzemberg scharfzüngig in ihrem Tagebuch angab, in »4–5 Löchern in einem Hinterhause!!«[13] Die heute im Landesarchiv Berlin aufbewahrten Bauakten zeigen eine komfortable Wohnung, welche sich über die Fensterfront hinzog und in einem langgestreckten Seitenflügel endete.[14] Es wäre somit möglich gewesen, die Poseuses als Vollbild zu zeigen, indem man sie einige Meter weiter nach hinten in die Bibliothek gehängt hätte.[15] Das hätte die Wirkung der Poseuses auf die Besucher jedoch entscheidend geschwächt, da dieser zum Hinterhof liegende Raum nicht nur abseits lag, sondern, wie aus den Bauakten hervorgeht, auch wenig Licht empfing.

In dieser Situation ergriff Kessler anscheinend die Initiative, als van de Velde schon wieder nach Brüssel zurückgekehrt war. Die Unstimmigkeit in van de Veldes Zeugnis, der in der französichen Originalversion seiner Memoiren von einer »poseuse debout et de face« spricht, ist ein Indiz dafür. Fabrice van de Kerckhove verdanke ich einen Hinweis: Vermutlich war Kessler nicht nur für den Gedanken des Aufrollens verantwortlich, sondern auch für die praktische Durchführung. Denn in einer Karte vom 3. Mai 1898 bittet van de Velde den Hausherren um die genauen Dimensionen des Rahmens der *Poseuses*, damit er dazu einen Sockel konstruieren konnte.[16] Der Belgier kann den Rahmen also nicht selbst konstruiert haben, da er mit den Dimensionen nicht vertraut war. Die Tatsache, daß auf den erhaltenen Fotos nur die rechte Poseuse zu sehen ist, van de Velde jedoch bei seinem Aufenthalt offensichtlich die Mittelfigur betrachten konnte, läßt eine weitere Hypothese zu. Vertrauend auf die Solidität des Bildes, hatte Kessler wohl ursprünglich einen von zeitgenössischen Drehpanoramen inspirierten Mechanismus konstruiert, der es ermöglichte, alle Teile des Bildes in mehreren Stufen einem bewundernden Publikum vorzuführen. Man weiß ebenfalls, daß Kessler, der von der physiologischen Wirkung der Kunstwerke überzeugt war, sie oft gemäß seiner Stimmung umhängte, um den ihn umgebenden Raum mit seinem Gemütszustand zu harmonisieren. Der Bildwechsel im Rahmengestell wäre das funktionelle Äquivalent zu einer Umhängung gewesen.[17] Das Bild enthält tatsächlich mehrere Stimmungswerte, wobei die mittlere Figur sicher die vitalste ist; die rechte, von Kessler ausgewählte Poseuse, kann dagegen als melancholisch gewertet werden.[18] Kessler bezeichnet sich gegenüber seinem wichtigsten Gesprächspartner Hugo von Hofmannsthal oft als Melancholiker.

Kessler behandelte das Bild mit äußerstem Respekt, und hat von dem Drehmechanismus, wenn er vorhanden war, nie oder selten Gebrauch gemacht.[19] Überhaupt hätte Kessler auf Kritik seiner Präsentation der *Poseuses* um 1900 mit Verwunderung reagiert. Er war überzeugt davon, durch die Verkleinerung der Wirkung des Bildes nicht zu schaden, sondern es im Gegenteil durch die Reduktion gestrafft zu haben. Hierbei konnte er sich auf keine geringere Autorität als auf Signac persönlich berufen.

»Less is more« – aus dem Manifest Seurats wird ein Manifest Signacs

Ein »Fehler« des Bildes legitimiert zunächst den Eingriff Kesslers. Zum Jahresende 1897 besuchte Kessler Signac beinahe jeden Tag, drängte sich dem durch die Bewunderung geschmeichelten Maler, der ihn unter anderem zur Mutter Seurats mitnahm, geradezu auf.[20] Signacs Tagebuch erlaubt die Gespräche nachzuvollziehen, die schließlich zum spontanen Kauf des Bildes durch Kessler führten. Der Maler kritisierte die *Poseuses*, welche ihm zum Kauf angeboten worden waren, und stilisierte sie geradezu zum Gegenbeispiel zur eigenen Vervollkommnung des Neoimpressionismus in Richtung eines flächigeren Farbauftrags:

> »Elle (la toile) est trop divisée, la touche en est trop petite. Cela donne un aspect mécanique et petit à cette belle peinture. Les parties unies, comme le fond, par exemple, couvertes de ces petites touches, sont désagréables et ce travail paraît inutile et nuisible, car il donne à l'ensemble une tonalité grise. Les parties accessoires qui sont plus largement traitées sont d'une plus belle couleur ! Nous avons bien fait de délayer notre facture.«[21]

Hat Seurat selbst dieses Manko einer zu feinen Punktierung empfunden? Schon kurz nach Fertigstellung der *Poseuses* malte er eine kleinere, heute in der Londoner Sammlung Berggruen befindliche Kopie, deren lebendigerer Eindruck von größeren und farbigeren Farbtupfen herrührt.[22]

Signacs zurückhaltendes Urteil wurde auf jeden Fall von der Reaktion der ersten Berliner Gäste bestätigt. Noch am Tage der Ankunft des Bildes bestellte Kessler voller Stolz die beiden höchsten Berliner Geschmacksrichter vor sein Bild: »Vormittags Tschudi u. Liebermann mit van de Velde vor meinen Seurat geführt. Zuerst Liebermann ganz absprechend; die Frauen nicht sinnlich: ›Wissen Sie, ich will Etwas für hier haben‹ mit einer Geste. Aber allmählich gaben Beide die Vorzüglichkeiten von Teilen zu, die Lebendigkeit der Wand, der Reiz des Lichts um den Köpfen der beiden Sitzenden Frauen und auf den Brüsten der stehenden Frau, auch einzelner Stillebenstücke. Im Ganzen ein Erfolg.«[23] Angesichts des späteren Verhaltens der beiden Gäste darf Kesslers selbstermunternder Gesamteindruck bestritten werden: ein »Erfolg« war dem Vollbild bei diesem »examen de passage« nicht beschieden. Liebermann sollte in den folgenden Jahren die neoimpressionistische Farbteilung vehement ablehnen. Darüber hinaus hatte Kesller offensichtlich dem um offizielle Anerkennung des Neoimpressionismus besorgten Signac versprochen, die *Poseuses* in der Berliner Nationalgalerie, dem prominentesten Museum der Moderne zu plazieren; Tschudi hat jedoch offensichtlich nie erwogen, das Bild anzunehmen.[24]

Aufschlußreich ist die Argumentation Kesslers den beiden Skeptikern gegenüber. Er verteidigt sein Bild mit dem »Reiz des Lichts« sowie der Lebendigkeit der Farbgebung – Themen die direkt aus Signacs Streitschrift *D'Eugène Delacroix au néo-impressionnisme* entnommen scheinen.[25] Die wichtigsten Passagen dieses von Signac 1897 fertiggestellten, in Frankreich jedoch erst 1899 erschienenen Pamphlets wurden in einer von Kessler persönlich redigierten und gekürzten deutschen Fassung in der Zeitschrift *PAN* schon 1898 veröffentlicht.[26] Dieser Auszug lag auch anstelle eines Kataloges anläßlich der von Kessler vermittelten Ausstellung neoimpressionistischer Kunst vom 22. Oktober bis 3. Dezember 1898 in der (von Henry van de Velde eingerichteten) Galerie Keller & Reiner aus.

Nimmt man die Indizien zusammen, so läßt sich folgende Hypothese verteidigen: Indem Kessler die *Poseuses* auf ein Drittel ihrer ursprünglichen Dimensionen verkleinerte, wurden sie in von Signac als günstig empfundenen Proportionen zwischen Bildgrößen und Farbstrichen wiederhergestellt. Zwar war es nicht mehr möglich, die Farbpunkte zu vergrößern: wohl aber konnte das Bild als Ganzes verkleinert werden, um auf diesen Umweg das von Signac als disharmonisch empfundene Verhältnis zwischen »touches« und »sujet« herzustellen (wie dies Seurat in der späteren Version der *Poseuses* getan hatte). Gleichzeitig ließ die Verkleinerung die »Stillebenstücke«, jene Partien, die auch Signac als gelungen empfand – nämlich die auf der linken Seite der Poseuse niedergelegten »accessoires« – besonders hervortreten. Insofern konnte die »Konzentration« der *Poseuses* also auch als eine Ausdruckssteigerung des Werkes im Sinne des »zweiten«, von Signac geprägten Neoimpressionismus aufgefaßt werden. Wenn man diese Logik weiterdenkt, so kann man sich des Eindrucks nicht erwehren, als habe Kessler durch die Verkleinerung der *Poseuses* aus einem wichtigen, aber mittlerweile etwas überholten Bild Seurats ein neues, »besseres« gemacht – freilich im Sinne Signacs. War Kesslers Tat nicht letzten Endes auch Teil der vielfältig dokumentierten, äußerst konfliktbeladenen Lösung des umtriebigen Signac von dem Gründer Seurat, der – verschlossen und eigensinnig – stets auf seine Priorität beharrt hatte?

Die ›Poseuses‹ in Berlin: Manifest eines harmonischen Gesamtkunstwerks

Der zweite, im Hinblick auf den Transfer wichtigere Punkt ist die Integration der *Poseuses* in ein harmonisches Gesamtkunstwerk: die Rauminstallation van de Veldes. Hier wird Signacs Logik eindeutig überschritten: Diese Intervention möchte ich als den »belgisch-deutschen« Moment des Transfers der *Poseuses* bezeichnen.[27] Denn bei der Verkleinerung der *Poseuses* handelte es sich um eine zwar in Deutschland vollzogene, doch im Grunde rein »französische« Logik. Bei dem zweiten Moment, der Integration des Bildes in eine van de Veldesche Rauminstallation, kommt es jedoch zu einer schöpferschen Weiterentwicklung innerhalb eines neuen Referenzsystems.

Pragmatische Argumente legitimieren auch hier den Eingriff. Ein »Fehler« des Bildes – nämlich die schon von Signac monierte Blässe – wird in einen Vorzug umgewandelt.[28] Wie schon erwähnt, waren seit Oktober 1897 die bei van de Velde bestellten »Dressoirs«

aus weißem Schleiflack, die sich zu beiden Seiten der *Poseuses* befinden, in Arbeit. Ihre perlmuttartige matte Oberfläche wurde nun mit der von Signac als zu »pâle« empfundenen Hautfarbe der sitzenden *Poseuses* in Beziehung gesetzt; ebenso erscheint nun der lilafarbene Hintergrund des auf dem Bilde dargestellten Ateliers abgestimmt auf van de Veldes ebenfalls lilafarbene Tapete für das Speisezimmer. So entstand ein homogener Farbeindruck, der Signacs Vorstellung des Bilds als einer aus einem einzigen dominanten Farbton konstruierten Harmonie entspricht.[29] Der Transfer aktiviert ein virtuelles Potential in einem veränderten Kontext. In Deutschland war »Harmonie« ein von der zeitgenössischen Literatur zur angewandten Kunst freigebig benützter Begriff.[30] Das semantische Feld »Harmonie« war also vorhanden und konnte von van de Velde und Kessler in einem spezifischen Sinn umbesetzt und mit dem Gedanken eines physiologischen Gesamtkunstwerkes in Beziehung gesetzt werden. Dieser Aspekt muß ausdrücklich betont werden, da van de Velde in seinen zahlreichen theoretischen Schriften und in von Kessler vermittelten Lesungen vor der Berliner Gesellschaft immer wieder als Prophet einer »Mission« hervortrat. Kesslers Speisezimmer war die praktische Illustration von van de Veldes Theorie – ein Manifest.

Durch die Eingliederung in einen organisch mit der Umgebung verbundenen Kasten und die Verkleinerung werden die *Poseuses* aufgelöst in rhythmische Lichtwerte, die mit dem Ensemble des Raumes, den Möbeln, der Tapete, in eine dynamische Beziehung treten. Das Tafelbild partizipiert an einer Art von ganzheitlichen optischem Experiment, welches eine gediegene, elegante Stimmung hervorruft. »Harmonie« erscheint nun als Unterordnung unter ein durchgängiges Formprinzip, als Stilwille eines Künstler-Demiurgs, der ein der Persönlichkeit des Auftraggebers genau entsprechendes »environment« kreiert. Die van de Veldesche Wohnung selbst ist also die nach außen sichtbare Seelenverfassung seines Bewohners: ein Gesamtkunstwerk, in der es keine Trennung von »hohen« und »niederen« Künsten, aber auch nicht von »außen« und »innen« gibt. Kessler wurde durch seine Wohnung also nicht nur Besitzer eines Gesamtkunstwerks; cum grano salis war er selbst ein Teil davon.

In Berlin stand Kessler mit dieser Auffassung des Intérieurs nicht alleine da. Der neoimpressionistische Maler Curt Herrmann ging noch weiter: Er malte Bilder, die sich in van de Veldes Intérieur einfügten, und ließ sogar Rahmen von dem belgischen Künstler entwerfen.[31] Die Einbindung der Malerei in den dekorativen Zusammenhang war für ihn selbstverständlich.[32]

Der Berliner Einbau von Kesslers *Poseuses* in ein van Veldesches Intérieur steht in enger Beziehung zu gleichzeitigen Projekten Julius Meier-Graefes. Kessler war im November 1894 durch Meier-Graefe für die Zeitschrift *PAN* gewonnen worden; nach dem Zerwürfnis zwischen Aufsichtsrat und den beiden Chefredakteuren Otto Julius Bierbaum und Meier-Graefe über die Publikation einer Lithographie von Toulouse-Lautrec war das Frankreich-Ressort de facto an Kessler übergegangen.[33] Meier-Graefe widmete 1899 ein ganzes Heft der von ihm anschließend redigierten Zeitschrift *Dekorative Kunst* Henry van de Velde, bei der er auch die Einrichtung des »Grafen K.«, des »Freiherrn von B.« und der Galerie Keller & Reiner vorstellte.[34] Meier-Graefe war mit seiner Zeitschrift unter dem Motto »Weg von den Bildern« angetreten, um für die Integration von dekorativer und bildender Kunst zu plädieren. 1902 hob er hervor, daß es den Neoimpressionisten aufgrund der »besten Technik« gelungen sei, »zumindest andeutungsweise die besten Bilder, d. h. die passendsten eingerahmten Flecke für unsere Wände zu malen«.[35] In seinem in der Rue Pergolèse gelegenen Pariser Büro konnte man die Umsetzung der redaktionellen Linie der Zeitschrift finden. Die von van de Velde kurz vor Kesslers Wohnung durchgeführte Inneneinrichtung integrierte Seurats Bild *Le Chahut* in ein Raumensemble. Mehrere Stilelemente von Kesslers Wohnung decken sich mit denen Meier-Graefes. Der Sockel des Bildes ist ebenfalls in den Raum integriert, die Grundfarbe des Werkes in den Bezug zur Umgebung gesetzt, die Gesamtstimmung auf die Persönlichkeit des hauptsächlichen Bewohners abgestimmt. Der kurz nach den *Poseuses* entstandene *Chahut* (1889–1890) war wesentlich kleiner (169 × 139 cm), und der Farbauftrag war zwar genauso fein gepunktet wie die *Poseuses* aber, wie Signac mit Zufriedenheit feststellte, abwechslungsreicher und dekorativer.[36] Es bestand also kein Grund, einen Eingriff vorzunehmen. Die Rahmenkonstruktion und der Sockel ist mit derjenigen in Kesslers Wohnung vergleichbar: vielleicht hat der Graf einfach das früher entstandene Konstruktionsprinzip van de Veldes übernommen, das er im Büro Meier-Graefes gesehen hatte.

Im Vergleich zu Kesslers Intérieur zeichnet sich das Meier-Graefes durch eine größere Lebhaftigkeit aus. Von der Graphik Chérets beeinflußt, ist Seurats Stil im *Chahut* wesentlich expressiver. Dem entsprechen auch die durch ein Wellenmuster gekennzeichnete Tapete und die geschwungenen Beine des Tisches. Während Kesslers Wohnung Ruhe und Sammlung verspricht, spiegelt Meier-Graefes Intérieur Energie und zielt auf Steigerung der Vitalität.[37] Sicher hat van de Velde, getreu seiner Theorie, damit versucht, auch auf die Persönlichkeit seiner Kunden einzugehen: der zur Melancholie neigende Kessler suchte in seinen Räumen Erholung, Klärung, der vitalere Meier-Graefe zusätzliche Spannkraft.[38]

Kessler glaubte an die Kunst als »Heilerin« – nicht etwa im Sinne einer christlichen Erlösung, sondern als physiologische Wirkungsmacht im Hier und Jetzt. Hierin traf er sich mit den Theorien Seurats und Signacs. Vom Standpunkt des Kulturtransfers ist es interessant, wie der französische Neoimpressionismus in spezifisch deutsche Vorstellungen des Gesamtkunstwerkes hineintransponiert wurde, die bei der physiologischen Kunstphilosophie Friedrich Nietzsches direkte Anleihen vornimmt.

Die Suche nach einem modernen Griechentum: Neoimpressionismus und nietzschesche Kunst-Physiologie

Durch den Einbau und die Reduktion eines mit der ikonographischen Tradition spielenden Gruppenbildes auf eine isolierte *Poseuse* nahm Seurats »Kampfbild« einen zeitlos-klassischen Charakter an. Zeitgleiche utopische Vorstellungen der Jahrhundertwende in Frankreich und Deutschland können so über den Bezug zu einem idealen Griechentum harmonisiert werden, wobei Nietzsche als gemeinsamer Nenner fungiert.

Als er zum ersten Mal mit dem Neoimpressionismus in Berührung kommt, denkt Kessler sofort an Puvis de Chavannes und an monumentale architektonische Ordnung von Farbmassen. »Petitjean ist *ganz ohne jeden Zweifel* der größte lebende Monumentalmaler außer Puvis de Chavannes; er vereinigt in sich die Kunst von Puvis und die der Impressionisten; dieselbe erhabene Götterwelt, aber in die leuchtenden Märchenfarben von Seurat und Signac gekleidet«.[39] Die Ruhe und die Komposition von Seurats Bild werden von Kessler mit Kategorien beurteilt, die der französische Maler tatsächlich auf sich anwandte (»Rhythmus« und »Harmonie«), die jedoch in Kesslers nietzscheanisch determiniertem Referenzsystem eine weitergehende Bedeutung besitzen. Er verband damit den Anspruch einer universellen Kunstsprache, in der die verschiedenen Gattungen Gleichrangigkeit beanspruchen durften, da sich »hohe« und »niedrige« Genres gleichermaßen auf anthropologische Konstanten der menschlichen Reizempfindungen berufen konnten. »Nietzsches ›Großer Stil‹: worin dokumentiert sich *ästhetisch* der ›starke Wille‹? In der Harmonie, im Rhythmus, in diesen Beiden: im Zusammenstimmen alles Gleichzeitigen unter ein Gefühl.«[40] Kessler übersetzt also die französische Malerei in einen Kulturkreis, in dessen Referenzsystem sich der Neoimpressionismus auf eine deutsche Philosophie beruft, welche die Überlegenheit der französischen Formenstrenge explizit anerkennt.[41]

Wichtig ist in unserer Perspektive, daß Kessler versucht, Nietzsche vor dem Hintergrund der zeitgenössischen Reizpsychologie weiterzuentwickeln. Durch die Psycho-Physiologie Wilhelm Wundts, dessen Leipziger Seminare der Jurastudent Ende der achtziger Jahre folgte, war Kessler zu einer radikal wirkungsorientierten Ästhetik gelangt. Wundt war vor allem durch seine Arbeiten über den Lichtreiz zu Berühmtheit gelangt. Es ist sicher kein Zufall, daß Kessler als objektiver, das heißt wissenschaftlich belegbarer Fortschritt des Neoimpressionismus die Lichtwirkung erschien. »Die Lichttöne verbreiten ihre Heiterkeit in jeder Entfernung und treten außerdem, weil ihr Licht wirkliches physiologisches Licht ist, mit dem Licht ihrer Umgebung in eine Wechselbeziehung.«[42] Dieses Motiv kehrt auch im Vorwort des Katalogs zur Ausstellung impressionistischer und neoimpressionistischer Kunst in Weimar wieder. In ihm verweist Kessler darauf, daß diese Kunstrichtung durch »höchste Reinheit und Leuchtkraft der Farben [...] ›Freudigkeit‹« ausdrückt.[43] Man darf sich fragen, inwieweit die Fokussierung von Signacs Farbtheorie auf die Lichtwirkung einer »Übersetzung« in einen wesentlich von Nietzsche und Wilhelm Wundt geprägten Wirkungsästhetik entspricht, die sich in ihren zentralen Punkten – nämlich der Definition des Kunstwerks durch den von ihm erzeugten Reizeffekt – mit denen der Neoimpressionisten und van de Veldes deckt.

Schon mehrmals ist darauf hingewiesen worden, daß der deutsche Sammlerkreis des Neoimpressionismus praktisch identisch mit der

Kundschaft Henry van de Veldes war, ja daß eine Wesensverwandtheit zwischen dieser Kunst und seiner Ornamentik postuliert wurde.[44] Die Sammlungen des Malers Curt Herrmann, der Industriellen Eberhard von Bodenhausen, Angus und Douglas von Morton, Kurt und Viktor von Mutzenbecher, des Diplomaten Alfred von Nostitz, stimmten ihre neoimpressionistischen Bilder auf van de Veldes Möbel ab. Der Belgier vermittelt die zu seinen Einrichtungen passenden Werke oft direkt aus Frankreich, im Dialog mit Paul Signac.[45]

Dieser Käuferkreis sorgte für die solide Diffusion des Neoimpressionismus in Deutschland – aber auch für seine Begrenzung auf ein bestimmtes Milieu. Wenn man die Liste der Leihgeber der Kölner Ausstellung des *Sonderbundes* im Jahre 1912 betrachtet, trifft man fast nur auf jene Namen, die schon um 1898/99 als Käufer der Neoimpressionisten hervorgetreten waren. Jener Maler, der Kesslers Vorstellungen als »Lichtkünstler« am besten entsprach, nämlich Cross, war mittlerweile fast so prominent vertreten wie Signac. In der radikal modern ausgerichteten Programmierung der Ausstellung mit Bildern von Schiele, Kokoschka, Braque, Matisse, Picasso, Cross und Signac waren auch die Neo-Impressionisten mit einem eigenen Raum vertreten. Damit stand der Neo-Impressionismus in Deutschland zu diesem Zeitpunkt noch im Vordergrund. In seiner Heimat war er mittlerweile völlig passé. Françoise Cachin stellt fest, daß in den französischen Sammlungen der Neoimpressionismus einfach übersprungen wurde – nach dem Impressionismus ging man direkt über zu Fauvismus und Kubismus.[46]

Diese Festellung soll jedoch nicht bedeutend, daß in Deutschland der Hang zur Integration des Neoimpressionismus in ein Gesamtkunstwerk allerseits kritiklos begrüßt worden wären. So wendete sich einer der Pioniere der ersten Stunde, Meier-Graefe, schnell von der von ihm selbst vertretenen Linie ab. Schon in der 1904 erschienenen *Entwicklungsgeschichte* liest man:

> »Die Eigenwohnung ist einer der merkwürdigsten Beiträge zur Kunsthypnose. Der Künstler überredet Herrn X sich Maß nehmen zu lassen wie bei einem Beinkleid und gibt ihm als Wohnung das nächstfolgende Opus seines, des Künstlers, Entwicklung und Herr X fühlt sich nach acht Tagen in seiner Wohnung wie zu Hause. Der Künstler richtet selbstverständlich nur sich selbst ein. Der Raum fehlt mir, zu untersuchen, wie weit es

möglich ist, die Seele des Herrn X in dem Möbel des Künstlers zu lebendigem Ausdruck zu bringen. Es gehört jedenfalls bei beiden eine stark nach außen gerichtete Seele dazu.«[47]

Eingeweihte konnten hinter diesen Zeilen unschwer eine ironische Bemerkung über Kessler und van de Velde erkennen – mit denen Meier-Graefe weiter enge wenn auch nicht ungetrübte Beziehungen verbanden.

Kesslers Handeln läßt sich somit nicht mit der Elle des Bürgerlichen Gesetzbuches messen. Er steht im Bannkreis eines ästhetischen Aristokratismus nietzschescher Prägung – gewissermaßen »Jenseits von Gut und Böse«. Die Unterordnung des Bildes in eine physiologische Gesamtwirkung, die wir als spezifisch deutsches Moment des Transfers identifizieren konnten, rief jedoch in Deutschland auch vehemente Kritik hervor, die mit der von Kant betonten Autonomie des Kunstwerkes argumentierte. So antwortet der Journalist Emil Heilbut auf einen Artikel van de Veldes in *Kunst und Künstler* mit einem harschen Gegenagriff: »Ihr wollt, dass Eure Bilder vibrieren. Nehmt andere Materialien! [..] Es ist nicht Aufgabe von Gemälden, Zimmerhelle hervorbringen zu wollen. Ihr verstümmelt die herrliche Kunst der Malerei, und das Licht bringt ihr doch nicht hervor.«[48]

Heilbuts kritische Bemerkung über die Aufgabe von Kunst läßt sich weiterführen. Seurat wurde im Kreis Kesslers wegen seiner ästhetischen Qualitäten rezipiert: der mit physiologischer Wirkungskraft assoziierten Helligkeit. Im Grunde galt sein Werk jedoch als durch Signac künstlerisch überholt. Hier kann man Korrespondenzen zu anderen Rezeptionsweisen von französischer Kunst in Deutschland bemerken, wie dies Barbara Paul am Verhältnis Hugo von Tschudis zum Impressionismus festgestellt hat. Die von Meier-Graefe entscheidend mitbestimmte Reduktion des Impressionismus in Deutschland auf das »rein Malerische« hat seinen Preis. Mit Blick auf die Logik des Transfers kann jedoch gesagt werden, daß in Deutschland nur das vollzogen werden kann, was in Frankreich bereits latent vorhanden war. Linda Nochlin stellt mit einem kritischen Blick auf Signac fest, daß der sozialkritische Seurat durch die Werke seiner französischen Jünger desavouiert wurde, durch »the inocuous oil paintings of those who happened to use little dots of paint to construct otherwise conventional landscapes or sea scenes and called themselves Seurat's followers«.[49] Gefangen in Statusanspruch und pseudo-wissenschaftlicher Instrumentalisierung von Kunst als »Verführung zum Leben« fühlt sich Kessler ermächtigt, seiner Vorstellung von Harmonie die Integrität eines sozialkritischen Kunstwerkes zu opfern – sicher eine extreme Form von Unschädlichmachung im Sinne Nochlins, undenkbar ohne die Folie des »zweiten« Neoimpressionismus.

1 Linda Nochlin: *Body Politics: Seurats ›Poseuses‹*, in: *Art in America* 82/1994, S. 71–77 und S. 121–123.

2 Für ihre Anteilnahme und Diskussionsbereitschaft möchte ich herzlich Uwe Fleckner, Martin Schieder (beide Freie Universität Berlin) und Rosa Liechtenstein (Paris) danken. Andrea Meyer und Andreas Holleczek vom Projekt *Deutsch-französische Kunstvermittlung zwischen 1871 und 1940* sowie Julia Drost verdanke ich wesentliche Denkanstöße (alle Deutsches Forum für Kunstgeschichte, Paris). Wichtige Anregungen kamen von Dr. Thomas Föhl, Kunstsammlungen zu Weimar und Fabrice van de Kerckhove, Archives Royales de Littérature, Brüssel, Nikolaus Bernau, Sven Kuhrau (Richard-Schöne Gesellschaft, Berlin), sowie Knut Helms, Berlin. Gedankt sei auch den immer hilfsbereiten und kompetenten Mitarbeitern des Deutschen Literaturarchivs, Marbach.

2 Grundlegend zur Problematik des Transfers: Michel Espagne und Michael Werner: *Deutsch-französischer Kulturtransfer als Forschungsgegenstand. Eine Problemskizze*, in: Michel Espagne und Michael Werner (Hg.): *Transferts. Les transferts interculturels dans l' espace allemand*, Paris 1988, S. 11–34. besonders S. 21–23. Einen synthetischen Überblick über eine fast uferlos gewordene Literatur liefert Johannes Paulmann: *Internationaler Vergleich und interkultureller Transfer. Zwei Forschungsansätze zur europäischen Geschichte des 18. bis 20. Jahrhunderts*, in: *Historische Zeitschrift* 267/1998, S. 655–685.

3 Françoise Cachin, in: Richard J. Wattenmaker (Hg.): *Great French Paintings from the Barnes Foundation, Impressionist, Post-impressionist, and Early Modern*, Ausstellungskatalog, Metropolitan Museum of Art, New York 1993. S. 274.

4 Richard Thomson, Rezension von Michael F. Zimmermann: *Seurat and the Art Theory of this time,* in: *Burlington Magazine* 134/1992, S. 606–607. In den Augen Thomsons hat Michael Zimmermann eine beide Tendenzen versöhnende Erklärung gefunden: Seurats sich auf Charles Henry beziehende Farbtheorie sei in sich selbst schon vom Ansatz einer Veränderung des Menschen durch Kunst geprägt.

5 Siehe hierzu Michael F. Zimmermann: *Seurat. Sein Werk und die kunsttheoretische Debatte seiner Zeit*, Weinheim 1991, S. 332ff.

6 Ibid.

7 Nochlin 1994 (wie Anm. 1); sowie Linda Nochlin: *Seurats Grande Jatte: An Anti-Utopian Allegory*, in: dies.: *The politics of vision. Essays on Nineteenth-Century Art and Society*, London 1991, S. 170–193.

8 Gerade im Spätwerk Seurats wird unter dem Einfluß Chérets die Scheinwelt des Sozialen, das Maskenhafte des Zirkus, des Tingeltangels noch mehr betont.

9 Im Rahmen dieses Artikels soll auf die Biographie Kesslers nicht weiter einge-

gangen werden. Weiterführend Peter Grupp: *Harry Graf Kessler. Ein Biographie*, München 1996; Carina Schäfer: *Maurice Denis et le comte Kessler (1902–1913)*, Frankfurt a. Main 1997; Alexandre Kostka: *Un nietzschéen à l'époque de Guillaume II: le comte Harry Kessler*, Dissertation Straßburg 1993.

10 Grupp 1996 (wie Anm. 9), S. 14.

11 Wenn Kessler, auf Hinweis von Paul Signac bei dem Pariser Kunsthändler Ambroise Vollard sofort zugriff und die *Poseuses* laut Tagebuch am 30. Dezember 1897 kauft, ohne über die ausladenden Dimension des Bildes auch nur eine Bemerkung zu machen (»Für 1.200 francs!!! Eines der Meisterwerke der französischen Schule!«), dann eventuell auch deswegen weil er sich bewußt war, eine geräumige Wohnung ausstatten zu müssen. Man kann also spekulieren, ob seine Lage also nicht unähnlich mit der des späteren Besitzers der *Poseuses*, Albert Barnes, war. Jener kaufte das Bild 1926 mit der Absicht, die riesige Eingangshalle des zu eröffnenden Museums in Merion würdig zu dekorieren, als weibliches Pendant zu den unter ihnen angebrachten männlichen *Kartenspielern* von Cézanne.

12 Henry van de Velde: *Geschichte meines Lebens*, hg. und übertragen von Hans Curjel, München 1962, S. 162, zit. nach der erweiterten Neuausgabe 1986.

13 Zitiert nach Gerhard Schuster und Margot Pehle (Hg.): *Harry Graf Kessler. Tagebuch eines Weltmannes*, Ausstellungskatalog, Marbach, Deutsches Literaturarchiv, Marbach 1988, S. 77.

14 Siehe Bauantrag Köthener Strasse 28, Landesarchiv Berlin, A REP 010–02, Nr. 3780.

15 Wenn man von einer Aufnahme aus dem Jahre 1919 schließen darf, war Kesslers Bibliothek groß genug um die *Poseuses* als Vollbild auszustellen. Siehe *Harry Graf Kessler* 1988 (wie Anm. 13), S. 329.

16 Siehe Henry van de Velde: *Récit de ma vie*, ausgewählt von Anne van Loo mit der Hilfe von Fabrice van de Kerckhove, Bd. 1, *Anvers–Bruxelles–Paris–Berlin 1863–1900*, Einleitung Fabrice van de Kerckhove, Paris, Brüssel 1992, S. 355. Nicht van de Velde sondern Kessler hat also eventuell den neoimpressionistischen Rahmen der *Poseuses* geopfert – falls er zu dieser Zeit noch bestanden hat, was nicht gesichert ist; vgl. Henri Dorra und John Rewald: *Seurat*, Paris 1959, S. LXXVII.

17 Beatrice von Bismarck: *Harry Graf Kessler und die französische Kunst der Jahrhundertwende*, in: *Zeitschrift des deutschen Vereins für Kunstwissenschaft* 43/1988, S. 47–62, hier S. 55.

18 Von hier aus könnte man sich auch die Frage stellen, ob in der Polysemie der des Bildes nicht auch die vierte, sich im Bild befindliche Frau als Poseuse mitfungiert – dann müßte man sich nämlich fragen, ob der ironische Seurat nicht auch ein anderes Zitat der ikonographischen Tradition in sein »Kampfbild« hineinkomponiert hat: nämlich die vier Charaktere (melancholisch – rechte Figur, sanguinisch – Poseuse im Bild, flegmatisch – linke abgewandte Figur, cholerisch – Mittelfigur).

19 Bei einem Umzug im Jahre 1923 kam das Bild als Ganzes wieder zum Vorschein. Bis zum Verkauf am 1. März 1926 für 100.000 M (zur Deckung des Defizits der Weimarer Cranach-Presse) war es als Vollbild in Kesslers neuer Wohnung zu sehen. Am 8. Februar 1923 notiert er in sein Tagebuch: »Seurats *Poseuses*, die seit 1897 zu zwei Dritteln gerollt in meinem Speisezimmer hingen, aufgerollt, um sie an der Wand der neuen Bibliothek anzubringen. Der gerollte

Teil, die beiden Figuren links, kamen in prachtvoller Frische heraus. Sie haben durch die lange Dunkelheit nicht nur nicht gelitten, sondern sind heller u frischer (wahrscheinlich nur staubfreier) geblieben als die Figur rechts«; zit. nach dem unveröffentlichten Manuskript mit freundlicher Genehmigung des Deutschen Literaturarchivs, Marbach).

20 *Tagebuch Kessler* 28. Dezember 1897–3. Januar 1898, Deutsches Literaturarchiv, Marbach. Obwohl das Tagebuch sich darüber meist ausschweigt, ist zu vermuten, daß der junge Graf die tagelange Begleitung von prestigeträchtigen Gesprächspartnern nicht nur seinem Charme, sondern auch oft einer einfachen Strategie verdankte: er lud sie in abolut erstklassige Restaurants ein.

21 28. Dezember 1897, zit. nach John Rewald: *Extraits du Journal inédit de Paul Signac*, in: *Gazette des Beaux-Arts* 39/1952, S. 270–271.

22 Nur diese kleinere Fassung (39,5 × 49 cm) war bis zur Öffnung der Barnes Collection der Öffentlichkeit zugänglich.

23 *Tagebuch Kessler*, 10. Februar 1898, Deutsches Literaturarchiv, Marbach.

24 Barbara Paul: *Hugo von Tschudi und die moderne französische Kunst im Deutschen Kaiserreich*, Mainz 1993, S. 154.

25 Siehe Paul Signac: *D'Eugène Delacroix au néo-impressionnisme,* Paris 1898 (Nachdruck Paris 1964, mit Vorwort von Françoise Cachin). Signac sah als als hauptsächliche Vorzüge der neoimpressionistschen Malweise die »höchste Steigerung von Licht, Farbe und Harmonie« an.

26 Erschienen in: *PAN* IV–1/ September 1898. Zur Aufnahme des Neoimpressionismus, vgl. Michael F. Zimmermann: *Die Utopie einer wissenschaftlichen, sozialen Kunst. Zur Theorie des Neo-Impressionismus und ihrer Aufnahme in Deutschland,* in: Rolf Bothe (Hg.): *Curt Herrmann, 1854–1929. Ein Maler der Moderne in Berlin*, Ausstellungskatalog Berlin-Museum, Berlin 1989, S. 264–283; Alexandre Kostka: *Physiologie der Harmonie – Kessler und sein Kreis als führende Vermittler des Neoimpressionismus in Deutschland*, in: *Farben des Lichts,* Ausstellungskatalog Westfälisches Museum für Kunst und Kulturgeschichte, Münster, Musée, Grenoble und Kunstsammlungen Weimar 1996, S. 197–210.

27 Auf diesen Punkt verweist auch Barbara Paul 1993 (wie Anm. 24), S. 169ff. Siehe auch Dietmar J. Ponert: *Die Wohnung als Gesamtkunstwerk. Henry van de Veldes Arbeiten für Curt Herrmann*, in: *Curt Herrmann* 1989 (wie Anm. 26), S. 103– 124.

28 Siehe *Tagebuch Signac*, zit. nach Rewald 1952 (wie Anm. 21), S. 271.

29 Vgl. Erich Franz: *Einführung*, in: *Farben des Lichts* Austellungskatalog 1996 (wie Anm. 26), S. 15–50), besonders S. 26, 31; sowie Marina Feretti-Bocquillon: *Paul Signac in der Zeit der Harmonie, 1892–1913*, in: ibid., S. 83.

30 »Harmonie« ist der gemeinsame Nenner einer bedeutenden aber noch unzureichend untersuchten Literatur zur Wohnungsgestaltung des Deutschen Kaiserreiches, die sich nicht nur in den zahlreichen Publikationen des Darmstädter Verlegers Alexander Koch niederschlägt.

31 *Curt Herrmann* Berlin 1989 (wie Anm. 26), S. 160/161.

32 Thomas Föhl: *Curt Herrmann. Ein Künstlerleben 1854–1929,* Ostfildern 1996, S. 72.

33 Die erste Begegnung mit Meier-Graefe fand im Februar 1894 statt. Zum *Pan*, vgl. Karl H. Salzmann: *»Pan«. Geschichte einer Zeitschrift*, in: Jost Hermand (Hg.): *Jugendstil*, Darmstadt 1971, S. 178–208; Catherine Krahmer: *Pan und das Ausland*, in: *Jahrbuch der Deutschen Schillergesellschaft* 39/1997, S. 267–293.

[34] Julius Meier-Graefe: *Henri van de Velde*, in: *Dekorative Kunst* II–1/1899, S. 2–8; Kesslers Speisezimmermöbel auf S. 34, 35, 41; ein Teil des Interieurs Bodenhausens auf S. 42. Bodenhausen war Mitherhausgeber des *Pan*.

[35] Zit. nach Paul 1993 (wie Anm. 24), S. 169.

[36] *Tagebuch Signac*, 28. Dezember 1897: »Avec Theo [van Rhysselberghe] nous sommes allés voir Meier-Graefe, le critique d'art allemand. Il a acheté *Le Chahut* 400 francs. Sur les murs de cet appartement décoré par van de Velde ce tableau fait le plus bel effet. – La facture est aussi petite que celle des *Poseuses*, mais ne gêne pas du tout. C'est que la toile est plus petite, plus variée, plus décorative – c'est qu'il n'y a pas là de grands espaces vides remplis de petites touches.« zit. nach Rewald 1952 (wie Anm. 21), S. 271.

[37] Vitalität wird von Meier-Graefe ausdrücklich für sich reklamiert »In dem *Chahut* seinem [Seurat] schönsten Gemälde, das das Redaktionsbureau unserer französischen Ausgabe in Paris schmückt hat er durch die durchaus aufteigenden Linien aller Figuren und Gegenstände den weit über den Gegenstand hinausragenden Ausdruck von Frohsinn gegeben.« Vgl. *Dekorative Kunst*, 1899 (wie Anm. 34), S. 7–8.

[38] Meier-Graefe vergleicht van de Velde mit einem »vernünftigen Arzt«, der jedem Patienten eine »differenzierte Sorgfalt« entgegenbringte; ibid., S. 7.

[39] *Kessler an Bodenhausen*, 29. Dezember 1897, in: Hans-Ulrich Simon (Hg.): *Eberhard von Bodenhausen- Harry Graf Kessler. Ein Briefwechsel 1894–1918*, Marbach 1978, S. 41.

[40] *Tagebuch Kessler*, September-Oktober 1902, Deutsches Literaturarchiv, Marbach (Keine genauere Datumsangabe in Kesslers Tagebuchmanuskript – vielleicht handelt es sich um einen erst nach einer Englandreise entstandenen »Sammeleintrag«. Der Passus bezieht sich wahrscheinlich auf einen Besuch Kesslers in der Antikenabteilung des British Museum).

[41] Vgl. Alexandre Kostka: ›*Darin irrt Nietzsche. Der Große Stil nicht notwendig hart*‹. *Harry Graf Kessler, Friedrich Nietzsche und die Kunst in Weimar*, in: *Aufstieg und Fall der Moderne*, Ausstellungskatalog Kunstsammlungen Weimar, Ostfildern 1999, S. 42–58.

[42] Harry Graf Kessler: *Über den Kunstwert des Neoimpressionismus. Eine Erwiderung* [1903]; zit. nach id.: *Künstler und Nationen. Aufsätze und Reden, 1899-1933*, hrsg. von Gerhard Schuster u. Cornelia Blasberg, Frankfurt am Main 1988, S. 57-58

[43] Harry Graf Kessler: *Deutsche und französische Impressionisten und Neo-Impressionisten*, [Ausstellungskatalog Weimar, 1903]; zit. nach: Andrea Witte: *Signacs Rezeption bis 1906*, in: *Farben des Lichts* 1996 (wie Anm. 26), S. 231.

[44] Vgl. Zimmermann 1989 (wie Anm. 26), S. 264.

[45] Feretti-Boquillon 1996 (wie Anm. 29), S. 62–64.

[46] Françoise Cachin: *Seurat en France*, in: *Seurat*, Ausstellungskatalog Grand Palais, Paris 1991, S. 15.

[47] Julius Meier-Graefe: *Entwicklungsgeschichte der Modernen Kunst*, 2 Bde., Stuttgart 1904, Bd. 2, S. 683.

[48] Emil Heilbut: *Eine Streitfrage*, in: *Kunst und Künstler* 1903, S. 481–485, S. 483; zit. nach Andrea Witte, in: *Farben des Lichts* Austellungskatalog (wie Anm. 43) 1996, S. 228.

[49] Linda Nochlin: *Seurat's La Grande Jatte*, in: dies. 1991 (wie Anm. 7), S. 189-190.

Die deutsch-französische Konstruktion Vincent van Goghs 1890–1914

Rachel Esner

Das ewig »Andere«

»What becomes a legend most?« – auf den Fall Vincent van Goghs angewendet, ließe sich dieser berühmte Werbeslogan mit »Welche Identität passt am besten zu diesem Menschen und seinem Werk?« übersetzen: Ist er ein niederländischer, ein französischer oder gar ein deutscher Maler? Angesichts ihrer Taineschen Besessenheit von nationalen Eigentümlichkeiten und dem Einfluß von Blut und Boden auf die Entstehung von Kunst überrascht es nicht, daß die Kritiker des späten 19. und frühen 20. Jahrhunderts sich mit solchen Fragen beschäftigten, wenn es um van Gogh ging – selbst jene, die sich gegen solche pseudowissenschaftlichen Vorstellungen aussprachen.

Dies soll jedoch nicht der Gegenstand des folgenden Essays sein, der weniger eine abgeschlossene Forschungsarbeit als vielmehr den Entwurf eines möglichen zukünftigen Projektes darstellt. Die Ursprünge der Van-Gogh-Legende und auch die Vorstellung von van Gogh als einem »germanischen« Künstler sind von Carol Zemel und Ron Manheim ausführlich untersucht worden.[1] Mich interessiert an dieser Stelle etwas anderes: Wie beeinflußten die deutschen Vorstellungen von Frankreich und die französischen Vorstellungen von Deutschland die frühe Van-Gogh-Kritik in diesen Ländern? Frankreich und Deutschland waren für einander das ewige »Andere« – ein Werkzeug, um die eigene nationale und kulturelle Identität zu schmieden, das (oftmals unbewußte) Maß aller Dinge. Vor allem in Frankreich, dem Verlierer des Deutsch-Französischen Krieges von 1870–71, war »Deutschland« ein bestimmender Faktor im philosophischen, sozialen und künstlerischen Denken der jungen Dritten Republik.[2] Doch auch in Deutschland, wo der Sieg über die Franzosen nicht nur die Nation stärker geeint, sondern auch eine Art politischer und wirtschaftlicher Vorherrschaft garantiert zu haben schien, fungierten »Frankreich« und alles Französische weiterhin als eine Art »Geist in der Maschine«. Besonders auf kulturellem Gebiet scheint es, daß Deutschland sich nur in Opposition zu seinem westlichen Nachbarn definieren konnte. Man könnte behaupten, daß die Vorstellungen, welche die beiden Länder voneinander hatten, sogar dann noch eine wichtige Rolle spielten, wenn van Gogh als »reinblütiger« Franzose oder Deutscher deklariert wurde.

Diese Ideen werden häufig nicht offen ausgesprochen, sondern sind vielmehr in der Sprache der Kritik verborgen. Es gibt kaum einen charakteristischeren Autor des französischen Symbolismus als G.-Albert Aurier oder einen kosmopolitischeren Geist als den frühen Julius Meier-Graefe, doch selbst bei ihnen finden sich Spuren einer nationalen Vorstellung vom jeweils anderen. Dabei ist vielleicht am interessantesten, daß französische und deutsche Kritiker van Gogh in gleicher Weise beschreiben, indem sie die gleichen Schlagworte und Redewendungen benutzen und die gleichen Aspekte seiner Kunst und seines Lebens betonen. Allein in dem Sinn, den sie diesen Begriffen zuordnen, und in den unterschiedlichen Bedeutungen, die sie den Elementen seiner Biographie und seines Werkes verleihen, lassen sich Unterschiede feststellen. Und diese Differenz in der Interpretation läßt sich, so glaube ich, auch auf die wechselseitigen Beziehungen zwischen diesen beiden Ländern zurückführen.

Eine weitere Besonderheit der Van-Gogh-Kritik – und dies gilt für die gesamte Geschichte der Kunstliteratur im 19. und bis ins 20. Jahrhundert – ist die fehlende Diskussion der Bilder selbst. Im Falle Frankreichs gab es hierfür eine sehr konkrete Ursache: Die meisten Bilder van Goghs waren 1891 nach Holland gebracht worden, und keine seiner frühen Ausstellungen umfaßte mehr als einige wenige Gemälde.[3] Dies änderte sich grundlegend erst mit der Ausstellung bei Bernheim-Jeune im Jahr 1901, doch zu diesem Zeitpunkt waren die Begrifflichkeiten, die das Image des Künstlers bestimmen sollten, bereits festgeschrieben. In Deutschland verhielt es sich ähnlich, obwohl hier auf Grund der Anstrengungen von Paul Cassirer das Publikum und die Kritik schon zu einem früheren Zeitpunkt mit einem größeren Teil des Werkes vertraut waren.[4] Im allgemeinen läßt sich jedoch durchaus sagen, daß die Ansichten der Kritiker über van Gogh nicht auf dessen Bilder, sondern auf andere Quellen zurückzuführen sind: auf reale, wie etwa seine Briefe[5], und auf »erdachte«, wie die Vorstellungen von Wahnsinn und Kreativität oder vom Einfluß der Nationalität auf das Schöpfertum – und gelegentlich eine Kombination aus beiden.

Van Gogh als »französischer« Künstler

War van Gogh ein »französischer« Künstler? Diese Frage beschäftigte die Kritiker, vor allem in Deutschland, in den Jahren nach seinem Tod bis zum Ersten Weltkrieg. Diese Fragestellung bezog sich natürlich nicht auf die tatsächliche Nationalität des Künstlers – denn obwohl man ihn anfangs gelegentlich für einen Belgier oder Franzosen hielt[6], war allgemein bekannt, daß er ein gebürtiger Niederländer war –, sondern hatte mit dem grundlegenden Wesen seiner Kunst zu tun.

Im Unterschied zu den meisten französischen Kritikern, die es offenbar vorzogen, van Gogh nicht mit der »heimischen Tradition« in Verbindung zu bringen, stellte es für Autoren in Deutschland – wenigstens bis um 1910 – kein Problem dar, ihn als einen »französischen Maler« zu bezeichnen. Dies galt für die Verteidiger seines Werkes ebenso wie für dessen Gegner. Es bereitete dem Vertreter einer Theorie der organischen Entwicklung der modernen Kunst, Julius Meier-Graefe, einige Mühe, seinen Lesern im Jahre 1900 zu erklären, daß van Goghs Bilder keinen radikalen Bruch mit dem Impressionismus, sondern vielmehr dessen Höhepunkt darstellten.[7] 1905 sah der Kritiker der *Welt am Montag* ihn, zusammen mit Renoir, als einen Repräsentanten »jenes revolutionären Prinzips, das seit Delacroix der französischen Kunst die Führung im künstlerischen Wettstreit der Nationen gesichert hat.«[8] Van Goghs Bilder wurden 1906 in Ernst Arnolds *Ausstellung Französischer Künstler* und 1908 in die Ausstellung *Klassische Malerei Frankreichs im 19. Jahrhundert* im Frankfurter Kunstverein aufgenommen. Oft wurde er mit Gauguin und anderen französischen Künstlern seiner eigenen oder der vorangegangenen Generation gewissermaßen im gleichen Atemzug genannt. Für die Kosmopoliten unter den deutschen Kritikern und Kunsthistorikern stellte van Gogh das Bindeglied zwischen Impressionismus und Post-Impressionismus dar und wurde mühelos und selbstverständlich als ein Künstler der französischen Tradition akzeptiert. Dies galt jedoch ebenso für seine Gegner, wie die Auseinandersetzung um Gustav Paulis Erwerb des *Mohnfeldes* für die Kunsthalle Bremen und der darauf folgende »Kunststreit«[9]

belegen. Für die Unterzeichner des *Protests deutscher Künstler* wie für den Großteil ihrer Kontrahenten war van Goghs Kunst eindeutig »französisch« – was sie jedoch zu etwas »Französischem« machte, blieb weitgehend unausgesprochen.

Insbesondere bei van Goghs Gegnern ist der Einfluß von Vorstellungen eines französischen »Anderen« auf die Konstruktion seines Images sichtbar. Er war das Werkzeug, mit dessen Hilfe sich die Autoren des *Protestes* – natürlich ex negativo – zu definieren versuchten. Er war der Ansporn, ein klares Bild davon zu entwickeln, wie die deutsche Kunst auszusehen habe – nämlich nicht wie die van Goghs, oder besser: nicht so wie das, was seine Kunst zu repräsentieren schien. Als »romanischer« Künstler stellte er für Deutschland eine Gefahr dar, aber ebenso war er ein Katalysator für die Herausbildung einer nationalen kulturellen Identität. Doch auch van Goghs Befürwortern diente sein »französisches Wesen« der genaueren Definition einer deutschen Kunst der Zukunft: nämlich eine Kunst, die modern, farbenprächtig, expressiv und international ausgerichtet war.

Im Gegensatz hierzu betrachtete van Goghs frühester Förderer in Frankreich, G.-Albert Aurier, den Künstler und sein Werk als außerhalb jeder Tradition stehend: Van Gogh war in mehr als einer Hinsicht ein »isolé«. Es war allein das Temperament des Malers, das seine Kunst determinierte, und im Falle van Goghs hatte dies zu unvergleichlichen Ergebnissen geführt. Für Aurier, einen Gegner Taines, war van Goghs Nationalität mehr oder weniger bedeutungslos, obwohl er ihn durchaus für einen »nicht unwürdigen Nachfolger« seiner niederländischen Vorfahren hielt.[10] Wie Carol Zemel feststellte, gab diese frühe Kritik den Ton für nahezu alles Spätere vor.[11] Obwohl niemand versuchte, den Einfluß von Künstlern wie Delacroix, Millet und den Impressionisten auf van Goghs Werk zu leugnen, herrschte weitgehende Übereinkunft darüber, daß er auf Grund seiner Persönlichkeit, seines Wahnsinns oder von beidem, mit ihnen gebrochen habe, um etwas vollkommen Neues und Andersartiges zu schaffen. So beschrieb ihn ein Kritiker 1908 als »nicht klassifizierbar, und wenn er sich von jemandem ableiten läßt, so wagt man nicht zu sagen, von wem. Michelangelo? Vielleicht. Alle zeitgenössischen Schulen haben ihn für sich in Anspruch genommen, und doch er gehört keiner von ihnen an.«[12] Diese Einstellung prägt die meisten Schriften über van Gogh[13], bis Théodore Duret ihn in seiner Monographie aus dem Jahr 1916 wieder in den Schoß der französischen Kunst zurückholte und ihn speziell dem Kreis der Impressionisten zuordnete[14].

Für einige Kritiker – insbesondere die Gegner der Symbolisten – spielte die Frage des Nationalcharakters für ihre Bewertung van Goghs jedoch sehr wohl eine Rolle. Für sie war van Gogh nicht einfach – politisch neutral – ein origineller Künstler, sondern in Wirklichkeit anti-französisch. Und hier, ebenso wie bei van Goghs Gegnern auf der anderen Seite des Rheins, finden wir wiederum das deutsche »Andere«, das beharrlich im Hintergrund lauert. In den 1880er Jahren begannen französische Kulturkritiker, eine Rückkehr zu den klassischen Werten zu fordern, um dem, was sie als verderblichen kosmopolitischen und vor allem deutschen Einfluß empfanden, Einhalt zu gebieten. Frankreichs Überleben hing nicht von seiner Offenheit gegenüber dem übrigen Europa und der Welt, sondern von der Wiederbelebung seines nationalen romanischen Erbes, des Rationalismus, Akademismus, Katholizismus und von Poussin und Ingres ab. Dieser neu erwachte Nationalismus der französischen Kunstliteratur muß vor dem Hintergrund der Identitätssuche des Landes nach seiner Niederlage von 1870 betrachtet werden. Das vorherrschende Bild von van Gogh – ein reizbarer Mensch, ein Verrückter, der sich mehr der Farbe als der Linie widmete – war von den Symbolisten geprägt worden, und es überrascht daher nicht, daß Kritiker mit einer klassizistischen Orientierung sein Werk – wenn nicht gänzlich, so doch prinzipiell – ablehnten. Ein ausgezeichnetes Beispiel hierfür ist Maurice Denis' Bewertung des Künstlers aus dem Jahre 1909. Für ihn war van Gogh ein »Romantiker«, der sich mehr für das Malerische und Emotionale als für Form und Ordnung interessierte, und obwohl Denis hierfür eine gewisse Bewunderung ausdrückte, spürte er zugleich deutlich eine Gefahr für junge Künstler; er konnte diese Herangehensweise nicht gutheißen, und langfristig würde sie gewiß nicht zu fruchtbaren Ergebnissen führen.[15]

Van Gogh und die »nordische Tradition«

Die Diskussion über van Goghs Beziehung zur »nordischen Tradition« – oder *art septentrional*, wie die Franzosen sie gerne nannten –, war sowohl interessanter als auch charakteristischer. Hier prägt das

Bild des französischen oder deutschen »Anderen« die Kritik am stärksten.

Obwohl Aurier spürte, daß van Goghs Werk von den nüchternen, bürgerlichen Harmlosigkeiten seiner Vorfahren weit entfernt war, warnte er seine Leser zu glauben, daß der Künstler seinen Wurzeln entkommen wäre: »Vincent van Gogh steht ganz und gar nicht außerhalb seiner Rasse. Er unterlag den unausweichlichen Gesetzen der Entwicklungsgeschichte. Er ist ganz und gar Niederländer, aus dem erhabenen Geschlecht des Franz Halz [sic].«[16] Ein Jahr darauf verglich Octave Mirbeau ihn, nicht der Form, aber dem Geiste nach, mit Rembrandt.[17] 1901, anläßlich der Ausstellung bei Bernheim-Jeune, schrieb Mirbeau erneut über Vincent und zitierte diesmal eine Anekdote über den Maler Albert Besnard. Dieser hatte einen Besuch der Galerie Alter Meister in Den Haag mit einer Besichtigung der Bilder van Goghs beendet, in denen er »eine Art entfernter Verwandtschaft [...] ein Genie der Rasse, das sich dort befand«[18] zu entdecken glaubte. Der vielleicht amüsanteste Vergleich van Goghs mit seinen Vorvätern des 17. Jahrhunderts stammt aus der Feder seines Bekannten Julien Leclercq, der schrieb, der fröstelnde, verschlossene Künstler erinnere ihn an den Philosophen Spinoza.[19]

Aufschlußreicher als diese direkten Verweise auf die (im weitesten Sinne) »germanischen« Ursprünge des Malers ist die Art der Begriffe, die Kritiker zur Beschreibung von van Gogh und dessen Werk verwendeten. Diese entstammten häufig einem Vokabular, das Autoren spätestens seit der Mitte des 19. Jahrhunderts in der Diskussion nordischer, insbesondere deutscher Kunst benutzt hatten.[20] Ein frühes Beispiel für die spätere Standardterminologie zur Charakterisierung von van Goghs Œuvre findet sich in Emil Verhaerens Rezension der Ausstellung *Les Vingt* von 1891: Er bezeichnet van Goghs Bilder (bewundernd) als elementar, kindlich, dekorativ, schwerfällig, roh, barbarisch und ungestüm.[21] Einige Jahre zuvor hatte Gustave Kahn bemerkt, daß van Gogh anscheinend nur geringes Interesse an den Valeurs und der Exaktheit seiner Farbtöne gehabt habe[22]; ganz ähnliches hatte man früher schon über deutsche Maler von Cornelius bis Liebermann gesagt. Die Kritiker – Bewunderer ebenso wie Verächter – betonten van Goghs »Deformation« der Natur. Die zahlreichen Besprechungen der großen Ausstellungen bei Bernheim-Jeune und Druet im Jahr 1908 setzten diese Tradition fort: Van Gogh war eine »Naturgewalt«[23], ein »aufrichtiger Künstler, rein und empfindsam wie ein Wilder«[24], seine Bilder spiegelten »seine vollkommene Gutgläubigkeit, sein ständiges Bemühen um den Ausdruck« wider[25].Ebenso wie Menzel beschrieb man ihn als »ein verschwenderisches Auge«.[26] Gelegentlich verglich man ihn sogar mit Holbein und Cranach.[27] Und man hob natürlich die Tatsache hervor, daß van Gogh trotz seines Kolorismus und seiner freien Behandlung der Bildgegenstände letztlich ein – wenngleich expressiver – Realist war. Und was konnte germanischer sein als das?

Die Franzosen beriefen sich zwar durchaus auf diese Klischeevorstellungen der »germanischen« Natur von van Goghs Kunst, verwendeten diese jedoch offenbar nur selten für propagandistische Zwecke gegen den Maler. Naturgemäß waren es die romanischen Kritiker, die – eher indirekt als ausdrücklich – van Gogh auf Grund seines vorgeblich nordischen Temperaments verurteilten und seinen Einfluß auf die jüngere Generation, nämlich die Fauves, bekämpften, die den (französischen) Rationalismus zugunsten seines (germanischen) Expressionismus aufgegeben hatten.

In Deutschland hingegen hatte die Vorstellung von van Gogh als einem »germanischem« Künstler wesentlich weitreichendere Implikationen. Ob im Positiven oder Negativen, war die »Annektierung« van Goghs ein wichtiger Schritt in der Definition einer spezifisch deutschen Identität während der turbulenten Jahre, die in den Ersten Weltkrieg mündeten.

All seiner Weltläufigkeit zum Trotz finden sich die Ursprünge der Verwandlung van Goghs vom fremden Eindringling zum kulturellen Helden Deutschlands bereits in den frühen Schriften von Meier-Graefe. Meier-Graefe widersprach Zolas Diktum, Kunst sei Natur, gesehen durch ein Temperament, und betonte, dass Kunst im Falle van Goghs ein nahezu nietzscheanischer *Akt* der Schöpfung und eine bewußte Synthese sei. Seine Kunst breche mit allen Konventionen; sie sei eine zerstörerische Kraft, die jedoch nur zerstöre, um gleichzeitig etwas Neues zu schaffen.[28] In seiner *Entwicklungsgeschichte* scheut Meier-Graefe sich nicht festzustellen, daß der französische »Kulturinstinkt« van Gogh gefährlich wurde, und obwohl er einräumt, daß van Gogh »sich auf das neue Land stürzte, in dem alle Bedingungen denen seiner Rasse vollkommen entgegengesetzt waren«, vergleicht er dennoch das Ergebnis seiner Anstrengungen mit dem Werk der alten gotischen Steinmetze oder der primitiven Bildhauer des Mittelalters. Selbst Meier-Graefe sah etwas typisch Germanisches in van Gogh: »Und gleichzeitig erhielt dieser ins Ausland verschlagene letzte große Holländer die vaterländische Tradition. Er brachte ihr zurück, was sie der großen französischen Generation von 1830 geborgt hatte, und blieb dabei ihrem vornehmsten Gesetz treu: der Natur, zumal der eigenen Natur zu folgen.«[29] Einige Jahre später, in einer Beschreibung der Entwicklung van Goghs vom tonalen Maler zum Koloristen, betonte er: »Der Gegensatz zwischen Ton und Farbe ist nicht etwa rein technischer Art, sondern geht auf tief eingreifende menschliche Eigentümlichkeiten zurück. Ein Mensch wie van Gogh mußte darin den Unterschied von Rassen und Kulturen erblicken.« Und obwohl er behauptet, daß van Gogh wie kein anderer »Nordländer« danach gestrebt habe, sich das Licht des Südens anzueignen, scheint er zugleich der Überzeugung gewesen zu sein, daß diese Entwurzelung in gewisser Weise für das tragische Ende des Künstlers verantwortlich war.[30]

Selbst in der Zeit vor dem Triumph des Expressionismus und den Debatten der letzten Jahre vor dem Ersten Weltkrieg gab es eine Reihe von Kritikern und Kunsthistorikern, für die van Gogh nicht nur im Wesentlichen ein »germanischer« Maler war, sondern auch die Kraft verkörperte, die schließlich zum Sieg über die romanische, das heißt. die französische, Kultur führen würde. Dies war zweifellos die Auffassung des Kunst- und Theaterkritikers Georg Fuchs[31] und von Oscar Bie, die van Gogh mit einer typisch nordischen, dekorativen Kunstauffassung in Verbindung brachten, die letztlich den klassischen, strukturellen Ansatz, den Raffael repräsentierte, verdrängen würde.[32] Diese Tendenz der Van-Gogh-Kritik setzte sich 1912 in den Schriften von Carl Gebhardt fort, der glaubte, daß »van Gogh zum tragischen Schicksal der französischen, der romanischen Kunst werden mußte, wie seine Kunst die Form zerschlagen, die alte Kultur gebildet, wie er die französische Kunst vollenden mußte, so wie Michelangelo die Renaissance vollendet – indem er sie vernichtet.«[33]

Doch was genau war es, das van Gogh »germanisch« erscheinen ließ? Seit den Napoleonischen Kriegen hatten deutsche Denker den nationalen Geist, das deutsche *Wesen* mit den expressiven Formen der deutschen Gotik assoziiert. Dies galt bis in das frühe 20. Jahrhundert, als Kunsthistoriker wie Wilhelm Worringer[34] und Kurt Gerstenberg weiterhin die gotische Kunst als Ausdruck einer spezifisch nordischen Geisteshaltung diskutierten[35]. 1910 sprach Wilhelm Niemeyer von van Gogh als einem »zeitfremden germanischen Geist« mit dem »uralten Instinkt (seiner) Rasse« und verglich sein Werk mit der »phantastischen, linearen Lebensfülle der Tierornamentik des ersten deutschen Jahrtausends und der linearen Ekstatik des gotischen Bauens.«[36] Zwei Jahre später zog Gerstenberg in seinem Buch *Deutsche Form* Parallelen zwischen der gedrehten gotischen Säule, Dürers »auf- und abschwellenden Linien« und van Goghs »flammendem Bewegungsstil«, der nichts mit dem Neoimpressionismus zu tun habe, sondern Ausdruck einer spezifisch »germanischen Formanschauung« sei.[37]

Der andere Aspekt von van Goghs Kunst, der als typisch deutsch angesehen wurde, war ihre Expressivität: Carl Gebhardt kommentierte, daß »das Wesen germanischen Geistes (sei), Visionen des inneren Sinnes zu gestalten.«[38] Je mehr der Expressionismus in den Vordergrund trat, desto stärker betonte man diese Facette von Vincents Werk, um es von der einfachen Wiedergabe der sinnlichen Erfahrung abzugrenzen, die man mit dem Impressionismus verband.[39] Implizit stellte man van Goghs »Tiefgang« der »Leichtigkeit« der französischen Manier gegenüber. Dadurch wurde es möglich, seinen Stil nicht nur als subjektiven Ausdruck seiner Persönlichkeit zu betrachten, sondern diesen zugleich als Ausdruck seiner »Rasse«, der Ideen und Ideale, die das Bewußtsein einer »Rasse« prägten, und der Bestrebungen der deutschen Nation zu identifizieren. Darin ließ er sich mit seinem großen Vorläufer Rembrandt vergleichen, von dessen Kunst man ebenfalls glaubte, daß sie sich aus einer organischen Beziehung zu seinem »Volk« entwickelt habe und daß sie – ebenso wie die Kunst van Goghs – die deutsche Kultur »heilen« könne.[40]

Zum Zeitpunkt der Kölner Sonderbund-Ausstellung 1912 war die Vorstellung von van Gogh als einem typisch »germanischen« Künstler so weit akzeptiert, daß sein Werk nicht zusammen mit den Arbeiten der französischen Künstler gehängt wurde, denen er zu seinen Lebzeiten verbunden gewesen war, sondern in einem Raum zwischen der deutschen und der skandinavischen Sektion.[41] Die Rezensionen in den Tageszeitungen bezeichneten ihn stets als »den großen Germanen«, den »germanischen Holländer van Gogh« oder den »Germanen van Gogh«.[42] Überdies war er nun ein geistiger Führer, ein Visionär, eine christusgleiche Gestalt, dessen exemplarisches Leben und beispielhafter Kampf die deutsche Jugend inspirieren sollten,[43] ein Künstler, der einen Weg aus Deutschlands kultureller Krise wies. Dieses Image war nicht von selbst entstanden. Obwohl van Goghs Werk und seine Briefe natürlich dazu beigetragen hatten, war es stark durch das weit verbreitete Gefühl beeinflußt, daß die deutsche Kultur sich nur in permanentem Gegensatz zu Frankreich definieren könne. Und dies bedeutete, daß van Gogh aus allen Bezügen, die mit Frankreich zu tun hatten, herausgelöst werden mußte, selbst wenn der Preis eine nahezu frevelhafte Verzerrung seiner Biografie, seines Denkens und seines Œuvres war.

Es läßt sich unmöglich sagen, wie van Gogh ohne den Krieg von 1870/71 und die daraus folgenden Identitätskrisen in Deutschland und Frankreich interpretiert worden wäre. Ich habe hier zu zeigen versucht, wie sich jedes Land – immer mit dem Gedanken an den jeweils »Anderen« – seinen eigenen van Gogh schuf; einen Künstler, der dafür »geschaffen« war, die Bedürfnisse einer kulturell unruhigen Zeit zu erfüllen. Es mag vielleicht überraschend wirken, daß die Deutschen van Gogh mehr zu brauchen schienen als die Franzosen, obwohl sie den Krieg gewonnen hatten. In Frankreich rief er weder ein vergleichbar umfangreiches Schrifttum noch die gleiche Kontroverse wie jenseits des Rheins hervor. Erst mit dem Aufstieg des Fauvismus wurde sein »nordisches« Naturell zum Anlaß, seine Kunst kurzerhand abzulehnen. In Deutschland scheint hingegen mehr auf dem Spiel gestanden zu haben. Für die deutschen Kritiker war van Gogh Zerstörer und Schöpfer zugleich. Das »Germanische« seiner Persönlichkeit und seiner Kunst sollte die Grundlage für den Sieg der deutschen über die französische Kultur und für die Herausbildung einer wahrhaft nationalen Kunst bilden. In diesem Licht betrachtet, nimmt die Entstehung der »Van-Gogh-Legende« eine neue, entschieden politische Dimension an.

[1] Siehe Carol Zemel: *The Formation of a Legend: Van Gogh Criticism, 1890–1920*, Ann Arbor, Michigan 1980, und Ron Manheim: *The ›Germanic‹ Van Gogh: A Case Study of Cultural Annexation*, in: *Simiolus* 19/1989, S. 277–288.

[2] Siehe Claude Digeon: *La Crise allemande de la Pensée française, 1870–1914*, Paris 1959.

[3] Zemel 1980 (wie Anm. 1), S. 60.

4 Zu Paul Cassirer und Van Gogh siehe Walter Feilchenfeldt: *Vincent van Gogh & Paul Cassirer, Berlin: The Reception of Van Gogh in Germany from 1901 to 1914*, Zwolle und Amsterdam 1988.

5 Emile Bernard veröffentlichte zwischen 1893 und 1895 eine Auswahl seiner Briefe im *Mercure de France*. In Deutschland wurden sie seit 1904 regelmäßig publiziert.

6 Vgl. Manheim 1989 (wie Anm. 1), S. 278.

7 Julius Meier-Graefe: *Beiträge zu einer modernen Ästhetik: der Einfluss Millets*, in: *Die Insel* 1/Mai 1900, S. 206–208.

8 Vgl. *Die Welt am Montag*, 15. Mai 1905.

9 Vgl. Carl Vinnen u. a.: *Ein Protest deutscher Künstler*, Jena 1911, und Carl Vinnen: *Im Kampf um die Kunst. Die Antwort auf den »Protest deutscher Künstler«*, München 1911; eine ausführliche Analyse der beiden Pamphlete bietet Ron Manheim: *»Im Kampf um die Kunst«: de discussie van 1911 over contemporane kunst in Duitsland*, Hamburg 1987.

10 Vgl. Albert Aurier: *Les Isolés: Vincent van Gogh*, in: *Mercure de France*, Januar 1890, S. 24–29, besonders S. 25.

11 Zemel 1980 (wie Anm. 1), S. 68.

12 *Le Masque Rouge* siehe in: *La Fin de Van Gogh*, in: *Action*, 12. Januar 1908.

13 Vgl. Zemel 1980 (wie Anm. 1), S. 59–104. In diesem Kontext außergewöhnlich sind die Schriften von Naturalisten wie André Fontainas, die van Gogh in einer Linie von (nicht notwendigerweise französischen) Künstler sahen, die von Turner bis zu den Impressionisten reichte und denen es darum ging, das universelle Drama der Natur darzustellen; vgl. André Fontainas: *Art*, in : *Mercure de France*, Januar 1897, S. 221–223.

14 Théodore Duret: *Vincent van Gogh*, Paris 1916.

15 Vgl. Maurice Denis: *De Van Gogh et Gauguin au Classicisme*, in: *L'Occident*, Mai 1909, wieder abgedruckt in: id.: *Théories, 1890–1910*, Paris 1912, S. 254–270; vgl. auch Zemel 1980 (wie Anm. 1), S. 95–97.

16 Vgl. Aurier 1890 (wie Anm. 10), S. 26.

17 Siehe Octave Mirbeau: *Vincent van Gogh*, in: *Echo de Paris*, 31. März 1891.

18 Vgl. Octave Mirbeau: *Vincent van Gogh*, in: *Le Journal*, 17. März 1901.

19 Julien Leclercq: *Vincent van Gogh*, in: *Exposition Vincent van Gogh*, Ausstellungskatalog, Galerie Bernheim-Jeune, Paris, 1901, S. 9.

20 Zur Rezeption deutscher Kunst in Frankreich im 19. Jahrhundert und den politischen Implikationen in der Sprache der Kunstkritik siehe Rachel Esner: *Ein »Preuße« in Paris: Wandlungen des Ruhmes und Nachruhmes Menzels, 1855–1905*, in: *Adolf Menzel. Das Labyrinth der Wahrnehmungen*. Beiheft zum *Jahrbuch der Berliner Museen*, im Druck; dies.: *Un Prussien à Paris: l'exposition Menzel en 1885*, in: *Quarante-huit/Quatorze: La Revue du Musée d'Orsay* 2/Februar 1996, S. 54– 61; dies.: *»Art Knows no Fatherland«: The reception of German Art in France, 1870– 1900*, Diss. New York 1994; dies.: *»C'est un peintre francais«: Gotthardt Kuehl und die Pariser Kunstkritik*, in: *Gotthardt Kuehl*, Ausstellungskatalog Staatliche Kunstsammlungen Dresden, Gemäldegalerie Neue Meister und Museum für Kunst und Kulturgeschichte, Lübeck 1993, S. 26–37; dies.: *Regards français sur la Peinture allemande à l'Exposition universelle de 1855*, in: *Romantisme* 73/1991, S. 103–112.

21 Emile Verhaeren: *Les XX*, in: *La Nation* 14. Februar 1891.

22 Gustave Kahn: *Exposition des Indépendants*, in: *La Revue Indépendante* 18/April 1888, S. 163.

[23] Pierre Hepp: *Expositions Van Gogh*, in: *La Chronique des Arts et de la Curiosité* Januar 1908.
[24] Vgl. J. F.-Louis Merlet: *Vincent van Gogh (1853–1890)*, in: *Le Rabelais*, Januar 1908.
[25] Anonym: *Les Petits Salons, Faubourg Saint-Honoré*, in: *Le Signal*, 14, Januar 1908.
[26] Anonym: *Vincent van Gogh*, in: *Le Cri de Paris*, 12. Januar 1908.
[27] Vgl. etwa Louis Vauxelles: *La vie artistique. Deux expositions Van Gogh*, in: *Gil Blas* 8/Januar 1908.
[28] Meier-Graefe 1900 (wie Anm. 7), S. 213–215. Die Vorstellung von der Notwendigkeit der Zerstörung als einer Bedingung der kulturellen Erneuerung spielte eine wichtige Rolle in den Kunstdebatten der Jahre 1910 bis 1918; siehe Joes Segal: *Krieg als Erlösung: die deutschen Kunstdebatten 1910–1918*, München 1997.
[29] Vgl. Julius Meier-Graefe: *Entwicklungsgeschichte der modernen Kunst: Ein Beitrag zur modernen Ästhetik*, 2 Bde., Stuttgart 1904, Bd. 1, S. 117, 126, 130.
[30] Julius Meier-Graefe: *Über Vincent van Gogh*, in: *Sozialistische Monatshefte*, Nr. 1–2/ Februar 1906, S. 151.
[31] Siehe Georg Fuchs: *Deutsche Form: Betrachtungen über die Berliner Jahrhundert-Ausstellung und die Münchner Retrospective; mit einer Einleitung: Von den letzten Dingen in der Kunst*, München und Leipzig 1907, besonders S. IX–XI; vgl. auch Manheim 1989 (wie Anm. 1), S. 279.
[32] Oscar Bie: *Das Kunstgewerbe*, Frankfurt a. Main 1908, besonders S. 34–37; siehe auch Zemel 1980 (wie Anm. 1), S. 116–117.
[33] Carl Gebhardt: *Die Neuerwerbungen französischer Malerei im Städelschen Kunstinstitut zu Frankfurt a. M.*, in: *Der Cicerone* 4/1912, S. 762f.; siehe auch Manheim 1989 (wie Anm. 1), S. 282.
[34] Wilhelm Worringer: *Formprobleme der Gotik*, München 1911.
[35] Kurt Gerstenberg: *Deutsche Sondergothik: eine Untersuchung über das Wesen der deutschen Baukunst im späten Mittelalter*, München 1913; vgl. auch Manheim 1989 (wie Anm. 1), S. 280.
[36] Vgl. Wilhelm Niemeyer: *Malerische Impression und koloristischer Rhythmus, Beobachtung über Malerei der Gegenwart: Denkschrift des Sonderbundes auf die Ausstellung 1910*, Düsseldorf 1911, S. 121, 165; vgl. auch Manheim 1989 (wie Anm. 1), S. 282.
[37] Ibid., S. 110.
[38] Gebhardt 1912, S. 762f.
[39] Vgl. etwa Max Osborn: *Vincent van Gogh*, in: *Velhagen und Klasings Monatshefte* November 1908 (wie Anm. 1), S. 364–372; siehe auch Zemel 1980 (wie Anm. 1), S. 117ff.
[40] Siehe [Julius Langbehn]: *Rembrandt als Erzieher. Von einem Deutschen*, Leipzig 1890.
[41] Siehe Andreas Blühm: *The place of the Picture: Displaying Van Gogh, 1886–1999*, in: *Van Gogh Museum Journal* 1999
[42] Vgl. etwa *Tageblatt* (Köln), 25. Mai 1912, *Hamburger Nachrichten*, 29. Mai 1912, *Hannoverscher Courrier*, 5. Juni 1912,
[43] Vgl. Zemel 1980 (wie Anm. 1), S. 124–131.

1 Théodore Géricault: *Der Kranke mit dem Grössenwahn*, um 1819–1822, Öl auf Leinwand, 81 × 65 cm, Winterthur, Sammlung Oskar Reinhart

Otto Ackermann, Schweizer »amateur-marchant«, und Géricaults ›Fou au commandement militaire‹

Hans A. Lüthy

Géricault und Deutschland

Die erste Théodore Géricault gewidmete Ausstellung in Deutschland fand im Oktober 1907 in der Galerie Fritz Gurlitt in Berlin statt. Organisiert wurde sie vom Schweizer »amateur-marchand« Otto Ackermann. Ackermann lebte seit 1889 in Paris und sah eine seiner Lebensaufgaben in der Vermittlung französischer Malerei nach Deutschland, nach dem Ersten Weltkrieg auch in die Schweiz. Einer der Höhepunkte der Berliner Ausstellung waren drei Bildnisse aus der Serie von ursprünglich zehn Porträts von Insassen der Pariser Irrenanstalt La Salpetrière, darunter als größtes der *Fou au commandement militaire* mit der Bezeichnung Sammlung Ackermann; die beiden andern gehörten der Sammlung Cheramy. Fünf Irrenbilder waren bereits im 19. Jahrhundert verlorengegangen und konnten bis heute nicht aufgefunden werden. Von den erhaltenen Gemälden sind heute vier im Louvre und den Kunstmuseen von Lyon, Gent und Springfield; der *Fou au commandement militaire* befindet sich seit den 1920er Jahren in der Sammlung Oskar Reinhart am Römerholz, Winterthur, die heute im Besitz der Schweizerischen Eidgenossenschaft steht (Abb. 1).[1] Für die Berliner Ausstellung von 1907 schrieb Julius Meier-Graefe ein Vorwort. Nachdem er in der ersten Auflage seiner 1904 erschienenen *Entwicklungsgeschichte der modernen Kunst* Géricault eher stiefmütterlich als Vorläufer Delacroix' beschrieben hatte, verhalf ihm die intensive Beschäftigung zu einer vertieften Einsicht in Leben und Werk des im Alter von 33 Jahren verstorbenen Schöpfers des *Floßes der Medusa*. In der 1913 datierten zweiten Auflage der *Entwicklungsgeschichte* widmete Meier-Graefe Géricault ein eigenes Kapitel. In seinem Vorwort für die Galerie Gurlitt bot der bereits sehr bekannte Kunstkritiker sein wortgewaltiges Können auf, um den Maler dem Berliner Publikum vorzustellen;

für den »fou« der Sammlung Ackermann fand er Formulierungen wie »geradezu mysteriöse Gewalt« und meinte, er wisse nichts, was sich dem Eindruck dieser Bildnisse zur Seite stellen lasse.

In der zweiten Auflage der *Entwicklungsgeschichte* setzte Meier-Graefe nach und beschrieb Géricaults Fähigkeit, das Typische zum Monumentalen zu erheben und nannte ihn einen neuzeitlichen Rembrandt. Damit schlägt Meier-Graefe auch eine Brücke zu früheren deutschen Würdigungen Géricaults, die 1839 mit G. F. Waagen in *Künstler und Kunstwerke in Paris* begannen und mit Julius Meyer in seiner *Geschichte der modernen französischen Malerei* von 1867 einen Höhepunkt fanden. Géricault habe, so Meyer, das Zeichen zum offenen Abfall von der klassischen Kunst gegeben und dafür »die Wahrheit der aufgeregten menschlichen Figur« dargestellt. Trotz weiteren Texten über Géricault, beispielsweise in den Handbüchern von Anton Springer (*Geschichte der bildenden Künste im neunzehnten Jahrhundert*, Leipzig 1858), Adolf Rosenberg (*Geschichte der modernen Kunst*, 2. Aufl., 3 Bde. Leipzig 1894), Richard Muther (*Geschichte der Malerei im 19 Jahrhundert*, 4 Bde., München 1893-1894) und Friedrich Haack (*Die Kunst des 19 Jahrhundert*, Esslingen 1904), fehlte dem deutschen Publikum die Anschauung der Originale, die selbst in Frankreich nur im Louvre zu besichtigen waren.

Otto Ackermann, Versuch einer Biographie

Die Geschichte der französisch-deutschen Beziehungen in Kultur und Kunst um 1900 ist nach wie vor mit vielen dunkeln Stellen durchsetzt, wobei im Fall Otto Ackermann auch noch die deutsche Schweiz als sein Herkunftsland stark beteiligt ist. Die Anziehungskraft von Paris auf Deutschschweizer, besonders für bildende Künstler, nahm seit dem Erfolg Ferdinand Hodlers an der Ausstellung im Champ du Mars 1891 beträchtlich zu, was sich auch in den von sechs Schweizer Künstlern beschickten ersten Ausstellung der Rose-Croix 1892 zeigte.[2] Allerdings fehlte der Bezug zu Deutschland ganz, und hier ist Otto Ackermann ein seltener Sonderfall. Er konzentrierte sich, ohne selbst eine künstlerische Tätigkeit auszuüben, ganz auf die Vermittlung französischer Kunst nach Deutschland und später in die Schweiz.

Otto Ackermann ist am 20. September 1871 in Grellingen (Kanton Basel-Land) geboren und am 25. Juli 1963 in Küsnacht bei Zürich gestorben. Sein Vater besaß ein Textilwerk und sandte den Sohn als Student der Textilwissenschaften an die Eidgenössische Technische Hochschule nach Zürich. Angeregt durch verschiedene Begegnungen wie mit Frank Wedekind und Richard Dehmel wünschte sich der junge Mann allerdings nichts mehr als nach Paris zu ziehen und dort seinen pazifistischen und ästhetischen Neigungen nachzuleben. Mit der Hilfe des Familienarztes, der dem Vater schlechte Prognosen für die Gesundheit des Sohnes vorspiegelte, gelang es Ackermann, seine Wünsche zu erfüllen und seit 1889 in Paris zu leben. Mit seiner Ankunft in Paris beginnen bereits die Schwierigkeiten, ein genaueres Bild der Tätigkeiten Ackermanns zuverlässig nachzuzeichnen; wir sind vor allem auf einige zufällige Notizen von Bekannten und Zeitgenossen angewiesen. Eine der wichtigsten Quellen stellt ein Protokoll mehrerer Gespräche Ackermanns mit dem Géricault-Sammler Duc de Trévise dar. Sie fanden im Dezember 1924 statt, und der Herzog war vor allem an Werken Géricaults interessiert, die sein Gesprächspartner gesehen oder besessen hatte. In einer vom 29. Februar 1924 datierten Briefkopie an Ackermann mit der Adresse »Blumeshof 14, Berlin«, fordert der Absender den Empfänger auf, an der bevorstehenden Géricault-Ausstellung im Hôtel Charpentier, Paris, mitzuarbeiten und beruft sich dabei auf Auskünfte des Sammlers Goetz. Daneben erkundigt er sich, ob Ackermann sich eventuell von seinem »beau portrait du fou« trennen würde; der Briefschreiber habe bereits zwei dieser Porträts und den dringenden Wunsch, auch noch dieses zu besitzen. Damit ist seine Identität klar: wieder handelt es sich um den Duc de Trévise.

Die wie der erwähnte Brief in den *Archives de la Sauvegarde de l'art français* aufbewahrten Protokolle sind, wohl von einer Sekretärin, in Maschinenschrift transkribiert worden und enthalten viele Fehler, vor allem in den Eigennamen. Dazu kommen Gedächtnislücken und Irrtümer Ackermanns selbst, so daß wir die Angaben nur mit Vorsicht heranziehen können. Über sein Leben äußert sich Ackermann nur beiläufig, sagt aber, daß er 1889 nach Paris gekommen sei und dort mit Kunst- und Musikkritikern sowie Korrespondenten von Schweizer Zeitungen verkehrt habe; dabei nennt er die Namen von Rosny, Geoffroy, Eugène Carrière und Rouart.[3] Im folgenden Satz erwähnt Ackermann als erste Sache, die er in Paris gemacht habe, die Gründung der Zeitschrift *Le Magazine Internatio-nal* zusammen mit Léon Bazalgette, der als »gérant« zeichnete. Herausgegeben von der *Société Internationale Artistique* erschien *Le Magazine* monatlich als *Revue de Littérature et de Vie moderne* von 1894 bis 1897, als das Blatt wegen mangelnder Finanzen wieder einging. Neben Ackermann und Balzagette waren Serge Murat und Lawrence Jerrold Mitglieder der Redaktion. Die Zeitschrift trug ihren internationalen Titel zu Recht und versammelte eine Reihe von Autoren verschiedener Kulturen zu literarischen, künstlerischen, feministischen, pazifistischen und sozialkritischen Themen. Die Dezembernummer 1894 zum Beispiel. nennt als Autoren unter anderem Bertha von Suttner, Walt Whitman, A. C. Swinburne, Karl Henckell, Ada Negri und Otto Julius Bierbaum. In einem »Bulletin critique« betitelten Anhang schrieb Ackermann über *Le Mouvement pacifique*, gefolgt von einer Übersicht über Theater, neue Bücher und den Inhalt verschiedener Zeitschriften. An bekannteren Namen werden weiter als Textautoren genannt W. B. Yeats, R. W. Emerson, H. Ibsen, K. Hamsun, L. Tolstoi, Giovanni Verga, F. Nietzsche, R. Dehmel, F. Wedekind, G. Clémenceau oder C. F. Meyer. Kunstkritische Studien und Abbildungen waren folgenden Künstlern gewidmet, A. Böcklin, F. Thaulow, J.-F. Raffael, C. Monet, H. Sandreuter, A. Sisley, A. Besnard, E. Carrière, A. Rodin, C. Meunier, J. McNeill Whistler oder Max Liebermann. Ackermann selbst betreute vor allem die Chroniken und schrieb selbst nur kurze Essays, davon je einen zum Pazifismus und Feminismus. Nach 1897 scheint Ackermann nur noch Briefe geschrieben zu haben; jedenfalls waren keine weiteren Texte von ihm aufzufinden.

In den Jahren nach 1890 verband sich Ackermann mit der 1865 geborenen aus Lübeck stammenden Malerin Maria Schorer, die nach Annette Gautherie-Kampka erstmals 1893 am Salon der *Société Nationale des Beaux-Arts* im Champ de Mars unter dem Pseudonym Maria Slavona ausstellte.[4] Die Künstlerin war mit dem dänischen Künstler Willy Grétor liiert, von dem sie eine Tochter hatte, die Ackermann nach seiner Heirat mit Maria Slavona 1900 adoptierte. Das Paar führte ein reges gesellschaftliches Leben; zu den Autoren des *Magazine Internationale* stießen Rilke und Munch, etwas später auch Leistikow, Liebermann, W. Hausenstein, Th. Heuss und Wilhelm Uhde. Über die Aktivitäten Ackermanns in den folgenden Jahren liegen verwirrende und widersprüchliche Zeugnisse vor. Annette Gautherie-Kampka nennt einen vergeblichen Versuch, Böcklin 1895 in den Büros des *Magazine Internationale* zu zeigen; erfolgreich war dagegen eine Präsentation von Werken Vincent van Goghs am gleichen Ort 1897. Die Bilder stammten vermutlich aus dem Besitz Maria Slavonas. Auf sicherem Boden befinden wir uns betreffend der Organisation von zwei Ausstellungen 1907 in Berlin, die bereits genannte im Oktober in der Galerie Fritz Gurlitt mit 14 Gemälden, zwei Zeichnungen, einer Gouache und einer Bronzeskulptur Géricaults. Sechs Werke sind ausdrücklich mit der Bezeichnung Sammlung Ackermann versehen, fünf weitere tragen den Vermerk Sammlung Chéramy. In einer praktisch gleichzeitigen Delacroix-Ausstellung in der Galerie Cassirer in Berlin hingen vier Leihgaben Ackermanns; Meier-Graefe schrieb wiederum den einleitenden Text. Im »Protokoll« verlegt Ackermann die beiden Ausstellungen in das Jahr 1911 und sagt, seine Idee wäre eine gemeinsame Ausstellung Géricault-Delacroix gewesen, aber man habe befürchtet, die Nähe von Géricault hätte Delacroix Unrecht getan. Ähnliches sei an der Ausstellung der Vente Chéramy 1908 geschehen, wo die Irrsinnigen Géricaults nicht ausgestellt worden seien.

»Von geradezu mysteriöser Gewalt«: Géricault und die Moderne

1905–1906 veranstaltete Ackermann mehrere Ausstellungen mit Werken seiner Sammlung in Deutschland. Davon gibt ein gedruckter Katalog des Kunstsalons W. Zimmermann in München Zeugnis. Annette Gautherie-Kampka konnte ein Exemplar in einem Privatarchiv nachweisen, ein zweites befand sich im Archiv der Sammlung Hans E. Bühler. Der Titel lautet *Katalog einer Auswahl französischer Meister aus der Sammlung Otto Ackermann, Paris*. Das Vorwort schrieb Erich Klossowski, mit dem der Sammler seit einiger Zeit befreundet war. Nach Vergleichen zwischen deutscher und französischer Sammlerkultur beschreibt Klossowski den Einfluß von Henri Rouart auf Ackermann als »eine Art idealen Vorbildes«. Wir erfahren auch, daß dieser sich für die Generation von 1830 besonders begeisterte, aber auch einer der ersten war, die

Werke van Goghs erwarben. Nach Würdigungen von Th. Rousseau und Corot kommt Klossowski ausführlich auf Géricault zu sprechen, den er als Unbekannten dem deutschen Publikum zu deuten versucht. Den Schluß des Textes bilden kurze Hinweise auf Delacroix, Daumier, Diaz und Courbet. Unter den 37 aufgeführten Nummern sind neben den Genannten Th. Chassériau, A. Monticelli, Th. Ribot und J. Tissot zu erwähnen. Die Ausstellung wurde vorher oder nachher in weiteren deutschen Städten gezeigt; nachweisbar sind vorläufig Krefeld und Dresden. Von Januar bis Februar 1909 zeigte der Kunstsalon Zimmermann eine weitere Ausstellung mit dem Titel *Empire und Romantik*. Im »Protokoll« rühmt sich Ackermann, diese Ausstellung organisiert zu haben. Sie sei ein »succès foudroyant« gewesen, und besonders Géricault sei von Künstlern, Sammlern und Kunstkritikern enthusiastisch aufgenommen worden. Von der Ausstellung scheint nur ein maschinengeschriebener Katalog zu existieren; ein Exemplar war wiederum bei Hans E. Bühler. Darin wird verschiedenen Sammlern gedankt, an erster Stelle Ackermann, aber auch Leblond, Sortais, Blot, dem Comte de Chabot und dem Duc de Ravèse. Ein weiterer Dank gilt Richard Muther. Das Vorwort mit kurzen Charakterisierungen der unter den 64 Werken am besten vertretenen Künstler schrieb Fritz von Ostini. Mit mehr als zwei Werken erschienen Th. Chassériau, C. Corot, G. Courbet, Th. Couture, H. Daumier, E. Delacroix, Th. Géricault und V. van Gogh. Weitere gezeigte Künstler waren J.-L. David, P. Prud'hon, J.-A.-D. Ingres, G. Doré, J.-F. Millet, H. Regnault und O. Tassaert.

Die Bedeutung der Bildnisserie von Geisteskranken in der Kunstgeschichte des 19. Jahrhunderts wird kontrovers beurteilt. Für einige Autoren bilden sie den Beginn des Realismus in Frankreich, für andere gelten sie als Paukenschläge der französischen frühen Romantik. Man kommt der Wahrheit wohl näher, wenn Géricault als Künstler zwischen den Stilen eingestuft wird; er hat sowohl die Attraktivität der einfachen oder niederen Motive wie die Entwicklung der Erforschung des Unterbewußtseins geahnt, was auch seine Charakterisierung durch Meier-Graefe als Maler von »geradezu mysteriöser Gewalt« erklärt. Einen Einfluß auf die Malerei des 19. Jahrhunderts hatte die Serie der Geisteskranken nicht, denn die fünf Bilder wurden erstmals 1887 an einer Ausstellung in der Ecole des Beaux-Arts in Paris gezeigt, nachdem die Verantwortlichen des Louvre 1866 einen Ankauf durch die Vermittlung des Malers Charles Jacque abgelehnt hatten. Der *Fou au commandement militaire* ist vom Format her das größte Werk der erhaltenen Serie; dem noch wenig genannten Otto Ackermann ist die Präsenz eines der Meisterwerke der französischen Malerei des 19. Jahrhunderts in der Schweiz zu verdanken.

Für wertvolle Hinweise und die Durchsicht des Manuskripts danke ich Silvia Rohner, Peter Kropmanns, Carina Schaefer, Julia Wirz und Marianne Lüthy.

1 Zur Geschichte und Deutung der Serie der Geisteskranken vgl. Hans Körner: *Géricault et le topos de l'œuil innocent*, in: Régis Michel (Hg.): *Géricault*, Bd. 2, Paris 1996 (La documentation française), S. 661–678; grundlegend, wenn auch widersprüchlich Germain Bazin: *Th. Géricault. Etude critique, documents et catalogue raisonné*, Bd. VI, Paris 1994, S. 69ff.

2 Vgl. Hans A. Lüthy: *Schweizer Symbolisten in Paris*, in: *Fin de siècle. Zu Literatur und Kunst der Jahrhundertwende*, Frankfurt am Main 1977, S. 315–325.

3 Transkription, Archives de la Sauvegarde. S. 4.

4 Annette Gautherie-Kampka: *Les Allemands du Dôme. La colonie allemande de Montparnasse dans les années 1903–14*, Bern et al. 1995 (Collection Contacts, Sér. 2, Gallo-germanica: Vol. 14). Die Autorin widmet Ackermann ein eigenes Kapitel, S. 140–143.

Fotonachweis

Akademie der Künste, Berlin: S. 172
Archiv der Autoren: S. 18, 19, 20, 45, 65, 71, 75, 76, 79, 88, 92, 98, 99, 115, 119, 120, 128, 129, 133, 134, 192, 201, 206, 219, 222, 227, 234, 240, 241, 244, 262, 280, 286, 287, 288, 293, 306, 308, 309, 311, 313, 316, 3170. u. M., 324, 330, 331, 333, 334, 336, 334, 336, 355, 360, 372, 375, 378, 390, 402, 418, 424, 427, 434, 443
Archiv DuMont Buchverlag, Köln: S. 15
Bibliothèque Nationale, Paris: S. 114
Bildarchiv Preußischer Kulturbesitz, Berlin: S. 177, Foto: Jörg P. Anders: S. 317
Bildarchiv Foto Marburg: S. 249
Hamburger Kunsthalle, Foto: Ralph Kleinhempel: S. 362
Kunsthalle Bremen: S. 414
Kunsthistorisches Institut der Freien Universität, Berlin: S. 151, 152, 450, 451
Museum der bildenden Künste, Leipzig: S. 146
Photothèque des Musées de la Ville de Paris: S. 272, 273
Réunion des musées nationaux, Foto: Arnaudet / J. Scho: S. 149
Sammlung Oskar Reinhart, Winterthur: S. 480
Schirn Kunsthalle, Frankfurt/M. S. 184, 186
Staatliche Kunstsammlungen Dresden, Kupferstich-Kabinett, Foto: Schurz: S. 199
Walters Art Gallery, Baltimore: S. 170